中 国 科 学 院 年 鉴

(1999)

中国科学院办公厅　编

科 学 出 版 社

2000

内 容 简 介

《中国科学院年鉴（1999）》集中反映了中国科学院1998年各方面的工作情况，包括学部和学部工作，基础研究，资源、生态、环境与社会协调发展，应用研究与发展工作，高新技术企业，人才培养，人事制度改革与队伍建设，国际交流与合作，计划财务，基本建设，科研装备与技术监督，出版与图书情报，思想政治工作与精神文明建设等。同时还登载了有关统计资料。对院属各科研单位也作了比较详尽的介绍。

本年鉴各种资料的截止时间为1998年12月31日。

中 国 科 学 院 年 鉴（1999）

中国科学院办公厅 编

科学出版社出版

北京东黄城根北街16号

邮政编码：100717

中国科学院印刷厂印刷

科学出版社出版发行

*

2000年4月第一版 开本：787×1092 1/16

2000年4月第一次印刷 印张：23 1/2 插页16

印数：1—2 100 字数：570 000

ISBN 7-03-008193-5/N・91

定价：68.00元

（如有印装质量问题，我社负责调换〈科印〉）

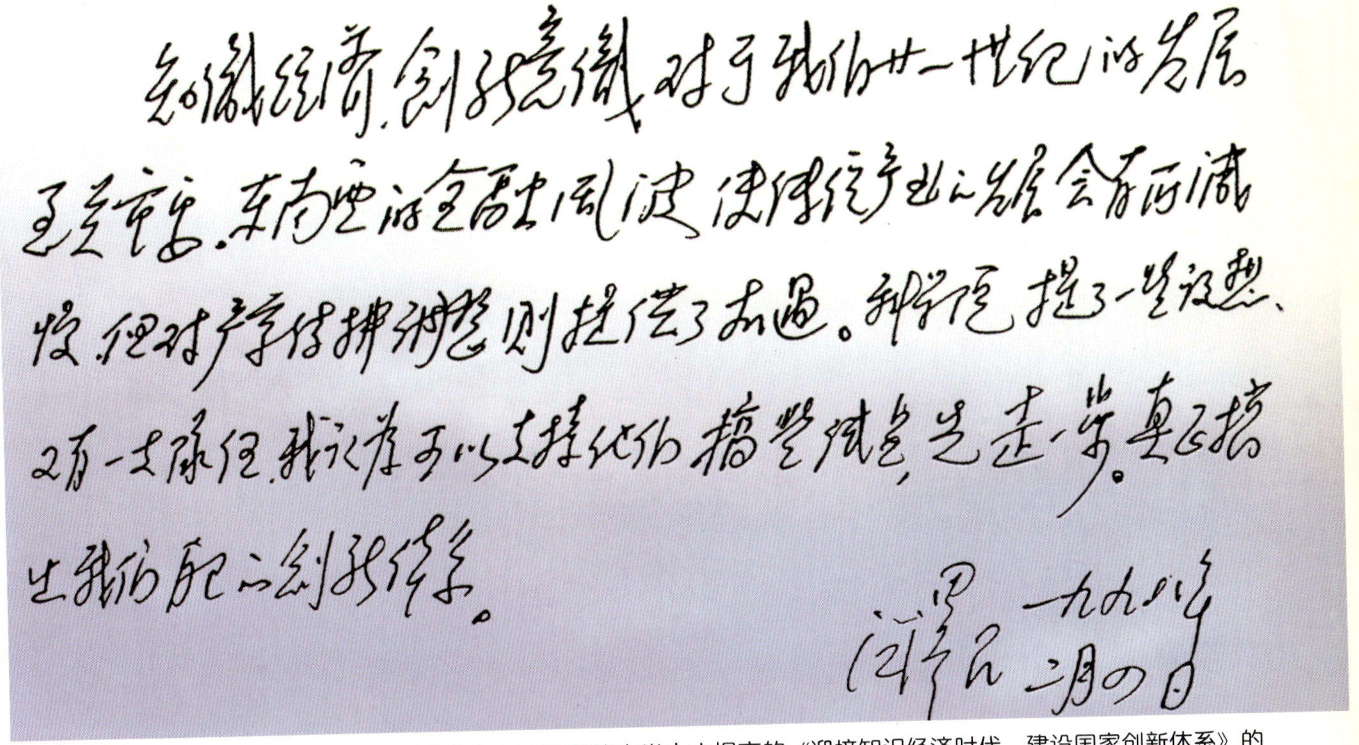
知识经济、创新意识对于我们廿一世纪的发展至关重要。东南亚的金融风波使传统产业的发展会有所减慢，但对产业结构调整则提供了机遇。科学院提了一些设想，又有一支队伍，我认为可以支持他们搞些试点，先走一步。真正搞出我们自己的创新体系。

江泽民 一九九八 二月四日

1998年2月4日，江泽民总书记在中国科学院向党中央提交的《迎接知识经济时代，建设国家创新体系》的研究报告上作了重要批示。

1998年6月9日，国家科教领导小组第一次会议批准中国科学院实施知识创新工程试点工作。为了贯彻江泽民总书记的指示和中央决策，中国科学院于6月13日召开了“落实科教兴国战略，实施知识创新工程”会议，对试点工作做出部署。

为充分发挥上海地区生命科学研究队伍的综合优势和整体实力，建设有国际先进水平的生命科学研究基地，中国科学院在原有的沪区8个生命科学研究单位和两个研究中心的基础上组建上海生命科学研究院。图为上海市徐匡迪市长、中国科学院路甬祥院长为研究院揭牌。

为促进学科交叉，发挥综合优势，中国科学院在京区4个数学类研究所的基础上组建数学与系统科学研究院。图为研究院大楼改造工程效果图。

大连化学物理研究所实施知识创新工程试点工作以来，在制度创新、机制转变、明确科技目标、优选学科方向等方面取得了长足进展。图为研究所外景。

□国科学院以北京天文台为□心，组建国家天文观测□心。图为研制中的具有□际先进水平的大天区□积多目标光纤光谱天□望远镜(LAMOST)□果图。

规划中的北京中关村科学城。

1998年6月1日，中国科学院第九次院士大会在北京召开。江泽民总书记在大会开幕前会见部分院士、外籍院士和主席团成员，并发表了重要讲话。

朱镕基总理在中国科学院第九次院士大会上讲话。

李岚清副总理在中国科学院第九次院士大会上讲话。

中国科学院学部主任赵忠贤(右5，数学物理学部)、王佛松(右7，化学学部)、梁栋材(左3，生物学部)、徐冠华(左4，地学部)、王越(右4，技术科学部)访问美国科学院。

生物学部组织院士和有关专家对中国科学院知识创新工程试点单位上海生命科学研究院进行评议。

生物学部咨询组考察西北干旱情况。

地学部咨询组考察黄河断流情况。

1998年5月2日，江泽民总书记在路甬祥院长陪同下视察北京天文台怀柔观测站并题词：“发展空间天文，探索太阳奥秘”。

1998年9月24日，江泽民总书记视察中国科学院等离子体研究所。

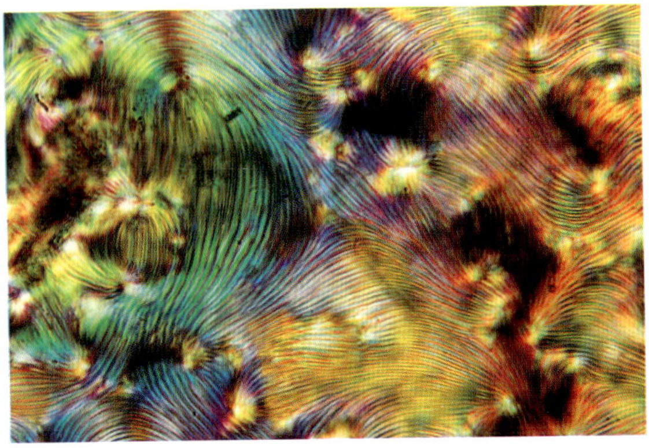

化学所高分子凝聚态的若干基本问题研究项目加速形成了有我国特色的高分子物理学学派，在国际高分子界已获得了应有的地位。图为化学所首创的固化诱发条带织构装饰技术观察高分子液晶态向错的偏光显微照相。

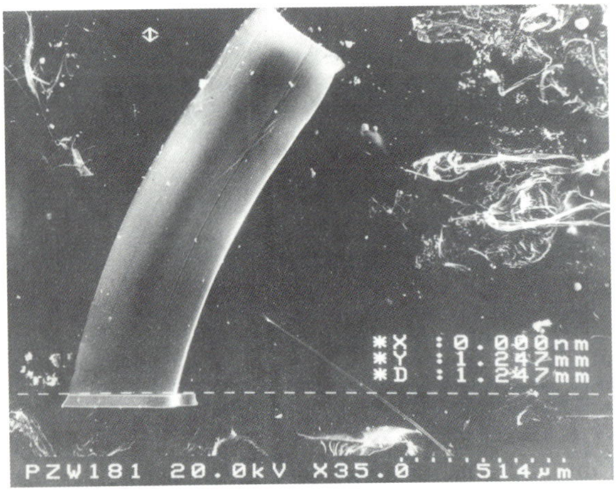

物理研究所等单位开展的纳米材料研究创国际先进水平。图为碳纳米管(2～3mm)列阵的扫描电子显微镜照片。

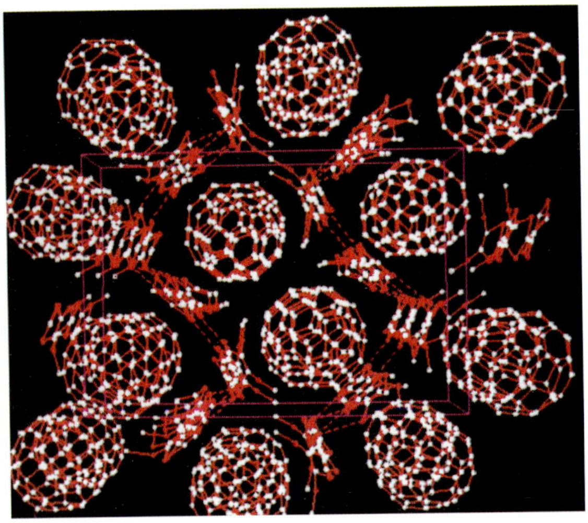

C_{60}的化学与物理研究已成为国际上热门的研究领域。化学研究所是我国从事该项研究的主要单位。该项目研究已发表论文111篇，SCI所录的被引用数达82篇次。

物理研究所首次用扫描遂道显微镜观察到新一代宽禁带半导体材料氮化镓(GaN)表面的原子排列及其4×4表面再构。这对人们从原子水平深入了解其表面结构和性质，理解其生长机制，推动此种材料的实用化和商品化，具有重要意义。

自动化所文字识别工程中心、北京中自汉王科技公司在国家“863”计划、国家自然科学基金项目支持下，从事文字识别、智能人机交互技术研究，并取得突破性研究成果，形成汉王系列产品并实现了产业化。图为路甬祥院长、严义埙副院长1998年5月观看该系列产品演示。

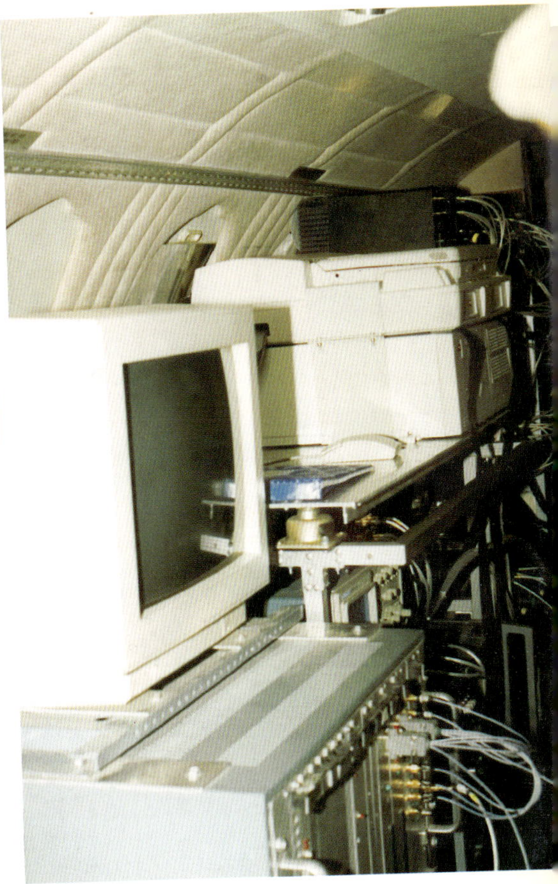

电子学研究所研制成功星载合成孔径雷达模拟样机，并对1998年长江中下游洪涝灾情和抗洪决策提供了及时准确的资料。

中国科学院有机合成工程研究中心以上海有机化学研究所为依托，从事有机新材料和新型医药、农药及其中间体的研制、生产和销售，是一个有较强研究开发能力和发展前景的高科技企业。

化学研究所工程塑料工程中心与海尔集团合作，研制成功抗菌塑料，广泛应用于家电产品。

上海冶金研究所信息功能材料国家重点实验室面向国家发展需要，形成了自己的特色和优势，取得了丰硕成果，在1998年被评为优秀实验室。

电工研究所、高能物理研究所等合作研制的阿尔法磁谱仪的关键部件永磁体，于1998年搭乘美国发现号航天飞机进入太空。这是人类送入太空的第一个大型磁体。

100kW 太阳能空调热水系统采用广州能源研究所溴化锂两级吸收式制冷机和高效平板集热器，是国内第一套大型实用性太阳能空调热水系统。图为 500m² 太阳能集热器阵列。

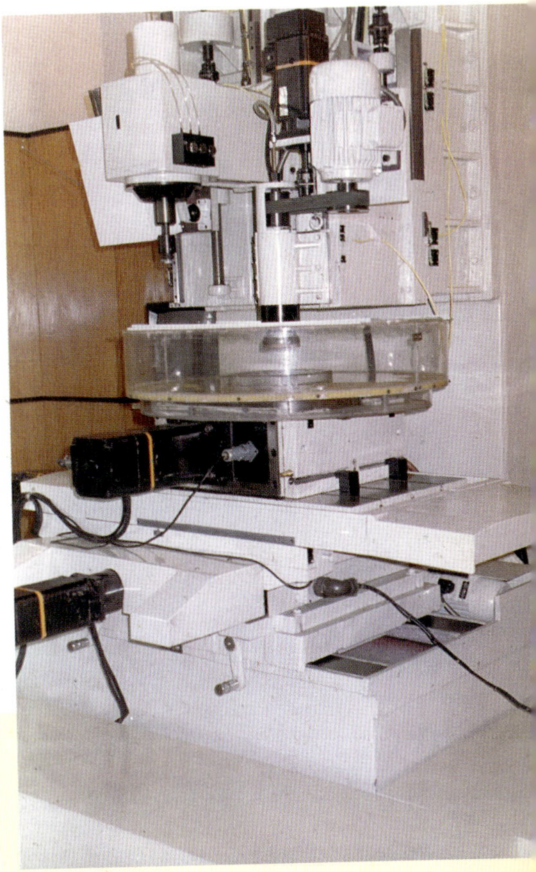

长春光学精密机械研究所研制的非球面精密加工机床及加工中心，使我国大口径非球面数控加工技术达到国际先进水平。

计算技术研究所国家智能机中心研究成功的曙光 2000I 型服务器，其计算速度达到 200 亿次／秒。

1998年12月21日，尉建行同志在中国革命博物馆举办的改革开放20年成就展览上参观中国科学院遥感卫星地面站送展的遥感卫星水灾影像图。

1998年7月7日，中国科学院在原新疆生物土壤沙漠研究所和新疆地理研究所的基础上成立新疆生态与地理研究所。

中国科学院“区域发展报告”系统评价90年代前期我国实施的区域发展政策及其效果，引起社会各界的广泛关注。图为研究组在进行研究总结和学术交流。

沈阳应用生态研究所的地下渗滤工程是城市污水处理的革新/替代技术，基建费用低、再生水质好，水回收率可达70%。图为沈阳茨榆坨采油厂宿舍区工程现场。

地球物理研究所地震波理论研究取得重要成果。图为研究组与来访的美国学者交流强地面运动预测研究的进展情况。

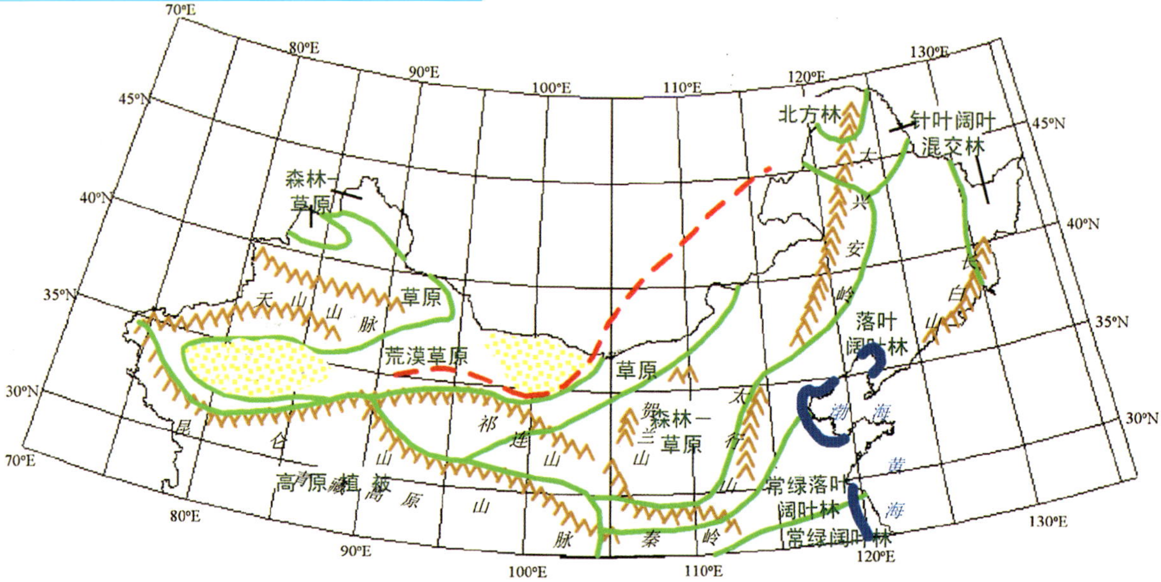

中国北方全新世适宜期(4-8.5ka BP)环境空间格局分布图

(据孙继敏，1996；董光荣，1996；施雅风，1992；本项目研究成果)

沙漠　植被分区界线　山脉　夏季风北界　海岸线

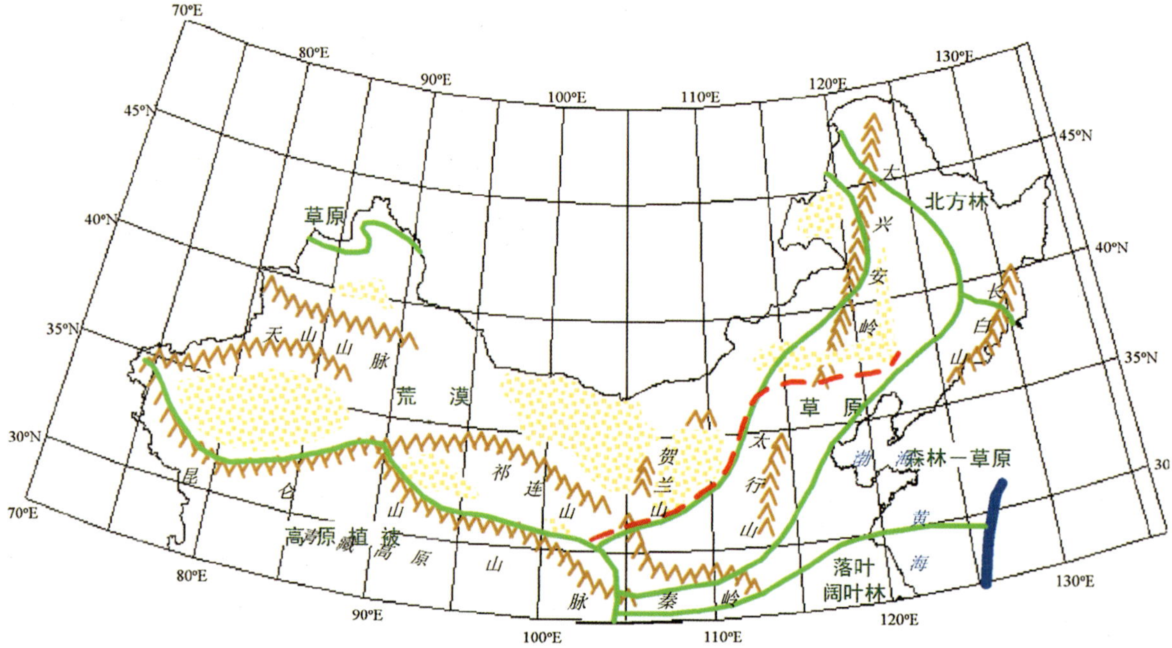

中国北方末次盛冰期(16-22ka BP)环境空间格局分布图

(据孙继敏，1996；汪品先，1996；董光荣等，1996；本项目研究成果)

沙漠　植被分区界线　山脉　夏季风北界　海岸线

地质研究所成功地开展了我国干旱半干旱区 15 万年来环境演变的动态过程及发展趋势研究。

兰州沙漠研究所通过对地层中古风成砂的研究，揭示我国沙漠形成、演化与气候变化规律。图为记录全新纪沙漠的共和剖面。

1998年完成的北京密云番字西沟泥石流防治工程，每年可减少水库泥沙1.3万吨，净化了水源，美化了首都环境。

中国科学院的科研人员参加了1998年雅鲁藏布大峡谷的科学探险考察，实现人类首次徒步穿越雅鲁藏布大峡谷。图为考察队员建立的首次考察纪念碑。

1998年11月5日至1999年4月2日，中国第十五次南极考察内陆冰盖考察队进行了我国第三次南极内陆冰盖考察。中国科学院兰州冰川冻土研究所有3名队员参加了考察。图为队员们在元旦同国旗合影。

中国科学院与辽宁省政府签订科技合作协议。

中国科学院与上海浦东新区洽谈合作项目后领导合影。

中国科学院与宁波市签署合作协议。

为建设一流研究院所，发展我国信息产业，中国科学院对计算技术研究所和联想集团进行了重大改革。图为联想集团总裁柳传志在中国科学院院属企业高级管理系统研讨会上演讲。

东方集团公司依托本院技术优势，与世界各国著名的科学仪器厂商、科研机构广泛开展贸易往来和技术合作。19年来经营额超过12亿美元。图为王津总裁陪同日本真空技术株式会社社长一行参观子公司展品室。

大连凯飞中心甲氰菊酸生产基地不仅保证了国内需求，而且通过产品辐射，打破了当时由日本住友公司垄断生产销售的局面，振兴了我国甲氰菊脂药的生产，替代了进口产品并出口创汇。

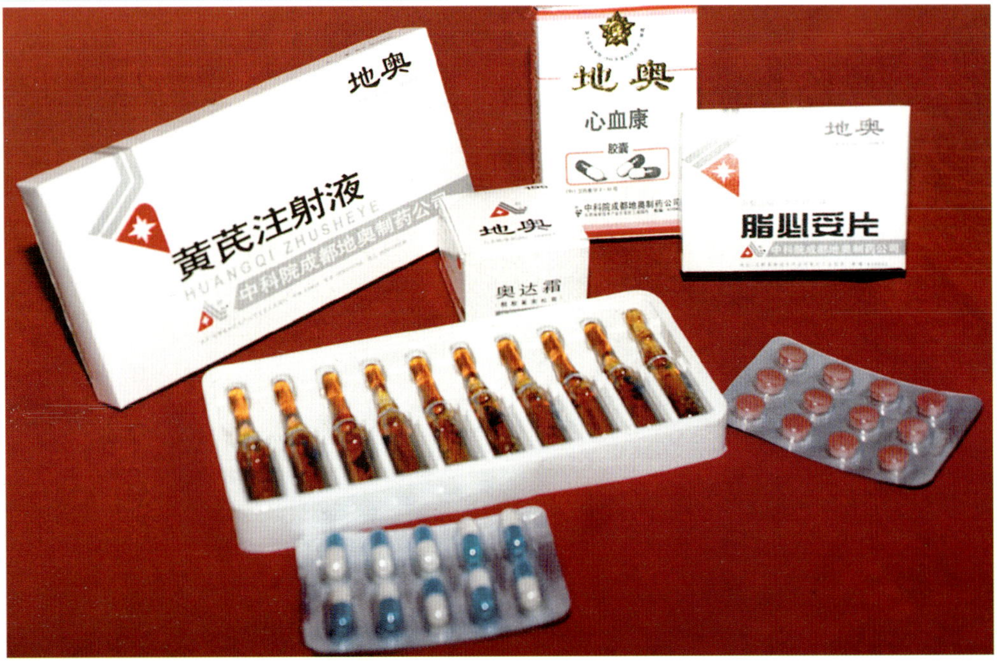

地奥集团与国内高等院校、科研院所共同建设一流实验室，研制成功具有国际水平的高技术含量、高附加值的产品——国家级新药脂必妥片、黄芪注射液等一批新药现已投放市场。

上海中科合臣化学公司总部大楼。

1998年，江泽民总书记为中国科技大学建校四十周年题词：“面向二十一世纪，建设一流大学，培育一流人才”。

中国科学院1998年度院长奖学金颁奖大会。

为扩大优秀生源，中国科学院组织全院招生单位在武汉举办大型招生咨询活动。

1998年，中国科学院召开第二次博士生重点培养基地经验交流与研讨会。

1999年春节前夕，路甬祥院长参加“百人计划”入选专家新春谈“新”会。

中国科学院进一步推进人事制度综合配套改革工作会议在西安召开。

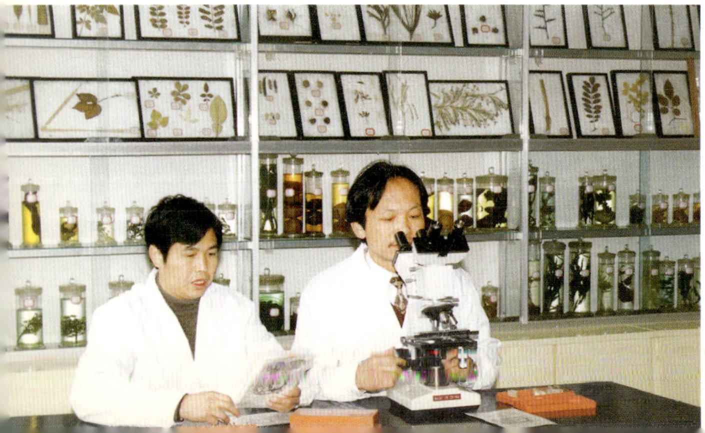

为促进国内外科技交流与合作，1998年开始实施“高级访问学者计划”，吸引高水平科技人才来中国科学院开展科研工作。图为现在植物研究所做高访学者的湖南农业大学刘选明副教授（右）在实验室用显微镜观察植物切片。

1998年11月，中国科学院知识创新工程引进优秀人才座谈会在人民大会堂召开。图为李岚清副总理等与会议代表合影留念。

1998年7月，第六届分院党组书记工作研讨会在北京召开。会议就建立创新体系、新时期分院党组工作的方向、任务、目标等进行了研讨。

1998年6月，美国康柏公司支持中国科学院“西部之光”捐赠仪式在京举行。

1998年12 月，路甬祥院长随同江泽民总书记访问俄罗斯。

1998年，法国总理莱昂耐尔 · 诺斯潘访问中国科学院。

1998年 8月3日，路甬祥院长夫妇与访问我院的日本二皇子秋筱宫文仁夫妇合影留念。

1998年10月，路甬祥院长与亚美尼亚科学院院长签订合作协议。

路甬祥院长与日本松下电器公司社长森下洋一签订合作与交流备忘录。

1998年4月8日，严义埙副院长出访捷克时与捷克科学院院长扎兰德尼克会谈。

第四届国际黄海海洋科学学术研讨会于1998年11月在青岛举行。

第十八届国际遗传学大会于1998年在北京举行。

座落在北京北郊的中国科学院职工住宅楼。

大连化学物理研究所研究生教育大厦。

中国科学院20几个研究所经过10多年的努力，建成了全国最大的科技信息服务系统—科学数据库。

上海化学新材料中试基地学术报告厅和客座宿舍。

新闻出版署首次颁发“全国优秀出版社”金牌，科学出版社榜上有名。

科学出版社新编辑大楼落成，办公条件得到改善，逐步走向办公现代化。

北京图书馆与中国科学院开展广泛合作。

中国科学院网上文献信息共享系统工程通过验收。

1998年11月，中国科学院召开纪念党的十一届三中全会20周年座谈会。

中国科学院京区党委举办学习贯彻党的十五大精神学习班。

1998年8月，京区党委举办第六期入党积极分子培训班。

中国科学院捐赠一批救灾物资运往洪涝灾区。

中国科学院年鉴(1999)编辑委员会

目　录

综 合 情 况

综述 ……………………………………………………………………………………………… (3)
中国科学院主要领导 ………………………………………………………………………… (18)
中国科学院院部机关机构 …………………………………………………………………… (19)
学部与学部工作 ……………………………………………………………………………… (23)
　中国科学院学部领导机构 ………………………………………………………………… (33)
　1998 年中国科学院院士名单 ……………………………………………………………… (35)
　1998 年中国科学院外籍院士名单 ………………………………………………………… (39)
基础研究………………………………………………………………………………………… (40)
资源环境研究与发展 ………………………………………………………………………… (48)
高技术研究与发展 …………………………………………………………………………… (54)
高新技术企业 ………………………………………………………………………………… (63)
人才培养………………………………………………………………………………………… (69)
人事制度改革与队伍建设 …………………………………………………………………… (75)
国际合作与交流 ……………………………………………………………………………… (79)
计划财务………………………………………………………………………………………… (83)
科研装备与技术监督 ………………………………………………………………………… (90)
基本建设………………………………………………………………………………………… (93)
出版与图书情报 ……………………………………………………………………………… (97)
党的建设与精神文明建设 …………………………………………………………………… (99)
中国科学院 1998 年统计公报 ……………………………………………………………… (104)
中国科学院获 1998 年度国家科技进步奖及国家发明奖情况 …………………………… (112)
中国科学院历年获国家自然科学奖、国家科技进步奖及国家发明奖统计 ……………… (113)
中国科学院 1998 年自然科学奖授奖项目 ………………………………………………… (115)
中国科学院 1998 年科技进步奖授奖项目 ………………………………………………… (118)
中国科学院 1997、1998 年发明奖授奖项目 ……………………………………………… (124)
1998 年中国科学院及各研究所主要活动或事件摘记 ……………………………………… (126)

院属各单位情况

北京地区单位 ………………………………………………………………………………… (143)
　数学研究所 ………………………………………………………………………………… (143)
　应用数学研究所 …………………………………………………………………………… (144)
　系统科学研究所 …………………………………………………………………………… (145)

计算数学与科学工程计算研究所 …………………………………………………………… (146)
理论物理研究所 …………………………………………………………………………… (147)
物理研究所 ………………………………………………………………………………… (149)
高能物理研究所 …………………………………………………………………………… (150)
力学研究所 ………………………………………………………………………………… (151)
声学研究所 ………………………………………………………………………………… (153)
工程热物理研究所 ………………………………………………………………………… (154)
低温技术实验中心 ………………………………………………………………………… (156)
北京天文台 ………………………………………………………………………………… (157)
化学研究所 ………………………………………………………………………………… (158)
感光化学研究所 …………………………………………………………………………… (159)
化工冶金研究所 …………………………………………………………………………… (160)
生物物理研究所 …………………………………………………………………………… (161)
植物研究所 ………………………………………………………………………………… (163)
动物研究所 ………………………………………………………………………………… (164)
微生物研究所 ……………………………………………………………………………… (165)
遗传研究所 ………………………………………………………………………………… (166)
发育生物学研究所 ………………………………………………………………………… (167)
生态环境研究中心 ………………………………………………………………………… (168)
古脊椎动物与古人类研究所 ……………………………………………………………… (170)
地质研究所 ………………………………………………………………………………… (171)
自然资源综合考察委员会 ………………………………………………………………… (173)
地理研究所 ………………………………………………………………………………… (174)
地球物理研究所 …………………………………………………………………………… (175)
大气物理研究所 …………………………………………………………………………… (177)
遥感应用研究所 …………………………………………………………………………… (178)
遥感卫星地面站 …………………………………………………………………………… (179)
空间科学与应用研究中心 ………………………………………………………………… (180)
半导体研究所 ……………………………………………………………………………… (181)
计算技术研究所 …………………………………………………………………………… (183)
软件研究所 ………………………………………………………………………………… (184)
计算机网络信息中心 ……………………………………………………………………… (185)
电子学研究所 ……………………………………………………………………………… (186)
自动化研究所 ……………………………………………………………………………… (187)
微电子中心 ………………………………………………………………………………… (188)
电工研究所 ………………………………………………………………………………… (189)
北京软件工程研制中心 …………………………………………………………………… (191)
北京科学仪器研制中心 …………………………………………………………………… (192)
心理研究所 ………………………………………………………………………………… (193)
自然科学史研究所 ………………………………………………………………………… (194)
科技政策与管理科学研究所 ……………………………………………………………… (195)
中国科学技术大学研究生院（北京） …………………………………………………… (196)

中国科学院管理干部学院 …… (197)
科学出版社（副牌龙门书局） …… (199)
文献情报中心 …… (200)
中国科学院印刷厂 …… (201)
北京建筑设计研究院 …… (201)
中国科学报社 …… (202)
行政管理局 …… (203)
科技物资中心 …… (203)
科技促进经济基金委员会 …… (204)
沈阳分院 …… (205)
大连化学物理研究所 …… (207)
中国科学院金属研究所 …… (209)
沈阳自动化研究所 …… (210)
沈阳计算技术研究所 …… (211)
金属腐蚀与防护研究所 …… (213)
沈阳应用生态研究所 …… (214)
沈阳科学仪器研制中心 …… (216)
中国科学院海洋研究所 …… (217)
长春分院 …… (221)
长春应用化学研究所 …… (222)
长春光学精密机械研究所 …… (225)
长春物理研究所 …… (227)
长春地理研究所 …… (229)
长春人造卫星观测站 …… (231)
黑龙江农业现代化研究所 …… (232)
上海分院 …… (234)
上海有机化学研究所 …… (237)
上海生物化学研究所 …… (238)
上海技术物理研究所 …… (239)
上海冶金研究所 …… (240)
上海光学精密机械研究所 …… (241)
上海原子核研究所 …… (242)
上海天文台 …… (244)
上海硅酸盐研究所 …… (245)
上海生理研究所 …… (246)
上海细胞生物学研究所 …… (247)
上海脑研究所 …… (249)
上海药物研究所 …… (250)
上海植物生理研究所 …… (251)
上海昆虫研究所 …… (254)
上海生物工程研究中心 …… (256)
上海文献情报中心 …… (258)

福建物质结构研究所 …… (259)
南京分院 …… (261)
紫金山天文台 …… (263)
南京地理与湖泊研究所 …… (264)
南京地质古生物研究所 …… (266)
南京天文仪器研制中心 …… (268)
南京土壤研究所 …… (269)
合肥分院 …… (272)
等离子体物理研究所 …… (273)
固体物理研究所 …… (274)
安徽光学精密机械研究所 …… (275)
合肥智能机械研究所 …… (276)
武汉分院 …… (278)
武汉岩土力学研究所 …… (280)
武汉物理与数学研究所 …… (281)
测量与地球物理研究所 …… (283)
水生生物研究所 …… (284)
武汉植物研究所 …… (286)
武汉病毒研究所 …… (287)
武汉文献情报中心 …… (289)
长沙大地构造研究所 …… (290)
长沙农业现代化研究所 …… (291)
广州分院 …… (293)
广州化学研究所 …… (294)
南海海洋研究所 …… (295)
华南植物研究所 …… (297)
广州地球化学研究所 …… (299)
广州电子技术研究所 …… (302)
广州能源研究所 …… (304)
成都分院 …… (307)
光电技术研究所 …… (308)
成都有机化学研究所 …… (309)
成都生物研究所 …… (311)
成都山地灾害与环境研究所 …… (313)
成都计算机应用研究所 …… (315)
成都文献情报中心 …… (316)
成都科学仪器研制中心 …… (317)
昆明分院 …… (319)
云南天文台 …… (320)
昆明动物研究所 …… (321)
昆明植物研究所 …… (322)
西双版纳热带植物园 …… (323)

地球化学研究所 …… (324)

西安分院 …… (326)

西安光学精密机械研究所 …… (328)

水土保持研究所 …… (329)

陕西天文台 …… (331)

兰州分院 …… (333)

近代物理研究所 …… (335)

兰州化学物理研究所 …… (336)

兰州地质研究所 …… (338)

兰州高原大气物理研究所 …… (340)

资源环境科学信息中心 …… (342)

青海盐湖研究所 …… (343)

西北高原生物研究所 …… (344)

兰州冰川冻土研究所 …… (346)

兰州沙漠研究所 …… (348)

新疆分院 …… (350)

新疆物理研究所 …… (351)

新疆生态与地理研究所 …… (352)

新疆化学研究所 …… (354)

乌鲁木齐天文站 …… (355)

院直属企业 …… (357)

中科实业集团（控股）公司 …… (357)

联想集团公司 …… (358)

中国科技国际信托投资有限责任公司 …… (359)

东方科学仪器进出口集团公司 …… (360)

深圳科健集团有限公司 …… (361)

中国科技促进经济投资公司 …… (362)

华建集团公司 …… (362)

院直属单位 …… (364)

山西煤炭化学研究所 …… (364)

石家庄农业现代化研究所 …… (365)

中国科学技术大学 …… (366)

新乡科学仪器研制中心 …… (368)

开封印刷厂 …… (368)

综合情况

综　　述

1998年是中国科学院贯彻落实党的十五大提出的各项任务，改革与发展进入新的时期并取得重要进展的一年。以江泽民同志为核心的党中央和新一届政府领导全国人民顶住亚洲金融风波的强烈冲击，战胜百年不遇的特大洪涝灾害，高度重视落实科教兴国战略，从世界科技、经济发展趋势和中国跨世纪发展的全局出发，批准中国科学院开展知识创新工程试点工作。党中央、国务院作出的这一重大战略部署体现了对中国科学院这支近半个世纪做出重大贡献的国家科技队伍的高度信任和殷切期望，使全院同志受到极大的鼓舞和鞭策。一年来，在院党组的统一部署和精心组织下，全院同志精神振奋，开拓创新，扎扎实实，全力以赴地做好以知识创新工程试点工作为核心的各项工作。深化改革，推进结构调整和分类定位工作，积极承担和完成国家、院重大科研任务，进一步加强队伍建设和人才培养工作，大力抓好党的建设和精神文明建设，积极围绕中心任务做好其他各项工作，全院工作开创了新的局面，取得了新的成绩。

一、知识创新工程试点工作开局顺利，进展良好

中国科学院在对世界经济、科技发展趋势和中国经济、科技发展战略进行研究和分析的基础上，于1997年底向中央提交了《迎接知识经济时代，建设国家创新体系》的研究报告。江泽民总书记于1998年2月4日在这份报告上作了重要批示："知识经济、创新意识对于我们二十一世纪的发展至关重要。东南亚的金融风波使传统产业的发展会有所减慢，但对产业结构调整则提供了机遇。科学院提了一些设想，又有一支队伍，我认为可以支持他们搞些试点，先走一步。真正搞出我们自己的创新体系。"1998年6月9日，朱镕基总理亲自主持的国家科教领导小组第一次会议审议并原则通过了中科院的汇报提纲，批准中国科学院率先开展国家知识创新工程试点工作。这是以江泽民同志为核心的第三代领导集体做出的面向21世纪全球化知识经济时代的政治性决策，是落实科教兴国战略的重大举措，标志着中国科技体制改革进入了新的阶段，为中科院改革与发展提供了新的难得的机遇。

院党组和各级领导高度重视试点工作的组织实施，怀着强烈的责任感和紧迫感，迅速采取有力措施，精心组织，精心实施，动员全院同志全力以赴地做好知识创新工程试点工作。6月13日，召开"落实科教兴国战略，实施知识创新工程"大会，宣布试点工作正式启动。经过2个月的广泛调查研究，在征求意见的基础上，形成《中国科学院知识创新工程试点工作实施纲要》。8月份，院党组正式确定了1998年首批启动的12项试点工作：组建上海生命科学研究院、组建数学与系统科学研究院、组建国家天文观测中心、建设北京物质科学研究基地、启动联想集团与计算技术研究所的整体改革和调整、建设上海高技术研究发展基地、启动以沈阳自动化所为核心、沈阳计算所参加的东北先进

制造技术研究基地、启动北京地球科学研究基地中的地球物理所与地质所的整合、启动西北资源环境与可持续发展研究基地中的国家水土保持科学研究中心、启动大连化物所、理论物理所和南京地质古生物所以研究所为单元的整体创新试点工作。上述试点工作，按照高起点、高标准的要求成熟一项启动一项，按照明确科技目标，优选学科方向和重点领域，调整结构，转换体制，更新机制，精干人员，建设创新队伍，建设基地和创新文化的标准做好试点工作，以期取得经验，推动全院知识创新工程试点工作的展开。

首批启动的12项试点工作取得良好的进展。计算所与联想集团的整体改革和调整、大连化物所整体试点、数学与系统科学研究院的组建方案已经院长办公会批准后正式启动，在科技界和社会上引起热烈反响和好评。其他试点单位也取得了积极的进展。物质科学研究基地、国家天文观测中心、上海生命科学研究院、地球科学研究基地（地球所与地质所整合部分）、南京古生物所、水土保持所、理论物理所等单位都提交了试点方案。院党组严格按照试点工作的目标和要求，进行了认真的审议，原则通过了南京古生物所、理论物理所、北京物质科学基地中的凝聚态物理中心的试点方案。其他试点单位将根据院党组讨论的意见对试点方案进行修改和完善，争取尽快启动。

1998年首批启动的知识创新工程试点工作开局顺利，也为开展下一步试点工作积累了有益的经验：1）认识起点要高。对我院在国家创新体系中的定位和目标等重大问题有明确认识，对做好试点工作怀有强烈的责任感、使命感和紧迫感。2）科技目标要明确。各试点单位在充分调研、征求专家意见的基础上，确立科技创新战略目标。基础研究要按照国际标准争国际第一；高技术研究与发展、资源环境与可持续发展研究不仅要达到国际一流的研究水平，同时对中国的经济社会发展要做出战略性、基础性、前瞻性的重大贡献；促进高技术产业化形成规模，或能为中国传统产业的高技术化起到带头和攻坚的作用。3）重视机制转变和管理创新。建立制度，更新机制，建立符合国情的现代科研院所制度。4）重视人才和队伍建设。这是试点工作取得成功的关键。各试点单位从改革用人制度入手，建立起有利于人才在竞争中成长的机制和制度。5）抓好宏观管理。院高度重视做好试点工作的政策导向，试行和完善今年工作会议上出台的10个试点工作政策文件，实现规范管理，加强宏观调控。

二、继续做好结构调整、分类定位工作

在启动知识创新试点工作的同时，继续抓好结构性调整和分类定位工作，努力为实施创新工程试点工作创造条件。

1998年的结构性调整和分类定位工作紧紧围绕创新工程试点工作进行，注意处理好创新工程试点与面上工作的关系。按照院的部署和要求并经院长办公会批准，1998年有46个研究所顺利通过分类定位工作的认定，为1999年试点工作的全面开展奠定了基础。1998年还完成了新疆生物土壤沙漠所和新疆地理所联合重组工作，成立中国科学院新疆生地所；批准将西安黄土室升格，成立中国科学院地球环境研究所。

在继续做好分类定位工作的同时，进一步加强了重点和开放实验室、台站的改革和建设。1998年完成对16个国家重点实验室和13个院开放实验室的评估，对1996年批准

的12个国家重点实验室仪器设备更新改造进行验收。为了加大对人的投入，1998年在5个实验室进行了“加强聘任制，推行绩效考核与奖励”的试点工作，取得了良好的效果。

三、以建设国家科学思想库为目标，学部工作迈上新台阶

1998年，中科院党组提出了学部建设的跨世纪战略目标，即通过若干年的努力，逐步把学部建设成为国家科学思想库，建设成为最有影响的国家宏观决策科技咨询系统。一年来，紧紧围绕这一战略目标组织和开展学部工作，建立了资深院士制度，召开了具有重要意义的第九次院士大会，完成了多项重要咨询和评议，推动学术交流与科普工作向纵深发展，使学部工作迈上一个新台阶。

(1) 周密筹划，精心组织，召开了具有重要意义的第九次院士大会。会议期间，江泽民总书记接见了两院院士代表并做了重要讲话，首次提出了“人类已进入信息时代，知识经济已初见端倪”的重要论断。朱镕基总理、李岚清副总理在大会上作了重要讲话，对两院和全体院士提出了新的要求和希望。这次大会极大地鼓舞了广大科技人员，对动员全国科技界积极投身到实施科教兴国战略和建设国家创新体系中来，为实现我国跨世纪的发展目标而团结奋斗，起到了积极的促进作用。

(2) 突出重点，认真组织，开展了多项重要咨询和评议工作。1998年，咨询工作取得了新进展，完成了多项重要咨询报告。组织上海、南京和杭州地区的院士和专家30多人，结合区域发展问题进行考察调研，历时一年半，完成了《长江三角洲经济与社会可持续发展若干问题》的咨询报告，受到了国家计委和有关省市的重视和肯定，有的建议已被采纳。地学部组织院士和专家9人对黄河中下游四省区进行考察，提交了《关于缓解黄河断流的对策与建议》的咨询报告，温家宝副总理在报告上做了重要批示。与中国工程院一起联合组织近40位院士和专家对我国1998年的洪涝灾害进行了研究，提交了《对1998年洪水的认识和今后工作的建议》的咨询报告，受到了党中央和国务院的重视，并在社会上引起较大反响。化学部历时两年完成了《绿色化学与技术》的咨询报告。地学部还完成了《我国地球科学发展战略若干问题——从地学大国走向地学强国》的研究报告并已出版发行，该报告将为我国制定“十五”期间学科发展战略提供参考。

1998年的学术评议工作以院知识创新工程试点工作为重点，开展了对有关基地建设方案的学术评议。数理学部完成了对我院高能物理、加速器物理的发展方向的学术评议和对数学与系统科学研究院建设设想的评议。生物学部完成了对我院上海生命科学研究院筹建方案的评议。这些评议对我院知识创新工程试点工作的顺利进行发挥了重要作用。

(3) 继续深入开展学术交流与科普工作。在圆满完成百名院士百场科技报告组织工作的基础上，开展多层次、全方位的学术交流和科普工作，并不断引向深入，取得了显著成效。在第九次院士大会期间，围绕可持续发展问题，组织两院近60名院士分6个专题进行了学术报告和讨论。地学部组织召开了关于“白垩纪地球整体事件”、“资源环境信息与数字化地球”以及“大洋钻探与古海洋学”的学术研讨会，受到学术界的高度重视。继续做好西北五省区的科普工作，先后组织院士为新疆、宁夏自治区党政领导干部和科技人员作了9场科技报告，受到普遍欢迎和好评。学部还组织院士为科大研究生院

和科大附中作了6场关于治学与做人方面的报告，受到师生们的热烈欢迎。

四、科研工作取得一批重要成果，为国民经济建设和社会可持续发展做出积极贡献

1998年，全院共有28项科研成果获国家级奖励。其中获国家科技进步奖24项，“2.16米光学天文望远镜”、“无缆水下机器人的研究、开发与应用”获得一等奖；获国家技术发明奖4项。院成果奖共评出194项（含1997年发明奖15项），其中自然科学奖73项（一等奖10项，二等奖34项，三等奖29项）；科技进步奖94项（特等奖3项，一等奖13项，二等奖38项，三等奖40项），获特等奖项目为：“中关村地区教育与科研示范网络主干网（NCFC）”、“国家资源环境遥感宏观调查与动态研究”和“风云二号地球同步气象卫星多通道扫描辐射计”；发明奖12项（特等奖1项，一等奖2项，二等奖7项，三等奖2项），获特等奖项目为：“棉属种间杂交育种体系的创立”。

1. 科研工作取得一批重要研究成果

1998年中科院基础研究领域有多项科研工作取得突破性进展。碳纳米管列阵的制备方法研究取得了重要进展，制备出了结构优异的碳纳米管列阵，《Science》对此给予高度的评价；解决了在复杂条件下HT-7超导托卡马克的控制问题，获得了高净度的等离子体，并在深度加料等关键技术上取得了一系列突破；具有创新特色的中能重离子放射性束流线胜利建成并投入运行，为我国开展放射性束物理这一国际前沿领域的研究创造了有利条件；Rb原子激光囚禁获得成功，为进一步开展原子光学等前沿课题奠定了基础；激光极化^{129}Xe气体磁共振成象获得成功，为采用这一技术的生物活体成象研究打开了大门；高分子共混填充增强增韧技术获得突破；采用“还原热解催化技术”制成金刚石粉，受到《Science》和美国化学与工程新闻的好评。在生命科学与生物技术领域，与国内有关单位合作，我国首例体细胞克隆山羊获得成功，动物发育生物学研究取得重大进展；乳腺反应器转基因动物研究在国内处于领先水平；基因工程凝乳酶研究取得创新性成果。在环境科学研究领域，气候系统模式、气候数值模拟及气候预测理论研究、古生物和地层学研究、我国干旱半干旱区十五万年来环境演变动态过程及发展趋势研究、地震波波形研究、中国沙漠形成演化与气候变化研究等取得了一批研究成果。在高技术研究领域，5.1～8.16μm中、远红外波段量子级联激光器研制成功；高精度光学非球面数控加工技术及FSGJ-1非球面数控加工中心技术解决了“非球面的加工与检测”这个光学界面临的难题；超短脉冲高功率激光发展中的系列创新技术为我国新一代超短脉冲高功率激光的研究、发展与应用做出了系统的发明创造。

2. 为促进国家经济建设和社会可持续发展做出积极贡献

中科院科研人员通过辛勤劳动，不但在科学研究上取得了一批重大成果，也为促进国家经济建设和社会可持续发展做出了积极贡献。

在农业、生物、新药研制等方面，水稻基因组测序和重要基因分离应用的研究工作

已经启动，将为有序地改良水稻品种提供科学依据；初步构建了植物突变库，为农、林、医药及生物学有关单位使用寻找有用基因提供高效手段。在世界上率先应用分子标记辅助育种技术育成抗白叶枯病杂交水稻，为解决我国目前推广的多数杂交稻因缺乏对白叶枯病的抗性而影响丰产性和稳产性提供了一种新方法，拓宽了作物抗病育种的新途径。通过离子束育成的早籼S9042和晚籼9055在三熟田种植，两季超吨粮，目前已推广73万公顷，增产粮食4.8亿公斤。用离子束介导法将玉米多酶系基因转入水稻，经12代种植，其光合效率比原品种提高了80%。新药研究及与企业合作取得新进展，有6个产品进入临床，1个将取得生产批文，1个将进入临床；首家用生物工程技术完成了十二碳二元酸的工业化生产和十五碳二元酸的中试研究，用生物技术解决了化学难以合成的二元酸，显示出生物化工的实用化前景。

在资源环境领域，“我国金矿找矿与采选冶关键理论和技术研究”发现并证实了胶东“层间滑动角砾岩型”新类型金矿，为在该区域寻找超大型金矿奠定了坚实的理论基础。土地处理系统-城市污水处理革新替代技术研究实现了替代二三级处理的工艺目标，处理费用降低一半，为成果的广泛推广奠定了基础。

在信息和自动化、能源、化工材料、空间和光机等领域，“中关村地区教育与科研示范网络主干网（NCFC）”的建设，为我国科技人员创造了良好的科研环境，对于促进我国科技事业和国民经济的发展发挥了重要作用。阿尔法磁谱仪（AMS）永磁体系统于1998年6月搭载美国卫星完成了首次空间实验任务，推动了我国永磁体设计制造技术、钕铁硼材料的研制、航天器设计制造技术以及粒子物理探测技术的发展。50MW（5万千瓦）蒸发冷却水轮发电机在提高材料利用率的同时提高了运行的可靠性，为400MW以上的蒸发大电机的设计、制造、运行提供了很好的参考数据。燃烧气脉冲除灰技术研究成果对我国电力工业的节能和技术进步具有重大的意义。激光法制备吨级纳米硅基陶瓷粉技术及试生产系统为高技术领域的发展提供了重要的基础材料。橡胶部件激光在线检测系统已研制了四套设备，实际运行效果良好。

在抵御1998年特大洪涝灾害的工作中，中科院联合有关部门运用卫星、遥感技术、遥感飞机等高技术手段进行洪涝监测和评估，发布监测通报50期，其中3期特别重要通报呈送中央领导，及时、准确地为中央和地方政府的决策提供了重要依据，受到国务院办公厅通报表扬，李岚清副总理对中科院的灾情监测和评估工作予以充分肯定。中科院有5个单位和10位个人获得国家科技部抗洪救灾先进单位和先进个人表彰。

3. 促进高技术产业化与企业发展取得新的进展

1998年院经营业绩较好的重点科技企业（前30家）营业收入总计为231亿97万元，利润总额8亿95万元，上缴税金3亿07万元，与1997年相比，3项指标分别增长142.38%、75.53%和67.24%。重点科技企业目前共有职工16579人，为社会提供就业14637人。联想集团全年的销售收入可望达到160亿元人民币左右，比去年增长28%；实现利税4亿元左右，比去年增长13%，继续保持国内市场占有率第一，在亚太地区的市场占有率由1997年的第5位跃升到第3位。中科集团1998年改制为中科控股，以主导产业为基础大大加强了资本经营，积极参与和促进院外成果转化和高技术产业化方面的工作。深圳科健集团公司经过三年改革，并通过股权转让引进新的经营管理机制，陆续形成了医疗电子、数字消费电子、信息网络技术三大产业，经营状况全面好转。东方集团公司千方百计克服亚洲金融危机带来的负面影响，1998年进出口总额已超过1.3亿元，超历史记录。中国科技促进经济投资公司积极支持科技成果产业化。华建公司净资产在一年内升值5倍，对实现技术创新、成果转化、产业发展的良性循环做了有益的探索。成都地奥制药公司、上海尼赛拉传感器有限公司、大连凯飞高技术发展中心、上海有机所技术开发公司、沈阳昌普公司等一批所办企业仍保持较好发展态势。

五、争取承担国家科研项目和任务保持良好势头，院内重大项目管理取得可喜进展

1. 积极组织和争取承担国家重大科技任务

经过两年多的工作，中科院争取“九五”国家攀登预选项目工作取得较好成绩。在51个项目（含7个专项）中，由中科院组织实施的有20项（含1个专项）；由中科院担任首席科学家的有33项。1997年已到位经费4150万元，1998年到位经费将不少于去年。由中科院牵头的5个攀登计划项目(B)继1997年中期评估之后，1998年已全部完成，各项目将以具有先进水平的研究成果和高质量的论文来迎接国家科技部的验收。

国家大科学工程的立项与建设取得了重大进展。大天区面积多目标光学光谱天文望远镜1998年底完成初步设计和概算，将于今年上半年提交开工报告。国家同步辐射实验室二期工程初步设计和概算已经国家计委批准。兰州重离子加速器冷却储存环和合肥HT-7U超导托卡马克核聚变实验装置项目建议书已得到国家计委的批准，后者的可行性研究报告已通过论证。上海同步辐射装置的预制研究任务已由国家计委下达，正在开展预制研究工作。其他国家大科学工程预选项目的争取工作也正加紧进行。

由国家科技部组织的第一批“国家重点基础研究发展规划”项目立项工作基本完成。我院第一批争取立项工作取得优异成绩，批准启动的15个项目中，有7项是中科院申报的，13项有中科院科研单位的参与。

争取国家基础科学人才培养基金、杰出青年基金、基金委重大、重点项目基金、“863”计划项目、“九五”国家攻关项目、国家重大任务继续保持良好势头。

2. 继续做好“九五”院重大、重点项目的落实、部署和中期评估工作

1998年，院“九五”重大、重点项目已全面进入部署和落实阶段。各业务局在抓紧落实项目工作中，精心组织，精心实施，各项工作进展顺利。注重了跨学科、跨领域项目的组织协调，配合了国家重点基础研究发展规划项目、国家自然科学基金项目的争取。“九五”院特别支持项目和重大项目中期评估工作已做出安排。已开始对第一批启动的重大项目进行评估工作，1998年年底前结题的“九五”院基础研究重点项目验收工作完成部署。继续对探索性、创新性、新的生长点的预研性工作进行支持。

六、队伍建设取得新进展，人才培养工作再上新台阶

高度重视并采取切实措施加强领导班子建设，领导班子年轻化迈出较大步伐。重点加强了对优秀年轻干部的选拔和培养，使一大批优秀年轻干部进入了所级领导班子。1998年新提拔进入所级领导班子的干部中，45岁以下的占62%，其中相当一部分是30多岁的优秀年轻干部，如大连化物所的新班子，平均年龄不到40岁。完成换届的近40个领导班子中，以中青年干部为主组成的占56.6%。目前，全院所级领导干部的平均年龄为51岁，比去年有所下降。45岁以下干部已占领导班子成员总数的26.8%，比去年提高了5.5个百分点，老、中、青干部在总体中所占比例大约各为三分之一，一个以中、青为主体，老、中、青相结合的领导班子新格局已初步形成。在搞好年轻领导干部选拔的同时，加强了对他们的培养、教育。院先后举办多期研讨班、培训班进行培训；召开了后备干部工作会、分院党组书记会，专题研讨；同时，院党组成员亲自出面，与年轻领导干部谈心，帮助他们开拓思路，解决问题；还要求各单位党政一把手和班子老成员从培养跨世纪接班人的高度，搞好传、帮、带；把对年轻领导干部的培养教育贯穿于班子建设的始终，收到了较好的效果。

科技队伍建设取得新成绩。在调查研究的基础上，制定了《关于进一步加强科技队伍建设着重推进重要职位上科技人员新老交替的指导意见》，严格控制离退休高级专家的回聘和部分高级专家离退休时间的延长。推进了科技队伍从以中老年为主向中青年为主的转变。目前，全院科技人员中45岁以下的占60%，其中研究员队伍中45岁以下人员的比例比去年提高了近5个百分点。在发挥老一代科技人员作用的同时，给中青年科技骨干压担子，使他们尽快挑起跨世纪的重担。加强了“百人计划”和“西部之光”等重要人才工程的建设。1997年招聘的80多位“百人计划”入选者，除经批准延期到位的少数专家外，绝大多数入选者都在规定的时间内到位并开展工作。“西部之光”计划取得新的突破，地方政府积极参与“西部之光”的立项、评审和考核，并增加了对“西部之光”的投入。新疆、甘肃、云南等省市自治区与中科院联合成立了“西部之光”协调工作领导小组，并程度不同地落实了对“西部之光”项目经费的匹配支持。1998年新推出的高级访问学者制度也取得了积极成效，首批来访者79人，其中62人具有博士学位，占76%；25人来自海外，占31%。

研究生培养工作取得新进展。1998年新增博士学位授予单位5个、硕士学位授予单位1个，新增一级学科授予点24个，新增博士学位授予点17个、硕士学位授予点28个，使全院博士学位授予单位达到104个，硕士学位授予单位123个，博士学位授予点276个，硕士学位授予点429个。研究生培养规模和博士生比重都有了较大增长。1998年共招收研究生3761人，其中博士生1720人，占45.7%。目前，在学研究生达到11025人，其中博士生4928人、硕士生6097人。在发展规模的同时，狠抓培养质量。严把博士学位授予质量关，实行了博士论文复审制度。硕博连读试点工作初见成效，1998年全院录取硕博连读生369人。积极探索研究生培养的新形式，推进产、学、研合作培养研究生，1998年地质所与石油大学合作，试行共同为石油天然气总公司和胜利油田培养博士生。

博士后工作健康发展,新增博士后流动站15个,使中科院博士后流动站总数达到98个,在站人数达730人。

以校庆40周年为契机,中国科学技术大学第三次创业向纵深发展。江泽民总书记专门为科大建校40周年题词:“面向二十一世纪,建设一流大学,培育一流人才”,极大地鼓舞了全校师生。中国科大的办学目标更加明确,凝聚力增强,教学质量、科研水平有进一步提高,办学条件也有了较大改善,获得了更多的外部支持。科大研究生院和管理干部学院积极探索教学新模式和人才培养新途径,深化改革,完善管理,取得了一定成效。

留学工作取得新成绩。坚持精选精派的原则,进一步调整了留学人员的选派政策,向重点领域和学科方向上的中、青年科技骨干和学术带头人倾斜。加强了与海外留学人员的沟通、联络,特别是与海外留学人员科技协会和专业组织的联络,建立了“海外优秀人才库”。通过举办海外青年学者学术讨论会,资助海外优秀人才到中科院做短期合作研究等形式,发现和跟踪优秀人才,争取他们到中科院工作。利用择优支持等项目,资助了175位留学回国人员。

在职培训工作继续有所加强,专题培训工作取得较好效果。配合知识创新工程试点工作的开展,先后举办了两期“知识创新工程试点单位领导干部培训班”,共200多人参加了培训。通过培训,使试点单位的领导干部明确了开展知识创新工程试点工作的意义、目标和步骤,提高了认识,统一了思想,增强了责任感和紧迫感,保证了知识创新工程试点工作的顺利进行。管理队伍的日常培训稳步发展,通过举办管理知识讲座和研讨,支持管理干部修读管理方面的研究生课程,开展法律、计算机和外语知识的培训等多种形式,提高了管理队伍特别是高中级管理人才和青年管理骨干的素质。

七、院地合作与国际交流进一步扩大和加强

1. 院地合作出现新局面,产学研联合工程取得新进展

促进科技与经济紧密结合,推动一部分研究所成为在国民经济建设服务中的有生力量,积极为区域经济和社会发展做贡献,是院的一项重要工作,同时也是院知识创新工程试点工作的重要内容之一。1998年在全国人大、全国政协两会期间,中科院接待了云南、辽宁、江苏、浙江4省,沈阳、青岛、宁波、嘉兴、淄博、辽阳、丹东等7市以及上海浦东新区等有关领导来院访问,掀起院地合作新的高潮。1998年,院共与9省市、上海浦东新区签署科技合作协议,形成以辽宁、江苏、浙江、上海、云南、青海、内蒙古等省市区为合作重点的新格局。以项目为切入点,形成技术、人才、资金、基地建设全方位的合作,经过努力已取得较好成绩。同时,积极承担院省合作项目,组织申请中外合作项目等。通过确定一批合作项目,推动了有关研究所以多种方式积极与社会生产要素结合,促进自身改革与结构性调整,得到地方政府的支持,扩大了院在社会上的影响。

积极组织推荐国家产学研项目。1998年6月,院与经贸委为“产学研激光毛化技术应用推广中心”正式挂牌,1998年在甘肃、广州等地的薄板厂继续推广该项技术的应用,并取得良好的社会效益和经济效益。全三维公司的第三代汽轮机改造技术、沈阳自动化

所的先进制造技术、华建集团的机器翻译技术以及联想集团的中央处理器及平台系统四个高技术项目被列入国家经贸委技术创新计划。

2. 与港澳和台湾地区的科技交流取得可喜进展

1998 年，中科院与港澳科技交流的特点是，港澳大学与中科院交流和投入资金较多；同时，中科院与港澳企业界接触和合作明显增多。为支持香港经济的发展，用好其窗口功能，加强了与香港的合作力度，对香港中药、生物技术以及动植物培育产业化等方面提出项目建议书，已送交特别行政区政府。为迎接 1999 年澳门回归祖国，院抓住时机开展一系列工作，组团参加了在澳门举办的“尤理卡计划（会合）亚洲”活动；组织中科院研究所与澳门企业商洽合作项目；与澳门生产力暨科技转移中心签署人员交流协议，首批人员已经派出。1998 年初，院组团参加在台北举办的第二届 APEC 技术博览会，展会期间，约有数千人参观中科院近 100 项科技成果，显示了中科院的科技实力。通过展会，增进了与台湾地区的相互了解，并与 27 家企业和研究开发机构建立联系，达成了合作意向。

3. 国际合作与交流进一步扩大

1998 年，中科院国际合作高层次互访频繁。路甬祥院长随江泽民主席出访俄罗斯和日本，并率团赴德国、法国、美国访问。严义埙副院长率团访问美国。日本秋筱宫文仁亲王和王妃一行来华访问，前往云南进行原鸡的学术考察。法国总理若斯潘率领法国政府代表团来华访问的第一项活动就是到中科院中法联合实验室访问。

与国外共建实验室为中科院国际合作交流注入了新的活力。大连化物所与法国科研中。心里昂催化研究所建立中法催化联合实验室的筹备工作取得实质性进展；中科院与德国马普学会在沈阳金属所和上海天文台，分别筹建了纳米材料科学马普青年伙伴小组和宇宙学马普青年伙伴小组；上海有机所与英国联合利华公司研究部已建立了联合实验室。

中科院和国际著名跨国公司的交流继续发展。美国 IBM 公司、AT&T 公司、通用汽车公司、3COM 公司、日本富士通、松下、三菱、丸红等相继派出重要团组来院商谈共建研究中心、合作项目等事宜。

积极争取国际组织的资助、开展多边的国际交流的工作取得了进展。中科院有多个科技项目获得国际资助，有力地促进科研工作，如德国巴斯夫公司将资助中科院与德国开展各种形式的合作研究；日本政府向陕西天文台提供卫星时间传递系统的仪器设备，使陕台授时系统提高两个数量级，成为时间基准研究的世界五强之一。

八、党的建设和精神文明建设得到进一步加强，为院的改革与发展提供思想政治和组织保证

1998 年，全院各级党组织高举邓小平理论伟大旗帜，联系实际深入贯彻落实党的十五大和十五届三中全会精神，贯彻落实江泽民总书记对我院汇报提纲的批示精神，在服

务于科技中心工作和知识创新工程试点工作中，积极探索科研事业单位、科技企业单位党的建设的组织形式和活动方式，全面加强党的思想、组织和作风建设，团结、凝聚和带领广大科研人员和群众，为实现中科院1998年工作会议提出的各项任务和推动知识创新工程试点工作的顺利开展而努力奋斗，发挥了政治核心和战斗堡垒作用。

在思想建设上，各级党组织认真贯彻落实中央《关于在全党深入学习邓小平理论的通知》精神和院党组的有关部署，组织党员特别是党员领导干部学习邓小平理论，结合科技工作和中科院改革与发展的实际，认真研读《邓小平论科学技术》和《邓小平科技思想学习纲要》两本书，深刻领会邓小平理论特别是邓小平科技思想的精神实质。中央和国务院批准中科院开展知识创新工程试点工作后，各级党组织及时组织广大党员干部学习中央和国务院的有关指示精神和江总书记的重要批示，学习院党组的有关文件精神，深刻领会中央这一战略部署的重大意义，提高认识，统一思想，增强了做好知识创新工程试点工作的责任感、紧迫感和自豪感，为知识创新工程试点工作的顺利开展打下了坚实的思想基础。

各级党组织与本单位行政领导紧密配合，把指导解决本单位改革、发展特别是实施知识创新工程试点工作中出现的实际问题作为重要任务，有针对性地做好思想政治工作。知识创新工程试点工作开展后，各级党组织及时分析、掌握职工的思想动态，不断探索思想政治工作的新方法、新途径，认真做好各种利益关系调整中的疏导和协调工作，化解矛盾，理顺情绪，维护稳定，充分发挥了思想政治工作的导向、激励和保障作用。

在组织建设上，各级党组织着重抓了领导班子建设。认真落实中央关于“加强对基层单位民主生活会指导”的要求，促进了基层单位民主生活会质量的提高。在基层党支部中广泛开展“争先创优”活动，促进了基层党组织整体工作水平的提高。大力表彰在各方面工作中涌现出来的先进单位和个人，为基层党组织和广大党员树立了一批先进典型。严格执行“十六字”方针，加强对入党积极分子的培养教育，积极在中青年科技人员和管理骨干中发展党员。

在作风建设上，大力倡导“理论联系实际，密切联系群众，批评和自我批评”的三大作风，努力推动广大党员特别是党员领导干部工作作风的转变，收到了良好的效果。

各级党组织还加强了统战工作和对工会、共青团、妇委会、侨联和职工代表大会的政治领导，发挥它们联系、凝聚和带领广大群众的桥梁纽带作用。

1998年，中科院精神文明建设取得新进展。精神文明建设的工作机制初步形成。制订了《中国科学院1998年至2002年精神文明建设规划纲要》，明确了今后5年中科院精神文明建设的指导思想、目标任务和政策措施。群众性精神文明创建活动蓬勃开展。一年来，各单位普遍开展了争创“双文明建设先进单位”和“双文明建设标兵”活动。创建活动不断延伸、辐射，已经渗透到工作、服务和生活等多个方面。各级工青妇组织开展的送温暖献爱心、青年志愿者、青年文明号和五好文明家庭活动，以群众较为关心的问题为切入点，与解决实际问题紧密结合，受到广泛欢迎；“窗口”岗位普遍开展的讲文明、树新风，争创“文明窗口”活动取得一定成效。以“建设优美环境，树立良好形象”为目标，科技园区建设迈出了新步伐。在精神文明建设中，先进典型发挥了教育和示范作用，特别是我国著名的战略科学家蒋新松和身患癌症仍拼搏不已的武汉水生所研究员李植生的先进事迹，极大地鼓舞和教育了全院职工。在1998年抵御特大洪灾的斗争中，全院广大干部职工发扬团结互助的精神，踊跃为灾区捐款捐物（折合人民币2300多万元）。

纪检监察工作取得新成效。1998年，各级党组织和纪检监察部门继续扎实抓好中纪委第八次全会部署的各项工作的贯彻落实，进一步加大反腐败工作力度，强化党风监督机制，加强案件查办工作，深入开展党风廉政教育，推进我院党风建设和反腐败斗争的深入开展，收到了良好的效果。

九、为实现我院发展目标做好各项工作，提供良好支撑条件

科学园区建设是知识创新工程试点工作的重要组成部分。为了配合中心工作，1998年院在基本建设管理上贯彻了规划先行原则，根据学科目标、现状、环境治理和资源利用进行统筹规划，完成了中关村基础设施改造规划和上海生命科学园区规划，并在小区规划、基础设施规划等方面成立了专门小组加强管理与协调，使各项工作取得初步进展。在做好规划工作的同时，加强建设工程管理，建立并完善各项制度，狠抓工程质量。1998年全院开复工面积85万平方米，其中住宅面积52万平方米；全院各类建设项目竣工面积为20万平方米，其中住宅竣工面积12万平方米（折合标准住宅2181套），占全院竣工面积的60%，工程质量良好。

各项综合管理得到进一步加强和完善。中科院科技人员专利和知识产权保护意识进一步增强，专利申请量实现了三年翻一番，1998年有望突破1000件。积极推动科学仪器协作共用网的建设工作，实行资源共享，1998年又建成了长春、沈阳、武汉三个地区协作网。中科院与科技部、教育部共建的北京质谱中心正式挂牌运行。管理信息系统（MIS）建设有了较大进展，完成了《1998～2000年中国科学院管理信息系统建设总体规划》，现已组织实施，第一阶段工作全面展开。组织院近20个单位开展院MIS试点工作，并取得较好的经验。全院档案工作目标管理活动取得丰硕成果，长春应化所、长春光机所2个单位达到国家一级标准，上海技物所等26个单位达到国家二级标准，大气所等80个单位达到院一级标准。通过这项活动，全院档案工作水平上了一个新台阶。

出版和文献情报工作1998年取得了新的进展。组建科学出版集团的方案已提交国家新闻出版署，争取纳入全国出版集团的试点。以出版报刊为主的新闻传播中心正在以创新的思路加紧改革组建报业集团。经过3年努力，新闻出版署批准中科院成立北京希望、中科多媒休、大恒三家电子出版社，使中科院电子出版工作在正规化、规模化方向迈出了坚实的一步。全院网上文献信息共享系统第一期工程作为提高全院文献情报工作信息网络化的服务水平和质量的重点项目，在软件国产化改造、网上文献信息资源的建设等方面取得了一批成果，并在实际服务中取得了较好效果。

全院审计工作按照为院结构性调整和知识创新工程试点工作服务的总体要求，1998年共完成12个单位的离任审计，完成审计署统一项目，加强对内审工作的指导和监督。科技安全工作在维护稳定、保障科研生产安全、治安综合治理、严格保密管理等方面取得了可喜进展，有效地保障了中科院改革和科研工作的发展。离退休干部的政治、生活

待遇得到进一落实，老同志在中科院改革与发展的各项工作中发挥了积极作用。

十、1999 年工作要点

1999 年是中国科学院改革与发展的关键一年。知识创新工程试点工作将全面展开，基地型研究所分类定位工作应基本完成，国家“九五”计划将进入攻坚和规划“十五”计划的重要阶段。中科院还将以改革创新的新成绩隆重庆祝建国 50 周年和建院 50 周年。任务艰巨，工作繁重。全院同志在新的一年里，要高举邓小平理论的伟大旗帜，深入贯彻党的十五大和十五届三中全会的精神，振奋精神，团结一致，开拓创新，勤奋工作，不辜负党中央、国务院和全国人民的期望，努力完成历史赋予我们的神圣使命，为中国科学院跨世纪的发展，为落实科教兴国和可继续发展战略做出新的、更大的贡献，以新的姿态昂首迈入 21 世纪。

根据院党组的部署，全院 1999 年工作要点是：

1. 进一步明确科技创新战略目标，部署科技重点领域、重点方向和重大项目

全院同志要认真学习邓小平同志从战略高度观察世界的思想方法，把握科学技术迅猛发展的时代脉搏，深刻分析世界科技发展趋势和知识经济及社会发展态势，认识我们面临的机遇与挑战。要在院所两级进一步组织好科技创新战略目标的研究，真正凝练出符合国家战略目标和国际科技发展趋势、能够发挥我院综合性整体优势的战略方向和重点领域。结合国家各个重大科技项目序列，作出战略性、基础性和前瞻性的科技创新部署。切实抓好一批在 2～3 年内能取得重大成果的示范项目，布局一批前瞻性的重要科技生长点。1999 年第一、二季度提出部署院科技创新重点领域、重点方向和重大项目的思路、原则和操作方案，争取第三季度付诸实施。

2. 开创学部工作的新局面

进一步加强作为国家科学思想库重要组成部分的中国科学院学部的建设，更好地发挥中国科学院院士和学部的重要作用。努力提高咨询评议工作的质量，主动与国家主管部门和院机关业务局联系，争取更多的重大委托咨询评议任务，对国家经济、安全、科技、教育与社会可持续发展提供高层次的科学咨询，力争取得实质性进展。要加强学部与科研实体之间的联系，进一步发挥在规划制定、重大立项评估、学术带头人遴选、成果和科研基地、改革方案评价等方面的作用。要加强学术交流和科学普及工作，加强宣传院士的优良学风、科研道德和爱国精神，为在全社会普及科学知识、弘扬科学精神，宣传科学思想做出贡献。要依据章程，简化程序，精心组织，探索更加严格、科学的推荐评选办法，认真做好本世纪最后一次院士增选工作。

3. 全力推进知识创新工程试点工作

要在 1998 年试点工作基础上，进一步推进 1999 年创新工程试点工作。1999 年进行知识创新工程试点工作的基本原则是：整体规划，明确目标；坚持标准，突出重点；调

整结构，创新体制；精干队伍，转变机制；改善环境，建设制度；扩大开放，促进联合。

1999 年要开展知识创新工程第一阶段的大部分试点工作，启动知识创新工程试点的单位总量为 35 个（包括去年已启动的单位）。必须坚持在整体规划指导下，高标准、严要求，成熟一个启动一个的原则。涉及的研究所，必须按照知识创新工程试点工作的要求，进一步明确科技目标，转变机制，精干队伍，加大改革力度，并取得实质性进展。坚持突出重点，有先有后，让一部分研究所先发展、先改善，进而带动和加速全院改革与发展，最后达到共同发展的思路。

4. 完成基地型研究所的分类定位工作

按照三年完成 80 余个研究所结构调整和分类定位认定工作的计划，今年要完成基地型研究所分类定位工作。已被认定为科研基地型的研究所，要按照知识创新工程试点工作要求的高标准进一步深化改革，把工作重点转移到实现科技目标、建设创新队伍、改革管理体制与转换运行机制方面上来。

在去年试点的基础上，展开技术开发型研究所的结构性调整工作。这些研究所要坚定不移地进入经济建设主战场，大胆探索有利于提高技术创新能力和市场竞争能力、有利于科技与经济结合、有利于自身发展的体制和运行机制。通过转制、共建等方式，成为推进企业、行业、地方经济和社会发展的一支重要的科技开发力量，在国家创新体系的建设中找到自己的位置。院将按照择优支持的原则，给予必要的政策引导、精神鼓励和资源支持。

5. 认真做好“九五”国家和院重大科研项目的组织实施，启动争取“十五”国家科研项目的立项工作

要强化“九五”国家和院重大科研任务的组织管理和实施工作，保证科研项目如期顺利完成。要做好院重大项目的宏观管理工作，加强项目的中期评估和检查，制定“九五”重大项目验收办法。进一步加强国家重点实验室和开放实验室的管理，结合创新工程试点工作的实施，促进重点开放实验室的改革与发展。要抓住机遇，继续全力做好大科学工程、国家重点基础研究发展规划、技术创新计划、攀登计划、重大和重点基金项目、“863”计划项目等国家重大科研项目的申报和争取立项工作。要根据知识创新工程试点工作确立的总体科技发展战略和目标，制定规划，统筹协调，尽快启动争取“十五”国家重大科研任务的立项工作。

6. 鼓励和支持高技术企业的发展壮大

通过改革、改造、改制和加强管理，继续鼓励和支持院高技术企业的发展，加紧做好企业认定和相关政策的落实，以联合、重组等方式积极推进企业的股份制改造和股票上市工作。筹措发展资金，调整和优化企业结构，壮大企业规模。要进一步规范企业管理，做到事企分开，加快推行董事会制度，促进现代企业制度的建立。要积极探索和利用风险投资机制，孕育和发展科技产业，为调整我国产业结构和增强竞争能力作出贡献，努力实现我院“成为促进我国高新技术产业发展的基地”的目标。

7. 加强政策研究，制定为创新工程试点提供支撑的核心政策、评价标准和方法

通过应用政策研究和知识创新工程试点工作的实践，并在吸收国际现代科技管理经验的基础上，在现代研究院所制度、科技资源争取和配置、队伍建设与激励、服务与支撑体系、评价与监督机制等方面，提出措施得力、导向明确、制度规范、符合科技创新活动规律、适合我国社会主义市场经济环境和国情的新体制、核心政策、评价标准与评价方法。既要注意到科技工作的共性原则，又要注意到不同性质科技工作以及不同学科的差别和发展形式的多样性，将充分的学术自由和有力有效的科研组织、管理、评价结合起来。

8. 深化人事制度改革，加快培养跨世纪科技人才的步伐

发现、吸引、培养和支持优秀科技人员是创新工程试点的基础与关键。要深化人事制度改革，建立、健全保证科技创新目标实现的研究与开发工作岗位责任制、院所要建立和完善合理的岗位结构，明确岗位职责与聘任条件，并建立与工作绩效挂钩的分配制度。在国家目标的引导下，依靠制度保证，赋予学术、技术领导人更大的自主权。进一步完善开放、流动、联合、竞争、高效的用人机制，形成良好的创新文化环境。继续组织好“百人计划”、“西部之光”、“院长基金和青年创新基金”、“青年科学家小组”等行之有效的吸引、选拔、支持优秀青年人才的项目和措施。尤其要重视院所两级领导班子和后备干部队伍的建设，重视跨世纪学术带头人和战略科学家的培养和引进工作。遵循人才成长规律、拓宽选人视野、促进优秀人才迅速成长。

继续积极扩大研究生及博士后培养规模，全面提高培养质量；加强中高级管理干部的培训；提高留学工作效益；加快人才培养基地的建设；改善流动队伍的生活及工作条件；推进与大学及大企业的人才培养合作。

在新形势下，进一步明确科大的建设目标，继承和发扬全院办校、所系结合的传统，推进科大合肥高等研究院的建设，支持中国科学技术大学实现建设特色鲜明的一流大学的目标。

9. 积极推进与地方、行业、企业和大学的联合共建

切实加强与地方在农业综合开发，科技成果转化与产业化、区域可持续发展等方面的合作，加快高新技术产业化的进程，为地方经济建设与社会发展服务。在东北农业综合开发工作上迈出新步伐，积极发展北京、上海、辽宁、江苏、云南等省、市以及宁波和苏州等地区的科技合作以及高科技园区的建设。

积极推进与地方、行业、企业和大学联合共建科研开发机构（包括联合实验室、研究开发中心、工程中心、研究所、甚至整个分院），探索共同建设、共同支持、共同管理的模式，使我院科研机构更加紧密地植根于社会。

10. 国际交流与合作要提高到新的水平

要将国际合作在平等互利的原则下推进到新的阶段，发展到新的水平。开展多渠道、全方位的合作，在重点搞好与美、欧、日、俄等发达国家和地区合作的同时，注意发展与第三世界与周边地区的合作。积极开展与港、澳、台湾地区的合作。院要将国际合作工作的重点转移到重大科技项目合作上来，并努力为青年学术带头人之间的交流与合作创造条件。面上的人员交流应通过规范化管理由研究所自主进行，产业合作由企业自主进行。

11. 加强科学园区和科研支撑条件的建设

要围绕知识创新试点工作，重点抓好北京中关村、北郊和上海生命科学3个科学园区的建设。积极改善科研人员的科研条件和生活条件，为科技人员创造一个清洁、优美、舒适的科研环境和生活环境。要加快科技管理系统、科技支撑系统和后勤服务系统的改革，实现后勤服务系统的社会化。加强图书馆信息情报系统的现化代、网络化建设。按改革精神和属地化原则抓好房改、安居工程、医疗保险和养老保险改革，为科研人员稳定和合理流动提供社会化制度保证。各级管理人员和后勤服务人员必须牢固树立自觉为科研服务的观念，让他们专心致志地进行科技创新。

12. 搞好院机关的改革，提高管理和服务水平

1999年要围绕知识创新工程试点工作和其他重要科技工作需求，在明确院部与研究所职能分工基础上，精干人员、转变职能、提高效率与服务层次和水平。将院机关的工作重点切实转移到宏观管理、政策研究和引导、重大战略目标和综合性重大项目的选择、全院综合优势的组合与发挥、宏观资源配置、科技活动绩效评价和研究所主要领导人的选聘、考核等方面来。院机关也要学习研究所人事制度改革和运行机制转换的成功经验，实行按需设岗、公开招聘、竞争上岗、签约管理的用人制度。机关要加强学习，加强调查研究，加强服务意识，接受基层监督，切实改变机关作风，为科技人员服务，为基层服务，为创新工程服务。在完成院机关改革的基础上，逐步展开分院机关的改革与调整。

13. 深入学习理论，加强和改善党的领导，加强院风建设

要深入学习邓小平理论，学习江泽民同志在纪念十一届三中全会20周年大会上的讲话，全面贯彻落实党的十五大和十五届三中全会的精神。遵照党中央的部署，切实搞好中科院的“三讲”教育。

要进一步加强和改善党的领导，加强党的思想、组织作风建设，积极发挥党组织在创新工程试点工作和各项改革工作中的政治核心作用。要认真做好转岗分流中的思想工作，努力维护和稳定大局，为顺利推进试点工作提供可靠保证。要深入开展群众性精神文明创建活动，搞好国庆、院庆五十周年庆祝活动，弘扬院风，振奋精神，为完成院中心任务创造良好的文化氛围。要进一步加强廉政建设，全面提高院、所两级领导干部的思想政治素质，提高对创新工程、改革与发展的领导管理能力，保证和促进中科院各项改革和发展工作的顺利进行。

中国科学院主要领导

院长	路甬祥
副院长	严义埙 许智宏 陈宜瑜 白春礼
秘书长	竺玄
副秘书长	王景川 钱文藻 马彤军 杨柏龄
党组书记	路甬祥
党委副书记	郭传杰
党组成员	路甬祥 许智宏 陈宜瑜 白春礼 郭传杰 王德顺 竺玄

中国科学院院部机关机构

办　公　厅

主　任　李云玲

副主任　蒋崇德　戴明华

下设处室：秘书处、文书机要处、信息处、公关协调处、档案处、财务处、办公室、图书情报出版委员会办公室、党组办公室。

学部联合办公室

主　任　钱文藻（兼）

副主任　韩存志

下设处室：综合处、学术活动与调研处、数理学部办公室、化学学部办公室、生物学部办公室、地学学部办公室、技术科学部办公室。

基础研究局

局　长　金　铎

副局长　王贵海

下设处室：办公室、综合处、学科规划处、数学力学天文学处、物理学处、化学处、生物学处、技术科学处。

资源环境科学与技术局

局　长　秦大河

副局长　佟凤勤

下设处室：办公室、综合处、国土与环境处、地球科学处、宏观生物学处、农业项目办公室、遥感与地理信息处。

应用研究与发展局

局　长　桂文庄

副局长　郁小民　马　诚　丁晓良

下设处室：办公室、综合计划处、工程技术处、信息技术处、信息技术处、化工材料处、能源处、应用生物学与生物技术处、空间遥感技术处、军工办公室。

高技术促进与企业局

局　长　杨柏龄（兼）

副局长　赵　勤　刘晓群

下设处室：综合业务处、企业管理一处、企业管理二处、企业管理三处、技术经济发展处。

计划财务局

局　长　顾文琪

副局长　李志刚　许　平

下设处室：办公室、预算与综合处、财会制度管理处（与院财务大检查办公室合署办公）、国有资产管理处（与院清产核资办公室合署办公）、固定资产投资处、装备处（与院机电设备进口协调办公室合署办公）、机构编制处、统计处、成果处、专利处、技术监督处、规划处、开放实验处。

科技政策局

局　长　曹效业

下设处室：综合政策处、科技战略处、社会与发展处、体制改革处、香山科学会议办公室。

国际合作局

局　长　张　侃

副局长　葛明义　安建基

下设处室：办公室、一处（亚非拉、日本）、二处（欧亚）、三处（美大）、四处（国际组织）、五处（西欧）、综合计划处、财务处、研究室、外资外贷办公室。

人　事　局

局　长　王景川（兼）

副局长　黄伯明　黄海霞

下设处室：办公室、调配处、领导干部处、科技干部处、机关人事处、工资福利劳保处。

基本建设局

局　长　薛钟灵

副局长　戚　强　王志刚

下设处室：办公室（与人防抗震办公室合署办公）、综合计划处、规划设计处、房地产处。

教　育　局

局　长　余翔林

副局长　石庭俊

下设处室：综合处、留学人员处、研究生处、继续教育与培训处。

科技安全局

局　长　何远光

副局长　吴立光

下设处室：综合处、安全处、技安处、治安处、保密处。

京区党委

书　记　王玉民

常务副书记　蔡春雷

副书记　郭曰方　杨建国

下设处室：办公室、组织部、宣传部、统战部、机关工作部、团委办公室、工作办公室。

离退休干部局

局　长　周凭栏

下设处室：办公室、调研处、老专家处、机关离休干部处、机关退休干部处、教育活动处。

纪检监察组

由中央纪律检查委员会驻院纪检组、监察局与京区纪委合署办公。

下设处室：综合办公室、纪检监察一室、纪检监察二室、纪检监察三室、审理教育室。

中央纪律检查委员会驻院纪检组

组　长　王德顺

副组长　李京顺

监　察　局

局　长　李京顺

副局长　高凤春

京区纪委

书　记

副书记　过生如

审计署驻院审计局

局　长　王　青

副局长　刘冬红

下设处室：办公室、京区处、综合处。

学部与学部工作

一、中国科学院第九次院士大会在北京隆重召开

中国科学院第九次院士大会、中国工程院第四次院士大会于1998年6月1日在北京同时召开，508位中国科学院院士出席了会议，11位中国科学院外籍院士应邀出席了开幕式。

开幕式前，党和国家领导人江泽民、朱镕基、李岚清、迟浩田、温家宝、周光召、钱伟长、卢嘉锡、宋健、钱正英、朱光亚等会见了中国科学院和中国工程院部分院士、外籍院士、两院主席团成员和顾问等并合影留念。江泽民总书记发表了热情洋溢的讲话。他说，在座的有老一辈科学家，也有中青年科学家。老一辈科学家是新中国科学技术事业的开拓者和奠基人，他们为国家科技事业和整个建设事业的发展建立了丰功伟绩。

江泽民同志说，当今世界，以信息技术为主要标志的科技进步日新月异，高科技成果向现实生产力的转化越来越快，初见端倪的知识经济预示人类的经济社会生活将发生新的巨大变化。世界各国都在抓紧制定面向新世纪的发展战略，争先抢占科技、产业和经济的制高点。面对这个态势，我们必须顺应潮流，乘势而上。我国要跟上世界科技进步的步伐，必须千方百计地加快知识创新，加快高新技术产业化。而创新关键在人才，必须有一批又一批的优秀年轻人才脱颖而出，必须大量培养年轻的科学家和工程师。我国许多重大科技成果的取得，同老一辈科学家一生的辛勤耕耘是分不开的。同时，在老一辈科学家的帮助和带动下，许多年轻科技人才不断成长和成熟起来，并已担当重任，成为推动我国科技进步的中坚力量。这是非常可喜的现象。

综观世界科学技术发展史，许多科学家的重要发现和发明，都是产生于风华正茂、思维最敏捷的青年时期。这是一条普遍性的规律。在列举了大量事例后，江泽民同志指出，科学技术的发展，社会各项事业的进步，都要靠不断创新，而创新就要靠人才，特别要靠年轻的英才不断涌现出来。我们的改革开放和现代化建设正在不断向前发展，继续促进干部队伍和各种专业人才队伍的年轻化十分重要。新陈代谢，不舍昼夜。年轻的总要代替年老的，“青出于蓝而胜于蓝”。这是自然界和人世间的一般规律。我们一定要大力培养和任用年轻人。这应成为我们推动科技创新、知识创新和其他各个方面的创新工作的重要指导思想。年轻的同志要立志学习、赶上并超过年长的同志，年长的同志则要热情帮助、勉励并真诚提携年轻的同志。我相信，建设有中国特色社会主义的伟大时代，必将是知识不断创新，新事物、新业绩不断涌现的时代，必将是百舸争流、人才辈出的时代。最后，江泽民总书记衷心祝愿老一辈科学家度过美好的晚年！祝愿两院院士取得更大的成就！祝愿我国科学技术事业欣欣向荣！

国务院总理朱镕基、全国人大副委员长周光召、全国政协副主席钱伟长、卢嘉锡、宋健、钱正英出席了开幕式。全国政协副主席、中国工程院院长朱光亚在开幕词中宣布这

次两院院士大会的主要任务是：全面动员和组织两院院士，促进全国科学家和工程科技专家的团结与合作，积极推进科教兴国战略的实施，为全面实现九届人大会议确定的各项目标多做贡献。

朱镕基总理在开幕式上作了重要报告。朱总理在介绍了当前国家经济形势、存在的问题以及政府拟采取的对策后，向两院和两院院士提出了殷切希望：第一，希望两院和两院院士更多地关心国家经济建设和社会发展的各项事业。两院院士是科技界和工程科技界的优秀代表，肩负着重大的责任。两院要为加快高技术产业化步伐，用高新技术改造传统产业，解决产业结构调整和可持续发展所面临的关键技术问题继续作出贡献。要为办好国家高新技术产业开发区，深化科技体制改革，促进科技、教育和经济的密切结合，建立科技创新体制，作出坚持不懈的努力。要为加强科研院所、高等院校与企业之间的联合，进一步实施产学研工程并取得实效而共同努力。同时，要集中精干力量，在基础研究领域取得进展;要选择基础较好的部分科研单位进行知识创新体系建设的试点，建立适应新科技革命潮流和现代化建设需要的新的科研院所制度。要鼓励发明创造，提高创新能力，保护知识产权，开展科普活动，增强全民科技意识。第二，以更大的精力关心培养年轻人才，让年轻人把老一辈科学家的事业继承和发扬下去。希望两院院士从社会主义前途和中华民族命运的高度出发，把培养和造就包括科学研究、工程设计、技术开发、经营管理在内的宏大的科技队伍，作为自己最神圣的职责，作为自己最重要的贡献。希望两院院士将自己爱祖国、爱人民、爱科技的优良传统和多年的治学经验及时传授给青年一代。第三，更多地参与国家重大经济和社会发展决策的咨询。体现人类智慧的科学技术是改造社会、善待自然的强大物质力量。科学技术不仅是生产力的第一要素，而且是民主决策的科学保证。决策的正确是最大的正确，决策的失误是最大的失误。这些年困扰我们的重复建设是造成巨大浪费的“黑洞”。由于重复建设，相当多的行业生产能力严重过剩，我们要做一条规定，今后凡是重大的达到一定规模的建设项目，一定要进行多方面、多学科专家的可行性论证，决不允许盲目拍板，也不允许将可行性论证搞成可批性论证。两院组织院士和专家论证时，要建立各种科学、合理、规范的论证程序，解决好决策的科学化、民主化问题。如果我们采取有力措施，切实解决好重复建设这个问题，我们经济建设的质量就会大大提高。

中国科学院院长、学部主席团执行主席路甬祥和中国工程院院长朱光亚分别在大会上作了工作报告。

院士大会期间，两院联合举行了以“国家经济建设、社会发展、科技进步的可持续发展”为主题的学术报告会，近60位院士分别就信息，材料，能源，农业、生物、医药、资源与环境，以及科教体制与发展战略等6个专题作了学术报告。在信息专题会场，王越、陈芳允、王占国、干福熹、石钟慈、李德仁、汪成为、童志鹏、侯朝焕等院士就“结合国情、发展信息科技”、“硅微电子技术‘极限’对策”和“光子学的发展对当代信息技术的影响”等问题作了报告。在材料专题会场，师昌绪、李依依、严东生、朱道本、沈家骢、张寿荣、郭景坤、程耿东等院士作了“材料与可持续发展”、“无机材料与材料科学与资源、能源、信息、环境的协调发展”等报告。在能源专题会场，郑健超、胡见义、戴金星、史绍熙、金庆焕、范滇元、丁大钊、朱永赡、郭慕孙、陈清泉、郭孔辉等院士就“能源高效洁净利用”、“石油及其代用能源的高效率超低污染利用中若干关键技术”、“惯性约束聚变能源与激光驱动器”等问题作了报告。在农业、生物、医药专题会场，朱兆良、沈国舫、唐守正、刘瑞玉、肖培根、曾德超、黄荣辉、曾溢滔、张礼和、李振歧等院士作了“肥料与农业和环境”、“现代高效持续林业”、“新药研究的发展趋势”等报告。在资源与环境专题会场，王淀佐、高世扬、刘鸿亮、刘宝琛、李吉均、巢纪平、徐旭常、傅家谟、闵恩泽、张光斗、胡海涛等院士就“我国主要环境概况”、“燃煤污染防治与生态优化”、“面临21世纪的中国水资源问题”等问题作了报告。在科教体制与发展战略专题会场，路甬祥、杨福家、钱正英、张维、朱高峰、时铭显、何祚庥、钱七虎等院士作了“知识经济创新体系和教育改革”、“知识经济”、“中国水利的发展方向”等报告，并特邀国务院发展中心王慧炯研究员作了“可持续发展生产方式、消费模式和社会文化”的报告。院士们根据自己的兴趣自由地参加有关专题的学术报告会并进行讨论。

6月5日下午，两院院士大会在完成各项议程后闭幕，党和国家领导人李岚清、周光召、钱伟长、卢嘉锡、宋健、钱正英、朱光亚出席闭幕式。李岚清副总理就加强知识创新，迎接新世纪的机遇与挑战；坚持正确的科技发展战略；增加科技投入，深化科技体制改革；加速人才培养，使年轻科技人才脱颖而出；进一步加强科技界的团结与合作等5个方面作了重要讲话。他指出，为了抓住机遇而不丧失机遇，从而赢得挑战，我们必须对实施科教兴国战略的紧迫性和重要性有一个新的、更加深刻的认识，把实施科教兴国战略放在党和政府工作的更加重要的地位，使科教兴国真正成为全社会的广泛共识和实际行动。

这次院士大会完成的主要议程还有：修订通过了《中国科学院院士章程》；各学部分别选举产生了第九届常务委员会成员及其正、副主任；选举产生了第三批中国科学院外籍院士8名；宣布了首批中国科学院资深院士名单（145人）；颁发了第七届陈嘉庚奖。

二、学部咨询工作取得新的进展

1. 对长江三角洲可持续发展提出重要建议

受国家计委委托，中国科学院学部从1996年开始组织江浙沪地区的有关院士和专家共30余人，对长江三角洲地区的经济与社会可持续发展的几个重大问题，进行了长达两年的调查研究，提出了“长江三角洲经济与社会可持续发展若干问题咨询综合报告”及4个专题报告——“长江三角洲海港体系及其陆上交通网发展战略”、“长江三角洲产业可持续发展面临的问题与对策”、“长江三角洲农业可持续发展问题的咨询建议”以及“长江三角洲经济与社会可持续发展城乡建设与生态环境专题咨询报告”。

咨询报告认为，长江三角洲应在我国率先实现现代化并带动长江沿江经济带和长江流域的发展。在现有经济支柱的基础上，进一步确立长江三角洲在长江流域乃至全国的经济主导地位，建设成为三大基地，发挥四大功能，提供五方面服务，即：成为我国进入世界市场、广泛参与国际竞争与分工的基地、农业现代化的示范基地和高新技术产业基地；对长江流域和我国中西部地区发挥产业示范作用、辐射作用、转移作用和带动作用；提供流通性服务、口岸服务、信息咨询服务、金融保险服务和人才培训服务。针对长江三角洲经济与社会可持续发展的若干重要问题，咨询报告提出如下建议：1）加强农业生产的物质基础，加速实现农业现代化；2）加强技术创新，促进工业结构的调整、转型与合理布局；3）建立上海国际航运中心，建设长江三角洲综合交通运输网；4）以水环境为重点，加强区域环境保护；5）加强城市体系规划与基础设施建设，促进城市化与城市可持续发展。此外，咨询报告还建议加强长江三角洲内部的大跨度、全方位联合，建立有权威的协调机构，制定共同行动议程和区域政策等。

2. 化学部向国务院呈送“绿色化学与技术”咨询报告

绿色化学与技术处于当前国际化学的前沿领域，绿色化学又称环境无害化学，在其基础上创新的技术称绿色技术、环境友好技术或洁净技术。绿色技术的核心是利用化学原理从根本上消除化学工业对环境的污染，它具有少产废物，甚至不产废物，达到“零排放”的特点。绿色技术采用无毒、无害原料、催化剂和溶剂，生产环境友好产品。

化学部于1995年成立了以闵恩泽、陈家镛院士牵头的“绿色化学与技术”咨询课题，经课题组两年多的调查研究，形成了咨询报告，经化学部常委会讨论通过，于1998年7月24日上报国务院。咨询报告阐述了绿色化学与技术的定义，介绍了国外主要发展动向及国内有关绿色化学与技术的动态，提出了七点建议：1）加强对绿色化学与技术的宣传，使广大企业家、科技人员、工人以及各级政府机关和领导，认识绿色化学的重要性和意义，共同推动绿色化学与技术的发展。2）制订涉及化学品生产、使用的环境保护法规。3）制定对绿色化学与技术的奖励、支持政策。4）建议中国化学会、中国化工学会组织有关绿色化学“原子经济的有机合成”、“代替氢氟酸、硫酸的固体酸”、“提高化学反应选择性的反应过程”等专题学术活动。5）建议有关部门加快实施以绿色技术对现有装置进行技术改造并取得实效。6）建议国家科技部组织调研，将绿色化学与技术研究工作列入“九五”基础研究规划。7）建议石化、制药、造纸、酿造、印染等行业在滚动修订“九五”发展规划时，逐步将绿色化学与技术的内容补充进规划中，同时安排科研工作。

3. 地学部向国务院呈送关于“缓解黄河断流的对策与建议”咨询报告

近年来，中国科学院院士为解决我国水资源紧缺问题，开展了一系列咨询活动，在1997年11月向国务院提交的“中国水问题的出路”咨询建议中，明确提出“水问题将成为21世纪我国经济发展最突出的重大问题”。鉴于华北地区水资源严重缺乏，黄河断流时间年趋延长，断流河段不断延伸，断流频次不断增加，今年年初，中国科学院地学部院士将黄河断流问题作为重点咨询内容，通过召开座谈会、研讨会，与40余位有关专家共商缓解黄河断流对策。在此基础上，7月上旬组织两院院士、专家对黄河中下游的山东、河南、陕西、宁夏四省区20余个市、地、县进行了实地考察。考察组分别与四省区政府、有关管理部门、黄河水利委员会百余位专家和技术人员、当地干部等进行了座谈，在广泛听取各级政府和专家意见的基础上，提出了咨询报告，于1998年9月30日上报国务院。

报告在列举了70年代以来黄河下游频频出现断流的数据，在对黄河下游频繁断流严峻态势的危害性及断流的原因进行了分析的基础上。提出了缓解黄河断流的对策和建议：

在实现全流域水资源统一管理的基础上，采取以供定用、节水为本、补水为辅的措施，特别是节水和保护水源应作为当前乃至今后长期缓解黄河断流的根本性措施。1）建议国务院成立“黄河流域水资源管理和保护领导小组”。2）制定《黄河法》，依法实施统一管理与调度。3）缓解断流重在节水，节水的重点在引黄渠灌区。4）实行水价浮动、按量计费与超额用水累进加价。5）有计划实施补水，加快西线调水的前期研究。

温家宝同志在咨询报告上批示：“黄河的问题应该提上日程进行研究。请水利部系统整理分析有关黄河的各项基础资料，认真研究各部门、各科研单位和专家们的意见，抓住缓解黄河断流、防御洪水灾害、综合治理生态环境等重点问题，提出根治黄河的规划及政策建议，由我主持讨论，争取形成比较全面、成熟的意见，向国务院报告。”

4. 中国科学院、中国工程院联合向党中央、国务院呈送《对1998年长江洪水的认识和今后工作的建议》咨询报告

1998年长江的抗洪斗争，在党中央和国务院的坚强领导下，几百万军民英勇奋斗，取得了全面胜利。当前，全国人民关注的是，如何进一步整治长江。这不仅关系到长江流域人民的长治久安，也是国家经济建设中的一个巨大项目。为此，两院组织部分有关院士和院外专家，在充分研究分析的基础上，提出了“对1998年长江洪水的认识和今后工作的建议”，于1998年10月21日上报国务院。报告针对社会各界普遍关心的长江洪水位的抬高是否是由于长江河床的淤高的问题，在分析了关于长江中游湖泊淤积情况和长江流域的水土流失和泥沙情况后，提出了以下认识：长江流域的水旱灾害所以严重，除了气象方面的客观原因外，主要的还是由于流域内生态系统的失调，集中表现为：在人口急剧增长的情况下，土地资源过度利用和不合理的开发。平原的盲目围湖造田和占用行洪洲滩，是近几年来长江洪水位抬高的主要原因。

报告认为：我国生态系统失调的根本原因是人多地少。要进行生态系统的重建，必须与经济结构的调整相结合，以综合提高生产力为目标，并注意发展、改革和稳定三方面的协调。中央提出的要坚持全面规划、统筹兼顾、标本兼治、综合治理的原则是完全正确的。并从生态系统、林业建设、工程措施、新技术运用、加强领导及统筹全国水利等六个方面提出以下建议：1）调整土地利用结构，进行长江流域生态系统的重建。通过全面调查和必要的勘测，对全流域的土地进行总体规划，合理调整农林牧业结构，把整治河山、重建家园纳入流域生态系统重建的总体框架，因地制宜地建立可持续发展的模式；在山区，退耕还林要和积极发展生产结合起来；在湖区，退田还湖要和保持湖区经济的可持续发展结合；要坚决平垸行洪；建立生态经济核算制度和生态效益补偿制度。2）把林业建设作为我国国土建设的重要组成部分。加强天然林的管育；开展群众性的造林绿化，加速长江中上游防护林和公益林的建设；大力开展封山育林和次生林改造；推广森林非木质资源利用技术，在不砍伐森林的条件下，充分发挥森林的多种经济效益；探索新的经营管理机制和模式。3）以建设合理的防洪体系为目标，安排工程措施。长江的防洪体系应包括：水土保持、干支流水库、河道整治、堤防、分蓄洪工程、以及非工程措施。因此，堤防标准要适当，分蓄洪措施要抓紧落实，要充分发挥干支流水库削减洪峰的作用，清障要坚决，河道整治要慎重。4）加强科学研究和新技术应用。应加快我国气象和雷达卫星的研制进度，同时更好发挥现有遥感卫星地面站的功能和作用；建立长江流域土地利用及基础地理信息动态遥感体系，建立相应的数据库和信息基础设施；在加强常规勘测的同时，利用新型遥感技术以及地理信息系统和全球定位技术，开展长江河道水下地形的测绘调查和监测，并建立对水库大坝和防洪大堤等防洪系统的安全监测网络；开发研究对堤防险情快速探测、诊断和整治的新技术和新材料；发挥基础学科，特别是地理、地质、气象、水文、水利、生物和测绘科学的作用，研究长江洪水的形成机制以及洪水形成中的江湖关系与水沙关系，解决致洪暴雨与洪水的准确预测、预报和预警。5）建立统一的领导机制，有计划、有步骤地开展工作。要把长江流域作为一个巨系统，从自然、社会、经济全面考虑，进行统筹安排，综合治理，宏观调控。建立一个统一领导的、有权威的机构，对国务院过去已审定的长江流域规划进行修改和补充，有计划、有步骤地贯彻实施。6）统筹安排全国水利。

5. 数理学部向国家科教领导小组报送“力学学科21世纪初发展战略的建议”

建议分析了21世纪力学将呈现的新特点，列出了新世纪向力学提出的9个挑战问题：1）湍流和复杂流动，为流体力学的基本问题。2）跨物质层次的固体变形和强度理论，为固体力学的基本问题。3）多维动力系统的复杂运动和控制，包括大型航天站的运行与控制。4）应力和生物的生长，已经有证据证明生物的演化与受力环境有关。5）计算力学和虚拟工程。解决复杂的力学计算问题，并将其与算法软体及虚拟技术结合起来。6）制造业中的计算机辅助工艺和非平衡态工艺力学。7）非平衡态物理化学力学，与燃烧等能源问题有关。8）非经典介质，如颗粒流、多相流、牛顿流等，与泥沙、泥石流、山体滑坡等环境问题及很多工业过程问题有关。9）地球和生态系统中的物质和能量的运动和灾害预测。建议说：力学已经渗透到很多工程技术问题中，必将在众多工程技术带有共性的问题中架起一座桥梁。为了促进上述问题的研究，建议国家加强力学学科基地的建设，建立力学科学中心和大型力学计算软件库基地。

6. 生物学部组织“西北五省区干旱半干旱区可持续发展的农业问题”考察

为贯彻国家发展战略重点西移的方针，落实江泽民总书记“再造一个山川秀美的西北地区”的指示精神，生物学部第八届常委会第五次会议讨论决定组织开展“西北五省区干旱半干旱区可持续发展的农业问题”咨询项目。咨询组由中国科学院、中国工程院两院院士及专家18人组成，张新时院士任组长，石玉林院士任副组长。

咨询组于8月28日至9月14日对新疆南疆吐鲁番地区、巴音郭楞州、塔里木油田、和田地区、喀什地区，北疆新疆生产建设兵团农七师、农八师、昌吉州和乌鲁木齐市郊区等地州的15个县市进行了为期18天的考察，与当地的干部、群众和科技人员进行了广泛的讨论和交流。并就新疆农业的持续发展、水资源的合理利用和农业生态环境建设等三方面问题向自治区党政领导作了汇报。

考察工作结束后，有关院士及专家结合新疆农业发展、生态环境保护、农业产业化和资源合理化利用等问题为自治区处级以上干部及科技人员作了8场学术报告，受到欢迎和好评。学术报告的题目分别为：刘东生院士的“全球变化与我国干旱带”，张新时院士的“新疆荒漠绿洲生态模式”，张广学院士的“农业害虫的自然控制”，石玉林院士的“关于新疆资源开发利用问题”，山仑院士的“有关节水农业的几个问题”，王西玉教授的“关于农业产业化问题”，佘之祥教授的“农村经济的持续发展”，慈龙骏教授的“荒漠化与可持续发展”。

7. 咨询评议工作委员会组织“中国钾肥资源的出路”咨询项目调研

为改进我国的肥料结构，提高现有耕地的单产水平，研讨相关措施和可行性，为政府部门的决策提供综合性的建议，经中国科学院学部咨询评议工作委员会研究立项，组织了以中国科学院地学部副主任孙枢为团长的考察团，一行4人于1998年7月3～10日赴俄罗斯伊尔库茨克对涅普钾盐矿床的地质情况、规模和品位、交通运输以及开发条件等进行了调研。

考察团在俄期间，应俄罗斯科学院通讯院士M. 库兹明博士的邀请，访问了俄罗斯科学院伊尔库茨克科学中心及其所属的地球化学研究所和贝加尔博物馆；与俄罗斯自然资源部东西伯利亚地理、地球物理与矿物资源科学研究所的G.L. 米车法诺夫副所长等就涅普钾盐矿床的成因、勘探过程、储量和品位以及共生矿物等作了详细的研讨，并获赠十分难得的矿床岩样品。此外，与伊尔库茨克州政府矿产资源局涅扎莫夫局长及有关专家就涅普钾盐矿床的开发条件、投资效益等进行了友好会谈，并收集了较丰富的数据资料。

8. 为制定国家重点基础研究发展规划纲要进行咨询

国家科委召集在京40多位中国科学院、中国工程院院士于2月27日在中国科技会堂举行座谈会。会议由国家科委常务副主任朱丽兰主持，李学勇副主任通报了制定国家重点基础研究发展规划纲要进展情况和国家科技领导小组的会议纪要，会议听取了院士们的意见。

9. 继续进行国家重大科学工程项目立项评审

9月24～25日，中国科学院学部和中国工程院在北京京西宾馆联合召开国家重大科学工程项目评审会，继续对农业方面的项目进行立项评审。

国家重大科学工程立项评审是原国家计委、国家科委委托中国科学院和中国工程院进行的咨询工作。此次评审是在1997年5月对农业项目评审的基础上进行的，评审的项目有“国家农作物基因资源工程”和“中国农业资源环境监测与可持续农业示范网络工程”2项。参加评审会议的有10位两院院士及2位专家。按照国家重大科学工程评审原则和办法，评审后的意见已送国家计委和科学技术部。

10. 接受中国科学院委托，为知识创新工程项目提供咨询意见

(1) 根据中国科学院基础研究局“关于商请对我国高能物理和加速器发展方向进行咨询评估”的委托，数理学部组织了以方守贤院士为主任委员，12位两院院士组成的咨询委员会，在听取有关汇报、调查了解、分析讨论的基础上，于7月20日提出了“对高能所 BEPC 改进项目评估意见”和“高能物理及加速器发展战略的初步咨询意见”。

(2) 根据中国科学院生命科学与生物技术部的委托，生物学部组织了以卢永根、陈可冀院士为组长，11 位院士组成的评议组，于 11 月 20～21 日对上海生命科学研究院的筹建方案进行了评议。评议组听取了研究院筹委会的汇报，参观考察了上海生命科学研究中心、生物化学研究所、细胞生物学研究所的马普实验室。重点围绕生命科学学科发展方向和布局、研究领域以及人才培养和引进等问题提出了评议意见。

三、学术交流与科学普及等活动拓展局面

1. 加强国际合作，开展对外交流

(1) 应英国皇家学会和荷兰教育科学文化部的邀请，由陈宜瑜副院长、钱文藻副秘书长率领的中国科学院学部访欧代表团一行 5 人于 1998 年 10 月 4～14 日访问了伦敦、剑桥、爱丁堡、海牙、阿姆斯特丹等城市。代表团与英国皇家学会、英国学术院、英国工程院、爱丁堡皇家学会、荷兰教科文部、荷兰皇家科学院等就院士（会员）咨询和增选工作进行了交流和座谈，并向新当选的中国科学院外籍院士辛克维奇教授颁发了外籍院士证书。

(2) 为了加强中国科学院学部工作与国际上的交流、合作，由化学部主任王佛松为团长，数理学部主任赵忠贤院士、生物学部主任梁栋材院士、地学部主任徐冠华院士、技术科学部主任王越院士等一行 10 人组成的中国科学院学部工作访问团于 1998 年 11 月 21 日至 12 月 6 日出访了加拿大和美国。访问团访问了加拿大国家研究理事会和美国科学院，听取了上述两个机构性质、组织结构、功能以及有关开展咨询方面工作的介绍，王佛松团长也介绍了中国科学院的有关情况。在美国期间，访问团还向伯奇费尔、朱棣文、葛守仁、马库斯等 4 位 1998 年新当选的中国科学院外籍院士颁发了院士证书。访问团还访问了马里兰大学、伯克力大学、劳伦斯实验室和贝尔实验室朗讯公司，并与在美工作的我国留学人员以及美籍华人学者进行了座谈。

2. 传播科学知识，科学影响社会

(1) 8 月 11 日，学部联合办公室在中国科学院院部 7 层会议厅举行“中国科学院院士科学报告会”。巢纪平院士作了关于“厄尔尼诺—拉尼娜”现象的科学报告。30 多位院士及国家气象局和海洋局的有关领导与专家参加了报告会。

(2) 10 月 12 日，中国科学院地学部在院机关举办了“关于缓解黄河断流的对策与建议”院士科学报告会。报告会由地学部主任徐冠华院士主持，与会院士与专家听取了黄河断流咨询项目组孙鸿烈、刘昌明院士和黄委会副主任陈效国同志的报告，就共同关心的问题进行了讨论。

(3) 11 月 19 日，中国科学院学部联合办公室和北京市科学技术协会在院机关大楼 712 会议厅联合举办了“中国科学院院士科学报告会”。韩济生院士作了“毒品与人体生理机制”学术报告。北京市卫生局、各医院、公安部门、大专院校及科学院有关部门近 150 人参加了报告会。

(4) 10 月 17～22 日，生物学部常委会在青岛召开会议期间，向青岛市各级领导和科技工作者作了“中国中西医四十年”(陈可冀院士)、“中国生物技术及产业化现状和发展趋势”(强伯勤院士)、“科教兴国务必重视生命科学——面临 21 世纪的生命科学”(翟中和院士) 3 场学术报告。

(5) 11 月 30 日，应宁夏回族自治区科协的邀请，中国科学院院士孙儒泳教授在“宁夏第二届青年科技工作者年会暨跨世纪科技论坛”会议开幕式上做了“生物多样性保护及可持续发展”的报告。根据国家科学技术部提出的“西北科普工程”总体方案，学部联合办公室将会同国家有关部门和地方政府，在西北五省、区组织开展以实用技术推广、卫生与健康、环境保护、资源综合利用、破除封建迷信等为主要内容的西北科普工程。

(6) 由《人民日报》国际部主办、中国科学院和中国工程院协办的“院士园地”于 3 月 25 日在《人民日报》国际版创刊，刊登了巢纪平院士撰写的“厄尔尼诺现象与气候异常”一文。《人民日报》编者按指出：“‘院士园地’是介绍和评述当代世界高科技及相关产业发展的一个窗口，也是院士们辛勤耕耘的一片绿地”。该园地“题材广泛，有新闻性，形式多样，通常半月一次。热诚欢迎院士们踊跃赐稿。”

3. 进行学术研讨，浓厚学术空气

(1) 9 月 4 日，中国科学院学部主席团咨询评议工作委员会和中国工程院咨询工作委员会联合举行了“’98 水灾情况报告座谈会”。两院 35 位院士及部分专家听取了今年水灾情况的介绍，并对今后防治问题进行了座谈。

(2) 10 月 28～31 日，地学部在北京召开。“白垩纪地球整体事件学术研讨会”，30 多位院士和专家出席了会议。会议由地学部副主任陈运泰院士主持。与会院士和专家就白垩纪 125～85Ma（百万年）时段，地磁极性、火山岩活动、洋脊开裂速度、巨型金属成矿、黑色岩系、巨型油气成藏、地球排气异常．地球转速、生物灭绝、天文环境等发生重大异常变化进行了广泛的研讨。

(3) 11 月 1 日，地学部在北京召开了“信息资源环境与数字化地球”座谈会，40 余位中国科学院院士、中国工程院院士及 13 个部委的有关专家，对我国加快实施信息化和“数字地球”的必要性、紧迫性、可能性及应采用的对策进行了充分的交流和讨论。地学部还将就此问题做进一步的工作，包括拟建立“数字地球科学研究论坛”，召开全国性的“数字地球”学术研讨会、国际研讨会以及成立数字地球战略工作组等。

(4) 12 月 14～16 日，中国科学院地学部在北京召开了“中国大洋钻探第二届学术会议暨第四届古海洋学术讨论会”。16 位中国科学院、中国工程院院士和 90 多名专家以及国际大洋钻探计划科学委员会主席 Humphris 博士、计划测试中心 Goldberg 博士参加了会议。此次会议围绕 ODP 的长期科学规划和根据我国实际情况，对中国大洋钻探研究计划展开了讨论，提出了重点研究内容和分阶段发展的意见。

4. 企业科技创新，积极献计献策

(1) 8 月 8～12 日，应鞍山钢铁集团公司的邀请，以中国科学院技术科学部主任王越院士带领的中国科学院院士考察团与中国工程院考察团共同到鞍钢现场考察，为国有大企业的建设与发展出谋献策。

(2) 11月10日，学部联合办公室组织中国科学院、中国工程院50多位院士到联想集团进行了参观考察。院士们参观了联想公司的科研开发基地和电脑生产基地，听取了公司发展情况和促进科研成果产业化的汇报。通过这次考察，院士们加深了对高新技术企业发展的了解。

(3) 5月21日，在北京市'98北京科技周期间学部联合办公室组织师昌绪、罗沛霖、郑哲敏、梁守槃、戴汝为等中国科学院院士考察了市优秀企业北京开关厂。院士们就企业技术开发、科技创新中的难点提供了咨询建议。

中国科学院学部领导机构

中国科学院学部主席团名誉主席

卢嘉锡　武　衡　钱学森

第三届中国科学院学部主席团组成名单

执行主席　路甬祥

成　员　（以姓氏笔画为序）

王　元　王　越　王佛松　冯　端　师昌绪　李德生　沈善炯
陈宜瑜　陈能宽　赵忠贤　娄成后　徐冠华　倪嘉缵　涂光炽
梁栋材　梁晓天　路甬祥

第三届中国科学院学部主席团执行委员会组成名单（以姓氏笔画为序）

王　越　王佛松　陈宜瑜　赵忠贤　徐冠华　梁栋材　路甬祥

执行委员会秘书长　钱文藻

第三届中国科学院学部主席团顾问

宋　健　李铁映　周光召　王春正　张志刚　刘积斌
朱丽兰（女）　韦　钰（女）　楼继伟　陈达植　张存浩
张玉台

中国科学院数学物理学部第九届常务委员会

主　任　赵忠贤

副主任　杨　乐　陈建生　周　恒　胡仁宇

委　员　（以姓氏笔画为序）

马志明　王乃彦　方　成　苏肇冰　李家明　杨　乐　闵乃本
张涵信　陈佳洱　陈建生　林　群　周　恒　赵忠贤　郝柏林
胡仁宇　姜伯驹　霍裕平

中国科学院化学部第九届常务委员会

主　任　王佛松

副主任　王　夔　刘元方　何鸣元　黄志镗

委　员　（以姓氏笔画为序）

万惠霖　王　夔　王佛松　邓景发　刘元方　朱道本　何鸣元
沈家骢　陆熙炎　俞汝勤　胡　英　赵玉芬（女）
徐晓白（女）　袁　权　郭景坤　梁敬魁　黄志镗

中国科学院生物学部第九届常务委员会

主　任　梁栋材

副主任　卢永根　许根俊　陈可冀　洪德元

委　员　(以姓氏笔画为序)

卢永根　匡廷云(女)　朱兆良　许根俊　吴建屏　吴祖泽

吴常信　张春霆　沈允钢　陈可冀　陈宜瑜　洪德元

施蕴渝(女)　梁栋材　强伯勤　韩济生　翟中和

中国科学院地学部第九届常务委员会

主　任　徐冠华

副主任　孙鸿烈　李廷栋　汪品先　陈运泰

委　员　(以姓氏笔画为序)

丑纪范　王　水　刘昌明　孙鸿烈　安芷生　张弥曼(女)

李廷栋　李德仁　汪品先　陈运泰　赵其国　赵鹏大　徐冠华

秦蕴珊　常印佛　章　申　黄荣辉　傅家谟　戴金星

中国科学院技术科学部第九届常务委员会

主　任　王　越

副主任　母国光　李依依(女)　吴德馨(女)　钟万勰　顾诵芬

委　员　(以姓氏笔画为序)

王　越　王大中　王占国　王崇愚　母国光　刘广均

李依依(女)　李衍达　杨芙清(女)　邹世昌　吴承康

吴德馨(女)　张　钹　陈俊亮　周兴铭　周孝信　钟万勰

顾诵芬　徐性初　曹楚南　彭一刚　蔡睿贤　路甬祥

中国科学院学部咨询评议工作委员会

主　任　师昌绪

副主任　孙鸿烈

成　员　何祚庥　闵恩泽　李振声　马宗晋　郑哲敏

中国科学院学部科学道德建设委员会

主　任　陈宜瑜

副主任　王　越

成　员　张恭庆　黄志镗　许根俊　张宗祜　郭可信

1998 年中国科学院院士名单

（共 606 人，带*者为资深院士）

数学物理学部（115 人）

丁大钊　丁伟岳　丁夏畦　于　敏　万哲先　马大猷*　马志明
王　元　王乃彦　王业宁（女）　王梓坤　王淦昌*　王绶琯
方　成　方守贤　甘子钊　艾国祥　石钟慈　叶叔华（女）
白以龙　冯　端　曲钦岳　吕　敏　朱光亚　庄逢甘　刘应明
汤定元　孙义燧　严志达*　苏步青*　苏定强　苏肇冰
李　林（女）　李大潜　李方华（女）　李正武*　李荫远
李家明　李惕碚　李德平　杨　乐　杨立铭　杨应昌　杨福家
吴文俊　吴式枢　吴杭生　何泽慧*（女）　何祚庥　谷超豪
应崇福*　闵乃本　汪德昭*　沈　元*　沈学础　张仁和　张恭庆
张淑仪（女）　张涵信　张焕乔　陆启铿　陈　彪　陈希孺
陈佳洱　陈难先　陈建生　范海福　林　群　欧阳钟灿　周　恒
周光召　周毓麟　冼鼎昌　郑厚植　经福谦　赵忠尧　赵忠贤
郝柏林　胡仁宇　胡世华　胡和生（女）　胡济民　柯　召*
段学复*　姜伯驹　洪朝生　贺贤土　夏道行　钱伟长*　钱学森*
钱临照*　徐至展　徐叙瑢　郭尚平　席泽宗　唐孝威　谈镐生*
黄　昆　黄胜年　黄祖洽　章　综　彭桓武*　葛庭燧*　童秉纲
程开甲*　程民德*　谢希德（女）　谢家麟　蒲富恪　管惟炎
熊大闰　霍裕平　戴元本　魏宝文　魏荣爵*

化　学　部（107 人）

万惠霖　王　夔　王方定　王佛松　支志明　方肇伦　邓从豪
邓景发　申泮文*　田昭武　卢佩章　卢嘉锡*　冯新德*　白春礼
邢其毅*　朱起鹤　朱清时　朱道本　刘元方　刘有成　江元生
孙家钟　严东生*　苏　锵　肖　伦*　吴征铠*　吴浩青*　时　钧*
何国钟　何鸣元　何炳林*　余国琮　闵恩泽　汪尔康　汪家鼎
汪德熙*　沈之荃（女）　沈天慧（女）　沈家骢　沙国河

张滂* 张礼和 张存浩 张青莲* 张乾二 陆婉珍(女)
陆熙炎 陈庆云 陈荣悌 陈茹玉(女) 陈俊武 陈冠荣*
陈家镛 陈敏恒 陈耀祖 林励吾 林尚安 卓仁禧 周同惠
周维善 赵玉芬(女) 胡英 胡宏纹 查全性 侯祥麟*
侯虞钧 俞汝勤 袁权 袁承业 钱人元* 钱逸泰 倪嘉缵
徐僖 徐光宪 徐如人 徐晓白(女) 殷之文 高鸿*
高小霞(女) 高世扬 高济宇* 郭景坤 郭慕孙 郭燮贤
唐有祺 唐敖庆* 黄量(女) 黄本立 黄志镗 黄维垣
黄葆同 黄耀曾* 梁树权* 梁晓天 梁敬魁 彭少逸*
蒋丽金(女) 蒋锡夔 嵇汝运* 程镕时 游效曾 谢毓元
楼南泉 蔡启瑞* 黎乐民 戴立信 戴安邦*

生物学部(102人)

于天仁 王文采 王世真* 王志均* 王志新 王应睐* 王德宝*
贝时璋* 毛江森 尹文英(女) 石元春 田波 卢永根
印象初 匡廷云(女) 朱兆良 朱作言 朱既明 庄巧生*
刘建康* 刘瑞玉 刘新垣 汤佩松* 许根俊 许智宏 孙曼霁
孙儒泳 阳含熙* 李博 李庆逵* 李季伦 李振声 杨弘远
杨雄里 杨福愉 吴旻 吴阶平* 吴英恺* 吴征镒* 吴建屏
吴孟超 吴祖泽 吴常信 邱式邦* 邹冈 邹承鲁 沈允钢
沈自尹 沈善炯* 沈韫芬(女) 张广学 张春霆
张树政(女) 张香桐* 张新时 陆士新 陆宝麟* 陈竺
陈子元 陈中伟 陈可冀 陈华癸* 陈宜张 陈宜瑜 陈慰峰
郑作新* 郑国锠* 庞雄飞 赵善欢* 郝水 钦俊德* 施教耐
施蕴渝(女) 施履吉* 娄成后* 洪孟民 洪国藩 洪德元
姚鑫* 姚开泰 徐国钧 徐冠仁* 唐守正 唐崇惕(女)
谈家桢* 龚岳亭 阎隆飞 曹文宣 梁栋材 梁植权* 韩启德
韩济生 曾毅 曾呈奎* 谢联辉 强伯勤 裘法祖* 裘维蕃*
翟中和 薛社普* 鞠躬 魏江春

地学部(109人)

丁国瑜 马瑾(女) 马在田 马杏垣 马宗晋 王水
王仁 王之卓* 王恒升* 王鸿祯* 王德滋 文圣常 方俊

丑纪范 业治铮* 叶大年 叶连俊* 叶笃正* 卢衍豪* 田在艺
冯 士 朱显谟* 任纪舜 任美锷* 戎嘉余 刘东生* 刘光鼎
刘昌明 刘宝珺 刘振兴 关士聪* 安芷生 许志琴（女）
许厚泽 孙 枢 孙鸿烈 孙殿卿* 苏纪兰 李吉均 李廷栋
李星学* 李德仁 李德生 杨 起 杨遵仪* 肖序常 吴传钧*
吴汝康* 吴国雄 汪品先 汪集旸 沈其韩 宋叔和* 张宗祜
张弥曼（女） 张炳熹 张彭熹 陈 颙 陈永龄* 陈庆宣*
陈运泰 陈述彭 陈国达* 陈俊勇 陈梦熊* 林学钰（女）
武 衡* 欧阳自远 周立三 周志炎 周秀骥 於崇文 赵其国
赵柏林 赵鹏大 郝诒纯（女） 侯仁之* 施雅风 秦蕴珊
秦馨菱* 袁道先 贾兰坡* 贾福海* 顾知微* 徐克勤* 徐冠华
殷鸿福 高由禧 郭文魁* 郭令智* 席承藩* 涂光炽 陶诗言
黄秉维* 黄荣辉 盛金章 常印佛 章 申 巢纪平 董申保*
程国栋 程裕淇* 傅承义* 傅家谟 童庆禧 曾庆存 曾融生
谢学锦 戴金星

技术科学部（173 人）

丁舜年* 干福熹 王 圩 王 选 王 越 王大中 王大珩*
王之江 王之玺* 王占国 王立鼎 王守武 王守觉 王阳元
王希季 王启明 王补宣 王育竹 王崇愚 王淀佐
石青云（女） 叶恒强 叶培大* 史绍熙* 卢 强 卢肇钧*
冯纯伯 母国光 匡定波 师昌绪 吕保维* 朱 静（女）
朱物华 朱森元 任新民* 伍小平（女） 过增元 刘广均
刘永坦 刘盛纲 齐 康 许学彦 孙 钧 孙钟秀 孙家栋
严 恺* 严陆光 李 未 李文采* 李志坚 李启虎 李国豪*
李依依（女） 李衍达 李济生 李敏华（女）* 杨 槱*
杨芙清（女） 杨叔子 杨嘉墀 肖纪美 吴自良* 吴全德
吴良镛 吴承康 吴德馨（女） 邱大洪 邹世昌 闵桂荣
汪 耕 汪闻韶 沈 鸿 沈志云 沈珠江 沈绪榜 宋 健
宋玉泉 宋振骐 宋家树 张 钹 张 维* 张 煦* 张光斗*
张兴钤 张作梅* 张沛霖* 张景中 张效祥* 张嗣瀛 陆元九
陈芳允* 陈学俊 陈俊亮 陈能宽 陈翰馥 邵象华* 苗永瑞
林 皋 林为干 林兰英（女）* 林秉南 欧阳予 罗沛霖*
周干峙 周本濂 周尧和 周兴铭 周孝信 周国治 周炳琨

周巢尘	周惠久*	周锡元	郑哲敏	赵仁恺	胡文瑞	胡聿贤
胡海昌	柯 俊*	钟万勰	钟香崇	保 铮	侯 洵	侯朝焕
俞鸿儒	闻邦椿	姚建铨	姚 熹	夏培肃(女)		顾诵芬
党鸿辛	钱令希*	钱钟韩*	徐芝纶*	徐采栋	徐性初	徐建中
徐祖耀	高庆狮	高镇同	郭可信	唐九华	唐稚松	陶亨咸*
黄文熙*	黄克智	黄宏嘉	黄纬禄*	曹春晓	曹楚南	梁守槃*
梁思礼	屠守锷*	彭一刚	董韫美	蒋民华	程庆国	程耿东
谢光选	雷天觉*	雷啸霖	路甬祥	阙端麟	窦国仁	简水生
蔡其巩	蔡睿贤	熊有伦	颜鸣皋	潘际銮	潘家铮	戴汝为
魏寿昆*						

1998 年中国科学院外籍院士名单

（共 30 人，按姓氏英文字母排列，
姓名后加 * 号者为 1998 年当选）

伯奇费尔	(B. C. Burchfiel) *	（美国）
罗伯特·康	(Robert W. Cahn)	（英国）
巴　顿	(D. H. Barton)	（美国）
张立纲	(Leroy L. Chang)	（美国）
陈省身	(Shiing-shen Chern)	（美国）
卓以和	(A. Y. Cho)	（美国）
朱棣文	(Steven Chu) *	（美国）
克里斯琴森	(W. N. Christiansen)	（澳大利亚）
朱经武	(C. W. Chu)	（美国）
冯元桢	(Yuan-Cheng B. Feng)	（美国）
简悦威	(Y. W. Kan)	（美国）
高　锟	(Charles K. Kao)	（美国）
葛守仁	(Ernest S. Kuh) *	（美国）
李政道	(Tsung-Dao Lee)	（美国）
黎念之	(N. N. Li) *	（美国）
林家翘	(Chia-Chiao Lin)	（美国）
林同炎	(T. Y. Lin)	（美国）
利翁斯	(J. L. Lions) *	（法国）
毛河光	(H. K. Mao)	（美国）
马库斯	(R. A. Marcus) *	（美国）
莫里茨	(Helmut Moritz) *	（奥地利）
雷　文	(Peter H. Raven)	（美国）
沈元壤	(Y. R. Shen)	（美国）
司马贺	(Herbert A. Simon)	（美国）
田长霖	(Chang-Lin Tien)	（美国）
丁肇中	(Samuel C. C. Ting)	（美国）
威　利	(P. J. Wyllie)	（美国）
杨振宁	(Chen Ning Yang)	（美国）
丘成桐	(Shing-Tung Yau)	（美国）
辛克维奇	(O. C. Zienkiewicz) *	（英国）

基础研究

1998年是国家“九五”计划逐步落实和实施的一年，也是国家科技体制改革进一步深化的一年。按照1997年中科院工作会议的要求，制订了全年基础研究领域工作计划。一年来，在院党组的领导下，通过全院同志的共同努力，较好地完成了预期的任务。

一、基础研究工作不断取得可喜成果

1998年，中科院基础性研究工作又取得一批具有国际影响的科研成果。如北京天文台发现近地小行星，这是国际小行星中心记录在案的第401颗近地小行星，也是中国迄今发现的第一颗近地小行星。由物理所解思深教授领导的“纳米材料与介观物理”研究小组，在当今国际前沿课题碳纳米管列阵的制备方法研究上取得了重要进展，创造的一种新方法，制备出了结构优异的碳纳米管列阵，《Science》对此给予高度的评价。我国核聚变研究开始进入国际前沿，等离子体物理所解决了HT-7超导托卡马克在复杂条件下的控制问题，获得了高纯净度的等离子体，最近放电脉冲长度达到5.7秒，创造了国内最高记录，并在深度加料等关键技术上取得了一系列突破。由近代物理所研制的具有先进技术指标和创新设计特色的中能重离子放射性束流线胜利建成并投入运行，为我国开展放射性束物理这一国际前沿领域的研究创造了有利的条件，标志着兰州重离子加速器又上了一个新台阶。波谱与原子分子物理国家重点实验室成功获得激光极化^{129}Xe气体磁共振成象，这一突破为采用这一技术的生物活体成象研究打开了大门。化学所“高分子共混填充增强增韧技术”获得新的突破。中国科技大学钱逸泰院士实验室的李亚栋博士研究组成功地用“还原热解催化技术”制成金刚石粉，为国际首创，受到《Science》和美国化学与工程新闻称赞。我国第一台6万高斯超导扭摆磁铁在中国科学技术大学国家同步辐射实验室的储存环上调试成功，使合肥同步辐射光源的应用范围由真空紫外和软X射线波段扩展到1～3Å的硬X射线波段，从而有可能在该光源上开展X射线吸收精细结构分析、浓度光刻和某些生物大分子结构的研究。物理所光物理开放实验室许祖彦等与福建物构所合作，在“863”新材料领域专家委员会支持下，经过十年努力研制成的“多波长光参量激光器”继获得中科院发明奖一等奖之后，又荣获1998年度国家发明奖二等奖。

二、建设国家创新体系，推进知识创新工程试点工作

1998年，为迎接知识经济的到来，建设国家创新体系，国务院正式批准中国科学院开展知识创新工程试点工作，这标志着中科院的科技体制改革又进入了一个新的阶段。

科学院基础研究工作在新的形势下，积极推进基础研究局负责的四个知识创新工程

试点基地的建设，继续进行研究所的试点定位工作，同时做好 1994 年开始的国家科委组织的基础性研究所五所试点工作的阶段总结和验收。

1. 做好国家科委基础性研究所五所试点工作总结验收工作

从 1994 年开始，国家科委会同中国科学院、国家教委组织的“五所二校”基础所改革试点工作。1998 年 2 月 23～24 日，受国家科委（现科技部）委托，由基础研究局组织了基础性研究所“五所”改革试点阶段总结会，聘请了“五所”主要学科方向的同行专家和管理专家组成了评议专家组。国家科委徐冠华副主任，中科院白春礼、许智宏、陈宜瑜副院长到会并讲话。会议听取了五所所长分别作的研究所改革进程综合汇报和六个改革经验专题报告，并认真地进行了评议。与会专家及领导一致认为：国家科委组织基础性研究所改革试点的决策是十分正确的、适时的，试点取得了很好的成效，基本上达到了预期目标，取得的改革经验十分宝贵，具有一定的普遍意义。为加强基础性研究基地的建设和改造，推动基础性研究所改革深化，为探索建设与国际接轨又符合中国国情的现代科研院所模式打下了坚实的基础。科技部已明确表示支持继续推进五所试点改革工作进入更深的层次。

2. 第二批研究所试点定位工作基本完成

随着院结构性调整工作的不断深入和院知识创新工程试点工作的启动，按照“关于我院 1998 年结构性调整的指导意见”的要求，基础局组织了对以所为单元和以学科或基地整体为单元进行的研究所定位试点评议。对以所为单元的研究所的评议，侧重于学科结构、队伍结构、组织结构与工作布局调整，1998 年完成了合肥固体物理所、上海原子核所的评议；对以学科或基地整体为单元进行的研究所评议侧重于所际之间的领域和学科片调整，1998 年完成了以数学学科（片）为单元的数学所、计算数学所的定位评议，完成了以天文学科（片）为单元的“四台”（北京天文台、紫金山天文台、上海天文台、云南天文台）和“两站”（乌鲁木齐天文站、长春人卫站）的定位评议，完成了以北京物质科学研究基地为单元的低温中心的定位评议。

对于以所为单元进行定位试点评议的研究所，通过聘请同行专家和管理专家组成评议专家组到所进行现场评议。专家组根据基础局制定的“重点评议内容提纲”，通过听取本所定位报告及主要学科介绍、举行座谈、实地考察等方式，深入细致地了解该所总体发展和改革目标、优势研究领域及研究工作水平、研究队伍组成及结构、基础支撑环境、运行机制以及科研管理等方面内容，对本所定位作出客观、严格的评价，肯定成绩，指出不足，提出方向。

对以学科或创新工程试点基地整体为单元进行的研究所的评议，根据不同学科的特殊性，采取了不同的方式。

（1）数学片结构性调整。数学学科整体结构性调整涉及四个所，其中系统所和应用数学所已在去年或之前完成定位；今年定位评估两个所：数学所、计算数学所定位评估专家组对两个所所提交的报告进行了认真的讨论和评议，给予充分的肯定和较高的评价。院党组批准将建设数学与系统科学研究院列入第一批知识创新工程试点基地的决定又促进了数学学科整体结构性调整工作的进展。

(2) 天文学科整体结构性调整。今年院党组批准将天文口列为第一批知识创新工程试点基地。在充分调研的基础上，根据天文口整体改革的基本原则与建设天文创新基地的要求，1998 年 10 月 20～23 日基础局在北京组织了对“四台二站”创新定位试点评议。专家组认为：天文基地建设应特别强调以人才为中心，培养一支高水平的科技队伍特别是技术队伍，提高重大设备的运行水平，进一步调整优势领域，把握学科发展的主流，积极创造一个宽松良好的研究环境，使我国的天文学科得到不断发展。

(3) 北京物质科学研究基地有关研究所的定位试点评议。北京物质科学研究基地涉及到四个研究所：化学所、物理所、低温中心和感光化学所。其中化学所和物理所作为国家科委“五所”试点，院已于去年认定为基地型研究所并通过了国家科委的验收评议工作；完成低温中心和感光化学定位评议。

1998 年，基础局通过评议并经院党组认定的研究单位有：合肥固体物理所、上海原子核所、兰州近代物理所、合肥等离子体物理所、数学与系统科学研究院、北京天文台、紫金山天文台、上海天文台等；其中兰州近代物理所和合肥等离子体物理所是 1997 年根据院部署作为可突破指标的大科学工程试点进行评议的，1998 年这两个所结合创新工程试点，进一步明确了研究所的发展目标，两所“九五”大科学工程国家已下达经费正式启动。

3. 积极推进四个知识创新工程试点基地的落实

为迅速启动我院知识创新工程试点工作，八月份院党组扩大会议结束后，基础研究局负责的四项知识创新工程试点筹备工作立即铺开。1998 年，四个试点单位均基本完成有关研究所的试点定位评议和“试点基地建设方案实施纲要”的起草工作并报院党组审定。

(1) 数学基地：筹建数学与系统科学研究院。院知识创新工程数学基地筹备工作于 1998 年 9 月 1 日正式启动。筹备组在科技创新、制度创新与机构设置、人才培养与科研环境、园区建设等方面，提出了今年的工作目标和长期创新规划，并成立了学术方向规划等五个工作小组，具体负责各项规划与筹备工作。12 月 28 日，数学与系统科学研究院正式挂牌成立。

在科技创新与学科布局方面，按照数学学科自身发展的特点，瞄准国际前沿课题和对国家经济建设与科技发展有重大促进作用的研究领域，重点布局，配置资源；继续鼓励面向国民经济主战场的研究工作，并做好学科发展近、远期规划。

在制度创新方面，按照学科发展规划设岗、上岗，缩小固定研究人员编制，增大流动人员和访问学者名额；对所设岗位（包括管理岗位）实行竞争上岗，并留出一定数量固定研究人员名额，面向全社会公开招聘；建立适合研究院长期发展目标的人才培养制度，在激励机制与研究生培养方面大胆创新，创造一个良好环境，激励科研人员，特别是年轻研究人员开展对有重大创新意义课题的研究；在研究院研究人员年龄结构上，将保证 45 岁以下人员占 70%左右。

做好基地园区建设规划工作，按国际水平建设数学基地，达到研究人员能享有国内一流研究环境与服务的目标。为此，将对现有的数学主楼与图书馆进行全面装修与改造。加强计算机互联网建设，建设与管理好园区服务系统，安排好计算数学所搬家与晨兴数学中心启动工作。

（2）理论物理所知识创新工程试点。8月份院党组决定理论物理所首批进入知识创新工程试点。所领导班子和全体科研人员经过充分酝酿讨论，初步形成该所知识创新工程试点方案。通过此试点方案的实施，最终将理论物理所建设成为高水平、精干、开放，国际一流理论物理研究机构。1）根据科学目标，重新明确了研究所的重点研究方向，主要研究领域已经国内有关专家评议并得到专家的认可；根据重点方向的需求，确定研究所固定研究人员40人，国际、国内客座研究人员近100人，博士后约20人，在学研究生60人；研究队伍中固定编制人员与流动编制人员的比例保持在1∶4左右，另设固定科研支撑和管理岗位10个，承担理论物理所和将要建立的国家理论物理中心的管理服务职能。2）理论物理所实行“开放、流动、联合”的运行机制，各岗位一律实行聘任制，并定期进行考核，择优聘用，基本形成现代科研所的制度和模式。3）10月26～28日，组成了11名专家组成的评审小组（所外专家7人，郝柏林院士任组长），已完成对理论物理所25个固定研究岗位的上岗资格评审，同时还保留了相当数量（约15个）的固定研究岗位，为今后吸引理论物理学各领域具有国际水平的青年学术带头人提供研究岗位；管理人员的上岗评审工作也已于11月份完成。4）争取成立国家理论物理中心。按照院里的部署，理论物理所就成立国家理论物理中心事宜与国家科技部基础研究司有关领导进行了进一步的磋商。国家科技部基础研究司不仅积极支持该所的申请，还希望尽快成立国家理论物理中心，组织承担国家理论物理学科发展和战略发展的重大任务。国家科技部基础研究司委托该所所长苏肇冰院士起草了“组建国家理论物理中心的设想方案”和“中心运行章程”。结合该所知识创新工程方案的实施，将为成立拟议中的国家理论物理中心提供良好的条件。

（3）天文研究基地建设。为推动我院天文研究基地建设，天文基地筹备小组成立后，经多方征求意见和反复修改，完成了“国家天文基地实施方案”起草工作，已经院党组批准。1）根据实施方案的建议，我院天文基地建设将实现重大设备集中运行和统一规划部署，建立国家天文观测中心；同时各天文台加速结构调整和学科定位评估工作，目前，进入天文基地的天文台已全部完成分类定位评估，明确了各自的优势学科和重点发展方向，在此基础上即将组建天文开放研究室或与高校联合组建天文开放研究室（组），形成天文观测研究网络。2）争取获得国家科技部同意，将天文观测中心转变为国家天文台，天文开放研究室转变为天文开放研究所，最后形成以国家天文台为核心，若干个天文研究所组成的国家天文观测研究体系。3）陕西天文台不进入天文研究基地，将成立专家组与陕西天文台一起通过调研，成立国家授时中心，同时将对陕西天文台进行定位评估。4）筹建北京物质科学研究基地。为落实我院开展知识创新工程试点工作部署，成立了北京物质科学研究基地筹备领导小组，拟定了实施步骤。①根据院党组务虚会提出的基地组成单位为四个所和“两个整合、三个支撑点”原则要求，提出基地的框架结构为：以三个研究中心为骨干组成，即两个以基础研究为主的中心：凝聚态物理中心（物理所）和分子科学中心（化学所），一个以物质科学基地研究成果为源头的应用发展研究中心（暂定名为理化技术发展中心）并新组建理化技术所。②凝聚态物理中心和分子科学中心以创新试点高标准、高起点、高要求为标准，重新审定优先支持项目和人员队伍，分子科学中心提出七个方面严格把关。两个中心计划于1999年一季度全面完成进入基地研究组的岗位设置和人员招聘工作；今年启动重点科研项目，为出重大科研成果打好基础。③完成了对低温中心和感光化学所的学科定位评估。④作为“理化技术发展中心”优先启动的人工晶体中心，各方面的筹备工作全面展开。该方案得到了科技部高技术司和“863”专家委员会的充分肯定。⑤新组建理化技术所。其核心是理化技术发展中心，重点研究方向原则上是成熟一项，启动一项。理化技术中心的晶体中心、微型制冷技术部分课题已经通过评议，拟先启动。

三、抓好科研项目的落实，积极组织和争取国家重大科技任务

1. 国家攀登计划预选项目已全部落实

在基础研究局和资环局的共同努力下，经过两年多的艰苦工作，中科院争取“九五”国家攀登计划预选项目工作取得理想的成绩。今年各项目均已完成专家委员会的组织、首席科学家的推荐、总体计划的制定和课题分解，与国家科技部签定了项目委托任务书并已全部启动。在51个项目（含7个专项）中，由中科院组织实施的有20项（含1个专项）；由中科院科研人员担任首席科学家的有33人。1997年已到位经费4150万元，1998年到位经费不少于前一年。

2. 国家攀登计划项目(B)今年已全部完成

由我院牵头的5个攀登计划项目（B）继1997年中期评估之后，今年已全部完成，各项目将以具有先进水平的研究成果和高质量的论文来迎接明年年初国家科技部的验收。

3. 国家重大科学工程项目取得重要进展

重大科学工程的立项与建设取得了重大进展。

大天区面积多目标光学光谱天文望远镜1998年年底完成初步设计和概算，1999年初提交开工报告（预计总投资2亿3500万元，1998年到位资金3600万元）；国家同步辐射实验室二期工程初步设计和概算已经国家发展计划委员会批准（预计总投资1亿1800万元，1998年到位资金8000万元）；兰州重离子加速器冷却储存环（预计总投资2亿9350万元，1998年到位资金6000万元）和合肥HT-7U超导托卡马克核聚变实验装置（预计总投资1亿6500万元，1998年到位资金7500万元）项目建议书已得到国家发展计划委员会的批准，可行性研究报告已通过中国科学院组织的论证评估。其中，国家发展计划委员会已授权我院审批合肥HT-7U超导托卡马克核聚变实验装置的可行性研究报告。这两个项目明年上半年将完成初步设计和概算。

国家发展计划委员会已批准上海同步辐射装置的预制研究工作计划，正在开展预制研究工作（预计总投资8000万元，1998年到位资金1000万元）。

积极推动五个部委11个单位组成的“东半球空间环境地面综合监测子午链”项目尽

快启动。

神光Ⅱ装置（激光12#装置）也取得积极进展。

正在加紧进行其他有关重大科学工程的立项争取，并配合计财局、基建局开展重大科学工程建设的组织与实施工作。

4. 第一批国家重点基础研究发展规划项目立项基本完成

由国家部科技部组织的第一批“国家重点基础研究发展规划”项目立项工作基本完成。我院第一批争取立项工作取得优异成绩，在第一批拟启动的15个项目中，有7项是我院申报的，有13项有我院科研单位的参与。

5. 争取国家基础科学人才培养基金、国家杰出青年基金、基金委重大重点项目基金的工作获进展

由苏步青、朱光亚等11位科学家建议，经国务院批准设立的“国家基础科学人才培养基金”，由国家自然科学基金委员会列为专项管理。该基金主要用于支持国家教委批准的国家理科、基础农学、基础医学等基础科学人才培养基地的建设。该基金由国家财政部拨款，“九五”期间每年6000万元，5年共3亿元。通过我们艰苦努力，经多种渠道，从此项基金中为我院的特殊学科点和大科学工程人才培养争取到约1890万元的支持。

此外，今年国家杰出青年基金获得者共152人，总经费7760万元；其中科学院占50人，经费约2660万元；国家自然科学基金委全部重大项目已分两批完成部署，第二批正在论证落实当中。

四、完成“九五”院基础性重大重点项目部署并开始中期评估

1. “九五”院基础性重大、第二批重点项目部署完成，进展顺利

1998年初，根据“九五”《中国科学院基础研究重大项目管理办法》的选项原则、管理程序，经过严格遴选、评审，经院领导批准启动了第二批基础研究重大项目，共计23项，经费3300万元。这批项目的组织，注重了跨学科、跨领域项目的组织协调，启动了海洋工程和晶体材料两项与资源环境局及高技术研究与发展局联合支持项目，由基础研究重大项目经费支持150万元；为了配合国家重点基础研究发展规划项目、自然科学基金项目的争取，根据院有关学科专家委员会的建议，安排了4项强度在重大、重点项目之间的专项，计划总经费280万元。这些交叉项目和专项均按重大项目管理。至此，“九五”院基础研究局重大项目部署基本完成。

第二批院基础性研究重点项目45项今年也已经启动，总经费505万元（其中青年基金项目20项，133万元）。

2. “九五”院特别支持项目和重大项目中期评估工作已做出安排

根据《中国科学院基础研究重大项目管理办法》规定和认真做好院‘九五’特别支持项目和重大项目中期评估工作的要求，开始对第一批启动的重大项目进行中期评估工

作，计划1999年1月15日之前全部完成。第二批启动的院特别支持和重大项目拟在1999年12月底前完成中期评估。

3. 1998年年底前结题的“九五”院基础研究重点项目验收工作完成部署

根据院基础研究重点项目管理办法，以注重实效和简化形式为原则，针对项目投资强度不同采取不同的验收方式：项目总经费在5万元（含）以下的由承担课题组书面提交结题报告；总经费在10万元（不含10万元）以下的由研究所负责进行评估、验收；总经费在10万元（含）以上的商研究所结题。

五、组织开展实验室检查评估工作

根据国家重点实验室和我院开放实验室管理办法以及国家对重点学科发展项目所建国家重点实验室评估工作的安排，我院于1998年3月至5月组织专家对院属的16个重点学科发展项目所建国家重点实验室以及1994年开放的13个院开放实验室进行了评估。

1. 完成9个院开放实验室现场检查评估工作

根据计财局对开放实验室评估工作安排的要求，基础研究局负责组织了9个院开放实验室的现场检查评估。为保证评估结果的客观、准确，基础局做了大量细致的组织管理工作。

在实验室现场评估过程中，评估专家首先听取实验室负责人做的工作报告和代表实验室主要研究方向、水平的学术报告，同时对实验室仪器设备运行、室容环境、科研管理等进行了现场考察，并召开了固定人员和青年科技人员的座谈会，在此基础上评估专家通过认真的讨论，形成实验室的书面评估意见。评估专家组还指定专人对实验室《评估申请报告》的数据专题报告进行审核，并写出了数据审核结果报告。

在计财局组织的综合评估中，基础局主管的9个院开放实验室2个被评为优秀（全院共2个），7个被评为良好（全院共11个）。

2. 1998年国家重点实验室综合评估成绩优良

根据计财局实验室处“开放实验室评估工作安排”要求，由所、室学术委员会委员，所领导及有关同行专家和管理人员组成的专家评估组进行自评估，形成实验室自评书面意见。在计财局组织的综合评估中，基础局主管的3个国家重点实验室1个被评为优秀（全院共2个），2个被评为良好（全院共14个）。

六、完成科学院“三大奖”评审工作

根据计划财务局院自然科学奖、发明奖和科技进步奖的初评工作安排精神，基础局负责我院数理天文、化学化工学科三奖的初评工作。截止1998年3月15日，共收到请奖项目 73 项（数理天文学科组 42 项、化学化工学科组 31 项）；初评推荐为特等奖 1 项（化学化工学科组）；一等奖 5 项（数理天文学科组 4 项，化学化工学科组 1 项）；二等奖 22 项（数理天文学科组 11 项，化学化工学科组 11 项）；三等奖 14 项（数理天文学科组 9 项，化学化工学科组 5 项）；在计划财务局组织的院终审评议会上，除一项特等奖被评为一等外，其余都以初评的等级通过。

七、基础研究工作 1999 年工作要点

1. 知识创新工程试点工作

首先要以突出落实贡献目标为核心，继续深入、完善今年启动的四个基地的建设，以及体制、机制、人才队伍和重要项目的组织等；在调查研究、分析讨论的基础上提出并组织新的科研基地建设项目，考虑当中的新基地有：武汉物理所、力学所、大科学装置研究所、合肥固体物理所和科大共建的科学中心等。

2. 研究所结构性调整和分类、定位

将在调查研究和研究所自身改革、调整的基础上做好下列研究所的定位评估：高能物理所、陕西天文台、福建物构所。时间大约安排在 2 至 3 季度，评估方式将采取对单个研究所进行评估的方式。

3. 继续组织好 1999 年国家重点基础研究发展规划项目申报工作

继续优化现已申报但未入选的项目，为增加其竞争能力，对其中急需支持的项目先由院内给以适当支持，以争取明年入选；组织好一批新项目，特别是提出一批主要瞄准科学前沿问题的项目。

4. 国家科研中心、新的国家重点实验室建设

积极与科技部沟通，与院计财局配合，争取在我院建设一批国家科研中心和一批新的国家重点实验室。

5. 继续做好大科学工程组织工作

已立项的，做好实施组织；未完成立项的，认真组织每一步工作，早日立项；新的项目积极组织申报。

6. 做好项目组织实施、评估和总结验收

组织做好院基础性研究重大重点项目的实施、评估检查和部分项目的总结验收工作。

7. 局机关工作的改革

在院的部署下，做好基础局的机构调整、队伍建设、职能转变、思想建设工作。

资源环境研究与发展

1998 年资源环境领域工作的指导思想是贯彻落实“十五大”提出的科教兴国战略和可持续发展战略，中心工作是贯彻落实院党组制定的知识创新工程的总体发展战略和目标。

一年来，组织落实知识创新工程试点，同时加快推进研究所学科定位和结构性调整，积极申报国家重点基础研究发展规划项目和争取重大科研任务，着手组织东北地区农业项目，适时安排“九五”重大项目中期评估，在人才队伍建设、重大成果评奖、开放实验室（站）建设、促进科研管理方式转变等方面也取得较好成绩。

一、知识创新工程试点及结构性调整工作

根据院党组确定的 1998 年启动的知识创新工程试点，资环领域主要开展了北京地球科学研究基地（启动地质所和地球物理所整合）、西北资源环境与可持续发展研究基地（启动水土保持所组建国家水土保持研究中心）、南京地质古生物所的知识创新工程试点工作。在结构性调整工作中主要完成了研究所定位认定评议和新疆两所联合重组的工作。

1. 南京地质古生物所试点

通过凝炼学科发展方向，精干队伍，加强体制、机制创新，建立开放、流动、竞争、激励等与国际接轨的运行机制，加强科研支撑条件，充分利用我国古生物化石资源优势和人才优势，积极参与国际合作与竞争，力争在古生物学、生物地层学前沿领域作出若干独创性、突破性、有重大国际影响的新成果。创新目标是建成具有国际先进水平的中国古生物学（古无脊椎动物学及古植物学）研究中心和国际古生物学主要研究中心之一。该所的试点方案已经院长办公会议审议并原则通过。

2. 水土保持所试点

根据院资源环境领域学科的战略布局，针对国家实施中西部战略转移的重大决策和西北地区经济发展面临的重大问题，我院西北资源环境与可持续发展研究基地以西北特殊生境、资源和灾害为对象，集中优势力量开展综合集成研究，并配合杨凌国家农业高新技术产业示范区的工作，优先启动水土保持所创新工程试点。该试点的战略定位是：面向全国，以黄土高原为重点区域，开展半干旱半湿润地区水蚀环境中水土流失防治与环境建设重大科学技术问题研究；创新领域是：黄土高原水土保持与生态农业建设重大科学问题与关键技术试验示范、黄土高原生态环境恢复技术、黄土区 SPAC 中物质运移及调控机理研究。该所的试点方案也已经院长办公会议审议并原则通过。

3. 地质所、地球物理所整合试点

该试点确定的发展方向是：以地质学、地球物理学和地球化学为学科基础，开展高层次交叉和综合研究。创新重点是：以国家在资源、能源、环境和灾害方面重大需要为目标的战略性研究（如矿产资源、油气与能源、环境地质和地球物理、工程地质学与浅层地球物理）；以解决固体地球科学重大科学问题为目标的基础性研究（如地球动力学、地磁学）。院长办公会议讨论了整合方案，确定两所整合后所名为“中国科学院地质与地球物理研究所”，试点方案将待有关问题解决后，报院长办公会议审定批准。

4. 研究所定位认定评议

通过认真分析学科优势和区域特色，结合创新工程的目标和要求以及研究所自我定位方案，在研究所定位认定评议工作中，根据试点遴选标准，结合资源环境领域的具体情况，首先确定了参加评议的三条标准，即：学科优势和区域特色明确，已进入创新工程的园区和基地，近年绩效评价结果至少为BB。并根据此标准确定了21个研究所参加评议。同时结合创新工程的精神，对“研究所定位认定评分标准”进行了修改，统一了评议标准。评议工作按学科群和领域分片集中，评议组由院士、管理专家和中青年科技专家组成，所有参加评议研究所的人员一律不进入评议组。1997年已通过定位认定评议的研究所提交修改方案后列入统一安排。根据院长办公会议审议，确认了15个研究所为1998年度资源环境领域定位认定试点单位。

5. 新疆两所联合重组

为了适应学科创新能力提高的需要，适应新疆经济建设和社会发展的需要，院党组决定原新疆生物土壤沙漠研究所和原新疆地理所通过联合重组，形成新的优势，即综合研究能力、系统研究能力、集成配套能力。两所重组后名称为新疆生态与地理研究所。该所的战略定位是：以新疆资源环境研究为主的社会公益性研究所，具有国际水平的干旱区绿洲生态研究中心，绿洲生态建设、荒漠环境治理、资源合理利用、区域持续发展的基础与应用基础和试验示范研究的国家重要研究基地和人才培养基地；学科定位为“一主二翼”（“一主”为绿洲生态系统，“二翼”为荒漠环境和区域持续发展）。重点领域是：绿洲生态与绿洲农业、荒漠化防治和环境演变、干旱区资源开发与区域持续发展。该所的联合重组工作已经完成。

二、争取重大科研项目工作

1. 国家重点基础研究发展规划项目（“973”项目）

我院资源环境领域和农业领域提出11个项目作为院正式上报国家科技部的推荐项目。其中“我国重大气候和气象灾害形成机理与预测理论”、“青藏高原形成演化及其环境、资源效应”已入选首批启动的国家重点基础研究发展规划项目（资源环境领域）。其他项目仍具有一定优势，将继续争取国家支持。

2. 院知识创新工程重大项目

经酝酿选择有明确目标、有良好基础、有优秀人才队伍、近期可望取得突破性成绩的8个项目推荐为院知识创新工程重大项目。其中,"油气勘探二次创业前导研究","金属矿产资源战略接替基地预测","国家资源环境、农情、灾害遥感信息系统与空间动态信息综合研究","建设东北地区国家稳定的商品粮基地的农业技术开发与应用"已经院确认进入论证实施阶段。

3. 组织东北地区农业项目

为贯彻十五届三中全会精神,院党组提出,依靠科学技术,与地方农业发展结合,组织力量积极投身东北地区商品粮农业建设,打一场新的"黄淮海战役",为我国21世纪农业发展作出新的贡献。为此,农业项目办公室组织召开了"东北地区(三省一区)与中国科学院跨世纪农业发展研讨会"。中科院将联合地方政府和科研院所,围绕中国未来食物安全、商品粮生产能力、农副产品深加工、加速农业产业化和绿色食品等方面的技术创新,形成一批项目建议书和可行性研究报告。

4. 争取国家有关重大科研任务

资源环境领域有6个项目进入国家"2116工程"关键技术项目库:"肥料资源高效利用的关键技术"、"畜禽主要病虫害可持续控制技术研究"、"畜禽水产生物工程及实用化技术"、"农业空间信息技术及其产业化工程"、"海水增养殖、捕捞及资源综合开发利用关键技术"、"主要流域水土流失综合防治关键技术"。

中科院承担了"九五"国家重点工业性试验项目"六盘水煤层气开发利用示范工程"中的两个课题;负责承担了三峡移民工程开发局启动的两个三峡移民项目:"三峡移民区持续发展"、"三峡移民区生态环境建设"的组织和实施工作;承担三个重大国家基金项目:"中国关键地区生物多样性保育的研究"、"中国东部陆地生态系统与全球变化相互作用机理研究"、"《中国植物志》、《中国动物志》、《中国孢子植物志》编研"。

南沙项目进入全面实施阶段。组织有关单位完成了课题和专题分解,与科技部签定了各专题合同。

国家大科学工程预选项目"新型海洋综合科学考察船"已完成申报建议书;"中国农业资源环境监测与可持续农业示范网络工程"已通过国家计委组织的专家论证。

5. 积极承担国际合作和院省合作项目

承担院省合作项目"云南省金矿重要成矿区带及成矿预测研究";落实引进国际农业先进科技项目"系列寡聚糖生物农药及其研究技术的引进"等4项;组织申请中日信息化合作项目,经国家计委批准,灾害监测项目由我院组织实施。

三、科研工作进展与成果

1. 代表性成果

1998年中科院资源环境领域的科研工作取得了显著的进展和丰硕的成果，较有代表性的有：

(1) 古生物和地层学研究中关于奥陶系达瑞威尔阶界线层型剖面的研究，经国际地科联批准，认为是中国70年代末以来各纪地层界线层型剖面研究中取得的“金钉子”；二叠系乐平统被国际地层委员会正式列入全球地层年代表作为国际标准，标志着中国在国际地层学前沿研究中占有一席之地；关于“热河生物群”的研究成果在《Nature》发表，对鸟类起源研究起到重要推动作用；发现迄今世界最早的被子植物化石，并首次提出“被子植物起源的东亚中心”假说，研究成果已在《Science》发表。

(2)“气候系统模式、气候数值模拟及气候预测理论研究”研制出具中国特色的气候系统（大气、海洋、陆面）模式，提出可以克服水汽分布变形或密度为负的合理计算方案；在国际上率先以海-气耦合模式为基础，研制出短期气候预测系统并进行预测试验，在旱涝预测中发挥了重要作用。

(3) 南极冰盖考察和科研取得重大进展，在国际上率先进入南极高海拔地区开展与全球变化相关的前沿创新性研究；完成首次徒步穿越雅鲁藏布大峡谷科学考察工作，取得丰富的科学资料和初步成果。

(4)“我国金矿找矿与采选冶关键理论和技术研究”在山东重要金矿区首次发现并证实了胶东“层间滑动角砾岩型”新类型金矿，经勘探已获工业储量19.6吨，为在该区域寻找超大型金矿奠定了坚实的理论基础。

(5)“我国干旱半干旱区十五万年来环境演变动态过程及发展趋势研究”建立了中国北方高分辨率气候事件年代序列；建立了不同环境指标与现代气候关系，使古环境研究从定性走向定量研究；根据国际标准建立了中国第一个综合古环境数据库及数据处理系统。

(6)“地震波波形研究”解决了对宽频带波形进行正演模拟和非线性反演研究的多项难题，发展了全新的地球物理非线性问题全局优化反演理论和地面运动预测的理论地震学方法等；建立了中国大陆不同地区上地幔结构模型，推断了一些重要地震的震源破裂过程。

(7)“土地处理系统——城市污水处理革新/替代技术研究”突破了国外通常替代污水三级处理的局限，实现替代二三级处理的工艺目标，处理费用降低一半，通过实用规模的示范工程建立了完整的土地处理理论与技术体系，为成果的广泛推广奠定了基础。

(8)“中国沙漠形成演化与气候变化研究”明确划分出中国沙漠经历的三大演化阶段；提出了按生物气候特征和气候动力条件进行划分的基本类型；揭示出现代土地沙漠化的发生发展以自然因素为基础，人为因素起到加剧或延缓的作用。

(9) 在抵御长江、松花江和嫩江流域特大洪涝灾害的工作中，组织有关研究所与国家有关部门联合进行洪涝监测和评估。发布监测通报50期。通过网络系统实时传输监测和评估灾情信息，为中央和地方政府的决策提供了及时准确的重要依据，得到江泽民总书记等中央领导的表彰，有关部委和地方政府的高度评价。中科院有5个单位10名个人获科技部表彰。

(10) 完成《1997年中国区域报告》并正式出版发行，依据该报告编写的“我国区域政策实施效果与区域发展态势分析报告”，报国务院并送有关部委，引起较好反响。

(11) 组织定期发布农作物长势监测通报。监测报告分析表明，1999年洪涝灾害对局部地区农业收成有一定程度影响，总的农业收成应好于1998年。国家计委、国家统计局对此项工作予以好评。

(12)组织实施的国家科技攻关项目和有关研究所承担的攻关项目专题通过了专家委员会中期检查评估。

(13)“九五”院重大项目、院特别支持项目等将于1999年年底之前完成中期检查和评估工作。在中期检查和评估中尝试采取量化评价的方法，为建立知识创新工程试点的创新评价机制进行初步的探索。

(14) 中科院与国家统计局合作完成了全国县级农业土地资源遥感调查项目，将于1999年年底前提交验收。

(15) CERN重大项目实施方案已通过论证，突出监测、研究、示范、建设四位一体的思路，项目实施逐步向标准化、规范化目标迈进。

2. 重大科研项目获奖情况

在院奖评审中，资源环境领域共有39项获奖，其中中国科学院特、一等奖项目占全院总数的29%。这些特、一等奖项目是：

国家资源环境遥感宏观调查与动态研究	科技进步奖特等奖
中国沙漠形成演化与气候变化研究	自然科学奖一等奖
我国干旱半干旱地区十五万年来环境演变的动态过程及发展趋势	自然科学奖一等奖
地震波波形研究	自然科学奖一等奖
气候系统模型、数值模拟及预测理论研究	自然科学奖一等奖
氨浸法从电镀污泥和不锈钢酸洗废液中回收重金属	科技进步奖一等奖
土地处理系统——城市污水处理革新/替代技术研究	科技进步奖一等奖
棉属种间杂交育种体系的创立（生命学科评审组）	发明奖特等奖
峨眉山藏猕猴行为生态学研究（生命学科评审组）	自然科学奖一等奖

四、人才培养和科研队伍建设

1. “百人计划”招聘和评估

自1994年首批“百人计划”启动至今，院共批准招聘人选151人，资源环境领域40人入选，占全院总数26.5%，分布在23个研究所的37个学科。

2. 国家杰出青年科学基金获得资助情况

资源环境领域有 8 人获得 1998 年度国家杰出青年科学基金资助，占全院总数（37 人）的 21.6%。1994～1998 年度共有 363 人获得资助，资源环境领域 42 人，占全院总数（153 人）的 27.5%，分布在 21 个单位。

3. 特殊学科人才培养基金

配合国家基金委组织“国家基础科学人才培养基金”学科点评审。国家基金委在全国最终确定资助的六个学科点中，我院为四个且均为资源环境领域的学科，它们是：古生物与地层学、古脊椎动物与古人类学、冰川冻土学、动物分类学。

4. 院公派出国留学和留学回国人员择优资助评审

公派留学资源环境领域 72 人获得批准（分布在 32 个单位），占全院总数 28.5%；留学回国人员择优资助评审资源环境领域 43 人获得资助（分布在 23 个单位），占全院总数 29.9%，批准资助经费 95.8 万元，占 33.6%。

5. 方树泉奖评审

评出 1997 年度方树泉奖获奖者 107 人，其中方树泉奖学金 82 人，方树泉青年科学家奖 15 人，方树泉科技扶贫奖 10 人。

高技术研究与发展

1998年是国家知识创新工程试点工作启动的第一年。在中科院领导的指导和关心下，通过高技术局全局同志的共同努力，高技术领域的知识创新基地的建设、研究所定位、"九五"重大任务深入的研究和继续落实、高水平人才引进等各方面工作，都取得很好的成绩，为知识创新工程试点工作作出贡献。

一、科研任务进展和成绩

1998年，高技术局共落实国家项目经费总额近2亿元（未含国家重点基础研究发展规划项目），"九五"到目前为止，共落实国家任务约18亿元；国家和院"九五"项目的研究工作进入关键性一年，高技术局开始对项目的中期检查，1998年已完成6项。

(1) 国家重点基础研究发展规划项目。按院基础研究领导小组及其办公室的统一部署，高技术局负责其中信息领域和能源领域两个领域，分别成立了领域专家组，进行项目的评审和预答辩。力争做到选题既符合国家目标，又是重大科学问题。既能把我院的优势力量组织起来，又与全国的科研力量结合，还注意了项目的国际合作。

经过科技部的评审，有3项列入首批15个正式立项项目，分别是：图像，语言，自然语言理解与知识发掘；信息技术中的应用理论与高性能软件；自动推理平台与数学机械化（专家直接推荐）。另外，还有3项被列为培植项目。

(2)"九五"国家科技攻关项目。1998年，"九五"国家攻关继续落实了一批项目，到目前为止共获国家科技攻关项目支持经费约5.3亿元。"九五"中期，各领域相继开展了攻关项目的中评估。

(3)"863"高技术计划项目。截止1998年，共获得"863"计划经费支持约2亿元。

(4) 院"九五"应用研究与发展重大项目。1998年，高技术局经过认真遴选和严格的论证，启动了11个重大项目。在1997年安排的重大项目中，已有4项通过了项目的中期检查。

中科院重大项目"计算机网络信息安全的若干关键技术与产品开发"已提前一年完成了计划，进行了验收，其成果受到了专家高度评价，取得了显著的社会效益和一定的经济效益。研制成功的防火墙系统、反黑客入侵软件等有很高的水平并已推向市场；网络信息安全防范系统的研究成果得到了重要应用；网络信息安全的理论研究和调研工作为国家有关部门提供了大量资料并进行了多次宣传培训工作；获得了良好的社会影响。

在重大项目的执行过程中，高技术局严格按照"里程碑"来实现对项目的动态管理。对去年立项启动的10个重大项目，做到了不完成"里程碑"计划不拨款。

1998年高技术局有6个项目获得了院"九五"特别支持项目支持。认真检查了1997年的所长基金重点项目和局管重点项目的研究进展情况。在1998年高技术局安排的应用研究与发展局管重点项目中，70%的经费下达到所，按照所长重点项目形式支持，给予研究所选项上的自主权，继续对探索性、创新性、新的生长点的预研性工作进行支持。

二、科研工作成果

1998年，在院三奖评审中，技术口共获得科技进步特等奖1项，科技进步一等奖5项，发明奖一等奖2项。在国家科技进步奖的初评中，技术口申报的项目获得一等奖1项，二等奖1项，三等奖2项。

(1) 信息和自动化领域。“中关村地区教育与科研示范网络主干网（NCFC)”获中科院科技进步特等奖。计算机网络是未来信息社会的命脉，是信息流通的“高速公路”和基础设施。NCFC的建设，为我国科技人员创造了十分有用的科研环境，创造了巨大的社会效益和经济效益，对于促进我国整个科技事业和国民经济的发展，起到极其重要的作用。与国内外同类网络比较，NCFC处于国际先进水平。目前，中国科技网已联通全国30个主要城市，300多个单位和部门入网，大约有5万台计算机，10万多个用户，网上数据库资源已达200GB。

在1997年获得院奖的基础上，“CR-01 6000米自治水下机器人”被评为国家科技进步一等奖，“科学数据库及其信息系统”被评为国家科技进步二等奖，为中科院信息、自动化领域写下了光辉的一笔。

曙光2000-Ⅰ型研制成功，速度为200亿次/秒，是我国目前可提供商用的最大分布式并行计算机系统，为研制曙光2000-Ⅱ型（大于1000亿次/秒）打下了基础。

(2) 能源领域。中科院电工所、高能所和中国运载火箭研究院共同研制的“阿尔法磁谱仪（AMS）永磁体系统”1998年6月完成了首次空间实验任务，得到丁肇中教授的高度评价。AMS永磁体系统是人类进入宇宙空间的第一个大型磁体，该项成果开辟了一个全新的探索领域，对于粒子物理，天体物理和宇宙论的研究具有极为重大的科学价值；该项目的研制成功有力地推动了我国永磁体设计制造技术、钕铁硼材料的研制、航天器设计制造技术以及粒子物理探测技术的发展。作为中美两国首次在空间科学技术上的大型合作，该项目对促进双方在航天技术方面的交流具有重大意义。AMS永磁体系统的研制成功表明我国永磁体设计制造技术和航天器中有关设计制造技术处于世界领先水平。

由电工所完成的“50兆瓦（5万千瓦）蒸发冷却水轮发电机”获1998年中科院科技进步奖一等奖。蒸发冷却是我国的首创技术，它可以在提高材料利用率的同时也提高了运行的可靠性，适合我国大电机制造行业的技术水平，大大提高了国际竞争能力，此项成果反映了我国在水轮发电机冷却技术方面的国际领先水平。此成果为400MW以上的蒸发大电机的设计、制造、运行提供了很好的参考数据。

力学所的“燃烧气脉冲除灰技术研究”成果获得了1998年中科院科技进步奖一等奖。该项技术能及时地、有效地清除空气预热器的积灰，极大地提高了发电设备的利用率，对我国电力工业的节能和技术进步具有重大的意义。

(3) 化工材料领域。上海冶金所信息功能材料国家重点实验室研制成功的5.1～8.16μm中、远红外波段量子级联激光器，是世界上继美国贝尔实验室之后取得成功的第二个实验室，也使我国成为国际上研制出该波段量子级联激光器的第二个国家。美国工程院院士、中国科学院外籍院士卓以和先生为此专门给路院长写信表示了祝贺，对此成果给予了很高的评价。

沈阳金属所的“激光法制备吨级纳米硅基陶瓷粉技术及试生产系统”成果获1998年中科院发明奖一等奖。该成果是“863”计划重大成果，于1997年8月建成我国第一个激光法纳米硅基系列粉体生产基地，填补了我国的空白，为我国航空、航天、核工业、机械工业、生物工程等高技术领域的发展提供了必需的理想的基础材料。

大化所等在国家科技攻关项目“天然气（干法）净化脱除硫化氢和水蒸气”的研究中取得重大进展，其技术已应用于陕北天然气输送管道。

有机所等的国家科技攻关项目“HFC-134a液相法连续化中间试验”在泰州的200吨中试基本完成，这是具有我国知识产权的新过程，为我国氟利昂代用品的工业化生产技术迈出了重要的一步。

(4)空间光机领域。长春光机所的“高精度光学非球面数控加工技术及FSGJ-1非球面数控加工中心”获1998年中科院科技进步奖一等奖。该项技术解决了“非球面的加工与检测”这个光学界面临的难题，成功地实现了光学元件表面误差的数字化及自动化加工。该技术的成熟标志着我国已成为掌握大口径高精度非球面光学元件数控加工技术的少数国家之一，跨入了国际先进水平。

“超短脉冲高功率激光发展中的系列创新技术”获中科院发明奖一等奖。该项目为我国在激光科学技术领域中的前沿——新一代超短脉冲高功率激光的研究、发展与应用，做出了系统的发明创造，提供了一批具有我国知识产权的系统首创技术。

安徽光机所承担的国家攻关激光应用项目“橡胶部件激光在线检测系统”专题是集激光光源、光电检测和计算机工业控制技术相结合的光、机、电一体化的高新技术。可应用于化工橡胶行业部件生产线的在线检测，是我国橡胶轮胎行业生产线产品质量控制的重要设备。在两年的时间内，该所根据企业的需要，研制了四套设备供二条进口生产线，一条国产生产线和标准口型室试用，经工厂半年的实际运行和考验，取得了很好的效果。

三、改革工作的进展

(1)知识创新基地建设情况。北京信息科学技术研究发展基地今年首先启动了计算所，并逐步作好其他所启动的准备。1998年10月12日中科院发布了关于深化计算技术研究所改革的决定，拉开了在院知识创新工程中研究所改革调整的序幕。经过改革调整，组建一个以优秀青年科技人员为主体、从事计算机科学前沿研究的精干的计算所，试行理事会制度，新计算所应该成为适应我国市场经济环境、精干的、与国际接轨的新型国家研究所，成为国家计算机科学和信息技术知识创新的重要基地；从未来的市场需求出发，承担起战略性、前瞻性和关键性的创新任务，为我国信息产业的发展提供技术支撑。新计算所与联想保持密切联系，与联想共建联想的技术创新中心，为联想的中长期发展提供科技源泉和创新支持。院委托联想集团设立的计算所二部也已正式成立，二部将按照公司的模式运行，开始其面向市场，自主竞争的新的道路。

12月1日，中科院下文正式批准了大连化物所知识创新工程试点的改革方案，大连化学物理所的改革将在科学研究、高技术产业和后勤服务三个层面上同时展开。该所本着“基础研究按学科建室；应用研究按国家目标为方向，以任务建室”的原则，对原有的研究室、组进行优化，成立4个国家和院重点实验室、6个研究室，还将与国内外研究机构共同组建跨学科、跨领域的联合实验室。通过结构调整将淡化重点实验室边界，强调综合集成；开发工作则组建股份公司和有限责任公司，面向国民经济主战场，建立“大催化”“大化工”体制，最终实现“基础研究—应用研究—高技术发展—产业基地”一条龙。通过改革，大化所将建立新的流动机制，实行合同聘任制，公开招聘，竞争上岗。

东北高性能材料与先进制造技术研究发展基地首先启动以沈阳自动化所为核心，沈阳计算所参加的东北先进制造技术（机器人、数控技术）研究发展基地的工作，以适当的形式实现沈阳自动化所与沈阳计算所的改革与调整，形成东北先进制造研究发展和促进产业发展的综合基地。目前已初步制定了该基地的改革试点方案。

上海高技术研究发展基地的五个所都在积极准备试点方案，积极进行所内的改革工作。不少研究所通过改革方案的制定，认真研究了重大的科研方向和改革的机制，方案多次修改，逐步成熟，为明年的正式启动创造了条件。

长春光机所由于班子锐意改革、几年来进步很大，具有典型意义，拟增加为试点。

(2) 研究所定位及领域的定位情况。1998年高技术局共有20个研究所参加了定位，其中19个通过，即信息领域6个：软件所、半导体所、上海冶金所、电子所、声学所、自动化所；能源领域4个：工程热物理所、电工所、广州能源所、山西煤化所；化工材料领域4个：长春应化所、化冶所、硅酸盐所、兰州化物所；空间光机领域5个：长春光机所、上海光机所、西安光机所、安徽光机所。

通过定位工作，各所回顾了本所的发展历程，认真总结了自己在科学研究和技术创新等方面做出的成绩以及为国家的发展所作出的贡献，分析了本所的科研优势所在，并由此思考了今后研究所发展的途径、研究的重点、运行的体制等涉及所发展战略性问题。

在研究所定位之前，高技术局还分别组织了高技术各个领域的定位工作，各领域针对各自的学科前沿发展进行了学科方向的定位和布局。通过领域定位，发挥中国科学院基础理论和技术的整体学科优势，特别是在交叉领域的学科优势，组织精干力量，形成有特色的研究和开发群体，面向世界，面向科学发展前沿，面向国民经济建设，解决重大关键技术问题，大幅度提高知识创新能力，为国家的持续发展战略提供技术支撑。

信息、自动化高技术领域在信息获取、传输、处理和应用的基础理论和关键技术方面完成重点部署，有所为，有所不为，选择有相对优势的领域做出创新性成果，积极参与世界发展潮流，促进民族信息技术产业发展，提高国际竞争力，为在下一世纪初国民经济的发展创造条件。计算机、自动化、通信方面重点学科与应用领域是计算机科学理论与软件新技术、高性能计算与数据处理技术、智能信息处理、网络与通信技术、信息安全理论和技术、自动化与先进制造、微波信息技术、海洋信息技术；在微电子、光电子、微电子机械、传感器与显示器件方面的学科布局为微电子科学技术、光电子科学技术、信息材料与功能器件、微电子机械系统、传感技术、显示技术、存储技术、量子工程和量子信息基础研究。

中科院能源领域整体发展将重点建设和稳定支持“能源科学技术研究发展基地（能源技术知识与高技术创新基地)”；建设和保持一支具有国际水平的能源科技队伍；形成和保持强大的国家能源技术知识创新能力；全面推进高技术转化和技术转移；为国家宏观能源决策提供科技咨询；加速最新能源科技知识的传播等六项基本任务。实施“一个中心（国家能源技术知识创新中心)、两个组成部分（能源技术知识与高技术创新基地和国家能源咨询体系)、三大主要功能（能源技术知识创新、能源技术知识转移、能源技术知识传播)、四个战略重点（能源前沿性、探索性及战略性重点应用基础发展研究；瞄准国家跨越发展战略的能源高技术创新研究；当前经济和社会发展中的重大关键能源科技攻关；国家能源科技咨询、技术转移、人才转移和科学普及等咨询与服务)”的发展战略，逐步实现在我院建成国际知名的、具有强大和持续创新能力的国家能源技术知识创新中心的战略目标。

化学化工领域通过定位，理出的五个方向性领域是：催化科学与技术、合成化学新方法学、纳米化学与材料、绿色化学、资源高值化方面，结合国际上科技发展的趋势与国家需求和院自身发展的特点，结合全院知识创新工程的试点工作，对中科院研究内涵进行了进一步的界定，形成了《中科院化学化工领域战略定位》。与此同时，领域的定位也与研究所的分类定位工作结合在一起。

光机领域在领域的定位中，对本领域的学科和技术发展以及新的学科交叉点进行了归类。对光学科学的定位集中在量子光学、强光光学、瞬态光学、红外物理学、短波光学；现代光学技术则主要是空间光学技术、自适应光学、先进激光技术及光源、光学材料技术、光电（电光）工程技术等；交叉学科包括信息光学、生物医学光学、环境与大气光学、光机电微系统。今后将重点发展空间光学、光电工程、光机电微系统、信息光学、生物医学光学，前沿学科则在量子光学上适当布点。

(3) 开放实验室的分类管理情况。开放实验室的研究工作是高技术创新工作的非常重要的组成部分，从去年开始，高技术局接手了21个从事应用基础研究工作的开放实验室，仔细研究了有关开放实验室的管理文件和评价标准，对开放实验室的管理工作给予了足够的重视。在知识创新试点工程基地的建设中，高技术局从一开始就将开放实验室的建设纳入其中，将实验室的基础和应用基础研究工作作为高技术基地创新的源泉。

在今年的院开放实验室评议和国家委托院进行的世行重点学科实验室的评议中，高技术局8个参评实验室全部顺利通过了评议，其中依托与上海冶金所的信息功能材料国家重点实验室在世行重点学科实验室中被评为优秀实验室。

信息功能材料国家重点实验室，围绕信息的获取、转换、处理、存储和输出等高科技前沿领域，在半导体微结构材料、物理及器件、新型硅基半导体材料与铁电集成学、磁性薄膜与敏感材料及物理、平衡方程输运理论及其应用等四个主要研究内容上已形成了自己的特色。雷啸霖先生的半导体输运平衡方程理论被称为雷-丁理论，已得到国际学术界广泛承认；该室研制出的5.1～8.16μm中远红外波段量子级联激光器，使我国成为国际上研制出该波段量子级联激光器的第二个国家。

软件所的计算机科学开放实验室是我国目前少有的从事计算机科学基础研究的开放

实验室，该实验室抓住了计算机科学领域的一些重要的基本问题，具有了很高的学术研究水平，若干研究成果处于国际领先水平：该室提出并实现的可执行的时序逻辑语言，受到国际同行的高度赞誉；时段演算是该室在实时系统设计领域中开辟的一条新途径，得到了国际同行的公认并带动了国际上十几个国家的科学家参与这方面的研究。

为鼓励开放实验室更好地进行应用基础研究工作，以择优支持为原则，高技术局从项目经费中拨出500万元，对历次评估中获得优秀和良好成绩的开放实验室给予了支持。

四、人才和队伍建设情况

在“百人计划”的招聘和评估工作上，高技术局按照院百人计划领导小组的要求并考虑整体学科布局，瞄准世界发展前沿，提出了1998～2000年17个新兴学科，并通过院内外有关专家评议，遴选出1998年新兴学科5项，院批准后公布4项。目前有2个学科已有报名，由院统一组织评审。

对重点学科的遴选，高技术局以是否有重大项目作为依托，是否符合研究所发展方向，研究所配套条件是否有所保证为前提，提出了（25个单位）的29个重点学科，由院统一对外招聘，研究所初评。在研究所招聘工作中要求坚持标准，宁缺勿滥。目前招聘工作尚在进行中。

高技术局配合人事局对1997年度相关研究所的百人计划执行情况进行了检查，检查结果大部分研究所按照院的要求，进行工作，人员到位及工作情况较好，也有个别研究所在配套条件上未给予保证，影响了到位人员的工作。

五、继续推进工程中心的建设工作

根据1997年工程中心工作总结会的精神，1998年中科院工程中心的主要工作是促进各中心运行机制及经营体制的转变，加强与企业合作的意识，加快各中心的建设速度，努力为中科院创新工程的实施作出贡献。

从全院的整体布置来看，目前有一部分工程中心已进入先期启动的知识创新基地，比如催化、膜技术、机器人、高档数控、光电子、均质合金、腐蚀控制、高性能计算机等工程中心。这些中心跟随基地的建设，加快了转制的步伐，其中光电子工程中心与节能投资公司合资共建工作以及膜技术工程中心与大连铁龙集团合资共建工作已到具体操作阶段。目前未进入创新基地的工程中心，也在按照中科院实施创新工程的要求在机制及体制方面加大改革力度，自觉适应知识经济时代对科研工作的要求。

1998年是工程中心工作按照知识创新工程的要求调整思路的一年。根据院党组的要求，工程中心要加大与企业合作共建的力度，希望通过化学所与海尔集团共建工程塑料工程中心，半导体所与节能投资公司共建光电子工程中心以及大化所与大连铁龙集团共建膜技术工程中心，能够总结出研究所与企业共建工程中心的成功经验。

工程塑料国家工程中心完成了与海尔集团的共建工作，引进了海尔集团的管理机制，中心的面貌发生了很大的变化，1998年研制出来的抗菌塑料已应用于海尔集团的产品，中心已经体验到与企业结合的必要性。

半导体所与国家节能投资公司达成共建光电子国家工程中心的协议。节能公司将投资3000万元，支持中心购买多片MOCVD，有效解决中心目前卡脖子的工艺问题，为光电子中心扩大生产规模走向产业化奠定了一定的基础。

膜技术国家工程中心根据国家计委的要求，在成立初始就要求与企业结合共建。大化所已与大连铁龙集团达成共建膜技术国家工程中心的协议。根据国家计委的要求，由大化所的膜技术工程中心取代成都有机所的天然气转化国家工程中心。膜技术中心已通过可研论证及中咨公司的评估。中心总投资为7200万元，其中使用世行贷款340万美元。

到1998年为止，中科院已有院级以上工程中心28个。

六、关于高技术研究工作的一些思考

(1) 中科院高技术研究的定位。从事关系到我国的经济建设、社会发展与国家安全的战略性、前瞻性高新技术研究；承担国家重大项目中的关键技术研究开发工作，解决国家急需的重大科技问题；提高我国高技术自主创新能力，不断促进高技术产业发展。

(2) 高技术研究工作的特点。高技术是相对于传统技术而言的，一般是指利用人类当代最新科学成就，知识和智力密集的新兴技术领域。高技术研究与基础研究有着十分密切的联系，基础研究是高技术创新的源泉和基础。高技术研究显著特点是：1) 有明确的应用目的；2) 研究的学科交叉性；3) 有明显的时效性；4) 高技术研究成果只有通过工程化研究才能真正有用；5) 高技术研究是现代高技术产业产生发展的源泉，而飞速发展的现代高技术产业需求又是高技术研究的最重要的推动力量。现代科学技术的研究还有一个显著的特点，就是从基础科学研究到技术创新的周期大大缩短了，例如信息科学技术和生命科学技术，往往新的科学发现很快就导致了新技术的诞生，而且很快就推向产业化。高技术知识密集、智力密集的特点和激烈竞争带来的创新需求，不仅带来了从基础研究到应用技术的迅速转化，而且也反过来向基础科学提出了新的研究课题和更高的要求，促进了科学的繁荣。这是我们时代的特点。

(3) 高技术研究的目的性，以真正产生效益为目标。高技术是国家最为关注的问题之一，高技术发展将对我国的综合国力、社会经济结构和人民生活产生巨大的影响，是实现我国现代化战略目标的非常关键的因素。高技术研究必须有明确的目的，它可以是远一点或近一点的研究，但是终究是要能用得上的，应以产生效益为目标。中科院应该从事国家具有重大意义的战略性科研任务，承担国家重大项目中的关键高新技术研究开发工作，解决国家急需的重大科技问题，提高我国高技术自主创新能力，促进高技术产业发展，为我国的经济建设、社会发展和国家安全作出有显示度的贡献。

(4) 高技术研究要以市场和需求为导向。市场的需求驱动和科学发展的拉动都是技术进步的动力，但是，社会现实的或潜在的需求永远是最根本的。因此，需求的分析是高技术研究项目立项的前提。如果说高技术的基础性研究更多地是考虑技术的潜在能力和应用原理，那么应用技术研究就必须研究市场和现实需求，不仅要研究技术的本身的问题，还要研究经济的可行与应用的适用性、对环境及社会的影响等等非技术性问题。

这些问题，中科院高技术类研究所应该高度重视。

(5) 高技术研究要和产业化工作紧密结合。研究的结果要有“出口”，这是过去没有解决好的一大问题。因此，许多成果做出来没人推广，没人应用，束之高阁。这类研究的问题是在立项研究时，就要想好将来谁用、或谁来实现产业化，并有措施来保证最后目标的实现。

(6) 重视工程化的研究。工程化研究是成果转化的关键阶段。由于高技术研究所常常承担国家重要的、带有较强系统性和工程性的研制任务；同时，也由于我国企业现在一般尚难以接受实验室的前期研究成果，研究所常常需要帮助企业开发出成熟的、适合工业生产的技术，因此，这些研究所还必须有较强的工程研究开发的能力。这是由高技术研究发展工作的特点与我国现阶段的历史环境所决定的。

(7) 高技术类研究所的领导应当是复合型的专家。高技术类研究所，整体上要面向市场、面向社会需求，主要应通过竞争取得自己发展的经费。在某种意义上讲，研究所的领导要把研究所作为一个企业一样地“经营”起来：要分析市场和社会需求，树立自己的研究所形象，主动安排新生长点和先期研究工作以增强后劲，有时要安排必要的“形象工程”以提高显示度，要严格质量管理、搞好服务工作、建立良好的信誉，注重知识产权的保护，安排开发工作，增强经济实力，加强内部管理，建立自己有特色的文化氛围，凝聚人才，等等。因此，要搞好这样的研究所，其领导在一定意义上应当是具有“企业家”素质的专家。

(8) 高技术类研究所的基本模式和运行机制。以研究室（实验室）为基本形态的应用基础性研究、应用研究或高技术创新研究组织单元，主要从事国际前沿、国内急需的、有重大科学意义和应用前景的高技术的探索研究工作，承担国家战略性、前瞻性的科研任务，解决国家、企业急需的重大科学技术问题，不断进行知识的积累和形成自己的知识产权。重点开放实验室是这类组织单元中水平最高、基础性和创新性更强的部分，更强调其开放、流动的机制。以工程研究部或工程研究中心为基本形态的组织单元，以市场和用户（包括国家）需求为导向，承担工程性的研究开发任务，从事工程化技术、系统集成技术和新产品、新工艺的开发，进行技术转移、培训和服务，促进技术成果的产业化。要引进企业文化、实行适合工程化研究开发的管理体制，建立质量保证体系和技术经济评估、市场分析预测的机构，建立与企业或用户密切联系的机制，树立用户第一观念，注重信誉，适应市场经济下的竞争环境。条件成熟时，应推动与社会资源相结合的现代科技企业转制。这种结构的不同部分应该有不同的评价标准、管理模式和运行机制。应使各类工作协调发展，整体保持生机勃勃的发展活力。这种结构中的组织单元是动态的而不是一成不变的，研究人员应该是流动的。研究所要不断向产业界输送技术人才和管理人才，或通过自办或与社会资本结合创办新的高技术企业。研究所将在不断分流中得到发展，更新自身，同时为国家的经济建设发挥作用。这类研究所要与产业界建立密切的合作关系，积极争取参加和承担国家的重大科技工程项目，解决企业在科技进步中急需解决的重大技术问题，向企业提供高新技术研究成果，建立联合研究开发中心、共建高新技术企业，使自己牢牢植根于高技术产业之中。

七、1999 年工作展望

1. 1999 年工作的基本思路

1999 年是知识创新工作进入落实的一年，也是全院分类定位工作基本完成的一年，同时也是“九五”计划的后期，“十五”计划进入规划阶段的关键性一年，指导思想和基本思路为加快结构、体制运行机制的改革步伐，促进各单位人才引进工作，尽快实行新的运行机制，积极促进“九五”计划的出色完成，加大成果的显示度，全力争取进入国家“十五”的各有关科研渠道，并加快成果转化为生产力，进入国民经济主战场的速度。

2. 1999 年的工作目标

(1) 知识创新体系的工作。落实已批方案，进入实施阶段。完成三个基地的整体方案(包括 1998 年未完成的 13 个所的方案的完成)

(2) 完成分类定位工作。

(3) 对科研工作加强管理，推动项目圆满完成，争取完成一批有显示度的项目，为院庆 50 周年献礼。

(4) 多渠道进入国家“十五”各有关科研计划规划。

(5) 促进一批成果的转化。

3. 可操作的基本措施

(1) 进一步加强各计划的目标管理和考核(包括各攻关研究任务及各基地的改革方案)，并根据考核的结果进行计划方案的调整(包括经费的调整)

(2) 加强各级开放实验室的建设和考核，使应用基础研究和应用开发工作更紧密结合，保证科研工作上有源头，下有渠道。

(3) 加强创新项目和重大显示度的项目的遴选工作，使“十五”预选项目在国家层面上占有更重要的位置，以提高竞争的命中率。

(4) 在新的结构体系、运行机制下，总结已有经验，深入探索成果转化为生产力的途径与方法，使中科院的高科技成果尽快在国民经济建设中发挥作用。

(5) 加强院内科研力量的组织，强强联合，充分发挥中科院综合科研能力的优势。

高新技术企业

一、科技创新，稳步发展

1. 科技企业继续取得新成绩

1998年，中科院科技企业的广大职工，继续加深对社会主义市场经济的认识，进一步落实现代企业制度，加强了内部管理，拼搏奋斗，取得了新的成绩。1998年院经营业绩较好的重点科技企业营业收入总计为231.97亿元，利润总额8.95亿元，上缴税金3.07亿元。与1997年相比，3项指标分别增长32.98%、24.48%和－9.01%。

院直属企业集团稳步发展。中科集团1998年改制为中科控股，明确公司的战略方向，以主导产业为基础大大加强了资本经营，开拓新的经营领域，并积极参与和促进院有关成果转化和高技术产业化方面的工作。开拓资本经营，将优秀的企业培育形成知名公司。如三环公司，围绕主导领域，促进产品规模化，形成名牌产品。

联想集团1998年的经营规模和效益继续保持了持续增长的势头，全年的销售收入达到176亿元人民币，实现利税4亿元左右，联想电脑的销售量超过70万台，比1997年增长了60%多，继续保持着国内第一品牌的地位。在亚太地区的市场上已经从1997年的第五位跃升到第三位。

深圳科健集团公司1995年起通过三年时间狠抓管理，狠抓促进员工积极性的改革，并通过股权转让引进新的经营管理机制，使元气得以恢复。在这三年中陆续形成了医疗电子、数字消费电子、信息网络技术三大产业，经营状况全面好转。

东方集团公司千方百计克服亚洲经济危机带来的负面影响，使集团的核心业务——进出口贸易又取得了新的突破，1998年进出口总额已超过1.3亿元，再次改写了东方公司成立以来的历史记录。同时制定了东方集团中期发展规划纲要，明确了创业精神、宗旨和战略目标。

中科信公司在1998年认真贯彻执行国家金融产业政策，防范金融风险，加大清欠力度，调整资产结构，改善资产质量，积极发展投资银行业务，加强与研发机构和院属高新技术企业的合作，加强内部监控体系，完善管理制度，提高管理水平。

中国科技促进经济投资公司以支持科技成果产业化投资为主，以投资银行业务为基本框架，逐步实现资本经营。初步实现了以药业和精细化工为主的资本经营战略，组建了陕西中科医药、河南信阳药业、南宁中科药业三个原料生产基地和一个江苏同泰药业各种制剂的生产基地，为组建中科药业集团，完成资本操作奠定了基础。1998年4个制药企业完成销售额5000万元人民币。

华建公司通过与海内外相关企业紧密合作，实现技术成果到市场和产业的转化，签订了总额3000多万元的技术转让与合作合同，培养和锻炼了一支立足国内的年轻的机器翻译科研和产业队伍，为机器翻译产业化发展打下了良好的基础，对实现技术创新、成果转化、产业发展的良性循环做了有益的探索。

1998年研究所在理顺企业关系方面，有了进一步的发展，成都地奥制药公司、上海尼赛拉传感器有限公司、大连凯飞高技术发展中心、上海有机所技术开发公司、上海核技术开发中心、沈阳昌普公司、沈阳科金新材料开发总公司、中国科大科技实业总公司等一批所办企业仍保持较好发展态势。

2. 加强院地（含港澳台）合作和产学研联合工程

促进科技与经济紧密结合，推动一部分研究所成为在国民经济建设服务中的有生力量，积极为区域经济和社会发展做贡献，是院的一项重要工作，同时也已经成为院知识创新工程重要内容之一。1998年，中科院接待了云南、辽宁、江苏、浙江4省，沈阳、青岛、宁波、嘉兴、淄博、辽阳、丹东等7市和上海浦东新区等有关领导的访问；共与9省市和上海浦东新区签署科技合作协议，形成东西部并重，并确定以辽宁、江苏、浙江、云南、青海，上海市，内蒙古自治区5省、1市、1区为合作重点地区的新格局，目前以江苏、浙江、上海为重点。

院地合作经过努力已取得较好成绩，院与江苏省各出资1000万元，南京古生物所自筹1000万元共建古生物博物馆；江苏省对南京分院与3所高校共建东部资源环境与可持续发展研究中心项目表示支持；江苏省还对紫金山天文台近地天体探测观测站的建设在选址、征地与基建方面给予支持。云南省政府1998年从省政府财政预算中拨出2000万元专款支持与院的合作项目；上海浦东建立了200万元的种子资金，不仅为院有关研究所提供了发展的新契机，也促进了浦东的发展。

为支持香港经济的发展，院加强了院与香港的合作力度，对香港中药、生物技术以及动植物产业化等方面提出项目建议书，已送交特别行政区政府。进一步做好与航科集团等的合作，提出14个项目建议书。中华科学与社会协进会与中科院联合召开中药保健品合作交流座谈会，并引起港方新的合作开发愿望。盈科拓展集团与华建集团就翻译技术市场推广及服务的合作达成协议，双方已经签署谅解备忘录。

1999年澳门将回归祖国，院抓住时机开展一系列工作。院组团参加在澳门举办的“尤理卡计划（会合）亚洲”活动；组织澳门企业与中科院研究所商洽合作项目；与澳门生产力暨科技转移中心签署人员交流协议，首批人员已经派出。

1998年初，院组团参加在台北举办的第二届APEC技术博览会。展会期间，约有数千人参观中科院近100项科技成果，显示了中科院的科技实力。通过展会，增进了与台湾地区的相互了解，并与新加坡、美国、台湾和香港等国家和地区27家企业和研究开发机构建立了联系，达成合作意向。

积极组织推荐国家产学研项目。1998年6月，中科院与经贸委为“产学研激光毛化技术应用推广中心”正式挂牌，目前该中心正在引入企业运行机制，由院、经贸委、力学所三方联合组织的管委会正在对中心进行公司制改造。该中心今年在甘肃、广州等地的薄板厂继续推广该技术的应用，并取得良好的社会效益和经济效益。经过努力，在经贸委的大力支持下，今年我院的全三维公司的第三代汽轮机改造技术、沈阳自动化所的先进制造技术、华建集团的机器翻译技术以及联想集团的中央处理器及平台系统四个高技术项目被列入国家经贸委技术创新计划，共有1060万元的拨款支持。

二、改革创新，锐意进取

1. 落实知识创新工程试点工作

为促进我国信息产业的发展，走出一条高技术产业化的新路，1998年院决定在联想集团的牵引下，进一步深化计算所的改革，计算所的改革也是院知识创新工程第一批启动项目之一。新计算所的定位是国家级的研究所，这一举措的目的是要不断地为中国计算机产业的发展提供技术支持，特别是加强对联想集团的技术支持，促进高新技术产业化。院《关于计算所深化改革的决定》已正式执行，有关部门正在按决定要求、程序积极推进原计算所资产、财务、所办企业的资产清理等各项有关工作。

为发展科学文化产业，科学出版集团的筹建工作已全面展开。通过与院出版委、科学出版社、希望电脑公司、科海集团、中国科大出版社等有关方共同工作，认清形势，理顺思路，转变观念，提高认识，达成了共识，共同拟定出科学出版社的企业化管理改造和科学出版集团的组建方案，并已上报国家新闻出版署。目前正在争取进入国家有关文化产业改革的试点单位，以此为发展契机，进一步促进出版业的调整和改革。

为创建东北高性能材料和先进制造基地，沈阳科金公司正在进行改制并将与沈阳昌普公司联合发起上市，目前正在积极筹备，为基地建设中高新技术企业的成长摸索经验。沈阳自动化所拟设立新松机器人及工业自动化股份公司，进一步加强产业化工作。

2. 进行公司制和股份制改造

加强现代企业制度建设，推动企业发展。1998年继续积极推进院内企业进行公司制改造。操作中注意研究制度创新、增量与存量资产的关系调整、与社会生产力要素的结合等问题和相关政策。三环公司、成都地奥公司、广州晶体公司和力学所、北京科仪中心、上海分院所属公司已形成不同程度的改制方案。三环公司经过十几年的发展，已经打下坚实的基础，为进一步发展，在促进公司规范管理、整合内部产权关系，加强开发、生产和销售能力等方面做了工作，公司现已经获得上市指标，为今后融资、扩大市场，进一步提高产品档次和企业竞争力有了保障条件。

另外，劳服企业的股份合作制改造也取得不同程度的进展。

在抓企业股改的同时，抓住中央支持高新技术企业改制上市的契机，组织条件具备或成熟的院属科技企业上市，是调整好增量与存量资产间关系，实现与生产力要素的结合的有效途径，并采用在上市过程中引入不同性质的资产重组优化，从而达到壮大规模，筹措资金，调整和优化企业结构，建立和完善现代企业制度的目的。

为使中科院高新技术企业改制上市工作更为主动，更加有序，在以往工作基础上制定院高新技术企业上市改制上市计划，并以此作为今后一时期内组织院企业上市的指导思想，力求使改制上市工作从无序竞争到有序组织转化，从而使选择上市企业的方式更趋规范，同时也有利于院属企业的结构调整，争取更多的上市机会。

3. 技术开发型研究所试点工作

1998年正式开始进行技术开发型研究所的改革试点工作。根据竞争择优的原则，确定了新疆化学所、广州电子所、成都计算所及北京软件工程研制中心为试点单位。

经过近一年的探索实践，大家在一些问题上取得共识。在定位上，技术开发型研究所主要是直接面向市场、为区域经济、行业和企业的发展服务，是中科院面向经济建设主战场最前沿部分，是国家创新体系组成部分，也是中科院整体功能和社会责任的重要体现；在管理模式上，应根据自身特点采取有别于目前研究所的运行机制和管理模式，通过自身努力，成为市场中的强者，以实力证明自己是院组织体系中有机的组成部分。

4. 继续关注新的产业生长点

中科院高新技术企业是否可形成群落，继而形成产业化并可持续发展，新的产业生长点在某种程度上起着决定的作用。因而，关注、扶植新的生长点是院工作重点之一。推动并支持大连化物所国家催化工程技术研究中心农药部分、上海有机所技术开发公司建立现代企业制度，以新机制进一步加强研究开发工作，实现生产经营与资本运营相结合，从而形成更大规模。对声学所DSP中心、上海核所技术开发公司等的发展也在关注中。

三、加强院对高技术企业的规范化管理

1. 加强制度建设和企业统计工作

1998年制订并印发了《董事制度实施意见》、《重点高新技术企业认定办法》，并起草了《高新技术成果转化及其产业化若干意见》，进一步规范了高新技术企业的管理。按时完成各类企业的各类统计报表统计工作，并在已往基础上有所改进，增加编报的项目，提高报表的质量，加强分析的力度，为各级领导决策提供较好的依据。

2. 加强队伍建设

抓好队伍建设的有效方式是提高人员素质，培训则是提高素质的有效途径之一。1998年举办了成都、西安、新疆、兰州等7个培训研讨班，由于就本系统内问题进行研讨或培训，针对性较强，因而受到分院普遍欢迎。

组织院属企业经理赴韩技术考察、培训，这是中科院首次与韩国企业界以这种方式接触，在亚洲金融风暴影响未消时组织这样的团很有必要，对中科院企业可以起到警醒作用。

就企业上台阶，管理如何规范等问题，举办了院高级研讨班，对参会的企业有一定的影响；举办董事资格培训班，重点选择已经退下来的有一定经验、身体好的同志进行培训，为推行董事制度储备管理人才；重视对劳服企业财会人员的培训工作，使他们在劳服企业的管理规范化工作中起到好的作用。

继续与美国CA公司的培训项目，到目前为止，已送出三批共64人，其中大部分人已经学成回国，在全国各行业的岗位上发挥着作用。

3. 加强审计工作

建立现代企业制度一个很重要的内容就是加强审计工作的力度和规范程度。1998 年度，院在要求、督促直属企业对其子、分公司的内部审计工作仍以常规财务审计为主，同时开展一些必要的企业经济效益审计、总经理离任审计及其他专项审计。中科集团、联想集团、东方公司、深圳科健集团等直属企业均对内部审计予以不同程度的重视，由于不断促进和帮助企业建立健全内部审计制度，对规范企业的管理更加有利。

4. 安排好院地合作基金项目

院地合作基金的建立在一定程度上为院地更好地合作提供了条件和基础。在 1997 年的工作基础上，院对各分院申报的项目组织评审，根据市场需求、区域经济发展的需要，以及地方是否有匹配资金并到位的原则，评出 16 项符合要求的项目，目前资金已经到位。

5. 做好高新技术企业改制上市评议工作

受中国证监会委托，从 1998 年 9 月起，院组织有关专家对社会上高新技术企业改制上市的 20 家企业进行了评议，由于在评议过程中不断改进和完善评议方式、评议工作程序等，评议结果受到证监会的高度重视。

四、1999 年工作要点

1. 继续落实好知识创新工程试点工作

(1) 计算所改革。改革后计算所的基本指导思想将体现在两个方面，即立足于对企业发展有重大贡献的应用技术、立足于对国民经济有重大贡献的重要关键技术、立足于对科学进步有重大影响的关键技术、立足于高科技开发与产业和市场的密切结合；实行以人为本、建立有效的激励机制。局将会同有关局继续推动计算所的改革，并在以上两个方面实现的过程中多作探索、总结。

(2) 会同有关部门继续推动科学出版集团的成立。

2. 继续推动院地（港澳台）合作和国家产学研工程

(1) 继续推动院地合作。工作中以抓重点省市、注意点面结合、以点带面为原则，以与社会要素有机结合、实事求是、重在落实项目为指导思想，通过项目合作，促进有关研究所进一步深化自身的改革和结构性调整。

组织好院地合作基金项目，重点引导院成果向重点合作地区的倾斜，并在 1998 年度基金项目的组织落实的基础上，进一步对重点基金项目进行跟踪，对 1997 年部分已完成的项目进行验收。

继续推动与港澳台技术经济合作。落实好与航科集团的合作项目并用好航科基金，对已有合作项目进一步跟踪落实，同时以稳步发展、积极开拓为指导思想，抓紧做好盈科集团、震雄集团、工宽诚基金等有合作意向项目；继续推进、落实与澳门的重点合作项目；做好与台湾的科技、企业接触和合作。

(2) 国家产学研工程。重点配合国家经贸委企业技术中心建设工作，组织我院有关研究所、工程中心与国有大中型企业技术中心合作，争取联办、合办一批面向大中型企业服务的技术中心；组织中科院较为成熟的科研成果，向中小企业进行输送、转化；继续争取落实一批国家支持的重点产学研合作项目。

3. 继续推动企业健康发展

(1) 继续引导企业建立现代企业制度。进一步规范企业管理，逐步做到事企分开，加大推行董事制度的工作力度，进一步探讨与社会要素有效结合的途径。

(2) 继续推动院高新技术企业改制上市工作。加紧做好院重点高新技术企业的认定和有关政策的制定与落实，同时积极组织、严格遴选，推荐具备条件和发展前景的高新技术企业改制上市；在以往工作的基础上，进一步解放思想，抓住发展机遇，继续指导、协助院属各类企业进行公司制或股份合作制改造；受中国证监会的委托，做好社会层面的高新技术企业改制上市的评议工作。

4. 技术开发型研究所试点

继续推动技术开发型研究所试点工作进一步深入进行。在工作过程中注意不断总结经验，根据工作阶段目标，适时进行首批试点单位工作总结，并选择、启动新的试点单位。

5. 培训工作

继续重视和推动培训工作在技术开发型研究所试点所、企业等不同层次的开展，根据不同需求、不同层次进行培训，注重培训的实际效果。

人 才 培 养

1998年，人才培养围绕全院科技工作的中心任务，按照知识创新工程试点工作的总体部署，针对人才队伍建设的要求，以扩大研究生培养规模，提高培养质量，强化高、中级管理干部的培训和提高留学工作效益，吸引更多海外优秀人才为重点，全面推进人才培养的各项工作，加强人才培养基地建设，取得了明显成效。

一、研究生教育持续稳步发展

研究生教育贯彻“逐步扩大规模，全面提高质量，优化学科结构，改善办学条件，加强环境文化建设”的工作方针，不断开拓创新，加强管理，完善措施，保证了研究生教育“规模、结构、质量、效益”的协调发展。

1. 不断扩大研究生培养规模，继续调整博士生与硕士生比例，稳步发展研究生教育

1998年中科院新增博士学位授予单位5个、硕士学位授予单位1个；新增一级学科授权点24个；新增博士学位授权点17个、硕士学位授权点28个。学位授予单位和学位授权点的增设，拓宽了中科院研究生教育的学科领域，为扩大研究生培养规模创造了有利条件。目前，全院有博士学位授予单位104个，硕士学位授予单位123个；一级学科授权点36个；博士学位授权点276个，硕士学位授权点429个。

1998年全院共招收研究生3 761人，其中博士生1 720人，占45.7%，比1997年增加1.2个百分点。目前，全院在学研究生共计11 025人，其中博士生4 928人、硕士生6 097人，博士生与硕士生的比例为1：1.24。近年来，中科院研究生培养规模和博士生比重都有较大幅度增长，呈现出良好的发展势头。

1998年加强了面向世界，开放办学，促进研究生教育的国际合作与交流，进一步扩大中科院研究生教育的规模和影响。获国家批准，从1999年起，中科院将在香港、澳门和台湾地区以及国外招收研究生。

2. 开拓创新，强化管理，完善措施，全面提高研究生培养质量

提高研究生生源质量，是保证研究生培养质量的基础。为此，1998年针对研究生生源渠道和生源质量方面存在的问题，在做好常规招生咨询宣传工作的同时，加强了与大学的联系，从生源源头把工作做细、做实。通过选派300多个科学家小组到有关大学进行学科前沿讲座；与大学组织对口学科的招生工作研讨会和进行形式多样的咨询活动等，扩大影响，增强吸引力。此外，中科院将于1999年在全国20所重点高校设立“中国科学院奖学金”，以推进中国科学院与高校之间的进一步合作。

充分发挥我院教学与科研相结合的优势，实行“两段式”培养制度。针对大学和研

究所各自在研究生培养工作中的优势，按照优势互补原则，实行“两段式”培养，即硕士研究生入学后集中一年时间在高校完成基础课程学习，之后回所在导师指导下完成学位论文工作。这样，一方面研究生在大学参加系统正规的课程学习，打下扎实宽厚的知识基础；另一方面，又能在研究所专家的指导下，参与高水平的科学研究工作。实践证明，通过“两段式”培养出来的研究生既有宽厚的知识基础，又具有很强的科研动手能力和创新能力。

加强研究生教育教学目标管理，规范培养方案，实施弹性学制，实行淘汰方式，保证教育质量。制订了《中国科学院关于硕士、博士学位论文答辩资格的规定》，从研究生的思想政治表现、课程学习、科学研究及论文质量和格式等方面，作出具体规定，加强研究生教育目标管理。

实行“博士论文复审评估制度”，严把博士学位授予质量关。“博士论文复审评估制度”规定，经复审评估，凡论文质量不合格者，取消学位，其导师不得继续上岗，同时对学位授予单位予以亮牌警告。复审评估结果通报全院。

组织了第二次博士生重点培养基地经验交流与研讨会，通过典型示范，交流经验，以点带面，推动全局。白春礼副院长对会议的召开十分关注，王景川副秘书长在会上作了重要讲话。余翔林局长作了题为“推进全面素质，提高培养质量”的总结报告。会议就博士生重点培养基地培养方案修订工作的经验进行了交流，对存在的问题进行了探讨，明确了工作重点，并提出了“中国科学院研究生培养方案制订工作参考意见”。

“硕博连读”试点工作已见成效。1998年全院录取“硕博连读”生369人（含直接、提前攻博），占博士生录取总数的24.2%，比上年增加了近10个百分点。“硕博连读”是中科院研究生教育探索既有利于吸引优秀生源，又可以缩短培养周期，早出人才，出好人才的途径之一。

继续加强与国内大学、科研部门及企业的合作与交流，积极推进产、学、研合作培养研究生，充分利用中科院的优势和条件，为国家培养应用型高级专门人才。1998年以地质所与石油大学合作，共同为石油天然气总公司和胜利油田培养博士生的试点工作为契机，积极推进中科院开展产、学、研合作培养研究生的工作，并决定今后每年拿出10%的博士生招生计划，用于国民经济急需发展的若干领域，鼓励研究所为企业培养应用型高级专门人才。

规范研究生奖学金和各项津贴的发放办法，克服发放工作中的平均主义倾向，制定《关于规范和加强研究生奖学金及研究助理（教学助理、管理助理）津贴管理的意见》，使有限的资金真正起到激励学生勤奋学习和积极参加科研、教学及管理工作的作用。

加强研究生导师队伍建设。1998年修订了博士生导师遴选条例，并评审出1999年上岗博士生导师1700人。

强化素质教育，继续认真贯彻院党组《关于加强研究生德育和思想政治工作的几点意见》，加大了研究生党建工作、德育和思想政治工作的力度，改进方式方法，力求实效。党建工作重点是增强研究生党支部的凝聚力，做好组织发展工作，充分发挥党员的先锋模范作用；德育和思想政治工作针对研究生队伍的思想状况，重视对邓小平理论的学习，开展爱国主义、集体主义和社会主义教育，通过各种时事政治和院士报告会及社会实践活动，引导研究生培养优良学风和科学精神，树立正确的世界观、人生观和价值观。

同时，充分利用中国科学院国际交流与合作渠道多的有利条件，把国际合作与交流引入研究生教育活动中，通过与国外联合培养博士生、短期考察访问和参加国际学术会议等，使研究生直接参与国际交流，及时了解科学前沿动态，开阔眼界，增长见识，展示才华。为实现中科院研究生教育“达到与发达国家可比，部分学科争取达到国际先进水平”的目标打下了基础。

3. 抓好条件建设，改善办学条件

在继续做好院长奖学金、刘永铃奖学金、地奥奖学金、宝钢优秀教师奖基金和华为奖学金管理工作的同时，努力开拓资源，多方筹措资金，增强对研究生教育的投入。1998年争取到台湾中国航运集团公司的50万元人民币赞助，在中科院设立“伟华科教奖教金”、“伟华科技奖学金”和“伟华科技助学金”。该基金将在1999年正式启动。

做好“知识创新工程”教育基建经费3.39亿元人民币的规划分配工作。在重点保证创新工程试点基地投入的基础上，同时考虑到面上的需要，保证中科院教育基本建设的整体发展。

二、博士后工作再上新台阶

1998年中科院的博士后工作再上新台阶。经人事部全国博士后管委会组织的“全国增设新设博士后流动站评审会”评审，中科院有13个单位获得增设15个博士后流动站的好成绩。通过率为45%，高出全国平均通过率12个百分点。至此，全院目前共有80个单位设立了98个博士后科研流动站，博士后规模进一步扩大。截至10月1日，中科院博士后在站人数约730人。

1998年评选出首批“中国科学院优秀博士后”获奖人员10名；首批“王宽诚博士后工作奖励基金”获奖人员50名。

博士后制度在培养高级科技人才，促进人才流动以及吸引海外优秀留学人员回国服务等方面发挥了重要作用。是中科院发现和选拔高级科技人员，加强科技队伍建设的重要途径。

三、继续教育与在职培训工作向效益化迈进

为更新、拓宽知识，增强创新能力，提高队伍整体水平，以适应21世纪中科院发展的需要，针对人员特点和岗位需求，分层次、多形式组织实施培训工作。向培训要效益。

1. 培训工作为推进知识创新工程试点工作的开展发挥了积极作用

为了深刻领会江泽民总书记对中科院开展知识创新工程试点工作所作的重要批示，提高认识，统一思想，帮助试点单位明确任务和责任，加快实施和圆满完成知识创新工程试点工作，教育局会同办公厅、京区党委、人事局、政策局举办了两期“中国科学院

知识创新工程试点单位领导干部培训班”，第一期由试点单位的所长、书记和院机关有关局领导参加，第二期由试点单位的科技、财务、人事和教育处长参加。两期共计近二百人。路院长和有关院领导就知识创新工程试点工作作了重要讲话，有关业务局和知识创新工程试点工作研究组报告了试点工作构想，试点单位介绍了工作思路和实施方案。经过交流和研讨，大家加深了对江总书记的批示的理解，对中科院试点工作的整体构想和具体部署更清晰明确，对面临的机遇和困难有了更全面的认识和思想准备，达成了共识，增强了责任感和使命感，决心精心设计、精心组织、精心实施，只能成功，不能失败。

2. 加强管理人员，尤其是高、中级管理骨干的培训

实施领导干部上岗培训，进行管理知识和管理能力的强化训练，帮助尽快转变角色；开展科技法律、计算机应用和外语的培训，提高管理技能；组织境外培训，开阔视野，考察、学习先进的管理经验和方法；举办高级管理知识讲座或研讨，开拓高级管理干部的思路，提高政策水平和决策能力；鼓励和支持管理人员在职进修管理研究生课程，提高管理队伍的素质；加大对院机关工作人员的培训力度，强化计算机使用和网络知识的训练以及对新进机关人员进行上岗培训，全面提高机关工作人员的素质。

3. 大力推进科技人员继续教育

支持举办旨在更新知识，拓宽思路，开阔视野，强化科技人员知识结构，增强创新能力，提高科技队伍素质的各类专题研讨和培训班，促进和培育新兴学科及交叉学科的生长，发展我院前沿领域的研究；推动边远地区研究所的科技骨干开展国内地区间的访问进修，促进学术交流和合作研究，增强基础较薄弱研究所的科研实力；鼓励和支持在职人员进修研究生课程；加强实验技术人员实验基础理论和技能的培训。1998 年举办 19 期科技骨干高级研讨班；支持 19 个单位开展地区间访问进修。

4. 抓好继续教育和培训基地建设，改善培训条件

规范培训科目，加强教材建设，完善教学设施，提高培训质量。进行成教和中专学校办学质量评估工作，全面提高教学水平。

四、留学和人才引进工作开创新局面

1998 年留学和人才引进工作根据学科和人才队伍建设的需要，加大工作力度，完善措施，强化效益，开创新局面。

1. 继续调整派遣结构，提高选派质量

1998 年进一步减少一般普访项目，增加骨干的短期进修、留学基金以及王宽诚基金的国际会议项目；增加为优先发展的学科领域和大科学工程培养骨干人才群体的成组配套项目，重点对科研和管理骨干进行衔接培养。1998 年院公费选派计划中：一般普访项目占 23.2%，比 1997 年下降 36.7 个百分点；留学基金项目占 18.5%，比 1997 年上升

5.9个百分点；短期项目占58.3%，比1997年上升30.8个百分点。被录取人员中，现任课题组长、项目负责人以及管理岗位副处长以上的占83%，比1997年增加了近17个百分点；具有高级专业技术职务的占87%，比1997年增加了14.4个百分点。院公费出国人员的层次和质量明显提高。

1998年王宽诚基金项目录取20人；国家留学基金项目录取17人。

2. 加强对海外优秀人才的跟踪管理，充分发挥他们的作用

加大对尖子人才的工作力度，建立“海外优秀人才库”，储备人才信息；利用王宽诚科研奖金和择优支持等项目，支持海外优秀人才到中科院做短期合作研究；加强与海外留学人员科技协会或专业组织的联络，举办青年学者学术讨论会，增进学术交流，开展合作研究，发现和跟踪优秀人才。留学经费择优支持项目共安排411.2万元支持了175位留学回国人员。

3. 积极争取外部资源，改善留学工作条件

从教育部获得284.5万元支持69位回国留学人员作科研启动经费；从国家基金委争取40万元用于青年学者学术讨论会；从香港王宽诚教育基金会获得100万美元捐款，用于中科院与浙江省宁波市进行产业化项目合作，项目收益用于支持教育工作。香港王宽诚教育基金会还分别给紫金山天文台和中国科技大学各赞助50万元港币，用于人才培养工作。

4. 1998年通过国家外国专家局聘请外国文教专家242人

中国科技大学获得国家外国专家局外国专家经费210万元；科大研究生院（北京）获得外专局聘请文教专家的专项支持35万元；兰州近代物理所电子冷却装置获得外专局聘请外国科技专家专项支持6万元；生态中心和沈阳金属所获得继续聘请外国专家的资格。利用卢嘉锡学术交流项目，从俄罗斯、乌克兰等国家聘请了21位专家学者来我院开展学术交流。

五、筹建中关村教育中心

用较少的投资，实现资源重组，建设以博士生培养为主，承担京区研究生教学、学术交流、素质教育、文化活动，以及继续教育、人员培训和科大后期教学，强化所系结合，联合办学的教育中心。与原有的研究生院中关村分部及在建的客座公寓、研究生公寓组合在一起，形成一个功能齐全，成龙配套，设施先进，管理科学的全院最大的教育基地，为知识创新工程试点工作服务。

教育中心建筑面积8 000m^2，已进入基建任务立项阶段，计划1999年第二季度动工，2000年底前竣工交付使用。

六、中国科技大学、科大研究生院和管理干部学院的教育教学工作向纵深发展

1998年是中国科技大学面向21世纪，第三次创业向纵深发展的一年。这一年，中国科技大学迎来了自己的40周年庆典。国家主席江泽民为中国科大建校40周年题词："面向二十一世纪，建设一流大学，培育一流人才。"江主席的题词使中国科大全校师生员工深受鼓舞，全校师生群策群力，集思广议，共商兴校育人大计，制定了学校的发展目标：到2018年建校60周年前后，把中国科技大学建设成为规模适度、质量优异、结构合理、特色鲜明的研究型高水平大学，成为与中国科学院和其他专业研究院所及高科技企业相结合，面向全国培养具有创新能力和现代知识结构的一流人才，具有较强知识创新和技术创新能力的教育与科研基地。根据上述发展目标，部署了一系列措施，力争进入国家高水平大学的建设行列。

中国科大作为全国28所进入世界银行贷款"高等教育发展"项目备选院校之一，通过了项目预评估，并获得230万美元贷款，用于改善本科基础教学条件，现已进入仪器设备招标采购准备工作阶段。

教育部"长江学者奖励计划"第一批特聘教授岗位已确定，中国科大获准在无机化学、核技术及应用、生物化学与分子生物学三个学科设置特聘教授岗位，并正在进行招聘工作。

支持科大联合安徽大学申请进入全国高校20个"国家大学生文化素质教育基地"的建设行列，院每年配套支持20万元，连续支持5年。

高校"筒子楼"改造，是国家为解决高校职工特别是青年教师住房难问题，采取的一项重大举措。中国科大已获得首批"筒子楼"改造经费194.28万元。还有17 030m^{2}列入第二批计划，将获得近1 400多万元的改造经费。1998年底，又从财政部为科大争取到200万元用于教学实验室和教学设施建设的经费。

科大研究生院和管理干部学院积极探索具有中国特色的社会主义高等教育的新模式和人才培养的新途径，不断深化教学改革，调整课程体系，完善教学管理，重视教材建设，加强学生的政治思想教育和人文素质培养，取得了明显的成效。1998年管理干部学院已达在校生3 000人的规模。

人事制度改革与队伍建设

1998年，在中科院党组领导下，中科院人事部门不断加快两项制度（用人制度和分配制度）的改革，全面强化两支队伍（科技队伍和领导干部队伍）的建设，加速推进两项社会保险制度（养老保险和医疗保险）的实施，取得了较好的进展，使得人事人才工作不断适应服务和服从于全院的改革和发展。

一、加快了两项制度的改革，即用人制度和分配制度的改革

1. 用人制度改革主要指实施全员聘用合同制和“按需设岗，按岗聘任”的专业技术职务聘任制

（1）聘用合同制将职工对单位的行政依附的固定关系转变为双向选择的契约关系，对打破“铁饭碗”，建立人员能进能出、正常流动的新机制有着重要作用。今年，中科院在1996年对全院新进人员和13个试点单位试行聘用合同制的基础上，按照1998年院工作会议提出的“到1999年全院实行聘用合同制”要求，加快了聘用合同制向全员推开的步伐，除了及时下发《中国科学院实行全员聘用合同制暂行办法》的政策性文件外，还组织了典型引路、骨干培训、专题研讨、完善人事争议调解和人事代理等配套措施，推进全员聘用合同制的实施。到1998年年底，已有上海、沈阳地区等共23个单位与12000名职工签订了聘用合同，共计占院属事业单位总数的16.7%，在职职工总数的19.28%。其他地区各单位也在积极进行实行全员聘用合同制的准备工作。沈阳分院还被确定为沈阳市事业单位实行全员聘用合同制的试点单位。

（2）“按需设岗，按岗聘任”的专业技术职务聘任制度已从试点单位推广到了全院大多数研究所。各单位根据自己的所情和广大专业技术人员的心理承受能力，程度不同地在所内实施了这一制度。1998年，我们在过去几年试点单位成功做法的基础上，对这一制度进一步明确了“宏观布局岗位、微观设置标准、公开招聘遴选、签约聘任上岗、加强任期考核、实施动态管理”的6个步骤。至今，已有20多个研究所在全体科技人员中实施了这一制度，大部分研究所在新晋升人员中实施了这一制度，有的研究所已完全用设岗招聘、竞争上岗取代了以往的任职资格评审，实现了“一步到位”。已启动知识创新试点的单位在选择人员时采取了这一办法，取得了好的效果。

2. 进一步加大了以建立绩效津贴制度为主要标志的分配制度改革力度

按照院党组关于进一步加大对人的投入的要求精神，人事局提出了进一步加快分配制度改革步伐的思路，在全院逐步建立绩效分配制度。其主要特点是：科技团队的分配、职工的收入与所争取的科技项目和经费相关联，与职工所在的岗位、承担的任务、作出的贡献挂钩，按绩效的多少拿报酬，收入上下浮动，不搞平均主义，合理拉开差距，重

点向关键岗位上的骨干人员倾斜，从而通过分配制度形成对职工的有效激励。据不完全统计，目前已有40多个单位制定了各自的绩效津贴实施方案，并已付诸实施，占院属事业单位（不含企业化管理单位）总数的28%。一部分单位职工的收入月平均增加500元左右，科技骨干的月收入增加1000～2000元不等，承担重大任务的科技带头人年薪已在4～6万元左右。

二、全面强化两支队伍建设，即科技队伍和领导干部队伍建设

1. 科技队伍是我院的主体，是知识创新的骨干力量

1998年，人事局紧紧围绕加快实现科技队伍的代际转移这一目标，重点抓了两个方面工作：

(1) 加大推进离退休制度的力度。1998年初人事局下发了《关于进一步加强科技队伍建设着重推进重要职位上科技人员新老交替的指导意见》，给全院以明确的政策导向；年内，不断地督促、检查各单位，严格坚持按时办理离退休；严格控制离退休高级专家的回聘，严格控制部分高级专家延长离退休。通过政策指导和认真细致的工作，对现已到达退休年龄且未带博士生、未承担国家和院重大项目的科技人员，基本办理了离退休手续，为中科院科技队伍从以中老年为主向中青年为主转变迈出了重要的一步。目前，全院科技人员中45岁以下的占60%，研究员队伍中45岁以下人员的比例比去年提高了近5个百分点。在做好老一代科技人员“腾位子”工作的同时，指导各单位给中青年科技骨干“压担子”，使他们尽快挑起跨世纪的重担。

(2) 加大了对优秀年轻人才吸引、选拔、重用的力度。知识创新工程试点工作对科技队伍建设提出了更高的标准和要求，也为科技队伍的整体优化提供了机遇。为此，人事局围绕跨世纪人才工程的几个重要计划，对现有政策做了相应调整。一是“百人计划”，把“百人计划”与知识创新工程招聘数百人的计划有机地统一起来，对创新工程试点单位和其他单位分类管理，对创新工程试点单位实行总量控制、自主招聘的办法，对其他单位仍实行按新设学科与重点学科（即A类与B类）招聘办法，把好评审关、到位关，加强年度考核、期终评估等管理措施。1997年招聘的80多位“百人计划”入选者，从1998年年初开始，就认真做好他们的到位工作，对他们工作的安排、经费的到位、实验室和队伍的建设以及他们夫人和孩子工作、生活、入学等方面的问题我们都给予了极大关注。入选者中除经批准延期到位的少数专家外，绝大多数入选者都在规定的时间内到位并开展工作。二是“西部之光”人才培养计划的实施，1998年有新的突破。我们促成了中科院和中央组织部联合发文推进“西部之光”的实施，调动地方政府参与“西部之光”立项、评审和考核的主动性和积极性，争取地方政府的更多的投入。1998年内，新疆、甘肃、云南等省市自治区都和中科院联合成立了“西部之光”协调工作领导小组，并程度不同地落实了对“西部之光”项目经费的匹配支持。1998年有一批项目经地方政府和中科院各有关单位的遴选报院待批。从项目的质量看，要好于往年。三是1998年新推出的高级访问学者制度，其主要特点是按照“开放、流动、竞争、择优”的原则，与知识创新工程试点及全院各单位科研工作的需求紧密结合，高访对象全部来自院外。1998年首

批来访的 79 人中，62 人具有博士学位，占 76%，25 人来自海外（其中 4 人具有外国国籍），占 31%。

2. 1998 年，院属单位领导班子建设的重点放在培养、选拔优秀年轻领导干部上，取得了较显著的成效

（1）选拔了一大批优秀年轻干部进入领导班子。全年完成了近 40 个单位的领导班子换届工作，同时，对部分单位的领导班子成员进行了个别调整。在 1998 年的换届工作中，以中青年干部为主组成的领导班子占 56.6%，新提拔进入领导班子的干部中，45 岁以下的占 62%，其中相当一部分是三十几岁的年轻干部，如大连化物所的新班子，平均年龄不到 40 岁。45 岁以下干部已占领导班子成员总数的 26.8%，比去年提高了 5.5 个百分点，全院所级领导干部的平均年龄为 51 岁，比 1997 年有所下降，老、中、青领导干部在总体中占比例，大约各为三分之一，老、中、青相结合，以中、青年为主体的格局已初步形成。为了使选拔、配备年轻领导干部的工作更加扎实，更有成效，1998 年进一步加强了后备干部工作，特别是对这项工作不够得力的部分单位，进行了重点督促和帮助，已初见成效。

（2）加强了对年轻领导干部的培养、教育。一大批年轻干部进入领导班子，增添了新鲜血液和活力，但他们中的大多数人缺乏领导职务必要的台阶锻炼，缺乏管理工作，特别是担任领导工作的经验，在很多方面尚不能完全适应领导工作的要求。因此，1998 年下大力抓了年轻领导干部的培养、教育工作，先后举办了年轻领导干部研讨班、新任所级领导干部上岗培训班，召开了后备干部工作会、分院党组书记会，专题研讨，进行培训；同时，院党组成员亲自出面，人事局各级工作人员也利用各种机会，与年轻领导干部谈心交心，帮助他们开拓思路，解决问题；还要求各单位党、政一把手和班子老成员要从加强思想作风建设的高度，搞好传、帮、带，从而把对年轻领导干部的培养教育贯穿于班子建设的始终。

三、加速推进两项社会保险制度的实施，即养老保险和医疗保险

社会保险制度的改革牵涉面广，政策性强，从全国来看相对滞后，中央国家机关系统也无明确、配套的政策。但我们不等不靠，积极创造条件，努力通过社会保险制度的改革，为其他方面的改革铺平道路。

1. 按照属地化的原则，积极推动院属各单位加入所在地区的养老保险，跟上当地的改革步伐

到 1998 年年底，已有上海分院、沈阳分院的全部和西安分院机关以及南京部分单位参加了所在省市的社会养老保险，共占院属单位总数的 17.5%，占在职职工总数的 19.39%。还有相当一批单位正在积极筹备，准备加入社会养老保险。北京地区院、所两级企业近 6000 名职工加入市劳动局养老保险，经积极争取，同意对中科院加入保险人员

1992～1996年的缴费额采取特殊办法，挂帐处理。若这部分人员正式加入养老保险，则全院加入社会养老保险的总人数将接近在职员工总数的30%。其他尚未加入养老保险的单位也按照院的要求，建立养老保险储备金，为启动这项改革做了准备。

2. 继续在成都分院、合肥分院进行医疗保险制度改革试点

总结了三年来的试点工作经验，对单位参加统筹缴费基数、离退休人员特别是离休人员中特殊情况的处理、院内医疗机构服务质量的提高等问题，进行了重点研究和政策措施的修订，从而保证试点工作进一步健康发展。京区院直属企业继续做好大病医疗统筹工作。

除以上几项主要工作外，1998年人事局还为河北、上海、浙江、山东、河南、广西等省、自治区、直辖市的十几个市（县、区）派遣23名科技副职，并与高企局配合，把科技副职与院省合作结合起来，由单纯的派人、项目合作，发展到“项目、人才与基地合作”的新阶段。

人事局还积极完善规范职员制度。职员制度自1995年试行以来，历经三年，不断完善，已初步实现了正常化、制度化。1998年，为了进一步引入公平竞争的机制，开始试行职员考试晋升的制度，与考核晋升制度紧密结合，互为补充，以利于调动管理人员的积极性。

还规范了工人技术等级考核。1998年，在北京、长春等地建立了3个工人职业技能考核鉴定站，至此，中科院已建立工人职业技能考核鉴定站5个，初步形成了规模和网络。同时，在长春分院进行了工人技师“按需设岗，按岗聘任”的试点工作，为全院摸索了经验。

国际合作与交流

1998年，中科院的国际合作交流工作围绕“院知识创新工程试点工作”的中心任务，积极组织国家和院重大科研项目的国际合作、组织和支持青年科学家参加国际合作交流，积极开拓国际合作的新渠道、新形式，取得了成效。主要有以下几个方面的工作。

一、本年度重要的国际合作交流活动

1998年，路甬祥院长首次以院长身份率我院代表团出访欧美等重要国家。

3月，赴德国、法国访问。在德国，与马普学会签署了科技合作备忘录。访法期间，路院长与法兰西科学院签署两院科学合作的联合声明。此次访问进一步加强了中科院和欧洲两个主要国家的科技合作。

5月，路甬祥院长率中科院代表团访美，此行主要是同美国科学院商讨两院今后合作事。路院长一行还拜会了美国国家基金会、美国白宫科技政策办公室，美国国家卫生研究院。此外，代表团还访问了贝尔实验室、布鲁克海文国家实验室（BNL）等著名实验室，并会见了在美学习、工作的我留学人员。这是路院长任院长后首次访美，访问活动取得了巨大成功。

11月，路甬祥院长随同国家主席江泽民赴俄、日等国进行国事访问。访俄期间，江主席就进一步开展与俄罗斯的交流对中科院提出了要求。访日期间，路院长以中日科技交流协会会长的名义与日本日中科学产业技术交流机构会长长冈实签署了“加强中日民间产业技术交流的协议”。这次访问将有力地推动中科院和俄罗斯科学院、日本产业界开展双边合作。

12月，路甬祥院长当选为第三世界科学院副院长。

在学部方面，以陈宜瑜副院长为团长、钱文藻副秘书长等人参加组团的中科院学部代表团访问了英国和荷兰。考察两国的院士制度和学术机构。访英期间，陈宜瑜副院长向新当选中科院外籍院士的辛克维奇教授颁发了中国科学院外籍院士证书。

以王佛松同志为首的中科院学部主任代表团前往加拿大和美国进行学术交流和访问。除拜访加拿大研究理事会和美国国家科学院以外，并为一名外籍院士颁发证书。科技部副部长徐冠华同志为代表团成员之一。

1998年，来中科院访问的重要外宾有，法国总理若斯潘率领法国政府代表团来华访问的第一项活动就是到中科院访问，路甬祥院长主持了欢迎仪式。法国总理听取了“中法信息、自动化与应用数学实验室”的中法科研人员的工作汇报，会见了中法科技工作者并发表了讲话，回答了中国科学院提出的问题。

应路甬祥院长邀请，日本秋筱宫文仁亲王和王妃一行来华访问。

二、加强对重大项目的管理

1998 年，国际合作局将大科学工程、院特别支持、重大、重点项目进行了分析和调研，拟定了分类、分层次管理的方法。首先，对中科院大科学工程项目进行了全面分析，在此基础上分别制定出每个项目的中长期国际合作与交流规划，根据规划我们对这类项目的前期启动给予了较大力度的支持，主要是一些关键技术问题的国外考察工作。进一步对其考察的技术路线、国外合作对象的情况等作了分析，也跟踪了几项项目，抓了出访总结，取得较为理想的效果。同时，对中科院的 22 项特别支持项目也采取同样的管理办法进行管理，增加了支持力度。对面上的重大、重点项目，也加强管理力度，深入项目调研，力求较有效地支持关键性的国际合作问题，也收到了较好效果。

在院重大国际合作基金的管理中，今年增加了新疆生土所的“荒漠绿化”项目、高能所的“西藏羊八井宇宙线观测”项目等。对原有的六项进行了中期检查，加强了管理。

三、积极推进和国外共建实验室的工作

今年内，和国外联合共建实验室的工作有较大的进展。中科院大连化物所与法国科研中心里昂催化研究所建立中法催化联合实验室的筹备工作目前又得到实质性的进展；此外，我院与德国马普学会在沈阳金属所和上海天文台，分别筹建了纳米材料科学马普青年伙伴小组和宇宙学马普青年伙伴小组。英国联合利华公司研究部已与上海有机所建立了联合实验室，并将与药物所探讨新的合作项目。这些新的合作形式的出现，为中科院的国际合作工作注入了新的活力。

四、与国外企业界的合作继续扩大

1998 年，和国际著名跨国公司的交流继续发展。美国 IBM 公司、AT&T 公司、通用汽车公司、3COM 公司、日本富士通、松下、三菱等相继派出重要团组来院商谈共建研究中心、合作项目等事宜。先前商定的合作项目也已正式进行之中。

1998 年 10 月，中科院与德国巴斯夫公司科技合作协议在北京签署。根据双方协议，巴斯夫公司将向中科院提供 1000 万人民币，资助与德国开展各种形式的合作研究。为推动中科院和国外企业界的合作，中科院将提供一比一的匹配金额。此外，中科院遥感卫星地面站与法国 SPOT 公司不久前成立的“视宝”合资公司，将利用自身的高技术优势，充分在市场上显示自己的长处。

五、多方位的合作局面开始形成

1998 年，我们与德国北威州科研部进行了接触，双方在纳米科学研究方面首先开展了合作，在充分调研的基础上，就南京地区的土地利用问题与德方进行合作，中德合作

项目“江宁土地利用与持续发展”已经实施，德国驻华使馆不久前正式通知中科院，将为此项目投入147.4万马克（合人民币678万元）。开展了国外地区和我国南京地区的地区间合作。

5月，日本OKI电器公司、日立制作所等专家来京，与中科院遥感所等单位就中日合作“湖北灾害信息系统”项目进行商谈。日本政府和企业界计划对该项目投入8.55亿日元（约合人民币5600万元）的资助。

六、利用国际合作渠道增加了中科院的科技投入

积极争取国际组织的资助、开展多边的国际交流的工作，1998年也取得了进展。例如，在与国际山地综合开发中心的合作中今年有所发展，资金和项目都有所增加，其中环境和可持续发展项目的增加尤其显著。如成都山地所、昆明植物所的“坡地农业技术”、“小流域人和资源关系”等项目得到了有关国际组织25万美元的资助。

1998年度，在和国外的科技合作中，继续得到了国外的合作和经费资助，日本理化所和中科院高能所合作进行的西藏羊八井宇宙线合作研究项目（自然科学基金重点项目），日方向羊八井观测站提供了2亿日元（约1200万元人民币）的观测设备。

中日政府间科技合作项目“中日时间时频比对系统”正式在陕西天文台开通。日方无偿向中方提供价值人民币100多万元的卫星时间传递系统的仪器设备，使陕台授时系统提高两个数量级，成为时间基准研究的世界五强之一。

支持科研人员参与国际组织活动是了解世界先进的科学技术、加强国际科技合作、提高中国科学研究水平的显示度，开拓更多的国际合作渠道的极好机会。1998年中科院从国际组织共得到75万美元的经费资助，有力地支持了中科院科学家和年轻学术带头人参加各类国际组织活动。

七、加强南南合作，增进友谊、扩大影响

支持第三世界国家科研人员来华从事科研活动，有利于扩大我国在第三世界国家的影响，提高我国在第三世界国家中的地位，增进我国与第三世界国家人民之间的友谊。1998年中科院支持的重点仍是对培训班、农业及可持续项目的合作研究以及提交有较高学术水平论文来华参加国际会议的第三世界国家科学工作者及一些小型国际专题研究会。共资助了41个项目352人次，计人民币97.5万元。主要有巴基斯坦、叙利亚、伊朗、卢旺达、尼日利亚、印度等国。

八、“引进”工作取得进展

引进国外先进技术和人才的工作，1998年有了新的进展。乌克兰科学院研究力量雄厚，水平很高，是我“引进工作”的合适对象。1998年中科院在合成孔径雷达、碳材料方面和乌克兰科学院开展了合作，对乌“引进工作”取得了成绩。

同时，对俄罗斯引进工作在利用俄和平号空间站进行微重力试验研究；在星载雷达方面；以及合肥等离子体所的超导托卡马克工作等工作都取得了重要的进展。

重要的是，经过几年与俄罗斯科学交流合作，一批老科学家已具一定经验，年轻科学家也茁壮成长，已形成一支新老结合的善于引进、肯于钻研的科研队伍。

九、和港澳的合作得到了发展

香港回归以后，和中科院的交流规模有所发展，截至目前为止，1998年中科院约900人次赴港，其中短期赴港约700人次，长期（一个月以上）人员200余次，预计中科院全年赴港约1000人次。本年度共接待了20余批近100人次的港澳科技、工商和政界代表团。

1998年以来，港澳与中科院交流的特点是，大学与中科院交流比较主动，交流活动较多，投入资金也较多：与港澳企业界接触和合作明显增多，并取得一定的成绩；在北京组织召开了“中国科学院与香港高校联合实验室工作座谈会”，推动双方联合开办实验室的工作。到目前为止，中科院和香港有关大学已经共建了14个联合实验室。学科包括物理、化学、生物、地学和技术科学各个领域。

通过工作，从香港争取到360万元人民币的资金作为“中国科学院青年学者奖励基金”的第一笔奖励基金，拟定了《中国科学院青年学者奖励基金总则》。

十、国际合作的信息工作迈向新水平

1998年，国际合作局狠抓了信息和计算机工作，管理工作有了明显的提高。

为了促进局内各处工作信息的交流，并及时将有关信息转达到院领导和各兄弟局，国际合作局在去年编发了“局工作动态”以后，今年又充分发挥国际合作局国际信息资源丰富的优势，编发了“国际科技情况参考”，及时反映国外科研机构的政策、人事、经费和对中科院改革举措的反映与建议。及时向院领导和有关局领导提供国际科技发展的最新情况。受到了欢迎。

在编发“局工作动态”时，由于注意了全面真实地反映了全局各部门的工作进展动态、人员活动，每项报道都落实到具体工作人员，有表扬又有批评，极大地提高了每个同志的工作责任性。此项工作前不久，受到了院领导的好评。

计 划 财 务

1998年是中科院发展的一个新转折点，也是中科院发展历史中具有重要意义的一年。随着整个世界从工业经济向知识经济的转移，我国的改革开放进入从计划经济向社会主义市场经济过渡的新阶段，中科院以知识创新工程的启动为标志，进入了“开拓创新，加速发展”的新时期。计划与财务工作，在院党组的领导下，紧密围绕中国科学院知识创新工程，组织开展了科技发展重大关键问题的战略研究与规划，加强了国家和院“九五”重大科研任务的项目管理和组织实施工作。大胆开拓，广辟资源，全方位争取各项经费。按照调整资源配置的原则，努力提高资源利用效率，进一步搞好人、财、物综合平衡，各项工作都取得了明显的成效。

一、进一步明确知识创新工程目标，重点组织实施知识创新工程试点工作

1997年12月9日中科院上报党中央、国务院的《迎接知识经济时代，建设国家创新体系》的研究报告受到中央领导同志的高度重视，1998年2月4日，江泽民总书记作了重要批示，并在三月召开的人大、政协会上进一步强调了知识经济、创新意识的重要性，引起了全国科技界及政府部门的广泛关注。中科院认真贯彻落实了江泽民总书记的批示及中央领导的指示精神，启动了知识创新工程的试点工作。

1. 积极稳妥地启动知识创新工程试点工作

在路甬祥院长、竺玄秘书长的直接领导下，完成了中国科学院上报国务院关于“开展知识创新工程试点工作的汇报提纲”的起草、修改、定稿和汇报工作。1998年2月11日和3月13日，两次向温家宝副总理汇报；5月30日，向李岚清副总理汇报；6月9日，国家科教领导小组第一次会议审议并原则通过了中国科学院《关于我院开展知识创新工程试点工作的汇报提纲》；6月13日，知识创新工程试点工作正式启动。

作为院“知识创新工程试点实施纲要研究”领导小组的办事机构，计划财务局负责组织了实施纲要的研究工作，并具体负责组织“试点目标与任务”和“资源争取与配置”两个研究组的工作。同各业务局、政策局、基建局一起对各试点单位的学科方向、重点任务、运行机制、组织模式以及资源需求等进行了认真的研究和规划，对三个科学园区的建设提出了初步的规划实施方案，向党组提交了“知识创新工程试点工作实施纲要（讨论稿）”。同时，进行宣传和交流工作，编写印发知识创新工程《简讯》共8期，为知识创新工程12项试点工作的顺利实施打下了基础。

2. 全力以赴落实创新试点经费，宏观调控、合理使用

在国务院科教领导小组原则通过中国科学院的汇报提纲之后，中科院一直把争取落实知识创新工程专项经费作为头等大事来抓，反复测算、精心设计专项经费的需求方案，在与财政部多次协商的基础上，形成了经费申请报告，此后，又在院领导的带领下，同国家有关部委主管领导反复沟通，终于使我院的知识创新工程试点专项经费得以落实。获得国家专项经费支持共48.02亿元(1998～2000年)，其中11.58亿元为基建费，其余为事业费，1998年的经费已陆续到位。

为加强专项经费的管理，提高资金的使用效益，保证知识创新工程试点工作的顺利完成，根据院领导的指示，研究制订了“中国科学院知识创新工程试点专项经费管理办法”及其补充规定。为实施操作还设计制订了“中国科学院知识创新工程试点工作任务书”和“知识创新工程试点专项经费季度报表”。管理办法中提出的总体比例控制方案，得到了院党组的认可。科学事业费按两个比例控制执行，一是院所比例控制为：75%直接下达基地研究所，25%留院统一安排使用；二是基础研究、生物研究、资源环境研究和高技术研究与发展分别按照22%、18%、22%、38%的比例控制。

3. 密切配合知识创新工程试点，做好综合管理工作

为配合创新工程试点工作的全面展开，进一步为知识创新工程试点工作服务，围绕院的总体目标还精心组织开展了以下主要工作：

战略研究。配合院呈送中央的研究报告，组织《创新与未来——建设面向21世纪的国家创新体系》一书的编写工作。

创新工程重大项目。按创新工程试点工作的总体部署，配合院领导组织知识创新工程重大项目的遴选工作，并提出了知识创新工程重大项目管理的初步意见。

开放实验室建设。通过对全院十四年来开放实验室建设的调研与总结，提出了知识创新工程中开放实验室改革与发展的建议。中科院实验室的发展应与国家重点基地的建设和知识创新试点工作紧密结合，使开放实验室真正成为知识创新工程试点中从事基础研究和高技术前沿领域的骨干和核心力量。

创新试点工作的信息服务。为把握试点单位的总体情况，组织了对64个试点单位及30个首批启动单位，从人力资源、基地建设、绩效评价结果、5年经费收入及支出、历年科技成果产出等七类指标进行了比较分析，提交了“知识创新工程试点单位部分统计指标分析报告”。

专利统计工作。配合知识创新工程试点工作，对中科院历年专利申请、授权和实施数据进行统计。自1985年至1997年底，全院专利申请量共5374件(其中发明专利3294件，占全院申请总量的61.3%，远超过全国的比例16.1%)；专利授权量2295件(占总申请量的42.7%，接近全国比例)；专利实施量共1196件(占总申请量22.2%，较全国比例高)。

二、多渠道争取经费投入，加强财务管理，提高有限资金的使用效益

1. 多渠道争取经费投入，不断改善我院的经济状况

1998年，围绕中科院“三个基地”建设和促进院的结构调整，特别是结合院知识创新工程试点工作的启动，全院充分发挥了院所两级财政的积极性和主动性，通过积极申请国家专项支持，承担国家和社会发展中的各项科研任务，多渠道争取经费投入，使得全院的财政总收入不断有所增长。

根据1998年财务决算，全院总收入为493598万元，较上年增加84801万元，增20.74%。其中年初国家下达预算数为163528万元：知识创新工程1998年度专项经费98900万元；年度执行过程中获得的追加经费11172万元；上级补助收入915万元；国家拨入专款12965万元；附属单位缴款3494万元；事业收入160081万元；经营收入18424万元；其他收入24119万元。

2. 合理编制预算，加强财务管理

根据新的事业单位财务规则，1998年院属各单位按照“大收大支”的要求编制了年度预算，院根据年度预算安排执行情况，正式批复了各单位的预算。

1998年院科学事业费预算的编制，贯彻“广拓资源，鼓励竞争，宏观调控，择优支持，保证重点”的原则，通过经费增量配置的合理调整，加强基地建设，支持人才工程的实施，保证院结构性调整和学科优化布局的逐步实现。

1998年院财政继续从收回的利息、占用费中安排5000万元纳入预算，同时由于供求矛盾较大，利用经费预算与拨款的时间差，提前安排了7500万元。经费安排上，在适当增加全院基本事业费的基础上，对基础、社会公益和战略高技术研究工作予以倾斜；继续保证了院重大、重点项目及院特别支持项目经费，保证各项人才工程的实施经费。

在预算执行过程中，加强了对专项经费的管理。如对基础维修设施改造项目加强预算的审核，避免了不合理和不必要的支出；对财政部下达的植物园、标本馆改造等专款，从项目筛选上严格把关，力求作出有显示度的工作等。

3. 发挥宏观调控的功能，提高有限资金的使用效益

按照院关于加强内部资金管理的规定，院财政充分挖掘资金潜力，争取给研究所和企业以更大的支持。

1998年院基本事业费拨款工作继续坚持在国家按月拨款的情况下，对各单位按季度提前拨款，把尽可能大的资金周转余地留给研究所。继续做好周转金管理工作，支持研究所成果转化，使一些较成熟的科研成果能够转化为生产力，部分形成产业化；支持院内企业发展；同时也为部分科研项目、基建项目垫支了经费，使其能够及时启动。

三、积极开展国际科技发展战略与规划调研，加强“九五”重大项目的管理与评估工作

1. 战略规划与调研

开展国际科技发展战略与规划的调研和汇编工作，组织编译了12本有关世界发达国家科技发展战略、规划、计划的资料，如：《为21世纪做准备》、《国际科技计划、政策与投资》、《日本科技基本计划》、《欧盟第五框架计划》、《国家创新系统》、《澳大利亚科技长期发展战略》等。

2. 特别支持项目的管理与评估

院“九五”特别支持项目按照“高目标、高强度、高要求”的指导思想和“大部分经费用于支持可望在‘九五’期间取得国家级重大成果的科技工作；另一部分经费作战略性布局，支持预计能在下一个五年内作出重大贡献的科技工作”的原则，对国际科学前沿和国家经济建设及社会发展具有重大影响的项目给予了较高强度的支持，保证了重点，体现了“有所为、有所不为”方针。

计划财务局会同三个业务局，在调研和多轮协商的基础上，经过院党组讨论批准，组织实施了第二批特别支持重大项目。为促进基地型研究所结构调整，解决国民经济和社会发展中的一些关键问题，1998年4～11月又先后启动了电动汽车电气系统研究开发、中国传统技术综合研究、高性能路由交换机研制、DNA芯片研究等项目。

截止1998年底，特别支持费重点支持了生物科学与技术、信息、能源等领域，分别占已批准经费总额的31.4%、15%、10.4%，三者共占到56.8%。其次是大科学装置上的预研，占10.4%；地球科学领域占8.9%。

承担了特别支持费综合管理协调工作。与业务局一起明确了特别支持重大项目的中期检查评估办法。根据项目进展报告和中期检查结果，目前特别支持项目总体进展顺利。在计划财务局和业务局共同管理下，各个项目都在按照预定计划执行。

四、争取投资、优化结构、协调大科学工程建设管理

1. 争取投资工作

1998年，中科院共争取到基本建设投资11.3亿元，比1997年增长71.4%。其中预算内投资2.15亿元，各类专项投资3.1亿元，自有资金3.25亿元，知识创新工程专款2.8亿元。

住房问题是能否进一步吸引、稳定一批优秀青年人才的瓶颈问题。结合知识创新工程以及全院青年科技人员住房现状，1998年9月22日我院起草了向李岚清副总理申请解决青年科技人员住房的报告，1998年9月7日、1998年10月9日起草了向国务院、国家计委《申请中国科学院科技人员住房困难专项补贴》的报告。申请国家专项补贴6亿元，研究所和个人合理负担12亿元，共18亿元。可建住宅约59万平方米，解决9200无

房户、1500特困户。

2. 优化投资结构

为贯彻中央、国务院确定的“稳中求进”的总体要求，抓住当前经济运行“高增长、低通涨”的有利时机，按照我院的总体规划，确定了“加强科研基地建设，加强住宅建设，加强基础设施改造和建设”的“九五”建设方针。并在“八五”投资结构比例的基础上，优化了“九五”期间预算内投资比例（5：3：2），即住宅50%，基础设施配套改造和建设30%，科研基地建设20%。

3. 协调大科学工程建设管理

中科院大科学工程经原国家科技领导小组讨论通过7项，即合肥同步辐射实验室二期工程、大天区面积多目标光纤光谱天文望远镜、兰州重离子加速器冷却储存环工程、HT-7u超导托卡马克核聚变实验装置、上海同步辐射工程、地球空间双星探测工程、中国农业资源环境监测与可持续农业示范网络工程。其中合肥同步辐射实验室二期工程已通过初步设计及概算的审批；大天区面积多目标光纤光谱天文望远镜、HT-7u超导托卡马克核聚变实验装置已通过可行性研究报告的审批；兰州重离子加速器冷却储存环工程已通过项目建议书的审批。

组织召开了三次大科学工程协调工作小组会议，解决了大科学工程立项审批和执行过程中存在的一些实际问题。

4. 大中型项目竣工验收工作

完成上海微电子国家工程研究中心改扩建工程、中关村地区教育与科研计算机示范网络主干网工程的国家验收工作。

五、继续做好开放实验室的建设与管理工作

继续做好实验室的建设工作，完成12个国家重点实验室6570万元仪器设备更新改造计划的验收；完成16个实验室主任和学术委员会主任的换届，一批优秀的年轻学术带头人担任室主任职务；对问题较多的信息安全国家重点实验室的方向和队伍进行调整，推动其更好地发展。

受计委、科委的委托，院组织专家对院属的16个国家重点实验室（重点学科项目）进行评估，并同期评估了13个1994年开放的院开放实验室，科学与工程计算、信息功能材料国家重点实验室和光学物理、有机固体开放实验室被评为优秀实验室，其余为良好实验室。在5个实验室中进行“加强聘任制，推行绩效考核与奖励”的试点工作，起到了积极的推动作用。积极参加科技部组织的“国家重点实验室学科布局与规划”软课题，为了解和进入国家创新体系及科技部主抓的基础性研究基地的建设创造条件，做好准备。

六、全面加强财务制度建设，确保深化改革顺利进行

1. 加强制度建设，规范财务行为

1998 年是我国科学事业单位正式施行《科学事业单位会计制度》的第一年。为认真贯彻执行该制度，在广泛征求意见的基础上，院财务管理部门结合我院实际情况，制定了《中国科学院事业单位会计科目明细表》保证了全院事业单位会计核算的正常进行。

为加强党风廉正建设和对中科院属企、事业单位的监督，院财务管理部门和监察部门共同制订了《中国科学院企业、事业单位实行业务招待费使用报告制度的暂行规定》。

根据国家有关规定，院财务管理部门制订了《关于院属事业单位业务交往费列支管理有关问题的通知》，规范了院属事业单位业务交往费的开支范围、标准以及管理。

2. 理顺财务关系，加强财务管理

经院财务管理部门与国家计委、国家物价局和财政部反映交涉，财政部同意我院各单位的技术转让、技术咨询、技术服务、技术培训等技术性收费，以及教学、医疗、人才交流、计量检测、护照签证服务等收费，全面纳入预算外资金管理，为理顺各方面的财务关系打下基础。

为加强我院财务管理，使我院知识创新试点工作顺利进行，院财务管理部门与审计部门、企业管理部门共同组成工作组，指导计算所与联想集团、地质所与地球所整合前的财务清算工作。

3. 抓好财会人员的继续教育，全面提高财会人员素质

为加强、改进和推动我院科技财务管理，掌握现代财务管理知识，做到与国际接轨，院财务管理部门与国际合作局组织院内研究所和大中型企业的 25 名财务管理骨干赴澳大利亚参加“科技财务高级管理人员培训班”，取得了较好的效果。

为认真贯彻执行财政部颁布的企业会计准则具体准则，院财务管理部门与中国人民大学会计系联合举办了现金流量表培训班，北京地区近 400 名财会人员参加了培训，保证了年末会计报表的顺利编制。

七、加强国有资产产权管理与资产评估，积极推进国有资产保值增值工作

1998 年院国有资产管理工作主要包括产权管理工作、资产评估管理工作、资产年报和国有资产保值增值等工作。

1. 国有资产产权管理工作

国有资产产权管理工作包括企业设立、占有、变动、注销登记工作和中华人民共和国国有资产产权证的颁发和更换工作等。根据《企业国有资产产权登记管理办法》的要

求，1998年主要围绕企业改制、集体企业理顺资产产权关系和工程中心改制以及院的改革和调整来进行工作，完成了33个企业的产权登记工作和发证、换证工作。通过产权登记工作，明晰产权，确认国有资产投资数额及比例，明确资产权利和责任，维护国有资产权益和资产安全完整，促进资产合理流动，防止产权流失；同时，为工商部门提供资信证明。

2. 资产评估管理工作

1998年围绕研究所对外投资、公司投资、改制、整体出售和转让股权、清算等行为开展资产评估工作，共完成了11个项目评估工作，两个项目评估后减值122万元，7个项目增值2567万元。

3. 1998年度国有资产年报工作

通过对全院168个事业单位768户企业和416个建设项目的国有资产统计汇总，1998年底我院资产总量及结构如下表所示：

单位：亿元

	总额合计	事业单位	企业单位	建设项目
总资产	399	164	199	36
国有资产	216	135	55	26

4. 积极推进国有资产保值增值工作

和企业局一起推进中科院的国有资产保值增值工作。企业保值增值工作包括制订具体考核办法、年初申报指标、年底考核工作。按照《国有企业财产监督管理条理》和《国有资产保值增值考核试行办法》的规定和要求，将国有独资和控股140多个企业纳入了保值增值考核范围。根据国有资产分级管理的原则，事业单位投资设立的企业，由该事业单位统一组织做好企业的保值增值考核工作；院企业集团下属企业，由企业集团组织对其进行考核；院直属企业集团由高企局进行考核；考核结果经院确认后上报国家。为了做好保值增值工作，今年要求各事业单位和院直属企业集团要制订所属企业国有资产保值增值责任制办法，并同企业签订“国有资产经营责任书”。

此外，围绕院知识创新试点工作，参与计算所-联想、地质所-地球所资产清理工作，主要是仪器设备、家具、材料、房地产和企业资产的清理工作；完成了32项7714万元事业单位资产报废审批工作，主要是大中型计算机、质谱仪、半导体设备的处置、报废以及非经营性资产转经营性资产申报审批工作等。

科研装备与技术监督

一、科研装备

科研装备工作是全院科学事业发展的重要支撑条件之一。据统计：中科院在1993～1997年间科研仪器设备的投入15亿元，其中有财政部的7.0亿元设备更新专项，国家计委的重点实验室装备改造经费1.8亿元，国家重大科研项目及国际捐赠投入2.0亿元，加上其他渠道对科研装备的投入，使近5年中科院科研仪器装备更新出现了一个高峰期。截止1998年底，全院科研仪器设备总值达45亿元。

随着科研活动的不断发展，广大科技人员对装备的需求也越来越高。经多方争取，财政部决定在1998～2002年间继续支持我院5.0亿元设备更新专项经费。

1998年在中科院知识创新工程试点进入全面实施阶段的新形势下，院装备工作密切配合创新工程试点，促进中科院重大决策的实施。

1. 知识创新工程试点工作

1998年装备计划更加突出择优支持创新工程试点工作，计划财务局与各业务局密切配合共同制定年度计划。支持的原则是：1）加强基地建设，配合院分类定位工作；2）对青年科学家侧重支持，如李峻柏、梁鑫森、詹文龙、罗达、陈勇等一批杰出的青年学者；3）对共用设备和前沿学科装备予以关注，如X荧光谱仪、近场光学显微镜、精密倒焊互连系统、高分辨电镜、激光细胞仪等大中型设备；4）对优秀开放实验室予以重点支持；5）支持国家重大科研项目的人才引进。总经费为7800万元。

2. 仪器改造升级和自行研制工作

加强仪器改造升级和自行研制工作。1998年对旧设备改造升级和自行研制设备总经费投入1650万元，共98项。对其中重大研制项目组织专家专题论证，确保项目可行性。同时还注意向国家科委和国家基金委争取研制和改造项目经费。积极配合有关研究所加强与部委的沟通联系，取得显著效果。

对1994～1997年间下达的科研和改造项目进行清理和组织验收工作。1998年院所共验收了56项，其中有些项目获国家科技进步奖二等奖和中科院科技进步奖一等奖，既解决科研工作急需，又研制出新型设备。随着研制和改造项目需求的增加，院领导决定今后5年内加大对研改项目的投入（每年2000万元）。为了使有限资金发挥更大的效益，必须尽快完善研制和改造科学仪器的管理办法。

3. 全院信息网络二期工程建设

在建立全院信息网络的同时，建设了5个文献情报中心信息系统。为满足广大用户对网络国际通讯的需求，将中科院网络中心 Internet 国际信道速率从 64kb/s 升级到 4Mb/s。1998 年又重点改造了全院城域间通讯方式，除两个分院用 DDN 方式通讯外，其他分院与院网络中心的通讯均以卫星方式连通。目前此工作进展顺利，总经费为 700 万元。工程完成后，将大大提高院所间的网络通讯速率。

二、技术监督工作

1998 年全院的大型仪器管理和技术监督工作，在“全国科研条件工作会议”和《质量振兴纲要》精神的指导下，经过全院各方面的共同努力，得到了较大的发展。

1. 大型仪器管理

(1) 认真抓好“北京科学仪器装备协作共用网”建设的试点工作。北京科学仪器装备协作共用网是由科技部、教育部、中国科学院、国家自然科学基金委和北京市等 13 个部门 28 个单位组成。为建立新的运行机制，完善管理工作进行了不懈的努力和有益的探索，并为广州、长春、沈阳、武汉、成都共用协作网的建设提供了经验和示范。1998 年北京协作共用网又取得了良好的运行效果。

中科院入网仪器在完成本单位科研任务的分析测试工作基础上，每台增加 638.48 小时的工作量，年平均利用率增加 36.28%。

(2) 积极推动和参与大型科学仪器的联合共建、共用工作，实现资源共享。为贯彻落实 1997 年全国科研条件工作会议精神，采取有力措施，促进共建、共用大型仪器设备，实现资源共享，促成了长春、武汉、沈阳科学仪器装备协作共用网的建立。

此外，还与科技部、教育部联合集资建成了以化学所为依托单位，第一个在全国带有示范性质的“北京质谱中心”。

2. 技术监督管理工作

(1) 全面完成了国家技术监督局《关于加强计量工作若干意见》和《中国科学院 1995～1997 年计量工作实施计划》的各项工作。通过三年工作计划的实施，我院的计量工作，进入了全面发展的阶段，促进了广大科技人员计量法制意识的增强；初步形成了 1000 多人的计量技术与管理的骨干队伍；强检计量器具的平均周检率为 97%，多数单位制定了计量工作管理办法，实行“三色”标志的科学规范管理；建成了长春、沈阳、武汉、上海、成都分院和北京地区计量站，为科研等各项工作质量的提高起到了重要的作用；计量认证工作稳定发展，截止 1998 年底全院已有 33 个技术机构（包括国家级、院级质检中心，地区分析测试中心，开放实验室等）获得了国家计量认证合格证书，普遍提高了知名度，增强了承接任务的竞争能力，有的还取得了可观的经济效益。首次召开了院计量工作总结、交流、表彰会，对 22 个先进集体和 34 个先进个人给予了表彰。

(2) 积极推动院属单位开展质量体系认证和实验室认可工作。质量体系认证 (ISO9001、ISO9002、ISO9003)、实验室认可（ISO/IEC 导则 25）已成为国际大趋势。继长春光机所之后，1998 年又有南海海洋研究所、微电子中心、北京科学仪器研制中心、电子学研究所通过了ISO9000质量体系认证，长春光学机械研究所质量检验中心通过了“三合一”实验室认可。

（3）认真完成了标准化的各项管理工作。按照国家技术监督局下达的计划，组织院属有关单位完成了《红外焦平面阵列特性参数测试技术规范》等10项国家标准的制定；加强了与6个国际标准化和全国标准化TC、SC、WG的归口管理工作；协助国家技术监督局完成了ISO/TC202第五届日本国际会议的组织协调工作；参与了全国颜色标委会承担的“澳门特别行政区区旗、区徽国家标准”制定的组织协调和标准文本的审查工作。

（4）成都光电技术研究所被国家质量技术监督局授予“全国技术监督先进单位”。心理研究所孙秀如同志、成都光电技术研究所范天泉同志被国家质量技术监督局授予“全国技术监督先进个人”。地奥制药公司和联想集团台式电脑部经理在1998年全国第20次质量管理小组代表大会上，被全国质协、全国总工会、全国科协和团中央分别授予全国质量管理小组优秀企业和质量管理活动的卓越领导者称号。

基 本 建 设

一、1998年工作总结

中科院基本建设工作是科研支撑系统的重要组成部分，它是紧紧围绕院中心工作而开展的，1998年的全院基建任务较以往有了较大发展，现将主要工作总结如下：

（1）在基本建设管理上贯彻了规划先行原则，特别是在创新工程试点中，根据学科目标，现状情况，环境治理和资源利用进行统筹规划，继续抓了中关村园区与上海生命科学园区的总体规划工作并在小区规划、基础设施规划等方面成立了专门规划小组加强管理与协调。

中关村园区分区规划已启动的开发项目有：中心区4号地情报图书楼、红楼区住宅改造，青年小区二期工程，数学研究院园区、体育中心项目等，联想园区规划完成了地界划分，功能区分并进入可行性研究阶段。

中关村基础设施改造规划分为道路、供热、供电、信息网络、雨水、污水、给水等7个系统。供热系统将由低温中心等4个锅炉集中供热，总供热能力从现在的170万平方米提高到240万平方米，并予留60万平方米，基本解决了中关村集中供热的远期需求。供电系统改造分三个层次，即110kV系统、10kV系统和低压系统安排，110kV系统的规划方案已获通过，低压系统改造已基本完成。给水、污水、雨水和信息网络系统，将以北四环路和清华南路的改造建设为契机，将小区内的各管网系统逐步形成。中关村科学城作为全国网络试点小区，集电话、电视、信息于一体的光缆网络建设正在进行可行性研究。

上海生命科学园区规划基本完成，尚待创新试点学科规划确定后再作进一步调整；云南热植园园区规划已完成初步设计及概算批复。

（2）基本建设年度投资和执行情况。1998年中科院完成基本建设固定资产投资为91300万元，其中国家预算内投资20000万元，大科学工程项目投资26100万元，计委专项投资6422万元，知识创新试点工程专项投资6500万元，自有资金32300万元，较1997年增加投资幅度38%。在资金注入中提高幅度较大的是大科学工程项目有26100万元，其分配情况是同步辐射实验室二期8000万元、HT-TU超导托克马克装置7500万元，兰州加速器项目6000万元、LAMOST天文望远镜项目3600万元、上海同步辐射预研费1000万元。

据统计1998年国家下达的预算内投资，大科学工程项目投资计委专项以及自有资金均已全部完成，项目进度情况良好。所以能取得上述成绩除正确贯彻院的建设方针外，还得益于加强了工程项目的前期准备工作，加强投资结构的调整力度，以及在总结以往经验的基础上加强了规范化管理，1998年基本建设局制定了《中国科学院年度基本建设投资计划管理办法》。这个《办法》包括了投资计划的编制下达，实施调整、跟踪考核、进度反馈和机动调剂，使投资计划管理制度化 规范化，使各个环节有机地联系起来，保证了建设资金的合理运作，从而建立起完善的年度预算拨款制度，形成全院的预算结构和资金来源结构。

(3) 根据国家批准中科院知识创新试点工程基本建设经费方案，会同计财局编制了《知识创新工程试点专项基本建设经费使用办法》〔草案〕。这项知识创新工程基本建设专项经费主要用于改善创新试点基地各单位园区的科研条件和环境以及改善研究生、博士后等流动人员和客座教授的生活居住条件。在资金分配上根据创新工程试点的学科目标和学科结构调整，按统筹规划、突出重点、分批建设、优化资源，有所为有所不为的原则安排使用。经费的初步分配为 8.19 亿元用于科学园区、基地改造建设；3.39 亿元用于流动人员住房建设。为此已向财政部基建司落实了此专项经费年度用款计划，即 1998 年 2.8 亿元、1999 年 4.2 亿元、2000 年 4.58 亿元。1998 年的 2.8 亿元经费已全部到位。现正按照用款原则和知识试点工程先期编制经费下拨计划。

(4) 加强建设工程管理，狠抓工程质量。1998 年全院开复工面积 798334 平方米，其中住宅面积 654048 平方米；北京地区开复工面积 312191 平方米，其中住宅面积 260219 平方米；北京开复工面积占全院开复工面积的 39.1%。

全院各类建设项目竣工面积 294555 平方米，其中住宅竣工面积 226630 平方米（折合标准住宅 4121 套)，占全院竣工面积的 76.9%；北京地区竣工面积 140921 平方米，其中住宅竣工面积 108399 平方米，占北京地区竣工面积 76.9%。这些竣工项目的质量均属合格以上，其中北郊北住宅五区被评为市群优工程。这主要是取决于我院在工程管理中引进了市场机制，实行建设中跟踪管理、坚持监理制度、严格验收，特别是在施工队伍选择上贯彻招投标制度，1998 年根据建设部第 23 令和当地政府的有关规定，制定了《中国科学院工程建设施工招投标管理暂行规定》它旨在通过竞争择优，确保施工队伍的资质和建设质量，缩短建设周期，控制造价、提高效益，避免或减少不正之风腐败现象的发生，为院属各建设单位规范了建设制度。同时，我院对一些重点工程如中关村青年小区建设项目，低温中心集中供热锅炉房建设，发育所综合楼和院图书馆扩建工程注意了协调工作。不断解决遇到的问题和存在的矛盾，使工程得以顺利进行。

在工程验收工作上，采取三个层次进行，大中型项目国家级验收由计财局组织，基建局承担“建安”和“财务”两个专业的验收审核工作；重点小型科研建设和京区住宅区项目由基建局组织执行；京外一般小型科研项目和住宅项目委托分院或建设单位验收；基建局指导并审核有关文件。

1998 年共完成 3 个大中型项目“建安”“财务”专业的验收审核工作，即：上海微电子中心改扩建工程、NCFC 示范网络工程和院生态网络系统工程。完成昆明动物所迁建工程，P3 工程实验室工程等 3 项小型科研工程的院级验收；还审查委托分院验收的 5 个工程项目验收文件及档案。

(5) 加强建设项目前期管理工作。全年共审批大科学及专项建设的初步设计及概算 2 项，投资规模 13636 万元，建筑面积 4217 平方米；审批住宅可行性研究 16 项，投资规模 10894 万元，建筑面积 138623 平方米；住宅初步设计及概算 11 项，投资规模 9194 万元，建筑面积 40874 平方米；审批基础设施 22 项，投资规模 10931 万元，建筑面积 54275

平方米；审批科研用房和小型项目的初步设计及概算 20 项，投资规模 17970 万元，建筑面积 76496 平方米；审批购买住房 1 项，投资 503 万元，建筑面积 5500 平方米。

此外审批京区零星基建 10 项，合计建筑面积 3515 平方米。

(6)加强房地产产权管理和住房制度改革工作。1998 年全院共有 9 个地区 19 个单位申请报批合作开发项目，经过严格审查共批复合建协议（合同）11 项，合计用地 93769 平方米，合建住房建筑面积 196118 平方米，我方协议得房 95388 平方米，另获补偿金 1071 万元。共批复房地产合作意向性建议 9 项，目前尚继续进行协议阶段工作。收缴院属各开发单位上缴收益 1000 万元，同时办理报废房产批复和产权证明 9 项。

为了进一步复核我院房地产产权确切数量并建立网络管理，目前已完成全院房地产数据库软件，并在今年分三批组织各分院计算机操作人员进行培训，争取在明年开通房地产网络管理。

房改工作继续按照国务院部署和房改属地化原则，并根据我院的特点进行审查售房批复，1998 年共审批京外 5 个单位，向职工出售公有住房 3657 套。合计 237078.67 平方米，回收资金已按规定存入建行专用户头。

(7) 抗震减灾是当前关注的工程。根据地震部门地震趋势预测，我国未来一段时间仍处在地震活动期，首都圈地区形势也较严峻，全院需加固的工程约 101 万平方米，目前已完成加固任务 45 万平方米，尚有 56 万平方米任务未完成。按照建设部第十二次全国抗震工作会议精神要求在今后 10 年内完成重要工程的加固任务。为此，1998 年我们采取两项措施。一是把高能所图书楼 3562 平方米作为重点加固任务，争取列入首都圈示范区加固计划，现已被国家计委批准列入专项投资计划，补助经费 40 万元，单位也要自筹一定的经费，现正组织施工。并督促西双版纳热植园抓紧加固工作的完成。二是由于目前建材价格上涨，人工费、机械台班费上扬，加大了单位自筹资金的负担，影响到抗震加固的进度，因此今年调整了院抗震加固补助经费标准，以期加快加固进度。

(8) 提高人员素质，加强队伍建设。基建局是综合职能管理部门，要求其人员组成有一定的技术配置，同时又要建立梯队层次才能满足工作的需要和技术管理的连续性。今年注意吸纳后备力量，在人事局的支持下，新聘用了博士 1 名，硕士 1 名和本科生 1 名，经过半年多的实际锻炼均已承担了重要工作，为基建队伍增加了生力军，提高了管理技术水平。同时针对基建勘察设计工作的发展共审核院属各设计单位申报全国一级注册结构师 17 名、一级建筑师 3 名的晋级材料并报建设部审批；审核 1 个设计单位申报污水处理甲级资质，1 个设计单位申报建筑材料工程乙级资质。这对提高院属设计单位能力和信誉是非常重要的。

二、1999 年工作要点

1999 年是“九五”计划的第四年，又是执行国家批准院开展知识创新工程试点工作三年期的第二年，因此是非常关键的一年。基本建设局的工作主要是围绕院的中心工作——知识创新试点工作，以及其他工作重点，搞好工程建设的总体规划，组织项目、安排年度投资计划，做好服务。

(1) 加快规划步伐，抓紧项目立项审查，做好年度投资安排。规划工作重点放在北京中关村、北郊和上海生命科学三个园区。年度投资中计划内和专项投资额将有大增长，在年度投资计划的安排上需有积极、合理的调配。

(2)在工程管理上侧重于大科学和重点工程项目的管理，除对开工的LAMOST工程和同步辐射二期工程外，配合有关部门对兰州重离子加速器、HT-7U超导托克马克核聚变装置等工程项目的前期管理。

(3) 加强日常管理工作的力度及机关自身建设以适应新形势的要求。

(4) 加强全院基建业务建设。考虑到今后建设工作将严格实行项目法人负责制，而我院各建设单位分管基建后勤的领导多为新任，缺乏对基建程序的了解，因此我们将组织基建研讨会，分别对基建程序、园区规划、基建财务、房地产管理等方面，对各分院和有建设任务单位的主管负责人进行全方位培训，以提高全院基建管理水平。

出版与图书情报

1998年，全院出版与文献情报系统努力贯彻国家的文献情报和出版的方针和政策，遵照院1998年度工作会议精神，锐意改革，努力服务，两方面工作都得到了较大发展。

1998年，为配合院的知识创新工程的建设，组织人员对全院文献情报系统制定了结构性调整的方案，旨在通过结构性调整，改变目前分散、低效的体系结构和服务手段，集中经费和资源，为创新工程的基地建设服务。依托现代化的信息网络技术，提高文献服务的手段、效率和质量。扩大服务层次、范围。加强全院文献信息资源的共建共享，同时与社会合作，作为自然科学文献信息系统，积极参与全国科技文献信息的共建共享工作。结构性调整方案的实施，将提高文献信息系统对院知识创新工程建设的强有力的支撑。也对提高我院文献信息系统在国家文献信息保障系统建设中自然科学基础学科和高技术文献的核心作用。

中国科学院网上文献信息共享系统一期工程经过两年的建设和院文献情报中心、上海、兰州、成都、武汉四地区文献情报中心和各研究所的专家和业务人员的共同努力，取得了阶段性成果，开发了具有自主版权的图书馆自动化系统，建成的书目数据库有75万条记录，覆盖馆藏100万册；25个文献数据库共200万条记录，并有相应的光盘产品投入市场。由院组织专家对一期工程进行了验收，经过严格测试，专家们一致认为，一期工程完成了工程的设计目标，院中心和四个地区中心，在业务管理的自动化、资源的数字化、服务的网络化、人员的专业化的整体水平上有较大提高。在图书馆自动化水平、文献信息资源的品种、数量和质量以及网络服务水平等方面在整体上处于国内先进水平。同时，对全院文献信息共享系统二期工程作了进一步的规划和计划。

开展文献信息资源共建共享工作。院文献情报中心参加了由科技部牵头组织的“中国科技文献信息保障体系建设”，同时院信息化工作领导小组于1998年11月27日和北京图书馆签定了合作协议书，双方本着“资源共享、优势互补、互利互惠、共同发展”的原则，在开展文献资源的协调和分工，共同开发建设中国国家书目数据库、相互提供自建文献数据库和科学数据库、开展网上信息服务等方面进行合作；在用户服务方面相互同等的便利和优惠条件。在馆际、科技信息咨询、决策情报研究、科技查新和联机检索、人员培训等方面开展广泛合作。同时，中国科学院在网络设计、网络研究、网络文献信息服务、网络人员培训、以及对中国数字图书馆工程建设方面给予计算机硬件、软件工程、人工智能等方面的支持，参与工程的合作建设，中国科学院网络中心还与北京图书馆以光纤联通，实现网上资源共享。在合作协议书的基础上，院文献情报中心和北京图书馆就各自业务领域的合作签定了合作合同书。

1998年、中国科学院科技进步奖科技情报成果和软科学成果合并评选，申报项目有13项，最后评出中国科学院文献情报中心的“中国科学引文数据库”和“中关村地区书目文献信息共享系统”以及中国科学院心理所的“中日合资企业的组织行为学研究”等

3项成果获二等奖，中国科学院海洋所的“海水养殖文献资源的开发利用”、中国科学院植物所的“中国植物系统学的要览”、中国科学院资源环境科学信息中心的“中国西北地区资源与生态环境问题研究”以及中国科学院系统科学所的“企业资源配置方法研究”等4项成果获三等奖。

为配合全院知识创新工程建设，在路甬祥院长的倡导下，3月4日由出版委和高企局共同组织召开了“开创中国科学院文化产业新局面”座谈会。院长路甬祥、副院长严义埙和党组副书记郭传杰出席了会议并做了重要讲话。会议由郭传杰主持。高企局、高技术局、国际合作局、出版委、科学出版社、院文献情报中心、网络中心、管理学院、中科集团、希望公司、科海公司、大恒公司、中国科学报、《院刊》等单位的领导参加了座谈会。通过这次座谈会，理出了开创中科院文化产业的思路和提出了发展框架。6月25日，由出版委和高企局再一次共同组织召开了“开创中国科学院文化产业新局面”研讨会。以上各单位的领导和地区文献中心以及部分期刊编辑部33个单位，近60位领导出席了研讨会。会议还邀请了新闻出版署图书管理司司长出席了会议并讲了话。院长路甬祥、副院长严义埙和党组副书记郭传杰出席了会议并做了重要讲话。会议由郭传杰主持。科学出版社、院文献情报中心、科学报社、网络中心、出版委的领导代表各方面发言，提出了开创文化产业的初步方案。通过这两次会议，这个系统的同志们，特别是领导同志，认识到科学院提出要推进科技文化产业的必要性和重要意义，以及它在全院整体事业中的地位。经院领导和有关单位的多方面努力，在出版集团组建方面逐步达成了共识。并于11月院向新闻出版署递交了科学出版集团组建方案。争取纳入全国出版集团的试点。即将组建的出版集团将“立足于知识创新大源头，落实科教兴国的战略，实施知识创新工程，运用国际化、专业化、市场化的运作方式，实现知识创新成果的归纳整理、传播转移、普及提高三大功能。”

科学出版社按照“一年一个样、三年大变样”的近期目标，通过研究和借鉴同行的成功经验，对本社选题进行了结构性调整，实行选题分类、管理，明确了以经营目标为中心，以市场为导向，以编辑、发行为重点，以发行拉动选题发展的基本原则，转换机制，相继完成1996年“爬坡”、1997年“上台阶”，1998年“全面突破”发展目标，在如何解决产品结构、人才结构、资本结构三个方面探索出了一条新路，为今后的发展奠定了良好的基础。1998年，科学出版社的总产值近2.5亿元，销售实洋首次过亿元(1.19亿元)，实现利润1920万元。1998年资产总额达到1.07亿元，比1994年的5000万元翻了一番。

1998年，我国又有2种科技期刊，即中科院主管的《科学通报》、《化学学报》进入美国《SCI》。至此，我国科技期刊进入《SCI》期刊为11种，中科院占10种，占90.91%。我国科技期刊进入《SCI》外围的期刊24种，中科院的期刊占14种，占58.33%。

1998年，经新闻出版署批准，中科院又成立了北京希望电子出版社、中科多媒体电子出版社、大恒电子出版社。随着3家电子出版社获准成立，标志着中科院的电子出版物的出版工作向正规化方向迈出了新的一步。

党的建设与精神文明建设

1998年是中国科学院全面贯彻落实十五大提出的各项任务的第一年，也是完成“九五”任务，深化改革，加快发展，部署和推进知识创新工程试点工作十分关键的一年。一年来，在中科院党组的领导下，全院各级党组织高举邓小平理论伟大旗帜，联系实际深入学习贯彻十五大精神，在服务于院的中心工作中，全面加强党的建设和精神文明建设，按照“紧扣中心（把为院的中心工作服务作为工作的主线）、自觉结合（把为中心工作服务与党的建设和精神文明建设自觉结合起来），着力创新（在为中心工作服务，推进党的建设和精神文明建设中，努力实现从观念到实践的创新）”的工作思路，统揽全局，精心部署，狠抓落实，较好地完成了年度工作任务，在院的全局工作中发挥了应有作用。

一、认真贯彻十五大和中央《关于在全党深入学习邓小平理论的通知》精神，推动理论武装工作深入发展

为贯彻党的十五大的精神，各单位对深入学习邓小平理论作出具体部署。要求以党员领导干部为重点，把理论武装工作作为党员领导干部思想政治建设的首要任务抓紧抓好。对处以上干部，要求其在完整准确地把握邓小平理论科学体系的基础上，紧密联系各自工作的领域，认真研读《邓小平论科学技术》和《邓小平科技思想学习纲要》两本书，领会精神实质，融会贯通，学以致用。进一步健全党委（党组）理论学习中心组制度，制订学习计划，建立和落实理论学习的考评制度。强调理论学习必须坚持马克思主义的学风，坚持“一个中心、三个着眼于”，把指导解决改革、发展特别是实施知识创新工程试点工作中的实际问题作为出发点和落脚点。利用专题报告会、领导干部活动日、党团骨干理论培训等形式，增强理论学习的效果，带动面上的学习。京区党委在党校班开设“邓小平科技思想”课程，全年共举办党员领导干部培训班两期，培训领导干部60人。为推动基层单位学习中心组和干部职工的理论武装工作，组织编写《学习参考资料》6期，提供“理论辅导报告”录像带12种400多盘，购发邓小平理论学习书籍几千册。

中央发出《关于在全党深入学习邓小平理论的通知》后，各单位根据院党组的要求，及时就贯彻中央《通知》精神，深入学习邓小平理论，掀起学习新高潮作出部署，进一步推动了基层单位理论武装工作深入发展。12月份，根据中央关于在领导班子、领导干部中“深入开展以‘讲学习、讲政治、讲正气’为主要内容的党性党风教育”的要求，深入做好思想发动，结合实际周密部署，认真组织试点，总结摸索经验，为“三讲”教育的全面展开创造了良好条件。

通过理论武装工作，党员领导干部的理想、信念进一步坚定，驾驭各种复杂局面和解决实际问题的能力不断提高，组织纪律观念和反腐倡廉、拒腐防变的自觉性进一步增强，为研究所的改革与发展奠定了坚实基础。

二、紧密结合知识创新工程试点工作实际，发挥自身优势，努力为院改革发展的大局服务

切实做好思想发动工作，教育广大干部职工深刻认识实施知识创新工程的重要意义，统一思想，凝聚力量，增强紧迫感和使命感。中央批准我院实施知识创新工程试点工作以后，院党组及时召开京区单位领导干部大会，传达贯彻中央的指示精神、院的重大决策及重要工作部署；京区党委通过宣传网络和《求真》报，及时宣传报道知识创新工程试点单位的改革思路和工作经验，为知识创新工程试点工作提供了有利的舆论环境；各分院党组和研究所党委也通过各种方式开展宣传工作，对基层单位和干部职工转变观念、开启思路，制订和完善改革方案起到积极的促进作用。

根据院党组的部署，京区党委会同院政策局、心理所开展了“中国科学院知识创新工程职工心态”调研工作。此项工作历时1个多月，涉及全院66个单位、3000多名职工。提交“总报告”1份、“分报告”2份，为院办公厅撰写《内情》3期。通过调研，掌握了实施知识创新工程中各类人员的心态特点，为院有关部门制订和完善有关政策，有针对性地做好工作提供了依据。召开知识创新工程试点思想政治工作研讨会，努力发挥思想政治工作的保障作用，为知识创新工程试点工作创造良好氛围。

牢固树立为院党组服务的思想，努力发挥参谋、助手作用，认真完成院党组赋予的50周年院庆筹备、文件起草、突发事件处理等各项工作任务。为向50周年院庆的献礼，由院政研会组织编写的《邓小平与中国科学院》一书初稿近20万字已经完成，并已通过初审，可如期出版发行。

大力加强基层领导班子建设，为研究所的改革、发展以及试点工作的顺利进行提供坚强的组织保证。贯彻干部队伍“四化”方针和德才兼备原则，按照实现跨世纪目标的要求，配合人事局对院属单位的党、政领导班子进行了任期中或换届考核；积极参与知识创新工程试点单位党政班子的组建工作。结合换届工作对基层单位贯彻党内工作有关制度情况进行检查。认真落实中央关于“加强对基层单位民主生活会指导”的要求，促进了基层单位民主生活会质量的提高。注意做好耐心细致的思想政治工作，化解矛盾，理顺情绪，切实做好维护稳定的工作。重视后备干部队伍建设，京区党委协助人事局召开“后备干部队伍建设研讨会”，推动了后备干部队伍建设的发展。

三、进一步加强党的基层组织建设，提高基层党组织的战斗力

从抓培训入手，努力提高党员和骨干队伍的素质。京区党委举办了第4期党支部书记培训班，培训党支部书记130多人。培训中特邀副院长许智宏、院党组副书记郭传杰和副秘书长王玉民等领导同志、知名专家以及长期从事党务工作的同志，就知识创新工程、中国特色社会主义、党建理论和如何做一名党支部书记等内容进行了深入的辅导，同时结合实际展开研讨，收到了较好的效果。为适应提高院机关管理水平的需要，院机关党委与教育局共同举办了“现代科技与管理知识系列讲座”，得到院领导的肯定和机关工

作人员的欢迎。

广泛开展“争先创优”活动，促进了基层党组织整体工作水平的提高。根据京区党委的部署，基层党组织开展的党内“争先创优”活动范围广、效果好，“七一”前夕，京区党委举行隆重的表彰大会，对评选出的22个先进基层党组织和116名优秀个人进行了表彰，为基层党组织和广大党员树立了一批先进典型。

严格执行“十六字”方针，努力做好党员发展工作。为加强对入党积极分子的培养教育，使他们尽快地成长为一名合格的共产党员，京区党委先后举办两期入党积极分子培训班，培训入党积极分子260余人。通过培训，广大入党积极分子对党的性质、宗旨等基础知识有了更加深刻的认识，进一步端正了入党动机，为今后的成长进步奠定了良好基础。组织发展工作继续保持了良好的势头，全年共发展新党员371名，其中35岁以下的253名，占67.5%；一线在职科技人员287名，占76.5%。入党积极分子队伍不断壮大，全年新提出入党的人数达458人。

四、加大力度，扎实推进，精神文明建设的工作机制初步形成

根据院党组的决定，京区党委承担了中国科学院精神文明建设领导小组办公室（院文明办）的职能。一年来，院文明办按照院精神文明建设领导小组的部署，贯彻“打牢基础，稳步推进”的工作方针，精神文明建设取得了明显成效。

努力做好精神文明建设的基础性工作。根据院精神文明建设领导小组的指示，以党的十四届六中全会和十五大精神为指导，结合我院实现跨世纪发展目标的需要，在认真调研的基础上，制订了《中国科学院1998年至2002年精神文明建设规划纲要》，同时配套建立了有关的评价体系。注重精神文明建设多元化筹资和投入机制的建立，完善了“地奥基金”的管理和使用办法。对各单位建立精神文明建设领导机构的情况进行了督促检查，全院精神文明建设的工作网络初步形成。结合知识创新工程试点工作，分别召开了“院团体文化建设研讨会”（会同院政研会）和“院精神文明建设经验交流会”，探索文化创新的内涵、机制和规律，总结交流精神文明建设经验，对全院的精神文明建设起到积极的促进作用。

认真部署和开展群众性的精神文明创建活动。年初下发了《中国科学院精神文明建设领导小组1998年工作要点》，对全院开展群众性精神文明创建活动提出明确要求。一年来，各单位普遍开展了争创“双文明建设先进单位”和“双文明建设标兵”活动。全院现有的43个文明单位和花园式单位在创建活动中较好地发挥了示范作用。创建活动不断延伸、辐射，已经渗透到工作、服务和生活等多个方面。各级工、青妇组织开展的送温暖献爱心、青年志愿者、青年文明号和五好文明家庭活动，以群众较为关心的问题为切入点，与解决实际问题紧密结合，受到广泛欢迎；“窗口”岗位普遍开展的讲文明、树新风，争创“文明窗口”活动取得一定成效。以“建设优美环境，树立良好形象”为目标，科技园区建设迈出新步伐。北京中关村科技园区的建设已经启动。根据中央国家机关文明办的部署，经院文明办组织验收和推荐，1998年，京区又有10个单位被授予“中央国家机关文明单位”称号。

重视发挥先进典型的教育和示范作用。一年来集中宣传了新时期科技工作者的杰出榜样——中国工程院院士、原沈阳自动化所所长、我国著名的战略科学家蒋新松和身患癌症仍拼搏不已的武汉水生所研究员李植生的先进事迹。在1998年院工作会议上，对近年来在“两个文明”建设中作出突出成绩的10个“双文明建设先进集体”和10个“双文明建设标兵”进行了表彰，在此基础上，组织了院“先进人物事迹报告团”，分别在京区和上海、广州、兰州等分院作报告，同时制作了“先进人物事迹报告会”的录像带下发全院。近10家新闻单位对中科院先进人物的事迹作了报道，在院内、外引起了强烈反响。在1998年抵御特大洪灾的斗争中，中科院运用先进的科技手段为抗洪救灾服务；全院广大干部职工大力弘扬团结互助的精神，踊跃为灾区捐款捐物（折合人民币2300多万元），为夺取这场斗争的决定性胜利做出了重要贡献。院文明办会同有关部门，配合中央国家机关党工委和国家科技部，对1998年抗洪救灾斗争中涌现出的中科院5个先进集体和12名先进个人进行了表彰，鼓励了先进、弘扬了正气。

五、从实际出发，认真做好统战和对台工作

根据全国统战部长会议和中央国家机关党工委统战工作全议精神，京区党委召开了京区统战工作会议，对1998年京区统战工作进行了部署。先后召开4次“情况通报会”，及时向党外代表人士通报院工作的重大部署，介绍知识创新工程试点情况，为统战人士知情出力创造条件。协助院“民盟”搞好换届工作，帮助其实现政治上的新老交替。积极为党外人士排忧解难，帮助他们解决住房、生活救济和学术著作出版等方面的困难，把党“为人民服务”的宗旨落实到统战工作之中。协助中央统战部进行了“党外知识分子有关情况”的调查。

认真贯彻中央对台工作会议精神，努力落实院《关于加强对台科技交流，积极做好台湾人民工作的规划》中确定的各项任务。通过两岸科技、企业界人士互访，开展合作研究，不断扩大合作领域等，进一步密切了与台湾科技、企业界之间的联系。积极组织和支持院属单位开展对台工作，全年院台办共向国务院台办报送我院赴台项目75个、赴台人员179人；经我院确认由院外单位组团赴台项目18个、我院随团赴台人员101人。为加强院、地合作，推动地方经济发展，由中科院与宁波市政府共同组织的“推进甬台经济发展、科技合作与通航的可行性研究课题”进展顺利。

六、加强对群众组织的领导，支持他们围绕中心，独立负责地做好工作

切实加强对群众组织的领导。分管领导经常听取工、青、妇组织的工作汇报，并对他们反映的问题及时进行研究，为他们发挥桥梁纽带作用创造条件。

1998年，院工会紧紧围绕院的中心工作，认真履行工会组织各项职能，在院的全局工作中发挥了积极作用。会同有关部门，圆满完成了“院知识创新工程试点工作中职工心态调查”工作。在院的支持下，建立了“送温暖基金”，把送温暖工作纳入了规范化、

制度化轨道。春节期间，继续组织开展了送温暖活动，京区各单位工会共走访慰问困难职工 708 户，发放慰问款 26 万余元。举办工会干部培训班，教育工会干部认清形势，明确任务，进一步增强为院的大局服务的意识。按照巩固、提高的要求，深入抓好《全面健身计划纲要》的实施。

一年来，院团委努力发挥“党的助手”作用，从青年的特点出发，开展了一系列卓有成效的工作。深入贯彻党的十五大、团中央十四大精神，认真抓好青年的理论普及和思想教育工作。与京区党委共同举办了 3 次“党团干部理论讲座”，就知识创新工程试点工作中的党团工作、决策科学和管理科学等有关内容组织了培训。努力推进以“双推优”为内容的跨世纪“青年人才工程”，促使青年人才脱颖而出。认真抓好推荐优秀青年入党和院杰、优青年评选工作。不断深化“跨世纪青年文明工程”，继续组织以早年归国老专家为主要对象的青年志愿者服务活动。为加强团的自身建设，起草下发了《关于加强中国科学院京区团干部队伍建设的意见》，对少数后进的团组织进行了整顿。通过上述工作，有力地促进了京区团的建设。

院妇工委 1998 年在继续开展中帼建功活动的同时，重点组织开展了创建“五好文明家庭”活动。举办“五好文明家庭事迹报告会”，树立典型，授予 18 户家庭“五好文明家庭”称号，推广了他们的经验，利用多种方式广泛做好宣传动员工作，有力地推动了此项活动的开展。

中国科学院 1998 年统计公报

1998 年是我院发展的一个新转折点，国家批准我院进行知识创新工程试点，是落实科教兴国战略的重大举措，也是我国科技体制改革进入新阶段的重要标志。全院同志认真贯彻党的十五大精神，全面推进我院的体制改革，加大结构调整和机制转变的力度，加强“九五”重大科技任务的组织实施，加快跨世纪人才队伍的建设，积极开展与国内外和地区间的交流合作，各项工作都取得了显著的成绩。

一、全院概况

1. 机构

截止 1998 年末，院属独立事业单位 155 个，其中科学研究机构 121 个，比上年减少 2 个；文献情报中心 5 个；高等院校 3 个；科学仪器研制中心 5 个；院与分院管理机构 14 个；其他机构 7 个。院属独立企业单位 10 个。

2. 职工

我院在进一步结构性调整中精干队伍，职工总数继续呈减少趋势。1998 年末，我院全民所有制单位全部职工总数 7.14 万人（包括临时工和计划外用工 0.64 万人），比上年减少 0.28 万人。其中正式职工 6.50 万人，比上年净减 0.33 万人，净减率为 4.8%。事业单位正式职工 6.22 万人，企业单位正式职工 0.28 万人。

全院女职工 2.20 万人，占正式职工的 33.8%。

全院专业技术人员 4.27 万人，占正式职工 65.7%，专业技术人员中具有高级技术职称的 1.60 万人（其中正研级 0.47 万人），具有中级技术职称的 1.72 万人，分别占专业技术人员的 37.5%（11.0%）和 40.3%。高级、中级、初级（含未定职）比例为 1：1.1：0.6。

		人　数 （万人）	1998 年占正式 职工（%）	附：1997 年占正式 职工（%）
学位	博　士	0.34	5.2	4.4
	硕　士	0.65	10.0	9.8
	学　士	0.81	12.4	11.9
学历	研究生	1.10	17.0	16.0
	大　学	1.95	30.0	30.6
	大　专	1.00	15.3	15.2
	中　专	0.47	7.2	7.5
	其　他	1.99	30.5	30.7

行政管理人员0.73万人，占正式职工11.2%。

全院工人1.50万人，比上年减少600人，占正式职工的23.1%。

截至1998年底累计离、退休人员3.18万人。比上年增加0.31万人，增长率为10.8%。

1998年全院正式职工中，具有博士学位的比上年提高0.8个百分点；具有大专以下学历的比例呈下降趋势。

全院正式职工中40岁以下的占全院总人数的44.8%。与上年相比，30岁以下年龄组人数占正式职工的比例下降1.3个百分点，30～34岁年龄组人数占正式职工的比例下降1.2个百分点，35～39岁年龄组人数占正式职工的比例增长2.8个百分点。

年 龄 组	人 数（万人）	1998年占正式职工（%）	附：1997年占正式职工（%）
30岁以下	0.86	13.2	14.5
30～34岁	1.09	16.8	18.0
35～39岁	0.96	14.8	12.0
40～44岁	1.03	15.9	16.0
45～49岁	0.90	13.8	12.3
50～54岁	0.68	10.5	11.1
55～59岁	0.85	13.1	14.3
60岁以上	0.13	1.9	1.8

3. 职工增减变动情况

(1) 本年新增和调入正式职工2161人，比上年增加2.3%，其中：统一分配研究生、大学本、专科毕业生1479人；从农村、城镇招收148人；统一分配的复员、转业军人56人。由院外单位调入390人。

(2) 本年减少和调出正式职工5450人，比上年减少2.4%，其中：离、退休人员3434人；死亡88人；终止、解除合同及长期出国未归自动离职人员共658人。调至院外850人，比上年增加13.3%。

(3) 1998年正式职工院内流动149人；院内外进出流动1240人，调至院外人员为由院外调入人员的2.2倍。本年流动人员的85.7%为专业技术人员。

(4) 本年由院外单位调入人员35岁以下占58.5%；调至院外单位人员35岁以下占66.6%；院内流动人员35岁以下占35.5%。

4. 工资

职工工资水平稳步提高。1998年我院全民所有制单位全部职工工资总额8.34亿元，人年平均工资为1.15万元，比上年增长15%（未扣除物价因素）。其中：事业单位全部职工工资总额7.87亿元，人年平均工资为1.13万元；企业单位全部职工工资总额0.46亿元，人年平均工资为1.69万元。

5. 科学事业单位总经费（不包括基本建设费，下同）收入、支出情况

科学事业单位总经费继续保持较大的增长势头。1998年科学事业单位总经费收入49.36亿元，比上年增长20.7%，其中财政补助收入比上年增长65%，主要为国家拨知识创新工程试点专项经费9.89亿元。科学事业单位总经费支出36.71亿元，比上年增长0.7%，其中人员支出比上年增长16.8%。收支相比结余较多主要是由于国家下拨知识创新工程试点专项经费已近年底，大量拨款尚未支出。

	经　费（亿元）	占总收、总支（%）
经费总收入	49.36	100
1）财政补助收入	27.36	55.4
2）拨入专款	1.30	2.6
3）事业收入	16.01	32.5
其中：科研收入	12.18	24.7
4）经营收入	1.84	3.7
5）其他收入	2.85	5.8
经费总支出	36.71	100
1）人员支出	10.48	28.5
2）公用支出	24.99	68.1
其中：业务费	13.82	37.6
设备购置费	4.79	13.0
3）专款支出	1.24	3.4

6. 基本建设

基本建设投资按照我院确定的“加强科研基地建设，加强住宅建设，加强基础设施改造和建设”“九五”建设方针，1998年实际完成9.13亿元，比上年增加2.54亿元，增幅为38%。其中：预算内投资5.25亿元；知识创新试点工程专项投资0.65亿元；自有资金3.23亿元。本年度在施面积79.8万平方米，其中：住宅在施面积65.4万平方米（比上年度增加10.7万平方米）；科研用房和基础设施14.4万平方米。本年度竣工面积29.5万平方米，其中：住宅竣工面积22.7万平方米（比上年度增加4.9万平方米）；科研用房和基础设施6.8万平方米（比上年度增加1.3万平方米）。

7. 科技活动课题情况

1998年全院在研课题11569个，比上年增加734个。其中本年开题3712个，本年完成3867个。课题经费内部支出16.65亿元，比上年增长11%。课题组人员折合全时人数2.59万人年，与上年基本持平，其中：科学家工程师2.44万人年；其他科技人员0.10万人年。

	课题数 （个）	课题经费内部支出 （千元）	课题投入人员 （人年）
合计	11569	1665029	25935
科研机构（121个）	10738	1626599	24665
其他单位（11个）	831	38430	1270

注：课题经费内部支出指课题组为进行课题研究而实际支出的费用。

8. 科技论文、专利、成果

我院被国际收录的科技论文数量有较大增长。据国际三大检索工具在1998年对1997年度科技论文的检索，我院科技人员在国际上发表论文5500篇，比1996年增长30.4%，其中SCI收录论文2926篇，增长31.6%。被引论文3436篇，增长16.8%，被引次数达6724次（1992年—1996年论文在1997年被引用情况），增长17.4%。

我院科技人员在1214种被选定的国内自然科学科技期刊上共发表论文8175篇，比1996年增长4.6%。

我院专利申请受理首次突破1000件，其中发明申请受理量增幅较大。1998年专利申请受理1059件（其中包括向国外申请5件），比上年申请量增长12.1%。其中：发明694件，比上年增长17.8%；实用新型346件，外观设计19件。专利授权264件，比上年授权量增长2.7%，其中，发明76件；实用新型176件；外观设计12件。

1998年上报院登记成果809项。其中：基础性研究成果216项，占成果登记总数的26.7%；应用研究成果521项，占成果登记总数的64.4%，比上年增加5.7个百分点；试验发展研究成果56项，占成果登记总数的6.9%；其他研究成果16项，占成果登记总数的2.0%。

获国家科技成果奖28项。

	合计	一等奖	二等奖	三等奖	四等奖
合计	28	2	7	17	2
国家技术发明奖	4		1	1	2
国家科技进步奖	24	2	6	16	

注：国家自然科学奖两年评一次。

院授科技成果奖179项。

	合计	特等奖	一等奖	二等奖	三等奖
合计	179	4	25	80	70
院自然科学奖	73		10	35	28
院发明奖	12	1	2	7	2
院科技进步奖	94	3	13	38	40

9. 人才培养与引进

我院进一步加强研究生工作，1998年有125个单位招收研究生。其中104个单位可授予博士学位，123个单位可授予硕士学位。有博士学位学科专业点276个，比上年增加54个；硕士学位学科专业点429个。有85个单位建立了102个博士后科研流动站，比上年增加22个。

1998年录取研究生3761人，比上年增加3.4%。其中博士生1720人，硕士生2041人。毕业研究生3372人，其中博士生1466人，硕士生1906人。在学研究生11025人，其中博士生4928人，硕士生6097人。授予博士学位1143人，硕士学位1393人。

1998年末博士后在站人员达720人。博士后进站387人，其中有获国外博士学位的27人。博士后出站316人。

1998年选派413名科技人员出国留学。其中：访问学者371人，研究生42人。本年回国443人。

1998年我院“百人计划”又招聘49人。

在职各类人员继续教育与培训4.50万人次。

10. 国际合作及与港、澳、台交流

1998年我院邀请来访2856人次，其中：合作研究1001人次；考察访问897人次；培训45人次；国际会议716人次；商务活动90人次；其他107人次。1998年我院派出5034人次，其中：合作研究1188人次；考察访问1308人次；培训16人次；国际会议2240人次；商务活动180人次；其他103人次。派出与请进规模同上年大体持平。

二、科学研究机构情况

(1) 全院科学研究机构121个，比上年减少2个。正式职工5.03万人，比上年减少0.29万人。从事科技活动3.40万人，占正式职工67.6%，其中：科技管理人员0.51万人，占正式职工10.1%；课题活动人员（指编制在课题组人员）2.39万人，占正式职工47.6%，比上年下降2.6个百分点；科技服务人员0.50人，占正式职工9.9%。从事生产经营活动人员0.89万人，占正式职工17.7%，比上年提高2.1个百分点。后勤服务人员0.57万人，占正式职工11.3%。不在岗人员0.17万人，占正式职工3.4%。

(2) 经常费收入37.99亿元，比上年增长3.1%，其中财政补助收入占41%；承担政府科研项目占24.5%。经常费支出32.07亿元，比上年下降6.1%，其中人员费用占29.7%；科研业务费占37.4%。

(3) 1998年为“九五”计划期间第三年，我院加大了对国家任务与院重大任务组织实施的力度。科研机构在研课题10738个，比上年增加727个。其中本年开题3403个，本年完成3589个。

课题经费内部支出16.27亿元，占科研机构经常费总支出（32.07亿元）50.7%，比上年提高7.5个百分点。平均每个课题经费内部支出为15.15万元，比上年增加0.41万元。课题人员投入 2.47 万人年，比上年增加 0.03 万人年。其中科学家工程师 2.32 万人年。平均每个课题投入 2.3 人年，与上年持平。

	金额 （亿元）	占总收、总支 （%）
经常费收入合计	37.99	100
1）政府拨款	25.78	67.9
其中：财政补助收入	15.58	41.0
承担政府科研项目	9.32	24.5
2）非政府拨款	11.23	29.6
其中：技术性收入	6.76	17.8
生产经营收入	1.28	3.4
3）借贷款	0.98	2.5
经常费支出合计	32.07	100
1）事业支出	30.69	95.7
其中：人员费用	9.52	29.7
科研业务费	12.01	37.4
公务费	2.11	6.6
设备购置费	4.18	13.0
其中：科研仪器设备购置费	3.51	10.9
其他费用	2.88	9.0
2）生产经营支出	1.38	4.3

1998 年基础研究与应用研究的课题经费内部支出分别比上年增长 12%与 18.5%。

	课题数		课题经费内部支出		课题投入人员	
	个	%	千元	%	人年	%
合计	10738	100	1626599	100	24665	100
基础研究	4248	39.6	442032	27.2	8575	34.8
应用研究	5308	49.4	883847	54.3	12569	51.0
试验发展	695	6.5	151983	9.3	2064	18.4
R&D 成果应用	205	1.9	61800	3.8	660	2.7
科技服务	259	2.4	69793	4.3	688	2.8
生产性活动	23	0.2	17144	1.1	109	0.4

1998 年国家任务与院计划的课题经费内部支出增幅较大，分别比上年增长 12.9%与 25.8%。

	课题数		课题经费内部支出		课题投入人员	
	个	%	千元	%	人年	%
合计	10738	100	1626599	100	24665	100
国家任务	4884	45.4	838600	51.6	11726	47.6
院计划	2410	22.4	345447	21.2	5621	22.8
地方任务	1175	10.9	94513	5.8	2083	8.5
企业委托	599	5.6	119995	7.4	1435	5.8
自选课题	971	9.0	94037	5.8	2174	8.8
国际合作	371	3.5	80867	5.0	874	3.5
其他	328	3.1	53140	3.2	752	3.0

全部课题中，属技术领域的课题6518个，占课题总数的60.7%，其中：信息技术1275个，生物技术1440个，分别比上年增加113个和158个；新材料809个；能源技术452个；激光技术255个；自动化技术396个；航天技术280个；海洋技术174个；其他技术领域1437个。

(4) 1998年末，科研机构资产总额达112.11亿元，其中流动资产37.05亿元，固定资产69.20亿元。净资产90.68亿元。

(5) 1998年末，科研机构的科研仪器设备总额达45.07亿元，其中进口科研仪器设备26.58亿元，占59%。九十年代的科研仪器设备24.88亿元，占科研仪器设备总额的55.2%。

(6) 1998年科研机构作为卖方技术转让当年实收3.28亿元，其中：国外及港澳台0.18亿元；国内3.10亿元，其中企业1.80亿元（大中型企业1.01亿元）。作为买方获取技术当年实际支付0.16亿元，其中：国外及港澳台0.03亿元；国内0.13亿元。

(7) 出版科技专著347种，比上年增长17.2%，共达12712万字。其中译成外文25种，比上年增长31.6%，共达804万字。大专院校教科书14种，539万字。科普著作36种，861万字。

三、开放实验室（所、站）情况

全院现有国家重点实验室和开放实验室117个（其中国家重点实验室50个）、开放研究所2个、开放野外试验站15个。

1998年现有固定人员3288人，比上年增加159人。其中高级职称2174人。客座人员7739人月，其中：外籍人员428人月，国内高级职称4281人月。在读博士生、硕士生和在站博士后3997人。

研究课题5197个，课题经费投入3.31亿元（含客座人员课题）。其中：国家基金课题1191个，经费0.76亿元；国家攻关课题291个，经费0.35亿元；“863”课题245个，经费0.30亿元；攀登计划课题279个，经费0.23亿元；学委会审批课题1317个，经费

0.19亿元。部委课题1124个，经费0.91亿元；国际合作课题312个，经费0.29亿元。

国内核心刊物发表论文3867篇。国际刊物发表论文2494篇。

出版中文专著148种，外文专著25种。

四、院属企业经营概况

(1) 截止1998年末，对全院768家企业进行了统计，职工总数达到4.01万人，其中属院编制职工1.63万人。营业收入达231.97亿元，比上年增长33%。利润总额8.95亿元，比上年增长24.5%。上缴税金3.07亿元，比上年减少8.9%。资产总额为157.99亿元，比上年增长26%。所有者权益60.78亿元，比上年增长27.6%。

(2) 768家企业分布在11个行业。其中：制造业258家，占33.6%；综合技术服务业104家，占13.5%；社会服务业114家，占14.9%；批发零售及餐饮业为93家，占12.1%；分布在另外7个行业的企业有199家，占25.9%。

(3) 利润总额超过1000万元的企业有11家，其利润总额合计为7.96亿元，占全部利润总额的88.9%；利润总额小于1000万元大于500万元的企业4家，利润总额合计为0.28亿元，占全部利润总额的3.1%；利润总额小于500万元大于100万元的企业有26家，利润总额合计为0.65亿元，占全部企业利润总额的7.3%。

营业收入超过1亿元的企业有7家，其营业收入为210.17亿元，占全部营业收入的90.6%；营业收入小于1亿元大于5000万元的企业6家，其营业收入合计为3.78亿元，占全部营业收入的1.6%；营业收入小于5000万元大于1000万元的企业有34家，其营业收入合计为7.85亿元，占全部营业收入的3.4%。

亏损企业225家，其亏损额为0.40亿元。

(4) 企业上交院、所利润与费用为2.12亿元。其中上交利润为0.91亿元，上交费用为1.21亿元。

(5) 院直属企业（集团）职工总数为1.3万人，营业收入为202.69亿元，占全院企业营业收入总额87.4%。利润总额为5.00亿元，占全院企业利润总额的55.8%。

中国科学院获1998年度国家科技进步奖及国家发明奖情况1)

一、国家科技进步奖

获奖项目名称	第一完成单位	获奖等级
2.16米天文光学望远镜	南京天文仪器研制中心	1
无缆水下机器人的研究，开发和应用	沈阳自动化研究所	1
新型氮肥—长效碳酸氢铵的研制与应用	沈阳应用生态研究所	2
金矿成矿选矿中几个关键理论和技术的应用研究	地质研究所	2
科学数据库及其信息系统	计算机网络信息中心	2
联想“1+1”星座系列家用电脑	联想集团公司	2
中国南极考察科学研究	地质研究所	2
气体轴承透平膨胀机	低温技术实验中心	3
2-乙基蒽醌合成新工艺研究	上海有机化学研究所	3
中国国情分析—中国长期发展问题的系统研究	综考会	3
大功率半导体量子阱激光器	半导体研究所	3
平流层臭氧和气溶胶激光雷达探测	安徽光学精密机械研究所	3
科学计算可视化的方法及其应用研究	计算技术研究所	3
近代复杂光学系统的优化设计及在光电工程中应用	长春光学精密机械研究所	3
消失模铸造技术开发及工业化应用	长春光学精密机械研究所	3
循环流化床木粉（生物质）气化装置	广州能源研究所	3
新型组合移能开关和氧化锌压敏电阻用于发电机灭磁保护	等离子体物理研究所	3
高电荷态ECR离子源	近代物理研究所	3
建立人癌模型系统进行抗肿瘤新药研究	上海药物研究所	3

二、国家发明奖

获奖项目名称	第一完成单位	获奖等级
多波长光参量激光器	物理研究所	2
非真空下降法生长大尺寸高质量CsI（TI）晶体	上海硅酸盐研究所	3
偏振小孔球面干涉仪	上海光学精密机械研究所	4
PF-88无水树脂结合剂的制备及其应用	中国科学技术大学	4

1）只统计了中国科学院为第一完成单位的项目；不包含内部公布项目。

中国科学院历年获国家自然科学奖、国家科技进步奖及国家发明奖统计

国家自然科学奖[1]

年份	总数		一等奖		二等奖		三等奖		四等奖	
	全国授奖项数	中科院获奖数	全国授奖项数	中科院获奖数	全国授奖项数	中科院获奖数	全国授奖项数	中科院获奖数	全国授奖项数	中科院获奖数
1956（第一届）	34	23	3	3	5	2	26	18		
1982（第二届）	125	47	9	2	40	23	49	17	27	5
1987（第三届）	178	72	11	7	39	17	87	33	41	15
1989（第四届）	59	32	2	2	19	11	23	14	15	5
1991（第五届）	53	16			10	5	31	11	12	
1993（第六届）	52	20	1	1	18	11	21	6	12	2
1995（第七届）	57	25			15	10	27	11	15	4
1997（第八届）	51	20	1	1	8	5	30	12	12	2

国家科技进步奖[2]

年份	总数		特等奖		一等奖		二等奖		三等奖	
	全国授奖项数	中科院获奖数	全国授奖项数	中科院获奖数	全国授奖项数	中科院获奖数	全国授奖项数	中科院获奖数	全国授奖项数	中科院获奖数
1985	1761	73	23	2	135	8	535	28	1068	35
1987	807	36	4		50	1	237	13	516	22
1988	515	29	3		34	4	151	11	327	14
1989	504	26	3		36	1	152	9	313	16
1990	505	17	3	1	32	3	142	5	328	8
1991	502	28	1		32	1	140	11	329	16
1992	649	40	3		38	4	195	14	413	22
1993	441	22	2		27	3	122	10	290	9
1995	607	44	2		25	2	182	13	398	29
1996	536	31	4		20		169	8	343	23
1997	475	21	3		19	1	150	10	303	10
1998	471	24	3		22	2	133	6	313	16

1）此统计只含中国科学院为第一完成单位的项目。

2）1986 年和 1994 年未评。

国家发明奖[1]

年份	总数		一等奖		二等奖		三等奖		四等奖	
	全国授奖项数	中科院获奖数	全国授奖项数	中科院获奖数	全国授奖项数	中科院获奖数	全国授奖项数	中科院获奖数	全国授奖项数	中科院获奖数
1979	43	12	1	1	12	3	24	7	6	1
1980	109	22			13	4	75	17	21	1
1981	123	6	3		10		56	3	54	3
1982	153	9	4		17		68	4	64	5
1983	212	11	5		18	2	108	8	81	1
1984	264	15	7	1	25	3	125	8	107	3
1985	185	6	6		18		92	4	69	2
1986	30				3		12		15	
1987	225	12	1		24	1	96	9	104	2
1988	217	12	4	1	20	2	97	6	96	3
1989	150	4			14		67	3	69	1
1990	224	5	3		15		113	4	93	1
1991	209	7	1	1	12	1	92	4	104	1
1992	170	5			10	1	68	1	92	3
1993	175	5			16	2	74	3	85	
1995	131	4	1		12	1	59	3	59	
1996	111	9	1		8	1	56	6	46	2
1997	100		1		13		46		40	
1998	72	4			10	1	30	1	32	2

1）1994 年未评。

中国科学院 1998 年自然科学奖授奖项目[1)]

一等奖（10 项）

获奖成果名称	完成单位
高分子凝聚态的基本物理问题研究	中国科学院化学研究所 中国科学院长春应用化学研究所
中国沙漠形成演化与气候变化研究	中国科学院兰州沙漠研究所
我国干旱半干旱区十五万年来环境演变的动态过程及发展趋势*	中国科学院地质研究所 中国科学院广州地球化学研究所 同济大学 中国科学院黄土与第四纪国家重点实验室 中国科学院植物研究所
地震波波形研究	中国科学院地球物理研究所
气候系统模式、数值模拟及预测理论研究	中国科学院大气物理研究所
峨眉山藏猕猴行为生态学研究	中国科学院昆明动物研究所
石杉碱的化学与药理研究	中国科学院上海药物研究所
蛋白酶抑制剂结构与功能的研究	中国科学院上海生物化学研究所
半导体微结构的电子态及有关的物理性质研究	中国科学院半导体研究所
线性统计模型大样本理论的研究	中国科学技术大学研究生院

二等奖（35 项）

获奖成果名称	完成单位
《柽柳属植物综合研究及大面积推广应用》专著	中国科学院新疆生物土壤沙漠研究所
代数微分方程与函数空间	中国科学院数学研究所
正交多式与插值	中国科学院计算数学与科学工程计算所
J/ψ 粒子共振参数的精确测量	中国科学院高能物理研究所
缺中子稀土核素的衰变纲图及其滴线区奇异衰变新核素	中国科学院近代物理研究所
RSCVn 型双星和有关星的类太阳活动及耀发的研究	中国科学院北京天文台
星团、星系团成员的严格统计确定及其天体物理应用	中国科学院上海天文台
半浮区液桥热毛细对流研究	中国科学院力学研究所
有机光致变色学及其应用研究	中国科学院感光化学研究所 北京大学
	中国科学院上海原子核研究所

1）带“*”的项目为综合性重大成果。

获奖成果名称	完成单位
有机金属化合物形态分析中的联用技术研究	中国科学院生态环境研究中心
络合催化若干研究领域中的新进展	中国科学院大连化学物理研究所
稀土及相关金属的溶剂萃取与分离化学	中国科学院长春应用化学研究所
纳米氧化锆粉体制备科学与团聚问题研究	中国科学院上海硅酸盐研究所
亚磺化脱卤反应在有机合成中的应用	中国科学院上海有机化学研究所
分子设计-图论方法的研究与应用	中国科学院长春应用化学研究所
奥陶系达瑞威尔阶界线层型及中国奥陶系对比	中国科学院南京地质古生物研究所 中国地质科学院宜昌地质矿产研究所
地潮的理论模拟及中国重力固体潮实验研究	中国科学院测量与地球物理研究所
中国成煤大地构造及其演化	中国科学院长沙大地构造研究所
K-分布大气辐射模式研究	中国科学院大气物理研究所
中国土壤微量元素	中国科学院南京土壤研究所
土壤-植物体系中的重金属污染（专著）	中国科学院南京土壤研究所
中国木兰科植物种质保存及开发利用研究	中国科学院华南植物研究所 中国科学院植物研究所
重要小蜂类群的分类学和系统发育研究	中国科学院动物研究所
激素、递质与行为关系的研究	中国科学院心理研究所
水稻花粉植株的产生、特性与应用的基础研究	中国科学院遗传研究所
左旋千金藤碇碱对脑内多巴胺受体的双重作用机理	中国科学院上海药物研究所
巨噬细胞免疫调变和信号转导研究	中国科学院上海细胞生物学研究所
InAs/GaAs 量子点和量子阱的静压光谱研究	中国科学院半导体研究所
MBE GaAs 及化合物中的杂质行为与缺陷控制	中国科学院上海冶金研究所
新材料界面精细结构及其对性能的影响	中国科学院金属研究所
几种工程材料的疲劳损伤规律	中国科学院金属研究所
激发态原子、分子的能量转移动力学	中国科学院安徽光学精密机械研究所
磁尾及其中性片模式研究	中国科学院空间科学与应用研究中心
鱼类生长变异的生物能量学机制	中国科学院水生生物研究所
乌头属翠雀属中二萜生物碱的应用基础研究	中国科学院昆明植物研究所

三等奖（28 项）

获奖成果名称	完成单位
代数方程组与互补问题的算法和理论	中国科学院计算数学与科学工程计算研究所 上海大学
新相 R3（Fe，T）29 及其间隙化合物的结构与磁性	中国科学院物理研究所
金属酞箐衍生物气体敏感薄膜的制备与性能研究	中国科学院长春物理研究所
羊八井一期阵列宇宙线实验结果	中国科学院高能物理研究所 西藏大学 西南交通大学 云南大学

获奖成果名称	完成单位
原子 L 次壳层空位跃迁产额的研究	中国科学院上海原子核研究所
北京天文台施密特 CCD 小行星巡天	中国科学院北京天文台
河外参考系的建立、维持及其应用	中国科学院上海天文台
超细氧化锆基催化剂的研究	中国科学院山西煤炭化学研究所
植物区系地理研究	中国科学院地理研究所 山东师范大学
全球变化与中国自然灾害趋势	中国科学院南京地理与湖泊研究所 中国科学院兰州冰川冻土研究所 中国科学院南京土壤研究所 中国科学院兰州沙漠研究所
土体冻胀和盐胀机理	中国科学院兰州冰川冻土研究所
中国恐龙动物群	中国科学院古脊椎动物与古人类研究所
塔里木盆地海相白垩纪至早第三纪地层古生物及沉积环境	中国科学院南京地质古生物研究所
横断山区花岗岩类地球化学及成矿作用	中国科学院广州地球化学研究所
中国近海沉积物-海水界面化学	中国科学院海洋研究所
南海上层海洋热力结构年际和年代际变化的研究	中国科学院南海海洋研究所
温带草原植被现代特征与近 20 年之动态	中国科学院植物研究所 内蒙古大学
紫色非硫光合细菌氮调节系统和光合基因的研究	中国科学院上海植物生理研究所
南亚热带森林植被生物量、生产力和能量利用效率研究	中国科学院华南植物研究所 中山大学 华南师范大学
喀喇昆仑山-昆仑山地区昆虫	中国科学院动物研究所 沈阳师范学院
青藏高原生物资源分析化学	中国科学院西北高原生物研究所
小鼠 ES 细胞诱导分化和 TGF-β1 基因过表达对分化的调节	中国科学院上海细胞生物学研究所
新型光电子材料 β-FeSi2 的研究	中国科学院上海冶金研究所
超多自由度串并联机器人研究	中国科学院沈阳自动化研究所
三毫米波段小周期波荡器喇曼自由电子激光器	中国科学院上海光学精密机械研究所
光学二维并行处理	中国科学院上海光学精密机械研究所
非经典光场和原子的双光子相互作用	中国科学院安徽光学精密机械研究所
中国古代地图集（明代）	中国科学院自然科学史研究所 中国科学院地理研究所 北京图书馆 中国第一历史档案馆

中国科学院 1998 年科技进步奖授奖项目[1)]

特等奖（3 项）

获奖成果名称	完成单位
中关村地区教育与科研示范网络主干网	中国科学院计算机网络信息中心
国家资源环境遥感宏观调查与动态研究*	中国科学院遥感应用研究所
	中国科学院地理研究所
	中国科学院自然资源综合考察委员会
	中国科学院遥感卫星地面站
	中国科学院兰州沙漠研究所
	中国科学院成都山地灾害与环境研究所
	中国科学院长春地理研究所
	中国科学院南京土壤研究所
	中国科学院测量与地球物理研究所
	中国科学院新疆地理研究所
	中国科学院广州地球化学研究所
	中国科学院南京地理与湖泊研究所
	中国科学院新疆生物土壤沙漠研究所
	中国科学院植物研究所
	中国科学院西北水土保持研究所
	中国科学院兰州冰川冻土研究所
	农业部农业资源监测总站
（略）	中国科学院上海技术物理研究所

一等奖（13 项）

获奖成果名称	完成单位
微重力条件下 Pd 系合金的凝固	中国科学院物理研究所
激光分子束外延设备和关键技术研究	中国科学院物理研究所
	中国科学院沈阳科学仪器研制中心
HT-7 超导托卡马克装置*	中国科学院等离子体物理研究所
燃烧气脉冲除灰技术研究	中国科学院力学研究所
氨浸法从电镀污泥和不锈钢酸洗废液中回收重金属	中国科学院化工冶金研究所
	天津市环境保护科学研究院
抽余油加氢工业应用及推广	中国科学院山西煤炭化学研究所

1）带“*”的项目为综合性重大成果。

获奖成果名称	完成单位
土地处理系统——城市污水处理革新/替代技术研究	中国科学院沈阳应用生态研究所
	内蒙古自治区霍林河矿务局
	沈阳市市政工程设计研究院
	辽河油田环境保护处
高精度光学非球面数控加工技术及非球面数控加工中心	中国科学院长春光学精密机械研究所
50兆瓦（5万千瓦）蒸发冷却水轮发电机	中国科学院电工研究所
	东方电机股份有限公司
	安康水电联合实业有限责任公司
（略）	中国科学院电子学研究所
（略）	中国科学院金属研究所
（略）	中国科学院光电技术研究所
	中国科学院安徽光学精密机械研究所
（略）	中国科学技术大学

二等奖（38项）

获奖成果名称	完成单位
瑞利散射和钠层荧光高空探测激光雷达	中国科学院武汉物理与数学研究所
同步辐射软X射线多层膜反射率计装置及其应用	中国科学院高能物理研究所
	中国科学院长春光学精密机械研究所
	中国科学院上海精密光学机械研究所
	中国工程物理研究院核物理与化学研究所
涠11-4平台结构强度全尺度原位监测研究	中国科学院力学研究所
	中国科学院南海海洋研究所
天然气间接合成乙醇等二碳含氧化合物催化剂及工艺过程	中国科学院大连化学物理研究所
	四川垫江天然气化工总厂
	中国成达化学工程公司
新型DF-2长链烷烃脱氢催化剂的研究	中国科学院大连化学物理研究所
水资源开发利用及其在国土整治中的地位与作用	中国科学院地理研究所
	中国科学院自然资源综合考察委员会
	中国科学院生态环境研究中心
	中国科学院石家庄农业现代化研究所
	中国科学院水问题联合研究中心
硒等生命元素缺乏地区的环境改良和防病示范研究	中国科学院地理研究所
	中国科学院西北水土保持研究所
	中国科学院长春地理研究所
	中国科学院沈阳应用生态研究所
	中国科学院生态环境研究中心
	陕西省地方病防治研究所

获奖成果名称	完成单位
长江产业带建设的综合研究	中国科学院南京地理与湖泊研究所
	中国科学院自然资源综合考察委员会
	中国科学院地理研究所
	中国科学院成都山地灾害与环境研究所
	中国科学院测量与地球物理研究所
	地矿部中国地质矿产经济研究院
	长江航运管理局航运经济技术研究所
陕北地区中生界储层预测研究	中国科学院兰州地质研究所
冲绳海槽北段地形及晚更新世以来的沉积体系勘查	中国科学院海洋研究所
	国家海洋局第一海洋研究所
华贵栉孔扇贝的育苗与养殖	中国科学院南海海洋研究所
猕猴桃属植物遗传资源评价、种质基因库建立及育种研究	中国科学院武汉植物研究所
	蒲圻市特产局
	桑植县农业局
棉铃虫区域性生态调控研究	中国科学院动物研究所
	河北省植物保护站
	河南省植物保护植物检疫站
鳗鲡细菌性和病毒性疾病的病原生物学、病理学和防治对策研究	中国科学院水生生物研究所
中日合资企业的组织行为学研究	中国科学院心理研究所
镉污染农田农业生态整治与安全高效利用模式研究	中国科学院长沙农业现代化研究所
	中国核工业总公司国营七一五矿
	湖南省安化县人民政府
黄土高原区域水土保持与农业发展综合研究	中国科学院西北水土保持研究所
知识信息处理技术和方法-知识信息系统环境 KISE	中国科学院计算技术研究所
有线电视用声表面波滤波器	中国科学院声学研究所
高性能分布式并行数值代数软件研究与开发	中国科学院软件研究所
LPE 法制备的高效 GaAs 太阳电池	中国科学院上海冶金研究所
	中国科学院半导体研究所
汉王笔联机手写汉字识别系列	中国科学院自动化研究所
大型过程工业自动化系统总体技术开发研究	中国科学院沈阳自动化研究所
	沈阳化工股份有限公司
	浙江大学
	中国科学院自动化研究所
	清华大学
	天津大学
	机械部上海工业自动化仪表研究所
	机械部重庆工业自动化仪表研究所
双向式复合芯头拉拔新技术在大口径薄壁双镜面铜管生产中的应用	中国科学院金属研究所
高精度渐开线样板	中国科学院长春光学精密机械研究所

获奖成果名称	完成单位
0.8～1微米分步重复投影光刻机	中国科学院光电技术研究所
低增益区红外 $Ti3^{+}$：Al_2O_3 飞秒激光器	中国科学院西安光学精密机械研究所
空间飞行器有效载荷公用系统	中国科学院空间科学与应用研究中心
	上海空间电子设备研究所
	贵州航天工业总公司林泉电机场
中关村地区书目文献信息共享系统	中国科学院文献情报中心
	北京大学图书馆
	清华大学图书馆
中国科学引文数据库	中国科学院文献情报中心
2.16米望远镜折轴阶梯分光仪	中国科学院南京天文仪器研制中心
	中国科学院北京天文台
表面安装型集成电路管脚测试仪	中国科学院大恒公司
（略）	中国科学院力学研究所
（略）	中国科学院兰州化学物理研究所
（略）	中国科学院电子学研究所
（略）	中国科学院安徽光学精密机械研究所
（略）	中国科学院高技术研究与发展局
（略）	中国科学院长春光学精密机械研究所

三等奖（40项）

获奖成果名称	完成单位
低温和强磁场下的超高压装置和应用于固体物理研究	中国科学院物理研究所
	冶金部长沙矿冶研究院材料研究所
	北京师范大学
	南京大学
	北京大学
ZJ系列准静态d33测量仪	中国科学院声学研究所
9201—02单站目标轨道确定设备（广州站设备）	中国科学院紫金山天文台
爱比西CDX-1000型高温快速冲洗加工套药	中国科学院感光化学研究所
热缩材料用胶粘剂系列品种开发	中国科学院长春应用化学研究所
年产500吨萃取法制取硫酸钾中间试验	中国科学院青海盐湖研究所
	化工部河南省新乡市大有集团
大安古河道农业开发综合研究	中国科学院长春地理研究所
	大安市人民政府
新疆北部与邻区超大型矿床成矿背景条件对比及其前景评估	中国科学院广州地球化学研究所
	中国科学院贵阳地球化学研究所
	陕西地矿局区域地质调查队
神木水蚀风蚀交错带环境整治技术与试验示范研究	中国科学院西北水土保持研究所
海水养殖文献资源的开发利用	中国科学院海洋研究所

获奖成果名称	完成单位
甘肃平凉防雹减灾试验研究	中国科学院兰州高原大气物理研究所
	甘肃省平凉市农林局
中国植物系统学文献要览	中国科学院植物研究所
有机磷等农药废水综合治理技术与工艺	中国科学院成都生物研究所
	中国环境科学研究院
	湖北沙隆达股份有限公司
	四川联合大学
减缓大豆重迎茬损失的农艺措施及有效制剂的研究	中国科学院黑龙江农业现代化研究所
	黑龙江省农科院合江农科所
	黑龙江省农科院大豆所
四湖地区湿地农业持续发展研究	中国科学院长沙农业现代化研究所
	中国科学院武汉植物研究所
	中国科学院测量与地球物理研究所
	中国科学院武汉病毒研究所
	水利部—中国科学院武汉水库渔业所
	中国科学院武汉文献情报中心
	湖北省监利县科学技术委员会
玉米自交系 H152 和 H504 选育与应用	中国科学院长沙农业现代化研究所
中国樟属植物资源及芳香成分	中国科学院西双版纳热带植物园
	中国科学院昆明植物研究所
中国森林主要害虫昆虫病毒资源与防治新技术	中国科学院武汉病毒研究所
	贵州省林科院
面向典型应用的 CIMS 技术研究开发	中国科学院成都计算机应用研究所
几种不同波段的新型光电探测器	中国科学院上海冶金研究所
PG 型多参量心理测试仪（测谎仪）	中国科学院自动化研究所
	公安部科技信息研究所
推帚式超光谱成像仪	中国科学院上海技术物理研究所
	上海仙通信息技术研究所
碲化铅红外镀膜材料	中国科学院上海技术物理研究所
衍射微透镜列阵实用化研究	中国科学院光电技术研究所
ZEP 系列诱发电位仪	中国科学院电工研究所
	中国人民解放军总医院耳鼻咽喉研究所
智能型彩色闭路电视火灾自动监测系统	中国科学技术大学
再入弹关在烧烛滞后作用下的滚转力矩计算	中国科学技术大学
乙烯全流程仿真培训系统	中国科学技术大学
	中国石化北京燕山石油化工公司
丙烯腈反应器在线操作优化	中国科学技术大学
	大庆石油化工总厂
中国西北地区资源与生态环境问题研究	中国科学院资源环境科学信息中心
企业资源配置方法研究	中国科学院系统科学研究所
	东北输油管理局

获奖成果名称	完成单位
（略）	中国科学院声学研究所
（略）	中国科学院新疆物理研究所
（略）	中国科学院光电技术研究所
（略）	中国科学院西安光学精密机械研究所
（略）	中国科学院空间科学与应用研究中心
	中国科学院力学研究所
（略）	中国科学院上海硅酸盐研究所
（略）	中国科学院沈阳自动化研究所
（略）	中国科学院化学研究所

中国科学院 1997、1998 年 发明奖授奖项目

1997 年

一等奖（2 项）

获奖成果名称	完成单位
微生物发酵生产十五碳二元酸的新工艺新方法	中国科学院微生物研究所
多波长光参量激光器	中国科学院物理研究所 中国科学院福建物质结构研究所

二等奖（5 项）

获奖成果名称	完成单位
中国特有资源——杜仲胶的研究开发	中国科学院化学研究所
改进后的下降法生长大尺寸高质量 CsI（T1）晶体	中国科学院硅酸盐研究所
免疫调节剂——牛膝多糖	中国科学院上海有机化学研究所 中国科学院药物研究所
固定化细胞工业化生产酒精新技术	中国科学院沈阳应用生态研究所
离子束增强沉积及其应用	中国科学院上海冶金研究所

三等奖（8 项）

获奖成果名称	完成单位
碱法制浆造纸黑液资源化治理工程技术研究	中国科学院生态环境研究中心
消氢催化剂	中国科学院兰州化学物理研究所
沙棘超氧物歧化酶及小分子抗氧化复合物	中国科学院沈阳应用生态研究所
防蛀纸卡	中国科学院上海昆虫研究所
声表面波信道化滤波器组件	中国科学院声学研究所
FS 气化型煤（焦）的开发研究	中国科学院山西煤炭化学研究所
RH3 耐热合金及其管材	中国科学院上海冶金研究所 江苏金柳集团公司
长效可控气弹簧（可锁定气弹簧）	中国科学院自动化研究所

1998 年

特等奖（1 项）

获奖成果名称	完成单位
棉属种间杂交育种体系的创立	中国科学院遗传研究所 河北省石家庄市农科院 山西农科院作物遗传所 陕西省棉花所 河南省农科院经济作物所 山西省农科院经作所 山东省棉花中心

一等奖（2 项）

获奖成果名称	完成单位
激光法制备吨级纳米硅基陶瓷粉技术及试生产系统	中国科学院金属研究所
超短脉冲高功率激光发展中的系列创新技术	中国科学院上海光学精密机械研究所

二等奖（7 项）

获奖成果名称	完成单位
脉冲管制冷机的深入研究及实用化	中国科学院低温技术实验中心
尺寸可控纳米氧化铝和纳米钛酸钴的制备和应用	中国科学院固体物理研究所
等离子体法制备超微活性钙	中国科学院力学研究所 中国科学院化工冶金研究所
汽车用折边胶粘剂	中国科学院化学研究所
紫外共振拉曼光谱仪研制和在催化研究中的应用	中国科学院大连化学物理研究所
强 Cherenkov 效应氟化铅（PbF_2）晶体的生长新技术	中国科学院上海硅酸盐研究所
（略）	中国科学院声学研究所

三等奖（2 项）

获奖成果名称	完成单位
10NM3/hr Pd-陶瓷复合膜氢分离器的研制及工业气源现场实验	中国科学院大连化学物理研究所 石油部大连石油化工公司
低自由基低毒香烟的研究与试制	中国科学院生物物理研究所 北京卷烟厂

1998年中国科学院及各研究所主要活动或事件摘记

一　月

1.4～6　西双版纳热带植物园主办的"澜沧江湄公河上游生物多样性管理与社会经济持续发展国际研讨会"在西双版纳举行。

1.6　中国科学院院士、病毒学家朱既明先生在北京逝世，享年81岁。

1.7　中国科学院、中国工程院135位院士联名提出《行动起来，拯救黄河，合理用水，跨流域调水是关键》的建议。

1.7　陕西天文台刘次沅主持的"懿王元年天再旦"研究，将我国记载史由公元前841年改写为公元前899年。

1.12～14　路甬祥院长出席了在京召开的首届中美"能源政策研究项目"研讨会，美国科学院有11位能源政策专家及我院、工程院的20多位专家学者与会。

1.15　中国科学院院士和中国工程院院士评选出"97中国十大科技进展"和"世界十大科技进展。"

1.15～19　中国科学院1998年度工作会议在京举行，路甬祥院长作题为《高举旗帜，开拓创新，迎接世纪之交中国科技事业新发展》的工作报告。

1.16～25　美国哥伦比亚大学李政道教授访华，旨在设立"秦慧君与李政道中国大学生见习基金"，路甬祥院长出席了基金捐资签字仪式。

1.21～25　我院21个单位参加了在台北召开的第二届亚太经合组织（APEC）技术博览会。

1.25　冯康院士的"哈密尔顿率几何算法"获1997年度国家自然科学奖唯一的一等奖。

1月　《科学通报》、《化学学报》经过几年的评估，被美国科学信息所收入SCI，至此，中国被收录期刊达到11种。

二　月

2.4　江泽民总书记在中国科学院的研究报告《迎接知识经济时代，建设国家创新体系》上做重要指示："知识经济、创新意识对于我们21世纪的发展至关重要。东南亚的金融风波使传统产业的发展有所减慢，但对产业结构的调整则提供了机遇。科学院提了一些设想，又有一支队伍，我认为可以支持他们搞些试点，先走一步，真正搞出我们自己的创新体系。"

2.4 路甬祥院长会见了日本松下公司总裁森下泽一，就信息网络、多媒体、新兴电子、环保及节能产品等方面的合作交换了意见，并签署了双方进一步开展交流和合作的意向书。

2.5 受国家科委综合计划司的委托，中国科技信息研究所公布1996年中国科技论文部分统计结果：论文数最多的10所大学，中国科大排名第四；论文最多的10个研究机构，被我院物理所、长春应化所、化学所、上海有机所、金属所、高能所、兰州化物所、上海冶金所、半导体所、上海光机所等单位囊括。

2.6 南京地质古生物所陈均远和台湾清华大学李家维合作，在贵州瓮安联合考察中对早期动物研究领域取得突破性发现，动物起源时间因此向前大幅度推进5000万年，动物起源于“寒武纪大爆发”的理论可能会被推翻。

2.6 法国科学院院长利翁斯访问我院。

2.9 中国科学院、中国工程院和上海市政府共同主办的“东方科技论坛”在上海举行。

2.10 中国科学院《关于规范和加强研究生奖学金及研究助理（教学助理、管理助理）津贴管理的意见》颁布实行。

2.11 兰州沙漠所崔建军揭开“鸣沙”共鸣机制，对近一个世纪风沙物理中悬而未决的自然之迷作出科学的解释。

2.12～29 地质研究所主办的“地磁方法预报灾害国际研讨会”在京召开。

2.16 上海技术物理研究所经过10多年研制的多通道扫描辐射计通过专家鉴定。该成果是我国首次发射成功的“风云二号”地球同步气象卫星的核心装置，使我国卫星遥感技术达到国际先进水平。

2.20 近代物理研究所研制的中能重离子放射性束流线通过鉴定并投入运行。该装置具有世界上独有的反对称两极双消色差结构，显著提高放射性核束的纯度和粒子鉴别能力。

2.22～3.7 美国CTC公司执行总裁、美国纽约市立学院章义朋访问我院。

2.23 中国科技大学生命科学学院举行成立典礼。

2.24 上海光机所与深圳先科集团共同承担的“5英寸可录CD光盘生产工艺开发研究”通过鉴定，为我国开发生产高密度可录光盘打下基础。

2.25 长春光机所研制的“立体光路型”与“窗口恢复型”活体指纹采集仪通过了成果鉴定。

2.26～28 召开中国科学院生物学（微观）、生物技术和新药研究专家委员会，研讨十五战略规划，推选973项目，部署人基因组计划研究等。

三 月

3.1 兰州分院与兰州大学、甘肃省科委等单位，召开“西部干旱区环境演变与21世纪农业潜力发展研讨会”，为推动我国西部的发展与开发提出建议。

3.2　中国科学院与辽宁省签订进一步扩大科技合作协议。

3.2　北京天文台同时发现两颗超新星，国际天文电报编号为 SN1998S 和 SN1998T。

3.3～5　日本精工爱普生公司（ESPON）代表团访问我院。

3.4　中国科学院向全国人大九届一次会议、全国政协九届一次会议报送《科学发展报告》。报告综述了世界科学进展与发展趋势，对科学前沿与重大科学问题进行了评述。

3.4　中共中央组织部、中共中央宣传部、国家科委党组、中国科学院党组和中国工程院党组联合做出决定，号召全国科技工作者向蒋新松同志学习。

3.8　路甬祥院长举行招待会，宴请 15 位来京参加两会的港澳地区人大代表和政协委员，就今后如何加强中国科学院与港澳地区各界之间的合作交换了意见。严义埙、许智宏、陈宜瑜、白春礼副院长，竺玄秘书长，王景川副秘书长和有关厅局的领导参加了招待会。

3.9　路甬祥院长会见了英国新任驻华大使高德先生，双方就中英合作情况进行了回顾与探讨，张侃局长参加了会见。

3.14　我院“八五”重大项目，科技大学国家同步辐射实验室 6 万高斯超导扭摆磁铁调试成功。

3.14　我院与宁波签署科技合作协议书。

3.16　中国科学院外籍院士、诺贝尔化学奖（1969）获得者，美国德克萨斯农业和机械大学杰出教授 Derek H. R. Bartou 不幸逝世，享年 80 岁。路甬祥院长致唁电慰问亲属。

3.16～30　路甬祥院长率我院代表团访问德国、法国，与德国马普学会签署了“科技合作备忘录”，与法兰西科学院签署了“两院科学合作联合声明。”

3.18　德国大研究中心联合会主席 Garten 教授访问我院。

3.23　广州人造卫星观测站建制并入广州能源研究所

3.23　上海分院与复旦大学联合组建上海人类基因组研究中心。

3.26　中国科技大学与联想集团联合组建中国科技大学联想计算机学院。

3.26　“中国科学院信息安全中心——惠普演示中心”揭牌。

3.26　陕西天文台圆满完成长征二号丙改进型火箭发射两颗“依星”的重大授时保障任务。

3.26　国务院决定，从 1998 年 7 月 1 日起，在中国科学院、中国工程院实行资深院士制度。

3.29　联想集团、大恒公司、希望电脑公司入选 1998 年全国电子百强企业。

四 月

4.1 上海天文台研制成实用型氢原子钟，这是一种坚固、小型、可搬运的高精度时间和频率标准的仪器。

4.6 中国科学院启动“新疆棉花可持续优质高产综合技术集成示范工程”。

4.7 中国科学院设立高级访问学者制度，邀请国内外的科技专家来我院进行访问研究。

4.7 路甬祥院长会见法国国家空间中心主席阿兰·本苏桑。路院长和外宾均表示将保持两机构之间的接触，探讨空间科学和应用。

4.7～14 水生生物研究所主办的“第二次生态毒理与水质管理国际学术会议”在武汉举行。

4.16 福建物质结构研究所划为上海分院归口管理。

4.16 中国科学院与上海浦东区管委会签订高新技术产业化合作协议书，

4.18 中国科学院所属22个研究所参加沈阳市举办的科技经济对接与产品配套洽谈会，参展项目500多个，签订正式合同59项，成交金额9890万元。

4.19 中央电视台报道了由我院组织发起、中国科学探险协会主办的雅鲁藏布江大峡谷科学探险活动。

4.21 第七届陈嘉庚奖颁奖典礼在新加坡举行，我院杨乐、黄维垣、沈善炯教授获奖。

4.21～23 中国科学院博士生重点培养基地经验交流与研讨会在上海召开。

4.23 中国、葡萄牙科学历史中心在自然科学史研究所成立，葡萄牙政府总理古特雷斯、科技部长戈加和许智宏副院长出席成立仪式。

4.25 计算所VCAD开放试验室研制的集成电路逻辑设计与测试基础研究通过技术鉴定。

五 月

5.2 江泽民主席视察了北京天文台兴隆观测站，并题词“发展空间天文，探索太阳奥秘”。

5.5 中国科学院院士、著名大地测量地球物理学家方俊先生在北京逝世，享年94岁。

5.5～10 由中国科学技术大学主办的“第一届国际绿色化学高级研讨会”在合肥举行。

5.6～10 生物物理研究所主办的“酶的催化作用机制国际研讨会”在桂林举行。

5.8 中国科学院研究生教材建设领导小组及专家组成员调整，白春礼副院长担任领导小组组长（总编委会主任），余翔林局长任领导小组副组长（总编委会常务副主任）。

5.9　中国科学院院士、著名原子核物理学家赵忠尧先生在北京逝世，享年96岁。

5.12～16　首届中国科学院博士后学术讨论会举行，163名博士后研究人员参加了学术研讨。

5.13　法兰西科学院院长L·利翁斯访华，此次L·利翁斯院长是作为中法联合实验室学术委员会顾问来华参加实验室学术评估会议的。路甬祥院长会见并邀请了外宾，两院院长对中法青年科学家专题讨论会的组织方式进行了探讨，并达成一致意见。

5.16　中国科学技术大学主办的“第五届全国扫描隧道显微镜学学术会议”在合肥举行。

5.17～28　应美国科学院等单位的邀请，路甬祥院长率代表团访美，此行除参加中美能源研讨会外，还将同美国科学院商讨两院今后合作事宜。

5.18　等离子体物理研究所在我国第一个超导托卡马克装置HT－7进行物理实验，在稳态磁约束聚变装置研究取得重大突破，对加速我国聚变能源开发具有重要意义。

5.20　中国科学院院士、著名机械工程专家沈鸿先生在北京逝世，享年92岁。

5.21　中国科学院院士、生态学家李博先生在国外参加学术会议期间不幸逝世，享年70岁。

5.26　中科院软件园被评为北京地区6大软件园之一。

5.27　中国科学院院士、著名经济地理学家周立三先生在南京逝世，享年88岁。

5.28　1998年中国科学院院长青年创新基金评审结束，11个项目获得资助。

5.30　国家“863”计划大气光学重点试验室通过专家验收。

六　月

6.1　江泽民主席等中央领导同志接见出席中国科学院第九次院士大会和中国工程院第四次院士大会部分院士与外籍院士。江泽民主席发表了重要讲话。

6.1　中科院计算机网络信息中心首次面向社会开放。

6.1～5　中国科学院第九次院士大会与中国工程院第四次院士大会在京举行。朱镕基、李岚清到会讲话。在中国科学院第九次院士大会上，修订通过了《中国科学院院士章程》、各学部进行了换届选举、宣布了首批资深院士145人名单、选举产生了8名第三批外籍院士。

6.3　由电工所研制的阿尔法磁谱仪的关键部件——永磁磁体，搭乘美国发现号航天飞机进入太空，这是人类送入宇宙的第一个大型磁体。

6.4　中国科学院院士、我国著名催化专家郭燮贤先生在北京逝世，享年73岁。

6.8～15　著名美籍学者李政道教授应邀来访，参加在北京由中国高等科技中心举办的“宇宙的过去与未来”国际仪式。

6.9　国务院总理、国家科技教育领导小组组长朱镕基主持召开国家科技教育领导小组会议，审议并原则通过了中国科学院关于"知识创新工程"试点的汇报提纲。

6.10　路甬祥院长、竺玄秘书长宴请了来华访问的日本经济团体联合会顾问春名和雄等8人，商谈与中科院中日交流中心合作事宜。

6.13　中国科学院召开"落实科教兴国战略、实施知识创新工程——中国科学院知识创新工程启动"新闻发布会。

6.14～24　路甬祥院长、竺玄秘书长等访问日本。在东京期间，会见了日本科技厅长官、学士院会长、科技会议议员以及明仁天皇次子秋筱宫文仁亲王和亲王妃。

6.15　中国科学院院士对长江三角洲可持续发展提出重要建议。

6.15～19　应用数学研究所主办的"偏微分方程和数值分析国际会议"在京举行。

6.17　国务院学位委员会召开第16次会议，批准"第七批博士、硕士学位授权学科、专业名单"。1998年我院新增博士学位授予单位5个、硕士学位授予单位1个，新增一级学科授予点24个，新增博士学位授权点17个、硕士学位授权点28个。

6.17～18　由海洋研究所主办的'98国际海洋年学术报告会在青岛召开，20位院士作了高水平学术报告。

6.26　美国康柏电脑公司向中国科学院"西部之光"人才培养计划捐赠计算机工作站仪式在京举行。

6.27　中国科学院院士、著名鸟类学家郑作新先生在北京逝世，享年92岁。

6.29　香山科学会议第100次学术讨论会暨5周年纪念会在京举行，约90名知名科学家参加会议。

6.29　中国科学院与北京大学联合建立北京天体物理中心。

七　月

7.1　中国科学院、中国工程院开始实行"资深院士"制度，建立两院资深院士基金。

7.4～11　丹麦皇家文理科学院院长奥尔森率团访问我院，路甬祥院长同他们签署了两院合作协议。

7.7　新疆生物土壤沙漠所与新疆地理所合并组建新疆生态与地理研究所。

7.8　国家同步辐射实验室二期工程国家重大科学工程项目的初步设计及概算、HT-7U超导托卡马克核聚变实验装置国家重大科学工程的项目建议书获国家发展计划委员会批准。

7.13～31　软件研究所主办的"代数、逻辑及计算机国际研讨会"在京举行。

7.15　遗传研究所与石家庄农业科学院合作，在国际上首次构建棉属种间杂交育种新体系。

7.17　金属研究所的低偏析合金技术荣获国际实用新材料发明奖。该技术先后获国家科技进步奖一等奖、中国科学院科技进步奖一等奖等9项奖励,并获国家专利,是近年高温合金材料技术新突破。

7.21　中国科学院决定调整和强化“百人计划”,以加强对海内外优秀年轻人才的吸引。计划3年内公开招聘约300名青年科学家和技术专家,并确定首批12个知识创新基地为“百人计划”的重点招聘单位。

7.21～24　自然资源综合考察委员会主办的“青藏高原国际科学讨论会——形成演化、环境变迁与可持续发展”在西宁举行。

7.23～31　西安光学精密机械研究所、上海光学精密机械研究所主办的“1998年国际激光与光电子学术讨论会”在九江举行。

7.24　化学部向国务院报送“绿色化学与技术“咨询报告,就发展我国绿色化学与技术、推进社会可持续发展提出建议。

7.26～28　美国3Com公司董事会主席、总裁EricBenhamou先生应邀访问我院,同我院洽谈在网络技术方面的合作事宜。

7.27　兰州重离子加速器冷却储存环(HIRFL-CSR)国家重大科学工程项目建议书获国家发展计划委员会批准。

7.27　我院首次利用“863”计划信息领域完成的L波段高分辨率机载合成孔径雷达系统为洞庭湖洪涝地区进行灾情监测,为政府决策部门对灾情估损实况提供了科学依据。

7.28　我院与国际大公司在知识创新领域开展合作举办了“网络技术与知识经济”高级论坛。美国总统信息技术顾问艾里克·木纳穆在首场论坛上作了“网络技术与知识经济”的讲演。

7.29　由大连化物所承办的第四届化学前沿学科青年学者研讨会在大连举行。

八　月

8.1～5　中国科学院与国家自然科学基金会主办的“1998年中国青年学者凝聚态物质中的激发态过程讨论会”在长春举行。

8.3～13　应路甬祥院长邀请,日本秋篠宫文仁亲王和王妃一行来华访问,路院长夫妇在院部会见了亲王和王妃一行。

8.5　中国科学院启动管理信息系统建设新工程。

8.5　电工研究所等单位研制成功我国第一根由铋系(BSCCO/2223)高温超导材料制成1米1000安培的输电电缆。

8.5　中国科学院和国家自然科学基金委员会主办的“1998年中国青年学者纳米科学讨论会”在京举行。

8.10　国家重点火炬计划项目、国产新一代开放式永磁型磁共振成像系统“OPEN MARK2000”在深圳安科高技术有限公司研制成功。

8.10～15 中国科学院主办的第18届国际遗传学大会在京召开，54个国家约2000人参加会议。

8.11 中国科学院遗传研究所人类基因组研究中心挂牌成立。

8.12 根据中共中央组织部组任字〔1998〕212号文件，竺玄同志任中国科学院党组成员。

8.13 中国科学院与国家自然科学基金会主办的“1998年中国青年学者资源环境地球化学前沿问题学术讨论会”在贵阳举行。

8.14 召开中国科学院博士生重点培养基地单位研究生培养方案制定工作经验交流会。白春礼副院长出席会议。

8.17～21 中国科学院和国家自然科学基金会主办的“1998年中国青年学者生命科学（生物资源持续利用）学术讨论会”在宜昌举行。

8.19 中国科学院成立“洪涝遥感监测小组”，对长江流域和东北地区的灾情实时监测，为抗洪救灾提供科学准确的决策依据。

8.19 陈述彭院士获美国地理学会颁发的O.M.米勒地图科学奖。

8.19～20 中国科学院与国家经贸委联合举办“实施知识创新与技术创新促进科技与经济结合”座谈会，经贸委主任盛华仁、我院院长路甬祥出席。

8.24～28 中国科学院和国家自然科学基金会主办的“1998年中国青年学者大气、环境科学讨论会”在京举行。

8.24～29 中国科学院和国家自然科学基金委员会主办“1998年中国青年学者技术科学（现代光学及应用）学术讨论会”。

8.26 由大连化学物理研究所主办的“首届世界华人分子反应动力学研讨会”在大连举行。

8.26～28 院环境生物技术研究学术讨论会在北京举行。

8.27～9.1 中国科学院和美国科学院共同举办的第一届中美前沿科学研讨会在美国举行。由白春礼副院长带队，约40名青年科学家参加会议。

8.28～9.4 生物学部组织“西北5省区干旱半干旱区可持续发展的农业问题”咨询项目组一行18人，到新疆考察咨询，就与农业有关的水资源问题、绿洲农业的结构问题、农业环境变化与灾害问题向自治区领导提出建议。

8.31～9.2 中国科学院档案工作目标管理活动总结表彰大会在京召开。

九　月

9.1 院克隆大熊猫项目研讨会在中关村召开，并学习落实李岚清副总理指示精神。

9.1 从1998年9月1日起，我院按国务院学位委员会下达的新的学科专业目录进行研究生的招生、培养和学位授予。

9月初 由香港亿利达工业发展集团有限公司董事长刘永龄先生捐资设立的中国科学院刘永龄奖举行首届颁奖仪式。

9.5～10　由兰州冰川冻土研究所主办的“第六届国际南极冰川学术会议”在兰州召开，秦大河当选为南极科研冰川组主席。

9.7～11　中国科学院和科技部倡议的“首次国际燃料电池技术与应用研讨会”在大连举行。

9.8　教育部批准我院可以招收外国和港澳台地区研究生。

9.9　沈阳应用生态研究所研制的新型广谱氮肥长效增效剂，解决了肥料领域氮肥长效增效和提高氮素利用率的两大难题，使我国氮肥研究达到世界水平。

9.9　中国科学院院士、分析化学家高小霞先生在北京逝世，享年79岁。

9.9　中国科学院院士、著名理论物理学家胡济民先生在北京逝世，享年79岁。

9.9～10　生物医药研究与开发工作交流讨论会在上海举行，严义埙副院长、竺玄秘书长出席会议并讲了话。

9.11　兰州化学物理研究所研制的“DBN型生物降解塑料及制品”通过鉴定。

9.12　严义埙副院长主持召开了计算所改革工作领导小组扩大会议，宣布了中科院《关于计算所深化改革的决定》。

9.13　兰州高原大气研究所人工引发雷电与雷电物理研究项目通过成果鉴定，我国人工引雷技术走向实用阶段。

9.14　路甬祥院长设宴招待香港新华集团公司总裁蔡冠深先生，并聘他为中国科学院院长经济顾问。

9.17　武汉岩土力学研究所复杂地层巷道支护研究成果通过鉴定。该研究成果经十几个矿区现场验证和推广应用，取得显著的经济和社会效益，达到国际先进水平。

9.17　英国政府科技代表团访问我院。

9.17　国家“863”重点课题合肥智能所的“安徽省国家智能化农业信息技术应用示范工程”项目通过成果鉴定。

9.21　路甬祥院长接受台湾《中国时报》科学主笔江才健先生的采访。

9.22　1998年求是科技基金会杰出青年学者奖颁奖，我院11名青年学者获奖。

9.23　中科院遥感卫星地面站与法国SPOT IMAGE公司合作组建北京视宝卫星图像公司。

9.23　李岚清副总理到我院国家基因研究中心视察，听取有关水稻基因组研究进展的汇报。

9.23　在中国科协成立40周年大会上，颁发了中国科协求是杰出青年成果转化奖，共4人，我院占3人；颁发了第六届中国青年科技奖100名，我院占12人。

9.24　江泽民主席视察合肥等离子体物理研究所，重点听取了离子束生物工程研究、国际核聚变研究和HT-7超导托卡马克装置的研究进展等方面的汇报。

9.24 法国总理诺斯潘率代表团访问我院，路甬祥院长、白春礼副院长、竺玄秘书长等参加会见。

9.25 中国科学院与北京市政府签署联合建设“中关村科学城信息化示范小区”协议。

9.26 北京天文台兴隆观测站使用60cm智能望远镜，发现1颗超新星。从1996年至今，该望远镜共发现超新星30颗、核外新星1颗、激变变星4颗，成为世界上发现亮超新星最多的观测系统。

9.30 科技部批准固体润滑、非线性连续介质力学开放实验室升级建设国家重点实验室。

十 月

10.5 中德科技合作20周年庆祝活动在人民大会堂举行。路甬祥院长代表中科院向大会致贺词。我院数十名科学家参加了活动。

10.5～7 沈阳应用生态所承办的亚洲及太平洋地区景观生态学国际会议召开。

10.6～13 亚美尼亚科学院代表团访问我国，签署了两院科学合作协议。

10.7 中日合作开展中国西南生态系统重建研究启动。

10.8 中国科学院进一步推进人事制度综合配套改革工作会议在西安召开。白春礼副院长、王景川副秘书长出席会议并讲了话。

10.9 路甬祥院长会见并宴请了美国朗讯公司总裁许浚博士，路院长向客人介绍了我院进行知识创新工程试点工作的初步设想及我院所面临的形势，双方就今后可能的合作领域坦诚友好地交换了意见。

10.9～11 大连化物所主持承办了“第二届亚太毛细管电泳和相关微分析技术报告会”。

10.9～12 美国国家科学基金会主任Colwell博士访问我院，并作题为“21世纪全球科技合作——科学发展和世界和平的基石”的报告。

10.12 地学部在广泛听取各级政府和专家意见的基础上，提出了关于缓解黄河断流的对策与建议。

10.12 院召开新闻发布会，宣布经过精心设计、精心组织、充分酝酿讨论，按照统一规划、分步实施原则，确定了中国科学院知识创新试点工程实施纲要，首批12项试点工作于年内启动。

10.12～15 北京地区生物学研究所定位评议。

10.13～19 武汉分院、南京分院、成都分院在武昌联合召开“长江流域洪涝灾害成因和对策研讨会”，百名专家倡议尽快治理长江流域生态环境。

10.15 路甬祥院长致电美国普林斯顿大学电子工程系崔琦教授，祝贺他荣获1998年诺贝尔物理奖。

10.15 中国科学院与内蒙古自治区人民政府《关于促进内蒙古自治区经济发展科技合作协议书》在京签订。

10.15　由上海冶金所承担建设的“上海微电子国家工程研究中心改扩建工程”项目通过国家验收，在实现科技成果转化方面取得了进展。

10.16　审计署科学工程审计局正式进驻我院。

10.17　上海生命科学研究基地建设领导小组会议在上海召开。

10.18～21　中科院-松下电器合作委员会第一次会议在院部召开。双方在多语言翻译系统和燃料电池两个方面初步达成了合作意向。

10.18～25　上海地区生物学研究所定位评议。

10.18～19　中科院与香港高校联合实验室召开工作座谈会。

10.19　由中科院等有关部门的科学家、记者和登山队员组成的45名探险考察队开始了为期50天的’98中国天年雅鲁藏布大峡谷科学考察行动。

10.20　由团中央、中组部等七单位联合主办的第四届“中国青年科学家奖”举行颁奖典礼。物理所张杰获数理学科奖、大连化学物理所李灿获化学奖、科技大学郑永飞获地球科学奖、地球物理所杨长春获地球科学提名奖。

10.20～30　应我院邀请，法国国家科研中心化学部主任Bernard Bernier博士率领催化专家代表团21人在杭州参加PICS“环境催化”第七次会议后，访问了大连化物所。

10.21　紫金山天文台申报的“王宽诚星”、“曹先彪星”、“香港星”获国际小行星命名中心和命名委员会批准。

10.21　中国科学院、中国工程院向国务院呈送“对1998年长江洪水的认识和对今后工作的建议”。

10.21　海洋研究所划归沈阳分院归口管理。

10.22　1998年香港何梁何利奖颁奖仪式在京举行，我院12位科学家荣获科学与技术进步奖。苏步青、宋健院士获科学与技术成就奖。

10.26　中国科学院为纪念邓小平同志“中国必须在世界高科技领域占有一席之地”讲话发表10周年举行座谈会，李岚清副总理出席座谈会并讲话。

10.27　上海技物所、上海植生所和上海细胞所承担的“空间细胞电融合技术研究及高空飞行试验”通过成果鉴定。

10.29　中国科学报社更名为中国科学院新闻传播中心。

10.29　国家人类基因组南方研究中心在上海正式成立，中国科学院上海分院有关单位和科学家为“南方研究中心”的有机组成部分。

10.30　1998年院博士生重点培养基地评审揭晓，高能物理所等11个单位入选。

10.30～11.2　国际水稻分子生物学会议召开。

10.31　陕西天文台与日本联合开展的“中日卫星双向时间对比系统(TWSTT)”开通，陕西天文台授时精度提高两个数量级，成为世界时间基准研究五强之一。

10.31　中科院与德国巴斯夫公司签署科学合作协议。

十一月

11.1 中国科学院地学部召开“资源环境信息与数字化地球研讨会”，专家呼吁全社会要关注“数字地球”。

11.1～3 中国科学院-江苏省高新技术及其产业合作交易洽谈会在苏州举行。通过洽谈，中科院与江苏省合作开发的高技术项目和产品达120项左右。

11.7～16 国际山地综合开发中心(ICIMOD)第25届理事会在尼泊尔首都举行，山地中心中国理事孙鸿烈院士应邀出席了会议。

11.8～12 应国际科技数据委员会(CODATA)国际科技项目委员会A. S. Kolaskar教授的邀请，我院孙鸿烈院士作为执委出席CODATA第十六届大会及执委会。

11.9 我院高级技术发展顾问美国朗讯公司高级副总裁许浚博士应邀来院进行演讲。

11.10 科技部作出决定，对在今年抵御长江流域、松嫩流域特大洪涝灾害中表现突出和取得显著成绩的先进集体、先进个人予以表彰。我院长春地理所等5个单位和沈汀等11人受到表彰。

11.12 路甬祥院长宴请了前来参加中美高能物理合作第19次联委会会议的李政道先生。

11.16 首届“中国科学院优秀博士后”评选揭晓，科大陈卿、物理所潘正伟、研究生院汪志祥、药物所杨玉社、细胞所范国煌、力学所康琦、金属所王建强、计算所孟丹、地球所张福勤、冰川所冯起等10位博士后当选。

11.17 中国科学院在人民大会堂举行知识创新工程引进优秀杰出人才座谈会，李岚清副总理出席并讲话。

11.17 首届“中国科学院王宽诚博士后工作奖励基金”评审工作圆满结束，50名学者获奖。

11.19 由计算机网络信息中心承担建设的“中关村地区教育与科研示范网络(NCFC)主干网工程”，通过了国家验收。

11.19～21 兰州重离子加速器冷却储存环(HIRFL-CSR)国家重大科学工程项目可行性研究报告通过院组织的专家评估论证。

11.21～12.5 中国科学院学部主任代表团访问加拿大国家研究理事会和美国科学院。

11.22～30 路甬祥院长陪同江泽民主席赴俄罗斯和日本进行国事访问。

11.24 中科院召开启动大连化物所知识创新工程试点工作新闻发布会。院新闻发言人李云玲主持，严义埙副院长、杨柏龄副秘书长、大化所邓麦村所长向新闻界介绍了试点情况，并回答了记者的提问。

11.25～27 中国科学院与东北地区三省一区跨世纪农业发展研讨会在长春举行，我院20个研究所参加会议。

11.26 中国科学院院士、著名数学家程民德先生在北京逝世，享年82岁。

11.26 世界著名的市场调查公司IDC公布，联想电脑亚太排名已经超过世界著名厂商惠普，位居第三，并创市场占有率5.8%的新纪录。

11.27 中国科学院与北京图书馆合作协议签字仪式在北京图书馆举行，文化部部长孙家正、国务院副秘书长刘奇葆、我院副院长严义埙、党组副书记郭传杰出席。

11.27 李岚清副总理在钓鱼台国宾馆会见了美国著名神经科学家浦慕明教授，浦慕明教授与我院共同商讨了筹建国家神经科学研究所的有关事宜。

十二月

12.3 中国科学院举行纪念十一届三中全会召开20周年座谈会，路甬祥院长出席并发表讲话。

12.3 中国科学院与意大利国家核物理研究院在北京签署科技合作协议。

12.8～12 我院路甬祥院长和白春礼副院长应第三世界科学院院长Jose Vargas博士的邀请，赴意大利参加在的里亚斯特举行的TWAS第十次院士大会。路甬祥院长在会上当选为第三世界科学院副院长。

12.9 赴雅鲁藏布大峡谷进行科学探险考察队员安全胜利返京，科学考察活动圆满结束。

12.10 著名核物理学家、我国核科学的奠基人和开拓者之一王淦昌院士在北京逝世，终年91岁。

12.10 沈阳生态研究所农田防护研究小组获第三世界科学院组织网络执行委员会授予的1998年“TWNSO农业奖”，表彰他们在农田防护林研究领域做出的杰出贡献。

12.11 中国科学院与云南省签署共建昆明分院协议。

12.12 中国科学院晨兴数学中心晨兴数学奖颁奖大会在京举行，6位数学家获得金奖和银奖。

12.14 第三届中国科学院学部主席团第七次会议在京召开。会议通过了第三届中国科学院学部主席团新聘顾问名单，讨论了明年增选工作的有关事项。

12.14～16 中国科学院地学部主持的“中国大洋钻探第二届学术会议暨第四届古海洋学术讨论会”在京举行。

12.16 院长办公会议审议并通过1998年近代物理研究所等46个研究所分类定位工作的认定。

12.18～20 中国科学院和国家自然科学基金委员会主办的“1998年中国青年学者运筹学与系统工程学术讨论会”在京举行。

12.21 1998年度中国科学院院长奖学金特别奖、优秀奖评审结束。20名研究生获院长奖学金特别奖，150名研究生获院长奖学金优秀奖。

12.21～25 中国科学院和国家自然科学基金委员会主办的“1998中国青年学者生命科学（蛋白质组和基因组研究）学术讨论会”在上海举行。

12.21～26 蒙古科学院代表团访问我院。路甬祥院长会见代表团并签署会谈纪要。

12.22 中国科学院科研人员参加的中国雅鲁藏布大峡谷科学探险考察队，经过现场勘探和初步测量，进一步确认雅鲁藏布大峡谷是世界第一大峡谷。

12.22～23 香山科学会议召开第110次主题为“控制论与科学技术的革命”学术讨论会。1998年内香山科学会议共召开20次不同领域的学术讨论会，其中包括“分子和细胞神经生物学”等4次国际学术会议。

12.23 中国科学院自然科学奖、发明奖、科技进步奖评审结束，“三奖”授奖项目共179项，其中自然科学奖73项，发明奖12项，科技进步奖94项。1997年度院发明奖授奖项目15项。

12.28 作为中国科学院知识创新工程的试点，数学与系统科学研究院挂牌成立。

12.28 中国科学院院士、著名水声学家汪德昭先生在北京逝世，享年93岁。

12.29 受国家发展计划委员会委托，中国科学院批准了HT-7U超导托卡马克核聚变实验装置国家重大科学工程项目的可行性研究报告。

12.29 卫生部在北京召开兰州重离子加速器冷却储存环（HIRFL-CSR）国家重大科学工程放射防护专家评审会议。

12.30 中国科学院院士、机械专家张作梅先生在长春逝世，享年80岁。

12.30 由《科技日报》组织评出了1998年中国十大科技新闻，我院“国家科技教育领导小组审议并原则通过中科院知识创新工程试点汇报提纲”和“我国科学家参与研制的阿尔法磁谱仪运行正常”两项被列入。

院属各单位情况

北京地区单位

数学研究所

代所长：李炳仁
地址：北京市海淀区中关村南四街甲1号
邮政编码：100080
电话：010-62553376 010-62551620
图文传真：010-62568356
电子函件：math@math11.math.ac.cn
网址：www.math.ac.cn

1950年6月中国科学院设立数学研究所筹备处，1952年7月1日数学研究所正式成立。历任所长有华罗庚（1952～1984），王元（1984～1987），杨乐（1987～1995），龙瑞麟（1995～1996）。1980年数学所中一部分人分出组建了系统科学所，另有一部分人分入应用数学所。1985年，数学所成为中国科学院首批建立的两个开放研究所之一。全所现有员工124人。在80位研究人员中，有中国科学院院士4人（王元、杨乐、陆启铿、丁伟岳），博士生导师32人，研究员46人，副研究员21人。在学研究生60余人（绝大多数为博士研究生）。另有博士后11人。该所拥有一支优秀的年轻科研队伍。40岁以下的科研人员约占研究人员总数的三分之一，其中四分之三已具有高级职称。

数学所是一个以基础数学为主并兼顾应用数学、计算数学和计算机科学的综合性数学研究机构。1995年被国务院学位委员会批准为具有数学一级学科博士学位授予权的单位，并具有计算机软件的博士学位授予权。

在老一辈数学家的倡导下，数学所素以学风严谨、学术空气浓厚著称。40余年来为我国数学乃至整个科技事业作出了世所瞩目的贡献。在改革开放的过程中，数学所已逐步形成开放、流动、联合，面向全国、面向世界、面向未来的新格局。

在结构性调整中，数学所将原有的八个研究室（数论、代数、几何与拓扑、函数论、泛函分析、微分方程、数值分析及计算机科学）整合为三个研究室和一个以研究室编制的研究中心：分析数学、非线性分析、计算机科学研究室和几何分析青年研究中心。主要承担国家自然科学基金和中国科学院的研究项目，还承担部分“863”项目和产业部门的委托课题。这些研究室的研究方向涵盖了不少数学的新兴学科和前沿发展学科领域，诸如大范围分析、几何分析、非线性微分方程与泛函分析、代数几何学、数论方法应用、代数群与量子群、算子代数、现代数学物理、复与实动力系统、小波理论、分支与混沌理论、密码学等。1996年6月10日成立的中国科学院晨兴数学中心主要挂靠在数学所，数学所对其各项工作给予大力支持。数学所拥有全国最为丰富的数学专业图书馆，订有大量国外期刊，藏书逾17万册。还拥有与Internet联网的先进计算机系统，可方便地进行数值及符号计算、文献检索及电子信息交换。

数学所博士后流动站建于1986年，是我国首批建站单位之一。该流动站常年保持在10人左右。到1998年，十几年来共接受博士后50人，出站43人，其中留所16人。博士后是科研中的一支生力军，涌现出一批高水平的研究人才。贾朝华因在奇数的哥德巴赫猜想等方面的出色工作被破格晋升为研究员，并被评为博士生导师；席南华出站后被国外著名研究机构竟相邀请，他关于Hecke代数表示理论的专著于1994年由Springer出版，被破格晋升为研究员并获得国家杰出青年科学基金的支持；李嘉禹在站期间从事几何分析这个国际前沿领域的研究，取得深刻的结果，被入选中科院“百人计划”，提前出站并破格晋升为研究员。数学所博士后流动站是培养杰出数学人才的摇篮。

1998年下半年，科学院在院属四个数学类研究所进行整合、调整。为筹备数学创新基地及数学与系统科学研究院，数学所于1998年10月29日～30日进行了研究所的定位评估，与会的专家对数学所的工作和取得的成绩给予了充分肯定。数学所的未来定位是按照国家目标，瞄准国际前沿，承担我国基础数学研究的重大、重点课题，培养高层次的研究人才，在国际数学研究领域占有较高地位。1998年12月下旬，院属四个数学类研究所经整合后成为数学与系统科学研究院。数学所将在科学院和数学与系统科学研究院的领导下，发展成为以基础数学研究为主的精干、活跃、有创新精神的学术群体，同时也兼顾部分应用数学以及某些已有基础、且与数学密切相关的边缘和交叉学科。

在老一辈数学家华罗庚等教授以及王元院士、杨乐院士的倡导和领导下，数学所素以要求严格、学术空气浓厚、学风严谨著称于国内外。数学所以“出成果、出人才”为目标，一直是我国数学研究和培养高水平数学人才最重要的基地之一。在改革开放的过程中，数学所已逐步形成开放、流动、联合，面向全国、面向世界、面向未来的新格局。数学所40余年来为我国数学乃至整个科技事业作出了世所瞩目的贡献。先后获得国家自然科学奖8项，其中，“典型域上的多元复变函数论”(华罗庚，1956年)，“拓扑学中的示性类与示嵌类”(吴文俊，1956年)，“关于哥德巴赫猜想的研究”（陈景润、王元、潘承洞，1982年）获国家自然科学奖一等奖；“函数值分布理论”(杨乐、张广厚，1982年)，“复几何及相关问题”(钟家庆，1987年)，“非线性微分方程及其在几何中的应用”(丁伟岳，1993年)获国家自然科学奖二等奖。国家科技进步奖二等奖2项：“天马人工智能专家系统”(陆汝钤，1994年)，“有限元程序自动生成系统”（梁国平，1995年)。中国科学院重大科技成果奖、自然科学奖和科技进步奖26项。其中，“系列软件计划”（陆汝钤，1981年)，“数论在近似分析中的应用”(华罗庚、王元，1983年)获中科院重大科技成果奖一等奖；“流形上共边极小曲面”(王光寅、吉敏，1995年)获中科院自然科学奖一等奖。

数学所还获得其他许多重要奖励，包括陈嘉庚物质科学奖2项，何梁何利基金奖3项，求是杰出青年学者奖2项，陈省身数学奖2项，华罗庚数学奖3项，印度 Hardy-Ramanujan 学会杰出奖1项，中科院青年科学家奖5项（其中一等奖2项），国家图书奖、全国优秀图书奖、全国优秀科技图书奖10项，等等。

1998年，杨乐院士获何梁何利基金科学与技术进步奖(数学力学奖)和陈嘉庚数理科学奖；何育赞研究员获中科院自然科学奖二等奖；周向宇研究员获国家基金委杰出青年科学基金和香港求是基金会“求是杰出青年学者奖”，并获得俄罗斯国家科学博士学位；宁书城副研究员获教育部科技进步奖（基础类）三等奖。贾朝华研究员被评为“中国科学院有突出贡献的中青年专家”；宗传明研究员被评为“中国科学院杰出青年”，并获茅以升北京青年科技奖；1998年12月，王元院士被香港浸会大学聘为荣誉博士。

1998年，全所在研课题48项，其中重点课题15项，院“百人计划”1项，国家杰出青年科学基金2项，院重大项目“分析数学的现代理论与应用”1项。举办全所性学术报告会7次，各类讨论班20余个；出国访问26人次，在国际会议上作报告29人次；邀请外宾23人次。

1998年科研人员共投论文132篇，书稿5部。发表论文125篇，其中大部分发表在国内核心刊物和国外刊物上。出版专著5部，登记成果7项。接待访问学者33人，共85个月，访问学者在所期间完成论文21篇，已发表5篇。招收博士生15人，毕业16人，授予博士学位16人。招收硕士生7人，毕业5人，授予硕士学位5人。博士生、硕士生共发表论文21篇。获院长奖学金特别奖1人，优秀奖1人，深圳华为奖1人，刘永龄奖1人，97级研究生优秀奖学金1人。博士后进站3人，出站7人，发表论文15篇，投送论文18篇。

中国数学会挂靠在数学所。数学所主办的刊物有《数学学报》（中、英文版）、《代数集刊》(英文版)、《当代数学》（英文版）及《数学译林》等。

应用数学研究所

所　　长：章祥荪

地　　址：北京市海淀区中关村南四街甲1号
邮政编码：100080
电　　话：010-62562939
图文传真：010-62541689
电子函件：iam@amath2.amt.ac.cn

应用数学研究所成立于1979年10月，由1977年成立的中科院应用数学推广办公室和中科院数学所运筹室、概率室部分人员组成，第一任所长是著名数学家华罗庚院士。全所现有职工115人，其中科技人员91人，有中国科学院院士2人，研究员40人，副研究员23人，中级科技人员21人。现有在读硕士生15人，博士生29人。另有博士后8人。

应用数学所主要是以基础研究为主，从事具有实际背景的数学理论研究，发展和创造对国民经济和国防建设有普遍意义的应用数学方法。同时承担国家重大攻关项目的研究以及政府部门企事业单位的委托项目。主要研究领域有微分方程与计算物理、运筹学、概率统计、信息科学与决策科学等。应用数学研究所在上述领域有硕士、博士学位授予权，并设有博士后科研流动站。

应用数学所从1998年开始作为科学院的改革试点单位；其工作的主线是继续深化科研体制，促进学科结构调整，引导科技人员根据国家科学技术和经济发展的需要，瞄准国际前沿领域调整科研方向。应用数学所在学科方向明确和科研机构（指研究室）调整的基础上，进一步深化科研体制与分配制度的改革，根据中科院建立绩效津贴的有关精神，从1998年1月开始先后在科研人员和行政管理人员中实施了绩效津贴并被科学院列为首批5个试点单位之一。

绩效津贴制度实施后，一方面调动了科技人员承担国家科研任务以及争取大课题的积极性，有利于吸引和稳定优秀人才献身国家科学事业；另一方面，改善了部分科研人员的生活待遇并提高他们的社会地位。

应用数学研究所1998年在研项目41项，其中国家自然科学基金重大项目1项、重点项目6项；国家杰出青年基金项目1项；青年基金及面上基金项目11项，中科院重大项目1项、中科院重点项目3项、院长择优支持项目1项，“九五”攻关项目（专题项目）1项，国家科委软科学项目1项，国防科工委基金项目1项，省、部级及其他项目14项。

应用数学所1998年出版专著3部，在国内外发表论文176篇。上报中科院科研成果4项，申请中科院自然科学奖一等奖1项，朱力行同志获德国洪堡研究奖。

应用数学所1998年主办了“运筹学及其应用”和“非线性发展方程”国际会议，1998年国内外访问学者35人次，出访52人次，所内举办32场学术报告会。

中国运筹学学会挂靠应用数学研究所。主办刊物有《应用数学学报》（中、英文版）。

系统科学研究所

名誉所长：吴文俊
所　　长：陈翰馥
地　　址：北京市海淀区中关村南四街甲1号
邮政编码：100080
电　　话：010-62553063
图文传真：010-62568364

系统科学研究所成立于1979年10月，主要从事系统科学和与系统科学有关的数学及交叉学科的基础研究和应用基础研究。现有人员133人，其中科技人员100人，有中国科学院院士4人，中国工程院院士1人，博士生导师27人，研究员47人，副研究员和高级工程师27人，中级科技人员3人。

1998年，系统科学所有19名博士毕业生，12名硕士毕业生，6名博士后出站。目前在读博士生61人，硕士生37人。另有在站博士后7人。

目前，系统科学所设有两个院级的开放实验室：“管理、决策与信息系统开放研究实验室”和“系统控制开放研究实验室”；三个拟争取进入院级开放实验室系列的所级开放实验室：“数学机械化研究中心”、“统计与计算科学开放研究实验室”和“离散数学研究中心”；另有“系统运筹与管理研究室”和“基础数学与应用数学研究室”。

主要研究方向为：系统运筹与管理（经济、管理与决策理论）、系统控制、统计理论与方法研究及科学计算、数学机械化理论、离散数学及若干基础数学和应用数学的个别强项。该所的博士学位授予点有：基础数学、应用数学、计算数学、概率论与数理统计、运筹学与控制论、系统理论、管理工程；硕士学位授予点有：基础数学、应用数学、计算数学、概率论与数理统计、运筹学与控制论、系统理论、管理工程、系统工程。

1998 年该所在系统科学和与系统科学有关的数学及交叉学科的基础研究和应用基础研究方面又获得系列重要进展。

1998 年，全所共完成学术论文 321 篇，著书 9 种，完成课题技术报告 13 篇。全所共发表论文 202 篇，出版著作 7 种，在国际会议上作学术报告 40 篇，其中作大会报告 3 篇；在国内各类专业会议上作报告 41 篇；陈锡康研究员的“中国国情分析研究”获国家科技进步奖三等奖；另外，该所获部级科技成果奖 3 项，其他奖 1 项，通过鉴定的成果 4 项。

1998 年度系统科学所共承担科研课题 80 项，其中基础研究 70 项，应用研究 8 项，开发课题 2 项。攀登项目有：吴文俊院士作为首席科学家主持的“数学机械化研究及其应用”和陈翰馥院士作为首席科学家主持的“复杂系统控制基础理论研究”2 项，另外，该所还参加攀登项目 1 项；今年，高小山研究员作为首席科学家主持的国家重点基础研究发展规化项目（“973”）“数学机械化与自动推理平台”获得了批准；全所获得国家基金委资助 52 项，其中有：邓述慧研究员主持“金融数学、金融工程和金融管理的研究”重大交叉项目；3 项国家杰出青年基金项目有郭雷研究员、高小山研究员和张纪峰研究员；获国家基金委重点项目 3 项；该所范更华研究员获得 1998 年国家杰出青年基金项目。1997 年入选院“百人计划”的范更华研究员，取得了高水平的研究成果，1998 年，李洪波研究员入选院“百人计划”。该所今年获得院重点项目、数学特别支持、院长基金、所长择优基金等项目 13 项；横向课题 15 项；“863”项目 1 项；此外，该所还承担了若干横向课题，其中包括国防科工委重点预研项目“小子样系统可靠性综合方法研究”等。

1998 年，系统科学所对外学术交流活跃，先后派出参加国际会议与合作研究达 61 人次；接待国外来访学者 57 人次。获得中国科学院院级国际合作交流项目资助 2 项、中国科学院公费留学项目 2 项；获得国家自然科学基金资助国际合作交流项目 10 余项。一批知名度较高的科学家和创造性较强的青年学者活跃在国际交流合作之中。

中国系统工程学会、中国自动化学会控制理论专业委员会和多个数学专业委员会挂靠在该所。主办刊物《系统科学与数学》（中英文版）、《系统工程理论与实践》（中英文版）。

计算数学与科学工程计算研究所

所　　长：袁亚湘
地　　址：北京市海淀区中关村南四街 4 号
邮政编码：100080
电　　话：010-62554590
图文传真：010-62542285
电子函件：icmsec@icmsec. cc. ac. cn

计算数学与科学工程计算研究所成立于 1995 年 3 月，是以原计算中心三部和“科学与工程计算”国家重点实验室为基础建立的。全所现有职工 91 人，其中科研人员 70 人，有中国科学院院士 1 人，中国工程院院士 1 人，研究员、正研级高工 21 人，副研究员、高工 17 人，中级科研人员 32 人。研究所设有计算数学专业和应用数学专业博士后流动站，是这两个专业硕士、博士学位授予权单位。1998 年在读硕士生 20 人，博士生 18 人。另有博士后 7 人。授硕士学位 7 人，博士学位 3 人，博士后出站 2 人。获亿利达奖学金 3 人，深圳华为奖学金 2 人，深圳奖教金 1 人，优秀研究生 1 人。

计算数学与科学工程计算所主要从事计算数学与科学工程计算的基础性研究，研究计算方法的构造、理论分析及其实现；结合解决在科学与工程计算中有重大影响的计算难题，构造和发展新型的计算方法和算法过程，并解决算法实现中的关键问题；伴随计算技术的进步，研究和发展高性能算法。研究方向有：偏微分方程数值方法（有限元计算方法、计算流体力学、数理方程反问题计算方法）、动力系统计算方法（动力系统的计算方法、孤立子及可积系）、科学计算中的基础算法（最优化计算方法、并行计算、数值代数与数值逼近、科学计算可视化）、结构与材料数值模拟及应用软件等。

计算数学与科学工程计算所以“科学工程计算”国家重点实验室为主体，下分课题组，不设置研究室。课题组为科研活动基本单元，直接由所领导，减少中间环节，这样有利于研究所的宏观管理和学科调整，组织跨越课题的攻关研究组，承担有重大影响的重大项目。国家重点实验室于1995年9月通过国家验收，正式对外开放。1998年3月科学院组织对16所院属国家重点实验室进行评估，该所实验室名列榜首。实验室现有一台4个CPU的SGI power challenge小巨型机，十多台高性能工作站以及图形图象输入输出设备，由这些设备组成高速异步传输模式ATM子网与Ethernet子网互联的局域网络系统，并与科学院网CASnet及国际网Internet连通。这些设备在国内达到一流，国际上相当于先进国家高校同类实验室90年代初的水平。目前这些设备正在继续为“科学工程计算”发挥重要作用。

计算数学与科学工程计算所1998年在研课题62个，其中国家攀登计划A项目“大规模科学与工程计算方法和理论”1项，“863”高技术计划项目4项，国家自然科学基金重大项目1项、重点项目2项、面上项目10项、国家杰出青年基金项目1项，中科院重点项目1项、数学特别支持费项目18项、百人计划1项，青年创新项目1项、留学回国基金项目2项，横向合作项目9项，其他项目9项。

1998年史应光研究员研究的“正交多项式与插值”获中科院自然科学奖二等奖；白中治研究员和上海科技大学王德仁教授合作研究的“代数方程组与互补问题的算法和理论”获中科院自然科学奖三等奖，排名第一。全所科研人员共发表学术论文132篇，其中87篇发表于国外学术刊物及国际学术会议论文集。

计算数学与科学工程计算所与国外研究机构有着广泛的学术交流，并与国外一些学术机构，如法国国家信息与自动化研究所(INRIA)、意大利国家研究院(CNR)、美国加州劳伦斯伯克力实验室、西班牙马德里大学、香港浸会大学、香港中文大学等，有固定的合作关系。与国外合作研究项目主要有：与西班牙马德里大学的“用高精度格式计算量子力学问题”、与德国卡尔鲁斯大学的“辛几何算法研究”、与香港浸会大学的“Hamilton系统的辛几何算法”、与日本东京大学的“CIP方法的数学基础”、与法国流体、自动化与热系统实验室的“反问题的小波方法和分裂技术”、与巴西PARANA州联邦大学的“数值代数与数值优化”等等。1998年接待外国专家来访17人次；先后派出科研人员参加国际学术会议和合作研究23人次；主办了中意“计算数学与应用数学”研讨会。

计算数学与科学工程计算所是中国计算数学学会挂靠单位。主办的刊物有：《Journal of Computational Mathematics》、《计算数学》、《数值计算与计算机应用》、《Chinese Journal of Numerical Mathematics and Applications》。

理论物理研究所

名誉所长：彭桓武
所　　长：苏肇冰
地　　址：北京市海淀区中关村南四街甲1号
邮政编码：100080
电　　话：010-62554447（所办）
010-62555058（业务处）
图文传真：010-62562587

理论物理研究所成立于1978年6月，是在理论物理学领域各主要方向上从事基础研究的专业研究所，是中国科学院向国内外首批开放的研究所。1993年被第三世界科学院选为首批参加协联计划的优秀中心，1997年10月被中国科学院确立为首批基地型试点研究所。1998年8月，该所被列为中科院知识创新工程首批12个项目中的三个试点研究所之一。理论物理所发展的目标是成为我国在理论物理研究领域内代表国家水平，团结国内理论物理学工作者，带动我国理论物理研究冲击世界先进水平的基础研究、人才培养和学术交流基地。

理论物理所自成立以来，特别是1985年成为中国科学院开放所以来，一直本着“开放、流动、联合”的办所方针，始终保持一支高水平精干研究骨干队伍，联合全国理论物理学工作者，在理论物理学的各主要研究方向上开展创造性前沿基础研究，加入国际竞争。

理论物理所现有科研人员33人，其中中国科学院院士7人，第三世界科学院院士3人（其中2人同时为中科院院士）。近几年又先后吸引了10多名国内外优秀的青年人才，其中2人入选中科院百人计划，3人获国家杰出青年基金。所内设有两个研究室，第一研究室从事粒子物理和场论、引力和宇宙学、数学物理等方面的研究工作，第二研究室从事非平衡统计物理、凝聚态理论、非线性科学、计算物理、理论生物物理、原子分子及量子干涉学理论、原子核理论的研究。

理论物理所是国务院学位委员会批准的首批博士学位授予单位，有博士生导师22人，至今已授予博士、硕士学位130多人。目前在学博士生30人、硕士生20人。1984年起建立博士后流动站，每年保持在站博士后13～15人。从该所出站的博士后中，已有3位获博士后“国氏”奖励基金。同时，经开放所学术委员会或常委会批准，每年还有100名左右来自全国近40所高校和十几个科研院所的客座研究人员与所内研究人员进行联合研究，形成了生机勃勃、创造力旺盛的科研队伍。

近年来由该所研究人员主持的全国理论物理学三项主要基金项目是：攀登计划预选项目“面向21世纪理论物理学若干重大问题”（项目首席科学家苏肇冰院士）；国家自然科学基金理论物理专款项目（学术领导小组组长何祚庥院士）；中国科学院理论物理学科特别支持费（专家委员会主任苏肇冰院士）。

1998年共承担科研课题72项，其中攀登计划课题15项（攀登“九五”预选项目、面向21世纪理论物理学若干重大课题11项，数学机械化研究及其应用1项，非线性科学2项，微重力科学若干重大基础交叉科学研究1项）；国家自然科学基金项目32项（其中国家自然科学基金理论物理专款项目6项、杰出青年基金项目3项、面上项目11项，短期回国项目6项，其他项目6项）；中科院重大项目1项、重点项目2项、百人计划项目2项，中国科学院理论物理特别支持费项目10项，开放所开放课题10项。

去年全所研究人员在国内外主要学术刊物上正式发表研究论文103篇，1997年《SCI》收录文章数居全国研究所第11位，英文专著2种，研究生教材1种，完成英文预印本数十篇，开放所客座人员每年发表研究论文约200篇。理论物理所在编人员发表论文的《SCI》收录数近几年来一直处于国内各研究机构的前10位左右。

在学术交流方面，1998年主办或协办国际国内会议4次；举办工作月（周）系列、学术讲座30多次、专题研讨会10多次等。接待国外来访学者32人次，国内学者来所参加活动者400人次。

理论物理所一直十分重视公用科研支撑系统建设：(1)该所有一个相当规模的专业图书馆，每年订购近百种西文期刊、数十种中文科技期刊及200余本西文原版图书，能以最快的速度向读者提供最新书刊的服务，并初步形成了为全国理论物理学工作者服务的资料中心。(2)该所的计算机网络系统（ITPNET）建立于1992年，目前共有80余台计算机连网设备，并在1994年通过中国科技网和高能物理所两条国际通道连接全球互联网(Internet)，是全国首批接入Internet的正式成员之一。ITPNET为科研人员创造良好的计算工作条件和网络通讯、进行科学计算、索取电子预印本、作学术交流、共享信息资源、发挥网络功能。同时，运行美国Los Alamos国家实验室国际预印本库的中国国际电子镜像结点，为全国科研工作者提供服务。(3)编辑部设在该所的《理论物理通讯》（英文），自1986年开始，一直为世界最著名的情报检索系统《SCI》收录为核心刊物，成为我国理论物理学工作者开展国际交流的重要阵地，已产生一定国际影响。

理论物理所的行政、科研管理以及技术支撑部门本着按需设岗、竞争上岗、按岗聘任的原则，做到机构精简、人员精干、一岗多能和管理高效。竭诚为全所乃至国内理论物理界的同志服务。

目前，理论物理所正按照中科院理论物理开放研究所知识创新工程试点方案提出的发展目标，力争在理论物理科学研究中，参与国际竞争，持续取得重要的研究创新成果，走在世界前列。努力造就不断超越前代人学术水平的优秀青年理论物理学研究人才，并积极开展国际国内学术交流，密切与国际尤其是亚太地区各理论物理中心的学术交流，使该所尽快成为世界一流的国际理论物理中心。

物理研究所

所　　长：杨国桢
地　　址：北京市海淀区中关村南三街8号
邮政编码：100080
电　　话：010-62582004　010-62560906
图文传真：010-62562605
网　　址：http://aphy.iphy.ac.cn

物理研究所的前身是成立于1928年的中央研究院物理研究所和成立于1929年的北平研究院物理研究所。1950年在两所合并的基础上成立了应用物理研究所，1958年改名为物理研究所。

截止到1998年底为止，全所共有职工562人，其中科技人员439人。现有中国科学院院士9名，研究员91名，副研究员和高级工程师等180名，中级科技人员127名。物理所设有4个博士学位学科点、5个硕士学位学科点和博士后流动站，现有在学研究生170人，其中博士生121人、硕士生49人。另有博士后人员49名。

目前物理所以物理学基础研究和应用基础研究为主。主要研究领域包括凝聚态物理、光学物理、原子分子物理、等离子体物理和理论物理等。重点研究具有新型功能凝聚态物质的结构和性质，发展一系列新型功能材料；探索极细微尺度物质的特殊运动规律和物理本质；研究在强激光、超低温、强磁场、超高压等极端条件下物质存在的状态、特性、转化过程与机制；开展物理学与生命科学、化学、电子信息学科的交叉领域研究。

作为结构性调整的重要措施，1996年物理所以磁学、超导、表面物理三个国家重点实验室和光物理、电镜、真空物理三个中国科学院开放实验室以及部分研究组为基础成立了中国科学院凝聚态物理中心。在中国科学院知识创新工程启动后，凝聚态物理中心积极参加北京物质科学研究基地的筹建，着手调整学科布局，明确近期和中长期的发展方向，确定发展目标和科研队伍结构等工作。经过多次论证和审议，其方案已得到批准。

1998年获批准的重大、重点科研项目共22项；申请专利16项，授权专利13项。科研成果中“多波长参量激光器”获国家发明奖二等奖；“微重力条件下pd系合金的凝固”和“激光分子束外延设备和关键技术研究”分别获中科院科技进步奖一等奖；获中科院科技进步奖三等奖和自然科学奖三等奖各1项。此外，范海福院士荣获“何梁何利基金科学与科技进步奖”，张杰同志获“中国青年科学家奖”一等奖。

近年来，纳米电子学超高密度信息存储研究的突破性进展，被评为1997年国内十大科技新闻之一；通过改进工艺等方法，合成出3mm长的定向碳纳米管列阵，宣布了“超长纳米管”的问世，成为世界之最，被科技部评为1998年中国基础科学研究十大新闻之一；以激光分子束外延机理和关键性技术研究为先导的我国首台激光分子束外延设备的研制成功，使我国成为继日、美之后第三个拥有该设备和技术的国家。

根据中国科技信息研究所的统计，1997年被《SCI》收录的论文数293篇，被引用的论文366篇，均居全国科研单位之首。这已是连续八年保持了这一学术论文榜的领先地位。

在科技开发方面，日产500只锂离子电池的中试线已正式投产，其性能已达到日本同类产品水平。

1998年物理所继续广泛开展国际合作与交流。在国内组织召开国际会议3次，获得国家科技部政府间科技合作项目10项，国家重点实验室国家合作项目2项。1998年接待日本、美国、法国、英国等国和香港地区的来访学者173人次，出访173人次。

物理所是中国物理学会的挂靠单位。中国物

理学会主办的、由物理所承办的刊物有《物理学报》、《物理学报》(海外版)、《中国物理快报》(英文版)和《物理》。

高能物理研究所

所　　长：陈和生
地　　址：北京市石景山区玉泉路19号乙
邮政编码：100039
电　　话：010-68219574
图文传真：010-68213374
电子函件：ihep@sun.ihep.ac.cn
网　　址：www.ihep.ac.cn

高能物理研究所的前身是创建于1950年的中国科学院近代物理研究所。1953年改称物理研究所。1958年又改称原子能研究所。根据周恩来同志的指示，1973年2月在原子能所一部的基础上组建了高能物理研究所。

高能所现有职工1362人，其中科技人员903人。有研究员(包括正研级高级工程师)80人，副研究员(包括副研级高级工程师)313人，中级科技人员318人。现有中国科学院院士6人，中国工程院院士1人。现有在学博士生82人，硕士生59人。另有在站博士后15人。

根据院士咨询委员会的评估意见，1998年中国科学院党组研究确定了高能物理所的科学研究方向：高能物理所应该是我国高能物理研究、先进加速器技术的研究开发、先进射线技术及射线应用的综合性研究基地。高能物理应该包括基于加速器和非加速器的高能物理研究；先进加速器技术研究、应用和开发包括高亮度正负电子对撞机、同步辐射光源、强流质子加速器和加速器技术应用等；射线技术及应用包括同步辐射及自由电子激光。

高能物理所现有11个研究室。主要的科研设施和装置有北京正负电子对撞机(BEPC)、北京谱仪(BES)、北京同步辐射装置(BSRF)、北京自由电子激光装置(BFEL)、35MeV质子直线加速器、西藏羊八井广延大气簇射阵列等。

北京正负电子对撞机和北京谱仪目前是国际上工作在τ-粲能区唯一的高亮度正负电子对撞机。近期内主要科学研究工作是τ-粲物理能区的实验物理研究。1998年，升级后的BES-Ⅱ探测器总体性能明显改善，显著提高粒子种类识别能力和测量精度。完成首轮R值扫描数据取数和分析，物理结果已于当年国际高能物理会议上发表，受到广泛好评。在完成实验与探测器性能研究的同时，物理分析取得多项高水平的结果，以BES名义正式发表论文12篇。

北京同步辐射装置现已有两个插入件、9条光束线和11个实验站，可以使用X射线衍射、小角散射、漫散射、能量色散X射线衍射、白光形貌(静态、动态)、单色光形貌、透射XAFS、荧光XAFS、微区荧光分析、全反射荧光、光电子能谱、VUV圆二色谱等同步辐射实验方法，在凝聚态物理、材料科学、生物、医学、地矿、石化、环境科学等方面进行广泛的应用研究。BSRF向全国开放，自1990年底正式投入运行以来，全国已有200多个用户的400多个课题利用同步辐射开展交叉学科的研究，取得了高水平的实验结果。

宇宙线与高能天体物理开放实验室与有关方面的专家共同成功地进行了高空气球微重力实验飞行，并成功进行了40万立方米气球飞行，使我国成为继美国、法国之后，第三个能够独立设计、制造并发放这类大型气球的国家。西藏羊八井阵列长期与日方合作，在γ天文、超高能宇宙线膝区物理和发展宇宙线太阳阴影技术监测太阳活动变化等各项科学研究实验中取得了较大的成绩。中意合作RPC地毯加密到探测器覆盖90%的地面实验。并正筹备合作在羊八井建造世界第一个大型地毯式EAS阵列($6000m^2$)。

核分析开放实验室，主要开展中子活化分析、质子激发的X射线分析、离子束分析、X射线荧光分析、穆斯堡尔谱、正电子湮灭、固体径迹探测器、射线辐照等方面的应用基础研究和应用工作。

1998年，高能物理所遵照中科院进行知识创新工程试点工作的精神，本着“按需设岗、按岗聘任、公开竞争、择优录用”的原则，初步对科研和管理部门进行了整合重组和人员分流。撤销了加速器方面三个研究室的建制，组建了“加速器技术中心”；职能部门由原来的10个处（室）调整为5个处（室）。职能处（室）负责人职数由原来的24人减至14人，工作人员由124人减至79人，使职能部门工作人员编制数由占全所职工总数10%压缩到7%。

高能所是国务院学位委员会批准的首批硕士、博士学位授予单位。现设有3个博士学位专业点（粒子物理与原子核物理、理论物理、核技术及应用），4个硕士学位专业点（除上述3个专业外，再加无机化学专业）。1984年起建立博士后流动站。1998年被国务院学位委员会批准为一级学科授予权（物理学），被中国科学院批准为博士生重点培养基地之一。

1998年，高能所争取和承担的科研任务共计98项，其中各类基金课题48项。中科院重大项目及特别支持项目——“τ-粲物理若干前沿课题及同步辐射应用研究”，已在R值测量、J/Ψ物理、Ψ（2s）物理、D与Ds物理、τ物理的理论研究等方面取得了有显示度的物理成果；新的同步辐射实验方法及其应用、同步辐射光源和束线技术研究取得了可喜进展，为用户提供了较好的实验条件，逐步形成了高水平的用户群。

1998年，高能物理所科研人员在国内核心期刊上发表论文112篇，被《SCI》收录论文约130篇。

1998年，高能物理所在科研工作中取得的主要成果有“黑客入侵防范软件”、“同步辐射XAFS实验系统及其在化学化工领域的应用”、“甚高能γ射线望远镜的研制和观测结果”等18项。“J/Ψ粒子共振参数的精确测量”（获中科院自然科学奖二等奖）、“同步辐射软X射线多层膜反射率计装置及其应用”（获中科院科技进步奖二等奖）、“羊八井一期阵列宇宙线实验结果”（获中科院自然科学奖三等奖）。

高能物理所有独资公司12个，参股的有限责任公司1个。现有企业中属于高新技术开发的公司5个，其他为一般技术及服务性公司。共聘用各类人员120人，其中高能所在编职工78人。主要的技术开发领域有：加速器技术（大型电子直线加速器、地纳米型工业辐照加速器、医用电子直线加速器、工业辐照电子直线加速器、各种加速器部件等）；核医学仪器、核仪器仪表技术（医用正电子断层扫描仪、γ射线工业断层扫描仪、核辐射防护技术及计量仪器仪表等）；工业自动化技术（信号变送、数据采集、过程控制等）；信息技术（防黑客软件、因特网、信息系统集成、生产信息管理等）；精密机械加工；土建工程防腐防水等。1998年，高能所国际、国内开发创收总计约2500万元。

高能物理所1998年与国外同行进行了广泛的科技合作，其中主要有：与美国继续执行在高能物理领域里的合作；与设在日内瓦的欧洲核子研究组织开展AMS、L3宇宙线测量、CMS和ATLAS的合作，其中AMS合作取得举世瞩目的成果；与德国电子同步加速器研究所继续开展在HERAB工程项目的合作，并取得了实质性进展；与意大利继续开展在KLOE和ICARUS方面的合作，还就在西藏羊八井开展宇宙线实验与意方达成意向性协议；继续与日方开展羊八井宇宙线实验和高能物理加速器方面的合作。

在国际科技机构中，高能物理所有3人担任重要职务，其中1人任国际未来加速器委员会委员，1人任亚洲未来加速器委员会主席，1人任亚洲未来加速器委员会的秘书长。

1998年，高能物理所主办了“中国高能物理学会第五届会员代表大会”、“第二届全国加速器技术交流会”、“全国质子重离子治疗技术研讨会”等多项全国性学术会议。还主办了“BES国际合作组年会”、“中美高能物理联合委员会第19次会议”等国际会议。

中国物理学会高能物理分会、粒子加速器分会，中国核学会核电子学与核探测器分会，同步辐射专业委员会和引力与相对论专业委员会挂靠在高能物理所。高能物理所主办的刊物有《高能物理与核物理》（月刊，中、英文版）和《现代物理知识》（双月刊）。

力学研究所

所　　长：洪友士
地　　址：北京市海淀区中关村路15号
邮政编码：100080

联系电话：010-62560914（办）
图文传真：010-62561284
网　　址：http://www.imech.ac.cn

力学研究所是我国唯一的一个力学多分支学科的、以基础性研究为本的国家级力学研究基地；在国际力学界占有相当地位。力学所始建于1956年，建所时钱学森、钱伟长任正、副所长，已故副所长郭永怀曾长期主持工作，继任所长郑哲敏、薛明伦，现任所长洪友士。

力学所现有职工533人，其中专业技术人员434人，有中国科学院院士7人，中国工程院院士1人，研究员79人，副研究员、高级工程师166人，中级科技人员134人。是中国科学院博士生重点培养基地，是国务院学位委员会批准按力学一级学科培养研究生的单位，并设有国家博士后流动站。现有在读研究生148人，在站博士后28人。

力学所设有国家微重力实验室和两个中国科学院开放研究实验室——非线性连续介质力学开放研究实验室和高温气体动力学开放研究实验室，还建有国家经贸委和中国科学院联合支持的国家产学研激光毛化技术开发推广中心。主要研究机构还包括：环境科学与技术中心、海洋工程力学联合研究部和材料制备与加工特种工艺工程研究中心。力学所的分支学科有：非线性力学、气动力学与气动物理、微重力流体力学、环境流体力学、应用流体力学、固体力学、材料力学性能、材料工艺力学、海洋工程力学、爆炸力学、激光流体物理、土力学、物理力学、生物力学、等离子体与电磁流体力学等。

1998年力学所为积极争取进入国家知识创新工程，建立“现代力学科学中心”而努力创造条件。所领导班子换届后，首先进行了职能机构调整，一人多岗，提高效率；在科研方面，进一步梳理课题，明确我所科研目标。

力学所1998年主要承担课题有：攀登计划预选项目3项，国家自然科学基金重大项目2项、重点项目5项、杰出青年基金项目1项、面上项目及青年基金项目48项，国家攻关项目5项，“863”项目18项，“921”项目5项，中科院重大项目4项、重点项目5项，“863”重点实验室建设任务1项。1998年落实了基金重点项目3项，重要国际合作项目1项等。其中“复杂气体流动中旋涡、分离的流动机理与控制”项目结题，评价为“从总体上讲，取得的成果达到了国际先进水平，其中关于高精度高分辨数值方法、复杂分离旋涡流场拓扑分析等属国际领先水平”。“高温非平衡流动的现象和机理研究”项目，建立了高焓高速的氢氧爆轰驱动激波管，发展了吸收光谱、瞬态强对流传热，具有热防护能力的气流总压、静压等测试技术，测定了高温下＋与－的电离复合速率、F与－的粘附速率常数，开展了正激波前后沿非平衡光谱变化、辐射激发等非平衡现象的研究。“微重力科学若干重大基础性的交叉学科研究”项目，完成了具有微重力效应的、应力可调的细胞/组织培养装置系列化的研制工作，且应用这些装置进行了几种细胞/组织的培养；在小Pr数流体熔区热毛细对流的三维线性稳定性分析和数值模拟工作上，得到了汞液桥的临界振荡参数与特征，与地面模拟基本相同，完成了多相流空间实验方案设计、理论研究也取得富有新意的结果。启动了“等效原理验证”的基础物理研究。“非均质材料细观损伤破坏过程、强度理论与强韧化力学机制”项目，改进或完善在位细观观察的实验装置和方法，在细观结构和损伤的群体演化动力学的理论及实验研究取得新的进展；完成了细观结构增强的二维模型的完整模拟软件，并成功地模拟了原位自增强氮化硅陶瓷细观结构的损伤演化过程和相应宏观行为；在材料局部增强增韧的工艺研究方面，初步实验证实激光熔覆技术用于形成梯度界面是改善整体涂层质量、提高抗热冲击性能的一种有效方法。在应用与发展研究工作方面，“YAG激光毛化技术深度研究开发”实现了以可控分布毛化为特征的新一代毛化技术，开拓了在印刷业和铝加工行业的新应用；“新型低温风洞冷冻方案研究”提出了用压缩空气为工作介质，用热分离器/热交换致冷的技术，国内已用该技术成功地建成世界上第一座新型低温风洞。完成的“椭偏光学表面结构显微成象系统”性能参数达同类方法目前国际领先水平，可显示生物吸附膜单分子厚度分布及其变化。“变形及温度场动态细观测试系统”提供在细观尺度下进行原位观察的实验条件，其技术指标达国际同类产品的先进水平。

此外，在稀薄非平衡气流的直接统计模拟，超音速燃烧技术，气流与激光相互作用理论分析，高精度差分格式及复杂流动数值模拟，打断器和断纱识别装置的研制与开发，WGL-1 型采矿中深孔深度倾角测量仪，遥科学实验中的可视化观察系统已形成重要科技成果。

1998 年获国家科技进步奖三等奖 1 项，中科院自然科学奖二等奖 1 项，中科院科技进步奖一等奖 1 项、二等奖 2 项、三等奖 1 项，中科院发明奖二等奖 1 项。被授权发明专利 1 项、实用新型专利 3 项。

力学所有所办及联营公司 11 个，有 26 个系列产品和技术，1998 年经营总收入 6315 万元，利润 856 万元。

1998 年力学所共有 80 人次到 19 个国家和地区进行学术访问、合作研究、参加国际会议及技术访问；有 11 个国家和地区的 35 名学者来力学所进行各种形式的学术交流与访问。

1998 年力学所派员（36 人次）分别参加了第 32 届空间科学研究委员会大会、第 21 届国际稀薄气体动力学会议、第 15 届国际气体动力学国际会议、第 49 届国际宇航联大会、美国工程科学学会第 35 届年会、第 8 届离岸与极地工程会议和第 20 届国际工程医学与生物会议等 27 个相关学科的国际性学术会议；有 6 人次应邀作会议邀请报告。另有 38 人次分别应邀到日本 NEC 公司、日本东京大学、葡萄牙里斯本大学、法国马塞大学、德国亚琛大学、美国威斯康星大学、哥伦比亚大学、加州大学洛杉矶分校，比利时布鲁赛尔自由大学等世界著名学术机构开展国际合作与学术交流。

1998 年力学所国家微重力实验室与俄罗斯国家空间局 Keldysh 研究中心签订了利用俄罗斯“和平号”空间站进行微重力科学实验合同，该项目得到了中国科学院、国家自然科学基金委和国家科技部等单位的支持。

1998 年力学所有 3 人应邀赴我国台湾地区分别访问了台湾地区中研院物理所和台湾大学等学术机构。

力学所有 14 人次在国际科技机构和国际期刊编委会中任职。其中有 6 人在国际宇航院，COSPAR 微重力科学委员会，IAF 微重力科学和加工委员会，纽约科学院，国际断裂联合会，远东和大洋洲断裂联合会，国际土力学与地基基础工程学会海洋工程学术委员会，国际离岸与极地工程协会等机构任职；有 8 人在《国际泥沙研究》、《国际流体中数值方法》、《空间论坛》、《等离子体化学与加工》、《冲击工程》、《复合材料科学与技术》、《应用复合材料》、《工程断裂力学》、《信息》等国际期刊编委会中任职。

中国力学学会挂靠在力学所，主要的出版物有：《力学学报》（中、英文版）、《力学进展》、《力学与实践》、《中国力学文摘》。

声学研究所

名誉所长：汪德昭
所　　长：李启虎
地　　址：北京市海淀区中关村路 17 号
邮政编码：100080
电　　话：010-62644116
图文传真：010-62553898
电子函件：zhou@office. ioa ac. cn
网　　址：http://www. Ioa. ac. cn

声学研究所成立于 1964 年 7 月。全所现有职工 658 人，其中科技人员 515 人。有中国科学院院士 6 人，研究员 56 人，副研究员、高级工程师等 147 人，中级科技人员 189 人。博士研究生导师 19 人，硕士研究生导师 28 人。

声学所设有声学专业硕士、博士学位和信号与信息处理专业硕士、博士学位授予点及博士后流动站。有在学研究生 124 人，其中博士研究生 52 人，硕士研究生 72 人。另有在站博士后 14 人。

1998 年，声学所通过中科院组织的专家组对“声学所定位研究报告”的评审。声学所继续坚持声场声信息和数字信号处理两个研究方向。确定了 5 个具有发展优势和应用前景的研究领域：海洋声学与水声工程，音频声学，超声学和超声技术，语言声学与语音信号处理技术，消费电子学、数字音视频和数字系统集成技术。

1998年声学所被认定为中科院基地型研究所。在“定位报告”的指导下，声学所完成了机关管理部门以压编减员增效为目标的改革，原机关12个处室缩编为5个部门。人员减至原人数的45%。行政后勤服务性工作与管理分开，其人员转岗进入综合服务公司，在研究所的支持下，以企业机制运行。科技与开发工作的组织结构的调整工作逐步推开，先后成立了水声工程研究中心和语音交互信息技术研究中心等研究机构。根据产业化的要求，按市场经济规则，关闭了科声电子技术公司等两家所属企业。随着声学所进入知识创新工程试点工作的全面启动，以体制、机制转换为重点内容的改革工作正朝着纵深方向发展。经调整后科研机构设有：14个研究室、声场声信息国家重点实验室、水声工程研究中心、语音交互信息技术研究中心、数字信号处理工程研究中心和东海研究站（上海)、北海研究站（青岛)、南海研究站（海口）以及南海研究站三亚分站、新安江试验场。主要的科研设施有：音频声学实验室、高声强实验室、水声测量实验室（水池)、声表面波实验室、非线性实验室和两艘水声实验船。

1998年声学所承担在研纵向课题91项，其中军工项目44个，“863”项目9个，国家攻关项目4个，国家自然科学基金项目19个，共得支持经费3800多万元。面向市场的“四技”在研横向课题37项，获合同经费550万元。1998年期间，共鉴定科研项目3项，验收评议项目3项，结题9项，7项通过中期评估。所有在研项目都按计划进度进行。

1998年，声学所获院、部级以上科技成果奖5项。其中声学所参加的与中科院沈阳自动化研究所等单位共同完成的“无缆水下机器人的研究开发与应用”获国家科技进步奖一等奖。1998年，向中科院上报登记成果4项，申报下一年度成果奖4项。1998年新申请国家专利5项，获授权5项。这一年中，发表科技论文243篇，其中《SCI》收录6篇。

1998年，声学所国际交往活跃，增进了与世界同行的相互了解，促进了学术进步。一年间，声学所派出参加国际学术会议和访问考察共47项83人次；接待外宾来访、参观交流34项78人次。其中规模较大的有：在国家自然科学基金委和中科院国际合作局的支持下，以张仁和院士为首的23人出席了1998年6月在美国西雅图召开的第十六次国际声学会议；同月，李启虎院士带领一行五人参加了在英国伦敦召开的欧洲水下防务会议；1998年11月，杜利民研究员等5位语音研究专家参加了在澳大利亚悉尼召开的国际口语处理会议。1998年5月，在中国科学院组织下，该所与美国AT&T签定了“汉语-英语双向语音翻译系统”国际合作协议，此项目正按计划进行。

为了适应社会主义市场经济的需要，1998年声学所启动了建立质量保证体系的工作，已制定出自己的质量方针，组织编写了《质量管理程序》文件。目标定为1999年通过ISO9001质量保证体系认证。

1998年12月28日，我国著名物理学家、国防水声事业的奠基人、中科院资深院士、声学所名誉所长汪德昭先生病逝。生前，汪德昭院士将所得的何梁何利奖金15万港元捐献给声学所建立了汪德昭青年科技奖励基金。声学所进行了首届汪德昭青年科技奖评奖和颁奖活动，对青年科技人员起到激励作用。

中国声学学会、全国声学标准化技术委员会、国家声学计量站依托于声学所。主办刊物有《声学学报》(中、英文版)、《应用声学》和《声学技术》。此外还编辑出版《微计算机应用》杂志。

工程热物理研究所

所　　长：黄伟光
地　　址：北京市海淀区中关村路乙12号
邮政编码：100080
电　　话：010-62554126（所办）
010-62573330（总机）
图文传真：010-62575913
电子函件：etp@etpserver.etp.ac.cn

工程热物理研究所成立于1980年，前身是国际著名科学家吴仲华教授于1956年创立的动力研究室，1960年曾与力学所合并建制。现有职工211人，其中专业技术人员174人，有中国科学院院士2人，研究员（包括正研级高级工程师）29人，副研究员、高级工程师等50人，中级科技人员69人。具有硕士、博士学位授予权，并设有国家博士后流动站，目前有硕士研究生27人，博士研究生17人。另有博士后7人。

工程热物理研究所主要从事能源高效转换与利用研究，其中包括工程热力学，内流气动热力学，燃烧学，传热传质学和热物理测量技术等分支学科。它的科技发展战略是面向跨世纪科技进步的挑战，发展工程热物理前沿、新兴与交叉学科，在国家能源、动力、环境领域的重大项目中发挥重要与关键作用，努力为国家经济建设和人类社会可持续发展作贡献。它以高技术研究与发展型研究所定位，是一个应用基础、应用与开发研究有机结合的综合型研究所。

工程热物理所的主要研究方向包括：先进联合循环与新型能源转换的总能系统、叶轮机械和热机气动热力学、高效低污染燃烧、微重力燃烧、多相传热与传质、高效强化传热等。近年来基于对循环流化床锅炉燃烧技术的深入研究，已成功地开发出一系列不同容量与用途的循环流化床锅炉，获得了广泛的应用；总能系统的研究成果在国家能源发展战略研究与规划制定中发挥了重要作用；叶轮机械三维粘性复杂流场计算方法、应用软件、流型研究的许多成果在航空、舰船与工业燃气与蒸汽轮机的设计中已得到实际应用；热管技术、强化传热、多相流传热与传质研究在已有成果基础上正在向超急速、微小型化和复杂形状的新领域发展；压缩系统流动失稳机理与控制、微重力燃烧、低污染燃烧、风机与泵的节能降耗与降噪、汽车代用燃料应用等项目也都取得了重要成绩。

工程热物理所已建成动、静态叶轮机械和叶栅实验台，冷、热态燃烧实验装置，以及传热研究与技术开发的各种实验设备，并不断地更新先进的测试仪器。1996年1.5MW循环流化床热态实验装置正式投入运行，1997年建成湿化技术与多相流实验装置，改建了跨音速压气机实验台，发展了跨音速风洞实验台试验件，建成TS系列新型太阳能集热管实验设备，并初步形成了超急速传热实验室。微重力落塔实验装置还对扩展落塔功能进行了成功的探索。计算机室的SGI Power Challenge L主机与工作站系统在科研与国际交流活动中发挥了良好作用。为把研究成果推向市场，还成立了4个所办公司和3个合资公司。工程热物理所与世界许多国家与地区的研究机构和企业建立了合作关系，其中包括与美国、德国、意大利、比利时、日本、希腊、捷克、波兰、韩国、香港等的多项合作项目。

为实现研究所的科技发展战略，工程热物理所在学科方向、项目安排、运行模式、年轻人才培养、社会保障体系、研究所基础设施发展等方面正在深化结构改革。1997年进一步从项目意义、人员结构与经费强度三方面强化了大项目的组建与发展。在应用与开发研究方面，除继续加强面向能源领域的“循环流化床燃烧技术与循环流化床锅炉研究开发”和“我国火电站老汽轮发电机组改造”两大项目外，还新组建了面向环境事业的“城市固体废弃物焚烧与综合处理”和面向我国动力机械发展的“小型燃气轮机组研制”项目。在应用基础研究方面，除“能源利用中的气动热力学前沿问题和新设计体系研究”国家基础性研究攀登B项目和“微重力燃烧”项目外，还新组建了“超急速传热传质”基础研究项目。同时，为探讨高新技术的发展与运行模式，1996年组建了“工程热物理研究所循环流化床燃烧工程研究发展中心”，进一步发展了该所与国内外循环流化床锅炉制造企业的合作关系；与科研、产业和金融部门共同组建的，以我国老电厂汽轮发电机组技术改造为主要目的的“北京全三维动力工程有限公司”取得了重要进展；在国家攀登B项目的运行中引入了新的竞争激励机制，使该项目在1997年的中期评估中被评为优秀；与北京海淀区合作的100吨/日循环流化床垃圾焚烧系统已完成焚烧炉建设一期工程，1997年6月点火运行成功，并同时开始了与社会生产要素结合的产业化进程新机制。在人才引进和培养方面，1996～1998年该所在“能源与环境工程热物理”、“循环流化床燃烧能源利用技术”和“能源动力与总能系统”学科方向共招聘了3名我国留学海外的年轻学者进入中国科学院的“百人计划”，同时该所还有3名40岁以下的年轻博士已被提升为研究员，其中黄伟光研究员1997年获中科院青年科学家奖二等奖。

1997年新型75吨/时循环流化床锅炉完善化示范工程项目通过了国家经贸委组织的项目验收与产品鉴定，并召开了新闻发布会。1998年在循环流化床锅炉大型化方面迈出了可喜的一步，130吨/时锅炉的投标成功、410～450吨/时锅炉的联合设计标志着该所已逐渐成为我国在大型循环流化床锅炉研究与发展的中心。该所技术支持为主、由全三维公司主持的汽轮机组现代化改造工程通过了国家经贸委组织的机组改造成果鉴定。面向当代能源产业和环境工程的大发展，面向未来社会可持续发展要求的挑战，工程热物理研究所正在开拓前沿与交叉学科的新兴领域，在新型能源利用与转换系统，非定常、粘性、高温高速内流气动热力学，多相流，超常、相变、多孔介质、微小尺度传热传质学，高效低污染燃烧，微重力燃烧等领域希望开展国内外的合作研究和引进优秀的年轻科技人才。

工程热物理所是中国工程热物理学会的挂靠单位，设有学会的办事机构学会秘书处。主办编辑国内外公开发行的《工程热物理学报》(双月刊)、英文刊物《热科学学报》(季刊)。由该所或学会主办、协办“能量系统热力学分析和改进国际会议”、“内流气动热力学实验与计算国际会议”、“国际流体机械与流体工程学术会议”、“多相流国际会议”、“国际热管会议”、“亚太地区燃烧与能源利用国际会议”等。

低温技术实验中心

名誉主任：洪朝生
主　　任：周　远
地　　址：北京市海淀区中关村北一条2号
邮政编码：100080
电　　话：010-62554153
图文传真：010-62564049
电子函件：cl@cl. cryo. ac. cn

低温技术实验中心创建于1980年，其前身为中国科学院物理研究所低温研究室与中国科学院气体厂。截止到1998年底，职工总数为198人，其中科技人员98人。有中国科学院院士1人，研究员14人，副研究员、高级工程师等34人，中级职称人员35人。现有在学博士生12人，硕士生19人。另有博士后4人。

低温中心的学科方向为低温物理、低温技术。低温物理方面，主要从事液氦温区到mK温度范围的物理研究。包括超导（低温超导、有机超导和各种特殊超导电性)、超流、量子固、液体、低温磁性、低维系统问题（例如介观系统的量子输运性质、纳米物质的物性）及低温物性研究。低温技术方面，以新型极低温制冷机的原理、流程和方法及其应用与工程化，以及与之相关技术的研究与开发为主，重点包括：小型、微型制冷技术的研究与应用；低温传热研究与应用；液化技术与低温系统的研究与开发；承接国家、地方各类低温工程，并向社会提供低温技术服务。把低温生物学、低温电子学、低温材料学作为新的学科生长点加以扶持，拓展低温技术领域。

低温中心具有低温物理、低温技术两个学科的硕士与博士学位授与权（低温技术的博士点是与华中理工大学联合)。

低温中心的科技系统分为两大部分：(1)基础与高技术研究部，包括中科院极低温物理开放实验室、微型制冷高新技术研究组、低温传热研究组和中科院低温计量站；(2)低温技术开发部，包括开发部直属项目组3个、所办公司3个，以及液氦生产车间和试制加工组。

“极低温物理开放实验室”拥有国内最完善的低温、极低温条件下的物理和力学性能测量装备以及充裕的液氦供应。包括：从室温到毫开(mK）级的物性测量装置；获得极低温的稀释制冷机和顺磁盐绝热去磁装置；低温强磁场实验系统；材料低温力学性能测量装置。该实验室与国际上极低温物理研究的三个权威实验室（英国、芬兰、德国）建立了合作研究、合作培养博士生等良好合作关系。

微型制冷高新技术研究组，建有目前国内最先进的“制冷机动态测量实验室”，对研究制冷机内部过程、提高研究水平有重要作用。

低温中心围绕中科院知识创新工程采取了以下措施：(1）在明确了研究所的发展方向、学科设置后，完成了所的定位工作；(2) 对课题组的绩效情况制定了定量考核标准，并以组为单位进行了考核；(3)对管理人员逐一进行了考核。在考核的基础上，实行了绩效津贴，调动了科研和管理人员的工作积极性。

1998年低温中心承担国家及部委级科研项目27项，其中包括国家重点项目、杰出青年基金项目及面上项目在内的国家自然科学基金课题15项，“863”攻关项目，国防科工委预研任务，中科院军工任务及重大、重点项目等12项；均取得良好进展。在科技开发方面，低温中心的强项——低温容器等取得了100万元产值的好成绩。“气体轴承透平膨胀机”获国家科技进步奖三等奖，“脉冲管制冷机的深入研究和实用化”获得中科院发明奖二等奖，青年研究员王玉鹏荣获“求是”奖。申请专利7件，授权专利4件，在国内外学术刊物上发表论文87篇，发表学术专著2部。

在学术交流方面，低温中心主办了第七届全国低温物理大会、强关联全国讨论会，加强了与全国同行的交流。极低温物理开放实验室为了增加开放度，设立了若干个开放课题，由所外单位申请，为开放室注入了活力，也取得了初步成果。进行了“百人计划”的招聘工作，1名候选人已获批准，将于1999年中到所工作。

低温中心下属单位有北京科阳气体液化技术联合公司、北京科迪低温设备公司、北京友利昂股份有限公司。中国制冷学会低温专业委员会(第一专业委员会) 和中国物理学会低温物理专业委员会挂靠在低温中心。

北京天文台

名誉台长：王绶琯

台　　长：艾国祥

地　　址：北京市朝阳区大屯路甲20号

邮政编码：100012

电　　话：010-64888708

图文传真：010-64888731

电子函件：cnao@class1.bao.ac.cn

jxz@bao.ac.cn

网　　址：www.bao.ac.cn

北京天文台成立于1958年2月22日。1998年底人员总数为288人，中国科学院院士3人，研究员21人，副研究员、高级工程师73人，中级科技人员91人。现有博士生19人，硕士生12人。另有博士后9人。

41年来，北京天文台先后在兴隆、怀柔、密云、沙河和天津建成了五个观测基地，装备了远东最大的光学望远镜——2.16米光学望远镜、多通道太阳磁场望远镜、米波综合孔径射电望远镜、1.26米红外望远镜以及一些中小望远镜，并配有先进的探测器。1991年和阿根廷圣胡安大学联合建立了南半球观测点。北京天文台的观测设备对国内外天文学家开放，它同全世界30多个天文机构进行密切的合作。1998年1月18日新台本部落成。北京天文台有5人在8个国际机构中任职。

北京天文台是以天体物理研究为主的天文台，是国家天体物理专业的博士、硕士学位授予点和天文学博士后流动站的设站研究机构，从事太阳、恒星、星系和宇宙学等方面的研究。近年来，在超新星、类星体与活动星系和近地小行星等方面作出了一系列新发现，在太阳活动区磁场与速度场、太阳射电、变星与不稳定星、恒星的化学演化、星系与活动星系核、米波天文、射电VLBI、宇宙大尺度结构和天体剧烈活动的多波段研究中，在基本参考系和地球动力学研究中，已获得大量成果；其中1998年主持和参与的项目获国家科技进步奖一等奖1项，中国科学院自然科学奖二等奖1项、三等奖1项、科技进步奖二等奖1项。发表论文231篇，其中在《SCI》收录52篇，1998年在《SCI》刊物上以北京天文台为第一单位收录论文29篇。

技术开发为北京天文台优化基础研究队伍、分流人员提供渠道，为天文台的稳定与发展作出了贡献，中科卫通、亚卫通、双星、新科宇已正式进入中国科学院科技产品销售网络。台属公司共有56人，做到了自收自支，全年创收比1997年增长30%。

着眼于21世纪天文学的发展，中国科学院承担着国家重大科学工程——大天区面积多目标光纤光谱天文望远镜(LAMOST)的建设任务，项目组织挂靠北京天文台。经过一年多的努力，已经完成了初步设计，工程正在全速进行。并积极预研空间太阳望远镜和推进多国合作的巨型射电望远镜计划。

北京天文台现有5个职能部门，15个课题组、1个天文信息组，4个观测站。设有天文数据中心，科学数据库/国际空间环境预报中心北京分中心(IESE)、世界数据中心中国中心天文学中心。1998年成立了中国科学院、北京大学联合天体物理中心。

在党中央和国务院领导下，中科院进行知识创新试点工作。首批12项试点中，有天文基地，中科院党组指出："以北京天文台为中心，经过整合建立国家天文观测中心，形成我国统一部署的、开放的、精干的天文观测研究基地。调整和明确各天文台站的优先领域和研究方向，形成和发展各有特长的网络研究体系。"按照院党组的这一指示精神，艾国祥台长任筹备组组长、汪景琇研究员任副组长的筹备组全力和紧张地开展各方面的筹备工作。迎接国家天文观测中心的建立。经过结构调整与改革的北京天文台，正朝气蓬勃地迈向21世纪。在我国科教兴国战略实施创新工程中将更好地发挥应有的作用。

化学研究所

所　　长：朱道本
地　　址：北京市海淀区中关村北一街2号
邮政编码：100080
电　　话：010-62554626
图文传真：010-62569564
电子函件：huaxs@infoc3. icas. ac. cn

化学研究所始建于1956年，先后以化学所的某些学科方向为主组建了青海盐湖所（1958年)、感光化学所(1975年)和生态环境中心(1975年)；组建成都有机所时吸纳了化学所的十几位业务骨干；化学所有机氟的工作于1963年并入了上海有机所。

到1998年底化学所实有人员621人，其中专业技术人员517人。有中国科学院院士6人，中国工程院院士1人，研究员（含正研级高工）82人，副高级人员181人，中级人员175人。化学所是1981年首批被批准为物理化学、高分子化学与物理、有机化学和分析化学4个学科的硕士、博士学位授予权单位。1985年首批在物理化学、高分子化学与物理、有机化学3个学科设立博士后流动站。1993年增设高分子材料科学（工学）硕士学位授予权专业点。1993年被国家批准为全国17个自行增列博士导师的试点单位之一。1996年被国家批准为按一级学科（化学）授予博士学位试点单位。1997年化学所被批准为院博士生重点培养基地。现有在学博士生118人，硕士生113人。另有博士后32人。

化学所共有17个研究室，其中3个是国家重点实验室：分子反应动力学国家重点实验室（与大连化物所合建）、分子动态与稳态结构国家重点实验室（与北京大学合建）和工程塑料国家重点实验室；有1个国家工程研究中心（工程塑料）；有3个院级开放及青年实验室：中科院高分子物理联合开放实验室（与长春应化所合建）、中科院有机固体开放实验室和院纳米科学与技术青年实验室。1998年底，由原国家科委、中国科学院、原国家教委共同筹资组建的"北京质谱中心"在中国科学院化学研究所成立。

在继续深化以结构调整为中心的科技体制改革中，化学所紧紧抓住"一个中心"（以基础研究为主的"分子科学中心"）、"两个基地"（以应用开发为主的"聚烯烃应用研究与发展基地"和"特种高分子材料应用研究与发展基地"）的发展模式。

目前化学所的基础研究主要集中于：(1) 气相分子及团簇的基元反应动力学的研究；(2) 液相分子瞬态结构及分子超快速过程的研究；(3) 有机固体分子中电子过程及分子器件的研究；(4) 高分子的多层次结构、分子运动、转变过程、结构与性能关系以及高分子凝聚态基本物理问题的研究；(5) 分子扫描成像与分子纳米加工的研究。此外，还有有机合成化学、高分子化学、生命科学中的分析化学及化学热力学与热化学等研究方向。

应用发展研究主要集中在6大重点项目：(1) 细旦超细旦丙纶纤维系列；(2) 工程塑料系列产品；农用高分子材料；(3) 电子、信息产业用特种材料；(4) 烯烃聚合等高效催化剂；(5) 杜仲胶系列化、功能化材料；(6) 航空航天特种高分子材料。

1998年，化学所作为国家科技部和中科院基础性研究所改革试点单位接受了主管部门和专家组的评估，得到充分肯定；1998年初，化学所与国内知名企业海尔集团公司以资产为纽带，将工程塑料国家工程研究中心转制为“海尔科化工程塑料国家工程研究中心有限公司”，开创了科研机构与企业结合的新天地；1998年中，化学所进行了研究室组的调整，撤销和合并了17个研究组，1个研究室，使研究方向更明确、更集中，也为下半年开始进入院知识创新工程试点打下了很好的基础；1998年下半年以来，化学所作为首批进入创新工程试点的单位之一，在组织干部职工认真学习路院长报告的基础上，就研究方向、队伍结构、预期目标等问题与分子科学中心内外的研究室组进行了反复对话，所班子就分子科学中心的研究方向、近中远期目标、运行机制、进人标准、引进人才等进行了多次研讨，并积极参与了物质科学基地建设方案的起草，为分子科学中心的启动作好了充分的准备。

1998年化学所承担国家基金在研项目66项；中科院重大在研项目5项、重点在研项目4项；攀登计划A项目4项；B项目2项。在应用发展研究方面，1998年化学所有国家级在研项目8项，其中一些分别由中科院高技术局、原电子部科技司、科技部高技术产业司进行了评估。“863”在研项目9项，都进行了中期评估。中科院应用重点项目6项。1998年军工项目新争取7项，在研项目共20项。

1998年化学所“高分子凝聚态的基本物理问题研究”获中科院自然科学奖一等奖；“汽车用折边胶粘剂”获中科院发明奖二等奖；“系列空间级室温硫化硅橡胶的研制与应用”获中科院科技进步奖三等奖。

根据国家科技部信息所1998年底的统计，化学所的学术论文被《SCI》收录、被引用和国内发表论文数、国内引用论文数分别名列全国科研机构的第3、4、3、5名，这几项指标已连续9年名列全国科研机构前10名。

1998年化学所申请专利量为46项，授权量为10项。包括技术转让和委托合作研究在内的横向收入取得了较好的成绩。在加强与企业的联合以及开发新项目的合作中，“环氧塑封料”项目、“茂与非茂金属催化聚合”项目、“细旦超细旦丙纶”项目、“有机光导鼓”项目、“杜仲胶”项目、“工程塑料”项目、“油田化学和化学品开发”以及“镍氢电池相关材料的产业化”等项目都取得了较快的进展和喜人的成绩。

1998年化学所参加境外国际会议、学术交流和科学考察共82人次，接待来所参加学术交流及合作项目的外宾44批，80人次；签订国际合作项目11项；组织举办的国际学术会议3个。

中国化学会挂靠在化学所，1998年进行了理事会的换届工作。主办的刊物有《化学通报》、《高分子学报》、《高分子通报》、《高分子科学》(英文版)、《化学教育》、《化学通讯》等。

感光化学研究所

所　　长：佟振合
地　　址：北京市朝阳区大屯路甲3号
邮政编码：100101
电　　话：010-64879937
图文传真：010-64879375
电子函件：jczhu@ipc.ac.cn

感光化学研究所成立于1975年1月，其前身是中科院化学研究所有机化学研究室和催化研究室。全所现有职工361人，其中具有专业技术职务的292人，在专业技术人员中，具有高级专业技术职务的178人（正高级62人，副高级116人），中级74人。现有中科院院士1人。感光化学所是有机化学、物理化学博士和硕士学位及应用化学硕士学位的授予单位，并设有有机化学和物理化学博士后流动站。全所现有博士生导师31人，在学研究生128人（博士生68人，硕士生60人），在站博士后9人。

感光化学所是代表国内光化学、感光化学、胶体与界面化学领域最高水平的，以物质和光的相互作用为主要研究方向的，从事基础研究和高技术创新的化学研究所。现有国家进出口感光材料检测实验室、中科院光化学开放实验室、中科院和中国石油天然气总公司胶体与胶体界面科学联合实验室等国家和院部级开放（联合）实验室。

1998年，中科院确定感光化学所作为中科院知识创新工程首批试点单位之一，进入北京物质科学研究基地。为作好试点工作，全所经充分论证，调整并优化了现有课题，明确了进入创新基地的重点研究方向和重点发展目标，同时按照改革的要求和进入创新基地的标准，积极进行研究所结构性调整，认真部署了精简机构、压缩管理人员工作。1999年1月初，中科院组织专家组，通过了对该所的分类定位评估，并对该所近年来在科研工作、人才培养、科研管理、经费收入等方面取得的成绩予以较高评价。1998年该所在继续实行科研绩效评价量化管理的基础上，进一步对开发系列和非科研开发系列实行绩效考核管理，职工奖励严格与绩效挂勾，取得良好收效。

1998年全所包括“921”、“863”、“攀登计划”、国家军工、国家科技攻关、国家自然科学基金在内的近90个主要科研课题均按计划出色地完成了任务。该所“有机光致变色学及其应用研究”和“CDX-1000X光软片冲洗套药”两项成果分获中科院自然科学奖二等奖和科技进步奖三等奖，“PS-1荧光增白剂”项目获北京市星火科技一等奖。“核磁共振技术升级改造”、“锂离子电池极片中试涂布生产流水线研制”等二项成果分别通过院级鉴定、验收。上报中科院成果6项。该所1998年在国内外学术刊物上发表论文约250篇，其中有多篇发表在《J. Am. Chem. Soc.》、《J. Phys. Chem.》、《J. Org. Chem.》等著名国际刊物上。根据国家科委有关部门统计，该所1997年被《SCI》收录和引用的论文数分别列全国科研机构的第9位和第16位。

1998年感光化学所与浙江花园集团联合开发VD_3项目取得重大进展，热化学车间投料试验成功，光化学车间设备安装全部竣工。以高折射率玻璃微珠技术为基础的反光材料，在研制开发新产品和成果推广方面取得很好的经济效益和社会效益。1998年，该所专利授权6项，申请发明专利13项。

感光化学所十分重视优秀青年学术带头人的培养和引进工作，1998年又从海外引进了2名年轻博士。杨国强博士入选中科院“百人计划”。

中国感光学会、中国化学会光化学委员会、中国太阳能学会光化学专业委员会、中国化学会LB膜专业委员会挂靠感光化学所。主办学术期刊《感光科学与光化学》，该刊1998年获中科院优秀科技期刊一等奖。

化工冶金研究所

名誉所长：郭慕孙
所　　长：谢裕生
地　　址：北京市海淀区中关村北二条1号
邮政编码：100080
电　　话：010-62554241（办）
010-62551358（科）
图文传真：010-62561822
电子函件：office@home. icm. ac. cn
网　　址：http://www. icm. ac. cn/

化工冶金研究所始建于1958年。经过近几年的改革、调整，其主要学科方向已由建所初期的化工冶金转到目前的工程化学，主要研究领域为生物化工、材料化工、能源化工、资源与环保化工和计算机化学等。所里现设有高温技术与材料工程研究部、生化工程研究部、流态化技术与多相反应工程研究部、分离科学与新材料研究部、计算机化学研究部和一个技术服务部。为了强化基础研究，所里设有生化工程国家重点实验室、多相反应开放实验室、计算机化学开放室和分离科学与工程青年实验室。经国家科委批准，成立了“国家生化工程技术研究中心(北京)”，并已正式启动。还设有北京中柯化工冶金新技术开发公司、北京伯美特生化材料工程研究开发中心、北京金辛合科贸有限公司和北京三诚科技服务中心。

1998年化工冶金所分类定位中，被中科院认定为高技术研究与发展基地型研究所。绩效评价和状态评价为双A。

化工冶金所1998年在编职工386人，其中科技人员298人，中科院院士2人，研究员39人，副研究员76人，中级职称人员141人，初级职称人员40人。

化工冶金所是国务院首批批准的博士、硕士学位授予单位和博士后流动站建站单位，现有博士生导师19人，硕士生导师37人。所里十分重视研究生和青年科技骨干的培养和使用，积极创造条件扩大博士生和博士后的招生和进站，1998年在学研究生150人，其中硕士生60人，博士生81人。另有博士后9人。

1998年，化工冶金所争取和承担的主要科研任务和项目共104项。其中："九五"攻关项目12项，"863"项目4项，国家军工项目5项，国家自然科学基金项目27项，中科院重点、重大项目14项，国际合作项目2项，横向委托"四技"项目40项。

1998年化工冶金所获得三项大奖："科学数据库及其信息系统"获1998年国家科技进步奖二等奖，"氨浸法从电镀污泥和不锈钢酸洗废液中回收重金属"获1998年中科院科技进步奖一等奖，"等离子体法制备超微活性钙"获1998年中科院技术发明奖二等奖。其中"氨浸法从电镀污泥和不锈钢酸洗废液中回收重金属"属于环境工程学的三废处理与综合利用技术领域。1995年在天津市建成处理电镀污泥2000吨/年的社会化集中处理示范工程，覆盖处理天津电镀行业的全部电镀污泥和冶金加工行业1/3的不锈钢酸洗废液，投产运行3年，使天津市两条主要排污干线污水中重金属总量下降30%。获得重大的经济效益和社会效益。化工冶金所1998年申请专利20项、授权专利9项；被《SCI》收录和引用论文数进入全国科研机构前40名。

化工冶金所的新型高效破乳剂"D925M实体"，在今年国内市场不景气的情况下，积极开拓，降低消耗，占领了国内大部分市场，完成产值近千万元，取得良好的经济效益和社会效益。

为了实现中国科学院知识创新工程的奋斗目标，化工冶金所继1998年被中科院认定为高技术研究与发展基地型研究所之后，又制订了知识创新工程研究所改革试点方案：学科方向更加明确定位在工程化学科学与技术研究及创新上；科研与开发工作体系按学科和国家战略目标全面调整，人员分流，队伍重组为：工程化学联合实验室、高技术创新和应用研究部、成果转化工程中心，建立起应用基础研究——高技术创新——成果转化三个层次一条龙的运行机制，形成完整的工程化学科学与技术创新体系；在管理体制上，调整机构，压缩人员，转变职能，强化服务，已将管理人员缩减到占在职职工人数的7%，并将原有的8个处室按职能合并为政务、业务、所务3个办公室；在队伍建设与人才培养方面，计划到2000年，在学研究生由现在的150人增加到200人左右，从国内外广纳优秀人才，通过"百人计划"和高级访问学者招聘，保持高级客座研究人员10人以上，45岁以下的研究员和副研究员均要过半。此外在分配、用人、考核等方面均已制订了相应的制度。争取早日进入知识创新工程试点单位，把化冶所建成工程化学领域内国内外一流的研究所和高级科技人才培养基地。

1998年化工冶金所在国内外各种学术会议或学术刊物上发表的论文和报告292篇，其中在国外发表98篇，编写专著3篇。

中国颗粒学会挂靠化工冶金所，主办的学术刊物有《化工冶金》和《计算机与应用化学》等。

生物物理研究所

名誉所长：贝时璋
所　　长：王志新
地　　址：北京市朝阳区大屯路15号
邮政编码：100101
电　　话：010-64889910　010-64889872
图文传真：010-64871293　010-64877837
电子函件：biophy@sun5.ibp.ac.cn

生物物理研究所是1958年创建的基础性研究所，是全国唯一的生物物理学综合研究机构。全所现有职工488人，其中科技人员353人，包括中国科学院院士 5 人、博士生导师 26 人、研究员 41 人、副研究员和高级工程师等 124 人。

生物物理所是国家首批批准的博士及硕士学位授予单位、博士后流动站建站单位。该所设有分子生物学和生物物理学两个学科研究生招生专业点，1998 年在学研究生 146 人，其中博士生 55 人、硕士生 91 人。该所培养的研究生获院长奖学金等各类奖学金的数量连年位居中国科学院生物科学研究所之首。该所的博士后流动站以国家重点实验室和中国科学院开放研究实验室为依托，建站以来共接收博士后 25 人，已出站 20 人。

近年来，该所作为国家科技部和中国科学院多方面改革试点单位，在调整学科方向、完善组织体制和运行机制、培养青年人才和营造科研环境等方面积极推进了改革。为发挥研究所学科交叉综合的优势，该所将研究领域集中在蛋白质化学和分子酶学、结构分子生物学、膜分子生物学、神经生物学、细胞生物物理学、蛋白质工程和生物物理技术等当代生物科学中最重要的前沿科学领域。建立了生物大分子国家重点实验室，中国科学院视觉信息加工开放研究室实验室，并设有分子生物学研究室、蛋白质工程研究室、神经生物学研究室、细胞生物物理研究室和生物物理技术研究室。目前该所正在积极参与中国科学院“知识创新工程”，以建立现代研究所制度为核心，大力推进和深化研究所改革。

生物物理所装备了 600 兆核磁共振波谱仪、面探测仪、毫微秒荧光谱仪、离子通道研究装置、离体脑片研究装置及多导微电极记录系统等先进的仪器设备。建立了有 120 个节点、与因特网互联的所内计算机局域网。以生物物理技术研究室为基础建立的分析测试中心，是国家批准的计量认证合格单位。

生物物理所已经落实的“九五”科研任务中，除承担国家重点实验室和中国科学院开放研究实验室的科研任务外，还主持或参加国家科技部、国家自然科学基金和中国科学院重大重点项目，以及“863”计划项目、国家载人航天工程项目等 38 项，国家自然科学基金面上项目 46 项。其中，主持的重要科研项目有：国家攀登计划项目“新生肽链及蛋白质折叠研究”，国家自然科学基金重大项目“视觉信息加工的神经基础”、“发展近场技术，研究生物大分子体系特征”，中国科学院重大项目“蛋白质功能的三维结构基础”、“膜蛋白信号跨膜转导及其功能调控的研究”，国家攻关项目“高速离心机研制”，国家自然科学基金重点项目“光合作用系统的蛋白质三维结构与功能研究”、“膜脂-膜蛋白的相互作用”、“视觉信息的群体动态时空编码和选择性”，国家“863”计划项目“中国马氏钳蝎神经毒素的蛋白质工程”、“分子设计及构象工程设计新方法研究”、“改进蛋白质晶体质量的研究”、“重力改变条件下培养动物细胞的生长规律研究”，国家载人航天工程项目“蛋白质和其他生物大分子空间晶体生长”，中国科学院重点项目“蛋白质二硫键异构酶具有和分子伴侣二种活性的分子机理研究”、“一些植物抗真菌蛋白的三维结构研究”等。

1998 年，该所科研工作取得了良好成绩，杨福愉获 1998 年度何梁何利基金会颁发的“科学与技术进步奖”。全年共发表学术论文 231 篇，其中发表在国际期刊 93 篇。据中国科技信息研究所 1998 年底公布的《1997 年中国科技论文统计与分析》，在全国科研机构中，该所发表的国际论文数排名第 14 位、国际论文被引用数排名第 12 位，国际论文数和被引用数均位居全国生物科学研究机构的首位。1998 年该所基础研究的绩效和状态被中国科学院评为双 A。

生物物理所拥有一支高水平的研究、开发生化制剂、医疗仪器和生物制药等高技术产品的技术队伍。创办了北京中生生物工程高技术公司、北京百奥药业有限责任公司、北京科龙生物医学技术总公司和北京伽玛化工技术开发中心 4 个高新技术企业。自主开发的高新技术产品创造了良好的经济效益和社会效益。1998 年所办公司销售总额 4614 万元，利润总额 1093 万元。中生公司销售额和经营利润在中科院高技术企业中继续名列前茅，连续 7 年被北京新技术产业试验区评为“优秀企业”，其主导产品临床诊断试剂系列产品被北京新技术产业试验区评为“百项表彰拳头产品”。KS 光热复合仪对常见妇科病宫颈糜烂有显著疗效，获国家级火炬计划证书；“国家级新产品”蚓激酶胶囊已成为治疗脑血栓的重要药品，被列为“国家级科技成果重点推广计划”，

1998年底《国家重点新产品证书》。1998年该所申请专利11项，授权2项。

生物物理所重视国内外学术交流。1998年接待了20个国家和地区的132名科学家来访，其中包括诺贝尔奖生理和医学奖评委会主席，丹麦皇家文理科学院院长，香港裘搓基金会董事长及美国国家基金会代表团，加拿大航天署代表团等国际知名人士和著名科学家。派出62人次到20个国家和地区进行学术交流。成功地组织了“酶的催化作用机制国际研讨会”。

生物物理所是中国生物物理学会和中国生物化学与分子生物学会的挂靠单位，编辑出版的《生物化学与生物物理进展》、《生物物理学报》已成为我国自然科学的核心期刊。

植物研究所

名誉所长：汤佩松
所　　长：韩兴国
地　　址：北京市海淀区香山南辛村20号
邮政编码：100093
电　　话：010-62590835（所办）
010-62591431（总机）
图文传真：010-62590835（所部）
010-62590348（植物园）

植物研究所是我国植物基础科学的综合研究中心。前身为1928年创建的北平研究院植物研究所及静生生物调查研究所，中华人民共和国成立后合并成中国科学院植物分类研究所，1953年改称植物研究所，1962年与中国科学院北京植物生理研究室合并发展为现在的植物研究所。

全所现有职工614人，其中科技人员470人，有中国科学院院士5人，正高级专业技术人员75人，副高级专业技术人员104人，中级专业技术人员166人。现有在读博士研究生56人、硕士研究生49人。另有博士后16人。

经过近几年多次改革和学科调整，植物所主要学科方向为：系统与进化植物学，植物生态学，资源植物分子与发育生物学和光合作用。研究所在支持和发展这四个方向的同时，按照院领导关于知识创新工程的精神，不仅着重四个学科方向之间的高层次整合，同时重视生物学、物理学、化学、环境科学及信息科学等一级学科的交叉和渗透。在植物学基础理论和应用研究以及生物多样性保育与可持续利用方面，做出国际领先的重要性成果。

1998年，围绕知识创新工程试点工作，该所进行了以下几项改革措施：(1) 对全所的机构做了较大的改动，由13个研究室组成4个研究中心和一个植物园；将12个处、办公室合并为1个综合办公室和3个处；中层领导由68人减少到27人，管理人员由84人减少到45人。(2) 对行政管理部门的职工进行了公开招聘，按需设岗和考核上岗。(3) 修改完成了植物所定位认定试点方案。并得到了中科院评审专家的基本认可。(4) 对原有规章制度进行了修改，使其更加符合形势和我所所情，如关于工作餐报销和住宅电话等的规定。

植物所是博士和硕士学位授予单位，该所拥有4个研究中心和北京植物园，其中包括2个院级开放实验室（系统与进化植物学开放实验室和植被数量生态学开放实验室）、1个院级开放研究站（内蒙古草原生态系统定位研究站）和2个所级开放实验室（光合作用基础研究开放实验室和资源植物分子与发育生物学开放实验室），另有3个野外工作站和1个亚高山植物园；拥有馆藏标本达200万号的亚洲最大的植物标本馆；植物园有居世界第三，收藏标本达8万多号的植物种子标本室，并收集保存活植物种类达6000多种（含品种）；拥有收藏植物化石标本7万多号的中国古植物馆；有由全国之首的植物学专业图书馆和各种电子信息为主体的植物文献与信息管理中心。

1998年植物所共争取到项目142项，承担323项。在1998年争取的项目中，其中国家自然科学基金重大项目36项（主持3项，2～3级以上负责的26项，参加7项）、面上基金17项（主持16项）。国内合作10项，国际合作7项，“973”项目1项（主持），攻关项目2项，攀登计划项目10项，海洋“863”项目4项。中国科学院重大项目5项（主持3项）、重点项目2项、院长基金2项、其他项目33项。1998年共到所经费4775.19万元。

植物所的国际合作项目有：亚洲区域中心耐热性蔬菜合作项目；内蒙古典型草原硫状况的研究；抗菌消炎药物的筛选与研究；利用新型核酶基因转育番茄抗病毒(CMV)新种质和新品种；紫羊茅草重金属抗性的分子机理；玉米、向日葵分子标记育种研究。

1998年植物所获奖项目有"草原植被现代化特征近20年之动态"（中科院自然科学奖三等奖),"中国植物系统学文献要览"(中科院科技进步奖三等奖)。

植物所科技开发中心有4个所属公司：北京益寿康植物技术开发公司，北京中植梦绿生物技术开发公司，北京华英园林园艺开发公司，北京益智健技术服务公司。经营开发生物农药、植物生长调节剂、花卉、种苗、肥料、干花、贺卡、园林绿化工程设计与施工和招待所等。

植物所与山东胜利股份有限公司签定了共同开发植物生长调节剂，生物农药的合同；与中外合资万年红珍珠保健品有限公司签定合资开发珍珠露饮料系列产品协议书；与检察官学院、西单图书大厦、重庆饭店、古脊椎家属宿舍院签定了小型绿化合同，承担了中国科学院院部西门绿化改造工程。还承担了中关村十二居民住宅区的绿化改造工程任务。

植物所的科学家有5人在12个国际科学机构中任职。

中国植物志编委会、中国植物学会、北京生态学会、北京植物生理学会和中国植物学会植物园分会挂靠在植物所。主要刊物有:《植物学报》、《植物分类学报》、《植物生态学报》、《植物学通报》、《植物杂志》、《生物多样性》、《中国植物园》、《植物引种驯化集刊》等。

动物研究所

所　　长：王祖望
地　　址：北京市海淀区中关村路19号
邮政编码：100080
电　　话：010-62552219
图文传真：010-62565689
网　　址：http://www.panda.ioz.ac.cn

动物研究所是我国历史最长、规模最大、学科最为齐全的动物学研究机构，是我国动物科学的研究中心。1998年全所现有职工444人，其中科技人员296人。有高级职务专业技术人员129人，其中正研级51人；中级职称105人。有中国科学院院士3人。科研人员中被评为1998年度中国科学院有突出贡献的中青年专家1人，入选"百千万人才工程"1人。

动物所是中国科学院批准的博士研究生重点培养基地。1998年被国务院学位委员会批准为首批硕士、博士学位授权的一级学科点单位。动物学、昆虫学、生理学、细胞生物学、生态学五个专业可招收硕士、博士研究生，并设有博士后流动站。1998年在学博士生55名，硕士生32名；录取博士生18人、硕士生11人；授予博士学位16人，硕士学位8人；博士后进站5人，出站4人。1998年培养的研究生，获中科院院长奖学金优秀奖2人；获地奥奖一等奖5人，二等奖6人；获亿利达二等奖1人。

动物所是一个科研建制完整，结构较为合理的生物学综合性研究所。根据动物所的主要研究方向设有计划生育生殖生物学、生物膜与膜生物工程和农业虫鼠害综合治理研究3个国家重点实验室，2个研究中心和5个研究室。拥有亚洲最大的动物标本馆，馆藏标本388万号。有支撑部门中心实验室和实验动物室。有馆藏图书、资料较齐全的图书馆，学报编辑部和计算机网络中心，形成了科学研究与技术支持相结合的完整体系。

1998年1月动物所被中国科学院批准认定为首批资源环境基地型研究所试点单位后，强化了科研系统的管理，进行了结构性调整，确定了以动物系统学、动物生态学、生殖生物学和细胞膜生物学为重点发展领域和优势学科，同时提出分子系统学、分子生态学、生殖的分子调控机理与异种动物克隆技术和细胞衰老与凋亡的调控研究的学科新生长点，突出了知识创新。形成了以国家重点实验室为龙头，以国家和院的重大、重点项目为支撑，以国家自然科学面上基金为补充的基础研究格局。

1998年动物所对研究组的建设进行了加强和重新调整。将原有的57个研究组调整为43个，使专业方向更趋向合理。并首次建立了对研究组进行以创新为核心的绩效考核、评估制度。经过认真、严格的考核，评出A级研究组13个、B级研究组22个、C级研究组8个。在逐年考核的基础上，每三年进行一次综合评估，根据评估结果，对创新能力差的研究组实行淘汰制度。在对研究组进行考核的同时，也建立了对管理部门以岗位目标管理工作业绩为主的绩效考核制度。并将职工的工作绩效与绩效津贴直接挂钩，有效地提高了全所职工的工作效率，充分调动了科研人员的积极性和创造性。

1998年动物所承担国家攻关课题16项；"863"任务2项；国家攀登项目9项；国家自然科学基金项目72项；中科院重大和重点项目33项以及其他课题84项，到位科研经费总额为2033万元。

1998年动物所获科研成果5项，其中上报登记成果4项。1998年获中国科学院"两奖"科研成果3项，其中"棉铃虫区域性生态调控研究"和"重要小蜂类群的分类和系统发育研究"科研成果分别获中国科学院1998年度科技进步奖、自然科学奖二等奖；获授权专利3项；在国内外学术刊物发表论文341篇；出版专著10册，科普著作4册。1997年被《SCI》收录的学术论文14篇。

1998年动物所绩效评价被中国科学院评为A级，在中国科学院22个资源环境基地型研究所的分类评价中，动物研究所获总分74.45分，排名第二。根据1998年中国科学院文献情报中心及国家科技部公布的有关资料，动物研究所首次入围《SCI》源刊物发表论文最多的前50名科研机构，位居第48位。1998年中科院组织专家对院属的16个重点学科发展项目所建国家重点实验室进行评估，该所"农业虫鼠害综合治理研究实验室"被评为良好实验室，排名第五。"生殖生物学国家重点实验室"被国家计划生育委员会确认为全国最具实力的计划生育基础研究机构，并被美国洛克菲勒基金会确定为在华的重点支持单位。

1998年动物所与美、英、法、日本、瑞典、加拿大、澳大利亚、芬兰、韩国、俄罗斯等国家开展了国际合作研究与学术交流。组织承办了"国际鼠类动物学与综合防治大会"、"中美避孕研究与企业协作小型座谈会"国际学术会议两次；参加国际学术会议31次，参加93人次，大会报告38人次。接待来访外宾12批，14人次；出访72批，75人次。

中国昆虫学会、中国动物学会、中国生态学会、中国动物志编辑委员会和中华人民共和国濒危物种科学委员会挂靠在动物研究所。主办刊物有《动物学报》、《昆虫学报》、《动物分类学报》、《中国昆虫科学》(英文版)、《动物学杂志》、《昆虫知识》、《动物学集刊》等七种学术刊物。

微生物研究所

现任所长：孟广震

地　　址：北京市海淀区中关村北一条13号

邮政编码：100080

电　　话：010-62565880

传　　真：010-62560912

电子函件：office@sun.im.ac.cn

微生物研究所成立于1958年12月3日，其前身是中国科学院北京微生物研究室和中国科学院应用真菌研究所。该研究所是以应用基础研究和高技术创新为主体，从基础性研究到应用开发作纵深配置的研究机构。截止到1998年底全所在职职工人数为446人，其中专业技术人员总数为371人，中国科学院院士3人，研究员40人，副研究员78人，高级工程师12人，中级科技人员147人。现有在学研究生115人，其中博士生57人，硕士生58人。另有博士后7人。

微生物所根据自身学科发展战略、长远目标设定了三大研究领域，即：微生物资源：包括微生物收集、分类、保藏、多样性及微生物生态等；分子生物学：包括分子病毒学及微生物分子遗传学；生物高技术研究与开发：包括植物生物技术、酶工程、发酵工程、蛋白质工程、基因工程药物、环境生物技术及糖工程等。目前该所拥有微生物学、生物化学和遗传学3个学位授权点，并于1997年通过了全国博士、硕士学位授权点的评估。该所的科研机构设置为5个研究室和4个开放实验室。研究室为：菌种保藏中心，微生物生理及应用生态学研究室，微生物代谢与发酵工程研究室，酶学研究室及微生物分子遗传与育种研究室。开放实验室为：微生物资源前期开发实验室(国家重点实验室)、真菌地衣系统学开放实验室、植物生物技术开放实验室（两者均系院级开放实验室)，分子病毒学与生物工程开放实验室(所级开放实验室)。该所建有亚洲最大的具有40万号菌株的菌物标本馆，一个国内最大的拥有12 000余株的菌种保藏库和一个由国家投资兴建的有良好发酵设备的中试工厂，同时还有一个藏书6万余册的专业性图书馆。

1998年微生物所在以往改革的基础上进一步加大改革力度，进行了一系列卓有成效的改革，主要进行了以下3个方面的工作：(1）根据该所学科发展优势及三大研究领域，完成了15个重大项目建议书的编写和论证，为实现学科优化和结构性调整及早日进入知识创新工程打下了良好的基础。(2）按照中科院人事制度改革的要求，启动了研究所行政机构按需设岗，按岗聘任的工作，并取得了初步的成效；(3）出台了《微生物研究所绩效工资实施办法》，职工奖金与经费、获奖成果、专著、《SCI》论文及专利等绩效挂钩，极大地调动了科技人员的主观能动性。

1998年微生物所成功地进入了博士生重点培养基地，并顺利的通过了中科院信息管理系统(MIS）试点工作的验收。为保证有一个良好的科研条件，对国家重点实验室进行了实验用房的调整。同时对周边环境、道路也进行了整治，改善了科研环境。继1997年在研究所绩效、状态评估中取得双A佳绩后，1998年再次卫冕成功。

1998年微生物所主要承担的科研任务和项目有：国家攻关项目21项，国家自然科学基金项目50项，“863”项目9项，中国科学院重大项目4项、重点项目12项，“921”项目2项，申请专利4项，成果登记3项。该所陈远童研究员的科研项目“微生物发酵生产十五碳二元酸的新工艺新方法”荣获中国科学院发明奖一等奖，其技术水平国际领先，各项技术指标均达到“九五”合同所规定的标准，同时向企业进行了技术转让。1998年全所共发表科技论文130篇，其中《SCI》论文28篇，撰写专著8部。根据1998年12月底中国科学报公布的1997年我国科研机构科技论文被引频次最多的前50名排列表中，微生物所位居第14名，论文被引频次名列前茅。由微生物所主办的《生物工程学报》在生物学类刊物中居第8位。

微生物所极为重视国际合作与人才培养工作。1998年共派出访问学者50人次，接待来自美国、英国、日本等国的专家和学者40人次。聘请了日本理化研究所中濑崇先生等6人为该所荣誉研究员，使该所的科研工作更好地融入世界，扩大国际合作。在人才引进方面加大力度，从国外先后引进2名优秀科技人才，他们都已经在科研第一线发挥了骨干作用。1998年在保证研究生数量和质量前提下，招收硕士生21人，博士生14人，并有3名博士后进站。为了活跃研究所的学术气氛，微生物研究所还举办了不定期的学术报告会活动，特别是建所四十周年所庆期间的两场报告会气氛热烈，科技人员踊跃参加，大家互相学习交流，增长了知识，增进了感情，也增强了凝聚力。

微生物所挂靠学会有：中国微生物学会、中国菌物学会。该所编辑出版的学术刊物有《微生物学报》、《微生物学通报》、《菌物系统》及《生物工程学报》。主要下属单位有：北京中微发酵工程部、北京科微生物新技术公司、中国科学院微生物研究所科技服务中心。

遗传研究所

所　　长：陈受宜
地　　址：北京市朝阳区大屯路3号
邮政编码：100101
电　　话：010-64856610
图文传真：010-64889382
电子函件：ykjc@igt.ac.cn

遗传研究所成立于1959年（1951年为遗传选种实验室，1952年为中国科学院遗传栽培研究室）。1998年年底全所在岗人员283人，其中科技人员147人，有中国科学院院士1人，研究员23人，副研究员、高级工程师等57人，中级科技人员45人。现有在学博士生54人，硕士生34人，另有博士后12人。

遗传所主要从事生物的遗传与变异规律的基础和应用基础研究，研究对象包括植物、动物、微生物和人类，研究层次涉及分子、细胞、个体和群体四个水平。重点发展方向是分子遗传学、基因组学、基因工程和细胞工程。目前下设8个研究室，其中包括3个开放实验室：“植物细胞与染色体工程国家重点实验室”，“中国科学院植物生物技术实验室”和中科院遗传所人类遗传学和基因组学开放实验室。

1998年围绕知识创新工程，遗传所进行了一系列的改革，确立了遗传所的重点研究领域，包括（1）基因结构、表达调控和基因操作，（2）基因组及功能基因组学，（3）生物技术育种。课题组由原来的43个合并为33个。研究室将由8个调整到5个。

“九五”期间遗传所在争取承担国家项目方面取得了较好的成绩。其中国家“863”项目24项，“九五”攻关项目21项，国家自然科学基金项目33项，国际合作项目10项。承担中科院重大项目8项。

1998年遗传所共取得两项院级获奖成果：“棉属种间杂交育种体系的创立”获中科院发明奖特等奖。该项目针对远缘杂交存在的许多重大难题，进行了26年的研究试验并取得了突破性进展，建成了棉属种间杂交育种新体系。新体系具有成功率高、可操作性强显著缩短年限的特点，能在不太长的时间内批量性育成高质量的种间杂交品种。为我国棉花育种开创了新途径。“水稻花粉植株的产生、特性与应用的基础研究”获中科院自然科学奖二等奖。该项目历时20余年，对水稻花药、花粉粒培养的培养基、条件、方式、供体植珠的生理状态、基因型的作用等影响花粉植株诱导率的因素进行了全面系统的研究，在国内首先育出花育1号、2号新品种，推动了水稻单倍体育种工作的开展。达到了国际先进水平。

遗传所近年来通过扩大博士生、硕士生的招生、“中科院百人计划”的招聘等吸纳一批优秀的科技人才。近年来，遗传所先后主办了6次国际会议。1998年8月又成功地承办了第十八届国际遗传学大会。在国际合作方面与美、英、德、法、澳、日、丹麦等国家和地区及国际原子能署的研究机构及企业建立了广泛的科技合作。植物生物技术实验室成为英国诺曼鲍拉格植物科学研究所中国中心的一个分部。

中国遗传学会挂靠在遗传所。遗传所负责编辑出中、英文版《遗传学报》及《遗传》两个学术刊物。

发育生物学研究所

所　　长：孙方臻
地　　址：北京市海淀区中关村南一条3号
邮政编码：100080
电　　话：010-62551951
图文传真：010-62551951
网　　址：http://www.idb.ac.cn.

发育生物学研究所的前身是中国科学院动物研究所、中国科学院院士童第周教授领导的细胞遗传研究室。经国务院和科学院批准，1980年，由童第周教授正式组建。历届所长有庄孝惠（兼）、严绍颐。现任所长是孙方臻研究员。

发育生物学所现有职工113人。科技人员71人，其中研究员8人，副研究员、高级工程（实验）师20人，中级科技人员34人，条件支撑人员8人。现有博士后5人。发育所是发育生物学博士、硕士学位授予单位。现有在读博士生7人、硕士生17人。1998年，发育所对行政、业务管理部门重新进行了调整。调整后设党政办、科技处、财务资产处、物业管理中心和技术条件室。其中，行政（机关）人员12人，后勤（物业）人员22人。物业管理中心开始向企业化方向发展。

发育生物学所以基础和应用基础研究为主。研究方向是：在分子和细胞水平研究生物个体发育的遗传控制及分子机理，并为解决农业、人口与健康等重大现实问题提供新的理论和途径。正在研究的发育生物学问题有：动物卵受精激活的分子机理；显花植物自体和异体花粉识别的分子机理；植物细胞发育命运的决定；动物细胞核发育全能性的分子基础等。这些问题是目前国际发育生物学研究的热点。发育所设有分子胚胎学、发育遗传学、植物遗传学与发育生物学、植物发育分子生物学、基因调控与转基因学等10个研究组。另外，发育所还设有中科院分子发育生物学开放实验室等机构。

“九五”期间，发育生物学所积极引进新的学术带头人，加强科研骨干队伍力量，在争取国家及院级重大科研任务方面表现出较强的竞争力。1998年共承担课题48项，其中国家自然科学基金重点、重大项目3项、面上项目16项、国家杰出青年基金项目2项，国家攀登计划课题1项，中科院重点、重大项目8项，“863”项目5项，“973”计划1项，国际合作项目2项。

目前，发育生物学所多项工作已处于所在研究领域的科学前沿：1998年，杜淼研究员领导的研究组继获得世界上首例连续细胞核移植山羊之后，又获得了我国首例胎儿成纤维细胞克隆山羊；劳为德研究员领导的研究组承担的“乳腺生物反应器”研究项目得到了数十只目前国内表达水平最高的转基因山羊；孙方臻研究员领导的研究组在动物卵受精激活分子机理研究方面的研究成果受到国际同行的高度重视，在“器官移植用转基因动物模型研究”方面获得了数十头转基因猪。1998年发育所科研人员在国内外主要学术刊物上发表论文34篇，有关“自由基损伤红细胞瘤变性机理及损伤红细胞对微循环影响的研究”获得北京市二等奖1项，有关“一种压电式细胞显微操作驱动器的研究”获得实用新型专利1项。

发育生物学所经常开展各种形式的学术交流活动，诸如：系列学术讲座、专题讨论会、全所学术活动日等。1998年，发育所科研人员参加国际学术会议15人次，参加全国性学术会议12人次，接待来访外宾数十人次，组织所内外学术报告27人次，其中国外专家学术报告8人次。

发育生物学所挂靠有中国发育生物学会和全国转基因动物学会（筹）。主办刊物有《发育与生殖生物学学报》（英文版）。

生态环境研究中心

主　　任：单孝全

地　　址：北京市海淀区双清路18号

邮政编码：100085

电　　话：010-62923549

图文传真：010-62923563

电子函件：std@mail. rcees. ac. cn

网　　址：http://www. rcees. ac. cn

生态环境研究中心始建于1975年，前身为中国科学院环境化学研究所。经国家科委和中国科学院批准，1986年与中科院生态中心合并，改为现名。1996年5月，经中国科学院和国家环境保护总局协商决定，实行中国科学院和国家环境保护总局双重领导，在沿用中国科学院生态环境研究中心原名的同时，启用中国科学院国家环境保护总局生态环境研究中心。

生态环境中心是1998年公布的中国科学院知识创新工程8个试点基地中北京地球科学基地的一部分。

生态环境中心现有职工422人，其中中国科学院院士1人（徐晓白研究员），中国工程院院士1人（汤鸿霄研究员），博士生导师18人，研究员47人，副研究员94人，中级研究人员122人，初级研究人员59人，在读博士生55人，硕士生44人。在站工作博士后13人。

生态环境中心的主要研究领域包括环境化学、环境工程学和系统生态学。研究内容涉及环境化学、环境工程、生态学、地学等学科的相互交叉和互相渗透。设有环境科学博士后流动站，有环境科学、生态学博士学位授予权和博士生指导教师自行审批权，有生态学、环境科学、环境工程、有机化学、分析化学5个学科专业的硕士学位授予权。

生态环境中心现设有6个研究室和3个工程技术中心，其中环境水化学实验室为国家重点实验室，系统生态实验室为中国科学院开放实验室，环境分析化学和生态毒理学实验室为自费开放实验室。

环境水化学国家重点实验室的研究方向是发展环境水质的现代科学与高新技术，兼顾天然水体和水处理工艺两方面的水质问题。深入探索各种水质转化过程的基本规律，推进我国的环境水质科学，开发新型工业化的高效水处理单元和工艺，发展实用化的环境水质计算软件，综合研究水质资源合理利用的科学对策。主要研究内容包括水质分析鉴定、水质转化过程、水质生态毒理、水质模拟计算、水质控制技术和水质资源利用。系统生态开放实验室是以生态学、系统科学及计算机科学为基础，以人口、资源、环境问题的耦合关系为对象，开展自然科学与社会科学交叉的跨学科综合研究。理论上探讨社会、经济、自然复合生态系统的动力学机制及控制论方法，发展具有中国特色的人类系统生态学。应用上以可持续发展为纲，探讨城市及人类密集地区的生态评价、生态恢复、生态规划、生态管理的系统方法、集成技术及实现城乡环境经济持续发展的对策与决策支持手段。环境分析化学与生态毒理学自费开发实验室立足环境分析化学的国际前沿，发展环境中化学物质在动态变化过程中的产物、中间产物的瞬态或新化学形态的分析方法，研究化学物质（包括微污染物质）在环境中的迁移变化过程及其生态毒性，阐明重要的环境化学过程与生物过程的机理，争取在方法学上有所创新，有所突破。

生态环境中心拥有高分辨双晶 X 射线荧光光谱仪、电感耦合等离子体发射光谱仪和质谱仪、傅里叶变换红外光谱仪、液相色谱-质谱联用仪、气相色谱-质谱联用仪、X 射线衍射仪和计算机工作站等大型仪器设备。有一个同德国连接的计算机终端和一台同院内两个研究所共用的 VAX-787 计算机；组成了 49 台微机的局域网与中国科学院主网连通，实现了 E-MAIL、WWW、FTP 及 GOPHER 等服务。

1998 年围绕知识创新工程工作，生态环境中心积极稳步地推进结构性调整，探索新的运行机制，已形成了应用基础研究-工程技术开发-咨询决策规划一体化科研结构，明确了新的学科方向，初步形成竞争与激励的运行机制。机关缩编、公开招聘、竞争上岗，以及研究课题组评议工作已于 1998 年 12 月底完成。

1998 年生态环境中心承担国家“九五”重点科技攻关专题项目 9 项，攀登计划专题 1 项，中科院重大项目（A）类和特别支持项目 1 项、重大项目（B）类 2 项、重点项目 7 项，国家自然科学基金重大项目二级课题 4 项、重点项目 2 项、杰出青年基金项目 3 项、面上基金项目 55 项。

1998 年发表论文 287 篇，出版专著 11 本，1997 年在《SCI》刊物上收录论文数居全国科研单位第 23 位，在国内 1214 种科技刊物上发表论文数居全国科研单位第 10 位。

1998 年生态环境中心获奖成果 5 项。其中，由生态环境研究中心作为第二获奖单位（我国酸沉降及其生态环境影响研究，生态环境研究中心冯宗炜研究员作为第一完成人）获国家科技进步奖一等奖；由生态环境研究中心作为第三获奖单位（中国国情分析——中国长期发展问题的系统分析，胡鞍钢研究员）获国家科技进步奖三等奖；由江桂斌研究员主持的“有机金属化合物形态分析中的联用技术研究”项目获中科院自然科学奖二等奖；由生态环境研究中心作为第三获奖单位（水资源开发利用及其在国土整治中的地位与作用，叶常明研究员）获中国科学院科技进步奖二等奖，由生态环境研究中心作为第五获奖单位（硒等生命元素缺乏地区的环境改良和防病示范研究）获中科院科技进步奖二等奖；由孙连超研究员主持的《碱法制浆造纸黑液资源化治理工程技术研究》项目获中科院发明奖三等奖（1998 年公布，1997 年度奖）。

1998 年生态环境中心加强了科技开发工作，突出几个重点：超滤膜技术、汽车尾气净化技术、纯净水装置、生物农药及其系列产品、柠檬酸菌种和后提取技术、超临界技术、造纸黑夜资源化技术的推广和深度开发。把技术开发与应用基础研究和应用研究放在了同等重要的位置，以促进中心的科技成果的产业化和技术转让。1998 年，生态环境中心获授权专利 7 项，申报国家专利 18 项。

1998 年生态环境中心有 5 项国际合作项目进行，包括与意大利合作的欧盟项目“工业初级产品生产过程中的生态持续能力研究”；与美国合作的项目“中美农田生态系统的氧化亚氮排放和碳动态研究”；与美国合作的项目“离子色谱应用研究”、与日本合作的项目“脱硫粉煤灰改良盐碱地”、与荷兰合作的欧盟项目“黄土高原土地生态评价与持续利用研究”。由生态环境中心主持在北京举办了“景观生态学与可持续发展国际培训班”。

国际科联环境问题委员会（SCOPE）中国委员会、中国生态学会、国际环境情报系统（INFOTERRA）中国联络点及中国-加拿大资源环境高技术中心挂靠在生态环境中心。中心负责编辑出版《环境科学学报》、《Journal of Environmental Sciences》、《生态学报》、《环境科学》、《环境化学》和《环境科学进展》6种学术刊物，联合国环境规划署出版物《产业与环境》和《臭氧行动》的中文版亦在该中心定期翻译出版。

古脊椎动物与古人类研究所

所　　长：邱铸鼎
地　　址：北京市西直门外大街142号
邮政编码：100044
电　　话：010-68351363
图文传真：010-68337001

古脊椎动物与古人类研究所的前身是中央地质调查所新生代研究室，成立于1929年。1953年改为古脊椎动物研究室，隶属中国科学院，1957年改为古脊椎动物研究所，1960年更名为中国科学院古脊椎动物与古人类研究所。现有职工170人，其中科技人员124人，中国科学院院士3人，研究员19人，副研究员18人，高级工程师18人，中级科技人员18人。现有在学博士生6人，硕士生6人。另有博士后3人。

古脊椎动物与古人类所是我国古脊椎动物与古人类两门基础学科的专门研究机构。通过对化石和石器的研究，探索包括人类在内的脊椎动物的起源、演化及其与生存环境的关系；通过对含化石地层进行划分和对比，建立和完善中国和全球含化石的年代地层系统。设置的主要学科方向有：进化脊椎动物学；生态系统的形成、演化模式与机制；古脊椎动物的多样性与系统分类；古人类的体质形态、人类演化规律及旧石器时代文化；年代地层学。

古脊椎动物与古人类所是国务院学位委员会批准的首批授予硕士、博士学位单位，也是首批获准建立博士后流动站单位。全所设有3个研究室和1个研究中心，即：(1) 古低等脊椎动物研究室——研究鱼形类、两栖类、爬行类、鸟类化石及生物地层学；(2) 古哺乳动物研究室——研究哺乳动物化石及生物地层学；(3) 古人类及旧石器研究室——研究人类化石和旧石器考古；(4) 周口店古人类及古环境研究中心——研究人类圈与其他各圈层之间的关系。

作为国家的古脊椎动物与古人类学的研究中心，标本的采集和收藏是极其重要的组成部分，该所拥有近3000m^2的标本馆，标本馆收藏了从20年代到现在采集的标本近20万件，其中正型标本1600件，国外交换、赠送的标本、模型500余件；另有现代脊椎动物骨骼标本2000余件，其中不少是从南美、澳洲收集的稀有兽类骨骼。这样的馆藏量居亚洲之首，在世界同类研究单位也名在前列。

根据《知识创新工程》试点的基本思路，在明确研究方向的基础上，去年对我所从事的学科作了进一步的布局，瞄准“陆地生态系统的形成和转变，现代生态系统的形成演化”这一国际前沿领域，把“生物矿化学，生物演化机制与环境的耦合关系”作为学科新的生长点进行培育，重点支持“早期脊椎动物起源、演化以及东亚鱼类区系演变的综合研究”、“早期人类起源及环境背景综合研究”、“飞行起源与辽西脊椎动物群研究”和支持“青藏高原隆起与脊椎动物的演化关系”4个优势项目。为造就人才，做好代际转移，配备了后备干部。把一些德才兼备，在科研和管理上做出贡献的年轻人，通过设岗招聘，及时地把他们提拔到重要岗位。为实施创新工程作准备，对机构进行了调整，在已压缩科研机构的基础上，又把技术、科辅部门的6个机构调整为4个，把原来7个管理部门压缩到3个处，解体后勤服务中心，取消了交通科。经过机构的调整，精简和优化了干部和职工队伍，使室、处级干部从

29 人精简为 22 人，科级干部从 7 人精简到 4 人，三大职能部门的工作人员从原来的 28 人减少到 20 人，占现有职工的 11%，分流了 11 人。为了推动改革，出台和完善了关于职工分配、成本核算和有偿服务等一系列规章制度。

1998 年古脊椎所主持和参加的重大、重点项目 5 项，包括国家攀登项目“早期人类起源及环境背景综合研究”；中科院重大项目“辽西热河生物群综合研究”，中科院重点项目“中国高分辨率、高精度新生代哺乳动物地层年表”、“中国早期脊椎动物起源演化的综合研究”；国家科技攻关项目“塔里木盆地覆盖区志留—泥盆系地层基准面剖面建立与对比”、国家自然科学基金特殊学科人才培养基金。1998 年古脊椎所还承担国家自然科学基金项目 9 项，中科院院长基金项目 2 项，国家科委、中科院特别支持项目 30 项，横向课题 10 项。1998 年攀登项目课题组在安徽繁昌取得重大发现，采得大批哺乳动物化石（包括高等灵长类）及数量较多的旧石器及骨器，这一发现可能是亚洲地区目前已知最早的人类活动遗址之一，这对于寻找亚洲早期人类化石，揭开亚洲人类起源之谜具有十分重要的意义。1998 年古脊椎所获中科院自然科学奖三等奖 1 项，取得包括“中生代鸟类”、“扬子鳄大体解剖”和“中国-加拿大恐龙考察计划成果”等 3 项院重要成果。

1998 年期间，古脊椎所在国内外发表研究论文 41 篇，科普类著作 3 部，《SCI》检索收录 9 篇。

1998 年古脊椎所加强了与世界各国的学术交流与国际合作，共承担 11 项院级国际合作项目，18 项所级国际合作项目，与美国、英国、德国、芬兰、澳大利亚、波兰、蒙古、西班牙、奥地利、加拿大、瑞士、韩国、日本等国家开展了不同形式的合作。随着市场经济的不断深化，古脊椎动物与古人类研究所正瞄准古脊椎动物学和古人类学国际前沿，开展理论古生物学研究，不断开拓新的研究领域，提出新的理论和模式，运用现代技术手段提高我国的研究水平。加强相关学科的交叉和渗透，加强与国民经济密切相关的应用基础研究，继续增加对标本采集和积累的投入。重视跨世纪人才的培养，为新一代学术带头人和科研骨干迅速成长创造条件和机会，鼓励出国留学人员回国定居或回所做科研工作，和所内科学家一道培养研究生。聘请一些学术造诣深，在国外取得一定成就的专家为我所的客座教授，在国内工作期间给他们较高的生活待遇。

所内重用那些德才兼备、兢兢业业、成绩显著的年轻学者，着力培养和造就一批年轻的学科带头人，对他们在政治上、业务上和生活上给予全面的关心和扶持，做到严格要求，放手使用，热情关怀，使他们尽快脱颖而出，早日成才。

图书是开展科研工作不可缺少的支撑条件，到目前为止我所收藏的专业书刊达 9600 多种 7 万余册（包括杨钟健、裴文中、周明镇、D. Black 及 F. Weidenreich 等中、外老一代古生物学家的私人藏书）所图书馆与世界 35 个国家和地区，273 个单位和个人建立了交换关系，图书馆专业书刊的藏书已跨入亚洲和世界同类研究单位的前列，现正着手设计一套科学和现代化的采编、编目、入库、建账和流通等的管理“软件”。

古脊椎所在周口店设有北京猿人遗址管理处，该遗址被联合国教科文组织列入世界文化遗产。

古脊椎动物学会挂靠在古脊椎所。所主办刊物有《古生物志》、《古脊椎动物学报》、《人类学学报》、《化石》杂志。《古脊椎动物学报》1998 年在全国众多的生物类期刊影响因子中排名第二。

地质研究所

所　　长：刘嘉麒
地　　址：北京市德胜门外祁家豁子
邮政编码：100029
电　　话：010-62008001（所办）
图文传真：010-62010846

地质研究所 1950 年 9 月 6 日建于南京，其成员来自原工商部中央地质调查所（建于 1913 年 6 月）和中央研究院地质研究所（建于 1928 年 1 月）等，是我院历史最悠久的研究所之一，1954 年迁至北京。先后分出部分人员扩展建立了兰州地质研究所（1955 年）、贵阳地球化学研究所（1965 年）和国家地震局地质研究所（1978 年），以及上海硅酸盐研究所、青海盐湖研究所、南海海洋研究所的相关研究室。现有在职职工413人，其中科技人员339人，有中国科学院院士5人，中国工程院院士1人，博士生导师40人，研究员68人，副研究员及高级工程师110人，中级科技人员123人。

地质所以基础研究为主，兼顾应用基础研究，是国家地球科学研究和高层次人才培养的重要基地。主要研究领域包括大陆动力学与岩石圈构造演化，环境地质学与全球变化，构造控矿论、紧缺矿产及非常规能源，工程地质力学与重大地质工程等。在此基础上开展地球系统的资源与能源研究，探讨地球演变历史和环境演变规律，为防治地质灾害，协调人与自然的相互关系，实现可持续发展提供科学依据。

地质所建有两个开放实验室，即岩石圈构造演化开放研究实验室和工程地质力学开放研究实验室，以及两个中心，即地质环境系统研究中心和矿产资源研究中心，它们分别代表着地质所的四个发展重点。结构性调整后，保留了矿物学研究室、大地构造学研究室、地热学研究室、岩石学研究室、沉积学及地层学研究室、同位素地质学研究室、第四纪地质学研究室、极地地质学研究室8个研究室及岩石矿物分析测试实验室和出版图书情报室。

地质所在地球三极（青藏高原、南极、北极）的科学研究中，也形成了一支高水平、富于经验的科研队伍，长期以来开展了青藏高原地质研究，并将青藏高原与南极、北极进行广泛对比。参加了南极长城站、中山站建站，到目前为止已有10人17次赴南极进行科学考察。还积极参与策划了北极的科学考察。

地质所是国家首批博士学位授予单位和首批博士后建站单位，研究生培养成绩突出，并被认定为中国科学院博士生重点培养基地。目前，全所每一重点发展领域都有院士和知名度较高的中青年学术带头人和青年科研骨干（科技人员中，具有博士学位的占30.4%）。现有在读博士生103人，硕士生24人。另有博士后12人。地质所全力为青年人才的成长创造条件，吸引优秀青年人才回国工作。

1998年地质所主持多项重大、重点项目，其中包括国家自然科学基金重大项目2项：“中国季风区古环境演变机制及其与全球变化的动力学联系”和“大别山-苏鲁地区超高压变质作用过程及形成环境”；杰出青年基金项目3项：“黄土事件地层学”、“高温高压下流体动力学性质的分子动力学研究”和“晚新生代古土壤反映的环境时空演变及其与全球变化的关系”；主持中科院重大项目2项，承担中科院重大二级项目10余项，包括“大陆岩石圈板块在碰撞过程中的物理化学变化”、“大别山造山带周围盆地的形成演化及其造山作用的构造耦合关系和动力学机制”、“碰撞造山带的运动学研究”、“中国东部大陆岩石圈与软流圈的三维结构”、“亚洲古季风气候演变与全球变化”、“历史时期自然环境背景与人类活动效应”、“青藏高原西部隆生过程研究”、“极地岩石圈构造研究”、“金厂峪深部盲矿体预测和成矿勘探研究”、“云南墨江金矿地质结构模型与找矿方向”；中科院重点项目7项，包括“三个经典基础理论的研究”、“地下硐室软弱围岩变形特征与支护”、“关于工程地质力学变形体系及综合集成方法研究”、“沉积盆地系统及其动力学基础研究”、“太古宙洋壳和初生陆壳的地质记录及早期陆壳增生机制”、“金沙江能源开发工程地质环境综合评价和预测研究”、“洞穴碳酸盐微层年代学与气候学”；还承担财政部专项支持项目“我国泥石流基础研究”；国务院黄金专项“小兴安岭地区金矿成矿规律研究”、“山东重要金矿成矿区成矿规律和找矿方向研究”；国家攻关项目“中国主要含油气盆地地温场特征研究”、“渤海盆地热历史构造热演化与断裂活动与油气成藏的关系研究”、“试验区找矿地质背景研究”、“大中型气田能量场演化与天然气形成”；国家“305”项目“优势非金属矿产资源”、“东昆仑-阿尔金大型金矿成矿地质条件与预测研究”、“昆仑-阿尔金大地构造蛇绿岩与成矿关系”以及大型国际合作项目（中比合作）“青藏高原隆起与火山作用”等。此外地质所还承担众多国家自然科学基金面上项目及大量横向课题等。

1998年，地质所主持的“金矿找矿选矿中几个关键理论和技术的应用研究”获国家科技进步奖二等奖；“中国南极考察科学研究”获国家科技进步奖二等奖；“我国干旱半干旱区十五万年来环境演变的动态过程及发展趋势”获中科院自然科学奖一等奖；地质所参加的“五强溪水电站左岸高边坡稳定与治理研究”获湖南省科技进步奖一等奖；“辽西及邻区中生代火山岩”获辽宁省科技进步奖一等奖，在1998年中国科学院研究所评价中为AA类（绩效评价、状态评价）研究所。中科院启动知识创新工程试点工作后，地质所初步完成了结构性改革，实行了绩效工资，并积极推进与地球物理研究所的整合工作。

中国科学院·国家环境保护局地质环境系统研究中心、中国科学院·香港大学边坡岩土工程力学联合研究中心挂靠在地质研究所。另中国第四纪研究委员会、中国沉积学专业委员会、中国工程地质学专业委员会、中国科学院极地科学委员会、中国地球物理学会工程地球物理专业委员会亦挂靠在地质研究所。地质研究所主办国家一级科技刊物4个，即《地质科学》（包括英文版）、《第四纪研究》、《岩石学报》和《工程地质学报》。

自然资源综合考察委员会

常务副主任：成升魁
地　　址：北京市朝阳区大屯路3号
邮政编码：100101
电　　话：010-64889449（办）
010-64889461（办）
图文传真：010-64914230
电子函件：zkb@cisnar.ac.cn
网　　址：http://www.cisnar.ac.cn

自然资源综合考察委员会（CISNAR）成立于1956年，现有职工270人，其中科技人员204人，包括中国科学院院士2人，中国工程院院士2人，博士生导师12人；有研究员29人，其中45岁以下的研究员7人，副研究员和高级工程师62人，中级研究人员94人；是生态学专业博士学位和自然地理学、人文地理学、生态学专业硕士学位授权单位，1998年在学研究生55人，其中，博士生36人，硕士生19人。

综考会是从事自然资源和区域发展的研究机构，同时也是中国科学院开展综合科学考察研究的组织协调机构。1998年在中国科学院研究所结构调整和自我定位中，综考会的学科定位是资源科学，研究方向是：以资源系统为主要对象，研究资源开发的时空规律，资源可持续利用，资源综合生产力，区域资源配置，资源管理，资源、人口、环境、经济复合系统协调机理与模式等。重点学科领域为：资源生态学、资源信息学、资源管理学及资源经济学。研究任务是：在区域、国家和全球尺度上，瞄准国家目标和国际科学前沿，强化对资源系统的综合研究，资源与区域发展综合研究，发展资源科学；组织协调并承担国家及中科院的资源环境综合研究项目，为社会经济可持续发展提供科学依据。通过学科结构调整，现设有国土资源综合研究中心、资源经济与发展研究中心、资源生态与管理研究中心、资源环境信息网络与数据中心、中国生态系统研究网络综合研究中心和资源开发技术研究室，4个野外研究试验站。此外世界数据中心中国分中心（WDC-D）的再生资源与环境学科中心、中国科学院可持续发展研究中心、中国生态系统研究网络（CERN）秘书处也设在综考会。目前建有中国自然资源数据库（由自然资源、社会经济、人口和宏观环境4部分共17个子库组成，数据条目约500万个，数据范围覆盖全国）、中国1/100万土地资源数据库、全球国家基本状况数据库（包括全球200多个国家和地区）、中国生态系统数据库（数据量150M，3148个数据集）等综合性数据库和图库9个，黄淮海地区估产背景数据库等专题数据库和图库14个。资源环境信息网络与数据中心和中国生态系统研究网络综合研究中心具有国内资源、生态研究领域先进的计算机软硬件环境和图形（象）处理设备，完全具备国内外学者来综考会从事资源、环境和生态等领域研究工作的条件。综考会的战略定位和发展目标是：通过改革与不断创新，将综考会建设成具有国际先进水平的国家资源科学应用基础研究与知识创新基地、国家重大资源环境问题研究与宏观决策咨询基地、国家资源环境信息中心和国家资源科学高级研究与管理人才培养基地。

1998年，综考会承担了国家攻关课题（专题、子专题)："中国农业资源综合生产能力与人口承载能力研究"，"不同类型区农业资源高效利用的优化模式与技术体系的集成研究"，"高效利用农业资源的管理技术研究"，"雅鲁藏布江大拐弯段调电调水超前期研究（期望解决我国西部水资源紧缺与黄河断流问题）"等23项；承担国家攀登计划和中科院重大项目（专题、子专题)：青藏高原环境变化与区域可持续发展研究（攀登），生态系统生产力形成机制与可持续性研究等23项；承担国家其他项目10项，中科院专项研究14项，重大横向课题4项，国家自然科学基金课题11项。

1998年综考会共发表科技论文140篇，其中国外发表10篇，出版学术著作11种，约520万字，其中译成外文1种，约100万字；上报院重要成果1项（香港地理信息系统研究)。

长期以来，综考会先后与30个国家和地区的科研机构、大学建立了广泛的学术交流与合作关系。与日本京都大学、日本筑波大学、联合国大学和澳大利亚阿得莱德大学及美国、印度等国已在多方面开展合作研究。合作课题有：人口增长与土地利用变化的相互作用关系、全球变暖中国响应模型研究、中日合作中国南方大气环境现状调查预研究、城市规划和管理信息系统研究、生物多样性价值评估与保护对策、中国可持续发展政策框架研究、APEC高新技术工业园区技术流动投资自由化研究，共7项。1998年综考会接待了来自不同国家和地区的学者共13批67人次，同时派出以优秀青年科技人员为主的54人次出国进修、参加国际会议和开展合作研究。为加强对青年人才的培养，鼓励他（她）们勇于开拓、创新，在孙鸿烈院士的大力支持下，综考会与青藏高原研究会分别设立有优秀青年奖、青年优秀论文奖和青藏高原青年科技奖，几年来，已有数十名青年同志分别获得奖励。1998年综考会以及与瑞典皇家科学院和青藏高原研究会，先后举办了东亚土地利用国际研讨会、中国瑞典生态系统研究与管理研讨会、青藏高原的形成演化可持续发展国际学术讨论会，为进一步推动在这些科学领域的国际合作奠定了基础。

挂靠的学术组织有中国自然资源学会、中国青藏高原研究会。主办的学术刊物有《资源科学》、《自然资源学报》、《AMBIO—人类环境杂志》(与瑞典皇家科学院合办)、《国土资源文摘》。

地理研究所

名誉所长：黄秉维
所　　长：陆大道
地　　址：北京市朝阳区大屯路3号
邮政编码：100101
电　　话：010-64914841
010-64889276
图文传真：010-64911844
电子函件：fangaf@dls. iog. ac. cn

地理研究所于1940年建于重庆，1947年迁至南京，1958年迁于北京，是地理科学的综合性研究所。全所现有职工433人，其中有中国科学院院士5人，研究员76人；副研究员、高级工程师75人；中级科技人员105人。是国家确定的硕士、博士研究生、培养博士后流动站单位。截止1998年8月，已培养博士生89人，硕士生231人。现有在读博士生109人，硕士生44人。进入博士后流动站44人。

几十年来，地理所承担了大量国家、中国科学院和地方的科研任务，取得了一批重要的科学技术成果，共发表论文4300篇、出版专著320部，图集40多册，图件400余幅，至今已有204项科技成果获国家级、院级和部委级奖励。

目前，地理所有3个部（资源环境研究与应用部、区域持续发展部、地理信息系统科学部)，20个研究室、实验站、实验室（全球变化研究室、资源环境整治研究室、水资源水环境研究室、环境生命元素与医学地理研究室、区域环境质量与物质循环研究室、地貌研究室、生态研究网络水分分中心、大屯农业生态与环境技术试验站、禹城综合试验站、河流海岸模拟实验室、中心分析实验室、农业发展与土地利用研究室、产业布局与区域经济研究室、城市发展研究室、区域发展研究室、历史与文化地理研究室、世界地理研究组、区域持续发展模拟实验室、地图学与制图技术研究室、资源与环境信息系统国家重点实验室），以及技术开发系统。

地理所的主导研究理论支撑体系是陆地地球系统科学，研究的主导内容是解决区域可持续发展。地理所主要研究方向为：地理研究的结构、形成和演化及其合理开发利用途径。通过对地理环境中物质流、能量流与信息流及地理过程的分析，揭示地理环境中物质能量的迁移、积累、转化过程及人类活动对地理环境影响的规律。地理所的主导产出为地理信息产品和区域发展分析、咨询产品，为全球、国家和地区的可持续发展提供科学依据。寻找人类适应、利用、改造地理环境的途径。

今后将围绕自然资源持续利用、环境整治与开发、国家及区域发展、农业持续发展、生态系统建设以及全球信息化等主题开展综合性研究，通过对陆地表层系统中人与自然的关系及其相互作用过程的研究，寻求可持续发展的途径，为国家宏观决策提供科学依据。

地理所的研究机构将根据知识创新工程的设想和要求逐步调整为水土资源研究中心、区域发展综合研究中心、地表过程与环境研究中心、地球信息科学研究中心和农业与农村研究中心。

1998 年度从事的主要研究课题有：（1）国家攀登计划项目：青藏高原形成演变环境变迁与生态系统的研究；（2）国家攻关项目：重大自然灾害评估系统研究，可持续发展重大战略政策研究，柴达木盆地经济发展与水资源合理配置研究，柴达木盆地水土资源开发利用与农业可持续发展研究，污泥高效低耗堆积与复合肥制备成套技术，禹城试验区资源节约型高产高效农业综合发展研究，土地利用的变化与主要温室气体净排放研究，中国农业资源态势分析、优化配置与合理布局，晋陕蒙资源开发与环境整治综合研究，黄淮海平原可持续农业与农村发展研究，中国区域发展问题研究等宏观国土资源信息共享；（3）国家自然科学基金重大和重点项目：我国北方地区农业生态系统水分运行及区域分异规律研究，农田氮、磷向水体和大气迁移机理，影响因素及阻控对策，GIS 支持下 SAR 图像分析应用的关键技术，流域系统中泥沙产生与致灾机理研究，中国生态地理区域系统及其在全球环境变化研究中的应用，我国典型区域农业可持续发展和农村经济机制研究，中国旅游业持续发展理论基础与宏观配置体系研究；（4）国家自然科学基金面上项目 40 项；（5）中科院重大和重点项目：黄淮海平原农业可持续发展，农业专家决策支持系统，高唐县水土资源高效利用研究；（6）国际合作和外援项目：如博茨瓦纳土地规划与测量，中美、中日、中英、中澳、中加等合作项目；（7）省、部委托项目，平均每年达十几项。1997 年地理所共有 5 项科技成果获得中科院和国家教育部的成果奖励，其中"水资源开发利用及其在国土整治中的作用"、"硒等生命元素缺乏地区的环境改良和防病示范研究"获中科院科技进步奖二等奖，"植物区系地理"、"中国古代地图集"获中科院自然科学奖三等奖，"中国海洋地理研究"获国家教育部科技进步奖一等奖。另外，还登记中国科学院科技成果 4 项。

中国地理学会、中国科学院水问题联合研究中心、中国科学院乡村发展联合中心挂靠的地理所。主办刊物有《地理学报》、《地理研究》、《中国地理》（英文版）、《地理科学进展》、《地理知识》等。

地球物理研究所

名誉所长：傅承义
常务副所长：郑天愉（主持工作）
地　址：北京朝阳区大屯路甲 11 号
邮政编码：100101
联系电话：010-64871497
010-64889084
图文传真：010-64871995
电子函件：geop@mail. c-geos. ac. cn

地球物理研究所于 1950 年成立于南京，前身是中央研究院气象研究所。1998 年底职工总数 321 人，从事科技活动人员 194 人，有中国科学院院士 2 人，研究员 29 人，副研究员，高级工程师等 61 人，中级科技人员 57 人。现有在读博士生 38 人，硕士生 11 人。另有在站博士后 12 人。

地球物理所是以研究固体地球物理为主的基础和应用基础研究机构。它应用现代物理学原理和方法，采用先进的计算技术，观测技术和实验设备，研究地球及其空间环境的物质组成、物理结构、动力学过程及其演化规律，跟踪和开拓地球物理科学的新领域，为预测、勘探和开发能源和资源、减轻地球自然灾害和解决环境保护等重大问题提供科学依据。

地球物理所是国家确定的硕士、博士研究生培养单位和博士后流动站单位。同时也是中国科学院现代地球科学研究中心的依托单位。

地球物理所设有9个研究室和中国矿物资源探查研究中心，分别从事岩石层物理、地球动力学、理论地球物理、综合地球物理、地磁与空间电磁环境、科技信息、应用地球物理、油储地球物理、矿物资源探查等方面的研究；作为重要观测、实验研究系统，还建有中国科学院地球动力学高温高压开放研究实验室、古地磁与环境磁学实验室、地磁观测台链。

地球物理所拥有科研仪器设备1511台套，价值4745万元。其中有由现代先进仪器组成的地球化学实验系统，气体围压三轴流变装置、3GPa固体三轴流变仪、超导磁力仪、浅层地震仪、电阻率测试仪、重力仪、计算机网络系统等。

近十年来地球物理所与大庆和胜利油田的科技人员，面对我国东部主力油田油气勘探面临的重大科学问题，开展油储地球物理研究，取得可喜进展。为推进科研成果实用化进程，地球物理所与大庆石油管理局勘探开发研究院签订协议，建立了“油储地球物理学联合研究中心”；与胜利石油管理局地球物理勘探开发公司签订协议，成立了“勘探地球物理联合实验室”。

自1994年以来地球物理所成为国家科委，中国科学院基础性研究所改革试点单位。经过三年工作，全面达到任务书规定的各项考核指标，1998年向国家科委、中科院提交了改革试点阶段总结报告，科委、院有关领导和专家评议组对地球物理所三年多来在优化学科方向、调整科研结构、转换运行机制、精干研究队伍、完善科研支撑条件等方面进行综合性配套改革取得的成绩给予充分肯定和好评。

根据中科院党组关于地球物理研究所和地质研究所实施所际整合和进入创新工程试点工作的决定，所领导积极贯彻院党组的决定，广泛动员群众，组织研讨，由两所联合工作组组织提出了两所整合方案上报资环局，并积极抓紧园区建设规划，创新工程重大项目设计等各项准备工作，完成资产清理。

地球物理所1998年在研课题共计140余项，其中主持攀登计划项目1项，负责承担二级课题1项，三级专题11项；科技攻关三级专题3项；国家自然科学基金重大项目2项，重点项目4项，杰出青年基金1项，面上项目28项；国家海洋“863”课题6项；中科院“百人计划”2项，重大项目4项，重点项目4项，面上项目28项；有关部委委托及技术服务项目37项。国家自然科学基金重大项目“陆相油储地球物理理论及三维地质图像成图方法”由中科院、石油部、高校等21个单位参加，针对我国陆相碎屑岩油气储集体的复杂地质条件，综合地球物理场特征，形成三维地质图像成图理论及方法，以便大幅度提高油气勘探与开发的经济效益。海洋“863”课题“海洋岩石层三维地震成像技术”已研制成海底宽频带大动态三分量数字地震仪，并在水库及东部海域进行了水陆联合观测，这将对我国海洋国土探测和海洋矿产资源探查及维护我国海洋国土权益提供高技术支撑。

1998年以地球物理所科技人员为第一作者发表学术论文124篇；出版专著2部，分别为《陆相油储地球物理学导论》和《诺阿卫星探察隐伏构造、地热及水分布》；获得成果8项，其中，应用基础4项，科技服务4项。

1998年“地震波波形研究”获中科院自然科学奖一等奖。

1998年对外从事地球物理科技服务新签订技术合同13项。还办有所办公司3个，科技服务中心1个，人员约50余人。

1998年地球物理所与俄罗斯开展了有关鄂霍茨克海地质地球物理研究，区域和全球地磁场模型及其场源研究等方面的合作研究、与捷克、加拿大、英国、法国、美国科学家开展地球物理合作研究和交流。协助国家自然科学基金委员会在美国举办了“首届中国与北美地区华人勘探地球物理学术研讨会”。与韩国公州大学共办了在韩国举行的“中韩黄海地质资源研讨会”。中日合作“中国矿物资源探查研究中心”项目，在完成实验室系统配套建设的同时，围绕“华北北部中生代伸展构造条件下岩浆-流体流动与成矿作用”主题，开展了一系列研究工作。

地球物理所派出多名科学家参加了有关的国际会议，并有数名科学家在国际组织中任职。由地球物理所主办，广州海洋地震局等4个单位协办的“地球物理若干重大研究领域进展报告会”，有60个单位的200多名科技人员参加了会议。

地球物理所重视年轻人才的培养，在研究生教育、专业技术职务评聘、设岗聘任、出国学习等方面进行多途径的培养和提拔。同时，经过“百人计划”招聘，研究岗位设置等方面吸引国外人才。现有一批优秀的年轻人才，有45岁以下研究员12名，副研究员20多名，担任研究室主任7名。

地球物理所是中国地球物理学会、中国岩石力学与工程学会和世界数据中心中国中心WDC-D地球物理学科中心的挂靠单位，是《地球物理学报》主办单位之一，是《地球物理学进展》的主办单位。

大气物理研究所

名誉所长：叶笃正
所　　长：王明星
地　　址：北京市德胜门外祁家豁子
邮政编码：100029
电　　话：010-62028606
传　　真：010-62028604
电子函件：rl@linux2. iap. ac. cn
网　　址：www. iap. ac. cn

大气物理研究所前身是1928年成立的原中央研究院气象研究所。现有职工489人，其中科技人员409人，有中国科学院院士5名，研究员61人，副研究员和高级工程师119人，中级科技人员171人。大气所是博士、硕士学位授予单位和博士后流动站建站单位。现有在学博士生74人、硕士生37人，博士后13人。

大气物理所主要从事大气科学中的基础性研究工作，承担国民经济建设和国防建设中具有战略性、综合性和全局性的重大科学问题，同时也致力于高技术开发和其他横向任务。其研究方向为：研究大气中各种运动的物理化学过程的基本规律及其与周围环境的相互作用，发展新的探测和试验手段，为天气、气候和环境的监测、预测和控制提供理论和方法。

大气物理研究所拥有SGI origin 2000工作站一台、一座用于研究城市大气污染和大气边界层物理的高达325米的气象铁塔及边界层遥感探测系统等设备。这些科研设备在观测、实验及理论研究中均发挥了重要的作用。

1998年，大气物理所申报了两项国家重点基础研究发展规划项目（“973”）。其中，“我国气候灾害年度预测机理和方法研究”被列为正式启动项目，“我国生存环境演变和北方干旱化趋势预测研究”被列为培植项目。另外，杰出青年基金A“全球定位卫星系统与全球大气预报模式的资料四维同化”和杰出青年基金B“中国夏季降水时空变化规律之研究”均获批准，并又有11项国家自然科学基金面上项目获得批准，再次在大气科学领域名列前茅。除上述新立项课题外，1998年大气物理所还承担科技部、国家自然科学基金委和中国科学院重大、重点项目40余项，其中包括主持两项国家攀登计划预选项目：“我国未来生存环境变化趋势预测研究”和“气候动力学及气候预测理论的研究”；此外，大气物理研究所还承担了“921”、“863”以及二十几项国家自然科学基金面上项目。

大气物理所设有3个开放实验室（其中两个为国家重点实验室），3个研究中心（其中两个为国际性中心，1个院级中心），4个研究部，3个科研支撑系统。主要研究领域包括地球流体动力学的理论和数值模拟、短期气候预测、大气化学、中层大气和大气探测、东亚区域气候的理论和模拟，以及中小尺度气象、减灾的理论和模拟等。

1998年，大气物理所在国内外正式学术刊物、正式出版物发表学术论文206篇，其中国外发表84篇。共有5个项目获得国家及部委奖励，它们分别是："气候系统模式研制、气候预测理论"（主持）获中科院自然科学奖一等奖；"大气K-分布辐射模式的研究"(主持)获中科院自然科学奖二等奖；"我国酸沉降及其生态环境影响研究"(参加)获国家科技进步奖一等奖；"我国台风暴雨灾害性天气监测预报业务系统"(参加)获国家科技进步奖二等奖；"重庆市大气污染控制规划研究"（参加）获得重庆市科技进步奖二等奖。另外，还有6位同志获得各类个人奖励。例如，王昂生研究员获"联合国灾害防御奖"，钟青研究员获世界气象组织"青年科学家研究奖"。

1998年底，由大气物理所承担的中科院"九五"重大项目"大气污染预测理论和方法研究"顺利通过中期检查。由于其成果应用于天津等城市的大气环境试预报，受到与会专家的一致好评。

根据中科院建设知识创新基地的有关精神，大气物理所在广泛研讨的基础上，对战略定位进行了重新认定，并确定了远、中、近期创新目标。1998年，把原有的7处2办精简成4个处，及综合处、组织人事处、科技处和计划财务处，并采取公开招聘的形式选聘处长，机关人员从原有的48人精简成29人。另外，还将原计算中心和信息中心合并成计算科学信息中心，使之能更加协调地为大气科学计算和信息资料服务。

大气物理所的几个传统国际合作项目例如与美国能源部CO_2的气候效应合作研究、与德国夫琅荷费研究所关于甲烷排放的合作研究、与意大利世界实验室关于干旱沙漠化的合作研究、与美国NCAR关于资料网络的合作等均继续取得满意进展。1998年，举办了"亚洲季风及其可预测性"以及"第一届亚太地区大气环境空间遥感大会"两个大型国际学术会议，举办了"青年学者大气、环境国际研讨会"、"亚洲区域气候模式应用高级培训班"和"第三世界科学院数值预报培训班"等3个国际学术活动，均取得了很好的效果。共有近120人次出国开会或短期工作，接待外宾200多人次，有近10位外宾还来所工作一个月以上。

1998年，大气物理所继续开展人才培养工作，采取了一系列措施：(1) 进一步推动高研人员年轻化，提拔了一批年轻的研究员、副研究员，充实到科研各个方面，增强了活力。其中，3位年轻科研人员特批研究员，15位青年同志聘为副研级专业职务；(2) 积极参与院"百人计划"工程，1998年申请的两个"百人计划"项目获准招聘；(3) 继续加大研究生培养力度，逐渐扩大博士生招生规模；(4) 进一步扩大博士后规模。

大气物理所现拥有3个科技开发公司、2个服务中心，其主要开发项目有激光气象雷达、超声测温、测风系统、各类异型充分制品、环境评价等。本着促进科研工作成果转化、承担研究所人员分流任务、为研究所创造效益三个根本目的，1998年，大气物理研究所对所属开发实体进行了整顿，撤销了一个经营严重亏损的公司，取得了一定的成效，使研究所的科技开发工作逐渐纳入正轨。

中国科学探险协会和中国气候研究学会挂靠在大气物理所。主办的刊物有：《大气科学》(中文版，英文版)、《大气科学进展》(英文版）和《气候与环境研究》。

遥感应用研究所

名誉所长：陈述彭
所　　长：郭华东
地　　址：北京市朝阳区大屯路
邮　　编：100101
电　　话：010-64879268
010-64889570
图文传真：010-64889786
电子函件：admi@irsa. irsa. ac

遥感应用研究所成立于1979年，其前身为1978年成立的地理研究所二部，现有职工242人，其中科技人员194人，有中国科学院院士3人，研究员26人，副研究员、高级工程师等60人，中级科技人员87人。现有在学博士生42人，硕士生22人。另有博士后10人。

遥感应用所是地图学与地理信息系统专业博士、硕士学位授权单位，设有博士后科研流动站。

1998年，遥感应用所被中国科学院认定为科研基地型研究所。

遥感应用所开展遥感信息科学与地球信息科学研究，主要研究遥感科学理论技术与应用，包括可见光、红外和微波遥感信息与地球表层目标相互作用机理，遥感信息处理方法及遥感应用模型，多元、多维信息复合分析模型，开展资源环境遥感应用工程化、产业化的关键技术研究，满足国民经济建设需要的动态科学信息，服务于国家经济建设。

根据知识创新工程整体规划，遥感所的学科调整结构及优势领域将集中于瞄准国际前沿的遥感信息科学，服务于国家目标的遥感信息应用，面向市场的遥感信息工程等三个领域。

根据以上三个领域，遥感所形成了以遥感信息科学开放研究实验室、遥感应用研究和国家遥感应用工程技术研究中心三个模块为主组成的科研机构，其中遥感信息科学开放研究实验室有遥感辐射传输理论、高光谱遥感科学、雷达遥感科学、全球变化遥感等学科方向；遥感应用研究主要开展农业、地矿、海洋、环境应用及大尺度资源环境调查；国家遥感应用技术工程研究中心下设多维信息获取与时空信息融合技术、新型遥感目标识别、提取及信息处理技术、地理信息系统技术、网络空间信息系统技术、综合集成技术开发与应用等工程部门以及市场开发与质量监督部门。

遥感应用所拥有两架高空遥感飞机，系中科院八大科研运行系统之一，承担院内外遥感飞行。

1998年度，遥感应用所承担国家自然科学基金项目3项，国家科技攻关课题12项，“863”计划项目7项，国家攀登计划项目2项，“921”计划项目14项，中科院重大、重点项目2项，国家其他项目2项，横向项目2项等。其中应用基础研究7项、应用研究3项。

1998年夏，我国长江中下游及东北地区发生特大洪水，遥感应用所利用星机载遥感技术进行灾情监测，为防洪抗洪作出了重要贡献，得到国家科技部表彰和中央领导同志的高度赞扬。

1998年度，遥感应用所的“国家资源环境遥感宏观调查与动态研究”获中科院科技进步奖特等奖。该项目充分发挥遥感技术宏观、现势性强、具有动态监测能力和获取调查数据和相应的图件及专题研究成果，对国民经济重大宏观决策所需数据进行定期更新，为国务院和其他国家有关主管部门提供连续服务。

1998年，遥感应用所上报院登记成果10项。

1998年，遥感应用所与加拿大遥感中心联合开展的全球雷达遥感中国项目（二期）正式展开；与日本地球科学综合研究所合作的新一轮课题“吐哈盆地油气遥感”正式启动；与意大利电讯公司合作的项目“福建省地理信息系统建设”正顺利进行；与日本电报电话公司合作的“高光谱在植被遥感中心应用”以及与缅甸林业部合作的“缅甸中部干旱地区农业综合发展规划”顺利结束。

1998年该所选派开展国际合作研究、高访、参加国际会议共81人次，接待来访外宾135人次。

中国地理学会环境遥感分会挂靠在遥感应用所，主办刊物有《遥感学报》，并与中国图形图像学会等联合主办《中国图形图像学报》。

遥感卫星地面站

站　　长：潘习哲
地　　址：北京市北三环西路45号（北京2434信箱）
邮政编码：100086
电　　话：010-62559658
010-62554861（总机）
010-62587019
图文传真：010-62561215
010-62587872
电子函件：yhli@ne. rsgs. ac. cn

遥感卫星地面站（即中国遥感卫星地面站）前身系中国科学院空间科学技术中心地面部，创建于1979年2月，引进遥感卫星地面站技术是1979年邓小平同志访问美国签订的中美科技合作项目之一，1986年12月建成并正式运行。邓小平同志为地面站题写站名；国务院副总理方毅、全国人大常委会副委员长严济慈、中科院院长卢嘉锡以及美国驻华大使温斯顿·洛德、美国国防部部长助理布里艾恩出席了落成仪式。1987年，中国遥感卫星地面站经原国家科委批准独立建制，是直属中科院领导的所级科研事业单位。

遥感卫星地面站主要设有数据接收站、数据处理研究室、微波遥感数据处理研究室、照相技术研究室、遥感信息处理技术研究室、图像处理技术研究室。全站现有职工近200人，其中科技人员150余人，有研究员11人，副研究员和高级工程师26人，中级职称人员62人，在学硕士研究生17人，博士研究生1人。地面站具有硕士学位授予权。

为了适应遥感技术发展和全国用户的实际需要，遥感卫星地面站在学科领域作了相应的调整和充实，使地面站从多光谱数据的接收处理、研究、开发，扩展到既包括多光谱又包括微波遥感数据的接收处理、研究、开发，从而使地面站逐步发展成为全天候、全天时、准实时、多种分辨率的卫星对地观测数据中心。

中国遥感卫星地面站拥有国内外先进水平的遥感数据接收系统、数据处理系统、光化学图片处理系统和示范应用研究系统。地面站是国家地球资源信息基础设施，是我国地球资源航天遥感数据源。截止1998年年底，地面站累计存档多光谱和微波遥感卫星数据近36万景。1998年地面站为全国遥感用户提供6000余件遥感卫星数据和图像资料服务，它们被用于环境资源调查、灾害监测评估、国土整治规划、地质勘探、农作物估产等许多领域。

1998年遥感卫星地面站承担科研任务25项，其中国家“九五”攻关项目3项，国家专项1项，中科院重大工程改造1项；发表学术论文28篇。

遥感卫星地面站开展国际间的技术合作取得丰硕成果。地面站与法国SPOT IMAGE公司合作成立“北京视宝卫星图像公司”，解决了我国广大遥感用户对法国SPOT卫星数据资料的需要。地面站与美国SA及STX公司完成了中国资源卫星数据接收及质量检验系统的安装与调试，为接收中国即将发射的资源卫星数据作好准备。

1998年我国长江、松花江、嫩江流域发生特大洪涝灾害，遥感卫星地面站利用遥感高科技为抗洪救灾作贡献，整个汛期仅就长江流域宜昌至芜湖段，嫩江、松花江流域齐齐哈尔至哈尔滨段共计接收卫星数据160景，曾派出10多名代表，将灾区最新卫星影像图分别送至国务院、国家防总和武汉、南昌、哈尔滨等地方防总，为中央和地方决策提供科学依据。1998年12月21日，中共中央政治局常委尉健行同志在中国革命博物馆举办的我国改革开放20年成就展览会上，参观并询问了由地面站制作的遥感卫星水灾影像图。在全国抗洪救灾表彰中，地面站被国家科技部评为先进集体，还受到国务院办公厅秘书局、中科院领导的充分肯定与表扬。中央电视台、北京电视台、《人民日报》、《中国科技日报》等新闻媒界共作过20余次报道。

空间科学与应用研究中心

名誉主任：王大珩
主　　任：张厚英
地　　址：北京市海淀区中关村南二条1号
邮政编码：100080
电　　话：010-62560947
图文传真：010-62576921

空间科学与应用研究中心成立于1987年，由空间物理所（即原应用地球物理所）和空间科学技术中心合并组建。1994年4月中科院党组决定将院直属机构“空间科学与应用总体部”和空间中心合并。合并后为便于对院内外进行工作协调，对外仍用两个名称，即“空间科学与应用研究中心”和“空间科学与应用总体部”。这将有利于充分发挥我院空间科学与应用的综合优势，有利于继续加强空间科学与应用领域的研究，有利于提高承担国家重大攻关和工程型号任务的能力。

空间中心现有职工515人，其中科技人员418人，中国科学院院士1人，研究员44人，副研究员、高级工程师140人，中级科技人员160人。现有在学研究生45人，其中博士生10人，硕士生29人。具有空间物理专业硕士、博士学位和空间飞行器设计、计算机应用专业的硕士学位授予权，并设有空间物理专业博士后流动站。

空间中心是中国科学院空间科学和应用方面的一个综合性研究实体，也是中国科学院在该领域的总体单位。其主要研究方向有：空间物理和空间环境，即日地体系及日地空间中相互联系和耦合的日球层、磁层及等离子体、电离层和中高层大气物理，空间环境的研究，监测和预报等。空间探测技术，包括空间飞行器（飞船、卫星等空间飞行器和探空火箭、高空气球等亚轨道飞行器）的总体技术和系统集成，探测方法和仪器，空间飞行器电子及信息系统，地面接收、测控、处理技术和应用，等离子体推进技术等。微波遥感技术，包括各类机载和空间微波遥感器，微波遥感信息技术等。由上述基础研究和高新技术研究基础上发展的通讯、数据收集传输、工业控制、高空探测、雷电监测防护，材料表面改性等技术开发工作。

空间中心的基本研究设施有：海南电离层综合数字观测站，广州宇宙线各向异性观测站，北京宇宙线游离室，北京超中子堆地面观测站，日球物理数值研究开放实验室和地球空间环境物理开放实验室，空间等离子体环境模拟实验室，世界数据中心中国空间科学学科中心，空间飞行器有效载荷数据接收站，空间飞行器在轨监控及数据处理中心，地物微波特性模拟、微波标准及标定实验室，空间环境模拟实验室，海南探空火箭发射场等。

1998年空间中心在院关于高举旗帜，认清形势，抓住机遇，开拓创新，深化改革，加快发展的思想指导下，努力完成科研、开发和管理工作各项任务，认真探索中心定位方向和可持续发展思路，准备迎接世纪之交科技事业新发展。

为了充分发挥中心在空间科学和应用研究领域的作用，1998年空间中心继续抓紧抓好921-2、SJ-5等重大工程任务、国家攻关、“863”等基金项目和其他各类任务的实施。921-2系统总体及各分、子系统均按计划要求完成任务，并保证质量。SJ-5卫星完成了正样星整星的各种试验及有效载荷各仪器的试验验证工作。“九五”攻关专题项目《重大自然灾害监测系统研究》和子专题项目《区域洪涝灾害监测评估硬件研究》均通过中期评估检查。“863”项目、国家自然科学基金课题均按计划执行。“日球物理数值开放实验室”通过了院级评审，升级为院级开放实验室。

在空间物理研究方面，提出的横向剪切流冲击突然刹车触发磁场重联机制和高纬边界层重联结构模型、湍动多级磁重联加热加速太阳风模型等以及在中低纬电离层对行星际扰动的响应和电离层运行（漂移）速度场测量分析等方面都做出了有意义发现和成果。

在应用开发方面，通过积极推广成果，认真组织实施，在通信、工业控制、气象探测等方面的应用取得较好的效益。

1998年空间中心共发表论文92篇，其中国外发表32篇。全年申请专利14项，获授权专利2项。全年申报院级成果8项。

1998年空间中心的“磁尾及其中性片模式研究”项目获中科院自然科学奖二等奖，“空间飞行器有效载荷公用系统初样”项目获中科院科技进步奖二等奖，“远望三号高空气象自动探测设备”项目获中科院科技进步奖三等奖一项。并有3人获赵九章中青年奖，获傅承义优秀中青年论文奖3项。

空间中心积极开展国际学术交流，1998年接待来访20批46人次，出访32批60人次，获得各类资助30余万元。

中国空间科学学会、国际空间研究委员会中国委员会（CNCOSPAP）秘书处、北京日地区域警报中心空间环境预报中心（IUWDS）挂靠在空间中心。主办刊物有《空间科学学报》。

半导体研究所

名誉所长：黄　昆
所　　长：郑厚植
地　　址：北京市海淀区清华东路肖庄
邮政编码：100083
电　　话：010-62339210（所办）
图文传真：010-62322388
电子函件：semi@semi.ac.cn

半导体研究所是集半导体物理、材料、器件及其应用和发展研究于一体的国家半导体科学技术的研究和发展基地。其前身是中国科学院物理研究所的半导体研究室，它筹建于1956年，正式成立于1960年；1967年曾由中科院划归国防科委第十四研究院；1975年重新回归中国科学院。

全所现有职工683人，其中科技人员457人，有中科院院士8人，工程院院士1人，研究员76人，高级研究人员195人，中级研究人员152人。该所是国务院学位委员会批准的首批理学博士和工学博士授予单位，并建有博士后流动站。现有博士生28人，硕士生18人。另有博士后13人。

半导体所的主要研究方向是：以半导体低维结构物理为主线的基础和应用基础研究；化合物半导体材料与超薄层生长技术；信息光电子器件及其集成技术的研究、开发直至中试规模的生产；半导体神经网络处理机研究；微电子技术研究等。该所在国家支持下，建有两个国家级研究中心——国家光电子工艺中心；光电子器件国家工程研究中心；三个国家开放实验室——半导体超晶格国家重点实验室、集成光电子国家联合实验室、表面物理国家重点实验室（半导体所区）；一个院级的半导体材料科学开放实验室。此外，所里还设有半导体材料研究发展中心、半导体微电子研究发展中心，以及从事高技术开发和其他经营开发实体。研究所具有先进的物理测试分析、超薄层材料MBE、MOCVD生长和半导体器件工艺加工等大型仪器装备的技术条件。所区实验面积30 000m^2，并具有国内最齐全的半导体专业图书馆，专业藏书100 000册以上。

1998年半导体所围绕知识创新工程试点工作试行了与业绩、经费、岗位等项指标挂钩的绩效津贴制度，调动了广大科技人员工作和对外争取经费的积极性，为1999年进入知识创新工程试点分配机制改革打下了良好的基础。在住房分配上向一线青年科技骨干倾斜，从13套福利出售的4间一套的住房中拿出4套分配给45岁以下的研究员。分房时，对获得国家级人才奖励的青年研究员加分。极大地鼓舞了青年科技人员，稳定了该所的青年科技队伍。1998年该所分阶段有目的地开展了课题组长学习班、财务管理知识学习班、机关行政人员计算机培训班等三次职工培训活动。为知识创新工程试点工作作好人员和思想上的准备，为1999年机关顺利改革铺平了道路、创造了条件。1998年该所首次通过“百人计划”从国外招收一名研究员。全所新换届的8个研究室、中心的正、副主任中，45岁以下的占50%，一位40岁以下的研究员任副所长。在所内推行政务公开，不搞个别领导的特批，增强了全所职工对公开招聘的信心和信任度，保障了所对机关、后勤及将要进行的实验室调整的公正性和权威性。

1998年该所共承担各类项目166项，其中攻关项目18项，攀登计划项目9项，国家自然科学基金项目66项、杰出青年基金项目2项，“863”项目38项，其他项目23项。国家重点科技攻关项目“半导体神经网络技术及其应用研究”在神经计算机小型化和产品化方面取得进展，并已向小批量推广，是我国唯一能进入产品化销售的神经网络通用硬件平台，为神经网络的实用化提供了条件。“12位高速、高精度视频D/A转换器”以标准化的双极线性电路制作工艺作为加工平台，开展了转换器的整体结构研究和具体电路结构研究，取得了两项成果。

1998年该所共获得成果11项，其中应用基础研究成果5项，应用研究成果5项，R&D成果应用1项。获奖4项，其中“半导体微结构的电子态及有关的物理性质研究”获中科院自然科学奖一等奖；“InAs/GaAs量子点和量子阱的静压光谱研究”获中科院科技进步奖二等奖；“LPE法制备的高校GaAs太阳电池”获中科院科技进步奖三等奖；“大功率半导体量子阱激光器”获国家科技进步奖三等奖，该成果所述的瓦级大功率半导体激光器研制与中试技术开发，使我国研制的可供应用的半导体激光器的输出功率由十数毫瓦跃升到大于1瓦，填补了我国大功率半导体量子阱激光器的空白，这项技术当前在国内处于领先地位。器件各项指标都已达到国外同类商品器件的水平，目前已有几种满足国内外市场需要的定型产品并继续朝商品化方向发展。这些成果及产品在国内外泵浦固体激光器、激光医疗等领域获得了广泛应用，带动了相关学科及产业的发展，它不仅实现了大功率半导体激光器的实用化，而且为今后开展大功率半导体激光器研究打下了基础。

半导体所在科技开发方面，重视科技成果的工程化，努力开拓产业化的渠道。其中，化合物半导体材料、多品种半导体激光器、探测器等项目的工程化已开始走上产业化道路。DFB激光器、PIN-FIT器件、绿光激光器及半导体传感器、制冷等项目都具备工程化开发的条件。目前，所内从事科技开发的人员有100多人。

半导体所与国际上相当数量的国家、地区地国际学术界建立了广泛而有成效地国际合作交流关系，其中与法国、德国等就超晶格物理、半导体光谱及激光器的研究方面已进行了很好的科技合作。1998年选派出国留学及进行国际学术交流的科技人员93人次；邀请来华专家109人次；国外发表论文36篇；参加国际学术会议39人次。

中国电子学会半导体集成技术分会、中国物理学会半导体物理委员会挂靠在半导体研究所，主办的刊物为《半导体学报》。

计算技术研究所

所　　长：高　文
地　　址：北京市海淀区中关村科学院南路6号
邮政编码：100080
电　　话：010-62565533（总机）
010-62552207（所办）
图文传真：010-62567724
电子函件：sb@ns.ict.ac.cn（办公室）

计算技术研究所创建于1956年，是中国建立的第一个计算机科学技术综合性研究单位，现有职工819人，其中各类科技人员582人，包括中国科学院院士1人，中国工程院院士2人，研究员（包括正研级高级工程师）60人，副研究员、高级工程师153人，中级研究人员248人。

计算所具有博士、硕士一级学科学位授予权和自行审定博士生导师资格，并建有博士后流动站，是中国科学院博士生重点培养基地，拥有30名博士生指导老师。现有在学博士研究生120人，硕士研究生126人。另有在站博士后12人。

计算所的主要研究方向是：计算机系统结构、计算机网络、计算智能、数字化技术、软件技术和CAD，在力量配比上有重点、分层次地开展基础研究、关键技术研究和应用技术研究。目前较具体的考虑是结合以上方向，面向国家经济发展的迫切需求，开展下述领域内的工作：建设软硬结合的计算机平台；提供基于网络的信息资源建设的工具与环境；研究人机和谐的计算机系统；完成和参与完成几个有重大影响的应用示范项目。

计算所的科研机构设置共包括4个研究开发中心，2个开放实验室和5个研究室。依托于计算所的国家智能计算机研究开发中心是国内一支研制大、中型计算机系统的主要队伍，其研制的国家“863”任务项目“曙光2000-1超级服务器”于1998年通过国家科学技术部组织的科技成果鉴定；同时，另一项国家“863”项目，由JDL实验室研制开发的“计算机与家电结合的算通机”通过了中科院组织的科技成果鉴定。

计算所于1998年成为中科院“知识创新工程”的首批试点单位，并与联想集团共建“联想研究院”。自改革正式启动以来，计算所据中科院下发的文件精神，确立了总体目标：成为国家在计算机技术方面的主力研究所，成为国家和联想集团在本领域的基础研究和重大关键技术的“思想库”，成为联想集团和其他国内大型计算机企业在重要应用技术研发和知识创新的“技术库”，成为国家在本领域重要的“人才库”。所有工作均在紧张进行中。

1998年，计算所共立项组织科研项目100项，有10项成果通过专家评议、验收或鉴定，在国外权威学术刊物或国际会议上发表论文53篇，在国内一级刊物上发表论文49篇，出版科技著作6部。其中，“科学计算可视化的方法及其应用研究”荣获国家科技进步奖三等奖，“知识信息处理技术和方法——知识信息系统环境KISE”获中科院科技进步奖二等奖。

1998年计算所共接待外国专家学者来所参观、访问与学术交流43人次，派遣出国进行学术交流、进修、培训人员95人次。

中国计算机学会及其下属的计算机电源、计算机辅助设计与图形学、容错计算等3个专业委员会依托在计算所。《计算机研究与发展》、《计算机学报》、《计算机辅助设计与图形学学报》、《Computer Science and Technology》、《中国图像图形学报》等5种国内一级学术刊物在计算所编辑出版。

软件研究所

所　　长：冯玉琳
地　　址：北京市海淀区中关村南四街4号
（北京8718信箱）
邮政编码：100080
电　　话：010-62553967
010-62561881
图文传真：010-62562533
电子函件：iscas@ox. ios. ac. cn
网　　址：http://www. ios. ac. cn

软件研究所创建于1985年，是一个以计算机科学理论和应用研究为基础，以计算机软件高新技术的研究开发和产业建设为主导的综合性基地型研究所。现有职工562人，科技人员473人，平均年龄36岁，其中有中国科学院院士3人，研究员39人，副研究员及高级工程师93人，中级科技人员128人。

经国家批准，软件所拥有计算机软件和理论、计算机应用技术专业的博士、硕士学位授予权及基础数学专业硕士学位授予权，建有计算机科学与技术博士后科研流动站。现有在学博士生58人，硕士生121人。另有博士后15人，同时积极推行在职职工的学位教育计划，培养和促进青年人才健康成长。

软件所通过近几年改革，学科方向布局已基本明确，为基地研究所建设打下了很好的基础。为了适应创新工程基地建设的要求，研究所对学科方向和组织结构进一步进行了整体优化。保留和加强了优势部门，即“1+7”：“1”为从事基础性研究的中科院计算机科学开放研究实验室；“7”分别为主要从事应用研究和技术开发的部门，包括中科院信息安全技术工程研究中心、并行软件研究开发中心、对象技术研究开发中心、开放系统和中文信息处理中心、工业管理和设计工程研究中心、多媒体通信和网络工程研究中心以及国际合作软件研究开发中心。按基地研究所学科方向的科研岗位设置需要，聘任了终身研究员6人，主任研究员8人；1998年12月，通过所内外公开招聘、竞争上岗方式招聘了部门正、副主任。

1998年软件所承担的主要课题有148项，其中国家自然科学基金项目31项（含重大基金1项，重点基金2项），国家“九五”重点科技攻关项目14项，国家高技术研究发展计划项目17项，攀登计划项目3项，中国科学院重大重点项目、院长基金项目和择优支持项目19项，承担其他部委、国际合作及面向国民经济建设项目60多项。

1998年，软件所共有22项成果通过鉴定或验收。“高性能分布式并行数值代数软件研究与开发”，获得中国科学院科技进步奖二等奖。“发展我国软件产业的战略与对策研究”获得科技部科技进步奖三等奖。另外，“ISDN终端通信软件TE320v1.0”等8项成果在’98中国国际软件博览会及技术研讨会上荣获金奖和创新奖。

软件研究所对软件高新技术产品的开发投入了大量的力量，开发了一批已投放市场的应用软件产品和技术，在保险、邮政、银行、电信、税务、商业、石化、烟草、工业制造业等行业中有领先的技术优势和广泛的市场前景。与此同时，还组建了软件高技术企业，其中软件所控股的骨干公司企业有：北京中科软信息系统公司、北京灵智科技发展公司以及北京科软伟业公司。软件所产业部分1998年营销额1.3亿元，税后利润888万元。软件所软件产业集团已被国家科技部火炬办认定为“国家火炬计划北京软件产业基地”骨干企业，软件所所在中科院软件园被认定为“国家火炬计划北京软件产业基地”软件园区。

软件研究所十分重视国际间的交流与合作，已和世界上40多个国家和地区有密切学术联系及多种形式的合作关系。1998年邀请和接待国外学术及企业界人士近百人次，并派遣117人次外出进行学术交流活动。软件所与一些国际著名的计算机公司如IBM、IBM Lotus、NEC、Microsoft、Novell、Motorola、CA等有着长期、广泛、稳定的合作关系。其中，和日本NEC联合成立恩益禧-中科院软件研究所有限公司，和Microsoft共同创办微软高技术培训中心，取得了丰硕的合作成果。

软件研究所成功主办了第27届面向对象语言与系统技术国际会议（TOOLS Asia'98）、首届亚太区万维网技术与应用国际会议（AP Web'98）、'98中文信息处理国际会议、代数逻辑及计算机科学1998年北京国际研讨会以及中巴质量与软件国际研讨会等重要国际学术会议。多种形式的国际合作与交流，为科研水平的提高、人才的培养、开发环境的改善及软件产业的发展等方面做出了重要贡献。

中国中文信息学会、中国UNIX用户协会、中国计算机用户协会IBM分会挂靠在软件所。主办的刊物有《软件学报》（中、英文版）、《中文信息学报》和《计算机系统应用》。

计算机网络信息中心

主　　任：阎保平
地　　址：北京市海淀区中关村南四街4号
邮政编码：100080
电　　话：010-62559377（办公室）
010-62573292（科技处）
图文传真：010-62560928
电子函件：cnic@mimi.cnc.ac.cn
网　　址：http://www.cnic.ac.cn

计算机网络信息中心（CNIC）主要从事网络技术、数据库技术以及超级计算并行算法的研究开发及其应用服务，筹建于1989年，1995年3月正式成立，由原计算中心，计算技术研究所部分人员组成。现有职工78人，其中科技人员68人，有高级科技人员23人，中级科技人员24人。该所是国务院学位委员会批准的有硕士学位授予权的单位，目前在学硕士生8人，在学博士生5人。中心下设综合办公室、科技处、网络技术研究室、网络信息技术研究室、科学数据库应用研究室、超级计算应用研究室。

网络中心运行管理着中国四大网络之一的“中国科技网”（CSTNet），该网络在世行贷款国家重点项目“中国国家计算与网络设施”（NCFC）的基础上建设发展而来，目前通过光缆、DDN专线、卫星、微波等各种公用和专用信道连接了京内、京外的中科院研究所及院外科研教育、国家部委机关等数百个单位，入网最终用户20万余户，比1997年增长了一倍。作为一个不以赢利为目的的公益性网络，CSTNet承担着为中国科技教育界、科技管理部门、各单位的研究与发展（R&D）部门以及政府部门提供网络接入与网络通信、科研与科技信息、科学数据库以及超级计算等各项服务的任务。目前CSTNet有4Mbps的信道连到美国，128Kbps的信道连到日本，预计到1999年7月，国际信道将升级至8M，以满足不断增长的通信量需求。

1994年4月NCFC正式联入Internet，成为国内最早正式与Internet联接的单位，与此同时，创建了我国最高域名服务器CN。1997年6月3日，原国务院信息化工作领导小组正式授权网络中心运行管理“中国互联网络信息中心”（CNNIC），扩大了网络中心的服务功能。经过一年多的发展，CNNIC的组织管理体系日渐完善，在为全国的网络用户提供Internet域名注册服务、IP地址分配、目录数据库服务、信息发布以及代表我国互联单位与国际互联网络信息中心、亚太互联网络信息中心等进行业务联系等方面做了大量卓有成效的工作，CNNIC的影响在一天天扩大。

随着SGI Power Challenge XL（16CPU）超级计算机、日立SR2201（32CPU）超级计算机的相继引进、安装，基于“中国科技网”的超级计算环境于1997年初步形成，目前这两台分别具备每秒64亿次及每秒96亿次浮点计算能力的超级计算机系统向全国的科技界开放并提供科学计算服务。此外，网络中心还拥有Power Challenge L（8CPU）中型计算机、VAX 7620（2CPU）中型计算机各一台，视算工作站4台，

SGI、SUN、IBM、Digital 中高档工作站 40 余台以及各种网络服务器、路由器、ATM 交换机、FDDI 集中器、卫星地面站等一批先进的网络设备。

网络中心与中科院其他研究所共同承担的国家重点工程“科学数据库及其信息系统”继 1997 年荣获“中科院科技进步一等奖”后，1998 年又荣获“国家科技进步二等奖”。该数据库现已建成包含天文、物理、地理、生物、化学、大气、动物、材料等内容在内的专业数据库 108 个，总数据量 430GB；建有一批总量为 50 万条记录的文献库和书目库；200GB 的专业数据库和全部文献库在网络上投入运行与服务。此外，世行贷款国家重点工程“中国国家计算与网络设施”(NCFC)荣获 1998 年“中科院科技进步特等奖”，同时上报“国家科技进步一等奖”评奖。NCFC 于 1998 年 12 月通过了国家验收，至此，NCFC 工程全部完成。

网络中心的下一发展目标是继续建设、运行、管理好 CSTNet 和 CNNIC，进一步建设和完善科学数据库，同时充分发挥网上的超级计算资源，提供优质的服务和高水平的系统运行管理，争取建立国家级的“超级计算中心”，并形成网上科普宣传基地。

网络中心坚持科研、工程和服务并举，同时大力发展中心下属的公司和培训中心，以市场机制运行。科网公司和中迪培训中心取得了较好的经济效益，公司和中心的规模在不断扩大。

在国际合作和人才培养方面，网络中心加强了与美国 SGI 公司、3COM 公司、日本日立公司的合作，并定期组织科研人员到国外培训，参加有关的国际会议，以加强与国外的交流与合作。

计算机网络信息中心是国际科技数据委员会（CODATA）中国委员会秘书处、国家基金委超级计算机用户委员会办公室及科学数据库办公室的挂靠单位。

电子学研究所

所　　长：朱敏慧
地　　址：北京市海淀区中关村路 17 号
邮政编码：100080
电　　话：010-62554605
010-62566314
图文传真：010-62567363
电子函件：ieas@ie0. ie. ac. cn
网　　址：www. ie. ac. cn

电子学研究所成立于 1956 年，是我国第一个综合性电子科学研究所。1998 年底全所职工 638 人，其中科技人员 482 人，包括中国科学院院士 1 人，研究员 53 人，副研究员、高级工程师 139 人，中级科技人员 163 人。

电子所是我国首批博士和硕士学位授予单位，目前有通信与信息系统、信号与信息处理、物理电子学、电磁场与微波技术等四个学科的博士学位和硕士学位授予点，以及信息与通信工程学科博士后科研流动站。现有在学博士生 32 人，硕士生 54 人。

电子所瞄准国家科技发展目标和国际科技前沿，结合自身优势和特色，以电子信息科学与技术领域作为战略发展方向，开展利用现代电子技术手段（包括微波、毫米波、激光、微传感器等），获取、传输、处理、应用信息的先进理论、方法、技术以及系统的研究，并带动四个主要研究方向：微波成像与雷达技术；微波毫米波器件与技术；高功率激光技术；微传感技术。

电子所以微波成像雷达系统工程中心、微波电子学研究室、大功率微波器件研究室、高功率激光研究室以及信息系统研究室为高技术研究基地，努力承担国家重大科研与工程任务，为国家信息化建设和重点工程做出高显示度的贡献；以微波成像技术国防科技重点实验室、高功率微波与电磁辐射开放研究实验室、传感技术国家重点实验室为基础研究基地，从事前沿基础研究，承担战略性、前瞻性的创新任务，培育新的科技生长点，促进优势学科的持续发展。

1998 年，电子所在中国科学院组织实施知识创新工程试点工作的总体构想指导下，确定了面向 21 世纪的战略定位目标、主要研究方向及组织结构与发展模式，加强了对“九五”重大科技任务的组织实施，加强了跨世纪人才队伍的建设，努力创造优良的科研文化环境。

1998年，电子所通过了“中国新时代质量体系认证中心”的质量体系认证，获得GB/T19001-1994质量体系认证证书，为承担航天和国家重点工程项目打下了坚实的基础。

1998年，电子学研究所承担的主要科研任务和项目约80项，其中国家重大工程项目“遥感数据综合处理系统”、“机载合成孔径雷达(SAR)系统”、“微波多模态遥感器用行波管放大器”和“风云二号用行波管放大器”等将为发展我国遥感事业做出重大贡献。

1998年，电子所承担的“星载SAR模样机研制项目”、“星载SAR先期关键技术攻关”通过专家验收，这一项突破性的重要成果填补了国内空白，在测绘、灾害监测、资源勘察等领域有着广阔的应用前景；国家自然科学基金重大项目“几种新型薄膜材料基础研究”第一子课题“生物敏感LB分子膜及其应用基础研究”、重大项目“地表遥感信息传输及其成像机理研究”第一子课题“遥感信息地学特征的理论研究”、重点项目“电磁波传播、散射、逆散射理论和应用”通过验收；“S波段、10%带宽大功率速调管放大器”通过科技成果鉴定，该成果的性能具有世界领先水平，是我国大功率宽带速调管研制技术上的重大突破；“高精度成像处理和高精度辐射校正”通过科技成果鉴定；电子所研制的L波段SAR样机完成了国家科技部下达的长江中下游特大洪水监测任务，获国家科技部抗洪先进集体荣誉奖。1998年获中国科学院科技进步奖一等奖、二等奖各1项。

电子所以北京科电高技术公司、北京科电微波公司为高技术产业开发基地，推动微波、激光、计算机多媒体等领域科技成果转化和市场开拓。主要开发的产品和项目有：医疗仪器、特种光源、“三表”自动收费系统、地下通讯、安全防范系统、氩离子激光器、IEAS微机生产和计算机网络工程等。其中已组织规模生产的有：霓虹灯技术和多功能安全插座。公司现有职工252人，1998年技工贸收入4200万元，利税140万元。

电子所分别与俄罗斯、加拿大、英国等学术团体或研究机构开展了有实质性的合作与学术交流；与香港城市大学合作设立了EDA技术、纳米结构加工技术联合实验室；1998年与国外专家学者进行了60余次学术交流活动。吕保维院士现任国际宇航科学院院士。

电子所为吸引和稳定优秀青年科技人才采取了一系列措施，如积极解决新入所博士毕业生的住房、户口、子女等问题；对高水平的青年业务骨干破格聘任高一级专业技术职称；有计划遴选45岁以下的研究员为博士生指导教师；选拔35岁以下的优秀青年业务骨干担任研究室主任、副主任或进入所学术委员会等。1998年电子所召开了青年学术交流会、研究生学术报告会。

中国电子学会电路与系统分会挂靠在电子学研究所。主办的刊物有《电子科学学刊》、《Journal of Electronics》、《中国无线电电子学文摘》。

自动化研究所

所　　长：马颂德

地　　址：北京市海淀区中关村南3街南1条1号

邮政编码：100080

电　　话：010-62551575

图文传真：010-62545229

电子函件：ia_adm@sunserver.ia.ac.cn

自动化研究所成立于1956年10月，1967年划归航天部五院，1970年3月重建。1998年底全所在职人员405人，其中科技人员311人，有中国科学院院士1人，研究员(含正研级高工等)30人，副研究员、高级工程师等90人，中级科技人员119人。在自动控制理论和模式识别专业具有博士、硕士学位授予权，在工业自动化专业具有硕士学位授予权。现有在学研究生172人，其中博士生55人。另有在站博士后22人。

自动化所学科方向为智能信息处理和复杂系统智能控制。是一个集基础研究、应用开发到生产经营于一体的新型科研机构，设有3个实验室、4个工程中心和1个公司集团，其中有国家重点实验室、中科院开放实验室、国际合作联合开放实验室、国家技术工程中心。

1998年自动化所围绕知识创新工程试点工

作进行了一系列的改革，取得了一定的成效：(1)对科研结构进行了调整，将复杂系统工程学实验室与人工智能实验室合并，整合了原有的开发部门，各实验室又根据学科发展方向，调整了课题。基本形成了基础研究实验室、工程中心(开发部)、高科技公司三个层面的组织结构。(2)所机关改革，管理人员由原50人减为27人(包括所领导在内)，占全所人员的6.5%。其余人员通过分流(退休退养、调入公司等)均得到妥善安置。(3)后勤部门改革，成立了以企业机制运行的"北京三自技术服务中心"，以市场机制和准市场机制对所内外开展物业管理、技术服务等。(4)基础研究实验室实行新型人事管理制度，即"按需设岗、竞争上岗、按岗聘用、合同管理、严格考核、待遇从优"。

1998年自动化所承担各类科研项目46个，其中国家重大基础研究项目1个，重大国际合作项目1个、攀登计划项目1个，国家自然科学基金项目14个，"863"项目5个，军工项目1个，中科院项目2个，其他项目6个。其中"图像、语音、自然语言理解与知识挖掘"是科技部在1998年首批批准的国家重大基础研究15个项目之一，起止年限为1998～2002年，经费5000万元。该项目由所长马颂德担任首席科学家，其目标是在针对如何有效利用信息资源，通过多学科研究在图像、语音、自然语言的自动理解上取得新进展，并建立相应的实验平台对成果进行评测和应用于知识挖掘。

中法联合实验室是中科院和法国国立信息与自动化研究院(INRIA)成立的面向中法两国科技界，在信息、自动化和应用数学领域开展合作研究的实验室，属中科院重大国际合作项目之一。1998年9月法国总理参观访问了中国科学院，听取了中法联合实验室中方主任、马颂德所长作的科研工作汇报。同时中法学者在遥感图像、农业作物生长仿真等课题取得进展。赢得了法国工业界的支持。

1998年自动化所共获4项奖励，其中国家科技进步奖一等奖1项；国家科技进步奖三等奖1项；中科院科技进步奖二等奖1项；中科院科技进步奖三等奖1项。全所申请专利8项，获授权8项。

自动化所文字识别工程中心，北京中自汉王科技公司，1998年12月将其手写汉字识别技术授权微软中国研发中心，用于Windows CE中文版操作系统，标志着汉王识别技术已经达到成熟，也是国内首家向微软授权的软件产品。汉王在全国各地有分公司、主代理商、经销商100个，1998年销售额达6000万，比1997年增长6倍，取得明显的经济效益和社会效益。从一个小公司发展成为一个160余人的中规模构架的高新技术公司。

中自集团是自动化所的全资公司，1998年通过公司全体员工的努力，经营总额1.3亿人民币。

中国自动化学会挂靠在自动化所，主办刊物有《自动化学报》。

微电子中心

名誉主任：王守武
主　　任：仇玉林
地　　址：北京市朝阳区祁家豁子
邮政编码：100029
电　　话：010-62359009
传　　真：010-62021601
电子函件：zwxx@meccas.ue.ac.cn

微电子中心成立于1986年，由中国科学院半导体所微电子学部分和中国科学院一〇九厂(1958年成立)合并组建而成。

1998年底在职职工573人。科研与技术开发人员共计310人；其中中国科学院院士2人，高级科研人员94人，中级科技人员138人。微电子中心是博士、硕士学位授予单位，在读博士研究生13人，在读硕士研究生31人。

微电子中心以微电子学、电力电子学为主要研究方向，并进行集成电路、功率器件以及电子产品的研制、开发、生产。

根据微电子产业的发展方向及国防重大需求，微电子中心将科研工作定位在以下六个方向：(1)深亚微米集成电路关键工艺模块，主要从事 0.35μm 集成电路关键技术研究，0.1μm 级 CMOS 器件结构及性能研究；（2）军用抗辐照 SOICMOS 集成电路；主要从事亚微米 CMOS/SIMOX 器件与电路研究；(3) 高性能及低电压低功耗 IC 设计，主要从事高性能及低电压低功耗 IC 设计研究；（4）系统集成芯片（SOC）设计技术研究；（5）深亚微米、纳米微细加工技术研究；（6）化合物半导体器件与电路研究。

微电子中心科研部分设“集成电路工艺技术研究室”、“专用集成电路设计研究室”和“微细加工和半导体新器件研究室”。

随着“深亚微米集成电路技术实验室”项目的执行，微电子中心引进了直写式电子束曝光机、扫描电镜、深亚微米等离子刻蚀机设备、高性能外延炉及深亚微米 IC 设计软件，大大提高了微电子中心的研究能力。

1998 年微电子中心按照中国科学院对知识创新工程的总体要求，对科研项目布局进行了调整及管理机构改革，在服务机构转制、人员分流等方面也做了大量的工作，为启动知识创新工程打下了坚实的基础。

1998 年承担的各类科研项目 30 多项，其中“九五”科技攻关项目 12 项；中科院重大及重点项目 4 项；国防科工委及中科院军工项目 4 项；国家自然科学基金项目 2 项。已取得科技成果 8 项。

微电子中心十分重视开发工作，中心各单位都以技术服务、对外加工、成果转让、产品销售等不同方式面向市场，积极创收。中心前后工艺线、动力运行站及相关管理部门，努力提高管理水平，1998 年 4 月通过 ISO-9002 质量体系认证。前工艺线与国内外客户建立长期合作关系，占有了较稳定的市场。该中心电子厂，生产自动转换荧光灯逆变器，其产品在北京市市场占有率大于 20%，正在筹建有限公司。1998 年该中心从事开发工作的科技人员 104 人，开发创收 2684 万元。

微电子中心 1998 年筹款 500 余万元，进行了动力及行政设施的微细改造，并建设住房 2000m^2，改善了科研人员与职工的生活条件。

微电子中心十分重视国际交流与合作，1998 年与香港科技大学共同创建的“微电子联合实验室”的合作进展顺利，已进入第二个年头。4 名高级研究开发人员现在香港科技大学进行“0.1μmCMOS 器件”和“CMOS/SIMOX 技术”等项目的合作研究工作。

1998 年微电子中心派出进行国际交流的科技人员 31 人次，邀请来华访问、讲学、合作 74 人次。

微电子中心下设三个研究室、前工艺线、后工艺线、电子厂、北京泰龙电子技术发展公司、北京科微电子技术开发公司、北京朝阳科兴技术公司、北京科微达综合服务公司、芝麻花餐厅等单位。

微电子中心主办了《集成电路技术与开发》刊物。

电工研究所

所　　长：严陆光
地　　址：北京市海淀区中关村北二条 6 号
邮政编码：100080
电　　话：010-62541617
图文传真：010-62560904
电子函件：office@piano.iee.ac.cn
网　　址：www.iee.ac.cn

电工研究所是在原中国科学院长春机电研究所部分研究室的基础上于 1958 年在北京筹建，1963 年正式成立的。

截止到 1998 年 12 月底全所共有在职人员 446 人，其中科技人员 338 人，有中国科学院院士 1 人，中国工程院院士 1 人，研究员（包括正研级高级工程师等）32 人，副研究员、高级工程师 79 人，中级科技人员 127 人。现有在学研究生 51 人，其中博士生 10 人，硕士生 41 人。

电工所的战略定位是高技术研究发展为主的科研基地型研究所，主要研究方向是电工电能新技术创新研究应用发展，重点研究领域有电机及其控制与机电一体化技术、先进能量转换及新能源技术、超导电工永磁技术及应用、生物电磁特性及高档医疗设备、电子束微细加工技术与微机电系统。

经国务院学位委员会批准，该所设置“电工

理论与新技术”专业博士点，“电工理论与新技术”、“电机与电器”、“高电压与绝缘技术”、“电力电子与电力传动”4个专业硕士点。

全所共有6个研究室：磁流体发电研究室、特种电机研究室、超导技术研究室、永磁应用研究室、新能源研究室、微细加工研究室；1个研究组，高电压技术研究组；2个工程中心：机电控制工程中心、高档医疗设备工程中心；1个所办高技术公司。

1998年，电工所在明确所的方向、定位、目标及发展战略；加强青年科技学术技术带头人培养；推动国家级工程中心和开放实验室发展三个方面开展了积极的工作，取得了可喜的成绩，已被院批准为1998年第二批认定的科研基地型研究所试点单位。

1998年电工所承担的主要科研任务共39项，其中“863”高科技计划项目4项，国家“九五”重点科技攻关项目12项，中科院特别支持、重大重点项目6项，国家自然科学基金项目2项，院所基金项目4项，国际合作项目1项，军工和横向任务10项。

全面完成了丁肇中教授领导的反物质探测计划中关键设备阿尔法磁谱仪（AMS）用永磁磁体研制任务是该所1998年最重大的成就。该磁体已于1998年6月2日由航天飞机送入太空，是人类进入太空的第一个大型磁体，6月12日安全返回地面后的测试表明，磁体性能稳定，安全可靠，可在未来的阿尔法国际空间站上使用。11月20日由王永志、卢强等6位院士、9位专家教授组成的鉴定委员会高度评价这项重大国际合作科研成果：AMS永磁体系统研制成功表明该系统的设计制造技术处于世界领先水平。“阿尔法磁谱仪升空并进行科学探测”被两院院士评为1998年世界十大科技进展新闻之一。

电工所与北京有色院及西北有色院合作，研制成功1m长1kA我国第一根铋系高温超导电缆，表明我国已成为世界上高温超导技术研究开发领先的国家之一，被两院院士评为1998年中国十大科技进展新闻之一。

热功率25MW燃煤磁流体发电机试验装备11月17日通过院级鉴定。研制成功了具有5T超导磁体和螺旋通道的磁流体推进模型船，11月28日在我国首次实现了载人示范航行，专家测试结果表明各项参数均达到或超过合同规定指标，引起有关方面的重视。

国家“九五”重大科技攻关项目“李家峡400MW蒸发冷却水轮发电机”，11月通过中期评估，进展顺利，可望在1999年10月1日投入运行，向国庆、院庆五十周年献礼。

顺利建成西藏100kW光伏电站。9月28日开始发电，通过西藏电力厅的初步验收。它标志着我国已具有百千瓦级大型光伏电站的设计、建设能力，对于今后我国的光电事业发展，特别是再上新台阶研建兆瓦级光伏电站，起到积极的推动作用。

磁共振成像（MRI）用0.35T C型永磁磁体研制成功，运至加拿大调试达到合同技术指标，交付使用。该所在利用外资，开发具有自主知识产权的专利产品，开拓国际市场方面走出了可喜的一步。

电动汽车是目前世界各国争相发展的方向性、战略性项目。在承担国家电动汽车科技产业工程和攻关任务的基础上，该所又得到中科院的特别支持，期望成为我国电动汽车电气系统技术研究开发的依托中心。

1998年电工所科技成果获奖2项，其中“五万千瓦蒸发冷却水轮发电机”获中国科学院科技进步奖一等奖；“ZEP系列诱发电位仪”获中国科学院科技进步奖三等奖。1998年申请专利3项，新授权专利2项，“大气隙C型永磁磁体”获发明专利，“多通道大流量比蠕动泵泵体”获实用新型专利。到1998年底该所累计申请专利57项，获得授权专利46项。

该所主办的北京中科电气高技术公司，1998年从业人员139人，其中所编制106人。1998年总经营额5732万元，获利润313万元，上缴国家税金265万元。公司生产“全自动燃油燃气热水锅炉”获北京市环保局和海淀区劳动局的审定和认证，积极为北京市“还京城蓝天”大力治理大气污染做出贡献。公司研制生产的各种医疗设备产品，也取得好的经济效益和社会效益，液电冲击波体外碎石机已远销国外；诱发电位仪、前列腺射频治疗仪、超声减肥仪、超声乳化仪已进入国内市场。

在国际合作方面，到目前为止电工所和世界上45个国家和地区有外事往来，与美国、法国、德国、日本、韩国、加拿大等国的科研单位建立了合作关系。该所曾经前后举办过“国际磁流体发电联络组会议”、“国际电机会议”、“国际电磁场讨论会”、“中国太阳能高级研讨会”、“国际磁体工艺会议”等大型国际会议。

该所所长严陆光先生被聘为乌克兰科学院外籍院士。

电工所编辑出版的学术刊物有《电工电能新技术》。

北京软件工程研制中心

主　　任：钟锡昌
地　　址：北京市海淀区中关村南四街4号
（北京2719信箱4分箱）
邮政编码：100080
电　　话：010-62649242
010-62649245
010-62629958
图文传真：010-62560341
电子函件：business@sec.ac.cn
网　　址：http://www.sec.ac.cn

北京软件工程研制中心原名中国科学院北京软件实验室，成立于1986年9月，是由原国家科委筹备，在原国家计委的支持下，以北京大学与美国联合培养的100名软件工程专业研究生为基础成立的软件开发实验基地。1991年10月，经国家人事部批准，更名为中国科学院北京软件工程研制中心。

软件中心现有正式员工189人，其中从事科技开发的人员占职工总数的95%，目前具有高级专业技术职称的有26人，其中研究员4人，副研究员、高级工程师22人，中级技术人员55人。这支队伍平均年龄不足30岁，人员结构合理，员工思想活跃，业务能力强，整体素质高，是中国科学院一支最为年轻的科技国家队。

软件中心主要从事软件工程学科和系统软件、应用软件的研究开发工作。主要发展领域有：嵌入式操作系统、计算机辅助设计与制造、计算机系统集成、办公自动化、商业自动化、计算机网络及通讯产品、多媒体技术及应用产品、信息咨询服务以及国际软件项目的合作等。

从1995年开始，软件中心内部开始实行企业化管理，1996年成立了面向市场的北京凯思软件集团，并针对重点发展领域成立了相应的专业公司，目前集团已经拥有以商业自动化为主营业务的凯思轩飞公司，以CAD为主营业务的凯思博宏公司，以开发嵌入式软件和开展国际合作为主营业务的凯思昊鹏公司，以系统集成和办公自动化为主营业务的凯思信得公司，一个中日合资的思元公司，一个进行前瞻性研究的软件中心研究所和一个以经销最新计算机光盘、图书为主的凯思书店。1998年5月26日，凯思软件集团成为首批由国家科技部火炬中心认定的“国家火炬计划北京软件产业基地”中的骨干企业，一个具有一定经济规模的股份化、专业化、国际化特征的综合性高科技集团正在形成。

1998年软件中心在研项目28项，其中国家重点项目6项，按课题类型分：应用研究9项，试验发展13项，研究与发展成果应用5项，科技服务1项。主要研究课题包括：(1)“PDA操作系统开发平台的研究与开发”，此专题是国家“九五”重点科技攻关项目。目的是开发具有中文特色的掌上型计算机操作系统及应用程序架构，包括图形窗口系统、通讯系统、无盘型的ROM、RAM、FLASH RAM文件系统和远程文件系统、实时多任务核心，适合于液晶显示的用户界面、手写汉字输入、PDA与PC机之间的文件交换方式以及各系统的组合方式。现已开发出样机。此操作系统占用空间小，开放性好，同时能满足保密要求，因此在众多专业领域必将受到中国用户的青睐。(2)“基于HNC的汉语理解产品的开发”，此专题是国家“九五”重点科技攻关项目。目标是以概念层次网络理论（HNC）为依托，形成具有理解特点的汉语语音产品，包括连续语音输入系统和智能文语转换系统。软件中心主要负责项目的产品化工作，此项目的产品化必将改变汉语语言产品市场由外国大公司占主导地位的现状，市场前景十分广阔。(3)“香港期权期货交易系统”，本系统根据香港期交所期货与期权交易规则，开发期交所会员系统。该系统包括服务器和客户两部分，服务器实现连接到期交所OM系统，实现委托下单、信息查询、接收广播消息等。受理并管理所辖用户的各种操作。客户部分提供和最终用户到服务器的访问工具，管理用户操作。显示保存数据等。客户与服务器的数据通讯通过广域网络（也是本系统开发的一部分）实现。系统旨在为用户建立并提供一种新的工具以实现期货与期权交易。

软件中心1998年成果登记数3项，其中已应用的成果2项。迄今为止，软件中心已获得国家级、院部级科技进步奖及重大成果奖等奖项共计18项，其中科技进步奖特等奖2项，一等奖3项，二等奖3项，三等奖3项，并有一批可供转化的科技成果，技术储备深厚。

1998年软件中心围绕知识创新工程试点工作，加大了新产品的开发力度，并不断加强自身的技术进步，先后推出一批商品化软件。其中，中心利用现有技术优势，瞄准市场，开发出实时嵌入式操作系统——HOPEN，该系统既能应用在可携带的Internet终端。如PDA、H/PC、移动电话上，也可应用在新一代的VCD、DVD、TV、WebTV等家用电器和汽车导航系统上，应用前景广阔，市场规模巨大。此外，我中心的PICAD系列产品自1992年推向市场以来，每年更新一个版本，目前已开发至PICAD6.0版，总销量超过10000套，是国内拥有自主版权，市场占有率最大的CAD产品。商健模板化POS系统是我中心针对各种不同规模的商业企业开发出的商业自动化管理信息系统，目前已开发出5个专业版(大型、超大型商场版、中小型商场版，联锁店/超市版，药店管理版，图书营销管理版)，此系统在多家商场投入使用后，获得用户好评。

除承接国内项目外，软件中心还与美国、日本、韩国、西班牙、澳大利亚、新加坡及香港等国家和地区建立了广泛的业务联系，并通过成立合资公司和项目合作的方式，与日本富士通公司、日本NTT公司、美国HP公司等建立了良好的伙伴关系。国际合作的开展对造就高水平的计算机软件技术人才，开创软件出口渠道，为我国软件产品打入国际市场积累了经验，闯出了新路。

北京科学仪器研制中心

主　　任：金鹤鸣
地　　址：北京市海淀区中关村北二条13号
邮　　编：100080
电　　话：010-62560908
图文传真：010-62564613
电子函件：kyky@kyky.com.cn
网　　址：http://www.kyky.com.cn

北京科学仪器研制中心（原中国科学院科学仪器厂)成立于1958年。经过多年的改革与发展，北京科仪中心已发展成集科学仪器研制、开发、生产、经营为一体的综合性实体。该中心现有职工511名，其中科技人员267名，高级科技人员46名，中级科技人员130人，硕士生30人。该中心下设9个职能部门、11个事业部。该中心在电子光学、物理光学与真空物理专业具有硕士学位授予权。现有在学研究生5人。

北京科仪中心的宗旨是：面向经济建设，发展我国科学仪器技术和建立高技术产业，充分发挥科学仪器研制与开发的力量，提高参与国际市场的竞争能力，实现规模化、产业化、集团化、国际化目标。该中心根据科技体制改革的精神，初步建立起适应社会主义市场经济体制，内部实行企业化管理，并逐步建立现代企业制度。北京科仪中心的主要任务和工作范围是：承担国家科研项目、攻关、军工等任务；以市场为导向，开发、制造并销售电子光学、离子光学及真空物理等专业领域及其相关技术的科学仪器、医疗仪器。

该中心的扫描电子显微镜、质谱仪器、真空获得设备等精密仪器的设计制造技术，居国内领先地位，产品在国内市场占有一定份额。该中心是国内生产扫描电镜的主要厂家，市场占有率为60%，涡轮分子泵已占领60%的国内市场并已出口创汇。

目前，北京科仪中心的主要科研课题有：场

发射枪扫描电镜，该课题已列入“九五”国家重点科技攻关计划。新产品开发项目有：FB500耐腐蚀泵、FB1000立式分子泵，KYKY300智能电刀等共18项。1998年已经完成并通过鉴定的项目有：ZQJ291氦质谱检漏仪；承担的国家“九五”科技攻关项目，97专题“电子显微镜及电子探针升级改造技术研究”已按计划完成。98专题“环境扫描电镜”立项已通过专家论证。

北京科仪中心生产的主要产品有：2800型扫描电子显微镜、氦质谱检漏仪、涡轮分子泵、离子泵、真空阀门、制样机、医疗电手术刀、图像分析系统、冷却循环水等。产品广泛应用于生物、医学、电子、农林、地质、高能物理、航空航天等领域的科研部门及工业企业。

1998年4月28日，北京科仪中心通过了中国方圆标志认证委质量认证中心基于GB/T19001质量体系认证。在系列扫描电子显微镜、制冷机、低温泵，系列涡轮分子泵，系列溅射离子泵，系列氦质谱检漏仪、高频电手术刀、消融仪、扩散泵，系列超高真空阀、通用金相图像分析仪的设计、生产、开发、安装和服务方面具有质量保证能力。

多年来，北京科仪中心不仅注重开发国内市场，扩大产品的市场占有率，而且着眼于国际市场，在国外建立中心产品的代理销售机构，同时，广泛开展技术交流与合作，并与美国、韩国、日本、德国、朝鲜、乌克兰建立了合作关系，代理销售扫描电子显微镜、X光能谱仪、图像分析系统、医用电手术刀、低温泵等，与日本电子株式会社签定了委托加工协议。1996年北京科仪中心获得了自营进出口权，1998年进出口总额为55.18万美元。其中出口额45.21万美元，进口额9.97万美元。

中国电子显微镜学会、中国质谱学会、全国探针分析标准样品标准化技术委员会挂靠在北京科仪中心。主办刊物有《电子显微学报》、《质谱学报》。

心理研究所

所　　长：杨玉芳

地　　址：北京市朝阳区北沙滩大屯路甲10号

邮政编码：100101

电　　话：010-64888629

图文传真：010-62022070

电子函件：xlszw@psych.ac.cn

心理研究所建于1951年，是我国唯一的国家级综合性心理学研究机构。现有固定编制职工143人，其中专业技术人员120人，研究员（包括正研级高级工程师）31人，副研究员和高级工程师26人，有中级职称者40人，有初级职称者23人。

心理所是基础心理学、教育与发展心理学和应用心理学等专业的博士和硕士学位授予单位，有25位博士生导师，并设有心理学博士后流动站。现有在读博士生38人，硕士生39人。另有在站博士后5人。

心理所主要研究领域有：(1) 发展和教育心理学，研究方向为儿童认知发展和学习能力培养，研究课题有儿童认知和社会认知发展及跨文化比较，超常和弱智儿童心理发展与教育，数学学习和思维能力的发展与促进，自学能力的形成与培养，儿童的创造性行为，家庭环境与认知发展，儿童个性及气质发展研究等；(2) 认知心理学，研究方向为基本认知过程和语言认知，研究课题有视知觉，语言认知，学习、记忆和思维等认知过程，计算机支持协同工作等；(3) 生物心理学，研究方向为行为与脑的关系及其神经生物学机制，研究课题有神经心理免疫学，认知功能和老龄化，神经心理康复，药物成瘾行为及脑机制，学习与记忆的脑机制，认知行为与事件相关电位等；(4) 工业与经济心理学，研究方向为人力资源管理、组织行为学、人事心理、社会与消费心理和工程心理，研究课题有领导行为与决策，组织变革与发展、职务绩效与激励，人员选拔与培训，企业识别系统，军用标准和人-机界面心理学等。

根据这一学科布局，心理所现设有发展与教育心理学、认知心理学、生物心理学、工业与经济心理学等4个研究室和“脑-行为研究中心”、“脑高级功能研究实验室”2个所级开放实验室。

“脑-行为研究中心”设有电生理实验室、生化实验室、心理药物实验室和动物实验室，拥有ERP记录工作站系统、高效液相色谱仪、酶标仪、多导生理仪和荧光分光光度计等较先进的实验设备。“脑高级功能研究实验室”设有脑成像、脑电图、实验心理学、神经心理学、神经计算和技术支持6个小组，拥有先进的多媒体计算机系统，1台Sun Sparc Ultra Ⅰ、1台SGI Indigo Ⅱ工作站和自行研制的fMRI专用刺激-反应系统，在图像处理方面具有国内一流水平。该实验室与中国人民解放军总医院等单位合作，开展了一系列记忆、语言功能的研究，与5个国际著名实验室建立了稳定的联系，该实验室负责人参加了由中国科学院和美国科学院联合召开的中-美首届前沿科学研讨会。

1998年度，心理所有27项在研国家自然科学基金资助项目，其中重点项目2项，重大项目子课题1项，青年项目3项，学部主任基金2项，面上项目19项；还有若干中国科学院、国防科工委、国家教委和企业委托的重要项目，以及国际基金组织资助的合作项目，其中中科院重点项目2项，中科院特别资助项目2项，国防科工委项目2项，国家教委“九五”重点项目5项。1998年获得中科院自然科学奖二等奖1项、科技进步奖二等奖1项，在国际著名学术刊物上发表论文4篇（其中《SCI》杂志2篇，《SSCI》杂志2篇），在国内科技期刊发表论文63篇。

心理所与世界许多国家的心理学机构开展交流与合作，特别是与美国密西根大学心理系保持着长期的友好合作关系。1994年成立了“中科院心理所-密西根大学心理系合作研究中心”。几年来在互派留学人员、学术研讨及合作等方面取得了令人满意的进展。1998年启动了两项合作研究项目。

心理所的开发工作有重要的社会效益。心理所主办的开发单位主要有心理学书店和心理学函授大学。心理学书店主要销售心理学专业书籍和心理所研究人员编著的教材，每年营业额达500多万。在科学院所属劳动服务类企业中，上缴利税始终名列前茅。更重要的是，这些教材对开发儿童智力，提高学生素质和自学能力产生了极其明显的效果，受到了广大教育界人士的认可和好评。中国科学院心理所主办的心理学函授大学成立10年来，已培养了相当于大专水平的心理学工作者3万余人。根据国家有关规定，1998年中国科学院心理研究所心理学函授大学更名为“北京心理学函授学院”。心理所作为主办单位将继续对心理学专业人才的培养给予支持和帮助。这些工作对普及心理学专业知识，弥补中国心理学基础教育的不足，起到了重要的作用。

心理所有多位研究人员在国际组织任职。

心理所是中国心理学会和中国人类工效学会的挂靠单位。主办并负责编辑出版有《心理学报》和《心理学动态》，其中《心理学报》是国内心理学界最权威的学术刊物。

自然科学史研究所

所　　长：刘　钝
地　　址：北京市东城区朝内大街137号
邮政编码：100010
电　　话：010-64019661（所长）
010-64043989（所办）
图文传真：010-64017637
电子函件：zrs@mimi.cnc.ac.cn

自然科学史研究所的前身，中国科学院自然科学史研究室成立于1957年。1999年全所在职职工为102人，其中科技人员82人，中国科学院院士1人，研究员18人，副研究员、高级工程师27人，中级科技人员34人，现有在学研究生11人，另有博士后1人。

自然科学史所下设中国古代科学史研究室、应用科学与技术史研究室、中国近现代与世界科学史研究室、科技史理论与综合研究室。

1998年自然科学史所抓紧进行两项跨“八五”中科院重点项目《中国科学技术史》(30卷的大书）的完成，已出版了第一批的六卷书；该所组织编撰的《中国文化通志・科技典》、《中国天文学史大系》等学术著作已完成。《夏商周断代工程・天文断代》、《龙腾》等重要文化建设工程进展顺利。

1998年自然科学史所出版学术著作11部，发表学术论文202篇。

1998年，该所抓紧进行“九五”重大科研项目“中国近现代科学技术发展综合研究”和“中国传统技术综合研究”的落实和实施。

1998年自然科学史所积极开展国际合作与学术交流，接待外来访问学者51人次，派出访问学者43人次，其中有21人出席了8月份在德国柏林举行的第8届中国科技史国际会议。与法国远东学院合作继续组织了HAS（历史考古与社会）中法学术系列讲座。为迎接澳门回归，与葡萄牙科技教育部门合作筹建中葡科学历史中心的工作正在进行。

1980年成立的中国科学技术史学会以该所为挂靠单位，在1998年，学会为庆祝中国科协成立四十周年参加了“20世纪科学技术回顾与展望”大型展览的筹备工作和科普书刊的展览，积极参与自然科学与社会科学联盟发起的提倡科学精神，反对伪科学的学术报告会。

1998年，自然科学史所积极进行以结构调整为中心的研究所体制改革，进一步明确学科优势领域和学科发展生长点，在保持中国古代科技史领域优势的前提下，加强对世界与中国近代科学史、技术史以及科学史理论与综合研究，更好地为经济建设和科技发展服务，为爱国主义教育与精神文明服务，努力把本所建成精干、流动、开发性的国家级科技史综合研究中心。

自然科学史所编辑的《自然科学史研究》、《中国科技史料》两种学术期刊，成为科技史界有影响的学术刊物。该所图书馆藏有专业图书12余万册，其中古代科技典籍特别是中算善本书，藏量为国内之首。

科技政策与管理科学研究所

所　　长：徐伟宣
地　　址：北京市海淀区中关村南4街甲1号
邮政编码：100080
电　　话：010-62542623
图文传真：010-62542619

科技政策与管理科学研究所成立于1985年6月，是自然科学与社会科学相结合、理论研究与应用研究相结合的软科学研究所，为管理科学硕士学位授予单位。全所现有职工99人，有专业技术人员83人，其中具有高级专业技术职务41人，中级专业技术职务42人。现有在学硕士20人。

科技政策与管理科学所的主要任务是研究科学技术自身发展规律，研究科技进步与经济发展的相互关系，研究有关决策与管理的理论与方法，并围绕国家经济体制改革的需要，向有关部门和企业提供决策与管理的咨询服务。在10～15年之内将该所建成为国际知名的政策与管理研究咨询机构。目前的主要研究室有科技政策研究室、管理科学研究室、决策与信息系统研究室、社会发展研究室、环境与可持续发展研究室、科学社会史研究室、院情研究室。1998年，全所以政策科学、管理科学以及环境与社会发展为主要研究方向，在开展理论研究促进学科发展的同时，积极承担国家、中国科学院、政府各级部门及企业委托的各项任务。

1998年，科技政策与管理科学所主要研究任务有：现代美国科技政策研究；国家自然科学基金学科资助政策研究；21世纪初我国国际科技合作的战略与政策研究；国家工程研究中心转制研究；科技体制进一步改革的框架研究；科技成果转化中的权益保护与利益分配；两个战略下中国科学院的战略选择；产业导向的中国技术科学发展战略研究；大庆油田综合资源规划与需求方管理的应用研究。

1998年该所有两项课题［“产业导向的技术科学发展战略研究”（项目编号：79370074），“当代中国自然科学家科学发展的规律研究”（课题编号：79270009）］在国家自然科学基金委员会管理科学部组织的结题项目评估会上，被评为“优”。1998年该所出版学术专著2部、编著4部，发表学术论文与各类文章88篇。

课题《中国科学院知识创新工程试点实施方案》研究中的“创新工程试点中的运行机制研究”，体现了该所在中科院重大改革举措实施过程中的重要咨询作用。组织翻译的知识经济经典汉译丛书《知识经济》、《知识的进化》、《知识管理与组织设计》、《第五代管理》等在社会上引起很大反响。1998年还与国家外国专家局合作主办了"国际项目管理高级研讨会",与国家经贸委培训中心合作举办了"项目管理讲座"(美国项目管理协会、香港理工大学合办),举办国际工业工程学术会议与中国工业工程与管理首次学术会议,等等。1998年,社会发展研究室在完成了中国科学院基地型研究所分类评价的课题的同时,继续开展了高技术与区域发展研究、农业产业化案例研究以及全球变暖与中国能源利用和发展研究。中国科学院经中央批准作为国家知识创新工程试点单位,进一步加强了科学评价工作。

为了整理并使科研人员充分利用国家自然科学基金资助项目的研究成果,1998年该所与国家自然科学基金委员会管理科学部共同成立了"管理科学成果管理中心",这项工作将为我国管理科学的发展作出实际的贡献。

1998年科技政策与管理科学所与中国科技大学商学院联合申办"管理科学与工程"博士点,经国家教育部批准申办成功,并已经成功地招收了第一批博士生。

科技政策与管理科学所是中国科学院与科技政策研究会,中国优选法、统筹法与经济数学研究会,中国高技术产业发展促进会和中国科学院科技政策与管理研究会及《中国科学院院刊》编辑部的挂靠单位。主办刊物有《中国科学院院刊》(中、英文版)、《中国管理科学》、《科研管理》、《科学对社会的影响》等。

中国科学技术大学研究生院(北京)

院　　长(兼):汤洪高(6月前)
朱清时(6月后)
常务副院长:冯克勤
地　　址:北京市玉泉路19号(甲)
邮政编码:100039
电　　话:010-68218623(办公室)
图文传真:010-68210501
电子函件:gsoffice@cc5.gsbustc.ac.cn
网　　址:www.gsbustc.ac.cn

中国科学技术大学研究生院(北京)于1978年9月成立,是我国成立最早的一所研究生院。研究生院在中国科学院的直接领导与支持下,经过20年的艰苦奋斗,现已发展成为中国科学院培养高级科技人才的重要教育实体。按照中科院全院办校的方针,研究生院和中科院各研究所紧密结合,由专职教授与研究所的著名科学家和高级研究人员共同组成雄厚的教学队伍,充分体现基础与前沿并重,面向现代化,面向世界,面向未来,面向国民经济的办学方针。

研究生院现有教职工496人,其中教师257人,包括有中国科学院院士2人,被授予国家级有突出贡献的专家3人,博士生导师33人。教授64人,副教授77人,讲师116人。每年完成中国科学院近80个所千余名硕士生基础课和部分公共课的教学工作以及中科院京区博士生的公共课教学。1998年共招收研究生990人,全年在校学生1051人,其中硕士生1032人,博士生19人,在职研究生课程班221人。

1998年,研究生院设有:数学、物理、化学、生物、地学、无线电电子学、计算机科学、外国语言、人文社科和管理学10个教学部及计算中心和体育教研室;信息安全国家重点实验室、认知科学开放实验室;管理决策与应用数学研究所、理论物理研究所和应用化学研究所、华罗庚应用数学与信息科学研究中心、系统集成工程研究中心、科技经济文化研究中心等11个研究机构;并与北京医院合办脑认知成像研究中心。学校占地121243m^2,总建筑面积88366m^2,拥有17000多平方米的新型教学楼、11000m^{2}的研究生公寓、体育馆、图书馆等教学设施,今年新建成6100m^{2}综合楼一座。并拥有多功能通讯测试系统、电磁辐射测试系统、脑电记录与分析系统、AC-80型核磁共振谱仪、动态场面记录系统等大型仪器26台。

1998年,研究生院科研项目在研总数86项,获省部级一等奖1项,在国内外发表论文260篇。陈希孺院士的科研成果"线性统计模型大样本理论的研究",获中国科学院自然科学奖一等奖。密码学专家曾肯成教授获何梁何利基金科学与进步奖。赵保恒教授、陈霖教授获宝钢教育基金优秀教师奖。青年数学家唐梓洲获求是基金会颁发的杰出青年学者奖。

1998年，研究生院与社会科学院研究生院、经济日报社联合举办"面向知识经济的国家创新体系"学术研讨会。该会深入研讨了知识经济和国家创新体系的理论和实践，知识经济与国家创新体系；知识创新、技术创新、管理创新和制度创新；国家创新体系的理论和方法；国家创新体系中的知识基础设施等。

研究生院重视开放办学，开展广泛的国际交流与合作。1998年来校进行参观访问以及进行学术交流活动的有来自美国、德国、日本、新加坡等国家的学术团体及个人共计23人次。同年，研究生院赴外学者共计59人次，分赴美国、英国、法国、德国、俄罗斯等16个国家和地区进行学术交流与访问。1998年，研究生院信息安全国家重点实验室在北京主办'98亚洲密码会，研讨了密码学研究的最新成果。认知科学开放实验室与美国Harvard大学、加拿大Waterloo大学的同行联合承担"国际人类前沿科学计划"项目；同香港大学联合建立了"中国语文认知科学研究中心"。

研究生院主办刊物有：《中国科学院研究生院学报》、《自然辩证法通讯》。

中国科学院管理干部学院

院　　长：姜　丹
地　　址：北京市怀柔县雁栖湖北岸（北京市3353信箱）
邮政编码：101408
电　　话：010-69661361
图文传真：010-69661710
电子函件：president@bim.ac.cn
网　　址：http://www.bim.ac.cn

中国科学院管理干部学院成立于1983年9月，是中国科学院创办的一所独立设置的全国性成人高等院校。其前身是1978年10月建校的中国科学院党校。1988年6月，经中国科学院党组批准，中国科学院管理干部学院与中国科技大学在京联合组建中国科技大学管理学院，作为中国科技大学发展管理学科的北京窗口，负责中国科技大学管理学科高年级本科生在北京的后期教学。中国科学院管理干部学院作为中国科学院管理干部的培训基地和独立设置的全国性成人高等院校，贯彻"干部岗位培训、继续教育为重点，高等学历教育为基础"的办学方针，形成了由高层次干部岗位培训、大学后继续教育、大专续本科、大学专科四个教学层次构成的完整的教学体系，体现了成人高等院校多层次、多渠道、多形式的办学特色。在1991年北京地区成人高等院校评估中被评为A级成人高等院校，在中央部委所属京区成人高校中名列前茅。1997年"计算机应用"和"财务会计"专业被评为北京市"成人高等教育特色专业"，一批中青年教师被评为北京市"中青年骨干教师"。

学院位于北京京郊怀柔县风景旅游区，座落在燕山脚下、雁栖湖畔，北望蜿蜒跌宕的古长城，南映碧波荡漾的雁栖湖，湖光山色、绿树成荫、景致宜人，占地268公顷，堪称理想的培训、学习园地，并在科研院所、高新技术企业集中的中关村设有学院分部。

1998年，学院在职教职员工232人，专职教师100人，其中教授7人，副教授36人，具有高级技术职务职称的教师占教师队伍的48%，45岁以下中青年教师占教师队伍的76%。同时学院还拥有一支相对稳定的、以中科院科技队伍为依托、学术水平高的兼职教师队伍。

学院设有经济管理系、行政管理系、计算机应用系、基础教学部、培训中心、计算机网络中心、信息电教中心等教学单位与部门。所设专业为：财务会计、电算会计、工商管理、金融、商业贸易实务、电子商务、商务英语、计算机网络、计算机应用与管理、机电一体化、法律、现代文秘、公共关系、市场营销等专业。在校学生人数达3000人。为适应市场经济和管理现代化的需要，中国科技大学管理学院面向中国科学院机关、各研究所、高新技术企业以及国家机关、工厂、企业的在职青年管理骨干，在北京举办中国科技大学"管理科学"、"计算机应用"专业研究生课程进修班，已有100多位青年管理干部获中国科技大学研究生院颁发的结业证书，30多位青年管理干部荣获中国科技大学硕士学位。学院的干部培训开设：科技政策与科技发展战略、科技人员人力资源的开发与管理、科研机构的财务管理、科研项目与成果管理、现代企业管理、科技人员的知识创新、决策理论与方法、计算机网络、电子商务、涉外商务与谈判技术、领导科学与艺术、领导心理素质与行为训练、知识创新工程中的文化建设等培训课程和专题，体现了中国科学院干部培训的特色。

1998年，在院长姜丹教授等学院党政领导班子的带领下，全校教职员工团结奋斗、锐意进取、深化改革、调整结构、转换机制，学院面貌发生了可喜变化。

根据中科院1998年度工作会议精神，学院召开全校处级以上干部、副教授以上教师及青年教师、工人代表共60余人参加的’98新春务虚会议。会议高举邓小平理论伟大旗帜，传达贯彻中科院’98工作会议精神，深入广泛讨论学院跨世纪发展思路和定位目标。姜丹院长作了“中国科学院管理干部学院跨世纪发展思路和定位目标”的报告，会议发扬民主、集思广益，一致同意学院跨世纪发展思路的定位目标为：中国科学院管理干部学院是中国科学院创办的一所独立设置的全国性成人高等院校，是中国科学院的干部培训基地。学院贯彻“干部岗位培训、继续教育为重点，高等学历教育为基础”的办学方针。学院的首要任务和工作重点是按中国科学院建设成为国家自然科学和高技术的知识创新中心的要求，承担并高质量完成中国科学院管理干部岗位培训、继续教育、在职学位培训、现代化管理技能训练等各种培训任务，为全面提高中国科学院科技管理队伍素质服务。结合高层次岗位培训和继续教育，积极开展管理科学的研究工作，作出一批有显示度的科研成果，成为中国科学院科学思想库和管理决策咨询系统中的一支重要力量。在确保完成岗位培训和继续教育的前提下，合理配置、充分发掘教学资源，面向中国科学院、面向全社会、面向国民经济建设主战场，坚持以市场需求为导向，在国家计划的指导下，多层次、多渠道、多形式地举办适度规模的成人高等学历教育和高等职业教育，培养具有现代管理科学知识和计算机、外语应用能力的复合型应用人才。按市场经济和社会发展需要，举办各种类型的非学历教育，为提高全社会劳动者素质做出应有贡献。坚持以提高培训和教学质量为全校一切工作的中心，合理规划校园建设，争取在本世纪末、下世纪初把中国科学院管理干部学院建设成为国内一流、国际著名的开放型、花园式的成人高等院校，成为中国科学院现代化的干部培训基地，为知识创新作出重要贡献。

1998年，学院共举办各类培训班14期，参加人数达831人。为了适应中科院知识创新试点工作的需要，举办了两期“中国科学院知识创新工程试点单位领导干部培训班”和第十一期“所级领导上岗培训班”，均收到了良好的效果，为中科院知识创新试点工作做出了贡献，得到了中科院有关领导的赞扬。根据中科院有关领导的指示，举办了“贵州省县级领导干部培训班”，为中国科学院科技扶贫工作做出了显著成绩。在全校范围内组织了近60名教授、副教授，组成20个干部培训专题研究小组，设立科研基金，按科研项目对干部培训内容的热点、难点问题进行专题研究，收集案例、编写教案、更新培训内容、改进培训方法、提高培训效果。学院从中国科学院、国家机关、著名高校及高新技术企业聘请了10位高水平资深专家、教授及企业家作为学院干部培训的兼职教授。学院已基本形成了一支以专为主、专兼结合的高水平的干部培训的师资队伍。在1998年，学院自筹资金，进一步更新了干部培训专用计算机房的培训设施，为远程化的现代化干部培训手段奠定了基础。

1998年，学院在北京中关村地区继续举办中国科技大学研究生课程进修班，招收学员82名，结业22名，按国家有关规定部分学员获中国科技大学硕士学位，为中国科学院青年管理干部的继续教育作出了贡献。

1998年，学院成人高等学历教育再上新水平。在校学生人数3000人，达建校以来的最大规模，为提高全社会劳动者的素质作出了贡献。同时也有效地吸纳了社会资源，壮大了学院的综合实力，提高了完成学院的重点任务——干部培训的支撑能力。学院开始走上良性循环的发展道路。学院继续坚持成人高等学历教育“以管理科学为龙头，以计算机、外语为主要应用技能，培养复合型应用人才”的办学指导思想。以市场经济和社会需求为导向的，适时调整学科结构和专业面向。在保证够用的基础理论教学的前提下，大力加强应用技能和职业技能训练，继续实施“学历证书”和“上岗合格证书”兼顾的“双证”教学，增强学生毕业后在社会上择业上岗的竞争能力。1998年学院共为社会输送了500多名合格大专和本科毕业生。学院坚持以提高教学质量为学历教育的生命线。为进一步提高教学质量，强化教学管理，1998年开始实施取消学年制，实行学年学分制；取消补考制，实行重修制；实行考教分开等教学改革三大举措，进一步调动了学生学习的积极性和自觉性。

1998年，学院的结构调整向纵深发展。成立了以姜丹院长为组长的“学院结构调整工作小组”，从学院的全局和实际出发，深入调查研究、广泛征求意见，再三酝酿、反复论证、制订学院结构调整的方案。首先把相当一批优秀的中青年干部由机关充实到基层，加强培训中心、计算机应用系、经济管理系、行政管理系、基础教学部、计算机网络中心等业务单位的领导班子和办事机构，增强了基层办学单位的自身运作能力，改善了培训和教学的组织管理。确定了教师的学科方面的任课任务，按“多劳多得”、“优劳优酬”的原则，开始实行教师的教学津贴，改革了教师的劳动分配制度，有效地调动了教师的教学科研、培训的积极性。

在教师劳动分配制度的推动下，开展了广泛的调整研究，制定“学院后勤系统结构调整、转换机制试行方案”和“机关改革试行方案”，逐步把全校改革进一步推向纵深发展。以改革为动力，争取在1999年进一步开创学院新局面。

1998年，是中国科学院管理干部学院建校20周年、中国科技大学管理学院成立10周年，学院于9月24日举行了朴实而隆重的庆祝大会。中国科学院院长路甬祥院士题词：“团结奋斗，开拓进取，努力把管理学院建设成中国科学院现代化的干部培训基地，为知识创新作出重要贡献！”中国科学院副院长白春礼院士题词：“深化教育改革，发展管理科学，争创一流学院，培育创新人才。”中科院领导的题词，既给中国科学院管理干部学院和中国科技大学管理学院在知识创新的定位和目标作了明确的指示，也是对全校师生员工提出了更高的要求。

世纪之交，学院广大师生员工豪情满怀、充满信心、团结奋斗、开拓进取、抓住机遇、迎接挑战，努力把学院建设成为中国科学院现代化的干部培训基地，为知识创新作出重要贡献。

科学出版社（副牌龙门书局）

社　　长：汪继祥
地　　址：北京市东黄城根北街16号
邮政编码：100717
电　　话：010-64019823（社办）
图文传真：010-64020094
网　　址：http://www.sciencepress.com.cn

科学出版社成立于1954年8月1日，由中国科学院编译局和30年代创立于上海的龙门联合书局合并而成。现有职工378人（其中博士5人，硕士41人，学士145人），编审22人，副编审68人，编辑等中级专业技术人员147人。

科学出版社以中国科学院为依托，面向科技、教育界，出版数学、物理、化学、天文、地理、生命科学以及高新技术等自然科学领域和相关的文化教育类的中文、外文版书刊及音像、多媒体电子出版物。1998年共出版图书1575种（含重印书），期刊144种，共796期。

1998年是科学出版社整体工作在1996年“爬坡”和1997年“上台阶”的基础上全面突破的一年，由社领导牵头的选题攻关小组继续坚持调整选题结构，巩固图书的市场营销成果，进一步深化旨在转变运行机制的改革，初步形成了基础科学、医学、计算机电子信息、科普教育、期刊五大出版中心雏形。

科学出版社把图书分成A、B、C三类进行管理，A类图书（高层次的学术专著、基础理论、国家基本资料和社会公益性图书）突出精品、瞄准国际水平；B类图书（实用价值高、效益好的应用技术图书和工具书）突出规模，重点形成特色；C类图书（高品位适应市场需要的科普、文教以及综合类图书）突出效益，并形成“保持制高点（A类）、主攻生长点（B类）、强化利润增长点（C类）”的“三点”战略。1998年科学出版社的生产规模、出书规模、在途码洋和成本控制等四项指标均创历史最好成绩，全年销售码洋达2亿多元。

科学出版社作为一家全国优秀出版社，为了进一步适应社会主义市场经济的需要，加快机制转换步伐，打破了从50年代起按学科分编辑室的惯例，将各竞争要素集成，形成竞争单元，经过几年的改革，科学出版社无论经营规模还是市场占有率都有了较大的提高。

1998年在中国科学院的支持下，筹备建立中国科学出版集团，更使出版社的改革又向前迈进了一大步。

科学出版社坚持“三高”（高水平、高层次、高质量）特色，紧紧抓住科学研究前沿领域成果，所出版的图书年年获奖。1998年出版的《现代骨科手术学》荣获第十一届中国图书奖，《卫星测高原理》荣获第三届优秀测绘科技图书奖一等奖，《英汉地名学词汇》荣获第三届优秀测绘科技图书奖二等奖，在首届中国设计艺术大展上，科学出版社的《中国科学技术史》、《中国古诗文阅读》、《生物进化控制》三本书的装帧设计分获一、二、三等奖。李淑兰、王宝庆同志分获第二届全国百佳出版工作者称号。曾美玉同志获第三届全国优秀中青年编辑称号。

期刊的改革工作在社领导高度的重视和领导下，正向纵深发展并取得了十分可喜的成绩。1998年科学出版社出版的期刊已有11种扭亏为盈，并继续保持所出版的期刊在全国科技期刊评比名列前茅的地位，被收录入《SCI》等世界六大检索体系的总数占我国科技期刊被收录总数的50%。

1998年科学出版社分别组织有关人员参加了法兰克福、东京、美国ABA及香港等国际书展。

科学出版社下设副牌龙门书局、科学出版社纽约出版公司、香港科华出版公司以及上海办事处、武汉办事处、深圳办事处，还有北京龙门国际旅行社等公司。

文献情报中心

主　　任：徐引篪

地　　址：北京市海淀区科学院南路8号

邮政编码：100080

电　　话：010-62566847（办公室）

010-62553190（总机）

图文传真：010-62566846

文献情报中心（又名中国科学院图书馆）成立于1950年4月，其前身为原中央研究院历史、语言研究所图书馆。1985年11月更改为现名。经过近50年的发展，中心现已成为具有多种服务功能的国家级的科技文献情报机构。现有职工320人，专业人员240人，其中研究（馆）员16人，副研究（馆）员49人，中级科技文献情报人员99人。中心是图书馆学硕士、博士和科技情报学硕士学位的授予单位。1998年中心在读博士生10名，硕士生19名。

1998年，中心坚持文献情报工作为知识创新工程服务，深化改革，推进结构调整，在加强文献信息服务等方面作出了新的积极的贡献。

1998年，文献资源共享建设进一步加强。11月与北京图书馆签订了合作协议，又积极参与了全国百家图书馆的共建共享倡议和签字活动。作为科学技术部的信息机构改革试点单位，参加了全国科技文献保障系统，并得到了文献经费支持，1998年增订了75种原版外文期刊和连续出版物，另增订了读者需求高，周边各大图书馆均无副本的SPIE、IEEE两大套约400余种会议文献，有针对性地增订和合作签定了两种网络版电子文献。购置、研制、开发了具有多种检索功能、基于Web之上的馆藏西文现刊目次系统。其中两个库已在网上提供服务。1998年通过订购、交换等各种途径收集中外文期刊5614种（其中外文期刊占多数），中外文图书4866种，中文资料（会议录、学位论文）1456种，共计11936种。

1998年，筹划了数据库工作的机制转变，扩大了电子信息服务室，增加了网上信息检索、查询和多媒体光盘检索，利用全院国际联机检索网络，提供远程光盘检索服务，开发了网上新书通报系统和新书简讯报道。

1998年信息咨询工作新增加了科技信息定点咨询服务；情报研究服务主要为国家咨询机构和院领导提供科学政策、发展战略等调研报告，参加《科学发展报告》一书的编撰研究工作。

1998年，中心有两个项目，即中国科学引文库系统和中关村地区文献信息共享网络系统获中国科学院科技进步奖二等奖；中心各部门积极组织参加和承担国家级、院级和中心级课题近30项，编撰出版了图书情报学方面的著作3部；5月份成功举办了首届'98全国图书馆学情报学在学研究生学术研讨会，在我国图书情报界产生了较大影响。15种公开和内部发行的研究、报道和检索性刊物积极开拓，更新版面，组织研讨会，进一步提高刊物质量，扩大了影响。

1998年新馆筹备工作进展较大，已正式成立"工程联合建设经理部"，新馆建设可行性研究报告得到中科院领导的批准，完成了投资估算和方案设计评选，规划条件已报规划局通过。

中国科学院印刷厂

厂　　长：周　勋
地　　址：北京市通州区北苑杨庄1号
邮政编码：101149
电　　话：010-60533798
图文传真：010-60533798

中国科学院印刷厂于1957年建厂以来，一直是国家科技书刊的重点骨干印制基地，国家级书刊印刷定点企业。

1998年末职工总人数为905人，其中管理人员117人，工程技术人员29人，生产工人596人。

1998年全厂创产值2941万元，完成计划的119.19%，生产纸令达到25万纸令，上交国家利税279万元，职工生活得到进一步提高，生产经济形势良好。1998年科印厂采取了一系列深化改革的措施：向臃肿的机构开刀，减员增效；加强业务力量，加大其业务成效与经济利益的直接挂钩，调动其积极性；为计件工资的实行做好了充足的准备；参加了北京市城镇企业职工养老保险，每年将节省离退休费用达一百多万元；投资353.7万元更新、改造了印刷设备，增强了生产实力；并且为提高管理水平，实现办公自动化，投资22万元购置了25台电脑设备，进行内部联网；诸项改革取得了较好成效。

1998年科印厂重新制定和修改补充了质量管理制度，严把质量关，再次荣获国家新闻出版署两年一度的书刊质量鉴定评比铜牌，并继续保持北京市月评质量第一。

北京建筑设计研究院

院　　长：徐茂禄
地　　址：北京市海淀区中关村北一街4号
邮政编码：100080
电　　话：010-62551211（生产室）
**　　　　　010-62552059（院办）**
图文传真：010-62552059（院办）
**　　　　　010-62561186（生产室）**

北京建筑设计研究院成立于1962年11月，前身为中国科学院新技术局设计室，1979年改为中国科学院北京建筑设计院，1983年7月更名为中国科学院北京建筑设计研究院。自1993年起在海南及广东东莞市设立两个分院。1998年全院在职职工151人，其中正研级高工19人，高级工程师40人，中级技术人员46人。随着建筑市场的需要，建筑师实行注册制，该院正式注册的一级建筑师12人，二级注册建筑师13人，一级注册结构师17人。

建筑设计院为中国科学院内唯一具有甲级设计资质单位，除拥有国家民用建筑设计甲级资质证书外，尚具有工程总承包甲级，热力设计甲级及城市下水设计甲级资质，有从事民用建筑科研建筑、热力工程（包括供热厂、电厂）、城市下水工程，环保工程设计的优势。科研建筑是该院的特长，具有几十年的丰富经验。

建筑设计院主要从事科研、民用、工业、热力等设计工作及工程咨询，可行性研究工程总承包等业务。

1998年建筑设计院完成种类工程项目几十项，设计收入1200多万元。设计院设计的“北京海淀医院门诊科研楼工程”获第五届首都建筑设计汇报展二等奖（未设一等奖）；“万科城市花园11、12、14区总体规划”获1998年度上海市优秀住宅设计二等奖；“万科城市花园A型住宅”获1998年度上海优秀住宅设计二等奖；“大庆第七人民医院”方案竞赛获二等奖（未设一等奖）；“清华同方”方案竞赛中，该院的二个方案以其不同的特点获甲方好评，获得竞赛优胜；中关村红楼区改造方案和中国科学院文献情报中心大楼（中科院图书馆）的方案设计，获得了中科院领导及甲方的肯定，且顺利地一次性获得规划局的通过。此外该院参加的95住宅设计竞赛方案获得建设部二等奖。

中国科学报社

社　　长：郭传杰
总 编 辑：罗荣兴
地　　址：北京市三里河路52号
邮政编码：100864
电　　话：010-68597905（社办）
010-68597903（总编室）

《中国科学报》创刊于1959年。1998年为周五刊，对开4版（其中“产经新闻”、“东方报道”为对开8版），国内外公开发行。此外，报社还出版《科技新闻》(生活周刊和学术专刊)杂志；与中国科学院计算机网络信息中心共同主办《网络报》。1998年底，报社正式职工48人，其中编采人员32人，管理人员16人。

《中国科学报》是一份在我国科技界有影响的科技报纸。它及时准确地传播国内外的科技信息；介绍国内外科技发展的最新动态和科技成果；普及科学知识；报道科技、教育的热点问题和国民经济建设中的重大问题；反映知识分子的心声。

1998年，《中国科学报》实行全面改版，从版式和内容都给读者一个全新的面貌。在这一年开展的重点报道有：(1)中科院1998年度工作会议的报道。这是《中国科学报》改版后首次组织的重点报道，特别是记者采访有关部委领导，报道科技合作和对中科院工作的期望，在院工作会议上引起与会代表的关注。（2）对中科院提出的“迎接知识经济时代，建设国家创新体系”开辟专栏连续报道。(3)在全国人大、政协两会期间，采访报道十几个省市领导谈与中科院的合作、人大代表和政协委员对建设国家创新体系的意见和建议。(4)组织纪念全国科学大会召开20周年的报道。(5)开展学习蒋新松同志的专题报道，组织科学家撰写回忆文章。(6)组织两院院士大会的专题报道。(7)重点报道中科院知识创新工程试点工作，让社会各界广泛了解这项工作。(8)开展抗洪抢险专题报道，特别是科学技术在抗洪抢险中的作用。

1998年，《中国科学报》从周三刊发展到周五刊。在原“经济周刊”的基础上，与联想合作，从1月2日出版“产经新闻”周刊（对开8版）。从7月3日出版“东方报道”周刊（对开8版）。“东方报道”以上海为龙头的东部沿海地区作为报道重点。这两个周刊进一步拓宽了《中国科学报》的报道内容，加强了对科技促进经济发展的宣传力度，得到了广大读者的好评。

1998年9月，中国科学报社成立了党委和纪委，加强了党的领导和监督工作。

1998年是中国科学报社全面发展的一年。经国家新闻出版署批准，从1999年1月1日起，《中国科学报》更名为《科学时报》，同时改为日报（对开8～12版）。《科学时报》由中国科学院主办，中国科学院、中国工程院、中国社会科学院共办。经中国科学院和国家新闻出版署批准，《中国科学报》和中国科学院思想政治工作研究会主办的《科坛文明天地》整合，从1999年1月起，出版《科学新闻》周刊（4开24版）。《科学新闻》周刊将取代《中国科学报》成为中国科学院机关刊。

行政管理局

局　　长：赵锡嘉
地　　址：北京市海淀区中关村南二街 12 号
邮政编码：100080
电　　话：010-62571850（办）
图文传真：010-62560929
电子函件：eab@dial.cashq.ac.cn

行政管理局成立于 1955 年 12 月，1991 年 12 月由院机关职能部门划为院属事业单位承担院京区行政事务管理和后勤服务工作。

全局现有职工 964 人，其中职员 159 人，专业技术人员 234 人（高级职称 24 人，中级职称 71 人）。经调整机构后，局机关现设 9 个职能部门，成立了（中关村、北郊、城区）三个地区管理办公室和幼教中心、离退休人员服务中心。

1998 年是行政管理局事业承前启后，继往开来的一年。局领导班子顺利换届、交接，保证了该局事业的稳定发展；体制的调整，新机制的推行，开创了全局工作的新局面。

新一届领导班子本着“精简、效能、统一”以及“理顺关系，强化调控，重新整合，加速过渡”的指导思想，理清行政关系、经济关系，将原来的两级机关三级管理，改为一级机关三级管理，实行“职务明确、责任到人、事企分开、条专块统、责权一致，依法管理”的 24 字管理方针。强化了“资金、资产、项目”三个方面的调控。为该局参与全院知识创新工程试点工作打下了坚实的基础。

为积极推进后勤管理科学化和服务社会化，适应科学园区建设的新形势，拓展服务的广度和深度，组建了专业服务队伍，实行专业化服务，完成了日常服务工作。小修服务受到了广大科研、科技人员和住户的好评，供暖工作获得了北京市的奖励。

受中科院委托承担中科院京区综合治理办公室工作，9 月初完成黄庄小区、东南小区、中关村南区、中关村北区的封闭，成立了 4 个小区办公室，建立 24 小时保安巡逻制度；启动中关村路的整治，完成动物所前、力学所前、科南路与中关村路交叉路口 3 个地方红绿灯的安装，改善了道路交通管理。

在完成受中科院委托的管理工作方面，全院售房 3 次；完成了全院山区义务植树任务；进行了京区 43 个单位或小区的庭院绿化美化验收考核；组织计生干部、医务人员“三下乡”活动；与市广电局合作建设中关村地区有线电视光缆工程；完成了环保排污费及二氧化硫排污费的环补资金申报工作。同时绿化、环卫、交通安全、计划生育工作均获北京市的奖励。

在开发工作上完善了企业领导体制，成立了董事会，初步完成企业整合，努力创造经济效益和社会效益。

科技物资中心

主　　任：李玉海
地　　址：北京市海淀区中关村南一条甲 3 号
邮政编码：100080
电　　话：010-62545879（综合处）
图文传真：010-62545879

科技物资中心 1998 年底有在职职工 96 人，其中有专业技术职称的 39 人（高级职称 1 人，中级职称 25 人，初级职称 11 人）。

1998 年是科技物资中心成立以来颇有显示意义的一年。中心根据已有基础，面对新的形势，认真分析现状，进行了总体深化改革。重新确立定位，开始实施由资源依赖型向市场经济型的初步转变。从参与构建全院大后勤框架角度出发，更新机构，重塑模型，精简管理人员，着力培植企业生长点。改革工作年底基本到位，管理机构设置由年初的四处二办 40 人调整为二处二办 11 人，调整后的机构设置为综合处、财务审计处、院科技产品销售网络办公室和基建办公室，组建了物业部。中心下设三个公司，即北京中科物资装备总公司、北京中科技贸中心以及为推进院科技产品销售新成立的中科康迪科技有限责任公司。

在年度工作中，紧紧围绕中科院知识创新工

程试点工作的布局，完成了物资中心总体改革方案及其机构调整、人事、分配、考核等配套实施细则。重新确立了物资中心定位发展目标和将“以物资供应、经营和仓储服务为主的支撑性机构”调整为“为知识创新工程和促进科技成果转化提供多种中介服务与技术服务的支撑性机构”。“坚持企业化的改革方向，经过3～5年的改革，将物资中心及所属企业改造成符合现代企业制度要求的集团性企业”。

适时保质保量的完成了院所科研工作所需的各类型材料服务供应工作，探讨论证了中科院实施公共采购（政府采购）的可行性方案，并在院属两个基建工程中进行了建筑用钢材大量采购供应试点，取得了明显的经济和社会效益，也为更大范围实施公共采购积累了经验。经营工作引入了市场机制，全年销售额首次突破亿元大关，创出了最好水平。与院内兄弟单位共同筹资建成了9000m²的职工住宅，使中心国有资产进一步显著增值。职工生活进一步得到了改善，为深层次发展奠定了基础。

科技促进经济基金委员会

主　　任：严义埙
地　　址：北京市海淀区中关村南一条乙3号建业大楼4层
邮政编码：100080
电　　话：010-62544669
图文传真：010-62544669

科技促进经济基金委员会是国家计划发展委员会，国家经济贸易委员会与中国科学院集资组建的事业单位，具有独立法人地位。在业务上受国家计委、国家经贸委与中国科学院的领导，在行政上由中国科学院管理。

其前身，是1987年9月12日由国家经委和科学院联合筹资成立的“科技促进经济发展基金会”，是贯彻国家关于“科学技术必须面向经济建设，经济建设必须依靠科学技术”方针所采取的重大举措。

基金委员会的工作目标是促进科技与经济的紧密结合，加速科技成果的转化，推进高新技术的产业化，促进我国社会主义市场经济的发展。以风险投资、种子基金等方式对高新技术成果转化提供资金与管理上的支持；根据授权及本会章程的条例，努力开拓国内外资金渠道，大力促进科技成果的产业化；组织吸引社会智力与财力，面向社会各界，提供科技与经济发展所必要的咨询、评估、诊断、培训等技术服务。

基金委员会的最高领导机构是理事会，理事会成员由国家计委、国家经贸委、中国科学院的有关领导担任。中国科学院严义埙副院长兼任本届理事会的主任。

基金委员会曾以委托贷款与投资方式支持高新技术产业化，传统产业技术改造以及产、学、研合作开发。成立以来，共发放基金219笔，基金总量2.06亿元，成功地支持了以地奥心血康成果转化为代表的一批高新技术项目以及一些产学研合作开发项目的发展。

1998年，国务院批准了中国科学院“关于建立国家创新体系”的建议。基金委员会的全体同志一方面认真领会中央领导批示的意图和知识创新工程的战略意义，另一方面努力完成国家经贸委交办的咨询工作，组织了一些项目的评估咨询，参与了1998年国家级新产品的专家评审。同时，继续受托管理国家计委的尚未完成的工试项目和农办项目。

1998年11月，为适应国务院批准在我院实施知识创新工程的需要，对基金委员会的领导班子进行了重大调整，委派严副院长兼任主任，期望该会在科技促进经济发展方面发挥更大的作用。

在中科院领导与有关局办的关心与指导下，基金会领导班子换届后，对会内进行了认真的整顿、狠抓了制度建设，会内工作出现了新的局面，为1999年工作开展创造了条件。

1999年的工作重心是为基金会的发展做好基础工作，为风险投资、种子基金和咨询评估服务等工作创造条件和做好各种准备。同时，根据中科院的改革步伐，对基金会进行进一步的调整。重点工作包括建立咨询评估工作体系，完善咨询专家库，建立专家库管理系统，进行基金会内部制度建设，改善办公条件，搬迁新楼等。

沈 阳 分 院

院　　长：张振武
地　　址：沈阳市和平区三好街 72-8 号
邮政编码：110003
电　　话：024-23892758　024-23892745
图文传真：024-23893632
电子函件：syb@ms. syb. ac. cn

中国科学院沈阳分院是中国科学院的派出机构，协助院管理中科院在辽宁省的大连化学物理研究所、金属研究所、沈阳应用生态研究所、沈阳自动化研究所、沈阳计算技术研究所、金属腐蚀与防护研究所、沈阳科学仪器研制中心和在山东省青岛市的中国科学院海洋研究所。

沈阳分院系统现有职工 5034 人，其中科技人员 3729 人，占总人数 74.1%；高级科技人员 1322 人（正研级 413 人），占科技人员总数 35.5%；有中国科学院院士 16 人，中国工程院院士 2 人，第三世界科学院院士 1 人，有博士学位的 285 人，硕士学位的 682 人。在学研究生 820 人，其中博士生 420 人，硕士生 400 人。

沈阳分院系统的研究领域以技术科学为主，涉及到材料科学与工程，选控化学与工程，制造科学与自动化技术和计算机技术，海洋科学与工程，应用生态学与生物技术等，基础研究、应用研究和开发工作兼有。

沈阳分院系统现有 6 个国家重点实验室：分子反应动力学国家重点实验室、催化基础国家重点实验室、国家“863 计划”短波长化学激光重点实验室、材料疲劳与断裂国家重点实验室、快速凝固非平衡合金国家重点实验室、金属腐蚀与防护国家重点实验室。

6 个国家工程研究中心：国家催化工程技术研究中心、膜技术国家工程研究中心（国家医药管理局膜技术研究推广中心）、高性能均质合金国家工程研究中心、机器人技术国家工程中心、高档数控国家工程研究中心、国家金属腐蚀控制工程技术研究中心（中国石油总公司沈阳设备实效分析与预防研究中心）。

5 个中科院开放实验室：固体原子像开放研究实验室、陆地生态系统痕量物质生态过程开放研究实验室、机器人学开放研究实验室、现代制造 CAD/CAM 技术开放研究实验室、实验海洋生物学开放研究试验室。

4 个中科院野外试验站：长白山森林生态系统开放研究站、沈阳生态试验站、湖南会同森林生态实验站、胶州湾生态系统网络研究实验站。

4 个中科院研究、监测中心：智能机器人研究中心、综合自动化总体工程部、绿色食品中科院沈阳环境监测中心、绿色食品中科院沈阳食品监测中心。

这些国家、院重点实验室、工程中心、开放站的建立，显示了较雄厚的实力并为沈阳分院系统在相关学科领域内高水平地完成科研任务及开展国际、国内学术交流与合作，奠定了坚实的基础。

1998 年，沈阳分院系统共承担国家和地方科研项目 808 项，其中基础研究项目 164 项，应用研究 456 项，试验发展项目 142 项。在 255 项国家项目中，其中国家攻关项目 62 项，“863”项目 58 项，国家自然科学基金项目 135 项。

1998年，沈阳分院系统共获科技成果奖47项，其中国家科技进步奖3项，国家部及全军科技进步奖3项，院自然科学奖7项，院发明奖3项，院科技进步奖9项，省科技进步奖14项，省发明奖7项，市科技进步奖1项。

1998年，沈阳分院系统经费总额3.69亿元，其中院拨基本事业费1.46亿元，国有固定资产10.02亿元。

1998年，沈阳分院系统共有科技企业14家，高技术企业总产值2.8亿元。

沈阳分院自1978年恢复建制以来，进入了一个新的历史时期，在转变职能、精减机构、分流人员和创办实体等方面不断推进改革并取得了一定成绩。沈阳分院机关一直把为研究所（中心）的改革与发展服务，促进其发展壮大作为中心工作和根本目标，在分院与地方开展科技合作中充分发挥桥梁与纽带作用。

1998年，沈阳分院机关工作坚持以邓小平理论为指导，认真贯彻党的十五大精神，努力落实中科院的工作部署，面向研究所、面向地方，以改革为动力，做好管理，搞好服务，取得了新成绩。

切实加强研究所领导班子建设。完成了4个所行政班子的换届，重点解决了班子年轻化问题，达到了院党组提出的本世纪末全院研究所班子成员45岁以下达50%的目标要求。新班子的年龄结构、学位结构都有了很大的改善。还完成了4个所的党委换届工作，一批年轻同志充实到新一届党委。

积极支持研究所深化改革。稳妥地加快推进全系统全员聘用合同制的实施，取得了重要进展。按照院实施知识创新工程对沈阳先进制造基地建设的要求和部署，组织协调沈阳自动化所和沈阳计算所研究制定体制改革、结构调整、机制转换、资源配置等实施方案。组织各所开展以实施创新工程为主题的软科学研究，组织了全系统“面向21世纪青年科学家论坛”，研讨院实施的知识创新工程，共形成30余篇研究报告和学术论文，召开了全系统的学术交流和研讨会。

大力组织研究所与地方合作，推进产学研进程。组织分院各所，并邀请分院外中科院有关研究所参加“'98辽宁省产学研合作洽谈会”，“'98沈阳科技经济对接及产品成套、配套洽谈会”，以及组织分院各所参加中科院与江苏省高新技术及产业合作交易会，成交项目120余项，成交额1.5亿元。

组织和帮助各所申报省、市科技计划立项90项，获得经费911万元。争取落实和到位市政府支持各所开发贷款贴息700万元。配合省计委争取国家计委工业性试验项目立项，得到项目资金2100余万元。探索与铁岭市、海城市在农业示范基地建设方面的合作，组织推广沈阳应用生态所、大连化学物理所的高效农业和生物技术项目，取得了初步成效。

努力拓展为研究所的支撑服务。积极开展专利代理，1998年为各所共实现专利代理183项，超过院下达任务的20%。加大了信息交流和对外科技宣传力度，加强了所际间信息沟通，扩大了院、分院及研究所的社会影响，提高了知名度。为沈阳分院系统的改革发展创造了良好的舆论氛围。强化了为职工服务的行政后勤和基础设施建设。

近年来，沈阳分院系统的对外科技交流活动日益活跃，已同世界40多个国家和地区建立了长期稳定的国际合作与学术交流关系。1998年，共接待各国来访的科学家507人次，派往国外的访问学者282人次，各学科在国际间的影响与交往不断扩大，在学术交流、国际合作、人才培养诸多方面展示出喜人的前景。

大连化学物理研究所

所　　长：邓麦村
地　　址：辽宁省大连市中山路 457 号
邮政编码：116023
电　　话：0411-4671991
图文传真：0411-4691570
电子函件：dicp@ms. dicp. ac. cn
网　　址：http://www. dicp. ac. cn

中国科学院大连化学物理研究所的前身是建于 1907 年的南满铁道株式会社中央试验所。1949 年 3 月 19 日正式创建，当时定名大连大学科学研究所。1950 年定名为东北科学研究所大连分所。1952 年曾改名为中国科学院工业化学研究所。1954 年更名为中国科学院石油研究所。1962 年正式命名为中国科学院大连化学物理研究所。历任所长有：屈伯川、董晨、张大煜、顾以健、楼南泉、张存浩、袁权和杨柏龄等。

1998 年底，职工总数为 1209 人，其中科技人员 961 人，中国科学院院士 7 人，研究员 85 人，副研究员、高级工程师 174 人，中级科技人员 445 人。在学研究生 215 人，其中博士生 101 人，硕士 114 人。另有博士后 17 人。

大连化学物理所是一个应用研究与基础研究并重、有较强开发能力的、以承担国家和企业重大项目为主的化学化工科研基地型研究所。现有 10 个研究室、3 个工程中心，其中国家级的研究单元有 7 个。现设的所有学科都有权授予博士和硕士学位。1994 年底，国务院学位委员会批准其为博士导师自选单位，现有博士生导师 35 人。

大连化学物理所的战略目标是：研究工作上国际水平，开发工作上效益规模，创建世界第一流研究所。

学科方向为：以选控化学与工程为主线，开展战略性、基础性、前瞻性的创新工作。基础研究以揭示自然规律为目标，加深对化学反应本质及选择控制规律的认识。应用研究以国家发展战略目标和市场需求为导向，在资源优化利用和环境化学化工过程等领域开展创新工作。现设的研究室和工程中心有：催化基础国家重点实验室、分子反应动力学国家重点实验室、色谱分析开放实验室（国家色谱研究分析中心）；化学激光研究室（国家“863 计划”短波长化学激光重点实验室）、新能源研究室（燃料电池工程中心）；分析化学研究室（国家进出口商品检验局理化测试认可实验室）、精细化工研究室、生化工程研究室、天然气化工与应用催化研究室、环境工程研究室；国家催化工程技术研究中心、国家膜工程技术研究中心和燃料电池工程中心。

1998 年底，中国科学院决定进一步深化大连化学物理所的改革，将其列为中国科学院知识创新工程首批启动的 12 个试点单位之一，进行以研究所为单元的整体改革。全所从研究所的体制、运行机制以及与国民经济和高技术产业的关系等方面，探索建立面向 21 世纪知识经济时代，与国际接轨并且适应我国国情的现代研究所制度，建立能够保证研究所健康持续发展的运行机制，为科学的发展和我国跨世纪发展目标实现做出更大贡献，并培养和造就更多的一流人才。

全所围绕实施知识创新工程的总体目标，制定了一系列深层次改革方案，包括：学科战略发展方向、定位与目标，研究机构调整方案，人员流动方案，分配制度方案，考评制度方案，福利货币化方案，后勤社会化方案和高技术企业转制方案。建立了相对固定的骨干岗位和流动岗位相结合、专职与兼职相结合的用人机制。由所招聘委员会考核评审，所长聘任约 150 名骨干人员（包括管理人员），由骨干人员根据争取的资源和考核情况聘用流动人员。流动人员以访问学者、博士后、博士和硕士研究生为主，实行两级管理。改革现有职称评审制度和激励分配制度，实行福利货币化；积极参与社会保障体系。严格业绩考评，骨干人员和流动人员每两年的更新率不低于 5%。

按照所学科发展方向与定位，结合知识创新工程的要求以及所目前研究工作格局和资源状况，设立基础研究、应用研究和重大项目三类共 10 个研究室。成立“研究骨干设岗聘任及业绩考评专家委员会”，面向所内外招聘骨干岗位人员（包括研究室主任、题目组组长和行政管理骨干），经自荐报名、资格审查、公开答辩评审、委员会考核、向所班子推荐、所班子最后聘任10名室主任、43个题目组组长和10名管理骨干。按照计划，在2000年年底前将按照新的体制和机制稳定运行，不断总结经验、调整完善，形成一批重大的科研成果，从而实现改革的总体目标。

1998年列入所科研计划的156项课题均按计划完成了任务（如下表）。

项目类型	项目数
国家“九五”攻关项目	21
国家“863”高技术项目	11
国家攀登计划项目	12
国家自然科学基金重大、重点项目	5
国家自然科学基金面上项目	30
中科院重大、重点项目	22
国防军工项目	4
省、市、分院计划项目	13
部委委托项目	5
国际合作研究项目	9
所内“三项基金”	24
合计	156

1998年全所共有10项成果通过了技术鉴定和专家评议，有13项成果获得各种奖励（如下表），其中中科院奖励5项，辽宁省奖励8项。向国家专利局申请专利71件，其中发明专利53件，实用新型专利18件，是全院研究所中申请专利件数最多的单位，批准授权专利27件，发表论文376篇。

获奖项目	奖级
紫外拉曼光谱仪研制和在催化研究中的应用	院发明二等奖
络合催化若干研究领域中的新进展	院自然科学二等奖
陶瓷复合膜每小时10立升钯氢分离研制及工业气源现场试验	院发明三等奖
天然气间接合成乙醇等碳二含氧化合物催化剂及工艺过程	院科技进步二等奖
新型DF-2长链烷烃催化剂的研究	院科技进步二等奖
一种测量气体中微量氧的电池	辽宁省发明奖一等奖
一种可制纯氮、氧气体的电化学发生器	辽宁省发明奖二等奖
高微孔膜水电解槽	辽宁省发明奖二等奖
一种高容浸剂活性炭干法脱硫剂	辽宁省发明奖二等奖
一种无机膜反应器	辽宁省发明奖三等奖
一种多孔无机材料与金属的密封连接组件	辽宁省发明奖三等奖
密封防水直埋式复合保温热力管固定支架	辽宁省发明奖三等奖
新型亲和膜分离法用于一些医药制剂中内毒素的去除	辽宁省科技进步奖三等奖

重大科研项目进展顺利。“短波长氧碘化学激光”成功地完成了“9810”试验，并通过成果鉴定，受到国家有关部门的通报嘉奖。“燃料电池技术”项目完成了1000W和5000W质子交换膜电池的组装，在北京的电动汽车展览会上受到国务院有关部委领导的好评。“千瓦级质子交换膜燃料电池”通过了成果鉴定。该项目还顺利地通过了中期评估，为下一步工作打下了良好基础。“天然气‘干法’净化脱除硫化氢和水蒸气”项目顺利通过验收，形成了具有我国自主创新的天然气净化集成技术，成为中科院第一个完成并通过验收的“九五”攻关项目。“尖三”卫星用高性能、长寿命肼分解催化剂项目取得了重大进展，催化剂冷启动寿命提高了4倍，热脉冲启动提高了10倍之多。

科技开发保持良好势头，产业公司管理逐步规范。尽管受国际国内经济形势影响，1998年高技术产业销售收入仍达7808万元，实现销售利润比上年增长4.47%。各研究室加大了与企业的联合，1998年共签订“四技”合同65份，合同额1341.1万元，到款额为981万元，比上年增加15.4%。凯飞中心被国家石化局正式批准为农药定点生产企业，三个新农药中间体项目被列入国家“火炬计划”，农药三期工程占地20ha，项目已开工建设并完成投资额2000多万元。以凯飞中心和国家催化工程中心为主体的转制上市工作进展顺利，并已按现代企业模式进行了资产重组和组织机构调整。膜工程研究发展中心已通过国家计委组织的论证与评估，正式启动膜技术国家工程研究中心的建设工作，并与大连铁龙集团签订了合资共建国家工程中心的协议，转制成立“膜技术国家工程研究中心有限责任公司”。

1998年，大连化学物理所共接待来自13个国家和地区的专家和学者58批、147人，派出专家、学者96人次，涉及16个国家和地区。在来访的专家中，有诺贝尔奖获得者李远哲教授，台湾原子与分子科学研究所林圣贤教授，俄罗斯科学院N. N. Semenov物理化学研究所O. V. Krylov院士，欧洲膜学会副主席H. Strathmann教授，德国化学会主席E. Bayer教授，“毛细管电泳之父”瑞典Uppsala大学S. Hjierten教授等。1998年大连化学物理所主办5个国际性学术会议：“中国-欧洲膜研究进展专题讨论会”(大连)、“燃料电池技术与应用国际研讨会”(大连)、“世界华人分子反应动力学研讨会”(大连)、“第二届亚洲及太平洋地区毛细管电泳及相关微分离分析技术学术报告会”(大连)、“中法合作科研项目(PICS, No.299)环境催化第七次会议”(杭州)，参加会议人数达400多人。

大连化学物理所是中国化学会的会员单位。负责编辑出版学术期刊《色谱》和《催化学报》。在国际组织中，大连化学物理所有8位专家任职(如下表)。

张存浩	1994～1998	国际纯粹和应用化学联合会执行局委员
楼南泉	1979～	分子束国际学术讨论会议，国际顾问委员会委员

续表

郭燮贤	1984～1998	国际催化会议理事
	1987～1998	国际歧化会议顾问委员
	1987～1998	国际沸石会议顾问委员
	1982～1998	中、日、美三国催化会议中方负责人
	1993～1998	国际催化通讯杂志编委
卢佩章	1988～	吐宾根德国东亚科学论谈会董事
李文钊	1993～	国际天然气转化会议顾问委员会委员
	1990～	国际先进催化科学与工艺会议顾问委员会委员
	1994～	国际“反应动力学与催化通讯”杂志编委
	1997～	“日本催化总览”杂志编委
谭志诚	1993～	国际热化学学报编辑委员会委员
李　灿	1998～2001	“应用催化”编委
	1998～	“第五届国际溢流学术会议”委员
	1997～	“世界环保催化大会”顾问
解金春	1996～	美国航天、航空学会会员
	1989～	美国物理学会会员

中国科学院金属研究所

名誉所长：师昌绪（院士）
所　　长：叶恒强（院士）
地　　址：沈阳市沈河区文化路72号
邮政编码：110015
电　　话：024-23843531（总机）
024-23843605（所办）
图文传真：024-23843605

中国科学院金属研究所，创建于1953年，是中国著名的材料科学与工程研究基地之一。现有职工918人。在653名科技人员中,中国科学院院士4人,中国工程院院士1人,研究员87人,副研究员、高级工程师等172人。中级科技人员308人。其余为初级科技人员。经国家批准,具有材料科学与工程一级学科博士、硕士学位授予权,设有材料科学与工程学科博士后流动站,培养材料科学与工程研究领域的高级专业人才。1998年有在学研究生203人,其中硕士研究生80人,博士研究生123人。在站的博士后14人。

金属研究所的主要学科方向是材料科学与工程,坚持材料科学与材料工程相结合、常规材料的改进提高与新型材料的研制开发兼顾、金属与非金属材料相结合、功能材料与结构材料研究并重;加强材料设计与材料合成的工艺技术研究及实验新方法的创新与开发并举的方针。通过完善重点开放实验室的运行机制来稳定和发展基础研究,不断为科技创新提供源泉。应用研究转移到以市场经济为导向的轨道,发挥综合竞争优势,积极组织力量争取难度较大的国家攻关课题,在不断提高应用研究水平的同时,建立高性能均质合金国家工程研究中心和北方新材料研究与发展中心,以解决科研成果不断熟化和进行工程验证、科研与企业相结合的问题。同时积极建立科技先导型高新技术产业基地科金新材料总公司,按照企业机制运行,生产一些地方产业不能生产的高技术产品,同时发挥示范带动作用,带动地区的高技术产业发展。

金属研究所设有金属物理、纳米材料、复合材料等13个研究室,无损检测、结构分析等4个实验室。设有高性能均质合金国家工程研究中心、北方新材料研究与发展中心,及快速凝固非平衡合金、材料疲劳与断裂两个国家重点实验室、中国科学院固体原子像开放研究实验室、中国科学院国际材料物理研究中心、辽宁省材料与氢重点实验室、沈阳市磁性与磁性材料青年实验室。

1998年全所共承担科研课题200余项,一批项目取得重大成果和进展。其中直升机用精密管材研制与应用通过中科院组织的专家鉴定,研制出精密管材的性能指标达到国外同类产品的实用水平,填补了国内的空白。

1998年全所获得国家和部级奖励9项,其中国家科技进步奖二等奖1项,在院、部委奖励的8项成果中,一等奖3项、二等奖4项,三等奖1项。作为第一合作单位的成果登记14项,其中应用10项。发表论文384篇,其中在国外发表的有243篇。出版专著2部,《凝固技术》一书是全国高技术重点丛书,《科学与技术丛书》是186万字的译著。另据北京原国家科委情况中心按SCI统计,该所1997年在国际刊物发表论文数、引用数居于全国科研院所的第4位、第5位。申请并受理专利45项,其中发明专利33项,实用新型专利12项,获权专利19项。

所领导班子获1998年度中科院领导集体进步奖。

金属研究所与美、英、德、日、意等30多个国家的研究机构、学术团体及著名科学家、企业家建立了广泛的合作交流关系。1998年接待83名外国专家、学者来所合作研究、参观讲学等,同时派出长期合作和留学人员23人,短期合作研究、考察、参加国际会议等92人次(包括赴港、台7人)。同年10月由金属研究所和湘潭大学联合组织在广西桂林召开"第九届国际材料物理讨论会"。1998年中科院与马普学会批准金属研究所卢柯领导的纳米材料研究小组被命名为"马普青年伙伴研究小组",并获马普学会为期5年的资助,于1999年启动。

为适应知识创新的要求,1998年以金属研究所为主要参加单位的东北高性能材料研究与发展基地的筹建工作已经进行。

受中国金属学会、中国材料研究学会、国际材料物理中心及国家自然科学基金委员会的委托、编辑出版《金属学报》(中、英文版)、《材料科学与技术》(英文版)、《材料研究学报》(中文版)等4种学术刊物。

沈阳自动化研究所

所　　长:王天然

地　　址:沈阳市和平区三好街90号(西区)
沈阳市东陵区南塔街114号(东区)

邮政编码：110003（西区） 110015（东区）
电　　话：024-23891979（西区）
024-23892612（东区）
图文传真：024-23890557
024-23892603
电子函件：sia@ms. sia. ac. cn
网　　址：http://www. sia. ac. cn

中国科学院沈阳自动化研究所成立于1958年11月。1962年前名称为辽宁省电子技术研究所，1972年前为中国科学院东北工业自动化研究所。1972年正式定为现名。截止1998年底，全所664人，其中科技人员479人，有研究员34人，副研究员和高级工程师137人，中级科技人员210人。现有在学博士生11人，硕士生51人。

学科方向为制造科学，以工业自动化、机器人、光电技术为主要研究领域。围绕学科方向和研究领域共设有8个研究部、室。机器人技术国家工程研究中心，中国科学院机器人学开放研究实验室，沈阳市先进制造技术中心设在所内。为了迎接知识经济的新时代，按照科学院知识创新工程试点安排，即以沈阳自动化所为主创建先进制造基地的要求，已经确定基地将以制造科学为主导学科，从事基础性与前瞻性研究，高技术创新的研究和集成创新的研究，领域上划分为智能机器与智能制造系统的结构与模式和先进制造的支持技术三个方向，并按上述发展目标进行了结构改革，政策制定等。确定了先进制造基地为四个层次，二个实体，即基地核心部分的基础性研究、高技术攻关、示范应用和高技术产业(其中高技术产业为独立法人实体)。

1998年是沈阳自动化研究所建所40周年。多年来一直保持着上升的势头，得到社会的广泛承认、表扬与鼓励。这一年共争取国家重大项目、基金项目、“863”项目、院重点项目等应用基础研究课题9项。全年新签合同总计81项，总额6200多万元，使全所的经济实力和积累不断增长。

1998年全所共申报省部级以上科技成果7项，全部获奖。其中“无缆水下机器人的研究开发与应用”获国家科技进步奖一等奖；“超多自由度并串联机器人研究”获中科院自然科学奖三等奖；“大型过程工业自动化系统总体技术开发研究”获中科院科技进步奖二等奖；“09产品肋骨弯淬设备研制”获中科院科技进步奖三等奖；“机器人学导论”专著等3项获省科技进步奖。全所共申请专利16项。

为了配合先进制造技术基地建设，国际合作与交流工作有许多新的进展。全年共有29人参加国际会议，学术交流及考察等出国访问。接待美、日、意、俄、德、法等国来访客人31人，与德国Fraunhofer学会IFF研究所之间的合作关系，继续发展并继续得到院级项目支持。双方决定共同出版先进制造技术有关的专著（中、英文）1部，并继续推进合作研究项目和科技人员交流计划。此外双方还就合作培养硕士生和博士生等签定了协议。与日本三菱公司共同建立了沈阳FA中心。

为了发展和开拓高技术产业化工作，1998年与企业的联系做了大量工作。与海尔等企业开展了合作开发专用机器人的工作，与宁波、上海浦东等建立了合资、合作公司。

1998年是沈阳自动化研究所开始全面实施所质量体系的一年。年初宣传为全所质量年，进行了广泛动员，进行了二次内审，一次预审和一次最终现场审核。12月16日得到新时代认证中心颁发的国家认定的质量体系认证证书。这是全所同志克服许多困难而取得的重大成绩。

此外，全年有11人获得院、省、市先进个人等称号的表彰。被评为院档案工作先进集体。王天然所长当选为九届全国人大代表。

沈阳自动化研究所是中国自动化学会机器人专业委员会和辽宁省自动化学会的挂靠单位。编辑出版《信息与控制》和《机器人》等刊物。

沈阳计算技术研究所

常务副所长：林　浒（主持工作）
地　　址：沈阳市和平区三好街100号
邮政编码：110003
电　　话：024-23894766
图文传真：024-23894766

中国科学院沈阳计算技术研究所创建于

1958年8月30日，其前身是辽宁电子技术研究所。1960年7月，在原计算机专业的基础上，成立了中国科学院辽宁分院计算技术研究所。1962年12月，同辽宁物理研究所和吉林大学计算数学研究所主要部分合并为中国科学院东北计算中心。1967年10月，“中心”划归国防科委第十五研究院领导。1970年7月，回归中国科学院；1972年8月，改称现名。

1998年年底职工总数445人，其中科技人员337人，有研究员级人员26人，副研究员级人员96人，中级人员125人。现有在学硕士研究生31人。1998年，在国内培养在职博士7人，培养在职硕士5人，参加国际培训人员5人。另外，开放实验室举办计算机辅助设计领域的学术活动参加人次125人次。

1998年沈阳计算技术研究所围绕知识创新工程试点工作进行了一系列改革，所机关职能部门由原11个调整为7个，部门领导干部年龄趋于年轻化，由原来平均年龄50.4岁调整至现平均年龄45.2岁。研究室由原13个调整为7个，研究室领导干部年龄由原来平均年龄46.7岁调整至现平均年龄40.4岁。

沈阳计算技术研究所主要从事计算机系统、计算机软件、计算机网络、计算机通信、工业控制、数控及现代制造技术研究，今后仍以上述研究领域为主要学科发展方向。沈阳计算技术研究所是我国计算机学科的硕士点之一，具有计算机组织与结构、计算机软件和计算机应用等专业学科的硕士学位授予权，并与东北大学联合培养博士生。设有系统与软件、网络与通信、工业自动控制、电子对抗等研究室，特别是依托在本所的高档数控国家工程研究中心、中国科学院现代制造CAD/CAM技术开放实验室、中国科学院Internet（国际互联网络）沈阳地区域网络中心等均有明显学科优势和突出的特色。目前，正在与沈阳商检局等合作组建沈阳商检电子电器产品检测中心。

沈阳计算技术研究所技术力量雄厚，科研设施及装备条件优越。拥有高性能工作站十余台，配有多种机械CAD、电子CAD软件包，完成了多项PCB设计、芯片设计和CPU模板设计，为国家重点科技攻关项目的完成提供了有力的支持。在高档数控国家工程研究中心建设过程中，本所装备了一批国际先进的电子测试仪器，如逻辑分析仪、集成电路测试仪，在线测试仪、快速瞬变噪声模拟仪、浪涌模拟仪等电磁兼容测试设备，极大地提高了本所的新产品研制开发水平。还引进了国际先进的SMT安装生产线、双波峰焊机等，具有很强的数字产品开发生产能力。

1998年，全所争取和承担主要科研课题60项。其中，围绕ATM技术，分别承担国家“九五”重点科技攻关，中科院基础研究和辽宁省科技攻关项目。项目进展顺利，其中的国家“九五”攻关项目——“局域网用ATM交换机研究与开发”，通过了中科院组织的中期评估。该项目完成后，将推出一批与ATM交换机相关的高新技术产品，对我国信息产业的发展具有重大意义。

在高档数控技术方面，分别承担中科院和辽宁省的计划项目，即用高档数控技术改造国有企业装备。该任务完成后，可望使相关企业实现可观的经济和社会效益。

1998年，全所取得科研成果（报院登记）13项，其中应用基础研究成果3项，应用开发研究成果10项。与东北大学合作完成的控制理论方面的一项应用基础研究成果，居于国际领先水平。应用开发研究方面，也有多项成果达到国际先进水平，为促进相关领域的社会进步和经济发展做出了贡献。

在科技开发方面，1998年沈阳计算技术研究所取得了长足的进步。完成了沈阳市府三委（经贸委、计委、科委）计划项目——SS-9501T经济型数控机床控制系统开发，通过了市府三委委托中科院沈阳分院的科技成果和新产品样机鉴定。与东北电力集团公司合作开发的D-2000EPM电网电能量采集与管理系统，已通过沈阳市经贸委组织的新产品样机鉴定并申报了国家专利，在东电直属的辽宁、吉林、黑龙江三省和内蒙古东部地区的20多个电业局或发电厂装备了100多套，取得了良好的经济和社会效益。该产品是用于发电厂、变电站（所）的高性能、高精度电能量计量计费装置，适合我国电力行业改革转制步入市场的需要，对促进电能量计量计费的标准化和现代化，改变我国对该产品依赖进口的局面具有重要意义。

1998年，沈阳计算技术研究所高档数控国家工程研究中心在原蓝天系列高档数控研制开发的基础上,加大开拓国际市场的力度,积极寻求国际合作。经努力,与俄罗斯厂商达成协议,合作开发面向俄罗斯市场的新一代开放式体系结构的五过程六轴联动的高档数控系统。俄罗斯专家对合作开发出的 LT-9510 高档数控系统进行严格测试后,十分满意。认为系统的主要功能和性能价格比在俄市场极具竞争力。1998 年 8 月,首批 15 台 LT-9510 高档数控系统销往俄罗斯,随后又有 12 台运抵俄罗斯。这是我国首次出口高档数控系统。它表明,沈阳计算技术研究所不但改写了我国没有高档数控的历史,变依赖进口为替代进口,而且实现了从进口到出口的一个新的跨跃。

沈阳计算技术研究所创办的蓝天技术开发总公司,是韩国三星网络产品的中国总代理,也是韩国三星显示器的东北总代理。沈阳计算技术研究所夏和计算技术有限公司是与日本构造系统株式会社合资创办的中外合资企业。

沈阳计算技术研究所是辽宁省计算机学会的挂靠单位。编辑出版《小型微型计算机系统》(月刊)。该刊物是中国计算机学会专业刊物之一,也是国内自然科学的核心期刊之一。

金属腐蚀与防护研究所

所　　长:姚治铭
地　　址:沈阳市文萃路 62 号
邮政编码:110015
电　　话:024-23893529(办公室)
024-23893115(科研处)
024-23915870(工程处)
传　　真:024-23894149

中国科学院金属腐蚀与防护研究所,于 1982 年 10 月以金属研究所和长春应用化学研究所有关腐蚀和防护专业的研究室为基础组成,是一个腐蚀与防护专业的综合性基础研究、工程开发与人才培养的基地。全所有固定编制职工 213 人,其中科技人员 171 人,有中国科学院院士 2 人,研究员 23 人,副研究员、高级工程师 47 人,中级科技人员 85 人。现有在学博士研究生 30 人,硕士生 20 人。另有博士后 3 人。

金属腐蚀与防护研究所主要学科方向及研究领域包括:研究金属各种腐蚀过程的规律,破坏特征以及各种材料的腐蚀行为及其与环境条件之间的相互关系,发展腐蚀科学基础理论;测定和积累材料在我国自然或工业环境中的腐蚀数据,研究自然环境介质的腐蚀特征和规律,解决生产和建设中的腐蚀控制问题;发展防蚀技术及其理论,寻求经济而有效的防护措施;承接腐蚀控制工程与腐蚀事故对策和质询服务。金属腐蚀与防护研究所为腐蚀与防护专业博士、硕士授予权单位,并设博士后流动站。金属腐蚀与防护研究所的发展目标是:通过两三代人的努力把研究所建成国内外一流的和国际上有一定声誉的腐蚀科学和防护技术研究/发展及人才培养的综合基地。全所设有环境腐蚀、腐蚀电化学、高温腐蚀与防护和耐蚀合金与环境敏感断裂等 5 个研究室;金属腐蚀与防护国家重点实验室设在该所;国家腐蚀控制工程技术研究中心依托该所筹建。

1998 年金属腐蚀与防护研究所作为中国科学院知识创新工程试点单位,与金属研究所联合筹建“东北高性能材料研究发展基地”取得实质性进展。在原有的基础上,进一步加大内部改革力度;自筹资金建立有一定强度的基础研究、应用研究与工程开发等择优支持基金;试行干部考核制度;实施事业在编人员“全员合同聘用制等,优化了“知识和技术创新”环境、建立和完善了内部竞争激励机制。随着该“基地”筹建工作的积极开展,拟于 1999 年申报中国科学院批准正式启动。

1998 年全所有在研国家科研项目 30 项,中科院“百人计划”、重点项目和部委、地方项目 30 项。承担国家级科研任务比重增大并进展良好。金属腐蚀与防护国家重点实验室的基础研究成果显著,获得国家科技部择优支持运行补助经费。

1998 年度全所获得科研、新产品鉴定成果 4 项。主持完成的国家基金“八五”重大项目——“我国自然环境材料腐蚀数据积累及基础研究”达到国际先进水平,部分成果处于国际领先水平。联合完成的“科学数据库及其信息系统”项目成果,获得中国科学院科技进步奖一等奖。1998 年全所申报国家专利 18 项,获授权专利 8 项。

科技开发工作在多年连续发展的基础上又创

新的业绩。1998年金属腐蚀与防护研究所全面完成了筹建国家级工程中心的年度任务，并在办好“昌普”(发泡镍生产有限公司)等现有高新技术产业的同时，新创办了以“氢氧化亚镍”为主导产品的“浩普”有限责任公司，并拟于1999年初投产。1998年该所工程中心创造产值4000万元。

1998年该所在国际合作与交流方面，有12人次到美国、瑞典等6个国家或地区进行合作研究和学术交流；接待了意大利、韩国等7国的专家、学者12人次来所访问、考察及合作研究。

金属腐蚀与防护研究所是中国腐蚀与防护学会高温腐蚀与防护专业委员会和中国石化总公司沈阳设备失效分析及预防研究中心的挂靠单位。编辑出版《腐蚀科学与防护技术》期刊。

沈阳应用生态研究所

所　　长：孙铁珩
地　　址：沈阳市沈河区文化路72号
邮政编码：110015
电　　话：024-23902096
图文传真：024-23843313
网　　址：syiae@iae.syb.ac.cn

中国科学院沈阳应用生态研究所的前身是中国科学院林业土壤研究所。它成立于1954年，是以森林、土壤、植物、微生物与环境科学为基础的生物地学研究所。1987年更名为中国科学院沈阳应用生态研究所。现已发展成为东北地区资源、环境与农业持续发展的研究基地。现有职工398人，其中科技人员318人，研究员39人，副研究员和高级工程师96人，中级科技人员129人。现有在学研究生106人，其中博士生68人，硕士40人。另有博士后8人。

沈阳应用生态研究所以应用生态学为主攻学科，以实验生态学方法为主要手段，重点开展森林生态学、污染生态学和农业生态学中的物质循环生态过程、区域农业可持续发展研究，相应开展为支撑上述学科建设服务的生物资源与生物技术研究，发展生态过程生态学和生态建设生态学，为我国生态环境建设实践和区域可持续发展提供理论支撑、决策依据和相关技术。

在森林生态学方面，重点进行不同时空尺度的森林生态系统生态过程的研究。开展天然林生态经济贡献与分类保护管理，人工林生态系统管理与持续经营利用；防护林生态工程的优化设计、营成技术及其可持续经营；荒漠化土地生态恢复与植被重建研究。

在污染生态学方面，重点进行有机和无机污染物在土壤-植物系统迁移、转化、生态过程研究。开展污水与固体废弃物无害化、资源化生态工程；污染土壤清洁技术；生物源温室气体产生排放机理与减排措施；生态风险评价与预警系统研究。

在农业生态学方面，重点进行农业生态系统物质循环的生态过程研究，开展粮食安全保障与区域农业可持续发展和新型肥料研究。

主要针对国有林区天然林保护与恢复、东北商品粮基地和绿色食品基地建设、我国正在进行的生态环境建设实践，集中力量开展可持续发展生态系统和可更新资源持续利用、地球环境变化的生态学后果及其对策、与生物生产力及环境质量相关联的生态学过程及其调控机理和技术、区域生态规划与生态建设等生态学相关问题的研究。并以“百人计划”项目为依托在界面生态学、生态建设理论与系统管理等新的学科领域开展创新研究。

全所设有4个研究中心：生物工程研究中心、生态环境研究中心、绿色食品发展中心、新型肥料研制与开发中心。设有8个研究室：森林生态研究室、林业工程研究室、生态气候研究室、植物资源研究室、土壤与农业生态研究室、污染生态研究室、景观生态研究室、微生物工程研究室；1个测试中心，1个院级开放实验室：陆地生态系统痕量物质生态过程研究实验室，4个野外试验站：长白山森林生态系统定位研究站、沈阳生态试验站、湖南会同森林生态试验站、乌兰敖都草原生态试验站，其中长白山森林生态系统定位研究站、沈阳生态试验站为中科院开放研究站。

具有博士导师资格的自行审批权，生态学、微生物学、土壤学的博士学位及生态学、微生物学、土壤学、植物学的硕士学位授予权，并设有生态学、微生物学博士后流动站。

沈阳应用生态研究所是中科院生物地学口东北仪器设备重点配置单位，拥有进行有机、无机、环化和生物显微分析的气质联用仪、多通道电感耦合等离子体发射光谱仪器设备4000余台件；设有我国东北地区最大的植物标本馆、微生物菌种保藏室和土壤标本馆，藏有植物标本40 000余份、昆虫标本40 000份、微生物菌种3000余株、土壤标本20 000份、木材标本1000份。

1998年围绕知识创新工程工作，加大了研究所机构改革力度。强化了运行机制的实施。科研系统通过优化学科，确立了任务建组、学科建室、领域建中心的科研结构，将原有的10个研究室调整为8个研究室，充实加强了院级开放实验室、站，组建了三个所级重点实验室：环境工程实验室、分子生物学实验室和3S技术实验室；制定了基础性研究、应用研究和发展研究的评价指标，加强考核、评估。管理机关，从调整机构、精减人员入手，将原有的11个处室调整为2办3处，实行定编、定岗、定员，由44人减为30人。1995年开始，对新进所人员实行合同制签约服务，1998年底实施了全员合同聘用制，占全所78%的职工与研究所签订了1～4年期限的聘用合同。对所里目前的百余名流动人员(主要是研究生)实行专业职务内聘制度，已有31名与用人部门签定了内聘合同；最近4年有82人转岗和调到所外。科技服务和后勤条件部门转变职能，实行对内有偿服务，对外经营创收，基本做到工资自给。此外，还进行了公费医疗、养老保险及出售公房等配套改革。

在人才培养方面采取特殊政策，加速了重要岗位的代际转移。科技队伍的学历结构明显提高，4年来具有博士、硕士学位的科技人员比例从17%增加到28.6%，45岁以下具有博士学位的研究人员46人，占同龄研究人员42%。具有半年以上国外经历的研究人员占研究人员的59.1%。45岁以下年轻科技人员占科技队伍的70%，45岁以下研究员比例从9%提高到35%；40岁以下副研究员和高级工程师比例由12%提高到46%。一批年轻的学术带头人已经担起重要岗位的责任，全所研究室、站、职能部门负责人年龄在45岁以下的达到70%，45岁以下人员承担国家、院省市重大课题负责人重任的比例从8%提高到57%，学术委员会委员由5%增加到44%。在森林生态学、污染生态学、农业生态学以及生物资源与生物技术等学科领域拥有一批学术造诣较高的科学家和创新能力的年轻学术带头人，目前在国际科技机构中任职的有：肖笃宁研究员任国际景观生态协会第一副主席、曹同研究员任国际苔藓学会理事、王庆礼研究员任国际林联理事、张忠泽研究员任国际树木固氮学会理事、孙铁珩研究员任国际生态工程学会理事、区自清研究员任日本土壤肥料学会理事、姬兰柱研究员任奥地利维也纳昆虫学会理事；在全国省级以上学会中有理事84位、正副理事长21位，为应用生态学的发展奠定了坚实的人才基础。在1996年完成的学科定位基础上，1998年通过发动群众，依靠专家，进一步明确了研究所的学科优势、区域特色、学科定位的发展目标、学科领域创新点，制定了研究所的战略目标和具体实施措施，顺利地进入了中国科学院基地型研究所的行列。

1998年承担各类课题170项，其中国家攻关课题21项，国家自然科学基金项目24项，杰出青年基金项目1项，院重大、重点、“百人计划”等39项，省市科委课题49项，横向课题5项，国际合作课题7项。全年有23个项目通过中期评估，“Vc新技术研究”通过成果鉴定达到国际领先水平。

其中国家“九五”攻关专题“低山丘陵半干旱区农林业持续发展与综合治理研究”，提出的“旱地作物科简化栽培技术”、“井灌区涌流灌溉技术”、“春小麦优质高效栽培模式”等先进适用技术得到大面积推广应用。与“八五”相比，试区粮、豆增产10%，工农业总产值增长34%，人均纯收入增长42%，农业生态环境得到明显改善。

国家自然科学基金重点项目“环渤海三角洲湿地的资源动态、景观结构与区域可持续发展研究”，紧跟国际景观生态学前沿，不仅可以丰富和发展湿地学与景观生态学的理论，而且可以为国家制定环渤海经济圈的开发规划与生态环境保护战略提供决策依据。

中国科学院“百人计划”项目“森林界面生态学研究”，是生态学研究的前沿领域之一，此研究将初步形成森林界面生态学的理论体系，并试图将森林界面的行为与全球气候变化结合起来，为界面生态学理论的发展、维持森林生态系统的稳定及生产力的提高提供科学依据。

1998年全所有5项科研成果获奖，其中获国家科技进步奖二等奖1项，获中国科学院科技进步奖一等奖1项，获第三世界科学院农业奖1项，获省科技进步奖三等奖1项；申请专利12项，实施专利8项；发表论文168篇，出版专著8部、论文集1部共434万字。

获国家科技进步奖二等奖的“新型氮肥——长效碳酸氢铵的研制与应用”项目，解决了我国生产的碳铵存在的氮素利用率低、肥效期短、分解挥发损失量大、贮存不便等具有致命弱点的问题，成果达到国际先进水平，为我国小氮肥工业闯出一条投资少、见效快、效益高的可行之路。在农业应用上，长效碳铵可作基肥一次施入，突破了传统的农业施肥制度，累计推广施用面积已达200ha以上，合计给农业直接增加经济效益7.64亿元；现已改产52家小氮肥厂新增经济效益3300万元，改产长效碳铵能保住小氮肥企业200亿固定资产不受损失，50万职工不下岗；而且还能带动电石下游产品的开发。

获中国科学院科技进步奖一等奖的“土地处理系统——城市污水处理革新/替代技术研究”项目，突破了原三级处理局限，已形成替代传统二三级处理的完整技术体系，成为与常规水处理技术并行互补的新型水处理技术，整体研究水平达到国际先进水平。编写出我国第一本《城市污水土地处理利用设计手册》与第一部《城市污水土地处理技术指南》。10年来，已累计建成土地处理工程11个，日处理污水能力159959m^3/天，分布于从内蒙古到云南的广大地区。

沈阳应用生态研究所技术开发公司以生物技术为手段，以生物资源产品为对象，进行生物药品、保健食品和新型肥料的研制与开发。近年来，加强了新产品、新项目的研制开发工作。一类新药“遗尿停”获卫生部新药证书和试生产批件，并进行增加适应症的研究；第三代治疗心血管疾病的保健品“血平”完成了全部申报材料，并向国家卫生部提出二期临床试验的申请；新农药“立枯净”产品开发，在吉林、黑龙江等地进行推广应用。长碳推广工作，年内又在甘肃张掖召开了由国家5个部委共同主持的现场推广会，李岚清、温家宝副总理和路甬祥院长为此项工作做了重要批示。1998年公司在职职工32人，创产值255.8万元，实现利税47.8万元，上交所30万元，新增固定资产77万元。

加快产业化步伐，发展规模经济。以“禾康生物液”和“肥隆”2项技术与沈阳津昌药业公司和沈阳瑞博集团分别合资组建了“沈阳中科生物工程有限公司”和“沈阳中科瑞新型肥料有限公司”。两公司总股本4100万元，所占技术股份1450万元，另获技术入门费200万元。标志着沈阳应用生态研究所开发工作已由技术开发为主向产业化方向转变。

1998年共签定“四技”合同26项，协议17项，意向合同额达5000万余元，居沈阳分院第一位。

1998年沈阳应用生态研究所通过合作研究、考察访问、举办和参加国际会议等形式与世界22个国家和地区开展了国际学术交流。交流量达172人次。成功地举办了“亚洲及太平洋地区景观生态学国际学术研讨会”，来自13个国家和地区的百余名代表参加了会议，会议受到了沈阳市委、市政府的高度重视，被列为沈阳市科技活动周的主体内容。与比利时、德国、日本等国开展了合作研究，其中“提高氮肥肥效减少温室气体排放”、“提高尿素肥效减少环境污染”的研究、“长效氮肥试验研究”及“防治荒漠化提高牧民生活水平的研究”项目均取得良好进展。

绿色食品中国科学院沈阳环境监测中心和沈阳食品监测中心设在沈阳应用生态研究所，并是辽宁省生态学会、土壤学会、植物学会、沈阳生物工程中心、沈阳新型肥料研究推广中心的挂靠单位。编辑《应用生态学报》、《生态学杂志》、《森林生态系统研究》等出版物。

沈阳科学仪器研制中心

中心主任：孙宇凌

地　　址：辽宁省沈阳市和平区三好街96号

邮政编码：110003

电　　话：024-23921191

图文传真：024-23890572

电子函件：lcl@ms.syb.ac.cn

中国科学院沈阳科学仪器研制中心（以下简称沈阳科仪中心）成立于1958年11月，几经易名，由原来的中国科学院辽宁分院五一二厂更名为中科院沈阳科学实验装备厂，代号沈阳507厂；后又更名为中国科学院沈阳科学仪器厂；1991年10月，易为现名。

沈阳科仪中心是以超高真空技术为基础，以研制科学前沿仪器为主体，以发展相关的工业和民用产品为两翼，面向高等院校和科研院所，面向大科学工程，面向工业、企业，并在国内外具有一定知名度的科学仪器研制中心。是我国研制生产大型薄膜工艺设备，表面分析仪器、微米、纳米粉制备设备，专用仪器设备等各类科学仪器的生产基地。

40年来，沈阳科仪中心培养锻炼了一批综合素质高、相关学科齐全的科技队伍，形成了以真空、微电子、精密机械、电子光学、自动控制、计算机和科技管理、经营管理为主的科技开发和科技管理队伍，拥有一支具有较高水平的技术工人队伍，能够承担国家级高水平的科学仪器的研究和开发工作。

沈阳科仪中心下设6个研究室、2个技术开发部，中心现有职工390人，科技人员153人，其中研究员14人，高级工程师39人，工程师80人，助理工程师34人，博士生1人，硕士生2人，在学研究生3人。

1998年，沈阳科仪中心为国内各大专院校、科研院所及香港大学、新加坡国立大学、香港卓联科技有限公司等研制开发出各类高真空、超高真空磁控溅射镀膜设备、分子束外延设备，PCVD化学汽相淀积设备、PLD激光镀膜设备、离子束溅射设备、多功能电子能谱仪、薄膜液晶生产线设备等共计83项，创产值1700多万元。

1998年，由沈阳科仪中心参加开发研制的“激光分子束外延设备和关键技术”，通过了由王大珩院士任组长，由院士、专家组成的鉴定委员会的鉴定。与会专家认为：“这套设备和关键技术的研究成功，使我国在激光分子束外延领域内已成为继日、美之后第三个具有这种新型技术与设备的国家”，“该项目取得了突破性的进展和重要成果，具有国际先进水平”，“该设备的研制成功，是我国自行设计研制大型高新仪器设备的典范”。该项目荣获1998年中国科学院科技进步奖一等奖。

1998年，沈阳科仪中心在辽宁省科委的支持下，成立了“辽宁省精密仪器工程技术研究中心”，进行精密仪器的研究开发、成果转让、技术辐射和产品的推广工作，目前正积极申请国家级“北方科学仪器工程技术研究中心”。

在承担并完成科学仪器研制工作的同时，沈阳科仪中心还十分注重为地方经济建设服务，与沈阳市科委共建沈阳高科技创业城；完成了具有较大市场需求潜力的科技含量高的烟支/滤棒物检综合测试台和医用钾钠氯自动分析仪等批量产品的开发及投放市场的前期准备工作。这将对改善中心的产品结构，提高中心经济效益，使高科技产品直接转化为生产力，加速地方经济的发展起着较大的推动作用。

在国家实施“科教兴国”战略和科学院实施“科技创新工程”之际，沈阳科仪中心将励精图治，勇于探索，敢于创新，为促进我国科学仪器行业的发展，科技的进步，经济和社会的发展做出更大的贡献。

中国科学院海洋研究所

名誉所长：曾呈奎
所　　长：相建海
地　　址：山东省青岛市南海路7号
邮政编码：266071
电　　话：0532-2879062
图文传真：0532-2870882
电子函件：iocas@ms. qdio. ac. cn

中国科学院海洋研究所始建于1950年8月，在我国海洋科学事业发展中发挥了重要的奠基性作用，是目前我国规模最大的、整体研究实力最强的综合性海洋科学研究机构。1998年底有职工717人，其中科技人员537人，中国科学院院士3人，第三世界科学院院士1人，博士生导师44人，研究员（正研级高级工程师）87人，副研究员、高级工程师125人，中级科技人员229人。该年度在读研究生149人（其中博士生75人，硕士生74

人)，在站博士后16人。

海洋研究所经过几代海洋科学家近半个世纪的艰辛努力，现已发展成为我国一个以海洋科学基础性研究为主体，同时又具有应用发展研究能力的、最大的多学科综合性资源环境基地型研究所。为我国海洋科学重要分支学科领域的开拓和发展，为维护海洋权益、可持续开发利用海洋资源、发展海洋经济、防治海洋灾害、保护海洋生态与环境等方面做出了重大贡献。

海洋研究所以物理海洋学、海洋地质学、海洋生物学、海洋化学以及海洋环境科学五大分支学科下设：物理海洋学、海洋地质与地球物理、海洋化学、海藻化学、海洋金属腐蚀与防护、海洋生态学、海洋生物分类与系统演化、海洋应用生物化学、海洋增养殖生物学、海洋环境科学、海洋技术与仪器等研究室；并有3个院属重点实验室(站)——实验海洋生物学开放研究实验室、现代海底热液活动研究青年实验室和胶州湾生态系统研究站；3个所属重点实验室——海洋环流与海气相互作用研究实验室、海洋生态毒理实验室和遥感海洋学实验室；以及海洋生物技术工程中心和海洋环境技术工程中心。

海洋研究所在海洋科学一级学科具有海洋生物、海洋地质、物理海洋、海洋化学4个博士点，以及水产养殖、渔业资源、环境海洋学和海洋气象学等4个硕士点；还设有海洋科学博士后流动站。

海洋研究所还拥有海洋图书信息中心、网络中心、分析测试中心以及海洋生物活体培育楼和生物标本馆；拥有一支包括“科学一号”、“金星二号”在内的综合海洋科学考察船队；拥有RD300型声学多普勒流速剖面仪、GPS卫星定位系统、Cilas9401型激光粒度分析仪等数十种具有国内领先水平的先进仪器设备。

根据21世纪国际海洋科学发展趋势和国家目标，海洋研究所将紧紧围绕着海洋资源、环境可持续发展和全球变化这两大核心问题，本着“有所为，有所不为”的原则，优先开展实验海洋生物学与海洋生物技术、海洋生物区系与生态、海洋环流及其相关动力过程、海洋沉积作用与古环境等4个重点领域中的基础性、战略性、前瞻性和综合性的研究，要在世界海洋科技前沿占有一席之地。

海洋研究所在我院和国家创新体系中的定位和目标是：到2010年将海洋研究所建设成为瞄准国家战略目标和国际海洋科技前沿的、具有强有力的和可持续创新能力的国家海洋科学技术的知识创新中心，成为具有国际先进水平的海洋科学研究基地、高层次海洋科技人才培养基地和促进我国海洋高技术产业发展的基地。为此，1998年海洋研究所把积极争取进入中国科学院知识创新工程的试点行列作为首要工作，提出了一整套改革体制、转换机制的框架方案，把全所科研发展方向和目标聚焦在：海洋动力过程及其资源环境效应和“蓝色农业”优质、高效、可持续发展的理论基础与关键技术研究两个方面，进一步明确了该所在海洋科学领域的战略定位和创新目标、优选研究领域；以海洋科学的知识创新为核心，进一步探讨发展适应知识创新需要的新型科研体制、研究方向与研究所体制，确立满足创新工作需要的运行机制，为研究所的持续发展打下坚实的基础。同时，提出应进一步转变观念，明确创新重点，调整学科布局，以人为本，建立一支“为实、求真、协力、创新”敢打敢拼的过硬的科研队伍，在管理工作上进行体制和机制上的创新和改革，努力营造崭新的研究所文化。

海洋研究所1998年共承担科研课题220项，其中国家“九五”攻关项目专题10项、子专题5项，国家重大、重点基金以及面上基金项目共50项，国家“863”课题23项，国家“126”专项5项，院“百人计划”2项，院重大、重点项目20项以及一批部委、省、市和横向项目等。

由海洋研究所作为负责单位之一承担的国家“九五”重大基金项目“中国沿海典型增养殖区有害赤潮发生动力学及防治机理”，经过两年的实施，取得了一系列成果：1. 开展了中国沿海有害有毒赤潮藻的分类及种源研究，建立了赤潮原因种的藻种库，证实了许多新种源，首次分离得到Phaeocystis单克隆藻株。2. 进行了有害赤潮藻的分子生物学研究以及核基因rDNA的ITS1和ITS2基因的PCR扩增和DNA测序工作。3. 建立了PSP及DSP藻毒素的HPLC分析方法。4. 对有毒赤潮藻的产毒动力学开展了研究，并进行了藻毒素对贝类生长的影响以及藻毒素沿食物链传递在贻贝体内的积累、转化和排泄规律等方面的研究。5. 对赤潮治理方法进行了各方面的研究，分别采用插入和吸附法得到了更有效的阳离子粘土絮凝剂，提高支除赤潮生物效率2～3倍；并合成出一种高效无机絮凝剂PSAC和对赤潮生物有灭杀作用无机离子缓释剂，对絮凝机制和灭杀机理进行了研究和探讨。6. 已完成和拟完成学术论文50余篇。在这一重大领域中国际合作也非常活跃，反映了重大项目与国际接轨、跟踪学科前沿、优势互补的特点。

中科院“九五”重大项目“典型海湾水产增养殖环境调控及持续高产研究”通过实验室模拟和现场实验及分析，初步建立了浅海、池塘多元化养殖系统环境调控优化技术和高健康精养高产养殖持续发展优化模式，为港湾浅海增养殖业的持续发展提出科学依据及示范保证。

海洋研究所运用基因工程技术研制而成的转基因工程鱼生长激素能有效地提高水产养殖动物（鱼、虾、贝）的生长速度，增强其免疫能力。该产品属天然生物制品，安全、无任何毒副作用，且增产效果十分明显，深受广大养殖单位的欢迎。该项技术已申请国家专利。目前已具备工厂化生产的条件，成果达国际先进水平，获1998年度山东省科技进步奖二等奖。

1998年全所取得重大成果10项，获得各种奖励6项。其中获中科院自然科学奖三等奖1项，中科院科技进步奖二等奖1项、三等奖1项，山东省科技进步奖二等奖1项、三等奖2项。

1998年全所共签订横向委托开发合同44项，合同总经费952万元，较以往年度平均合同经费增加2倍，达历史最高水平；年内转让2项技术成果，实到转让经费500万元。在产品开发方面，以开发海洋高新技术产品为龙头，继续组织力量，筛选项目：其中“农乐一号”浸种剂项目，仅1998年在贵州铜仁和安顺两地区试用40余万亩，增加粮食产量1600多万公斤。全所现有110余人在所办公司从事科技开发工作，1998年，公司产值达1130万元。

1998年海洋研究所与美国、英国、澳大利亚、加拿大、俄罗斯、意大利、日本、德国、乌克兰、墨西哥、韩国、新加坡、香港等10余个国家和地区进行了合作研究和学术交流活动。其中与美国Woods Hole海洋研究所签定了“海洋科技合作协议”，与香港科技大学海岸与大气研究中心签定了合作协议，双方将在海洋科学及其各分支学科共同感兴趣的领域开展合作研究和联合申请研究项目，并联合共建实验室。1998年11月，海洋研究所在国家自然科学基金委员会、中国科学院南南合作基金和青岛市人民政府的赞助下，主办了第四届国际黄海海洋科学学术研讨会，并举行了中韩合作研究成果《黄海海洋图集》的首发式。在出席这次研讨会的120余人中，有来自韩国、美国、俄罗斯、意大利等国外海洋科学家近50人；研讨会共收到论文101篇。

1998年海洋研究所共接待海洋学专家共计52批94人次；派出60批82人次出访参加国际会议、合作研究等，其中45岁以下科研人员出访比例达55%。目前该所在国际科技机构任职数达11人次。通过国际学术交流活动，对宣传和扩大我所在国际上的知名度、了解国际海洋科学现状和发展趋势、跟踪国际前沿科学、扩大合作渠道、争取国际合作研究项目和国际资助、加快科研工作发展及培养人才等起到了积极的作用。

海洋研究所先后同青岛海洋大学、香港科技大学建立研究生合作培养的关系，加大高层次青年人才的培养力度；制定了研究所青年人才培养纲要，对优秀青年科技人才实行“青年特殊津贴”，扩大博士后进站人数，引进优秀人才。1998年报中科院“特批”研究员5名，向院和省推荐国家百千万人才工程候选人，获国家批准4名，报山东省筛选推荐省专业技术拨尖人才候选人5名，有8名同志被列为青岛市跨世纪青年学术、工程技术带头人初步人选。海洋研究所青年研究员宋金明获中国青年科技奖，郭希明博士获国家杰出青年基金。

1998年是国际海洋年，正值资深院士曾呈奎教授90华诞，由海洋研究所会同山东省科协、青岛市科协、中国海洋湖沼学会共同主办的庆祝’98国际海洋年暨曾呈奎院士从事海洋科研与教学工作68周年学术报告会于8月17日至18日在青岛隆重举行，这次大会以“迎接海洋世纪，共铸蓝色辉煌”和“实施科教兴鲁战略，建设海上山东”为主题。来自全国各地的26位中科院院士、中国工程院院士、欧亚科学院院士，中共山东省委常委、青岛市委书记张惠来、山东省人大常委会副主任董凤基、山东省副省长陈延明、中国科协书记处书记张泽等同志,以及来自全国有关科研机构、高等院校、学术团体的数百名专家、学者、科技界、教育界、企业界、党政机关干部的代表近千人出席了这次盛会。此外,海洋研究所与中国海洋湖沼学会联合举办"第六届全国海洋与湖沼青年学术讨论会"。

海洋研究所是山东省唯一的一个一级学会"中国海洋湖沼学会"的挂靠单位。编辑出版《海洋与湖沼》、《海洋科学集刊》、《海洋科学》等中文学术刊物和英文期刊"Chinese Journal of Oceanology and Limnology"等。

长春分院

院　　长：黄长泉
地　　址：长春市人民大街 168 号
邮政编码：130022
联系电话：0431-5384195
图文传真：0431-5384068
电子函件：ccb @ms. ccb. ac. cn

中国科学院的科研机构在长春已有 50 年历史，作为中国科学院的派出机构，长春分院代管中国科学院在吉林省和黑龙江省的长春物理研究所，长春应用化学研究所，长春人造卫星观测站，长春地理研究所，黑龙江农业现代化研究所，长春光学精密机械研究所，共有职工 4354 人，其中科技人员 2937 人（高、中、初级科技人员分别为 896 人，1395 人，569 人）。吉、黑两省共有中国科学院院士 17 人，由设在分院的“学部联合办公室长春联络处”负责联络。分院各所、站在学研究生 546 人（其中博士生、硕士生分别为 285 人，261 人）。另有博士后 19 人，设有博士点 10 个，硕士点 18 个，博士后流动站 2 个。

长春分院各所、站学科领域包括理、化、天、地、生和技术科学，其中以高科技和农业科技的应用研究和发展为主。1998 年全年承担课题总数 518 项（其中国家级课题 213 项，中科院课题 93 项，地方课题 98 项，企业委托课题 34 项，自选课题 50 项，国际合作课题 9 项，其他课题 84 项）。全年鉴定科技成果 63 项，获国家和省、院、部级奖励的科技成果 19 项，评选出分院级科技进步奖 20 项，申报专利 112 项，获准授专利权 80 项。分院 32 个较大企业及公司，1998 年总产值 2.5 亿元，实现总收入 2.2 亿元，创利税 6000 万元。1998 年，分院各所申报并被批准吉林省科技立项 29 项，获取三项费用 271 万元。长春分院现有国家级突出贡献专家 11 人，院、省级有突出贡献专家 37 人，跨世纪优秀科技人才 29 人，有 5 人获中国科学院青年科学家奖，有 4 人被选入国家“百千万人才工程”，有 215 位同志获吉林省政府颁发的“吉林英才奖章”，有 347 位同志享受国务院政府特殊津贴。

长春分院遵循中国科学院的办院方针，发挥派出机构的宏观调控作用，发挥综合优势和集成特色，以优化结构提高整体实力为中心，在 1998 年，积极推进长春光机所以知识创新工程为目标的整体改革；积极推进“建设东北农业稳定的商品粮基地为目标的农业高新技术研究与示范”进入我院知识创新工程重大项目；积极推进研究所分类定位，长春光机学精密机械研究所、长春应用化学研究所、长春地理研究所进入中国科学院高技术研究与发展基地型研究所的行列。分院各研究所领导班子建设成绩突出。在全院 1998 年度表彰的 5 个优秀领导集体中，长春地理研究所，长春光学机精密机械研究所入榜，至此，长春分院 6 个所分院级领导集体，已有 4 个获得过优秀领导集体的称号。

长春分院“九五”农业重大项目进展良好，“十字架”布局和各示范点成绩显著。大安示范区大灾之年仍获得好收成，仅叉干镇新增产值可达 120 万元；海伦市区在国家科技攻关示范基地的评比中，排名有所提高；德惠玉米大面积高产示范区，1998 年落实科学种田 150 万亩，推广新品种 7 个，新增粮食 2.22 亿公斤；柳河示范区社会总产值 1.8 亿元，粮食总产 3.5 亿公斤，人均收入由 1997 年的 2480 元提高到 3000 元。长春分院连续 8 年被吉林省政府授于“科教兴农”先进单位。

十五届三中全会之后，按照我院与吉林、黑龙江、辽宁、内蒙关于组织东北区域农业发展重大课题的布署，1998 年 11 月，在长春召开了东北三省一区与中国科学院跨世纪农业研讨会，会议形成的《将东北地区建成国家稳定商品粮基地和绿色农业基地》的报告。呈报国务院。

推动院地共建，促进科技与经济紧密结合。与吉林省的合作有了新的进展：液晶产业化工程，吉林省在投入 3 亿元完成 TN 生产线的基础上，又投入 10 亿元，启动彩色 STN 生产线。长春物理研究所与院省共建的北方液晶工程研究开发中心作为技术依托，全方位支持液晶产业化工程的实施；与长春市共建“指纹仪及相关产品”产业化项目，并拟应用于省公安系统，该项目已纳入国家“火炬计划”；与吉林省有关部门联合启动长白山地区火山“3S”监测项目；由分院组织的跨所项目电子地图车载导航，被长春市电子局确定为长春市电子行业重点项目；与吉林市合作项目“PVC 农膜”已列入国家科技部“中小企业振兴计划”；并就合作开发“大功率半导体激光器”并实现产业化、“30 万吨乙烯”下游产品开发与该市达成共识。与延吉市正式签定了市院合作协议，双方已确定 10 个合作项目，首批启动 4 个。分院获得了吉林省高新技术“百亿工程”先进集体称号。与长春科技大学签署共建合作协议；与地方、高校共建吉林省大型仪器共用协作网；与长春净月开发区共建省级“北方科普示范基地”，并被国家科技部列为“人类生存环境的科学普及研究与示范”项目。此外，分院积极参予上海浦东、江苏苏州的科技经济合作；与大连市金州区建立了合作关系。

长春分院直属单位有长春分院分析测试中心、长春分院计量站、长春分院干部进修学院、中科院长春专利事务所、《科学时报》吉林记者站、吉林广播电视大学长春工作站。长春净月潭遥感实验站隶属长春分院，长春分院为吉林省遥感协会的挂靠单位。

长春应用化学研究所

所　　长：李滨耀
地　　址：长春市人民大街 159 号
邮政编码：130022
电　　话：0431-5682801（总机）
0431-5687300（所办）
图文传真：0431-5685653
电子函件：ciac@ns. ciac. ac. cn

中国科学院长春应用化学研究所是 1948 年长春解放后，在伪满大陆科学院的基础上建立，隶属于东北行政委员会工业部，称“东北工业研究所”。1949 年更名为“东北科学研究所”。1952 年 8 月归属中国科学院，改称“中国科学院长春综合研究所”。1952 年 12 月，与从上海迁至长春的中国科学院物理化学研究所合并，于 1954 年 6 月命名为中国科学院长春应用化学研究所。历任所长有武衡、吴学周、王佛松、倪嘉缵、汪尔康院士。

至 1998 年底全所现有职工 1065 人，科技人员 771 人，中国科学院院士 5 人（倪嘉缵、王佛松、黄葆同、汪尔康、苏锵），第三世界科学院院士 1 人（汪尔康），研究员 96 人，副研究员和高级工程师 175 人，中级科技人员 376 人；在学研究生 246 人，博士生 127 人，硕士生 119 人。另有博士后 16 人。

长春应用化学研究所的学科方向是应用化学；研究领域是高分子材料科学，稀土功能材料，农业和环境友好化学，结构和分析化学。在基础性研究、应用研究、高技术创新和产业化等不同层次开展科技工作，是以高技术创新为主的综合性化学研究所。

长春应用化学研究所是国务院学位委员会首批授权培养博士、硕士和博士后流动站的单位之一，1996 年被中国科学院批准为首批博士生重点培养基地，享有化学一级学科和 5 个二级学科（高分子化学与物理、无机化学、分析化学、物理化学和有机化学）硕士和博士学位授予权。

长春应用化学研究所的今后发展方向是针对国民经济建设和国防建设的需要，运用化学的基本原理和方法，借助其他学科的最新成果，研究解决材料、信息、能源、生命、农业和环境领域中与化学相关的科学和技术问题，重点发展高分子和稀土新材料、在分子、介观、微观等不同层次上阐明材料组成、结构、状态和性能、功能之间的关系，创造有自主知识产权的材料设计、合成、加工和分析的新理论、新方法，为科技先导型企业的创办和大中型企业的技术进步提供高新技术。

长春应用化学研究所现设有高分子材料科学部、无机和稀土功能材料部、环境友好化学部及结构和分析研究中心。内含4个开放实验室和3个研究中心。开始实行以专业实验室/中心、研究/项目组为管理、运行和核算的基本单元。

中科院稀土化学与物理开放实验室1987年10月成立，主任张洪杰博士、研究员，副主任赵大庆博士、研究员，学委会主任徐如人院士。重点研究方向是稀土固体化学、稀土生物无机化学、稀土分离化学。

中科院电分析化学开放研究实验室1989年4月成立，主任杨秀荣博士、研究员，学委会主任俞汝勤院士。重点研究电分析化学的基础问题、生命科学中的电分析化学研究、电分析化学的高科技应用。

中科院高分子物理联合开放实验室1989年4月建立，主任徐懋研究员（中科院化学研究所），副主任周恩乐研究员和何天白研究员，学委会主任姜炳政研究员。重点研究方向是高分子凝聚态结构、多组份高分子体系、高分子材料物理和高分子加工中的物理问题。

中科院、中国石化总公司高分子化学联合开放实验室，主任王佛松院士，副主任王利祥博士、研究员，学委会主任洪定一教授级高工。主要研究方向为立体控制的合成和聚合、功能高分子、生物相关高分子。

长春应用化学科学研究中心1994年7月经吉林省政府批准成立，由吉化集团公司、吉林大学、长春应化所联合组建，是具有“产学研”结合与学科交叉渗透特点的科研中心。主任汪尔康院士，学委会主任沈家骢院士。当前主要结合吉化集团公司生产发展的需要，开展“香兰素新合成路线”、“橡塑加工和应用”、“茂金属催化剂”等重大攻关研究。

国家电化学和光谱研究分析中心1990年经国家科委批准建立，是国家级的研究分析测试中心。1991年和1996年分别通过国家技术监督局和国家科委组织的计量认证。主任吴明嘉博士、研究员，副主任陈杭亭博士、副研究员，石威副研究员，总工姚金玉研究员。重点研究领域为超纯和痕量分析、ICP-光/质谱分析等。

长春分析仪器研究和技术开发中心1996年7月经吉林省科委批准，与吉林大学联合组成。主任朱果逸硕士、研究员，副主任李在雄硕士、工程师，总工钟彩元研究员。当前主要任务是研制和开发高性能电化学综合测试仪及免疫电化学测试仪。

长春应用化学研究所1998年主要采取的改革措施及效果如下：

对科研（含研究生教育和科研支撑系统）、相关企业和后勤（含离退休职工）服务分别设置不同的机构，执行相应的机制。其中，管理体系：已重组或设置科学技术处、人事处、资产财务处，办公室和党委工作部5个管理部门（总人数<40人）。科研、研究生教育和科研支撑体系：

实行新型研究所管理制度和开放、竞争和流动机制；并设置高分子材料科学、稀土功能材料、环境友好化学、结构和分析4个研究部。应用基础研究以开放实验室为主（固定人员90～100人，固定和流动人员比例1∶1～1.5）；应用发展研究以重大项目研究组和重要行业或企业联合建立的实验室或中心为主（固定人员180～200人，固定和流动人员比例1∶1）。设研究生部，在1998年招收研究生中实行硕博连读制度，聘用研究生作助研，相应提高其待遇。设置信息中心（已设），含图书、档案、编辑部和网络中心等。相关科技企业系统：事企分离（包括管理体制和在企业人员），分流研究所在职人员，研究所对其实施股权管理。组建长春应用化学科技总公司，对投入企业的经营性资产进行管理（已建），执行现代企业管理制度，将其作为研究项目进入市场的重要平台，引导高技术的应用发展项目进入市场，从其获取股本和项目增值效益，补充和增加研究所的研究发展经费。后勤服务系统：建立后勤服务中心和离退休职工服务中心，在2～3年内逐步实现社会化和企业化。现阶段研究所与后勤服务中心根据对研究所的所有服务项目（含基础设施管理和部分行政管理）实行委托合同制，研究所按合同规定的职责和目标支付费用。后勤服务中心独立进行内部管理，要向社区服务扩大业务，增加收入，最终成为独立的三产企业，分流研究所在职人员。离退休职工服务中心承担近800名离退休职工的管理和服务工作，暂仍在事业费存量列支。

科研和开发工作成绩显著。在科研工作中，实行立项激励政策和科技成果转化奖励个人股份等一系列措施，使进所科研经费在1996年达到历史最好水平的基础上，1998年又增加70%～80%，两年来偿还了近2000万元的债务；并正在策划若干新的成果转化项目；从1997年起，我所从开发企业和成果转化得到的收益基本保持在1000万元左右。

加强和加快了对年轻学术和管理骨干的培养，将一大批年轻同志选拔到领导岗位。如今这些年轻人已呈现蓬勃的朝气和很大的潜力，逐渐成为应化所的栋梁；同时已实施对研究员按需设岗和按岗聘任。

科研和生活环境进一步改善。近二年来长春应用化学研究所在增添仪器、设备方面的经费已近2000万元，网络中心的二期工程所局域网的建设在1999年完工，实验室、办公用房的改造和建设也得到快速发展，特别是在1998年已获中科院批准的化学合成楼将使应化所的实验室水平又上一个新台阶；1998年两栋住宅楼以较好的质量完工；房改工作大面积开始并已告一段落。

1998年长春应用化学研究所共承担主要科研任务41项，其中，国家基金项目15项，国家攻关项目1项，“973”项目1项，“攀登计划”项目2项，中科院重大项目1项，地方科研项目11项。以王佛松院士为主申请的国家自然科学重大基金项目“电子聚合物若干基本化学问题研究”于1998年底获准启动。

例如，由长春应用化学研究所承担的国家“九五”重点科技攻关课题“HIPS改性树脂的工程化技术开发”，在1998年选择了抚顺石化作为新的合作厂家，在模拟装置上进行了新型侧向喂料方式、连结方式和接口技术的研究，为在抚顺工业装置上进行“在线改性”提供了科学依据，并在模拟装置双生产了12吨产品，兰化设计院已为抚顺石化进行了工业设计，并开始定购设备。向吉林、抚顺、深圳转让了电视机壳体和冰箱内衬两种专用料生产技术，本年度获技术转让费50万元。研究开发了耐HCFC-141b冰箱符合材料，通过了省科委组织的鉴定，并与海尔集团建立了合作关系，1998年12月提供了100台份的板材。

1998年长春应用化学研究所获院、部级奖励6项，鉴定成果16项；申请专利32项，已授权28项。获国家杰出青年基金2项，在中科院的评价体系中获绩效、状态双A。1997年发表论文574篇，国内发表论文数连续第十年列国内科研机构之首，国际登录和引用也名列前茅。

成果转化项目进展顺利，一些项目成绩突出。“黄金提取新技术”开始实施院重大项目实际运作，在山东建设实验厂，对整个提金新工艺作了大量的前期准备工作；“聚酰亚胺”组织了工程和市场开发力量，明确了新的攻关形式；“手性药物”完成了小试及放大工作，并已完成药检和临床实验，新药证书可望在1999年初获得。

例如，国家自然科学基金重点项目“工程塑料高性能化制备科学”，在1998年研制了聚烯烃熔融反应接枝的催化剂，用反应挤出法制备了功能化聚烯烃及其相关合金材料，并研究开发了具有液晶行为的氯侧基、苯侧基聚芳醚酮等。在国外共发表论文52篇，其中27篇被SCI收录，申请了8项国家专利，获中科院科技进步奖一、三等奖3项，该项目于1998年6月通过了国家自然科学基金委验收，项目综合评价5A2B(优秀5，优良2)，得到了国家自然科学基金委的表扬。

截至1998年，长春应用化学研究所拥有一批控股、参股、独资或股份合作制企业，如长春热缩材料股份有限公司、长春应化所科鹰防腐保温公司、特种化学功能材料厂、深圳长园新材料有限公司、长春应化实验化工厂等。1998年对长春热缩进行了较大的人事调整，旨在继续巩固和加强其在全国热缩行业的龙头企业地位。长春应用化学研究所1998年从企业得到的各种回报收入超过1000万元。另外，长春应用化学研究所进出口贸易公司1998年完成了进口300万美元和出口130万美元的进出口业务。

1998年，长春应用化学研究所承办了第六届国际电分析化学讨论会和国际应用化学研讨会，外宾40多人；继续巩固80年代以来建立的与美、英、德、日等24个国家的37个研究所及高校建立的合作与交流关系，1998年引进项目申请资助42万元，申报院级项目11项，其中日本学术振兴会3项，英国皇家学会2项，德国马普学会6项，

1998年接待外宾来访215人次，办理出国手续102人次。

1998年在人才培养方面，长春应用化学研究所采取了以下措施：研究部、研究室主任（或主持工作的副主任）均由年轻的研究员或副研究员担任，大多数同志表现出较高的学术水平和管理能力。破格晋升5名研究员，并予以聘任。积极开展“百人计划”工作，已获准进入“百人计划”的邵元华研究员在1998年5月前到位工作，并在经费、实验条件、队伍及家属安排上均予以适当安排。注重并加强人才推荐和选拔，1998年入选市级、省级和国家级专家9人；获得政府和管理特贴4人，入选长春分院跨世纪人才3人。对重点学科方向的研究骨干坚持向国内外实行择优招聘制度。1998年国外招聘研究员1人，所外招聘副研3人；在按需设岗和按岗聘任的前提下，与不同人员分别签订长期或短期合同，并准备必要的条件，增加博士后和短期工作人员比例。重视研究生教育和培养，保持每年招收硕士生、博士生40～50名，博士后10人，继续用好“应化所研究生教育基金”，实行“研究生助研制度”和“在职申请学位制度”。

长春应用化学研究所是长春市化学会、中国化学会应用化学委员会和分析化学委员会的挂靠单位。受中国化学会委托，编辑出版《分析化学》（月刊）、《应用化学》（双月刊），这两个刊物均为科技核心期刊。

长春光学精密机械研究所

名誉所长：王大珩
所　　长：曹健林
地　　址：长春市人民大街140号
邮政编码：130022
电　　话：0431-5684692（总机）
0431-5686367（所办）
图文传真：0431-5682346
电子函件：office@ms. Ciom. ac. cn

长春光学精密机械研究所（以下简称长春光机所）于1960年由中国科学院长春光学精密机械仪器研究所（前身中国科学院仪器馆，建于1952年）和中国科学院机械研究所（原中国科学院机械电机研究所，建于1953年）合并成立。

全所现有职工2273人，其中科技人员1342人，有中国科学院院士3人，研究员（包括正研级高级工程师等）77人，副研究员、高级工程师256人，中级科技人员662人。现有在学博士研究生76人，硕士研究生59人。另有博士后6人。

长春光机所是以高技术创新研究为主线，包括应用基础研究、工程技术研究和高新技术产业化的多学科综合性基地型研究所。1998年被中科院首批确定为院知识创新工程试点单位。

长春光机所的主要学科方向及研究领域有：

现代应用光学：包括短波光学，同步辐射光学，非常规光学与衍射光学，先进光谱技术，光学超精密加工与检测，新型光学材料。

工程光学：包括空间光学，光电对抗，光电跟踪测控技术，机载遥感侦察测绘技术，虚拟现实技术和隐身技术。

微纳机械科学与技术：包括微型机械系统和纳米机械。

医用光学：包括激光与人体组织的相互作用机理研究，激光治疗仪器设备和分析诊断设备。

先进加工制造技术：包括先进铸造技术，激光加工设备、技术和加工工艺，先进光学加工技术以及用先进技术改造传统产业。

在上述主要学科方向的重点领域内，长春光机所除了具有较高的研究开发水平外，还具有较强的人才培养能力。在光学、光学工程、机械设计及理论、机械制造及其自动化、机械电子工程、测试计量技术及仪器方面具有硕士学位授予权（在前三个方面同时具有博士学位授予权），基本履盖了重点学科领域。

今后发展方向：

在应用光学方面，注意将目前的研究工作和成果全面推向工程应用，积极争取并完成好相应的国家任务；继续强化基础技术研究，将重点发展非球面光学元件的制造和检测技术，以及利用激光光刻等和软X射线投影光刻的微细光学加工技术；发展交叉学科，向信息光学、医用光学等方面进军。

在工程光学方面，将工作重点放在为满足对宇宙、恒星、行星和地球观测的需要，为适应现代高科技防务的需求，为满足环境保护、资源勘查、防灾减灾、国土勘测等对航空遥感观测和侦察测绘的需求上。

在微纳机械科学与技术方面，作为在国内最早进入微机械领域，并且实现纳米机械执行器主要操作精度国内最高的研究所，长春光机所将把今后工作的重点放到进一步加强基础研究；瞄准应用目标，发挥该所多学科综合和长于样机研制的优势，开展微小机械元件的非同步辐射软X射线LIGA加工方法、激光直写加工方法等新技术研究；发展纳米定位技术、检测技术及纳米加工技术等。

长春光机所应用基础研究和工程技术研究系统共有11个研究室（部、中心），包括一个国家级重点实验室（应用光学）和5个系统集成研究部，5个单元技术研究室。其中有一个国家级质量监督检验测试中心（光学机械）和一个省级应用技术开发与咨询服务中心（CAD）。

1985年起，长春光机所科研体制改革工作全面开始，1995年起，该项工作驶上了“快车道”。以明确所整体战略定位、制定发展目标、转变观念、进行结构调整和学科整合为主要内容的长光所总体改革取得显著成效。特别是1998年，长春光机所进一步加大了班子建设、部门调整、工厂改造、人员分流、现代企业制度建立、职称评定、绩效优先售房等方面的工作力度，并将部分工作的实施方案、操作程序与中科院知识创新工程的具体要求有机结合，使已取得的巨大成绩和良好发展态势变成了进入院知识创新工程试点单位的巨大优势。

1998年4月3日，《长春光机所定位研究报告》形成并上报中科院，得到了院领导和有关部门的好评，进而一次性通过了院的定位审核；11月9日完成《中科院长春光机所按照“知识创新工程”的改革设想》方案制定并汇报到中科院，迅速得到了院高技术局及严义埙副院长、路甬祥院长的积极肯定和大力支持。在院高技术局呈报给院领导的报告中指出：“四年来，长光所班子励精图治，团结拼搏，献身改革，在没有外界较大投入，自己承担和消化‘改革成本’的条件下，对研究所进行了大范围的改造和结构调整，实现了总经费收入翻番、全所产业规模达到了1994年的3倍，应光室对外争取经费比90年代初增长一个数量级，工程任务年均争取经费比前一个四年增加35%以上，1997年职工收入比1994年增加40%以上等业绩……该所作为一个地处内陆不发达省区的老所，全院人数最多的所，其改革具有较大的示范意义。……该所在班子建设、结构调整、工厂改造、积极分流人员、发展产业、定量计分职称评定、绩效优先售房等方面的做法值得其他所借鉴。若对该所加以支持可能将其改造成为具有科技体制改革示范作用的全国第一流研究所。”

路院长批示：我赞成。可作为八基地以外支持的典型之一，也可作为对军工和重大仪器工程类的支持。应请总装备部和国防科工委共同支持和投入，发展成国家的基地。

1998年12月初，经过院领导及有关部门的认真研究，批准长春光机所作为中科院知识创新工程首批试点单位。此项工作年内的圆满完成为长春光机所面向21世纪实现高速度、大跨跃发展打下坚实的基础。按照知识创新工程的要求，长春光机所已完成管理（服务）部门结构性调整和负责人及工作人员的招聘工作，并正在实施研究部门负责人及骨干人员的招聘工作。

1998年，长春光机所加大了科技合作，到12月23日，全年共签定科研合同119项，合同经费5351.1万元。其中军工合同73项，纵向合同20项，横向合同26项。全年列入计划的科研项目262项，按计划执行227项。

上述科研项目中的一些重要课题均取得了重大进展，部分成果还得到了党和国家及中科院领导同志的好评，受到上级有关部门的通电嘉奖。

全年共获得国家科技进步奖三等奖3项，中科院科技进步奖一等奖1项，中科院科技进步奖二等奖3项。

1998年长春光机所科技开发及产业化工作取得积极进展。7月24日组建的长春新奥光学技术有限公司在没有外部投入的情况下实现了年内组建、年内启动的良好运行态势，实现产值550万元，上交税金22万元；数显工程中心在今年国内机床行业仍显疲软、东南亚经济危机影响巨大的形势下，采取多种宣传及促销方式，保持并扩大了市场份额，全年销售光栅尺6924支，完成销售收入635万元，创历史最高水平。另外，他们还研制成功一系列新产品和新工艺，新增18项专利技术，为企业今后的发展准备了后劲。长春新产业光电技术有限公司在1998年实现了大跨越发展，年内通过了中国新时代质量认证中心依据GB/T190001-1994（idt：ISO9001：1994）标准对该公司绿激光器系列产品的质量标准认证，公司承担的国家“863”课题通过了国家的验收并得到科技部的拨款支持，“半导体激光器产业化项目”被列为国家、省、市重点建设项目，截止到12月25日，实现产值873万元，实现利润126万元。电印中心进一步加大了产品开发力度，狠抓了400型和300型激光照排机的换型工作，提高了照排速度和精度，年内销售各种型号照排机65台，实现收入570万元，利税57万元，创造了历史最好水平，在激光照排机领域保持了唯一民族品牌。方圆公司在成功研制出“活体指纹采集仪”的基础上，今年又开发并生产出考勤机、滚动采集系统等国家级新产品，指纹仪还被评为“火炬”项目A级，取得了产品上市的最高级别通行证。

长春光机所产业系统包括15个按企业机制运行管理的公司和工程中心，其中5个是以技术和装备入股的合资公司。

到1998年底，产业系统职工1244人，包括研究员16人，副研究员85人，助理研究员和工程师294人，具有大学本科以上学历人员占总数的21%，包括博士8人，硕士59人。年内实现产值12017.8万元，利税621.1万元。

长春光机所是中国空间学会机械分部、吉林省光学学会、吉林省机械工程学会传动分会、吉林省机械工程学会设计分会和长春市仪器仪表学会的挂靠单位。编辑出版《光学精密工程》、《光机电信息》、《中国光学文摘》、《国外科技资料目录——光学与应用光学》等学术刊物，其中《光学精密工程》被作为核心期刊收入《中国科学引文数据库》。该所还与上海光机所合办《光学学报》。

长春物理研究所

名誉所长：徐叙瑢

所　　长：金亿鑫
地　　址：长春市延安大路1号
邮政编码：130021
联系电话：0431-5953343
图文传真：0431-5955378
电子函件：ccip@ccb.ac.cn

中国科学院长春物理研究所始建于1958年，其前身为中国科学院吉林分院技术物理研究所。全所现有职工501人，其中科技人员386人，有研究员（包括正研级高级工程师）40人，副研究员、高级工程师95人，中级科技人员183人。现有在学博士生46人，硕士生35人。

长春物理研究所根据其基础与现状，着眼于未来科学技术长远发展需要，确定的战略定位是：把长春物理研究所办成国家信息显示和发光学知识创新中心，具有国际水平的科学研究基地，培养造就信息显示与发光学高级人才基地，促进我国信息技术产业发展基地。围绕信息显示与发光学这一主要学科发展方向，在基础研究、高技术创新上达到国际先进、国内领先水平，以承担国家重大、重点项目为主，为国家高技术产业，特别是在信息显示与发光研究的创新，发展方面做出突出贡献，把长春物理研究所建设成为代表国家最高水平的研究基地及发展成为相关高新技术企业的重要依托。

全所的基础研究工作以中科院激发态物理开放实验室为主体，围绕信息显示基本问题和发光学基础物理问题开展工作；高技术创新研究围绕信息显示和发光材料及器件开展工作；高技术发展研究围绕信息显示和发光科技成果转化开展工作。

根据科研工作总体布局，全所设有激发态物理、发光物理、集成光学、发光材料、有机和生物发光、液晶、信息技术与电子学、光电材料与器件8个研究室，液晶、发光二极管、电致发光3个工程中心，以及分析测试部和图书出版部2个辅助系统。激发态物理实验室为中国科学院开放实验室。科技发展中心负责全所横向课题的管理工作。

研究所具有凝聚态物理专业博士、硕士学位授予权，光学、光学工程、无线电电子学专业硕士学位授予权。另设有物理学专业博士后流动站。

重要的科研设施及装置有：飞秒激光器系统、快速条纹相机、Raman 光谱仪、Spex1430 光谱仪、荧光分光光度计、AG-PS 锁模脉冲激光器、常压和低压金属有机化合物气相沉积系统、L-B 膜制备系统、大面积曝光机、高精度丝网印刷机、磁控溅射镀膜机、转把 X 光机和扫描电子显微镜等。

1998 年，在中国科学院、长春分院的直接领导下，长春物理研究所认真贯彻党的十五大精神，努力学习邓小平建设有中国特色的社会主义理论，以进入知识创新工程为目标，不断深化科技体制改革。认真做好研究所的结构性调整和研究所定位工作；根据 1998 年全所工作要点，积极认真地完成了“863”高技术、液晶显示、军工等重大、重点科研课题的研究工作。促使全所在争取课题项目和科研经费工作上有了新突破，在科技开发和第三产业工作上有了新发展，在各项管理工作上有了新提高。

为了适应 21 世纪世界经济、科技发展的大趋势，围绕中科院知识创新工程这一新思路，长春物理研究所有组织、有计划、有目的地实施了科技改革。根据中科院“以研究所为单元进行着重于学科结构、队伍结构、组织结构和科技工作布局的结构调整”的基本要求，认真做好研究所的定位工作，通过多次召开会议、认真研究、布置做好定位工作的方法、步骤及具体措施；反复征求职工、专家意见，研究、探索研究所的战略发展方向，从而，使全所在为实现在主要学科方向上的基础研究、高技术创新和发展研究达到国际先进或国内领先水平的战略发展目标，逐步形成以研究室、工程中心和少而精的高技术企业为主的组织结构方面达到共识，为推动研究所的深化改革奠定了一定基础。根据研究工作的整体布局，对全所机构和人员进行了调整，科研方面设置 8 个研究室、3 个中心、2 个部，研究室以知识创新和高技术创新为主，工程中心以高技术发展研究为主，科技开发实体和企业以高技术发展和生产经营为主。从事知识创新的人员为 100 人，从事高技术创新与发展研究的人员为 150 人左右。同时，所里大胆启用优秀青年科技人员担任研究室领导和学术带头人，采取各种优惠政策和措施，吸引各类人才，其中 1995 年以来已有 29 名出国留学人员回所工作。为了提高管理水平，优质高效地为科研服务，所里对机关中层干部采取了群众推荐、本人自荐、竞争上岗、严格考核的选聘、任用方法，管理部门设置按管理工作性质及职能特点、合理、精干的原则，一般管理服务人员按定编、定员设岗的措施来进行调整，管理人员减少了 25 人，服务支撑系统人员减少了 13 人，机关管理部门也有所减少，从而初步形成了一个比较趋向合理的机关管理机构。

在科研工作中，1998 年在研科研课题 101 项。其中，国家攻关课题 1 项，“攀登计划”课题 1 项，“863”课题 13 项（含“863”重大课题 1 项），国家自然科学基金课题 28 项（含重大、重点各 1 项），中科院重大、重点课题 5 项，省市地方重点课题 5 项。当年获准立项的包括“863”重大、国家自然科学基金重点、吉林省重点等课题 38 项，课题合同经费 1102.6 万元。新争取的立项课题的特点是：重大、重点课题多，占总数的 43%；课题来源渠道广，特别是仅从地方新争取到了 11 个课题。

长春物理研究所依靠广大科技人员，充分调动他们的积极性，认真抓好重大重点科研项目的研究工作，全面推动其他各项科研任务的完成，取得了可喜的成绩。

微腔物理和微腔激光器是光子学发展的前沿之一，在光通信、军事上有良好的应用前景，国际上发达国家竞争开展研究。1998 年长春物理研究所在国内首先研制成功直径为 3μm、发射波为 1.5μm 的 InGaAsP/InP 多量子阱微腔碟型激光器，为深入开展这一研究工作奠定了基础。“863”课题“有机电致发光材料和器件”的研究，研制出了 Tm 挡 3+搅蓝色 OEL 器件，亮度达 10Cd/m 挡 2 搅，目前这一结果未见报道；研制出了 Eu 挡 3+搅和 Tb 聚合物 OEL 器件，并首次发现了 Eu (III) 独特的发光现象。稀土上转换发光和激光的研究，已成功制备出发射红、蓝、绿三种颜色的掺稀土玻璃及红、橙、绿、蓝四色上转换激光材料，并研制开发了两种红外探测卡，通过专家鉴定认为，该项研究工作属国际先进水平。

由于全所上下的共同努力，1998 年取得 10 项科研成果，其中 4 项获奖。全年申请专利 30 项，授权 8 项，专利申请数居全院第十六位，物理口排名第一。发表学术论文 331 篇，其中国际刊物 41 篇，国际会议 47 篇，国内刊物 141 篇。

长春物理研究所重视科技开发工作，1998年有各类科技开发实体7个，从业人员274人(含部分大集体职工)，实现产值1011万元，利润32万元。

科技开发工作以推动和促进高新技术产业发展为目的。为此，长春物理研究所利用液晶显示研究的优势，积极推进吉林省液晶产业的发展。以长春物理研究所为技术依托，吉林省投资2.2亿元建设的TN-LCD和STN-LCD生产基地，1998年下半年已达到批量生产能力，研究所有数名研究、技术骨干参与这一工程工作，在整个基地建设和生产中发挥了支柱作用。LED具有广泛的市场，长春物理研究所在加快GaAiAsLED液相外延生产关键技术研究的同时，积极和长春半导体有限责任公司对引进的设备和技术进行消化吸收，使生产成品率由验收时的58%提高到65%，有些指标达到国际先进水平。

长春物理研究所还十分重视科技开发工作与市场经济需要的紧密结合，不断扩大开发的领域与范围。1998年对外签定有效科技开发合同12项当年进款48万元。利用市院协作契机，与延吉市政府鉴定了“液光油漆”、“液光瓷砖”等合作开发项目。不断扶植优秀开发项目，研究所希达公司在吉林省计委资助60万元经费的基础上，自行投资100余万元，研制开发出了LED全色大屏幕显示器，色彩鲜艳，图像逼真，技术上有独到之处，受到国内外许多同行专家和企业界人士的重视。

大力加强国际合作和学术交流，对全所的科研工作起到了较好的推动作用。1998年有13人次前往美、日、英等6个国家进行国际学术交流或国际合作研究，接待外国专家、学者来访8人次，举办国际交流学术报告4次。

长春物理研究所是中国物理学会发光分科学会和中国稀土学会发光专业委员会的挂靠单位。编辑出版《发光学报》和《液晶与显示》2种学术刊物。

长春地理研究所

所　　长：何　岩

地　　址：长春市工农大路16号

邮政编码：130021

电　　话：0431-5653052

图文传真：0431-5652931

电子函件：ccig@ms.ccb.ac.cn

长春地理研究所是中国科学院设在东北地区的综合性地理研究机构，成立于1958年8月。1998年底共有职工237人，其中研究员25人，副研究员49人，中级科技人员68人。现有在学博士生30人，硕士生29人。现设有3个研究中心、1个自费开放实验室和2个野外台站，即湿地生态与环境开放实验室(自费)、遥感信息系统技术应用中心、环境研究与评价中心、区域发展研究中心、净月潭遥感实验站、三江平原沼泽生态实验站。其中净月潭遥感实验站为院开放实验站，也是我国唯一的遥感实验站，三江平原沼泽生态实验站为中科院台站网络的29个基本站之一。

1998年，长春地理研究所承担和完成了许多重要的科技任务，为国民经济和社会发展以及国防建设做出了应有的贡献。

1998年，长春地理研究所进入中国科学院定位试点单位。主要研究方向确定为全国湿地研究和东北区域环境与农业可持续发展研究。重点研究领域为湿地环境与生态、区域农业与持续发展、环境地理学和遥感信息技术应用。在人事制度改革方面，在全院率先实行职称聘任制，打破了职称评定的大锅饭，实行了“按需设岗，按岗聘任，公开招聘，竞争上岗”，使科研人员增强了竞争意识和市场意识，推动了改革的深入，为建立现代研究所制度奠定了基础。1998年在湿地专业和遥感应用领域，完成了两项“百人工程”的引进工作。

湿地研究是长春地理研究所的特色学科，在其定位上占居重要地位，并具有一定优势。湿地生态与环境自费开放室主持在研的院重大项目1项，自然科学基金项目1项，参加院重大A项目1项，参加主持自然科学基金重点项目1项。有20几个研究所参加的中科院湿地研究中心挂靠在长春地理研究所。

目前正在争取的项目有全球环境基金(GEF)项目，长春地理研究所代表中科院湿地研究中心组织有关的研究所积极参与这项工作，并编写了项目建议书，申请有关国际组织资助的工作正在进行。

湿地生态与环境开放实验室自费启动，已与奥地利维也纳大学、瑞典农业大学签订了关于开展湿地国际合作研究与研究生联合培养的协议，正在申请成为院自费开放实验室。

1998年，长春地理研究所在湿地基础研究方面取得很大进展，院特别支持的湖沼二期项目通过评审验收，自然科学基金重点项目和面上项目，都按计划进行。出版了我国第一部《中国沼泽志》，全书共计约100多万字，编制完成《中国1∶400万沼泽图》及《中国10个典型区沼泽图》。

1998年，长春地理研究所3个农业试验示范基地的科研工作继续深入展开，精心组装各种实用农业新技术，加大攻关与开发力度，在盐碱地综合治理等方面又有新的进展，形成了各自的发展特色，目前承担有国家攻关项目4项，国家农业开发项目2项，并承担中科院重大项目“东北地区农业综合开发试验示范研究”及省重大、重点项目多项。“九五”期间，已落实的农业项目经费超过了1000万元。通过与吉林省外国专家局合作，3个农业开发示范区联合建立了“引智强农”示范基地，并执行了7项农业引智项目。通过外籍专家指导与合作交流，推进了长春地理研究所区域农业工作同国际接轨并向高层次发展，对社会产生更大的科技进步作用。最近，长春地理研究所与松辽委水保局共同申请的农业部技术引进“948”项目已获批准立项。在科研人员的努力下，3个农业科技试验示范基地的建设都很好地按项目要求推进，并在院、省农业专家检查评比中都得到了好评，其中大安试区在中期评估中名列松嫩——三江平原9个试区第一名，使院、地方主管部门的领导对该试区农业工作表示满意。柳河基地建立了龙头企业——长春大地绿色食品有限责任公司，绿优米产业化开发取得实质性进展，建立了日加工40吨大米的生产能力。

环境科学是长春地理研究所的主要学科之一，稳定发展这一学科是长春地理研究所的战略目标，今年在抓好环境影响评价研究基础上，在其他基础研究与应用基础研究方面和立项工作取得了突出进展。出版了《长江流域水体环境背景值研究图集》，该图集是“七五”期间长春地理研究所主持完成的攻关项目，中科院组织专家鉴定认为具有国际先进水平，由于经费原因一直未能出版，1998年在国家自然科学基金、中科院院长基金、中科院资环局项目和长春地理研究所所长基金多方资助下，已出版发行。在承担国家、中科院研究项目的同时，积极争取地方横向课题，经多方努力，今年共争取并完成地方环境影响评价项目15项，通过鉴定或验收。

1998年长春地理研究所利用遥感信息系统技术为地方国民经济服务工作，有进一步深入，得到了国家领导、中科院及省市领导的高度重视，在1998年松花江、嫩江发生特大洪水期间，突击完成的吉林省洪涝灾害遥感评估研究及其图件，得到国务院领导和地方政府的高度赞扬，为此长春地理所被评为’98抗洪救灾先进集体。遥感估产数据成为吉林省统计产量的主要依据。

3S技术的应用不断拓展研究与开发工作新的领域，汽车导航——电子地图的研制，推动了该技术领域的全面发展。目前已争取到院、分院的专项支持，形成了向产业化发展的基本构想，该项目研究进展顺利，多次搭车试验，效果良好。

微波研究室紧紧抓住微波高技术应用发展的良好机遇，加强对外联系与合作，并积极开拓有产业化前景的研究项目，承担的院重大项目“地下成像雷达实用化研究”以及微波辐射计应用开发都取得了很大进展。

1998年，全所获得成果13项，获吉林省科技进步奖三等奖1项，四等奖1项，获长春分院科技进步奖一、二等奖3项。此外，参加院重大的“我国金矿找矿及选矿关键理论与技术研究”项目和“国家资源遥感宏观调查与动态研究”项目，获中科院科技进步奖特等奖；参加的“硒与生命元素缺乏地区的环境改良和防病示范研究”项目，获中科院科技进步奖二等奖。在国内外刊物上发表论文111篇，出版专著4部，完成申报专利5项，授权的发明专利2项。

长春地理研究所具有良好的技术支撑系统。分析测试部成为国家技术监督局计量认证合格单位。三江平原沼泽湿地生态试验站已成为院生态研究网络的基本站并获得世界银行资助；地图制印工厂承担各种图件和地图集的印刷；长春净月潭实验站为院级开放站。

在人才培养方面，长春地理研究所从1978年经国家批准首批设立了自然地理、人文地理、地图学与遥感、环境地理（1990年批准）4个学科的硕士学位点。1996年经国务院学位委员会批准设立环境地理学博士学位点，1998年招收博士研究生11名，硕士研究生10名。

在国际学术交流方面，长春地理研究所和20多个国家的研究单位开展了有关领域的合作研究，与俄罗斯科学院太平洋地理研究所结为姊妹研究所。1998年有11批25人次出国参加国际学术交流、考察，接待外国学者来访及合作研究6批、21人次，交往的国家有美、日、俄、瑞典、朝鲜、葡萄牙和我国香港、台湾等国家与地区。

长春地理研究所是吉林省地理学会、中国生态学会湿地生态专业委员会和中国科学院湿地研究中心的挂靠单位。编辑出版《地理科学》、《中国地理科学》（英文版）等学术期刊。

长春人造卫星观测站

站　　长：崔斗星
地　　址：长春市净月潭西山
邮政编码：130117
电　　话：0431-4513834
图文传真：0431-4513550
电子函件：cuidx@public. cc. j1. cn

中国科学院长春人造卫星观测站（以下简称长春人卫站），于1958年2月正式成立，当时隶属于紫金山天文台。主要任务是跟踪观测原苏联发射的世界上第一颗人造地球卫星。随着航天技术的飞速发展，卫星应用技术在高科技领域内发挥了越来越大的作用。我国人造卫星观测跟踪系统也伴随着航天技术的发展而逐步壮大起来。现长春人卫站，已经发展成为具有多种观测手段，能对各种空间目标进行跟踪观测的专业性观测站。

长春人卫站现有职工57人，专业技术人员38人，有研究员1人，副研究员、高级工程师11人，中级专业技术人员21人。现有在读博士研究生2人。

长春人卫站的学科方向是以精密观测，精密定轨为主，研究领域包括天体力学和天文地球动力学，科研机构分为两大部分，即卫星动力学研究室和光学观测室。卫星动力学研究室包括人造卫星激光测距系统，GPS观测系统，轨道理论研究组。长春人卫站激光测距系统是我国目前水平最高的激光测距系统。几年来，在完成国家“攀登计划”“现代中国地壳运动和地球动力学应用”重大项目和国际合作项目“固体地球计划”中发挥了巨大作用，受到国内外专家和有关国际组织的高度赞扬。GPS观测系统，是为了执行国家“九五”重大科学工程“中国地壳运动观测网络”而重新配置起来的系统。其主要设备均采用了国际上最先进的设备。长春人卫站成为国家“九五”重大科学工程“中国地壳运动观测网络”的国家25个基准站之一。

长春人卫站光学观测系统，在我国人卫光学观测系统中，其观测成绩一直处于领先位置，并先后出色地完成了国家及各有关部门下达的各种观测任务，多次受到奖励。

基础理论研究工作，不断取得新的进展。崔斗星研究员经过10多年努力完成的《相对论力学的引力理论》论文在国际理论物理刊物上发表，该文引进一种度量空间的基础上提出一种引力理论。该理论的结果是力学的基本方程即场方程和运动方程与电动力学相应方程在形式上没有区别，该论文揭示了引力场和电磁场之间的内在关系，论文已被国际检索系统收录。

长春人卫站坚持开门办站原则，在1998年，参加了国家“九五”重大科学工程“中国地壳运动观测网络”任务，除了完成国家及有关部门下达的任务外，还与地方及兄弟研究所一起联合申请了2项地方项目，即“汽车导航与电子地图”和“长白山火山‘3S’监测示范系统的研建”。

长春人卫站的国际合作与国际交流不断取得重大进展。近几年来，先后同日本、澳大利亚、俄罗斯、捷克、韩国、朝鲜、美国、德国等国家进行了合作与交流，并取得突破性进展。其中1997年与日本、捷克合作，引进了资金和技术，对人卫激光测距系统进行升级改造，使长春人卫站的人卫激光测距系统，一跃进入国际先进行列。

长春人卫站为落实中共中央、国务院《关于加强科学技术普及工作的若干意见》,结合本站工作特点,于1996年正式成立吉林省天文科技普及协会,并成为该协会的挂靠单位。科普工作是科技工作的重要组成部分,对提高全民族科学文化素质具有推动作用,尤其在青少年中开展天文科普教育,用科学战胜愚昧,破除封建迷信,树立正确的宇宙观、世界观,培养“四化”人才具有重要现实意义。长春人卫站的科普工作,在社会上产生极大影响,社会效益显著,并得到省、市科委、教委、共青团等部门和中科院长春分院的大力支持。长期开展天文科普活动是长春人卫站的重要科技开发项目。

近几年来,经过改革与结构性调整,长春人卫站更加明确了学科发展方向,并在学科调整上、人才队伍建设方面,加大了结构调整力度,建立起了一支跨世纪的青年科技队伍。中科院从1998年开始实施的“知识创新工程”以来,长春人卫站更进一步加大改革力度,以“知识创新工程”的要求为标准,进一步深化改革与调整,努力把长春人卫站建设成为国际一流的观测站。

黑龙江农业现代化研究所

副 所 长: 宋世绵(法人代表)
地　　址: 黑龙江省哈尔滨市南岗区哈平路138号
邮政编码: 150040
联系电话: 0451-6603742
图文传真: 0451-6603736
电子函件: hiamcas@mail. hrb. hl. cninfo. net
网　　址: http//:www. hljiam. ac. cn
http//:www. hl. CERN. ac. cn

中国科学院黑龙江农业现代化研究所成立于1978年6月19日,1998年底在职职工144人,其中科技人员104人,研究员11名,副研究员、高级工程师38人,中级科技人员48人。黑龙江农业现代化研究所以黑土农业生态为研究核心,以区域农业持续发展为目的,以农业资源优化配置发展多学科为综合优势,以北纬45°为中心的优质农业综合发展为主要任务。学科方向为黑土农业生产生态学和农业系统工程,研究领域为黑土生态,东北农业资源优化配置与可持续发展理论,作物(动物)品种,饲料,肥药制剂工程和优质高效技术工程。现有5个研究室(作物科学研究室、动物科学研究室,园艺科学研究室,持续农业研究室与区域农业研究室)及海伦农业生态试验站。支撑系统有网络工程室、信息编辑室和专利与法律室。海伦农业生态实验站是院生态网络的主要野外台站之一。在海伦农业生态实验站有长期定位试验田20公顷,有大型蒸散入渗仪,气象自动观测场,水分平衡场,智能原子吸收光谱仪和智能萤光分光光度计以及野外光合系统等观测分析仪器。

1998年黑龙江农业现代化研究所在贯彻院知识创新工程方面,系统分析了本所的优势和劣势,初步草拟了黑龙江农业现代化研究所的发展方向和分类定位的报告。

1998年黑龙江农业现代化研究所争取和承担的主要科研任务和项目共29项,其中应用基础性研究15项,应用研究14项。国家攻关课题“松嫩平原北部黑土区农业综合发展技术研究”主要针对我国东北部松嫩平原黑土区域积温不足和土壤肥力下降两个主要限制因子,围绕农业创高产热点中如何实现及优质高效这个问题,开展优质高效农作制度和农牧结合配套技术的科技攻关,开展新技术的集成,组装,建立优化的优质、高效生产模式,对东北地区起到指导和生产样板作用,推动了农业向可持续发展方向转化。中科院重大项目“海伦基地以大豆为主粮食高产和农业综合发展试验示范”主要是选择本地区的适用新技术,通过集成组装建立百、千、万高产高效生产模式,对本地区农业生产进行样板示范,推动了本地区农业生产再登新台阶,为黑土区农业发展做出了贡献。院特别支持项目“松嫩平原典型黑土农田水分,养分循环与生产力关系及优化模式建设”在黑土水分,养分方面的研究获得突破性进展,为黑土水分、养分的合理利用提供了科学依据。

1998年黑龙江农业现代化研究所共取得科研成果4项,黑龙江省科委1项,中国科学院1项,国家科委2项。获奖8项,中国科学院科技进步奖三等奖1项,黑龙江省政府科技进步奖三等奖2项,长春分院奖5项,1998年黑龙江农业现代化研究所先后与日本、美国在大豆连作根部病害和农业持续发展等方面开展了合作研究。人才培养采取国内、外进修，攻读学位等方式。1998年国内进修1人次，国外进修6人次，攻读学位2人。从全国重点高校接收硕士、本科生7名。一年内研究所开展学术研讨会多次，并协助院国际合作局与长春分院成功的举办了“中科院长春分院与罗斯西利亚分院双方合作研讨会”。

黑龙江农业现代化研究所下属单位有：海伦农业生态实验站。编辑出版的刊物有：《农业系统工程科学与综合研究》。

上 海 分 院

院　　长：汤章城
地　　址：上海市岳阳路 319 号
邮政编码：200031
电　　话：021-64310243（总机）
　　　　　021-64315135（院办）
图文传真：021-64374915

中国科学院上海分院是中国科学院的派出机构。上海分院所在地区现有 15 个院属研究单位，1 个文献情报中心，4 个与上海市共建单位。有职工 8717 人，其中科技人员 5293 人，有中国科学院院士 45 人，中国工程院院士 8 人；有研究员、副研究员和高级工程师等 1789 人，中级科技人员 2378 人。有博士后 103 人，在学博士、硕士生 1483 人。

上海分院的主要研究领域为：生命科学和生物技术，如分子生物学、细胞生物学、神经生物学、分子遗传学及生物技术；化学和新材料，如有机化学、有机材料、无机非金属材料和金属材料；新兴技术科学，如微电子、激光、红外、核技术等。此外，在天文学方面，以天体测量为主，相应进行天体物理学和天体力学的研究。

1. 围绕院的中心工作，配合院有关部门积极推进上海知识创新工程试点工作。

1998 年党中央、国务院批准中国科学院进行“知识创新工程”试点工作。上海分院立即组织沪区各所领导认真学习江泽民总书记的批示和朱镕基总理的指示以及院试点汇报提纲和中科院党组有关实施试点工作的要求，以院“知识创新工程”试点工作为中心，积极推进和参与上海的两个基地建设。

1998 年成立了“上海生命科学研究院筹备委员会”及其工作小组，根据中科院党组“高目标、高起点、高要求”建设基地的要求，协助院部积极组织策划“上海生命科学研究院组建方案”，并组织全国生命学科的有关院士，对方案进行了论证。完成了上报院党组关于组建上海生命科学研究院的请示报告及有关材料。目前上海生命科学研究院的筹建条件已得到基本认定。

上海分院还积极协助院部筹建上海高技术发展研究基地的有关工作，积极推动上海冶金研究所、技术物理研究所、有机化学研究所、上海光机所和上海硅酸盐研究所制定试点工作方案，协助各所精选了一批重点。待院党组批准后上海两个知识创新基地将正式启动。

2. 推进院市合作和共建，促进研究所和院、所企业与地方的合作。

准备和组织了 1998 年 9 月的中科院上海市合作协调委员会会议，代表双方汇报了 1996 年以来有成效的合作和共建情况，得到委员们的肯定。会议促进了院市全方位、多层次和高起点的合作和共建。如 1998 年启动了国家新药筛选中心的筹建，国家大科学工程项目上海同步辐射装置的预制研究获国家计委批准，成立了领导小组和指挥部，预研经费 8000 万，上海市承担 6000 万等。李岚清副总理在上海调研座谈时肯定了中科院与上海市的合作共建成绩。

1998 年沪区各所承担上海科研项目 47 个，经费 1340 万元、1998 年中科院在沪签订的合作协议（包含合办工程中心和企业）共 13 个。其中中科院投入 0.71 亿元，合作方投资 1.10 亿元。

1998 年中科院在沪的企业共 94 家（沪内 88 家，沪外 6 家），营销金额共 33 亿元（沪内 12 亿，沪外 21 亿）；税金金额约 2 亿元。营销金额比 1997 年增长 38%。四技合同共 571 项，共计 2.14 亿元（沪内 91%，沪外 9%）。

由路甬祥院长和徐匡迪市长倡导的东方科技论坛，1998 年上半年举行了开幕式及新材料学术讨论会。下半年举行了“多相复合材料”、“人类基因组”、“DNA 芯片”三次学术研讨会。

分院积极推进沪区各所与地方的合作，1998 年分院与长宁、徐汇区等签订了合作框架协议，并推动了有关所与这些区及浦东新区等一些具体项目合作签订。组织了各所开发人员考察宁波、杭州、嘉兴、太仓、吴县、昆山及周庄等地，参加院部在苏州的科技与经济对接交流会，举行了多次成果发布会，为双方合作打了良好基础。

3. 积极协助沪区各所抓好“九五”重大项目的组织实施和管理。

分院组织沪区各所积极申报和争取承担重大课题，如“DNA 芯片——生命信息获取、处理”，现已列入院特别支持计划，获科研经费 200 万。并作为国家重点基础研究规划课题推荐给科技部。现由上海冶金研究所牵头，上海原子核研究所、上海有机化学研究所、上海生物化学研究所、上海细胞生物研究所、武汉病毒研究所等单位参加。

加强对各所科研计划执行情况的检查和调整。1998 年沪区各所在研项目约 1300 项，其中属于国家计划项目 850 多项，绝大多数完成年度计划。300 多个项目完成合同规定的科研任务办理了手续。组织科技启明星计划，12 人获资助，共得经费 130 万元；组织申报市优秀学科带头人计划，6 人获资助，共得经费 100 万元。分院 60 万择优经费，支持了 13 项计划（基础研究 6 项，开发研究 6 项，软科学研究 1 项）。和南京分院共同完成了院士“长江三角洲经济与社会可持续发展咨询项目”组织工作，总体咨询报告送国务院有关部门。

沪区各所 1998 年向院登记科技成果 90 项，向市登记 84 项。获国家发明奖 2 项（三等奖 1 项，四等奖 1 项）；获国家科技进步奖 2 项（三等奖 2 项）；获院奖共 23 项（特等奖 1 项，一等奖 3 项，二等奖 8 项，三等奖 11 项）；获上海市科技进步奖 23 项（一等奖 3 项，二等奖 9 项，三等奖 11 项）；获市自然牡丹奖 1 项。

4. 抓好沪区各所和分院机关领导班子的思想建设、组织建设。

抓好研究所党政班子调整和届中考核，换届工作。1998 年上海分院有 5 个研究所的行政班子进行了届中考核，1 个研究所领导班子进行了换届，有 2 个研究所的党委书记进行了调整，获得较好效果，为领导干部交流提供有益经验。

加强对年轻干部的在职培养。在分院系统 20 名年轻所级领导中开展了“四个一”活动（学习一门业务知识，作一次党课报告，开展一项专题调研，撰写一篇文章）。同时有计划、有重点地安排一些年轻干部参加市委党校学习，推荐一批同志到工业系统挂职锻炼。

1998 年分院系统共发展党员 85 人（其中 45 岁以下 70 人，占 82.35%；研究生 32 人，占 37.65%）。

清查了科苑房产公司的经济问题。追究了前总经理、副总经理等人的法律责任，挽回了一部分经济损失。同时总结了房产公司问题的教训，为加强机关和直属单位的党风廉政建设提供了教材。

1998 年上海分院举办了直属单位高级工商管理人员研讨班，并组织了论文交流和研讨。

1998 年上海分院建立了系统信访工作联络网和信访工作制度。建立了领导干部信访接待制度，组织系统信访人员培训，沟通上下信息，并为群众排忧解难起了较好作用。

5. 加强人才培养，深化人事制度改革。

1998 年沪区研究生招生 489 人（硕士生 259 人，博士生 230 人），组织了 1998 年度的中科院院长奖学金、首届刘永龄奖、地奥奖学金、上海分院好望角研究生奖学金的评审工作，一批优秀研究生、导师和管理干部获得奖励。

协助院部做好优秀中青年专家，享受政府特殊津贴，百人计划人选的申报工作及对沪区各所百人计划工作计划进展情况调查。

进一步加强与上海外留学人员联系，积极为国际学术交流提供服务，1998 年约 548 人次申办了护照签证，为103人次申办了赴港通行证、接待了来自15个国家与地区300多人次的访问。

1998年在上海分院系统全面推进聘用合同制，到年底各研究所都实行了这项制度，完成了预期的目标。

围绕“知识创新工程”试点工作的要求，对进一步推进人事制度综合配套改革进行了探讨，提出了包括引进人才、人员分流、完善聘用制，实行新的分配，坚持退休制度等在内的人事制度改革的目标和任务。

完成了“九五”期间研究生、博士后发展规模及公寓建造规划。

6. 组织机关和直属单位努力做好为沪区各所服务工作。

1998年完成了沪区各研究所所属经济实体国有资产产权登记年度年检工作。对沪区各研究所转拨经费31 729.5万元，比1997年增加38.5%。

上海分院加强与市财政联系，争取到地方财政223.9万元；向市控办争取支持，1998年获审批专项商品309.9万元。审核批准新增、更新车辆20辆，为224人次办理出口领用外汇。

分院财务处和网络中心组织了《科学事业单位财务会计制度》计算机软件的开发，推广工作，现已在沪区22家，广州、福建8家单位使用。并举办了《科学事业单位会计制度》培训和《现金流量表编制》讲座。

机关直属单位在努力做好服务工作的同时，全面实施经营目标量化管理，各直属单位基本完成或超额完成了年初核定的主要经营指标。完成了嘉莱斯通和希科公司的清算工作。

分院直属单位承担宾客与会议接待、研究生教育管理、物业管理、网络信息、专利、实验动物等多方面为沪区各研究所服务工作，据统计，1998年承担的大中型会议23个，接待近4000人次，服务所支付的劳务和物耗成本，都在经营过程中予以消化，1998年客房、餐饮接待费为47万；补贴院士和各研究所会议51万；房产物业管理补贴50多万；对研究所实行实验动物50%的优惠政策；研究生教育和住宿、网络专利等为科研工作提供了良好服务。

7. 做好后勤管理工作，为各研究所科研工作创造良好条件。

组织了基建项目前期管理研讨和“建筑法”培训，结合研究所分类定位和“知识创新工程”试点工作，积极推进园区的规划和建设工作。

组织开展系统住房分配制度改革研讨会，帮助各研究所解决房改政策出台前的职工住房解困问题及有关衔接工作，利用系统尚有房源解决了系统12位领导干部和11位优秀人才、院士和离休老干部住房，人均增加15m^{2}以上。利用机关尚留房源，完成1998年机关住房分配。配合重大工程肇嘉浜路拓宽项目，组织有关专家论证及与市有关部门协调，既协助了工程实施，又维护了各单位利益。

进一步完善分院系统计算机网络建设，完成了方案设计，关键技术攻关和部分单位调试沟通，通过了院部组织的试点单位验收。

保卫安全开展了建立健全安全防范机制的专项调研，与公安机关签订的“治安防范责任协议书”的18个单位通过了“安全单位”初步验收。将安全保卫、治安防范、知识产权保护等方面条款列入合同聘用条款，建立治安防范责任到人契约化管理机制。

8. 加强分院机关两个文明建设，提高干部职工的思想理论水平。

1998年上海分院机关组织了一系列报告和讲座，如《关于深入学习邓小平理论的历史背景及重大意义》、《上海经济和社会发展》、《知识经济》、《克林顿访华背景及意义》等报告。为加强法规防腐倡廉教育，组织党员干部观看《新刑法》、《常州风云》、《金海清浊》等教育录像片。分院领导带头讲党课，并组织职工向灾区献爱心。

1998年进行了机关党委、纪委换届选举工作完成了徐汇区人大代表的选举工作。

机关党委关心职工生活和离退休老同志，组织老同志参观上海博物馆、火箭装载基地、80 000人体育场等，及时向老同志通报工作情况，关心他们的生活困难。机关工会开展形式多样的文体，全民健身活动，丰富了职工文化生活，培养了职工的集体主义精神。

上海分院代管的机构有：中科院声学所东海研究站、科学出版社上海办事处、东方科学仪器上海进出口公司、中科集团上海中科股份有限公司。

分院直属单位和所属公司有：测试计算中心、实验动物中心、干部进修学院、学术活动中心、后勤服务中心、专利事务所、设计事务所、基建住宅管理所、科苑房产经营开发公司、双向科技发展总公司、希科新技术公司、嘉莱斯通电子有限公司、04单位华东办事处、上海分院印刷所。

上海有机化学研究所

所　　长：林国强
地　　址：上海市枫林路354号
邮政编码：200032
电　　话：021-64163300（总机）
021-64169166（所办）
图文传真：021-64166128
电子函件：sioc@pub.sioc.ac.cn

中国科学院上海有机化学研究所成立于1950年5月，由原中央研究院化学研究所和原北平研究院化学研究所与药物研究所合并组成。1970年改为现名。现有职工931人，有中国科学院院士8人，研究员、副研究员和高级工程师124人。在学研究生192人，其中硕士118人，博士74人。在站博士后22人。

上海有机化学研究所主要从事天然有机化学，生命有机化学、金属有机化学、元素有机化学、物理有机化学、材料科学和计算机化学以及有机分析化学等领域的研究。设有10个研究室，其中国家级开放实验室1个，科学院级开放实验室2个，所级开放实验室1个。建立了3个合作研究机构，即与英国联合利华公司合作建立的“上海有机所利华研究室”，与上海三维制药公司合作建立的“三维药物研究中心”，以及与香港大学、香港中文大学合作建立的“沪港化学合成联合实验室”。经科学院批准，建立了“（有机）新材料中试基地”，后又建设为“中国科学院有机合成工程中心”。经国家技术监督局批准，建立了“分析测试中心”。设有硕士和博士学位的授予点，并经国务院批准成为首批博士后流动站。下属企业为开发公司、万凯公司和高科技发展公司，开发公司改名为上海中科合臣化学公司。

1998年，上海有机化学研究所有在研科学基金项目50项，其中杰出青年基金2项，重大重点项目8项。承担“863”项目2项，攻关项目1项和上海市及部委项目5项。

1998年上海有机化学研究所获得科研成果奖5项，“亚磺化脱卤反应在有机合成中的应用”获中科院自然科学奖二等奖，“科学数据库及其信息系统”（合作）获国家科技进步奖二等奖，“2-乙基蒽醌合成新工艺研究”获国家科技进步奖三等奖，“碳硼烷及其衍生物等高燃速催化剂研制”获上海市科技进步奖二等奖，“新型降解功能添加剂的研制和应用”获上海市科技进步奖三等奖。

申请专利20项，获得专利权7项。申请著作权登记1项，获著作权登记证3项。

共发表论文231篇，其中外文162篇。据中国科学院信息研究所发布的《中国科技论文统计与分析》，1997年上海有机化学研究所被SCI收录论文列全国科研机构第六位，被引论文列全国科研机构第二位，被引证率和篇论文平均被引次数仍居全国高校和科研机构之首，并且发表论文的期刊的平均影响因子列全国第一。

此外，黄维垣院士获得了陈嘉庚化学奖，陆熙炎院士当选上海市劳模，马大为获得“求是”基金杰出青年奖和第六届中国优秀青年奖，吕龙获得国家杰出青年奖和中国科学院优秀青年奖。

1998年授予硕士学位25人，授予博士学位25人。

1998年先后接待了来自世界各国和港澳台的专家学者，企业管理人员和科技人员累计270多人次。

受中国化学会委托，上海有机化学研究所负责编辑出版《化学学报》、《有机化学》和“Chin J. Chem.”等学术期刊。

上海生物化学研究所

名誉所长：王应睐
所　　长：李伯良
地　　址：上海市岳阳路320号
邮政编码：200031
电　　话：021-64374430
图文传真：021-64338357

中国科学院上海生物化学研究所成立于1958年，前身是中国科学院上海生理生化研究所的生物化学部分。1998年，全所编制445人，其中技术人员296人，有中国科学院院士6人，中国工程院院士1人，研究员43人，副研究员、高级工程师64人，中级科技人员129人。现有在学博士生112人，硕博连读62人，硕士生2人。另有博士后4人。

上海生物化学研究所是国家教委和国务院学位委员会首批确定的硕、博士学位授予单位之一，是中科院首先批准的博士生重点培养基地，具有博士生指导老师的自行审批权。现设有生物化学和分子生物学招生专业和硕士、博士学位授予点。

上海生物化学研究所主要研究方向着重于生物大分子的结构与功能，分子遗传和基因工程以及生物膜的结构与功能等方面基础性研究。全所共有35个课题组。分子生物学国家重点实验室设立在上海生物化学研究所内。分子生物学国家重点实验室是上海生物化学研究所的一个有机组成部分和优化的群体，试行联合、开放、流动的运行机制，在上海生物化学研究所的科研和发展中发挥了非常重要的作用。实验室的研究方向包括3个方面：生物大分子（蛋白质、核酸、酶）的结构与功能、分子遗传和生物膜。目前在7个领域开展工作。

1998年上海生物化学研究所围绕“知识创新工程”试点工作，积极推进人事制度改革。在1997年完成全员聘用合同制的基础上，进行了岗位聘任制改革。首先起草了与岗位聘任制配套的3个文件：《上海生物化学研究所岗位聘用合同管理规定》、《上海生物化学研究所下岗待聘人员管理规定》、《上海生物化学研究所职工待退休管理规定》。在贯彻按需设岗，按岗聘任的原则下，完成与课题组长及课题组人员签订岗位聘任合同书。在机关岗位聘任制改革中，进行了部门负责人公开招聘工作，在公平竞争中，产生部门负责人并签订了岗位人员合同书。对机关职能部门进行管理、服务分流，成立服务中心。在此基础上，也与管理、服务岗位一般人员签订聘任合同书。

1998年发表论文182篇，在SCI收录的杂志上发表论文54篇，其中国外杂志35篇。申请发明专利17项（国外2项，国内15项）。

上海生物化学研究所承担国家基金委重大项目1项，重点项目3项，杰出青年基金项目4项，国家自然科学基金面上项目29项。承担国家科委攻关项目3项，“921”课题1项，“攀登计划”项目2项，海洋“863”1项，国家“863”项目19项（其中合作5项），国家新药基金项目3项，国家教委项目1项。承担中国科学院重中之重子项目3项，院应用重大项目13项，院重大项目17项，院重点项目8项，人类基因组项目11项，院特别支持项目6项，合作项目6项。承担上海生命中心项目4项，上海人才培养计划项目2项，上海分院择优支持基金项目4项，上海市重点项目3项，上海市农委项目2项。其他横向合作项目47项。

1998年“帕金森病的发病机制与治疗研究”获国家科技进步奖三等奖，“蛋白酶抑制剂结构与功能的研究”获中国科学院自然科学奖一等奖，《记忆增强肽的信号跨膜转导和作用机理的研究》、《转移核糖核酸——结构、功能与合成》获优秀科技著作奖，“中药‘更年春’治疗更年期综合症的临床和实验研究”获上海市科技进步奖二等奖，“发现白介素—2镇痛作用、活力中心及其与阿片样（opioid）受体结合”获上海市科技进步奖三等奖，“用蚕表达HGM-CSF及其口服药物生血效果的研究”获浙江省科技进步奖一等奖。

1998年上海生物化学研究所出访42项、57人次，来访88批、155人次。申请院级国际合作项目14项，院公费项目3项，获国家自然科学基金委资助国际合作项目2项，科技部资助国际合作项目7项。签署10项所级国际合作协议，合作方包括美国、法国、德国、加拿大、澳大利亚以及香港地区等。

1998年12月21～24日，由上海生物化学研究所承办的“1998年中国青年学者生命科学学术讨论会——蛋白质组和基因组研究”在上海举行。来自美国、德国、英国、法国、加拿大、澳大利亚等国家的华人学者和上海地区的科研人员、研究生等100多人参加会议。会议议题是蛋白质组和基因组的研究。主要探讨生命科学前沿领域的最新发展与未来动态。

1998年由上海生物化学研究所与上海阿尔法生物技术有限公司联合申报的“乙肝病毒PreS1抗原酶免测定试剂盒”取得了卫生部颁发的新药证书（98）卫药证S-03号。一俟上海阿尔法生物技术有限公司生产场地通过GMP认证，获得生产许可证，即可正式生产投放市场。上海生物化学研究所参股的上海丽珠-东风生物技术有限公司取得“注射用阿拉瑞林”的新药证书（98）卫药证字X-173号。

眼用、外用重组人表皮生长因子分别进入一、二期临床。“注射用重组人粒细胞-巨噬细胞集落刺激因子”和“注射用那法瑞林（nafarelin）”基本结束二期临床。

1998年上海生物化学研究所与上海信谊药业公司签订开发风险合作协议，合作开发“抗乙肝病毒寡聚核苷酸新药”。1998年5月15日上海生物化学研究所与上海第一生化药业公司共同申请了“重组人血清白蛋白”的发明专利，并启动“重组人血清白蛋白新药”的合作开发研究。上海生物化学研究所开发实验室还与澳大利亚悉尼科技大学合作完成了“NSI蛋白对荷瘤鼠肿瘤的抑制作用研究”。

1998年上海生物化学研究所还将科研成果“胸腺肽α1”小试研究成果、“重组人白蛋白”的部分上游成果和“前S1单抗细胞株”分别转让给上海第一生化药业公司和上海阿尔法生物技术有限公司。

上海生物化学研究所现有1个全资公司：上海东风生化技术公司。6个控股和参股公司：西巴斯生物技术有限责任公司、科星综合科技有限责任公司、华新高新技术有限公司（中外合资）、丽珠东风生物技术有限公司和以临床诊断试剂盒为主的上海阿尔法生物技术有限公司、上海东昕生物技术有限公司。

上海生物化学研究所编辑出版《生物化学和生物物理学报》。

上海技术物理研究所

所　　长：乐秀海

地　　址：上海市玉田路500号

邮政编码：200083

电　　话：021-63248028

电子函件：sitp@sunm.shcnc.ac.cn

网　　址：http://www.sitp.ac.cn

中国科学院上海技术物理研究所成立于1958年10月。1998年底职工总数797人，其中科技人员525人，有中国科学院院士3人，中国工程院院士1人，研究员43人，副研究员、高级工程师等132人，中级科技人员243人。上海技术物理研究所设有博士、硕士培养点，是中科院培养博士生的重要基地之一。1998年在学博士生47人，硕士生56人。另有博士后5人。

上海技术物理研究所以红外物理与红外光电技术为主要研究方向。设有红外物理国家重点实验室，红外器件及材料、光学薄膜技术、微型致冷技术、热成像技术、红外和多光谱遥感技术、光电信息技术等研究室。

上海技术物理研究所是中国科学院首批进行研究所工作定位的单位之一；为中国科学院上海高技术研究发展基地（“知识创新工程”试点内容之一）的成员单位。上海技术物理研究所研究发展的重点是：先进空间遥感技术及小卫星技术，凝视成像技术，红外焦平面技术及光电功能新材料、新器件，相应的信息处理与网络技术。将致力于光电技术的前沿与创新研究，承担空间科技的重大项目，并进行光电技术向产业转化的研究。

1998年上海技术物理研究所围绕形成精干的研究所、组织创新研究队伍继续深化改革。通过“百人计划”，博士后流动站吸纳博士后4人，招收毕业研究生、本科毕业生24人。上海技术物理研究所为青年科技人才设有专项津贴与优秀人才住房基金，设有青年公寓并正建设 10 000m^2 的流动科研人员公寓。1998 年中设立了新型光电功能材料及器件研究中心，布署了小卫星技术、信息处理与网络技术的研究。

上海技术物理研究所 1998 年的主要科研项目约 40 项，其中新承担的有："我国海洋一号小卫星观察水色仪的扫描仪"、"数据存储与转发小卫星相关技术研究"、"影像信息获取及网络传递应用技术研究的研究等"。

上海技术物理研究所 1998 年共鉴定科研成果 18 项，获重大科技成果奖 13 项；申请专利 16 项，获授权专利 8 项；发表科技论文近 300 篇。其中，"风云二号气象卫星多通道扫描辐射计"已在轨应用 18 个月，其获取可见、水汽、红外图像的综合质量与日本 GMS 卫星水平相当，获中科院科技进步奖特等奖。新发展的对地观测技术有：卷云探测仪、推帚式超光谱成像仪。对小型多路光学模式识别系统的研究获国家科技进步奖三等奖。

上海技术物理研究所积极进行技术向产业转化、创办高技术企业。全所现有科技企业 12 个(属中外合资的 6 个)，1998 年销售总额 2.6 亿元，创利税约 7000 万元。其中 PZT 红外传感器占国际市场 60%份额；光纤陶瓷插针销售量居国际市场第四位。

上海技术物理研究所有广泛的交流与合作，1998 年中有 65 人次出访美、德、法、英、加拿大、澳大利亚、瑞士、瑞典、乌克兰、俄罗斯等 14 个国家，进行学术交流或做访问学者，并邀请国外 40 多名学者来所访问交流。

上海技术物理研究所是中国光学学会红外专业委员会、中国空间学会遥感专业委员会和中国宇航学会遥感专业委员会的挂靠单位。受中国光学学会委托，编辑出版《红外毫米波学报》，在国内外公开发行。

上海冶金研究所

所　　长：江绵恒
地　　址：上海市长宁路 865 号
邮政编码：200050
联系电话：021-62511070 转
图文传真：021-62513510
电子函件：simcas@public.sta.net.cn
网　　址：http://www.sim.ac.cn

中国科学院上海冶金研究所的前身是成立于 1928 年的国立中央研究院工程研究所。1949 年中国科学院成立后，改名为中国科学院工学实验馆。1953 年定名为中国科学院冶金陶瓷研究所。在先后分出组建了长沙矿冶研究院(1959 年)、昆明贵金属研究所(1959 年)、中国科学院硅酸盐化学与工学研究所（1959 年）后，改名为中国科学院冶金研究所。1970 年定名为中国科学院上海冶金研究所。

全所现有职工 848 人，其中中国科学院院士 3 人，中国工程院院士 1 人，研究员 54 人，副研究员、高级工程师等 117 人，中级科技人员 265 人。现有在学博士生 59 人，硕士生 54 人，另有博士后 9 人。是凝聚态物理、材料物理与化学等 5 个博士学位与硕士学位授予点。设有 2 个博士后流动站。

上海冶金研究所定位为高技术研究与发展为主的科研基地型综合性研究所。目前全所的学科领域为电子科学与技术、材料科学与工程。科研活动发展主要方向是信息、能源相关的基础技术、材料、器件及其系统。今后的发展方向为用 10 到 15 年的时间把冶金所建设成为一个在电子科学和技术、材料科学与工程领域，对信息、能源所需的新材料、新器件、新技术，特别是相关系统的研究与开发，对相关高技术产业的推动，对研究与开发高级人才的培养有重大贡献的、国内一流、国际知名的研究所。

全所由研究、开发、产业三个基地和一个管理支撑系统组成。

科研基地有 5 个研究实验室：传感技术联合国家重点实验室、信息功能材料国家重点实验室、中科院离子束开放研究实验室、电子器件封装联合实验室、能源科学与技术研究实验室。

开发基地设有：上海微电子国家工程研究中心、光盘及其应用国家工程研究中心、国家金属薄膜功能材料工程技术研究中心、上海金属腐蚀与防护技术中心、冶金所-春兰工程中心、上海汽车电子工程中心。

产业基地：漕河泾分部包括以集成电路芯片制作、精密制版、光电子器件等经济实体组成的以微电子前道工艺技术为主的新技术产业基地。现设有上海新微电子有限公司、上海奥普光电子器件公司（中外合资）、上海杜邦光掩模有限公司（中外合资）、上海华虹集成电路有限公司。

嘉定分部包括以器件封装、软件复制等经济实体组成的以后道工艺技术为主的新技术产业基地。现有以下中外合资公司：上海新康电子有限公司、上海新迪磁电有限公司、上海爱立信新泰电子有限公司。

所本部设有信茂新技术公司。

一个管理支撑系统由7个管理职能部门以及信息技术中心、后勤服务中心组成。

全所拥有门类齐全的薄膜材料合成及生长设备：VGV80H气态源分子束外延系统、金属有机化学气相沉积（MOCVD）设备、CMS500P双束超高真空薄膜蒸发系统、激光诱导薄膜生长设备、不同能量离子束辅助沉积设备等；拥有器件制备的超净（10级）室及整套工艺线：电子束曝光机、分步重复光刻机、干法刻蚀设备、中束流离子注入机、外延炉、溅射仪等；拥有不同功能的分析测试仪器：S-4100扫描电镜、RI-80参数测试系统、ITS9000MX大规模IC测试仪、2MeV串列加速器、X'Pert-MRD材料研究多功能衍射仪、WTKD/NT-2000表面测量系统。

1998年上海冶金研究所围绕“知识创新工程”试点工作，根据所战略定位确定的科研、开发、产业三个有机联系的基地和一个管理技术支撑系统组成的所总体结构框架，进行了较大规模的结构性调整：

1. 10个行政部门合并精简为7个，管理与服务分流，成立后勤服务中心。

2. 将14个研究室调整整合为5个研究室。

3. 微电子学分部与春兰集团合作，转制成立了春兰-新微公司。原分部职工大部分进入公司，其余的人员分流到分部物业管理或进入所人才交流中心。

4. 对所属机电工厂进行了结构调整，工厂的职工拟在1999年上半年转岗分流。

5. 对所属中试部进行调整，转岗分流24人。

6. 成立了信息技术中心，投资500万元建成了局域网。

1998年全所共有在研课题134个，其中国家攻关7项，“863”项目8项，院重大项目（含特别支持项目）4项，院重点9项，军工微电子预研4项，军工型号配套3项，国家自然科学基金项目19项及重点实验室、上海市发展基金和AM基金项目等。

1998年科技成果登记数12项，获奖数7项，其中中科院自然科学奖、科技进步奖4项，上海市科技进步奖3项。申请专利10项，授权专利4项。论文发表215篇。1997年SCI收录论文数列全国科研机构第八名，外引列全国科研机构第十四名。

1998年上海冶金研究所完成销售额3亿元，创汇2337万美元。

上海冶金研究所信息功能材料国家重点实验室接受了国家计委委托中科院评审组的评审，在16个同时被评审的重点实验室中名列第二，被评为优秀实验室。

与20多个国家的学术界进行了科研合作与学术交流。有关科技人员在一些国际学术机构中任职：邹世昌院士任离子注入技术国际会议国际委员会委员、离子束材料改性国际会议国际委员会委员；石声泰研究员任国际腐蚀理事会理事；柳襄怀研究员任金属表面离子束改性国际会议国际委员会委员。

上海冶金研究所是上海市传感器学会的挂靠单位。编辑出版《功能材料与器件学报》和《中国腐蚀与防护学报》2种学术刊物。

上海光学精密机械研究所

所　　长：徐至展

地　　址：上海市嘉定区嘉定镇清河路390号

邮政编码：201800

电　　话：021-59534890（总机）
021-59528896（所办）

图文传真：021-59528812

电子函件：sytian@mail.shcnc.ac.cn

中国科学院上海光学精密机械研究所（以下简称上海光机所)是我国建立最早、规模最大的激光科学技术专业研究所，成立于1964年，是以探索激光科学的基本理论、发展激光技术并开拓它的应用为目的的多学科、综合型研究所。

上海光机所1998年底职工总数976人，其中科技人员541人，有中国科学院院士4人，中国工程院院士1人，研究员(包括正研究员级高级工程师）55人，副研究员和高级工程师等182人，中级科技人员226人。现有在学研究生134人，其中博士生79人，硕士生55人。另有博士后人员9人。

上海光机所定位为高技术创新与应用基础研究为主的综合性科研基地型研究所（含基础与应用基础研究、应用研究、高技术产业三部分），主要学科方向为光学(现代光学、激光与光电子学)。在基础与应用基础研究方面，优先发展强光光学、信息光学二大领域，同时继续发展量子光学和激光物理，逐步形成我国乃至国际的现代光学科学研究中心之一。高技术应用与发展研究以激光与光电子技术及应用工程研究为主体，为促进国家有关高新技术产业的形成与发展做出贡献。

上海光机所设有6个科研机构和4个以市场需求为导向的研究与发展中心。6个科研机构中，3个为基础性研究类(院强光光学实验室、院量子光学实验室、信息光子学实验室)；3个为高技术应用创新研究类(高功率激光物理国家实验室、高密度存储技术实验室、新型激光技术与应用系统实验室)。4个研究与发展中心:(高功率激光单元技术研究与发展中心、激光应用工程研究与发展中心、激光与光电子功能材料研究与发展中心、光学薄膜技术研究与发展中心)。

上海光机所是国内最早获得硕士、博士学位授予权和设立博士后流动站的单位之一，具有物理学和光学工程两个一级学科以及材料学博士学位授予权，是首批中国科学院博士生重点培养基地之一。现拥有博士学位点7个，硕士学位点7个，博士后流动站3个。

1998年上海光机所共承担国家级、院级和上海市重大课题142项，所横向委托课题37项，完成情况良好，1998年获科技“三大奖”6项，其中“超短脉冲高功率激光发展中的系列创新技术”获中国科学院发明奖一等奖。申请专利28项，获授权专利17项。1998年公布的科技人员1997年国外SCI收录论文，论文被国外引用和国内期刊论文三项指标继续保持全国科研机构前10名。

1998年上海光机所有各类经营性企业14个，从事开发的人数为370人，全年营业总额9735万元，利税总额1296万元，较1997年有一定进步。

上海光机所科技队伍进一步优化，45岁以下科研人员占整个科技队伍的50%，许多青年科技人员在所、室等科研领导岗位上担任职务。研究生培养工作也进一步发展，已拥有博士生导师38人，其中45岁以下7人。硕士生导师百余人。

上海光机所扩大开放，继续发展与国外同行的国际合作交流。与美国加州理工大学进行了LIGO计划使用的晶体材料合作研究，与德国莱宝公司等进行CD-R光盘刻录技术的合作研究等多种形式的国际合作，并与西安光机所等单位共同举办了《'98国际现代激光和光电技术学术研讨会》，取得了很好的效果。

上海光机所受中国光学学会委托，编辑出版《光学学报》、《中国激光》等学术刊物。

上海原子核研究所

名誉所长：张家骅
所　　长：杨福家
地　　址：上海市嘉定区嘉罗公路2019号
邮政编码：201800
电　　话：021-59553998（总）
021-59553630（办）
图文传真：021-59553021
电子函件：sinr@ms. shb. ac. cn
网　　址：http://www. sinr. ac. cn

中国科学院上海原子核研究所筹建于1958年10月，1959年8月正式成立。全所现有职工893人，其中科技人员556人，有研究员（含正研究员级高级工程师）38人，副研究员、高级工程师158人，中级科技人员258人。上海原子核研究所系博士、硕士学位授予单位，并设有博士后流动站。现在学研究生56人，其中博士生27人，硕士生28人。在站博士后3人。

上海原子核研究所是以基础和应用基础研究为主，高技术研究及其产业化为辅的综合性研究所，以上海同步辐射光源、束线技术和同步辐射应用及其相关领域研究为主要研究方向，同时，继续开展基于低能加速器的核科学基础、应用及其交叉学科的研究。

1998年，上海原子核研究所按照中科院的要求，深入认识其面临的客观现状，把握多年来在同步辐射光源技术和应用研究、核物理的实验和理论研究、核技术及交叉学科、同位素和辐射化学等4个研究领域形成的优势，不断调整自身的结构，确定自身的定位，完成了分类定位试点评估，确定了“主要从事同步辐射光源、束线技术和同步辐射应用及相关领域的研究，继续开展核科学的基础研究、应用研究及其交叉学科的研究，同时依托本所雄厚的技术力量和数十年积累的科技成果，以及未来的知识创新和技术创新技术不断地发展高技术含量的科技企业”这一战略定位；明确了上海原子核研究所面向21世纪的研究方向、发展模式和发展目标，为上海原子核研究所的发展奠定了基础。

1998年，上海同步辐射装置工程预研工作正式启动。由中国科学院和上海市人民政府共同建设的上海同步辐射装置工程是我国“九五”期间最大的大科学工程项目。同步辐射工程预制研究任务已经原国务院科技领导小组批准、下达，并正式成立了上海同步辐射装置工程领导小组和上海同步辐射装置工程指挥部(筹备)和上海同步辐射装置科学技术委员会。上海同步辐射装置工程指挥部是在上海同步辐射装置工程领导小组直接领导下的工程实施机构，负责承建上海同步辐射装置工程。上海同步辐射装置工程指挥部实行工程领导小组领导下的总经理负责制，行政、后勤及人事关系等挂靠上海原子核研究所。上海原子核研究所作为上海同步辐射装置工程的挂靠单位，将同步辐射技术应用确定为上海原子核研究所的主要方向，并根据工程的需要，组织部分科技队伍投入工程研制工作；在上海同步辐射装置预制研究阶段，在行政、后勤等方面起重要支撑。

1998年，上海原子核研究所深化科研体制改革，调整了科研组织机构。按照所的战略定位、研究方向、发展目标和模式，进行科研体制结构的调整。原有的14个研究室，经过撤并，初步形成了目前的4个研究室、3个中心的新的科研格局，即核物理研究室、核分析技术实验室、辐射化学实验室、应用加速器实验室、新技术研究发展中心、放射性药物中心和辐照中心（拟建)，逐步建立起适应上海原子核研究所目前状况的科研机构体系。全年共申请到科研项目23项，其中中科院重大、重点项目5项，国家自然科学基金重大、重点项目2项，杰出青年基金项目2项，择优基金项目1项。全年结题鉴定科研项目13项，中科院成果登记9项，上海市成果登记5项。有3项科研成果获奖。“超灵敏小型回旋加速器质谱计——交替加速系统和垂直多样品轮换装置“项目获上海市科技进步奖一等奖，“原子L次壳层空位跃定产额的研究”项目获中科院自然科学奖三等奖，“核衰变和核结构数据的测量评价及其数据建设”项目(合作）获国家科技进步奖三等奖。

1998年，上海原子核研究所规范科技企业的管理，重视新品研究开发。全年技术开发总销售收入达1.1亿元，总利润约1500万元。新品开发、创新成为企业生存和发展的灵魂。变压器公司的铁路恒压器产品，已形成650VA到10kVA的单相主系列基础产品，而三相交直流转换机专用恒压器的研制成功，显示出铁路电源恒压器的研制已进入全面开发阶段；新艺材料中试部镍氢电池隔膜产品的研制有所突破，有望成为新经济增长点的主要项目之一；日环一厂SW-697型双探头γ计数器已推向市场；日环仪器厂S8001模拟量火灾报警系统全面替代老一代报警产品，完成了产品的更新换代；科兴公司氟-18（FDG）完成临床前药理研究，铼-188药盒研制成功。对具有一定规模、经营情况较好的亦有发展前景的企业，逐个理清资产、明晰产权，按照现代企业制度的要求，建立较规范的管理体制。为进一步调动企业经营者的积极性，不断探索经营者分配机制，促使经营者与其业绩及所承担的风险相联系，在日环仪器厂率先推行主要经营者年薪制制度；为使企业发展壮大，尽快达到规模效益，上市公司的筹划工作业已展开，目前正进行项目的选择和资产重组方案的设计。

1998年，上海原子核研究所实施了人事制度改革，推行聘用合同制。全所职工的96%与所法人签订了聘用合同，为人事制度改革的第二步——按需设岗、按岗聘任做好了准备。聘用合同制的实施，打破了长期以来形成的固定制国家用工制度，引进用人激励竞争机制，调整队伍结构，逐步实行用人管理的规范化、法制化。同时组建再就业中心，积极促进人员转岗分流。

1998年，上海原子核研究所确定了队伍建设方案，人才培养措施亦逐步到位。召开人才培养和队伍建设工作会议，分析了现状，对人才培养和队伍建设的重要性、迫切性及加速人才培养和队伍建设、加大政策倾斜力度达成了共识；围绕核所总体目标、学科方向、产业目标，进一步明确了人才培养和队伍建设的目标，即为实现我所的发展战略和目标，建设一支掌握最新技术知识，具有创新意识和创新能力的结构合理的高素质科研队伍，承担起各研究领域的重要研究任务，为核所成为具有国际先进水平的研究基地作贡献。会议对各类优秀人才的配置、培养和引进，人才的稳定等提出了切实可行的措施和方法，为面向21世纪的人才培养和队伍建设打下了良好的基础。

1998年，上海原子核研究所开展了广泛的国际学术交流活动，全年接待来自美、日、瑞典、德国、法国、俄罗斯等国学者共44人，出访、参加会议、留学30人次。受国家自然科学基金委员会委托举办了中瑞双边同步辐射研讨会，受到中外与会者好评。

上海原子核研究所是上海市原子核学会和上海市微量元素学会的挂靠单位。编辑出版《核技术》、《核科学与技术》(英文版)、《辐射研究和辐射工艺学报》等学术刊物。

上海天文台

台　　长：赵君亮
地　　址：上海市南丹路80号
邮政编码：200030
电　　话：021-64386191
图文传真：021-64384618
电子函件：office@center.shao.ac.cn

中国科学院上海天文台成立于1962年，其前身是法国天主教耶稣会1872年建立的徐家汇观象台和1900年建立的佘山观象台。全台现有职工人数312人，其中科技人员235人，有中国科学院院士2人，中国工程院院士1人，研究员（含正研究员级高级工程师）25人，副研究员、高级工程师76人，中级科技人员102人。经国务院学位委员会批准，上海天文台为天文学一级学科博士和硕士学位授权点。现有在学博士生16人，在学硕士生14人。另有博士后3人。

上海天文台以天文地球动力学和天体物理学若干优势领域为主要学科发展方向，拥有甚长基线干涉仪（VLBI）、卫星激光测距（SLR）、全球定位系统（GPS）、卫星测速测距仪（PRARE）等多项现代空间天文观测技术，是世界上同时并置此4项技术的7个台站之一。研究领域有：应用现代空间天文观测技术研究地球自转与地球各圈层（大气、海洋、地壳和地球内部）的相互作用、动力学机制及其与环境变化的关系，研究各种人造卫星精密定轨理论及应用，为预测环境变化、防洪、减灾及我国空间事业服务；疏散星团及其银河系结构和演化的研究，活动星系核的VLBI观测与研究，高精度天文参考系的维持和完善，恒星基本参考系的测定、恒星物理和星系物理研究；氢原子频标和时频技术研究；VLBI技术研究，天文望远镜及光学技术研究。主要研究设施及装置有：25m射电望远镜，1.56m光学望远镜，60cm人造卫星激光测距仪，40cm双筒折射望远镜，Reque8100 GPS接收机和氢原子钟等。

上海天文台现有5个职能部门、3个研究室和计算机组、图书情报室。是中国科学院光学天文联合实验室总部及佘山观测基地、中国科学院射电天文联合实验室VLBI分部所在地，是我国发起组织的国际合作项目“亚太地区空间地球动力学研究计划”（APSG）秘书处所在地，佘山工作站被上海市政府命名为“上海市青少年教育基地”和“上海市科普教育基地”。

为促进培养与选拔跨世纪学科带头人，吸引各类优秀青年人才，设有青年实验室，并正积极与德国马普科学技术促进会共同组建“马普青年伙伴小组”，充分发挥青年人的优势，加强国际竞争力。

上海天文台是首批列入中科院“知识创新工程”试点的单位之一。根据“九五”期间事业发展规划纲要，结合天文创新工程的要求，在原有的基础上进一步调整结构，实行人才分流，精干科研队伍，集中力量围绕国家重大科研任务开展科研工作，同时积极努力调动高技术力量为国民经济服务，现已有三分之一左右的力量从事技术开发。

1998 年度承担的主要科研任务有：主持和参加国家“攀登计划”项目“现代地壳运动和地球动力学研究”及“天体剧烈活动的多波段观测和研究”，参与主持国家大科学工程“中国地壳运动观测网络”；除以上国家重大科研任务外，还承担中科院重大项目 1 项，重点项目 7 项；主持及合作主持国家自然科学基金重点项目 3 项，参加重大、重点项目 3 项，主持国家自然科学基金委主任基金项目 1 项，面上项目 7 项，“百人计划”项目 1 项；负责中国 VLBI 网及 SLR 网的协调和组织落实，参与欧洲网等的联测任务。

1998 年度获科研成果奖 3 项，其中“白天激光测距系统的建立”获上海市科技进步奖一等奖、“星团、星系团成员的严格统计确定及其在天体物理上的应用”和“河外参考系建立、维持及其应用”分获中科院自然科学奖二等奖和三等奖。技术开发为上海天文台精干基础研究队伍、人员分流提供了渠道，也为稳定与发展作出了贡献。先进的时频技术、光机电技术、计算机网络和多媒体技术、卫星通讯、LED 显示屏、科普望远镜等技术已在通讯、导航定位、大楼智能化、院校联网、交通等方面发挥了作用。台属公司正在向自收自支方面努力。

1998 年上海天文台举办国际会议 3 次，出访 30 人次，来访人员 41 人次。

上海天文台是上海市天文学会的挂靠单位。编辑出版《上海天文台年刊》、《天文学进展》以及《地球自转参数年报》、《地球自转参数公报》、《原子时公报》等刊物。

上海硅酸盐研究所

名誉所长：严东生
所　　长：施尔畏
地　　址：上海市定西路 1295 号
邮政编码：200050
电　　话：021-62512990
图文传真：021-62513903
电子函件：siccas@sunm. shcnc. ac. cn
网　　址：http://www. sic. ac. cn

中国科学院上海硅酸盐研究所渊源于 1928 年成立的国立中央研究院工程研究所。1959 年 1 月由中国科学院冶金陶瓷研究所分出独立建所。到 1998 年底，现有职工 792 人，其中科研技术人员 521 人，有中国科学院院士 3 人（其中一位双院士），中国工程院院士 1 人，研究员 61 人，副研究员、高级工程师 135 人，中级科技人员 263 人。上海硅酸盐研究所系博士、硕士学位授予单位，设博士后流动站。现有在学博士研究生 68 人，在学硕士研究生 42 人。另有在站博士后 9 人。

上海硅酸盐研究所兼有基础性研究、应用发展研究和工程化产业化研究的综合性研究所。上海硅酸盐研究所坚持以先进无机材料科学与工程为主体学科方向，以“国家目标和需求为导向、以任务带学科”为办所方针，通过不断争取外部资源，深化内部改革，优化队伍结构，合理部署力量，着手发展学科前沿基础性研究，大力加强先进无机材料探索和传统无机材料升级换代相关的技术创新研究，推进新材料、新工艺、新技术应用和产业化。

1998 年上海硅酸盐研究所已完成中国科学院研究所分类定位的认定工作。院党组批准上海硅酸盐研究所定位于科研基地型高技术创新类研究所。

上海硅酸盐研究所以高性能陶瓷和超微结构国家重点实验室、中国科学院无机功能材料开放实验室和挂靠单位——新材料研究中心（中国科学院与上海市共建）为基本依托，重点开展先进无机材料科学前瞻性、战略性的基础性研究，将大量的面向国家目标和市场需求的应用发展研究、工程化产业化研究和一部分应用基础研究（包括国家科技计划项目和新材料、新工艺探索研究等)统一纳入新组建的工程研究中心及其所属的经整合的课题组内组织实施。以使各类科研活动紧密结合，体现“应用基础研究-应用发展研究-工程化产业化研究-中试生产”一体化，从而大大提高科研成果的系统集成度和成熟度，加快科研成果向现实生产力转化的进程，更好地为社会发展和国民经济建设服务。为此，上海硅酸盐研究所已完成组建“特种无机材料研究发展中心”和“无机材料分析测试中心”。“测试中心”已完成了国家技术监督局的计量认证。

1998 年，上海硅酸盐研究所承担的国家“863”计划新材料领域 7 个项目和航天领域 2 个项目完成了中期评估；承担的“高性能结构陶瓷产业化”等 6 项国家攻关项目已通过了专家中期评估。由上海硅酸盐研究所牵头的“新型无机功能材料制备科学及关键基础问题研究”、“功能晶体材料生长机理研究”等多项国家自然科学重点基金项目和上海市重点基金项目都得到了较好的落实并取得一定的进展。承担的“稀土-Sialon 陶瓷的抗氧化研究”项目在国际上首次报导了稀土黄长石的晶体结构，并被国际粉体衍射中心作为 JCPDS 标准卡片。“高性能大功率压电陶瓷和高性能驱动陶瓷的研究和应用”课题已研制成功一种 P-5 型大功率压电陶瓷材料，其电功率密度达到 1.7W/kHz·cm^3；强场损耗 tgδ＝2%（600 V/mm，1kHz)；KP＝0.58；d_{33}＞280PC/N；$\varepsilon_{33}/\varepsilon_O$＝100～1100；$Q_m$＞1000。各性能指标已达到国际先进水平。

1998 年上海硅酸盐研究所共鉴定科研成果 4 项，获奖 5 项，其中“改进后的下降法生长大尺寸高质量 CsI（Tl）晶体”获国家发明奖三等奖，“强 Cherenkov 效应氟化铅（PbF_2）晶体的生长新技术”获中科院发明奖二等奖，“纳米氧化锆粉体制备科学与团聚问题研究”获中科院自然科学奖二等奖；“多工位空间晶体生长炉”获中科院科技进步奖三等奖；“氧化锆先进陶瓷材料制备过程中的科学问题研究”获上海市科技进步奖三等奖。

国际合作研究项目近年来有逐渐上升的趋势，除了闪烁晶体 PWO 项目之外，与美国 GE 公司和 HP 公司合作开展的弛豫铁电晶体 PMN 和 PZNT 生长研究取得了较大的突破，无论在晶体尺寸还是性能均在国际上处于领先水平。

应日本高能物理研究所（KEK）和美国斯坦福大学直线加速器中心（SLAC）的要求，开展了碘化铯晶体的研究和中试工作，至 1998 年 7 月提交大尺寸碘化铯晶体 4089 支，合计 16 吨，创汇 621 万美元，这次任务的出色完成，为中国科技界又一次赢得了声誉。

1998 年，上海硅酸盐研究所制定了队伍建设规划，实施了研究生公寓建设，流动人员公寓房的购置和年青人才住房津贴等一系列吸引优秀青年人才的措施，为引进优秀青年人才创造良好的工作环境。

上海硅酸盐研究所编辑出版的《无机材料学报》是中国科技论文统计用刊，一直为 CA、EI 和中国物理文稿、化学文稿数据库、中国报刊索引(科技版)、中国学术期刊文稿、中国科学引文数据库等收录，从 1998 年 1 月起，又为美国 SCI 所收录引用，在国内外享有良好的声誉。

上海生理研究所

所　　长：杨雄里
地　　址：上海市岳阳路 320 号
邮政编码：200031
电　　话：021-64370080（总机）
021-64748053（总机）
图文传真：021-64332445

中国科学院上海生理研究所是从事生理学基础研究的学术机构，其前身是中央研究院医学研究所筹备处，建于 1944 年。全所现有职工 217 人，其中科技人员 147 人，有中国科学院院士 1 人，研究员 13 人，副研究员、高级工程师 28 人，中级科技人员 77 人。现有博士研究生 23 人，硕士研究生 25 人。另有博士后 5 人。

上海生理研究所主要研究方向为神经生物学，兼顾低氧生理学。所内设有 13 个课题组和 1

个院级开放实验室。神经生物学开放研究实验室主要从事揭示和认识神经系统活动的规律和特性，在各个层次（系统、回路、细胞、分子等水平）阐明其机制的研究。

上海生理研究所1998年主持国家“攀登计划”项目1项、承担1项，“863”项目1项，国家自然科学基金项目19项，国家杰出青年基金资助项目2项，中国科学院重大、重点研究项目9项，上海市重大项目1项，上海市科技发展基金项目1项，上海市人类基因组项目1项，其他各类基金项目23项。全年在研项目57项，到位经费600多万元，其中结题7项，其他项目执行情况良好。

上海生理研究所是生理学和神经生物学两个专业硕士和博士学位授予单位，并设有博士后流动站。经中国科学院批准，成为首批博士生培养基地，并具有生理学和神经生物学二级学科增列博士生导师的自行审批权。

1998年上海生理研究所完成部、委级登记成果9项，其中中科院6项，上海市3项。“神经苷节脂增强学习和记忆的作用及脑保健品的开发”成果获上海市科技进步奖二等奖；吉永华获上海市明治乳业生命科学奖。

1998年上海生理研究所共发表文章148篇，其中在国外杂志上发表32篇，出版专著1本。据中国科技信息研究所《中国科技论文统计与分析》报道，被SCI收录论文15篇，列在全国科研机构排名的前46位，被引用论文数列在前47位；据中国科学院文献情报中心统计，论文数在全国生物学领域科技论文影响力的核心区域分布中位列35，为生物学领域发表国家自然科学基金论文最多的前30名。申请专利2项，获授权专利2项。

1998年上海生理研究所先后接待了来自世界各国的专家、学者。还成功地举办了第一届国际生理科学会IUPS冯德培纪念讲座（Feng Memorial Lecture）。

上海生理研究所现有公司4家，共有58名在编人员从事科技开发工作，1998年营业额865万元，税后利润61万元。主要产品有脑力键、乳珍、视力保健仪、假肢等。

上海生理研究所编辑出版《生理学报》（Acta Physioloyica Sinica）（双月刊）和《中国神经科学杂志》（Chinese Journal of Neuroscience）（季刊）2种学术期刊。

上海细胞生物学研究所

所　　长：郭礼和
地　　址：上海市岳阳路320号
邮政编码：200031
电　　话：021-64315030
图文传真：021-64331090
电子函件：cellrj@sunm.shcnc.ac.cn
网　　址：http:/www.cell.ac.cn

中国科学院上海细胞生物学研究所创建于1950年，原名中国科学院实验生物研究所，1978年改为现名。全所现有职工239人，其中科技人员167人，有中国科学院院士2人，研究员19人，副研究员、高级工程师、高级实验师28人。现有在学硕士生37人，博士生42人。另有博士后14人。

1998年经中国科学院专家评议组评审，中国科学院认定，上海细胞生物学研究所为基础理论基地性研究所。以基础性理论研究为主导，承担国家任务为主要目标，以细胞生物学为中心学科，以知识创新和社会贡献为追求意向，加强国际学术交流与合作，努力将上海细胞生物学研究所建成为我国在生命科学研究、人才培养和高科技产业化方面具有世界先进水平的国际性和基地性研究所。分子细胞生物学为上海细胞生物学研究所学科发展方向，研究重点领域有：基因、基因组和染色体生物学，细胞及细胞间的信号传导，细胞生长、分化和发育的分子机制和遗传控制，细胞识别及免疫，分子细胞生物学的新方法和新技术。

上海细胞生物学研究所是博士、硕士授予点，设有博士后流动站和设有19个科研项目组。国际合作实验室有：德国马普客座实验室及两个青年科学家小组、世界实验室生物技术中心、中法合作血液与血管生物学实验室、美国洛克菲勒生殖调节避孕研究和培训中心。院级开放实验室有：分子细胞生物学开放实验室。

上海细胞生物学研究所拥有性能先进的科研仪器设备2098台件，价值3415万元，其中20万元以上的仪器设备30台件。大型仪器中细胞传感器、生物传感器、荧光细胞分离器已进入上海科技网，还有高效毛细管电泳仪、高压液相色谱仪、快速蛋白液相色谱系统、激光细胞仪、微量纯化系统等大型仪器。

1998年作为上海分院网络MIS系统(即管理信息系统)建设和应用工作的第一批试点单位，上海细胞生物学研究所的科研管理、人事管理、财务管理、条件管理都进入MIS系统，经分院验收小组验收，顺利通过。1998年完成了网络主页建设。

1998年上海细胞生物学研究所为实行全员聘用合同制，在1997年草拟有关实施细则与规定的基础上，对所内的科研、开发、管理、服务不同系列的岗位设置进一步调查研究，实施细则等文件经职代会讨论通过，为实施全员聘用合同制奠定了良好的工作基础。

结合研究所定位评议工作，各职能部门重新修订、制定规章制度50项，经综合汇总，选编成册，以示公开、公正、公平，使管理工作规范化、制度化、科学化，做到有章可循，按章办事。

吸引人才、培养人才，队伍建设方面迈出新步伐。认真落实1997年“百人计划”免疫学学科带头人耿建国、孙兵的经费、人员和实验室等条件。遴选1998年“百人计划”人选工作。

以目标管理为核心，建立、完善分类管理评价体系。计财处在1997年建立的公共实验室评价体系基础上，1998年制定了新的考核评价体系；亦在计财处建立了综合评价体系，进行了初步尝试，起到了激励增效的作用。

1998年上海细胞生物学研究所新开设的各级各类课题25项，包括已有的在研项目在内，全年到所的科研经费总额为1601.2万元，扣除进口科研仪器定货款项，实际科研项目经费比1997年增长了48.2%。1998年申请获准的新项目包括：中科院重大项目(主持)2项，院重大项目——人类基因组计划研究项目子课题4项，院重点项目3项，中科院“百人计划”项目2项，院青年特别支持项目3项，分院择优支持项目1项；国家科委“攀登计划”预研子课题项目6项；国家自然科学基金项目4项；上海市科委项目4项。

1998年上海细胞生物学研究所获奖成果4项：“巨噬细胞免疫调变和信号转导研究”获中科院自然科学奖二等奖(第一排名单位)，“小鼠ES细胞诱导分化和TCF-β基因过表达对分化的调节”获中科院自然科学奖三等奖(第一排名单位)，“孤啡肽受体及阿片受体的信号传导机理研究”获国家教育部科技进步奖一等奖(第二排名单位)，“发现白介素-2镇痛作用、活力中心及其与阿片样受体结合”获上海市科技进步奖三等奖(第二排名单位)。申请专利1项，即“一种重组大肠杆菌周质蛋白液的制备方法”。

1998年向中科院登记的科研成果共4项。由上海细胞生物学研究所主持承担的8项科研课题，1998年通过了上海市科委组织的项目结题验收。“空间细胞电融合技术研究及高空飞行实验”通过了由中科院主持的成果鉴定(上海细胞生物学研究所排名第三)。

由上海细胞生物学研究所承担的国家自然科学基金重点项目“巨噬细胞白介素-12的研究：信号传导与免疫调节”1998年进行了中期评估，经国家自然科学基金委组织的专家评估后认为，该项目研究技术先进、结果可靠，达到国际先进水平，完满地完成了项目所规定的阶段任务和指标。建议追加经费。该项目中期评估为“A”级。

1998年上海细胞生物学研究所发表论文、综述113篇，其中论文、简报共79篇。刊登在进入SCI系统期刊上的论文数量上升，超过24篇。

1998年上海细胞生物学研究所继续加强了对项目组四技服务的管理，提高了四技服务的销售额，全年四技服务总收入为314万元。1998年交所净利润68.75万元，比1997年四技服务总收入增加5万元，净利润增加14.5%。

1998年新增四技服务项目有4个：HP检测、药物疗效的检测、BG101、交换药物。

1998年与外省市签定“免疫奶”合作协议书3份。

所长郭礼和研究员主持的国家“七五”、“八五”攻关项目——“注射用重组人生长激素”1998年5月获得国家卫生部颁发的新药证书，表明上海细胞生物学研究所具有独立开发基因工程药物研究能力，为上海细胞生物学研究所今后生物技术发展奠定了基础。1998年12月上海细胞生物学研究所与上海联合赛尔生物技术有限公司签定了合同，1999年1月举行了技术转让交接仪式，上海细胞生物学研究所转让新药证书副本、生产用菌种及生产资料，联合赛尔生物技术有限公司支付技术转让费1500万元人民币。此项技术的转让，标志着上海细胞生物学研究所在高新技术研究成果方面，取得了可喜的一步。

1998年上海细胞生物学研究所先后派出26批35人次到国外中、短期学习、培训与合作研究。先后接待外宾来访28批68人次，其中有法国联邦教研部总司长、德国马普学会秘书长、奥地利科学院副院长、法国国家研究中心CNRS国际合作局主任等。由英国科学家Janet Roslyn Mckendry博士与上海细胞生物学研究所马普客座实验室举办了“脊椎动物发育生物学讲习班”，为期一周，吸引了不少科研人员参加。

1998年上海细胞生物学研究所执行上海市引进国外智力项目1项，聘请在NIH留学人员顾华回所短期工作，为推进“人源抗体的基因组工程”项目，起了积极作用，并签定了一项合作意向书。

人才培养和人才吸引方面，1998年上海细胞生物学研究所录取硕士生20人，博士生19人。7名博士后进站。目前在学硕士生37人，博士生42人，共计79人。在站博士后14人。

上海细胞生物学研究所为1997年进入中国科学院“百人计划”的免疫学（A）类和发育生物学（B）类的2名人员的经费、人员和实验室条件等给予落实。积极做好遴选1998年中国科学院“百人计划”人选的工作，严格按程序组织专家初审、面试、评议，初选并报中科院审核批准。

1998年9月在上海松江组织了全所学术报告会，25位科研人员在会议上作了学术报告，达到了互通信息，促进研究工作的目的，会议得到了大家的好评。

1998年上海细胞生物学研究所组织国内外青年学者学术报告会14次，加强了国内外科研人员的学术交流。

上海细胞生物学研究所是中国科学院细胞库、中国细胞生物学学会；上海细胞生物学学会的挂靠单位。编辑出版《实验生物学报》、《细胞生物学杂志》和《Cell Research》（英文版）等学术刊物。

上海脑研究所

名誉所长：张香桐
所　　长：吴建屏
地　　址：上海市岳阳路320号
邮政编码：200031
电　　话：021-64748700（总机）
021-64746177（所办）
图文传真：021-64333084
电子函件：jtao@iris.shlc.ac.cn

中国科学院上海脑研究所经国务院批准于1980年正式成立，现有职工56人，其中科技人员45人，有中国科学院院士2人，研究员5人（博士生导师4人），副研究员、高级工程师等15人，中级科技人员22人。现有在学博士生27人，硕士生7人。另有博士后6人。吴建屏院士任国际脑研究组织亚太地区神经科学联合会理事、丹麦奥尔堡大学国际博士生院客座教授。

上海脑研究所设有神经生物学博士后站，也是神经生物学博士、硕士学位授予单位和分子生物学硕士学位授予单位。

上海脑研究所学科方向和研究领域是神经生物学，重点研究领域：神经元的整合功能，神经元的分化、发育、生长、损伤和再生，脑的高级功能（行为、学习记忆）和一些相关神经系统疾病的发病机理。

1998年，全所共承担国家基础性重大研究项目、国家攻关项目、国家自然科学基金项目、中国科学院重大和重点项目、上海市科技发展基金等研究项目22项，全年在国内外杂志上共发表文章23篇，其中研究论文21篇、研究论文摘要2篇。

由上海生物化学研究所等单位和上海脑研究所合作完成的“记忆增强肽的信号跨膜转导和作用机理研究”成果获1998年上海市科学技术进步奖二等奖。该获奖成果不仅在学术理论方面对认识神经肽在高级脑功能（学习和记忆）中的重要作用有推动作用，还为进一步发展促智类药物提供了理论依据和技术途径。

由上海生物化学研究所等单位和上海脑研究所合作完成的“发现白介素-2的镇痛作用、活力中心及其与阿片样(Opioid)受体结合”成果获1998年上海市科学技术进步奖三等奖。该获奖成果发现白介素-2有镇痛作用,并发现白介素-2的镇痛活力中心,认为它与免疫活力是分离的,相互独立的。还发现白介素-2可与阿片样受体结合并产生信号转导,这对阐明免疫系统与神经系统的调节作用有重要意义。

1998年,由上海市神经科学学会和上海脑研究所主办的“’98上海市神经科学学术研讨会”在上海脑研究所举行。上海市各有关科研单位、大学、医院的共124名神经科学科研工作者参加了学术研讨会,提交研讨会的研究论文摘要共54篇。研讨会上共有42位神经科学科研工作者作研究论文报告。提交研讨会的论文摘要已发表在《中国神经科学杂志》上。

上海脑研究所是中科院上海生命科学研究中心(1994年成立)的挂靠单位。该中心采用新的结构体制和运行机制,实行新的管理体制。目前,该中心运行良好,8名年轻的学科带头人,领导各自的研究组开展科研工作,并取得了较好的进展。共承担国家、中科院和上海市的科研项目23项,共有5名学科带头人获得国家自然科学杰出青年科学基金项目。现又有3名学科带头人申请国家自然科学杰出青年科学基金。该中心还在其他科研机构和大学建立了11个联系实验室、成立了青年科学家联谊会、建立中韩生物科学和生物技术合作研究中心。目前在生命科学研究中心设立了“上海-联合利华研究与发展基金”,以加强国内外的合作研究。此外,生命科学研究中心与上海脑研究所共同积极开展学术交流活动,如每周一次的Journal Club、每月一次学术报告、每年一次的专题讨论会及青年学者讨论会等。

挂靠在上海脑研究所的单位还有:上海生命科学研究中心、中国神经科学学会和上海市神经科学学会。

上海药物研究所

所　　长:陈凯先

地　　址:上海市太原路294号

邮政编码:200031

电　　话:021-64311833(总机)

图文传真:021-64370269

中国科学院上海药物研究所的前身为国立北平研究院药物研究所,成立于1932年。现有职工370余人,其中科技人员271人,有中国科学院院士3人,中国工程院院士1人,研究员36人,副研究员、高级工程师等57人,中级科技人员109人。上海药物研究所现有在学博士生63人,硕士生53人。另有博士后10人。

全所有7个研究室:新药研究国家重点实验室、植物化学室、合成化学室、药理一室、药理二室、生物技术室、分析化学室。另有国家新药筛选中心(筹)、图书情报室、实验动物室、《中国药理学报》编辑部。

上海药物研究所是国务院学位委员会首批批准的有机化学、药理学的硕士、博士学位授予点和微生物学硕士学位授予点,设有博士后流动站,1998年被批准为中科院博士生重点培养基地。

1998年上海药物研究所以“知识创新工程”试点为重要契机,继续深化研究所的改革,为实施上海分院生物口各研究所“知识创新工程”试点,所领导参加以许智宏副院长为首的上海生命科学研究院筹备工作组,积极开展各项筹备工作,提出实施方案,遴选课题组长。各室和所学术委员会为争取课题组首批入选生命科学研究院积极开展工作。为推进结构性调整,上海药物研究所通过对所的性质、主要任务、重点学科领域和今后发展方向等全面、系统、理性的认识,明确了所的定位,年内顺利通过院组织的专家委员会评议,所的定位得到了认可。遵照《中国科学院关于进一步深化人事制度综合配套改革的规划和意见》,制定并经职代会通过了“全员聘用合同制实施办法”及其相关的一系列规章制度,年内完成了研究所与每个职工签订聘用合同的工作,全员聘用合同制的机制已经形成。

1998年,全所纵向在研项目共86项,到位经费达1240余万元。其中CJ-04、ZT-1、87823等一类新药的制备、质控、药效等研究工作进展顺利。上海药物研究所联合医科院药物所等3个单位共同提出的《国家重点基础研究发展规划》的项目建议——“重要疾病创新药物先导结构的发现和优化”，列入全国首批批准的15个项目之一。陈凯先所长被聘为首席科学家。这项研究将以我国天然药物研究的特色和优势为基础，通过开展药物作用的分子生物学和分子药理学、分子水平的药物筛选模型和新方法、药物靶标生物大分子的结构生物学等方面的研究，建立2～5个针对神经、肿瘤和心血管等重要疾病的新颖的药物作用靶标，以及发现5～8个具有新结构或新作用机制的先导化合物。这对推动我国医药研究和产业实现由仿制为主向创新为主的历史性转变具有重要意义。

1998年获奖成果有5项。其中“抗早老性痴呆化合物——石杉碱的化学与药理研究”获中科院自然科学奖一等奖。石杉碱甲批准为新药在临床使用，明显优于国际上近年开发用于治疗早老性痴呆症的同类新药他克林和E2020。在此基础上，上海药物研究所又首先成功地完成消旋石杉碱甲与石杉碱乙的全合成，并完成天然左旋石杉碱甲的全合成，制备了近百个类似物与衍生物，发现一个新衍生物ZT-1，它比石杉碱甲具有更好的选择性和抑制脑内乙酰胆碱酯酶的作用，且毒副作用更低，已获得国际专利。此项研究是该所在整理、发掘我国中草药宝库中，继青蒿素之后又一成功的范例。“左旋千金藤啶碱对脑内多巴胺受体的双重作用机理”通过左旋千金藤啶碱对脑内多巴胺受体双重作用的构效关系研究，为帕金森氏症治疗开辟了新的研究领域，亦为我国天然产物四氢原小檗碱同类物向非经典安定剂发展提供依据。这些结果均属国际创新内容，达到国际先进水平。此项成果获1998年中科院自然科学奖二等奖。与上海有机化学研究所合作研究的“免疫调节剂——牛膝多糖”获1997年中科院发明奖二等奖（此奖于1998年公布）；“建立人癌裸小鼠移植瘤模型系统进行抗肿瘤新药研究”获国家科技进步奖三等奖；“α-羟基D_3的研究”获上海市科技进步奖二等奖。

1998年上海药物研究所开发工作呈增长势头。二类新药RS-9403已申请医院内制剂；与上海信谊百路达药业有限公司合作实施GBE新技术生产工艺，预计1999年初即可投产；与十六制药厂共同研制的治疗骨松症二类新药——伊普拉封，已报批新药证书。与新亚药业合作，在增加二巯丁二酸适应症和开辟新的医疗作用方面有进展，并争取早日获得新药证书。全年签订技术合作合同34项，成交金额达397万元，“四技”总收入为510万元。

在国际合作方面，上海药物研究所与法国Servier公司合作研究抗癌新化合物SM-617，在此基础上又对促智药C-1的合作研究签订了新的协议。上海药物研究所还与德国BII公司就中草药研究签订了合作协议。1998年国际合作到位经费为40.7万美元。

加强科技人才特别是年轻科技人才的引进和培养是研究所发展的关键，1998年上海药物研究所通过遴选和考核接受了6名博士后人员进站工作，目前在站博士后达10人。他们的工作状态，科研水平、思想品德都较好，1998年中科院举行首届优秀博士后评选，全院评出10人，上海药物研究所杨玉社博士榜上有名。1998年引进各类人员呈“学历高，职称高，年龄低”的特点。年内又特批正研究员3人，副高级3人，经评审通过的正研究员有2人，副高级8人，中级4人，初级6人。这些举措，使上海药物研究所人才队伍结构进一步趋向优化。研究生中有3人获院长奖学金优秀奖，12人获地奥奖学金，2人获贝克曼奖。蒋华良研究员荣获第六届中国青年科技奖，叶其壮、蒋华良研究员均获得“国家杰出青年科学基金”。

《中国药理学报》顺利实现了1999年改版月刊的计划，基本实现了从在纸编辑到在机编辑的转变。学报全文上网，外汇总收入达1.9万美元。上海药物研究所申报的《亚洲男性学杂志》年内得到国家科技部的批准，这是中国科学院第一种由洲级学会委托出版的国际性杂志，将为亚洲男科学的发展作出重要贡献。

上海植物生理研究所

所　　长：汤章城（兼）
地　　址：上海市枫林路300号
邮政编码：200032

电　　话：021-64042090
图文传真：021-64042385
电子函件：sipp@iris.sipp.ac.cn
网　　址：http://www.sipp.ac.cn

中国科学院上海植物生理研究所的前身是原中央研究院植物研究所的植物生理室，1944年5月1日创建于重庆北碚，1953年1月23日独立建所。截止1998年底，在职人员总数263人，其中科技人员147人，有中国科学院院士5人，研究员（包括正研级高级工程师）31人，副研究员、高级工程师等31人，中级科技人员66人。在学博士研究生43人，硕士研究生47人。有博士后5人。

上海植物生理研究所有完整的研究生培养系统，三大学科领域均为国务院学位评定委员会。1978年首批批准的硕士和博士学位授予点，现有博士生导师资格22人，博士后流动站1个。1997年被批准为中科院博士生重点培养基地。研究生教材《植物生理和分子生物学》获1997年中科院教学成果一等奖。

全所拥有大量的先进科研设备，现有价值50 000元以上的仪器设备150台（套），还有一座大型人工气候室，总建筑面积3200m^2，包括人工光照和自然光照两类22间条件受控的生长室，温度可控范围0～50℃，相对湿度范围30%～90%，人工光照强度达600μE·m^{-2}·s^{-1}，适合于广泛条件下的生命科学研究。

上海植物生理研究所是一个以基础和应用基础研究为主的综合型研究所，也是一个在国内同行中有较好优势、在国际上有一定影响的多学科研究所。主要在植物生理学、分子遗传学和微生物学等领域承担国家高技术发展计划，国家"攀登计划"，国家攻关计划，国家载人航天计划，国家自然科学基金重大、重点和面上项目以及地方政府有关科学技术发展计划中的重要项目（常年开展项目有80余项)。科研结构的模式是：按照"流动、开放、一流"的要求，以重点实验室和开放实验室为龙头，以国家任务为主体，以基础研究和科技开发为双翼带动全所的发展。全所科研机构设置包括：国家级开放实验室——植物分子遗传国家实验室，所级开放实验室——微生物次生代谢分子调控研究实验室、植物环境生物学和受控农业实验室、光合作用实验室，另有植物次生代谢分子生物学青年实验室和植物遗传操作、分子遗传、发育生理3个研究室及若干个研究组，并与中科院上海生命科学研究中心共建有黄海、罗达2个研究组。

成立于1988年10月的植物分子遗传国家重点实验室承担了较多的国家和部级科研课题，在基因调控及表达、组培转化以及植物生理的分子生物学等方面的基础研究及部分有关的应用基础研究都取得了较大成绩和新的进展，部分研究成果处于国内外领先水平，在国家自然科学基金委组织专家进行的两次评估中分别被评为优秀和优良实验室。近年来，一批年轻的学术带头人也已开展了有成效的工作，植物次生代谢物质分子生物学，植物发育分子生物学等方面的研究已成为重点实验室新的学科生长点。

上海植物生理研究所确定的重点学科领域有：

植物功能基因组研究：包括植物基因表达调控机理的研究、植物基因表达谱的构建、水稻等转座因子插入突变群体、基因转化技术和植物细胞遗传操作四项主要内容。

植物、微生物重要功能的分子机理与遗传控制：包括植物细胞分化和形态建成等发育研究、植物光合作用研究（原初反应、能量转换和二氧化碳同化等)、植物次生代谢（异戊二烯代谢途径）和微生物次生代谢（生物活性物质合成途径）研究。

植物-微生物的相互作用：包括植物-病原物的相互作用（抗病性)、植物-固氮菌的相互作用（生物固氮)。

植物与环境的关系及设施农业相关理论和先进技术：包括以植物对环境胁迫信号的传导和适应为主的适应性研究，设施农业相关理论和先进技术。

1998年上海植物生理研究所围绕"知识创新工程"试点工作进行的改革及其效果如下：

1. 按照分类定位和知识创新的要求，全面规划和调整学科方向、科研结构。所领导班子充分依靠所学术委员会，发挥全所专家及职工的积极性和作用，进行了研究所科研方向和结构性调整等一系列工作，于1998年10月形成了综合性的评议材料，通过了院部组织的科研基地型研究所专家评议，为上海植物生理研究所跨世纪的新发展提供了更为成熟、详细的蓝图。

2. 继续推进所内科研结构调整，形成了以开放实验室为龙头和主体的格局。新组建了植物环境生物学和受控农业实验室、光合作用实验室2个所级开放实验室，使研究所科研力量在优势整合的基础上，绝大部分纳入1个国家实验室、3个所级开放实验室之中，达成了“以开放实验室为龙头”格局的第一步目标。为集中优势力量、多学科联合作战和引进培养人才提供了更大的灵活性、更广阔的舞台，有效地促进全所承担大项目的科研结构基础的形成。

3. 修订科技成果管理办法，促进知识产权保护和成果转化。为进一步调动科技人员积极性，鼓励科技成果和专利的申报，对原有成果管理办法进行了修订，增加了奖励措施，以促进知识产权保护和科技成果转化。

1998年上海植物生理研究所共承担各类研究项目115项，其中国家级重大项目23项（参加11项）；新获准科研项目29项计经费534万元，包括国家杰出青年基金1项、国家自然科学基金面上项目8项（申请获准率53%，创本所历史新高）、国家农业技术引进项目1项、中科院项目7项、上海市项目7项等。其中中科院“九五”基础性研究重大项目“水稻、拟南芥和青菜转座因子插入突变库的构建”资助强度达200万元，研究目标是构建成拟南芥、水稻转座因子突变库，建立高效的青菜外源基因转化系统，提供有关单位从中选择出有重要生物学意义及与农艺性状有关的突变体，进而克隆出突变基因，该研究是对我国植物生理学和未来农业发展有重大意义的一项基础工作；上海市重点基础行研究项目“提高部分蔬菜抗性的分子生物学研究”资助强度为80万元，目的是研究并掌握植物响应环境变化及响应自身变化的抗性机制，实现抗逆性蔬菜新品种的定向培育，减轻由于高复种指数加大的土壤负担与环境污染，以及反季节栽培加大的蔬菜对环境控制的依赖。

1998年全所完成科研项目16项；获省（市）部级科研成果奖2项；登记中科院成果9项、上海市成果7项；申报专利4项，授权1项；全所发表论文92篇、出版专著3本。此外，上海植物生理研究所参加“全国火炬计划十周年暨高新技术成果博览会”的重组葡激酶项目，获上海市“火炬计划十周年成就暨高新技术产品博览会”优秀项目奖。

在科技开发方面，由于改变了过去“以我为主”的观念，较好地坚持与企业相结合，发挥知识产权优势，近年来，上海植物生理研究所科技开发工作开始走出低效益和徘徊不前的困境，有了新的进展。上海市高新技术企业振生科技实业公司1998年产值160余万元。国家一类新药——注射型重组葡激酶研发工作进展顺利，年内完成了一期临床试验，即将进入二期临床，该项目是本所当前最有潜力的成果转化项目。上海市“九五”重中之重项目“现代农业示范工程”是上海植物生理研究所目前参加的最有影响的项目，“上海型智能化温室”、立柱式栽培技术和薄膜滴灌技术等都已通过专家的鉴定，得到各方面的首肯，形成了较为系列化的自有知识产权，取得的多项成果正在与企业联合进行推广和产业化，应用范围继续扩大，已产生了比较大的社会效益和一定经济效益。

此外，上海植物生理研究所还积极开展与日本明治乳业株式会社、法国Limagrain集团、浙江海门制药厂、上海中医药大学等的合作，已组建了多个联合课题组和经济实体，1998年新成立了世华植物基因工程有限公司。

在国际合作与人才培养方面，上海植物生理研究所有许多科学家在国际学术机构和组织中担任职务，如沈允钢院士任国际光合作用研究委员会委员，许智宏院士任国际植物组织培养协会国家通讯员（1988至今）、UNESCO人与生物圈中国委员会主席（1993至今）、第三世界科学院院士（1995年当选），焦瑞身研究员任国际微生物学会联合会（IUMS）应用和经济微生物学专业委员会委员（1986至今）、美国微生物学会荣誉会员（1996至今），余叔文研究员任国际植物病理学会大气污染与植物效应委员会委员（1985～1997）、国际生物监测委员会委员（1989至今）。

1998年全所共接待外宾36批91人次，出访39人次。全所现有国际合作、交流项目5项。

国外著名仪器公司——Beckman公司与上海植物生理研究所合作建有离心技术和生物技术两个示范实验室，其他如科尔·帕默公司在上海植物生理研究所设有工作点。

为加速培养和吸引人才，1998年自筹资金完成了有大小11套客房的客座公寓建设；与上海生命科学中心合建罗达博士研究组；继续扩大研究生招收，研究生培养规模提前达到世纪末目标；在站博士后人数达6名；新晋升45岁以下和40岁以下研究员各1名、32岁高工1名。

1998年，上海植物生理研究所有数人获得各类较高荣誉：沈善炯院士当选为中国科学院资深院士并获1998年度陈嘉庚生命科学奖，中科院院士沈允钢先生获得何梁何利科技进步奖，姜卫红副研究员被评为1998年度上海市三八红旗手。

上海植物生理研究所是中国植物生理学会的挂靠单位。受学会委托编辑出版《植物生理学报》和《植物生理学通讯》等学术刊物。

上海昆虫研究所

常务副所长：丁德诚
地　　址：上海市重庆南路225号
邮政编码：200025
电　　话：021-63282039
图文传真：021-63284924
电子函件：sie@ms.shb.ac.cn
网　　址：http://www.sie.ac.cn

中国科学院上海昆虫研究所是我院唯一以“昆虫学科”命名的研究所，有近40年的历史，他的前身为中国科学院昆虫研究所上海工作站，1959年成立上海应用昆虫研究所，1962年改名为中国科学院华东昆虫研究所，1979年定为现名。现有职工168人，其中科研人员127人，有中国科学院院士1人，研究员12人，副研究员（含高级工程师等）27人，中级科技人员62人。现有在学博士研究生11人，硕士研究生10人。

上海昆虫研究所是博士、硕士学位授予点，长期以来从事昆虫学领域内与资源、环境、生态和农业相关的基础和应用研究，是以社会公益性研究为主的综合性研究所。通过长期以来在昆虫学领域的基础和应用研究，形成一支具有综合性优势的科研队伍。主要研究领域涉及以无翅亚纲为主的昆虫系统分类、以杀虫剂和环境有害物质毒理及昆虫抗药性机理为主的环境毒理、以昆虫信号化合物和激素调控为主的昆虫生理和化学生态以及昆虫与植物协同进化等领域。其中无翅亚纲分类和演化的研究处国际领先地位，其他一些主要领域亦与国际水平相接近或在国内领先。根据昆虫学国际前沿的趋势，结合我国发展的需要和上海昆虫研究所自身的实际情况，确定重点研究领域为：环境杀虫剂毒理、城市昆虫生态和昆虫系统分类。

上海昆虫研究所现有2个研究中心、3个实验室和1个开发基地，即昆虫与环境协同作用研究中心、环境杀虫剂毒理研究中心（含中德联合毒理实验室）、系统昆虫学实验室、昆虫分子生物学实验室、农业虫鼠害综合治理国家重点实验室上海分部（化学生态实验室）及以所科技开发公司为主体的开发基地。上海昆虫研究所还有一个馆藏丰富的昆虫学专业图书馆和标本数量居全国第二的昆虫标本馆，该馆藏有30个目的昆虫和螨类标本70余万号，并有一昆虫科普展示厅。

上海昆虫研究所标本馆的前身是创建于1868年的上海震旦博物院昆虫馆。有着悠久的历史。目前，馆内收藏着采自全国各地的昆虫标本近70万号，其中模式标本700余种，已定名标本5000余种。收藏规模位居国内第二，开展科普教育有着得天独厚的优势。

形形色色的昆虫是世界上最昌盛的动物类群，占整个动物界的80%。它们与人类有着密切的联系，几乎到处可以看到它们的存在。但直接危害人类，而导致发病的有害昆虫只占1%，大多数昆虫是可以造福人类的，如药用昆虫、天敌昆虫、观赏昆虫等等。在振兴中华的科普活动中，普及昆虫知识有着积极的社会意义。从1991年开始，特别是每年的科技节，上海昆虫研究所标本馆都要接待成千的中、小学生，普及昆虫科学知识，帮助中、小学生树立从小爱科学的信念，具有一定的社会影响力。并在1996年8月被卢湾区政府授于青少年科普教育基地。几年来共接待各界人士约4000余人。

为了让更多的人了解丰富多彩的昆虫世界，今年在科研大楼辟出100m^{2}以上的房间，专门开辟了一个集昆虫的生活、昆虫的多样性、昆虫与人类的关系及昆虫与艺术和观赏昆虫的展示厅。并配有专门人员指导昆虫的标本制作和野外采集的技术等。旨在通过我们的介绍，使人们，特别是青少年对昆虫世界有一个较全面的了解，并认识到保护地球上的生物是保护生态环境的一个重要方面。展示厅拟面向社会开放，并将在今后不断地完善展示厅的各部分内容，为“科学普及”、“科教兴国”作出贡献。

1998年上海昆虫研究所根据“知识创新工程”试点工作的要求，进行了结构调整和运行机制的改革，旨在建立与知识创新发展相适应的管理体系，建立一支精干、高素质的科研创新队伍，保证“知识创新工程”的顺利实施。

在科研上上海昆虫研究所加强了改革和管理的力度，以国家需要为导向，确定了所的重点发展领域，并将原8个室（中心）的建制调整为2个中心、2个实验室，即昆虫与环境协同作用研究中心、环境杀虫剂毒理研究中心（含中德联合毒理实验室）、化学生态实验室（农业虫鼠害综合治理国家重点实验室上海分部）和系统昆虫学实验室。新组建了以青年为主体的“昆虫分子学实验室”，以加强昆虫分子生物学方面的研究。同时，上海昆虫研究所还加大了对年轻人才的引进和培养力度，对青年科研骨干制订了一系列的特殊和倾斜政策，目前上海昆虫研究所研究中心、实验室主任和课题组长的年龄有了较大幅度下降。

行政管理人员也进行了优化精简，对管理职能和服务内容重新明确定位，将原来8个部门减缩至5个，行政管理人员减少了50%，职能部门负责人也实现了年轻化，从而进一步提高了管理效率。通过一年来的运作，使上海昆虫研究所的科研和行政管理都呈现出一个新的气象，所的面貌发生了明显变化。

国家自然科学基金委重点项目“调控昆虫生长发育的脑神经肽结构与功能的研究”，检测昆虫的促和抑前胸腺激素、促和抑咽侧体激素活性，进而分离纯化之。按其氨基酸顺序，人工合成相应的神经肽，并化学改性，研究结构与功能的关系；建立直接测定神经肽的方法，研究其分布与动态；以家蚕等昆虫为对象，研究这两对神经肽在调控生长、发育与生殖过程中的相互协调作用，探讨昆虫利用促进和抑止的成对因子调节自身生命活动的规律。

国家科技部“九五”攻关项目“害虫抗药性测报技术与抗性规律研究”，以棉铃虫为研究对象，首先搞清其抗性机理，在这基础上建立与抗性有关的酯酶活性抗性个体检测法，并检测田间抗性个体频率。然后再进一步研究与抗性有关的其他解毒酶或靶标酶，并设法分离、纯化，探索应用酶联免疫和PCR技术检测抗性的可能性。

中国科学院重大项目B“生物农药的研制与开发”的专题“几丁质酶重组病毒杀虫剂的研制”，从中国棉铃虫体内通过PCR方法扩增到了几丁质酶基因，并进行了基因序列分析，发现与美洲棉铃虫几丁质基因有95%以上的同源性，活性功能区没有变化（该基因正申请收入Genbank），该基因通过转化作用重组进了AcMNPV病毒中，该病毒是经过改造的商品化的AcMNPV病毒；目前，该基因正在大肠杆菌及昆虫细胞sf9和Tn内分别进行表达。

“华农1号”是由上海昆虫研究所和江苏省东台市农药厂共同开发的低毒高效防治抗性棉铃虫的复配新农药。该课题为中科院和江苏省政府“九五”合作项目。经江苏省东台市、大夷市、建湖市及射阳县等地大面积示范使用表明该药剂防治棉铃虫效果优于目前国内同类型品种。还列入1998年度江苏省新产品，于1998年得到农业部“农药登记证”（LS981126），化学工业部“农药生产批准证书”（HNP32022-A2260）及省“企业标准批准书”等三证。并于1998年通过江苏省级科技成果鉴定。该药剂已完成中试，并已进行试生产，预计明年产值可达500万元。

1998年上海昆虫研究所成果登记1项，项目名称为“上海市正常人群中谷胱甘肽S-转移酶基因型多态性研究”。谷胱甘肽S-转移酶超基因家庭不同成员（GSTs）基因型在地球上不同的人种集团和居民人群间表现一定的多态性，GSTT1和GSTM1基因的纯合子缺损与个体与环境化学暴露有关的健康危害（如癌症）风险程度有关。该项工作首先完成了上海正常人群219人GSTT1和M1基因型分析，发现GSTT1纯合缺损率49.3%，远高于高加索人种和美国黑人的水平，与华裔新加坡人（58%）相比也有统计显著差异；上海人群 GSTM1 纯合缺损为 48.9%，与已报道的其他人群的数值在相近范围内。两基因四种综合缺损状态的比例为：24.2∶24.7∶25.1∶26.0，接近 1∶1∶1∶1，说明两基因的缺失既不表现正关联，也非负关联，而是互为完全独立事件。以有限白血病人群进行的工作表明：GSTT1 和 GSTM1 基因综合缺损可能是上海地区 60 岁以下成年人急性粒性白血病（AML）的一个遗传风险因子。

1998 年上海昆虫研究所尹文英院士荣获"何梁何利基金奖"。另外，上海昆虫研究所科研人员研究开发的"防蛀纸卡"荣获中科院发明奖三等奖。

上海昆虫研究所在对外交流和国际合作方面有良好的基础。1998 年分别到法国、意大利、澳大利亚、美国、日本和香港地区进行了多次学术交流和科研合作，还邀请了德国马尔堡市菲利浦斯大学 Koolman 教授和英国剑桥大学薛鲁征博士来所作学术报告和合作研究，通过参加国际会议、出国访问和进修以及国外科学家的来访，在众多领域与国外学者保持着频繁联系。

上海昆虫研究所是上海市昆虫学会和中国生态学会化学生态专业委员会的挂靠单位。

上海生物工程研究中心

主　　任：赵国屏
地　　址：上海市漕宝路 500 号
邮政编码：200233
电　　话：021-64700892（总机）
图文传真：021-64700244

中国科学院上海生物工程研究中心（以下简称上海生物工程中心）于 1983 年开始筹建，1991 年 11 月 28 日通过国家竣工验收。1998 年底在职职工 201 人，其中科技人员 117 人，有中国工程院院士 1 人，研究员 6 人，副研究员、高级工程师 20 人，中级科技人员 53 人。现有在学博士研究生 22 人（其中在职攻博的 6 人，联合培养 9 人），在学硕士研究生 21 人（其中联合培养 3 人）。

上海生物工程研究中心是我国第一个国家级现代化的生物技术中试基地，1993 年上海生物工程中心被批准为硕士学位授予单位，设立生物化学与分子生物学招生专业。其研究方向是以生物工程中、下游技术为主，开展基因工程、微生物工程的应用技术、工艺、工程技术、中间试验研究，同时也在细胞工程和酶工程方面开展有特色的研究。1998 年，经过中国科学院评审，上海生物工程中心定位为"以生物高技术创新为主导，以生物技术与工程的研究开发为核心，以强化转化、服务与孵化功能，推动生物技术产业化为重要目标的高新技术研究基地型科研单位"，确定以"基因资源与基因组工程、基因调控和基因工程、蛋白质功能与蛋白质工程、微生物代谢和代谢工程、生化工程"为五大重点研究发展领域。

上海生物工程中心拥有相当数量能进行生物技术研究开发、产品检测的先进仪器设备，如程控发酵罐，大规模制备型层析色谱系统，超高速低温离心机，不同功能的高压液相色谱仪，核酸、蛋白质检测分析仪等。

1998 年，上海生物工程中心遵照中国科学院工作会议精神，结合实际，以研究所分类定位工作为主线，全面开展科研、开发、中试和管理工作。主要做了以下工作：

1. 以分类定位工作为主导，制订中心长远发展目标和战略。上海生物工程中心遵照江泽民同志在《国家科技领导小组第三次会议纪要》和中国科学院关于"知识创新工程"试点工作报告上所作的重要批示精神，开展研究所定位工作。为了做好定位工作，成立了定位工作领导小组，充分发挥学术委员会和各课题组长、年轻学术带头人的作用，依靠全体科技人员、管理干部和职工，认真组织讨论研究，反复斟酌，明确了以"生物技术学科的发展方向（基础性），生物工程产业的发展方向（战略性），上海生命科学研究基地的整体布局（综合性）以及生物工程中心对发展机遇的把握与自身工作的基础（前瞻性）"为座标的定位原则，将上海生物工程中心定位为"以生物高技术创新为主导，以生物技术与工程的研究开发为核心，以强化转化、服务与孵化功能，推动生物技术产业化为重要目标的高新技术研究基地型科研单位"；根据定位，制订了 2000 年发展目标和 2010 年发展目标；确定以"基因资源与基因组工程、基因调控和基因工程、蛋白质功能与蛋白质工程微生物代谢和代谢工程、生化工程”为五大重点发展领域；规划了相应的生物技术 R&D 及产业化的布局和发展战略以及管理、技术支撑、后勤和人员结构的布局和调整措施；进一步制订和明确了上海生物工程中心的改革进程。

2. 根据上海生物工程中心定位和发展目标，做好科研、开发等工作。

(1) 加强科研业务工作：

① 积极申请承担国家任务，争取横向科研项目。经过科研人员和科研管理人员的努力，1998 年通过多种渠道申请 35 项科研课题，纵向课题落实 14 项，横向课题落实 3 项。

② 完成年度科研计划。1998 年上海生物工程中心在研课题 32 项（1997 年延续下来的有 20 项），其中“863”课题 7 项，“九五”攻关项目 1 项，国家自然科学基金项目 2 项，院重大课题 4 项，院重点课题 5 项，院特别支持课题 8 项，上海市科技发展基金课题 1 项。一年来，经过上海生物工程中心职工，特别是科技人员的辛勤工作，较好地完成了 32 项课题的年度科研计划，其中有 7 项课题结题，取得了一定的成绩：鉴定成果 1 项；获一类新药临床批文 1 项，已进入临床试验；发表论文 38 篇，学术专著 2 篇；提交代理的发明专利申请 4 项，已取得申请日的 2 项。

③ 重组实验室。中科院人类基因组中心实验室，现已投入运行，重点是基因组功能的分析和基因组功能的研究能，同时能提供大规模基因定位及测序、基因组及基因资源保藏服务，并与上海的中国基因组南方中心进行广泛地合作。同时，为了便于加强与外部的联系和合作，利于对课题组的宏观分类管理，改善结构，提高水平，向开放实验室的方向发展，通过调研，听取意见，将课题组按重点发展领域进行重组，重新组建立研究室或研究组：人基因工程中心研究室、基因工程研究室、蛋白质工程研究室、微生物代谢工程研究组、生化工程研究室、生化仪器研究组、青年实验室、抗体工程课题组、保健品课题组。

④ 加强学术活动。上海生物工程中心组织了每周一次的文献研讨活动（共 17 次，231 人次），参与上海科技节活动，参加人员踊跃；特别是充分利用开展定位工作的良机，经常组织科研人员有准备地进行学术报告会和一些专题学术领域讨论会；派出（出访美国、日本、欧洲、香港等地 10 人次）、接待或邀请（主要是外宾，14 批，42 人次）一些科研人员参加学术会议、作学术报告、合作研究。为上海生物工程中心的科研、中试、开发工作的开展和科技人员的培养提高，起了积极作用。

(2) 以市场为导向，切实加强开发工作：

① 逐步转移中试工厂的工作重点。遵照上海生物工程中心定位“在做好中试技术服务的前提下，重点转向中试生产，成为实现企业化管理的内部企业”的要求，中试工厂提出“以兽用基因工程苗和多价抗体为主导产品，以生物药物、核苷酸和保健食品为拓展方向，以生化技术、发酵技术、冷冻干燥技术多功能服务，全方位面向市场”的发展新格局，把原来的“产、供、销”职能，及时调整为以“产、供”为主，使工作重心逐步转移，集中精力搞产品生产和服务，强化生产服务功能。同时，以效益为中心，通过抓骨干，坚持以人为本，采取激励的机制，提高职工积极性，以增强中试能力和实力；通过内部挖掘潜力，与院内外单位和企业加强内联外合，提高产品质量，开发新的产品（如新的功能食品“长健肽”等），以扩大和寻找新的增长点。通过努力，1998 年创收比 1997 年增长 55%，已做到了产品研制费、生产的原材料费、设备维修费、中试实验室及办公费、差旅费，临时工的工资等全部自理，并自费购买新的设备，进行车间的净化装修等，为扩大生产创造了良好的条件。

② 规范公司，强化孵化器功能，加强园区建设。上海生物工程中心一直重视大院的建设，通过综合服务中心强化内部管理，加强“水、电、煤气”等动力设备的维护保养，根据实际需要进行房屋维修改造，改善服务态度，促进园区公司的发展。同时，积极参与企业群的建设：促进生技公司改制。以实现“技术、资金、市场”三者结合的开发工作发展模式，进一步强化孵化器功能，把上海生物工程中心大院建成为能进行代理申请专利，专利经营，技术咨询和法律咨询，在国内有竞争力的高技术园区。

(3) 聘用合同制工作顺利开展：

① 发扬民主、制订配套文件。遵照国家深化人事制度改革的要求，上海生物工程中心积极创

造条件，有组织有步骤的整体推进。根据《上海市事业单位实行聘用合同制暂行办法》和《中国科学院实行全员聘用合同制暂行办法》，充分依靠和相信职工，发扬民主，集思广益，制订了《聘用合同制实施细则》等14个开展聘用合同制工作的配套文件，获得绝大多数职工通过并最后报上海分院审核批准同意实施。

② 重组机构。在聘用合同制工作已进入与职工签订聘用合同及上岗合同阶段后，为了切实履行聘用合同和上岗合同，上海生物工程中心又发动中层干部和各课题组长，以及有关管理人员，具体研究行政管理部门的设置和岗位的确定，推荐部门负责人。上海生物工程中心根据定位的要求和部门职能和任务的变化，提出了机构设置的新方案：5个管理职能部门：综合办公室、科研业务处、科技开发处、人事教育处、财务审计处。其他部门：中试工厂、综合服务中心、技术支撑部门。

上海文献情报中心

主　　任：徐如涓
地　　址：上海市岳阳路319号
邮政编码：200031
电　　话：021-64336650（总机）
图文传真：021-64375762
网　　址：http://www.slas.ac.cn

中国科学院上海文献情报中心成立于1953年，原名为中科院图书馆上海分馆，1958年改名为中科院上海分院图书馆，以后曾名中科院华东分院图书馆。1970年改称上海科技图书馆，1978年重新归属中国科学院后，改名为中科院上海图书馆。1987年改为现名，是中科院上海地区文献情报中心及中国科学院生物科学文献情报中心。

1998年，在职职工93人，其中研究员1人，副研究馆员13人，馆员41人。中心实施聘用合同制，已完成聘用合同书（即大合同）工作，参加签约共89人，其中固定期75人，无固定期14人。

上海文献情报中心主要从事生物、医学、化学、农学等学科文献信息的收集、加工、开发和服务。为科研工作提供国内外信息咨询、调研和专题信息服务。

上海文献情报中心是中科院上海地区的科技查新咨询检索单位，1998年经上海市科委批准为市级科技成果查新单位，授权在生命科学领域从事成果查新咨询工作。配合上海市高新技术成果转化认定，接受上海市高新技术成果转化认定办公室的委托，完成4项成果转化的咨询。受浦东新区生产力促进中心的委托，完成信息科学、生物医学、材料学等36个产品的国内外研究开发、技术水平、市场状况的调研。完成上海市科委软科学课题“上海纳米技术的研究和开发”，其调研报告在上海科技网上公布，提供参阅。

1998年，上海文献情报中心订购各类中文期刊约1300种，国外科技期刊约1000种，外文生命科学图书953种。引进生命科学（life Science Collection）、生物学（Biological Abstracts）、科学引文索引（Science Citation Index）等光盘数据库，基本满足了生命科学研究的信息需求。全年接待读者46 147人次，书刊流通85 742册次。

新建电子阅览室，建立了光盘数据库检索本地网，研制了网上信息导航系统，设置了网上图书馆、国外出版社、免费数据库、电子期刊、重要网站等检索按钮，链接国外生物学、化学、物理学、地理学、医学、数学、计算机学、经济学、环境科学、工程学、法律等11个学科电子期刊的网页，可以提供直接浏览目次和摘要，为科研人员获取最新的科技信息提供了方便。

上海文献情报中心重视职工业务素质的提高，先后举办“计算机应用”和“文献标准著录”培训班，参加人数72人次。全年发表论文21篇，9人次参加专业研讨会交流。派遣高访学者1人，赴英国伦敦帝国大学图书馆进行短期访问。

上海文献情报中心与中科院文献情报中心、中科院生物学文献情报网合办，由上海文献情报中心编辑出版的《中国生物学文摘》（月刊）ISSN 1001-1900，每期发行量1500份；与中科院生物技术局、国家自然科学基金委员会生物学部合办，由上海文献情报中心编辑出版发行的《生命科学》（双月刊）ISSN 1004-0374，每期发行量1300份；1998年与国家自然科学基金委员会生物学部合作，编辑出版发行《迎接21世纪的生命科学——

专家研讨论文集》。

福建物质结构研究所

名誉所长：卢嘉锡
所　　长：黄锦顺
地　　址：福州市鼓楼区杨桥西路 155 号
邮政编码：350002
电　　话：0591-3714517
图文传真：0591-3714946
电子函件：fjirsm@ms.fjirsm.ac.cn

中国科学院福建物质结构研究所（以下简称福建物构所）创建于 1960 年，它的前身是中国科学院福建分院筹建的技术物理所、应用化学所、电子学所、数学力学所、自动化所、稀有金属所和生物物理研究室，1961 年调整合并为理化研究所，1962 年改名为华东物质结构研究所，隶属于中国科学院华东分院。1973 年定为现名。

福建物构所现有职工 395 人，其中中国科学院院士 1 人，研究员 31 人，副研究员 62 人，中级科技人员 127 人。福建物构所是首批被国家批准建立博士后科研流动站的单位之一，是国务院学位委员会批准有权授予博士、硕士学位的单位，也是有权认定博士生导师资格的单位。现有博士生导师 10 人，博士研究生 13 人，硕士研究生 30 人。另有博士后 2 人。

福建物构所是以基础研究为主的研究机构。主要从事新型化合物的晶体和分子结构及其与宏观性能（即化学性能、物理性能和生物活性）之间的相互关系，并重视研究其可能的潜在应用。以无机化学、金属有机化学和物理化学前沿领域的金属簇化学及新技术晶体材料为主攻方向，进行系统的基础研究和应用研究。同时适当开展生物大分子（包括金属酶）的晶体结构和分子结构研究，紧密结合国家经济建设和社会发展的需要，开展新技术晶体材料、催化剂、金属腐蚀与防护的应用与发展的研究。在科研方法上，重视实验与理论、化学与物理、结构与性能、静态与动态、基础与应用的“五重”双结合，形成综合研究优势。

福建物构所是我国主要的结构化学综合研究机构之一。设有结构化学国家重点实验室、结构化学研究室、晶体材料研究室、应用化学研究室及金属腐蚀与防护研究室（即厦门二部）。中国科学院第一批对国内外开放的研究室——福州结构化学开放实验室（1994 年通过国家验收晋升为结构化学国家重点实验室）建在这里。1993 年首批被国家授予自营进出口权的福建晶体技术开发公司（简称福晶公司），是福建物构所全资创办的。

福建物构所共有设备 3880 台，总价值 3545 万元，50 万元以上的仪器设备有 13 台，其中结构化学国家重点实验室拥有 3 台 X 射线四元衍射仪，1 台 X 射线面探测仪，1 台 PPMS 物理性能测试系统，1 台 500 兆超导核磁共振谱仪和红外喇曼谱仪及计算机工作站等，是目前国内结构测试手段比较完善的单位。

1998 年，福建物构所积极鼓励科技人员面向社会、面向市场，充分发挥整所的优势和潜力，多渠道争取科研任务，尤其是争取国家科技任务，并取得了较好成绩。全所在研课题（任务）176 项，其中国家课题 24 项、国家“863”课题 5 项、国家“攀登计划”项目 1 项，院课题 6 项。

全所发表学术论文 257 篇，据中国科技信息研究所对中国科技论文统计与分析报告最新公布，1997 年，福建物构所科技论文被 SCI 收录论文 55 篇，居全国科研机构第十六位；论文被引用数 92 篇，202 次，居全国科研机构第八位。这充分说明福建物构所在基础研究领域的优势和实力。

福建物构所与中科院物理研究所（北京）合作研究的“多波长光参量激光器”获国家发明奖二等奖。经专家评议，福建物构所洪茂椿同志获国家自然科学杰出青年基金项目。全所专利授权 4 项，发明专利受理 19 件。

福建物构所坚持把加速优秀青年人才的培养作为全所工作的“重中之重”来抓，采取一系列措施，从各方面积极创造各种条件，加快优秀青年人才培养的节奏，并取得可喜成绩，先后有 5 位留美、德、法的博士后高层次人才回所工作，其中 2 位同志担任研究室主任。这些回所工作的博士后，以他们创新性的学术思想和研究课题，为福建物构所跨世纪的发展带来新的活力和希望。去年，福建物构所还圆满完成了“簇化学与功能材料”和“固体光电子材料”两个学科的“百人计划”招聘评审工作,经中国科学院批准,董振超、黄艺东同志已入选上述两个学科的“百人计划”。

福建物构所还积极组织科研人员面向国民经济建设主战场,为地方经济做了大量的科研开发和技术服务,在横向开发方面,签订合同额达230多万元人民币。

福晶公司是福建物构所经济收入的主要来源。1998年,面对亚洲金融危机和国际金融市场的持续动荡,以及激烈的国际市场竞争,公司全体员工团结奋斗,努力拼搏,充分依靠所里雄厚的科技实力和人才优势,出口创汇338万美元,为物构所的科研和发展再次作出突出贡献。福晶公司不愧为在国际光学领域集科研、开发、生产、销售于一体的一流公司,也是国内为数不多,很有发展前景的外向型高技术企业之一。

在国际交流方面,福建物构所与世界30多个国家和地区的科研机构、高等院校和技术公司建立了广泛学术交流、科技合作和商务联系。1998年福建物构所参加国际学术交流、学术会议、商务考察等共6批,10人次。来所访问的国外学者和商务人员共8批,14人次。

福建物构所的下属单位,福建物构所二部,地处厦门经济特区,主要从事金属腐蚀与防护学科的研究与开发应用。

福建物构所编辑出版的刊物有《结构化学》(中英文版)。

南 京 分 院

常务副院长：严寿宁（法人代表）
地　　址：江苏省南京市北京东路 39 号
邮 政 编 码：210008
电　　话：025-7713709
图 文 传 真：025-3362239
电 子 函 件：njbas @issas ac.cn

中国科学院南京分院是中国科学院的派出机构。1950 年，中国科学院接管原中央研究院在南京的科研单位，成立中国科学院华东办事处。1969 年撤销，全部业务交江苏省科技主管部门管理。1978 年 11 月，经批准建立中国科学院南京分院，下辖紫金山天文台、南京地质古生物研究所、南京土壤研究所、南京地理与湖泊研究所、南京天文仪器研制中心。1993 年接收江苏省植物研究所为江苏省人民政府和中国科学院双重领导，以地方领导为主。至 1998 年末，分院系统在职人员 1721 人，离退休人员 713 人；分院机关在职职工 47 人。

中国科学院在宁单位侧重于基础研究和应用研究，在我国地学和天文学研究领域占有重要地位。

1998 年，南京分院完成重要成果 34 项上报登记，协助各所完成成果鉴定 5 项，组织申报多项成果，2 项成果获江苏省科技进步奖，2 项成果被列为南京市十大科技成果。组织各所向江苏省申报科研项目，落实 10 项，获 70 万元经费支持；申报院地基金项目，1 项获支持。下达择优支持课题 6 项，对在研的 23 项课题进行跟踪检查，结题 4 项，发表论文 19 篇。

1998 年，中国科学院正式启动建立国家知识创新体系试点工程，所属研究所分类定位、结构性调整进入攻坚阶段。南京分院按照院有关指示精神，积极有序地进行创新工程试点前期工作，推进各项改革的深入，初见成效。首先分院组织各所领导、科技骨干认真学习江总书记的重要批示和党组务虚会议等文件精神，加深对创新工程重要意义的认识，深刻认识研究所分类定位，加大体制创新和机制转变，改革力度的重要性，把思想认识统一到中央的战略决策上来。其次，认真做好调查研究和组织宣传，对创新工程试点所涉及的利益力格局重新调整以及由此而引起的危机感、紧迫感、使命感和科技、管理等各类人员的思想认识动态，认真做好调研、协调，把握方向，使大家统一认识，从全院发展的大局出发，改变以往单纯从现有优势出发进行归纳提炼的办法，按照国家战略要求和世界科技发展趋势，确定研究所的方向和任务。经过努力，南京分院系统地质古生物研究所以所为单位、紫金山天文台以研究团组、天文仪器研制中心以重点项目等形式分别进入创新工程试点，土壤研究所、地理与湖泊研究所分别通过分类定位评审。分院系统 5 个研究单位全部进入中科院 80 强。

由中科院南京、武汉、成都三个分院联合在宁召开了“长江流域跨世纪农业可持续发展研讨会”，为探索实施中科院“知识创新工程”试点寻求新的运行机制和模式，组织“长江一线”科学院多所联合的科技集团军为长江流域七省二市服务，受到沿江省、市领导重视和欢迎。

南京分院内归口管理在江苏省的中国科学院院士的联络服务、院士咨询评议、科普及学术性活动的组织工作，并努力为在苏院士工作和生活创造条件，提供服务。现江苏共有中国科学院院士 43 名，居全国第三位。其专业涉及近 30 个学科领域，如自动控制、计算机科学、新材料、纳米技术、化学工程、岩土工程、大型水坝与河海港口建设，大面积土壤改良与施肥技术、城市规划与建筑设计，以及区域开发与环境保护等，在国内外占有重要地位。他们是实施“科教兴国”、“科教兴省”战略的重要力量。

院士是高水平国家科技团队的一面旗帜，在我国科学技术方面具有很高的权威性。南京分院积极组织在苏院士开展科技咨询、评议活动。1998年完成国家计委委托咨询项目“长江三角洲经济与社会可持续发展若干重大问题的调查研究”。为促进南京市滨江开发，完成了“尽快开发南京滨江新区的建议”及研究报告，受到省、市领导重视，并被采纳。现南京滨江开发已列入南京市新的三年奋斗目标，作为重点开发建设地区。受团省委委托，组织20多位院士、专家评审产生了第二届“江苏省青年科学家奖”。院士们公正、严格地把关，提高了该奖的权威性，推进了江苏青年人才的脱颖而出。依靠院士促进高新技术产业化。南京分院与苏州市新区管委会、市科协、市科委签订了联合共建院士产业园的意向协议。组织部分在苏院士赴苏州考察调研，探索高新技术孵化机制及模式，以及联合创办工业性研究所与中试基地的可行性。弘扬院士的人格风范、优良学风和爱国情怀。南京分院与省科协等部门共同举办了“在苏院士风采展”，有2万多人参观。还与市科协等部门组织了几场别开生面的院士与中小学生的主题见面会。受到应邀参加活动的金忠青副省长、许惠玲副市长的好评，社会反映很好。

在发挥在苏院士智囊团和思想库作用的同时，南京分院还努力为在苏院士开展咨询评议创造条件，使院士工作制度化和规范化。1998年，经积极争取，分院关于设立江苏省院士工作基金的创意得到江苏省批准，并落实专项经费60万元，其中分院得到30万元经费支持。为加强基金管理，改善服务，制定了《江苏省院士工作基金管理制度》、《江苏省院士工作基金管理委员会组织办法》等制度，并与省、市有关部门建立了稳定的合作关系，完善了院士服务网络，使南京分院的院士工作形成特色，再上新台阶。

南京分院面对下世纪知识经济时代的到来，依托中科院在宁单位和中科院120多个研究所在电子、信息、新材料、生物技术、自动控制等高技术方面具有的优势，在资源环境研究方面的实力，加强院省合作，组织中科院院士为江苏经济社会发展进行重要咨询，推动科技成果转化，促进高新技术产业化，积极组织中科院科技力量参与“星火计划”、“火炬计划”、科技攻关、产学研等项目为江苏省企业发展服务。并在水土资源、国土规划、农业开发、环境治理和可持续发展等方面为“科教兴省”作贡献。

南京分院积极推进院省合作、组织科技人员进入为地方经济建设服务的主战场。1998年与江苏省有关部门通力合作，在苏州举行了“中科院-江苏省高新技术及其产业化合作交易洽谈会”，中科院12个分院80多个单位180多名科技人员参展。南京分院与院高新技术企业局共同选编的《中国科学院高新技术及其产业合作项目汇编》(上、下册，共660多项)，受到省长季允石等领导的高度评价和3万多参观洽谈者的热烈欢迎。这次交易洽谈会共展出科技成果600多项，签订协议和意向性协议470多份，总金额达2亿多元。

南京分院积极参加苏北“星火带”区域性支柱产业技术对接活动，组织9个分院25个研究所参加淮安市经济技术协作洽谈会，签订20多项成果的意向性协议，宁区各所成果倍受欢迎；组织院内近80个研究所参加“'98宜兴全国环保、新材料技术展示交易会”，签订100多项合作项目。此外，还组织参加了淮阴市、姜堰市、东台市、阜宁县等科技成果洽谈活动。

开展和提出一批重要合作项目得到江苏省的重视和支持。配合江苏海上苏东战略，开展江苏海上辐射沙洲成陆及开发的可行性研究，为开发300万亩后备耕地，缓解江苏人地矛盾提供科学依据；与江苏省联合对滩涂开发进行可行性研究。江苏省应用基础研究计划已支持东部资源环境与可持续发展研究中心4个项目。还提出共建江苏古生物博物馆的筹建方案，紫金山天文台近地天体探测望远镜观测站选址建设，均获得江苏省支持。

南京分院坚持吸引、培养和使用并重的方针，打破论资排辈等传统观念的影响，营造有利于优秀人才脱颖而出的环境。1998年召开了分院系统青年科技工作者代表会议，表彰了11位优秀青年科技工作者；积极向江苏省推荐优秀人才，1998年有18人列入江苏省“333人才工程”培养对象；加强对研究生的基础理论、学科前沿知识的教育和科研实践的锻炼培养，注重把研究生培养成为知识面宽、有扎实理论功底，动手能力强的科技攻关后备队；组织专家评审，评选出分院院长奖学金特别奖1名，优秀奖7名。

对外科技交流合作日益活跃。1998年，南京分院与德国斯图加特大学合作开展的综合土地利用可持续发展研究项目获得中德联合委员会批准正式运行。与法国农科院合作开展的中国红壤丘陵地区农业可持续发展项目获得阶段性成果。先后接待德国驻华科技参展、法国总领馆科技官员、越南科技环境部代表团等。

1998年，中科院南京专利事务所超额完成院下达的专利申请指标26件，共完成专利代理86件，代理量居南京市第三位。首批通过国家知识产权局对全国专利事务所的年检。分院积极推进系统行政后勤改革，通过总结经验，交流探讨，调动了各所的积极性，加强了整个系统科研和后勤支撑建设。组织、协调各所全面落实并超前完成“九五”基建计划；协调各所完成了分院信息网络二期工程及办公自动化建设，并如期完成分院机关办公大楼维修工程。

在院启动知识创新工程试点后，南京分院党组发挥政治优势，保证中心工作，组织传达江总书记批示，结合改革内容，深化理解，使广大干部职工在提高认识的基础上，增强了参与改革的主动意识，激发了每位干部职工的工作热情和积极性。分院坚持开展每年一次的创建系统文明单位评比表彰活动，有力推进了系统各所的双文明建设。分院还结合“唯实、求真、协力、创新”八字院风，提出分院机关形象工程的八条基本要求，实施以“整洁的环境、井然的秩序、高效的服务”为主要内容的机关文化建设，部署开展了“创建文明处室”活动，营造文明向上的机关文化氛围。在抗洪救灾期间，分院大力宣讲抗洪精神，组织学习抗洪英模先进事迹，并开展“献爱心”活动，以实际行动支持抗洪救灾和灾后重建，得到省有关部门的首肯。

紫金山天文台

台　　长：陆本魁

地　　址：南京市北京西路2号

邮政编码：210008

电　　话：025-3303921

图文传真：025-3301459

电子函件：pmo @ pmo. ac-cn

网　　址：www. pmo. ac. cn

中国科学院紫金山天文台的前身是成立于1928年2月的国立中央研究院天文研究所。1950年2月改称紫金山天文台，隶属于中国科学院。

截止1998年底，紫金山天文台共有在职人员350人，其中科技人员291人，有中国科学院院士2人，研究员37人，副研究员、高级工程师108人，中级科技人员98人。现有在学博士生23人，硕士生8人。另有博士后3人。

紫金山天文台是天体物理、天体力学学科的博士、硕士授予点，设有博士后流动站。

紫金山天文台的主要研究方向是：毫米波射电天文和技术以及密切相关的星际分子云与恒星形成；人造卫星动力学及其应用；天体物理前沿和基本理论研究。

紫金山天文台拥有射电天文实验室、空间天文实验室、天体物理研究部、天体力学研究部四个主要研究单元。中科院射电天文联合开放实验室挂靠在紫台。

紫金山天文台德令哈射电天文观测站所拥有的13.7m毫米波射电望远镜是我国目前唯一的大型射电天文望远镜。

1998年8月中科院党组正式确定“组建国家天文观测中心”，为1998年中科院“知识创新工程”首批启动的12项试点工作之一。紫金山天文台作为院天文口五台站之一，积极参加其试点工作。一方面认真修改紫金山天文台面向21世纪的分类定位方案，并在10月份院基础局主持的定位评估中获得通过，成为院认定的69个基地型研究所之一。另一方面积极参与天文口“知识创新工程”实施纲要的讨论、修改，并在研究团组方面认真进行组织、探讨，使之符合国家要求。随时准备参加院国家天文观测中心的招聘评审。

1998年紫金山天文台的科研工作继续发展，

科研经费持续增加，总经费达1800万元。

1998年紫金山天文台有科研课题43项，其中国家“攀登计划”项目1项，“863”计划项目1项，国家杰出青年基金项目2项，中科院重点项目2项，重大国防军工任务项目3项，中科院重大项目1项。各项课题进展顺利。

国家“攀登计划”项目“天体剧烈活动的多波段观测和研究”取得了很好的成绩。许多论文都发表在重要的国际一流刊物上，有很高的质量和水平。如发展和完善了非局部、非定常的恒星对流理论，对恒星脉动和对流的耦合作了迄今为止最全面、最深入的理论分析，为变量脉动与对流耦合奠定了坚实的理论基础。

中科院“九五”重大项目“恒星形成与演化的毫米波分子谱线研究”利用青海13.7m毫米波望远镜，对银道面的10个主要分子云复合体和具有代表性的恒星形成区，同时进行^{12}CO，^{13}CO和$C^{18}O$三条毫米波分子谱线的大尺度巡天观测，获得分子云结构、分子云核动力学、年轻星分子对流等具有国际水平的观测研究结果。对银道面附近的1912个冷红外源进行较大规模的^{12}CO分子云谱线巡天观测，探测到147个高速外流候选天体，其中118个为国际上首次发现。以“XCOLD'97观测计划”为基础，利用国外大型射电望远镜对新发现的外流源进行了高分辨的成图观测，获得了分子核SgrB2、HH30等源的NH_3、CH_3ON、CS等毫米波分子谱线的极好的观测研究结果。

经学术委员会评议，紫金山天文台1998年度科研成果共有7项，其中重要成果6项，分别为“分子云与恒星形成”，“我国失控卫星的捕获、长期跟踪和陨落期预报”，“用13.7m望远镜进行中层大气水汽和臭氧的遥感研究”，“SD-IA射频接收装置”，“耀斑动力学过程及高能物理研究”，“太阳冕洞”。

紫金山天文台科技专利工作继续取得进展，1998年度申请专利10项。其中发明专利1项，实用新型专利9项。获专利授权2项。

根据1998年中国科技信息研究所信息分析中心发布的统计结果，1997年度紫金山天文台SCI论文数及SCI论文被引用数在全国研究单位中分别排名第二十六位和第四十三位，1997年度紫金山天文台以第一作者、第一单位发表被SCI收录的论文28篇，在天文口属首位。

紫金山天文台1998年科技开发与科普工作在受到亚洲金融风暴、特大洪灾、职工下岗等不利因素影响，尤其主产品受到大幅度降价压力等情况下，克服重重困难，最终全年营业收入达1400余万元。对台上交返还总额240余万元。

国际合作方面，紫金山天文台1998年成功地举办了一次大型国际学术会议。以“空间与时间中的彗核”为主题的国际天文学会第168次学术讨论会，于1998年5月18日～22日在南京召开。这是紫金山天文台建台以来第一次作为东道主召开的国际天文学会编号会议。会议云集了全世界从事彗星物理研究的资深科学家和青年才俊。其中国外代表中有国际天文学会领导人里克曼（瑞典）、国际天文学会彗星物理专业委员会主任阿汉（美）、著名彗星专家叶永煊博士（德）、俄罗斯院士马洛夫、美国宇航空间科学部主任莫里森、美国行星科学部主席考克伦等。与会代表78人，其中国外代表49人。会议交流论文70篇，其中口头报告50篇，墙展20篇，会议开得很成功。但同时也清楚地看出我国在彗星物理与行星物理研究方面与国外存在较大的差距。因此会议期间，意大利和法国、塔吉克斯坦主动向我方提出了合作交流的建议。

人才培养方面，在天文口，紫金山天文台率先基本完成了科技人才“代际转移”。紫金山天文台现有45岁以下研究员10人，博士生导师4人，2个实验室和2个研究部主持工作的8位业务领导平均年龄40岁。在台管院重点项目中，年轻人负责的项目已占七成以上比重。

紫金山天文台是中国天文学会的挂靠单位。编辑出版《中国天文学报》。

主要下属单位有：青海省德令哈射电天文观测站，青岛观象台，赣榆太阳观测站。

南京地理与湖泊研究所

所　　长：虞孝感
地　　址：南京市北京东路73号
邮政编码：210008

电　　话：025-3612219　025-3616936
图文传真：025-7714759
电子函件：bhli@niglas.ac.cn
网　　址：http://www.niglas.ac.cn

中国科学院南京地理与湖泊研究所的前身为中国地理研究所，1940年7月成立于重庆北碚，1946年迁至南京。新中国成立后，该所由人民政府接管并于1953年正式成立中国科学院地理研究所。1958年地理研究所大部分迁往北京，留宁部分组建成中国科学院南京地理研究所，1988年1月改为现名。

全所现有职工236人，其中科技人员171人，有中国科学院院士1人，研究员26人，副研究员和高级工程师75人，中级科技人员50人。现有在学博士生30人，硕士生15人，“百人计划”入选人员1人。

中国科学院南京地理与湖泊研究所现设有自然地理学博士点以及自然地理和人文地理硕士授予点，申请博士后流动站已获人事部批准，现正着手招聘博士后。

中国科学院南京地理与湖泊研究所以湖泊科学和区域地理学为学科发展方向，通过对湖泊及流域的资源、环境和经济发展的系统研究，在水陆复合生态环境系统中主攻系统的结构、功能的动态变化过程及相应的物质迁移与能量转换规律；在自然与人文复合系统中主攻协调人-地关系，实现流域可持续发展。将我所的湖泊科学和区域地理学两大优势学科逐步交叉、渗透，形成以流域为单元的综合研究优势。

中国科学院南京地理与湖泊研究所现设有湖泊现代过程研究中心、流域开发与管理模拟实验室、院湖泊沉积与环境开放实验室、太湖湖泊生态系统研究站和遥感、地理信息系统与地图研究室。

主要仪器设备有用于沉积物测年的四路α谱仪、γ射线分析系统、磁力仪和低本底液体闪烁计数仪及C、N、S元素分析仪；用于物理湖泊学研究的遥测气象仪器、野外辐射仪、水下照度仪、测流自动仪；用于水化学研究的原子吸收分光光度计、等离子发射光谱仪、总有机碳分析仪、高效液相色谱仪、紫外可见光分光光度仪；用于水生物研究的倒置显微镜、荧光显微镜、BOD自动测定仪以及气象卫星接收、遥感图像处理的设备。

1998年南京地理与湖泊研究所围绕“知识创新工程”试点工作的要求开展了以下工作：

1. 根据创新工作的要求拟定了南京地理与湖泊研究所的“定位认定试点方案”。该方案通过了专家组的评审并得到院党组的批准。

2. 确定了主学科和研究领域的创新点，即以环境湖泊学和流域管理学作为其主学科的新生长点。

3. 在研的重大项目中突出了创新内容，如在“中国湖泊环境恶化机制和修复理论、湖泊沉积与全球变化和长江流域的可持续发展等项研究中突出了创新内容。

4. 对研究所的组织机构进行了优化重组，建立了适应知识创新需要的研究和管理机构。将原先的7个研究室重组为湖泊现代过程研究中心、流域开发与管理模拟实验室、院湖泊沉积与环境开放实验室和太湖湖泊生态系统研究站等4个室、站。从而更加突出了研究重点，集中了优秀的人才。将二线的“三处、二办”重组为办公室、科技处和人事教育处，从而精简了二线人员，提高了工作效率。

到1998年底南京地理与湖泊研究所已落实“九五”重大、重点科研项目40余项，其中国家‘九五’科技攻关项目4项（课题1项、专题3项），“攀登计划”项目2项（课题和专题各1项），中科院重大项目A 3项（其中主持1项）、重大项目B 1项（主持）、特别支持项目3项（其中主持1项）、重点项目4项，国家自然科学基金重点项目2项（主持1项）、面上项目18项，省部级委托的重大项目7项，国际合作项目2项。其中由南京地理与湖泊研究所主持的院重大项目（A）“长江流域环境建设和经济可持续发展研究”、国家自然科学基金重点项目“长江三角洲水土资源环境演变与调控研究”、国防科工委委托的“长江三角洲遥感咨询系统”、江苏省公安厅委托的“江苏省公安信息系统”、南京市政府委托的“玄武湖生态治理工程”和院湖沼专项“人类活动对湖泊系统的影响与对策研究”等受到外界的关注。

南京地理与湖泊研究所取得重大成果10项。在国内外各类杂志上发表论文近200篇，其中发表在各类学报上136篇，由SCI收录9篇、EI收录1篇，在国外发表25篇。出版专著3部，即《长江产业带的建设与发展研究》、《中国大都市的空间发展》和《太湖环境生态研究》。有7项成果获国家和省部级奖励(主持4项，主要参加3项)，其中“中国国情分析”获国家科技进步奖三等奖、“滆湖水质模型、富营养化评价及防治对策”获国家科技进步奖二等奖、“长江产业带建设的综合研究”获中科院科技进步奖二等奖。

1998年南京地理与湖泊研究所开发公司经营重点是“中科”系列保健食品。“中科”螺旋藻已获卫生部保健食品的批号，“中科”灵芝精粉和孢子粉已获江苏省卫生厅的保健食品批号，“中科”灵芝孢子粉已通过卫生部保健食品审查。灵芝孢子粉破壁技术及规模化生产能力达到国内领先水平，并建立了几乎覆盖全国所有大城市的“中科”销售网络。“中科”灵芝破壁孢子粉在国内市场占居前5名，并初步打开了国际市场。

1998年南京地理与湖泊研究所共接待来自9个国家21批58人次来访的专家、学者，出国访问的有19批27人次。举办了二次国际学术讨论会，即“太湖中-美青年生态环境学者交流会”和“'98中德城市规划生态环境研讨会”。在国际合作研究方面主要有与欧盟合作的“太湖除藻与净化水质的物理-生物工程”和与德国合作的“灾害性洪水管理”等。

1998年南京地理与湖泊研究所招收了8名博士生和3名硕士生，完成了8名博、硕士的论文答辩和学位授予工作，录用了1名“百人计划”入选人员。申报“博士后流动站”已获批准，完成了向国外和港、澳、台地区招收硕、博士生的申报工作并获得批准，还与南京大学合作成功地申报了“地图与地理信息系统博士授予点”。

南京地理与湖泊研究所是中国地理学会长江分会、江苏省地理学会、江苏省海洋湖沼学会和江苏省遥感学会的挂靠单位。编辑出版《湖泊科学》、《中国地理文摘》(英文版)等学术刊物。所办的“区域开发与整治咨询中心”被江苏省科委和江苏省科技咨询协会评为“AAA”级信誉单位，并成为拥有全国甲级测绘资格的单位。

南京地质古生物研究所

所　　长：穆西南
地　　址：南京市北京东路39号
邮政编码：210008
电　　话：025-7711556
图文传真：025-3357026

中国科学院南京地质古生物研究所于1951年5月7日在南京正式成立，其前身为1920年建立的前中央地质调查所和1928年成立的前中央研究院地质研究所等机构的古生物室组。

1998年底在职职工253人，离退休职工148人，各类科技人员208人，有中国科学院院士6人，博士生导师26人，研究员级科技人员51人。现有在学博士生18人，硕士生4人。另有博士后6人。

南京地质古生物研究所主要从事无脊椎古动物学、古植物学、孢粉学、分子古生物学及地层学的研究。研究地球历史进程中生命的起源，植物和无脊椎动物以及微体生物系统分类；生物的发生、辐射、分布、绝灭和复苏的规律；古生态系统演替和古生态学、古气候学、古生理学的综合研究，探索生物与环境的关系。地质年代的确定；各纪地层的划分与对比；全球地层界线层型剖面的综合研究；沉积学与沉积矿产的研究。

今后将着重于古生物学及地层学的基础理论研究，开拓新学科领域和新的学科生长点，争取在本学科前沿领域作出若干独创性、突破性、有重大国际影响的科研成果。加强学科领域的积累性基础研究、以地质历史时期的生物及遗迹的分类、生物区系、门类古生物系统总结等为基础，探讨地球历史进程中全球生物与环境的关系和生物演化的规律；开展高精度地层学研究；建立与完善古生物学与地层学资料数据库。发挥学科优势，积极采取多种形式为国民经济建设和社会发展服务，为国家能源、矿产资源的勘探开发、远景评估和环境保护服务，积极普及古生物学知识。在本世纪末至21世纪初建成一个面向世界、富有特色、具有国际先进水平的古生物学研究中心(科研中心、信息资料中心、标本收藏中心),及我国古生物学、地层学领域高层次科技人才培养基地及科普基地。

全所科研工作分为6大块:古无脊椎动物学、古植物学、微体古生物学、分子古生物学及化石生物学、地层学。设有7个研究室和1个开放实验室。第一研究室(孢粉学)、第二研究室(古植物学)、第三研究室(以早古生代古无脊椎动物学、地层学为主)、第四研究室(以晚古生代古无脊椎动物学、地层学为主)、第五研究室(以中、新生代古无脊椎动物学、地层学为主)、第六研究室(沉积学)、第七研究室(低等古植物学)和现代古生物学与地层学开放研究实验室(Lab. of Palaeobiology & Stratigraphy)。开放实验室以理论古生物学、早期生命演化、全球地层界线层型、生物的绝灭与复苏、分子古生物学为主要研究方向。南京地质古生物所为博士、硕士学位授予点,建有博士后科研工作流动站。

所内建有亚洲最大的古生物学专业图书馆,收藏28万余卷(册)专业图书、期刊,中外文期刊杂志2000余种,与54个国家(或地区)300多个研究或出版机构有出版物交换关系。设有供研究工作需要的实验室,大型仪器有JSM6300扫描电镜、Devex X射线能谱仪、MRC-1000激光扫描显微镜、HP5890全自动氨基酸分析仪、CDS-1000热裂解分析仪、PCR及DNA测序设备等。标本室收藏有15万件模式标本,建有面向社会公众开放的化石陈列馆。为江苏省科普教育基地和南京市中小学生科技教育基地。

1998年在江泽民总书记关于在中科院率先开展"知识创新工程"试点的"2.4"重要批示指引下,按照院党组的部署,全所科学家及职工积极投入"知识创新工程"的试点工作。在深入调研集中群众智慧的基础上,对南京地质古生物研究所知识创新、机制创新和队伍创新的方案进行了广泛的讨论,确定了知识创新的科学目标及主要创新领域,以及南京地质古生物研究所新的结构模式,新的研究系列将设古无脊椎动物学、古植物学及孢粉学、微体古生物学三个研究室及现代古生物学与地层学开放研究实验室。制定了南京地质古生物研究所"知识创新工程"试点实施方案。12月下旬首批进入"创新基地"研究员岗位招聘工作正式启动。

1998年南京地质古生物研究所围绕"知识创新工程"试点工作,对全所的战略定位和发展目标重新认定,对学科布局及研究领域的确定强调了"突出重点,发挥优势,重点支持";队伍建设的重点在于"精干队伍,优化组合,加强队伍的年轻化";同时,精简管理机构,精干管理队伍,强化后勤服务和科技开发。

1998年南京地质古生物研究所在积极开展已落实的"九五"项目研究工作的同时,继续加强科研项目组织与科研经费的争取落实。在国家科学技术部、国家自然科学基金委员会的支持下,国家科技"攀登计划"项目(专项)"地球早期生命演化与寒武纪大爆发"年初正式立项启动,为在这个领域保持优势,深入研究提供了保证。"热河生物群综合研究"项目被国家自然科学基金委员会批准为重点项目。"泛大陆关键时期环境与生物绝灭"、"奥陶纪'统''阶'级全球界线层型剖面点在中国的建立"等4个院重大、重点项目的研究工作已陆续展开。"前寒武纪瓮安生物群及埋藏学、生态学和发育学"等7个项目获国家自然科学基金(面上项目)的资助。积极参与"南极典型地区资源与环境变化"、"青藏高原环境变化及区域可持续发展"等院重大项目中的古生物与地层工作。继续坚持科研工作为国民经济建设服务的方针,积极承担相关研究课题,1998年南京地质古生物研究所与吉林石油管理局、胜利石油管理局等签署了"松辽盆地南部中生代藻类化石研究"、"塔里木盆地微体古生物研究"等项目,为今后的合作奠定了基础。

1998年南京地质古生物研究所在国内外发表论文150余篇,出版专著4部。在美国《科学》(《Science》)杂志发表论文4篇:陈均远研究员与台湾清华大学李家维教授关于前寒武纪"瓮安生物群"、金玉玕研究员等与美国学者关于古生代末期生物大绝灭速率、孙革研究员等的《追索最早的花——中国东北侏罗纪被子植物:古果》(封面文章)、尹磊明研究员等关于"瓮安生物群"的讨论文章等。英国《自然》(Nature)杂志发表了陈丕基研究员等关于"中华龙鸟"的修订文章,将其分类从鸟类改为小型兽脚类恐龙。

二叠系乐平统经过几代科学家的研究奠定了

很好的基础，近十余年来金玉玕研究员等在这个领域的研究取得重大突破。7月底，联合国教科文组织代表、国际地层委员会和国际地质图编委员会联席会议决定将乐平统正式列入全球年代地层表。

为国民经济建设服务有关研究项目在1998年取得显著成绩。经过3年的工作，“三峡工程淹没区国际标准化石采集研究”取得丰硕成果，年中通过国务院三峡办及中国长江三峡工程总公司组织的验收；“羌塘盆地三叠——侏罗纪微体化石及地层研究”、“塔里木盆地西南缘侏罗纪基准剖面的建立”、“潮水-雅布赖盆地侏罗-白垩纪地层研究”等7个课题通过中国石油天然气总公司新区勘探事业部等单位的验收。国家科技攻关项目二级专题“塔里木盆地古生物地层研究”通过中国石油天然气总公司及塔里木石油勘探指挥部验收。

1998年南京地质古生物研究所以现代古生物学与地层学开放研究实验室为主，举办“科学探索与进展”系列学术报告，其宗旨为“追踪科学热点，传播科学知识，探讨科学问题，展示科学成果”。内容涉及当代古生物学和地层学及相关科学领域中的新发现、新问题和新进展。以专题报告的形式广泛发扬学术民主，充分讨论交流。一年来，邀请国内外、所内外专家举行了17次报告，内容涉及早期生命的起源，分子古生物学，“中华龙鸟”的修订研究，分子进化与生物的多样性，同位素测年，碳氧同位素以及地层学研究新进展、新成果，受到所内外科技人员的热烈欢迎。

1998年，南京地质古生物研究所共获3项院、省级科技成果奖励，“奥陶系达瑞威尔阶全球界线层型及中国奥陶系对比”、“塔里木盆地海相白垩纪及第三纪地层古生物及沉积环境”分获中国科学院自然科学奖二、三等奖；“长期气候变化对太湖盆地生态系统影响”获江苏省科学技术奖三等奖。迄今世界最早被子植物“辽宁古果”的发现被评为“1998年中国十大科技新闻”。澄江、瓮安生物群等早期生命研究及迄今最早被子植物的发现被评为“1998年中国基础研究十大新闻”。

1998年南京地质古生物研究所围绕国家、院的重大项目及新兴学科进行国际合作与交流，与美国就被子植物的起源、古生代末期生物大绝灭速率、澄江化石生物群等“热点”开展国际合作研究，已取得重要成果。全年出国（出境）41人次，接待来访外国学者33人次。9月20日在浙江省常山县二都桥乡黄泥塘举行奥陶系达瑞威尔阶全球界线层型剖面点保护碑揭碑仪式，国际奥陶系分会原主席韦伯教授率IGCP410项目工作组成员考察了该剖面点。考察前在南京举行了为期3天的“奥陶纪生物多样性讨论会”，出席会议的有澳、美、德、法、比、捷、韩、摩洛哥等8个国家的16个学者及我国学者20余人，专家们对黄泥塘剖面的研究工作给予高度评价，在野外考察中对我国政府采取的保护措施大加赞誉。

现有40人在22个国际科技机构中担任60余个职务，重要的有金玉玕研究员任国际古生物学会（IPA）副主席，穆西南研究员任国际化石藻类学会主席，陈旭研究员任国际奥陶纪地层分会副主席，戎嘉余院士任国际志留纪地层分会副主席，孙革研究员任国际古植物协会（IOP）执行委员等。

南京地质古生物研究所是中国古生物学会及其下属20个分会、工作组和江苏省古生物学会的挂靠单位。编辑出版的重要出版物有《古生物学报》、《微体古生物学报》、《地层学杂志》、《中国古生物志——新甲、乙种》、“Palaeontologica Cathayana”、“Palaeoworld”、《古生物学文摘》及《中国科学院南京地质古生物研究所集刊》、《丛刊》等。

所内设科技开发部、东方化石标本中心、雅石公司、公共事业服务部、技术实验中心，主要从事石油天然气等沉积矿产勘探开发中的古生物学、地层学、沉积相等领域的科技咨询服务以及化石展览、化石工艺品开发等业务。

南京天文仪器研制中心

常务副主任：王　永（法人代表）
地　　　址：南京市玄武区板仓街188号
邮 政 编 码：210042
电　　　话：025-5411776
电 子 函 件：naire @ issas. ac. cn

中国科学院南京天文仪器研制中心的前身为中国科学院南京天文仪器厂，成立于1958年，1991年12月1日经国家人事部批准改为现名。

1998年底南京天文仪器研制中心有职工480人，其中科技人员178人、占职工总数的37%，有中科院院士1人，研究员12人，副研究员、高级工程师69人，博士生导师6人，在学研究生13人（博士生4人、硕士生9人）；工人262人、占职工总数的55%；行政干部40人、占职工总数的8%。

南京天文仪器研制中心以天文仪器技术与方法为专业研究方向，是天体物理学科博士学位授予点。近年来，通过结构性调整，中心形成了清晰的三大体系，即以天文技术与方法研究所冠名的研究体系和以高科技产品开发为主要宗旨的开发体系以及以后勤保障为内容的后勤服务体系。三大体系的人员比例为1∶3∶1。

目前，南京天文仪器研制中心涉及的研究领域有拼接镜面主动光学技术研究（国家自然科学基金重点项目）、大口径高精度天文镜面磨制技术研究（国家自然科学基金重点项目）、外差全息分光术在天文学中的应用研究（国家自然科学基金面上项目）、薄镜面主动光学技术研究（天文委员会重点项目）、天文光干涉技术研究（中科院重点项目和天文委员会支持项目）、大口径镜面复制技术研究（天文委员会支持项目）、毫米波天线面板技术研究（天文委员会支持项目）、图象处理技术研究（天文委员会和江苏省自然科学基金支持项目）。

由中科院院士、北京天文台研究员王绶琯先生与中科院院士、南京天文仪器研制中心研究员苏定强先生首先发起并经国家正式批准立项的大天区面积多目标光纤光谱望远镜（LAMOST）在项目总工程师、南京天文仪器研制中心副主任崔向群研究员的领导下，前期工作正有条不紊地按计划进行，1998年完成了实质性的初步设计并准备好了接受由国家组织的专家评审会议的材料。

由南京天文仪器研制中心与北京天文台、北京自动化研究所合作研制成功的2.16m光学天文望远镜继1997年获中科院科技进步奖一等奖后，1998年又获国家科技进步奖一等奖。该项目的第一获奖者苏定强在北京受到了中共中央总书记、国家主席江泽民的接见。南京天文仪器研制中心研制成功的2.16m望远镜折轴阶梯光栅分光仪1998年获中科院科技进步奖二等奖。

1998年3月，中科院院士、南京天文仪器研制中心研究员苏定强与南京天文仪器研制中心副主任崔向群研究员赴美国夏威夷州参加了天文望远镜与仪器国际会议并作了学术交流。同年，南京天文仪器研制中心还代表中国天文学会赴台向台湾省嘉义市天文协会赠送了天文仪器和相关设备。

在面向市场进行科技产品的开发方面，南京天文仪器研制中心取得了明显的成效，天文科普望远镜、光栅编码器、电子显示屏、多功能数显表等一批高科技产品以其质量高、外形好博得了用户的欢迎。同时，南京天文仪器研制中心在“863”、“921”等高科技攻关领域也发挥了专长，取得了良好的社会效益和经济效益。1998年8月，南京天文仪器研制中心研制出口的万用双折射滤光器在日本京都大学HIDA天文台由日本明星大学校长日江井教授和日本国立天文台首席太阳物理学家樱井隆教授共同主持了验收，认为该滤光器的各项技术指标均达到或超过合同提出的要求，而且操作简便可靠，外形美观大方，从而南京天文仪器研制中心研制的万用双折射滤光器以其质量好、性能优享誉日本天文界。

南京天文仪器研制中心是中国天文学会天文仪器与方法专业委员会的挂靠单位。现编辑出版的学术刊物有《天文仪器与技术》。

南京土壤研究所

名誉所长：李庆逵
所　　长：曹志洪
地　　址：南京市北京东路71号
邮政编码：210008
电　　话：025-3610462
图文传真：025-3353590
电子函件：iss@issas.ac.cn

中国科学院南京土壤研究所成立于1953年，其前身是1930年创立的中央地质调查所土壤研究室。现有职工355人，其中专业技术人员296人，有中国科学院院士5人，研究员34人，副研究员、高级工程师等118人，中级科技人员110人。现有在学博士研究生33人，硕士研究生20人。另有在站博士后11人。

根据学科发展趋势和社会需求，目前南京土壤研究所的学科定位是以现代土壤学为主学科，以土壤资源、土壤肥力、土壤环境为主要研究领域，以基础和应用基础研究为主的国家级自然科学研究机构；以发展土壤科学，实现我国农业现代化和21世纪可持续发展为目标，不断开拓创新，为国家和社会提供土壤资源高效利用与土壤环境保护的决策依据和关键技术；成为具有国际先进水平的土壤科学研究中心和高级科技人才培养基地。中长期发展战略是以提高土壤质量与生产力和改善生态环境为目的，赶超国际土壤科学前沿，着重研究土壤圈物质循环与其他圈层的相互作用机制及其对土壤质量的影响，创立土壤质量评价与调控理论，为土壤资源高效利用、土壤肥力保持与提高及土壤环境保护提供科学依据，使研究成果居国际土壤科学先进水平；以实现我国农业现代化和21世纪可持续发展为目标，加强土壤生态系统定位试验基地建设，利用长期积累的土壤资源、土壤肥力、土壤环境数据资料，建立和不断更新中国土壤信息系统(SIS)，解决土壤资源高效利用和土壤环境保护中的关键技术问题，为21世纪我国粮食安全保障作出贡献。

南京土壤研究所是农业资源利用一级学科博士学位与硕士学位授权点，同时还具有生态学、水土保持及荒漠化防治的硕士学位授予权，并设有农业资源利用一级学科博士后流动站。

目前南京土壤研究所按学科分支设有7个研究室，分别为土壤圈物质循环开放研究实验室、土壤资源与遥感应用研究室、土壤肥力与植物营养研究室、土壤物理与盐渍土研究室、土壤化学与环境保护研究室、土壤微生物与生态研究室、红壤生态与信息网络研究中心。此外，还有封丘农业生态实验站、鹰潭红壤生态实验站、常熟农业生态实验站。其中开放实验室、封丘站、鹰潭站为中国科学院开放研究室、站。南京土壤研究所图书馆是联合国粮农组织的特约藏书图书馆；土壤标本陈列馆陈列有全国不同类型及部分国家和地区的土壤标本；土壤与环境分析测试中心是国家技术监督局认定的国家计量认证合格单位，拥有十多台大型分析仪器。南京土壤研究所还是中国科技网南京端口所在地。

1998年结合中国科学院研究所定位与结构调整工作，南京土壤研究所在明确今后发展战略和定位目标的基础上，制定并初步实施了相应的结构调整方案。在研究系统调整方面，将原有的12个研究室级建制重组为目前的7个室级建制，从而在一定程度上减少了过去各研究室之间学科分支过分交叉重复的弊端，确保优势力量相对集中。针对野外站较多的特点，将各野外站分别与相应研究室整合挂靠，以进一步加强室内与室外、微观与宏观工作的结合，使室、站优势互补，相互依托，共同发展。在技术支撑系统调整方面，除继续保留期刊文献中心外，还将所内主要的大型分析仪器进行归并，成立了具有国家计量认证资格的土壤与环境分析测试中心，“一套人马，三块牌子”，既是全所的分析测试中心，又是土壤圈物质循环开放研究实验室和CERN-土壤分中心的仪器分析中心，在确保满足开放实验室、土壤分中心及全所科研任务需求的同时，向社会提供有偿服务，这不仅使所内大型仪器真正实现了共享，同时也提高了仪器设备的利用率，使之逐步走上良性发展的轨道。与此同时，对管理系统的机构和职能也进行了相应的改革和必要的调整，意在进一步精干队伍，建立办事高效、运转协调、行为规范的科研行政管理体制，更好地适应实现定位目标和开展知识创新工程的需要。在调整后设立的“两办三处”中，根据任务设定岗位、根据岗位设定编制，在管理任务不减少、工作量相应增加的情况下，将机关管理人员的编制控制在院规定的全所职工总数的7%以内。

1998年南京土壤研究所共有在研课题项目193项，其中“九五”国家科技攻关课题7项，国家自然科学基金课题28项，中科院课题29项。全年实际到所科研经费1142万元。经过全所上下的努力工作，各项在研课题均较好地完成了当年计划。

1998年南京土壤研究所有9项重要科技成果申报登记；有2项科研成果获得中科院自然科学奖二等奖，分别是刘铮等编写的《中国土壤微量元素》和陈怀满等编写的《土壤-植物系统中的重金属污染》。1998年南京土壤研究所共向国家专利局提出专利申请8项，有3项专利获得授权。

1998年9月“全球土壤修复网络-亚洲中心”在南京土壤研究所正式成立，是南京土壤研究所力争成为国际土壤科学研究中心之一的又一重要标志，同时也为南京土壤研究所在我国及亚洲地区污染土壤修复和土壤质量提高方面作出更大贡献创造了良好机遇。为扩大内地与香港地区科学家在土壤与环境研究领域的合作与交流，1998年12月与香港浸会大学联办的“土壤与环境联合开放实验室”在南京土壤研究所正式挂牌成立，此举将更好地促进我国在该领域研究水平进一步的提高。1998年南京土壤研究所还主持召开了“设施农业国际学术讨论会”等3次国际学术会议，又形成8项国际合作研究项目。

1998年南京土壤研究所继续加强了人才培养工作，经过严格的考核和评定，特批晋升3位45岁以下的研究员，使得全所45岁以下的研究员已达13人。与此同时，南京土壤研究所进一步加大了研究生和博士后培养工作的力度，在不断提高培养质量的同时，积极扩大招生规模，当年招收硕士研究生8人，博士研究生12人，7位博士后进站工作，招生数量创历史最高记录。目前，研究生及博士后已成为该所科研工作的一支重要生力军。

南京土壤研究所是中国土壤学会和江苏省土壤学会的挂靠单位。编辑出版“Pedosphere”、《土壤学报》、《土壤》等学术期刊。

合 肥 分 院

院　　长：王绍虎
地　　址：合肥市蜀山湖路 350 号
邮政编码：230031
电　　话：0551-5591236
图文传真：0551-5591270
电子函件：hsb@ms. hgcas. ac. cn

中国科学院合肥分院 1978 年 11 月成立，本部总人数为 374 人，其中管理人员 85 人，高工以上科技人员 47 人，中级技术人员 102 人。

1998 年合肥分院积极推进科研基地各研究所结构调整，等离子体物理研究所、安徽光学精密机械研究所和固体物理所通过专家评审，经过中国科学院审核，批准第一批进入基地型研究所。经过定位后的等离子体物理研究所以基础研究为主，主要学科方向，磁约束可控核聚变研究。其次为离子束生物工程技术、强磁场、低温等离子体应用。安徽光学精密机械研究所以应用基础研究和开发研究为主，主攻方向为大气光学、激光技术和环境监测技术。固体物理研究所主要从事基础研究，其学科方向是纳米与纳米结构，机械吸收能谱学，计算凝聚态物理与计算材料科学。上述各研究所科技力量组织，内部管理机构和体制上也相应作了较大改革，有的已实行全员合同聘用制，进行岗位聘用，实行工资与绩效挂钩。合肥智能机械研究所也正在积极争取进入第二批定位的基地型研究所。

分院认真组织评审科研成果鉴定，积极为地方经济建设服务。1998 年，分院组织鉴定了 10 项科研成果，上报中国科学院成果 19 项，获奖成果 8 项，完成专利代理申请 70 件，技术转化代理 2 件。在获奖成果中，等离子体研究所有 HT-7 装置及安徽光学精密机械研究所与成都光电技术研究所合作的自适应光学综合装置 2 个项目荣获了中国科学院科技进步奖一等奖。等离子体研究所 HT-7U 大学科工程项目已正式启动，部分经费已到位。固体物理研究所作为“攀登计划”纳米材料专题的首席专家单位得到了强度的支持。整个分院系统科研、开发经费比上年度有所增加。在为地方经济服务上，合肥分院 1998 年组织了 3 次科技成果发布会，有力地推动了所与企业的合作。分院所属 4 个研究所与上海、江苏、安徽、江西等地合作，新开 10 个合作项目，其中一项为国家产学研工程，2 项列为省级技术创新项目。农业专家系统在云南、安徽、甘肃 3 省推广获新的成功，成为国家通知化农业信息技术应用示范点。等离子体物理研究所的离子束育种还与合肥丰乐种子集团共建离子束生物工程研究中心。

1998 年是中国科学院合肥分院成立 20 周年，为了节俭，分院院庆与中科院在全国各地的分院院长、书记会放在同时举行，院庆大会省委、省政府领导王明方、黄岳忠同志到会并宣读了贺电，省、市有关负责同志也到会祝贺。中科院 12 个分院院长、书记参观了合肥、宣城地区的高新技术开发区的乡镇企业，不仅增加了对省情的了解，也广开了地方合作的途径，同时也扩大了科学院的影响。

1998 年合肥分院进一步推进了科研基地的基础设施建设，科研支撑系统更加完善，计算机网络改造工程全部结束，污水处理运行验收合格，高压电线路改造全部完成，基地供水部分管道进行了改造，保证了科学岛水、电、煤气、交通、通讯、暖气等正常运行。医院统筹改革进一步控制了医疗费用的增幅。中、小学、科技学校办学条件、办学水平有进一步改善和提高，商业网点、卫生绿化强化了管理，面貌有较大变化，1998 年合肥分院又被合肥市评为卫生先进单位。

1998年，王太华代省长、汪洋常务副省长以及分管科技工作的副省长张平先后来合肥分院考察、指导工作。共商共建科学岛事宜。

9月10日江泽民总书记在温家宝、曾庆红、王克、曹纲川、陈耀邦、由喜贵、贾延安、王沪宁以及回良玉、王太华陪同下视察了中国科学院合肥分院，视察了离子束育种和HT-7托克马克装置。还欣然命笔题写了“科学岛”3个刚劲有力的大字。

等离子体物理研究所

所　　长：万元熙
地　　址：安徽省合肥市1126信箱
邮政编码：230031
电　　话：0551-5591309
图文传真：0551-5591310
电子函件：cy@mail.ipp.ac.cn
网　　址：202.127.204.28

中国科学院等离子体物理研究所成立于1978年9月，前身是1973年成立的中国科学院安徽光学精密机械研究所受控热核实验站。到1998年底，职工总数542人，其中科技人员427人，有研究员32人，副研究员105人，中级科技人员135人。现有在学研究生120人，其中博士生51人，硕士生69人。另有博士后6人。

等离子体物理研究所以高温等离子体物理和核聚变技术研究为主要学科方向，利用超导托卡马克HT-7和即将建设的超导托卡马克HT-7U开展稳态等离子体物理和托卡马克装置先进运行模式的研究，使我国的核聚变研究进入世界前沿。现已形成以核聚变为主要学科方向和开展离子束生物工程研究、强磁场科学和技术研究、应用等离子体研究及高技术开发多学科发展的格局。有2个博士点、6个硕士点和一个博士后流动站。

全所分为10个研究室和机关职能部门、技术保障系统及高技术开发公司四部分。拥有我国第一个超导托卡马克聚变实验装置和全国最大的低温液氦系统；拥有总功率200kW的脉冲电机；拥有全国最高场强的2T（20万高斯）混合磁体和10MW高稳定度直流电源；拥有世界首台离子束生物育种专用装置。

1998年等离子体物理研究所迎来了建所20周年，江泽民总书记来所视察，充分肯定了他们的科研方向和科研成绩。该所提出的HT-7U国家重大科学工程在1998年7月8日由国家计委正式立项，投资总额为1.65亿元。其预研工作中的CICC磁体技术获得重大突破，他们研制的CICC特种绕线机性能达到90年代国际先进水平，并于年底完成了HT-7U第一个超导纵场D型双饼模型线圈的绕制。虚拟制造技术对HT-7U的装配仿真分析也取得了阶段性成果，将为HT-7U的施工设计和加工制造及总装提供有力的服务。

HT-7实验取得重大进展，在国内首次成功地将多变量多目标计算机适时控制技术应用于HT-7超导托卡马克等离子体电流和位置的同时反馈控制，使每次放电时间大大延长，且放电重复性好。在此基础上，长脉冲欧姆放电时间达5.7s，低杂波有效驱动电流时间达3s，并实现了全波驱动电流，直至向变压器反充电。此外，还发展了射频波清洗第一壁和壁硼化技术，获得洁净的等离子体；成功地应用多发氘冰丸注入加料和超声分子束加料技术进行等离子体深度加料实验。由于等离子体控制技术、壁处理技术和加料技术的突破，为超导托卡马克的稳态运行、深入开展物理研究奠定了基础，标志着稳态运行下的物理研究迈出了重要一步。中美两国科学家在实验中并肩战斗，深化和拓展了物理研究的内容。

离子束生物工程实验楼建成，美国赠送的5.5MeV加速器已改造安装完毕。微生物育种推广应用取得重大进展，Vc菌种改良获得突破，向东北制药厂等厂家转产成功。

等离子体物理研究所在1998年进行了一系列科研管理改革：精减调整机构，实行人员分流，将10个机关部门合并为4个，人员由104人减少到44人；按照学科方向和科研任务的不同，调整了研究室，减少了中间环节，能更有效地围绕大科学工程建设和装置实验开展工作；设立研究室室务委员会和机关处务委员会,淡化干部身份,形成能上能下的干部管理机制;积极推进全员聘用制,并实行新的奖励办法,克服原有用人机制的弊端。

固体物理研究所

名誉所长:葛庭燧
所　　长:张立德
地　　址:合肥市西郊董铺岛
邮政编码:230031
电　　话:0551-5591415
图文传真:0551-5591434
电子函件:office@mail.issp.ac.cn

中国科学院固体物理研究所于1982年3月正式成立,现有职工128人,其中科技人员104人,有中国科学院院士1人,研究员14人,副研究员和高级工程师29人,中级科技人员30人。现有在学博士生35人,硕士生32人。另有博士后4人。

固体物理研究所主要从事凝聚态物理和新材料的制备与物理的实验和理论及计算凝聚态物理的研究。设有凝聚态物理的硕士点、博士点和博士后流动站,现有4个研究室和1个固体微结构分析实验室。主要研究领域有纳米材料与纳米结构、机械振动吸收能谱学、计算凝聚态物理理论和计算材料科学、氧化物的电子输运等。内耗与固体缺陷实验室是中国科学院首批对外开放的研究室,是国际上公认的内耗与固体缺陷研究中心之一。主要通过固体材料的机械振动吸收谱(内耗谱)来研究固体材料的结构和缺陷组态及其动力学过程,在非线性滞弹性内耗的理论和实验、过程内耗、金属阻尼材料的制备及其阻尼机制、大分子材料内耗谱、新材料和高新技术领域中的内耗谱应用等领域进行研究。纳米材料和纳米结构实验室是国内最早开展纳米材料研究的单位之一。目前,作为首席科学家单位之一,主持着"九五"国家"攀登计划"项目——纳米材料科学。主要在纳米结构体系的设计与合成、准一维纳米材料(纳米丝和纳米电缆)、各种低维阵列体系、异质纳米颗粒/介孔固体组装体系及其他人工超结构体系、介孔组装体系的表面和界面热力学、电子结构、界面耦合等方面获得了比较系统的研究成果。在对纳米Ag电子结构和输运特性的研究中,发现了负电阻温度系数的尺寸效应,观察到了纳米氧化物低频下的介电现象,发现了尺寸效应。在计算物理和计算材料方面做出了特色工作,并在理论计算方法、材料设计及稀土过渡族新材料的电子结构等研究方向做出了高水平的工作。氧化物巨磁电阻获得了院重大项目的支持,在降低饱和磁场,高磁电阻极大值工作温度方面做出了卓有成效的工作,在机理方面也有较大的突破,通过纳米掺杂在Bi系银包套带材内引入磁通钉扎中心取得了较大进展,使Bi系带材的Jc在磁场下有较明显地提高。

固体物理研究所经过10多年的发展,已在凝聚态物理和纳米材料科学若干前沿热点领域形成了特色,拥有一系列特殊材料的制备装置和一批用于材料的力学、电学和热学的物性测试及固体微结构分析的大型仪器设备,拥有国际一流的频谱齐全、温度范围宽的内耗测量装置。1995年底固体物理研究所用院设备专项资金购买了3台世界上先进的仪器设备(Cary-5E分光光度仪、Omnisorp 100cx比表面与孔隙分析仪、扫描探针显微镜Spm cp)以及现有的pw1700型X射线衍射仪等,都为固体物理所在纳米材料的研究中发挥了巨大的作用。

1998年中科院基础局组织对固体物理研究所的定位评估专家评审,明确提出"该所以基础研究为主,应用研究为辅的战略定位,以纳米材料科学、机械振动吸收能谱学、计算物理三个方面作为主要学科方向是合适的"。院长办公会议已经同意专家评审意见,认定固体物理研究所为基础研究基地型研究所。

1998年全所共争取和承担的主要科研项目共43个,其中3项国家"攀登计划"预选项目,特别是国家"攀登计划"纳米材料科学,固体物理研究所是"九五"预研项目的3个主持单位之一。除此之外,有国家自然科学基金委的面上项目11个,院重大项目2个、重点项目3个,"863"超导攻关项目1个,安徽省"九五"科技攻关项目1个,院仪器设备升级改造项目4个,研制项目1个,大型仪器功能开发项目1个等。1998年11月,美国矿物金属和材料学会（TMS）发布新闻，宣告固体物理研究所葛庭燧院士为1999年度TMS年会金属讲座演讲和梅尔奖（R.F.Mehl）获得者。金属讲座演讲和梅尔奖是授予材料科学和应用领域的权威人物的，这项荣誉是国际材料学界迄今最高的奖励，也是该奖自1921年设立以来首次授予亚洲科学家。

1998年固体物理研究所在正式出版物上发表论文116篇，其中被SCI索引的论文有72篇。根据中国科技论文统计与分析，1998年固体物理研究所在全国科研机构中，被SCI论文索引排名为第十七位，论文引证排名为第二十二位。有2项成果分别获得了中科院发明奖二等奖和安徽省科技进步奖二等奖，有1项成果向院申报。在应用研究方面，建立了纳米材料研究制备中心，从横向争取到相当数量的科研经费。全所申请专利共7项，其中发明专利5项，已授权7项。

1998年固体物理研究所的科技开发工作也有新的起色，所办公司的当年营业额总计达1800多万元，创利税近200多万元。

1998年国际交流合作取得了可喜的成绩，固体物理研究所与德国马普学会金属研究所签订了2项合作协议，共办理出访项目17个，出国19人次，外宾的来访5次，共8人，其中包括奥地利科学院副院长卡尔·斯旅格来访等。

固体物理研究所是中国物理学会内耗与超声衰减委员会的挂靠单位。

安徽光学精密机械研究所

所　　长：胡欢陵
地　　址：安徽合肥市西郊董铺（合肥市1125信箱）
邮政编码：230031
电　　话：0551-5591539
图文传真：0551-5591572
电子函件：aio@aiofm.ac.cn

中国科学院安徽光学精密机械研究所（以下简称安徽光机所）成立于1970年9月20日。地处合肥市西郊风景秀丽的蜀山湖畔，是中科院从事大气光学、环境监测技术与激光技术等应用基础研究为主的科研基地型研究所。现有职工824人，其中科技人员504人，有研究员35人，副研究员、高级工程师136人，中级科技人员238人。现有在读研究生108人，其中硕士研究生68人，博士研究生40人。另有博士后2人。安徽光机所是国家光学专业和大气物理专业的硕士和光学专业的博士学位授予单位，设有国家光学专业的博士后流动站。

主要学科方向：大气光学、环境监测技术和激光技术。以激光大气传输和环境监测原理和技术的研究为主攻方向，大力加强环境监测中的光谱学新原理新方法、激光雷达大气探测、激光光谱学、新晶体材料、环境遥感和辐射校正、激光医疗和工业应用以及相应的激光新技术研究，安徽光机所的定位工作经评审得到院党组批准，安徽光机所进入中科院基地型研究所行列。

安徽光机所根据国家需求、学科发展趋势和市场需要认真进行了学科调整和内部结构调整，以应用基础研究为主，重视应用发展研究，推动高技术企业发展，初步形成应用基础研究，应用发展研究和企业三个层次的组织结构和发展模式。设有国家“863”计划大气光学重点实验室、中科院激光光谱学开放实验室、光学环境监测技术研究室、新型激光器研究室、晶体材料研究室、环境遥感基础及技术研究室、光电子技术研究室、非球面光学研究室和激光工程中心等11个研究室；2个部（光学加工部和机械加工部）和3个高技术企业，1个激光合成氮化硅超细粉国家产学研项目的中试基地。

安徽光机所拥有在国际上先进的、亚洲地区最大的公里级长光程可调温大气分子高分辨率吸收光谱实验系统，我国第一台紫外差分吸收激光雷达、MIE散射激光雷达以及激光大气传输实验设施。

1998年安徽光机所根据中科院“知识创新工程”试点工作要求，积极进行了结构调整和运行机制、体制改革，建立了分类考核、评价体系，开始了干部招聘和职工竞争上岗试点，取得了较好效果。

1998年度全所共承担国家等重大项目（课

题）53项，争取和落实了“车载大气激光测污雷达”、“激光大气测污雷达集成样机”、“星载激光雷达”等重大项目。1998年度2项成果通过了专家鉴定，3个项目通过验收，4项科研成果获奖，其中获国家科技进步奖三等奖1项，中科院自然科学奖二等奖和三等奖各1项，中科院科技进步奖二等奖1项。1998年度申请专利13项，获专利授权14项，发表科技论文140篇。针对环境污染中废气和尾气的重要成分NO分子及其团簇，开展了其低能电子吸附研究，结果发表在Physics ReviewA 和 Chemical Physics Letters上，受到同行高度评价；国家“九五”重点攻关项目“橡胶部件激光在线检测系统”通过院级鉴定，该系统经用户一年多的实际使用证明，该系统性能稳定可靠，用户满意，受到有关领导部门的重视；LiSCAF晶体生长研究取得重要发展，生长出Φ6×100的激光晶体棒、激光输出达到5J；可调谐蓝绿激光晶体生长已达到Φ32×120等。

1998年度安徽光机所高技术创新和开发工作又有了进一步发展。大气环境监测二氧化硫测量仪样机研制成功；开发成功脉冲环形氙灯灭菌器、烟支硬度测量仪和连续调QYAG激光打标机；JME-1型烟支含末率测试仪批量供应用户；脉冲调Q双波长YAG激光治疗仪推向市场；激光制备氮化硅高纯超细粉系统实现正常运转，粉体各项技术指标达到设计要求。

1998年安徽光机所进一步扩大了国际交流，全年开展国际交流30人次。与日本千叶大学环境遥感中心、美国佐治亚大学、俄罗斯科学院大气光学研究所、韩国庆熙大学激光工程研究所及香港城市大学环境科学及技术中心签订合作研究协议，并成功地开展了合作研究，取得较好效果。

1998年度安徽光机所进一步加大了人才培养力度，制定了有关加快人才培养的若干措施，设立创新基金，对年轻人予以一定经费支持。招聘了一名大气光学学科的中科院“百人计划”入选人员，又评审了一批年轻研究员，启用了一批年轻科技骨干担任研究室主任、副主任和机关处室负责人，充分发挥他们的作用。

安徽光机所是安徽省遥感学会、安徽省光学学会的挂靠单位。编辑出版《量子电子学报》（中国光学学会基础光学专业委员会会刊）（双月刊）和《光电子技术与信息》（安徽光机所与安徽省光学学会合办）（双月刊）。

合肥智能机械研究所

所　　长：方廷健
地　　址：合肥市科学岛
邮政编码：230031
电　　话：0551-5591100
图文传真：0551-5591100

中国科学院合肥智能机械研究所建于1979年。现有在职职工164人，其中具有高级专业技术职务的科学家50人，工程师70人。主要学科方向为传感技术与智能材料、农业智能信息系统研究、信息技术与工业自动化研究。重点研究领域包括：敏感元件与智能材料，工业传感器与特种传感器，先进制造技术，自动化检测仪表，人工智能与模式识别，专家系统等。国家传感技术开放实验室厚膜网点和“863”机器人非视觉传感器实验室设在该所，面向全国开放。研究机构分为传感系统工程研究中心、农业知识工程研究室、检测仪表与技术研究室、信息与工业自动化研究室4大部分。

合肥智能机械研究所努力跟踪国际最新科技发展潮流，不断深化科技体制改革和结构性调整。通过20年的努力，已初步形成了一支能够承担国家重大科研任务、善于打硬仗的科研队伍。建所以来，承担了一大批国家科技攻关、“863”高技术、国家基金、中科院和安徽省的重大科技项目，共取得80多项科研成果，在科学技术转化为现实生产力方面做了大量工作，为国家、社会贡献了自己的力量。1998年，全所新立项课题20项，经费449万元，并首次获得国家自然科学重点基金项目1项。合肥智能机械研究所国家级课题项目占全部课题的70%以上，显示了在争取国家任务方面的实力和潜力。所承担的各项国家攻关项目、“863”高技术项目、国家自然科学基金项目、中科院重点项目、省攻关项目等都进展顺利，通过了专家组的检查，评价较好。当年共鉴定、验收科技成果10项，其中1项基金项目被国家自然科学基金委评为“特优”。全年授权专利11项，专利工作历年都在院里排名前列。1998年，合肥智能机械研究所组织召开了首届全国智能材料学术研讨会，会议取得圆满成功。

合肥智能机械研究所是以应用研究和技术开发为主的科研所，重视科学研究与国民经济的结合。“蓝岛智能技术有限责任公司”以所总公司的形式管理所办企业，1998年，成立了总公司董事会，逐步规范所办各企业的运行。在亚洲金融风暴和国内市场低迷的影响下，合肥智能机械研究所当年技术开发收入仍达到1100万元。天安消防电子设备厂经公司董事会推荐，加入科大创新股份公司，准备上市。目前，全所开发的主要高新技术产品有智能测漏仪、心血管功能测试仪、火灾报警控制系统、测长仪、IC卡煤气抄表系统、电梯加速度测试仪、电梯限速器、图像处理系统、六维腕力传感器、智能油耗仪、智能化胎儿检测仪等，这些产品由于其质量可靠、服务周到而广受用户欢迎，它们在国防、科教、化工、机械、医疗、农业、轻工等行业得到广泛应用，不少企事业单位特别是一些大中型企业竞相来该所洽谈合作。

合肥智能机械研究所有一支训练有素、责任心强、廉政高效的管理队伍。合肥智能机械研究所重视研究生教育，现有1个博士点和2个硕士点，1998年招收了9名博士生、硕士生，当年在读研究生共23人。合肥智能机械研究所不断加强国际间科技合作，与美国、日本、俄罗斯、台湾、香港等国家和地区建立了科技合作关系。

合肥智能机械研究所承办中国自动化学会《模式识别与人工智能》学术杂志，引用率位于国内工程技术类刊物前列。

武 汉 分 院

院　　长：许厚泽
地　　址：武汉市武昌小洪山
邮政编码：430071
电　　话：027-87883790
图文传真：027-87881080
电子函件：whb@ms.whb.ac.cn

中国科学院武汉分院于1956年开始筹建，1958年7月正式成立，1961年与广州分院合并成立中国科学院中南分院，武汉分院调整为中国科学院中南分院武汉办事处，1970年该办事处撤销，1978年经国务院批准恢复中国科学院武汉分院建制。

武汉分院系统现有独立机构10个，分布在武汉、长沙两地。武汉地区有分院机关、武汉物理与数学研究所、武汉病毒研究所、水生生物研究所、武汉植物研究所、武汉岩土力学研究所、测量与地球物理研究所、武汉文献情报中心，长沙地区有长沙大地构造研究所、长沙农业现代化研究所。另外，代管水利部、中国科学院水库渔业研究所。共有正式职工（含合同制工人）2171人（不含水库渔业所），其中专业技术人员1483人，有中国科学院院士7人，工程院院士1人，高级专业技术人员517人，中级专业技术人员623人。现有在读博士生150人，硕士生150人。另有在站博士后11人。

1998年中科院“知识创新工程”试点工作启动后，武汉分院多次组织各研究所领导及有关专家认真学习江泽民同志关于“知识创新工程”的批示，传达贯彻中科院关于实施“知识创新工程”试点的一系列会议精神，领会实施“知识创新工程”的重大意义，全面了解“知识创新工程”试点工作的目标任务、实施方案和工作步骤，认真分析研究武汉分院各研究所现状和学科特点，积极推动研究所知识创新工作，努力为“知识创新工程”做贡献。

由武汉分院倡议，经与成都分院、南京分院商定，联合开展“长江一线”生态环境可持续发展综合性研究，为区域知识经济创新作贡献。7月下旬，3个分院在武汉召开了专题研讨会，3个分院领导和有关专家认真研讨了长江流域自然资源、生态环境、经济发展的历史和现状，提出了对资源、生态、环境、农业、灾害、区域地理等学科7大问题，进行理论研究和科学创新。形成了《关于建立长江流域生态环境与可持续发展研究基地建议书》，报呈中科院领导及有关部门。10月下旬，3个分院联合在武汉召开了第二次会议，即“长江流域洪涝灾害成因与对策”研讨会。会上来自3个分院及北京、沈阳、长春等有关研究所的近百名专家，针对1998年长江发生全流域性特大洪水的成因及综合整治问题，从气象、水文、生态、环境、工程地质等方面乃至全流域的角度展开了热烈的讨论。研讨会上，专家们提出必须从可持续发展的高度和整个流域层次重新认识长江流域的生态、环境特征及其完整性和脆弱性；必须多学科交叉联合，开展长江流域生态环境综合整治系统工程研究；必须加大长江流域减灾防灾实用性高新技术研究的力度等4个方面的建议和意见，受到了到会的中科院和湖北省有关领导的重视和肯定。交流论文达60余篇，并编辑出版了《长江流域洪涝灾害及科技对策》论文集。

尔后，又在南京分院召开了第三次会议，即“二十一世纪长江流域农业可持续发展”研讨会。3个分院的联合行动，得到了科学院领导的重视和支持，目前“长江一线”工作领导小组和专家委员会已正式成立，今后将继续开展一系列综合性研究工作，积极为知识创新试点工作作贡献，为长江流域经济发展服务。

武汉分院继续组织所属8个单位80余名科技人员参加由武汉分院承担的中科院“九五”重点科技项目“江汉平原四湖地区涝洼地高效生态农业技术开发示范”和湖北省“九五”重点科技攻关项目“四湖地区持续高效农业发展技术研讨与开发”。在1997年工作基础上，又新增监利县黄歇口镇中心试区和3个辐射点，增设了“持续高效农业发展技术研究与开发成果推广”课题，进一步扩大了示范推广范围。同时在农业科技开发深度、农业产业化建设和宏观战略决策三个方面开展了持续高效生态农业技术研究与开发，在监利、荆州、洪湖等地的8个辐射区开展了涝渍地稻田高产高效综合配套技术，涝渍低产田水肥调控技术，低湖田高效综合开发模式，湖区资源高效利用型畜牧业养殖技术，庭院资源合理开发及高效利用技术，池塘高效养殖技术，四湖地区农业持续发展战略及农业管理专家决策支持系统研究。目前，已初步建立了2000亩优质，高产水稻良种繁殖与示范基地，1万亩优质油菜生产示范基地，800亩优质莲藕良种繁育基地，1000亩水产品种苗繁育、养殖基地，10万头猪、100万只土鸡畜禽规模化养殖基地等6个农业产业化开发试验示范基地。在试区举办种植，畜禽与水产养殖技术培训班10余期次，培训人员达1000余人次，印发技术资料6000余份，有力地促进了科学技术在试区的普及与应用，并产生了良好的经济和社会效益，共计新增产值约1500万元。

特别是在遭受了历史罕见的洪涝灾害之时，武汉分院多次组织农业专家、及时深入监利、石首、洪湖等重灾区进行专题调查研究，制定科技救灾实施方案，通过讲座、座谈、现场指导等多种形式，针对灾后农业生产遇到的问题，为当地科技救灾及灾民重建家园出谋划策。

此外，与洪湖蓝田公司共同制定了《洪湖蓝田公司水产品原料基地建设1998年生产实施方案》，指导蓝田公司进行池塘藕（莲）田套养异育银鲫和草鱼养殖600亩，亩增鱼产品40公斤，产值提高15%；大湖围网养殖成鱼1万亩，预计总产150万斤。受省科委委托，组织水生生物研究所、武汉植物研究所有关专家完成了湖北省重点科技项目“城郊设施农业（工厂化生产）技术研究建议书”。

组织所属研究所参加了湖北、广西、沈阳、江苏、海南、汕头、武汉、鄂州、深圳等省市举办的科技展示会、高新技术产业洽谈会、交易会、招商会等12次，签定科技和高新技术产业合作协议近50项，协议金额达1000万元。通过这些活动，促进了分院系统对外交流，为一批高新技术的推广应用创造了条件。

武汉分院注意积极推动与高校的合作，先后与华中理工大学、中国地质大学（武汉）、武汉测绘科技大学等高校建立了良好的合作关系。其中武汉分院与中国地质大学（武汉）及省科协联合组织召开了“中国中部暨湖北省环境资源与可持续发展学术交流会”。组织各研究所领导到中国地质大学（武汉），与该校领导及各院系负责人就双方的合作，进行了具体协商，双方联合共建协议书即将签定。就武汉物理与数学研究所、水生生物研究所、武汉植物研究所与华中理工大学的合作进行了多次磋商。

三峡办公室在完成协调科学院及所属单位三峡工程科技项目同时，积极协助国家三峡办公室组织有关专家学者对中科院承担的三峡工程5个科研项目进行了验收，其中白鱀豚保护研究，中华鲟人工繁殖放流效果评价研究、长江上游特有鱼类保护方法研究、宜昌大老岭森林公园珍稀植物保护研究等4个项目属水生生物研究所和武汉植物研究所承担的，5个项目均获通过并受到专家好评。

为解决科技人员特别是高层次专家的住房困难，小洪山地区6个单位联建的“九五”职工住宅正式启动，该住宅由武汉分院统一规划，统一设计，统一报批，统一招标，统一管理施工。为搞好这次住宅建设，分院成立了专门班子，广泛征求职工建议，多次召集各单位分管领导和部门负责人会议，对6栋住宅的选址、数量分配、经费预算、设计方案、建设期限等进行协商，形成了一致意见。成立了由6个单位代表参加的建房招标领导小组，按国家有关规定公开招标，民主决议，择优录用施工队伍。同时聘请了专业监理队伍，保证施工质量。在完成施工前期准备工作基础上，已破土动工，目前进展顺利。

武汉岩土力学研究所

所　　长：白世伟
地　　址：武汉市武昌小洪山
邮政编码：430071
电　　话：027-87869251
图文传真：027-87863386
电子函件：irsm@dell.whrsm.ac.cn

中国科学院武汉岩土力学研究所成立于1958年10月。建所时从事空气动力学研究，1962年改为从事岩土力学研究。1998年底共有职工262人，其中科技人员203人，有中国工程院院士1人，研究员20人，副研究员、高级工程师61人，中级科技人员66人。现有在读研究生56人，其中博士生32人，硕士24人。武汉岩土力学研究所是固体力学、岩土工程博士学位、硕士学位授予单位。1998年11月新增设岩土工程博士后流动站。

武汉岩土力学研究所1998年通过由中科院高技术研究与应发局主持的研究所战略定位评审。其学科方向为岩土力学、岩土工程力学。研究领域为应用基础研究、工程应用研究和工程测试技术研究。通过开展岩土介质基本力学性质、本构关系、流变特性、工程特性等综合性研究，解决国民经济建设中交通、能源、矿山、城镇建设、国防工程建设及环境灾害防治中的重大岩土工程课题。形成了以开放实验室为基础研究基地，同岩土工程研究中心的应用研究紧密结合的互补结构。经过调整和发展，形成人员精干、结构合理一支能从事岩土力学知识创新技术攻坚的研究队伍，具有一流实验装备支撑体系的科研基地。岩土工程研究中心将逐步形成以应用研究和科技开发为中心，具有强烈造血功能，以科研基地为依托，以社会需求为动力的科技实体。以基础研究和应用研究相结合的武汉岩土力学研究所将成为我国岩土力学学科发展的中心和岩土工程技术进步的带动力量，成为我国同世界各国学术交流、人才交流的中心，成为联系学术界和工程界的纽带。

1998年全所共承担各类纵向、国际合作以及重大岩土工程课题54项，合同金额1278.7万元。上述项目中，国家、院、省市攻关基金项目33项，除已正在执行的国家“攀登计划”项目1项之外，含国家自然科学基金项目8项，国家攻关项目4项，中科院各类攻关、基金、重大装备项目15项，省市科委资助项目4项。承担的新加坡合作项目、以及香港、台湾地区的合作项目4项，合同金额约167万元，占13.1%。承担的重大岩土工程课题172项，合同金额431万元，占33.7%。

1998年武汉岩土力学研究所共有9项科研成果结题并通过验收登记。有7项实用新型专利获上级批准。另申报专利6项，其中发明专利1项，实用新型专利5项。全年共有95篇论文在国内外学术刊物公开发表，其中有26篇论文在核心刊物发表，国际会议发表论文12篇。1998年全所组织申请国家自然科学基金、中科院应用研究与发展重大研究项目和长江防灾关键课题取得较大进展，有3项国家自然科学基金项目获得批准，武汉岩土力学研究所组织的“岩土工程实用分析软件与三维地层信息系统的研究与开发”获高技术局批准。针对1998年长江流域特大洪水灾害，专门组织科技人员酝酿长江干堤险情隐患探测的关键技术的开发，以及加固治理等课题前期研究。组织科技人员采用地球物理技术对荆江大堤监利险段、武汉市东风险段、汉南险段等大堤的隐患进行探测，取得满意的结果。同时联合有关高校和科研机构分别申报了关于长江防汛抗洪的重大建议书。

“复杂岩土介质力学性质及应用开放实验室”经过几年的充实，已成为武汉岩土力学研究所应用基础研究的基地并发挥作用。至今已建成了规模齐全的岩石力学、土力学、岩石动力学实验室。基础研究和国际合作课题全部进入开放实验室。课题负责人均为武汉岩土力学研究所青年科技人员，显示了青年科技人员学术水平的不断提高，正逐步成长。国际合作研究课题逐年增加，科研经费已占整个科研项目13%。

1998年武汉岩土力学研究所研究生工作顺利完成了学科专业的对应调整，新增岩土工程博士点1个，经过多年的努力，岩土工程博士后流动站获得批准，使研究生培养结构逐步完善。年内招收研究生16人，其中博士生11人，硕士生5人，提前攻博研究生2人，新增45岁以下博士导师2人。

1998年全所从各类不同渠道共争取科研开发经费合同额达2476.94万元，比1997年增长45.7%，创历史最好水平。岩土工程检测中心作为创收骨干发挥了重要作用，1998年依据国家《计量法》的规定，经过对实验室进行调整、整理以及对管理手册的修改、技术人员的培训，对近5年以来工作的总结，通过了计量认证5年一度的复查换证。针对1998年武汉市建筑质量大检查，武汉岩土力学研究所高度重视，一方面对整个检测报告进行了大清理，另一方面对各类检测设备、传感器送检标定，由于平时注重抓了检测队伍的管理和报告的质量把关，检查未出现质量问题。武汉市检查组对检测中心组织机构、人员机构、检测人员素质、管理手册的编写等6大部30条进行了严格的抽查，获得好成绩，被评为“1998年度建筑工程质量检测试验先进单位”。

中国岩土工程研究中心在完成总结调整之后，抽调了部分精干力量组建了工程部和技术开发部，已获国家建设部批准颁发的甲级岩土工程资质，并完成了工商注册登记。高质量完成了武汉市重点项目龙王庙治理工程之南岸咀岩工程勘察、南宁至柳州高速公路柳州段高边坡加固设计施工，取得了好的业绩。

1998年是武汉岩土力学研究所建所40周年，为了配合研究所定位评审和庆祝建所40周年，进行了环境整治，更新了全部办公桌椅，配备了全新的书柜，配置了空调，全所面貌焕然一新，展示了武汉岩土力学研究所良好的形象，增强了团结，鼓舞了士气。

武汉岩土力学研究所是中国岩土工程研究中心的挂靠单位。编辑出版国家一级学报《岩土力学与工程学报》和《岩土力学》、《岩土工程》等学术刊物。

武汉物理与数学研究所

所　　长：叶朝辉
地　　址：武汉市武昌小洪山
邮政编码：430071
电　　话：027-87882543
图文传真：027-87872238
电子函件：wipm@wipm.whcnc.ac.cn
网　　址：http://www.whcnc.ac.cn

中国科学院武汉物理与数学研究所于1996年3月由中国科学院武汉物理研究所（成立于1958年）和中国科学院武汉数学物理研究所（重建于1979年，前身是1956年成立的中国科学院武汉数学研究室及1959年成立的中国科学院数学计算技术研究所）合并而成。全所现有职工357人，其中科技人员255人，有研究员30人，副研究员、高级工程师67人，中级科技人员115人。现有在学研究生64人，其中博士生30人，硕士生34人。另有在站博士后8人。

武汉物理与数学研究所主要从事核磁共振波谱学、原子分子物理、电离层空间物理、数学物理、声学与原子频标等领域的研究。无线电物理（波谱与量子电子学）、原子分子物理和空间物理学专业具有博士、硕士学位授予权；应用数学、基础数学、系统科学和管理工程、声学等专业具有硕士学位授予权；并建有1个物理学博士后流动站，1个“波谱与原子分子物理国家重点实验室”和电离层物理、数学物理2个院青年实验室。武汉物理与数学研究所的主要基础研究方向为：磁共振方法及其应用，原子分子结构和动力学过程，电离层与电波传播基础理论及低电离层、中高层大气观测，数学物理。积极开展在物理学与数学及化学、生命科学相结合上的新思想、新概念、新方法的研究，探索新的学科生长点。应用研究方向为：原子频标、波谱技术、超声无损检测和应用数学的研究。高新技术产业：以市场为导向，依托学科优势，发展工业无损检测技术，波谱技术、IC卡应用技术、电子与计算机应用技术，开发一批高技术产品。武汉物理与数学研究所已形成了以“国家重点实验室”和“院青年实验室”为主体的基础研究、高新技术跟踪与开发、管理与“三产”实体的运行格局。科研机构设置为：磁共振波谱学、原子分子物理、电离层物理、声学和技术、原子频标、数学物理方程、近代分析与系统科学、计算机网络中心等8个研究室，另设1个编图室，6个高技术产业公司和1

个后勤服务中心。

武汉物理与数学研究所波谱与原子分子物理国家重点实验室、中科院青年实验室拥有200MHz、400MHz和500MHz核磁共振谱仪，活体波谱成像仪，核与电子双共振谱仪，多台脉冲和连续波激光器，光谱测试和谱分析仪，美国SGI、DEC和SUN公司多台先进图形数据处理工作站等先进设备和实验条件。中科院武汉分院计算机网络中心设在武汉物理与数学研究所。

武汉物理与数学研究所1998年围绕“知识创新工程”试点工作进行了结构调整、人员分流、定位和定岗，进一步明确了学科方向，优化了课题和科研队伍，按照“知识创新工程”运行机制的要求，制订了武汉物理与数学研究所“知识创新试点工作”的方案、战略目标和规划，并取得一定效果。全所的创新意识有了很大增强，科研秩序和学术气氛比较好，争项目、吸人才的意识强，在与同行和周边高等院校（如华中理工大学、华中师范大学）的合作上取得良好进展。

武汉物理与数学研究所1998年度在研课题126项，其中新开课题43项。院重大项目“核磁共振成像原理与方法研究”取得良好进展，在中科院组织的项目评估中获优秀评价。国防重点项目“星载频标”完成了小型化微波腔和谱灯的参数优化、加工和调试，成功组装了体积为0.28L的物理系统和1.8L的整机，在总装备部组织的项目评估中，该项目获得“最优”评价。1998年“百人计划”入选人员刘买利发展了一种利用分子的自扩散系数测量化学交换速率常数的新方法。武汉物理与数学研究所已招聘“百人计划”入选3人，1998年又成功地招聘了2位在国外工作的青年学者来所工作，并成为中科院“百人计划”资助对象。

武汉物理与数学研究所1998年获得院、部级二、三等奖的成果4项，其中“瑞利散射和纳层荧光高空探测激光雷达”获中科院科技进步奖二等奖。1998年全所发表论文164篇，其中在国外期刊发表61篇；SCI收录论文在全国科研机构排名第二十二位，SCI被引证排名为第十九位。1998年全所有6项专利获得授权，有9项专利被受理。

武汉物理与数学研究所具有6个高技术开发公司，共有180余人的规模。1998年科技开发取得的总营业额为1830万元，纯利润总额为70万元。开发的卡式煤气控制表、卡式水表、IC卡电表系列产品获省市生产许可证书，并具有较好的销售渠道；开发的“HS-400型数字化超声探伤仪”获1998年度国家级新产品证书和国家计量认证。

武汉物理与数学研究所与美国、英国、德国、加拿大、日本、芬兰和澳大利亚等20余个国家的著名大学和科研机构建立了良好的国际合作与人才培养关系。其中同英国帝国理工大学和女王大学合作研究的“原子的外场效应”的研究得到国内外同行的关注和好评；与芬兰数学家的合作研究，在A-调和测度的稳定性研究方面取得了重要进展。武汉物理与数学研究所1998年度完成国际合作交流项目38项，48人次。通过国际学术交流和合作研究、合作培养博士研究生，为促进科研工作，加速人才培养起到良好作用。

武汉物理与数学研究所是湖北省声学学会、中国物理学会波谱学专业委员会的挂靠单位。编辑出版《数学物理学报》和《波谱学杂志》，均为中国自然科学核心刊物。

武汉物理与数学研究所下属的重要机构有：

波谱与原子分子物理国家重点实验室　电话：027-87876842

中科院电离层青年实验室　电话：027-87869194

中科院数学物理青年实验室　电话：027-87884150

武汉波谱公司　电话：027-87874421

武汉汉理新产业股份有限公司　电话：027-87882551

武汉科声技术公司　电话：027-87884221

武汉汉威技术公司　电话：027-87869095

武汉科理技术公司　电话：027-87867779

武汉数理科技开发公司　电话：027-87869992

《数学物理学报》　电话：027-87869206

《波谱学杂志》　电话：027-87867791

以上机构地址均为：湖北省武汉市武昌小洪山。

测量与地球物理研究所

所　　长：朱耀仲
地　　址：武汉市武昌徐东路54号
邮政编码：430077
电　　话：027-86783855（办公室）
027-86783962（业务处）
图文传真：027-86783841
电子函件：sywc@asch whigg. ac. cn

中国科学院测量与地球物理研究所（以下简称测地所），前身为1950年南京中国地理研究所的大地测量组，1958年迁武汉成立测量制图研究所，1961年调整为测量与地球物理研究所，1970年划归国家地震局，1978年重建测地所。截止1998年底人员总数144人，其中科技人员总数97人，有中国科学院院士1人，研究员（包括正研究员级高级工程师等）12人，副研究员、高级工程师等30人，中级科技人员32人。现有在学博士生26人，硕士生12人。

测地所是一个从事大地测量学、地球物理学与环境科学的基础性研究所。主要研究地球整体与局部运动、地球自转、地球重力场及其动力学机制，湿地系统的结构功能及其开发与保护，为资源环境及减灾防灾提供高科技服务。测地所是国务院批准的首批博士和硕士学位授予单位之一，现有博士生导师8人，博士点招生专业为：固体地球物理专业、大地测量学专业；硕士点招生专业为：固体地球物理专业、大地测量学专业、自然地理专业。测地所将进一步发展动力大地测量学和湿地系统的结构功能及开发与保护的研究。现设有：中国科学院动力大地测量学开放研究实验室、环境与国土研究室、动力大地测量中心实验站（1998年新建CPS观测站）、中国科学院江汉平原小港湿地生态站。湖北省计委、中科院武汉分院环境与国土研究中心、湖北省21世纪议程管理中心挂靠在测地所。测地所与武汉市科学技术委员会、武汉测绘科技大学、国家地震局地震研究所联合成立的“国家卫星导航定位系统工程技术研究中心”于1998年10月在武汉市挂牌成立。

拥有国内唯一一台FG5型绝对重力仪、国内唯一一台TT-70超导重力仪、第三代人卫激光测距仪、全球定位系统接收机（Rogue GPS等）、拉柯斯特重力仪（LCR-ET型、LCR-G型等）；原子频标系统、遥感图像处理与地理信息系统、计算机工作站、海洋重力仪等国际先进设备。

1998年在科学院创新精神的指导下，测地所根据重点学科发展的需要，进行了学科调整。精简机关处室，完善规章制度，突出了优秀中青年学术带头人和青年博士科研群体的地位和作用。领导班子团结协作，锐意改革。全所1998年科研绩效较以往有显著提高。

1998年测地所承担的主要科研任务70项，分别为国家大型科学工程重大项目1项，“攀登计划”2个课题的6个专题，国家攻关项目1项，国家自然科学基金项目15项，“921-2”项目1项，中科院重大项目4项、重点项目4项、院长基金项目3项，特别支持费项目2项，武汉分院、湖北省科委重点项目2项，院开放实验室基金项目13项，所长基金项目6项，常规观测项目2项，地方委托项目3项等。如参加国家大型科学工程重大项目“中国地壳运动观测网络”、参加国家“攀登计划”“现代地壳运动和地球动力学研究”。国家自然科学基金重点项目“卫星测高在中国近海地球物理和海洋动力环境中的应用”，国家攻关专题“华中地区基本资源与环境本底数据库建设”、“九五”中科院重大项目“中南地区资源与环境遥感信息系统及综合农情调查”。其中“国际超导重力仪观测资料综合分析与研究”、“利用卫星资料研究地幔滞弹性和液核扁率”、“华中地区基本资源与环境本底数据库建设”等项目取得可喜的成果。

1998年，长江流域发生了罕见的洪涝灾害，测地所利用遥感、地理信息系统等高科技手段，为防洪、抗洪作出了应用的贡献，受到了国务院和科学院的表扬。1998年测地所主持项目获中科院自然科学奖二等奖1项；作为主要参加单位的成果获国家科技进步奖二等奖1项，中科院科技进步奖特等奖1项，中科院科技进步奖二等奖1项，中科院科技进步奖三等奖1项。全所正式发表论文80余篇，正式出版专著3部，即：许厚泽院士等编著的“中国地球重力场与大地水准面”专著，许厚泽院士主编的"IUGG IAG International Symposium on Current Crustal Movement And Hazard Reduction In East Asia and Southeast Asia"国际会议论文集及高布锡研究员编写的《绚丽多彩的宇宙》。1998年测地所实现了专利零的突破，申报并已受理专利8项。

科技开发工作：1998年10月16日，测地所作为组建单位之一的"国家卫星导航定位系统工程技术研究中心"在武汉正式挂牌成立，该中心目前国家科技部已拨款200万。同时在中科院的支持下，与苏州有关企业已进行了多次商谈，可望联合开发进入市场。在省科委的支持下，测地所与中国邮电科学研究院进行的GPS时钟研究工作，已取得一定进展。另一方面，测地所挖掘所内潜力，积极进行行政后勤开发创收工作，为测地所的发展和两个文明建设做出了贡献。

测地所积极开展国际学术交流，参加全球超导重力仪用于地球动力学研究计划(GGP计划)、国际岩石圈计划(II-4)、西太平洋人卫激光观测网计划(WPLTN)、NASA的固体地球研究计划(DOSE)、地潮的理论模拟和观测计划、全球重力变化监测网计划(G-gramophone)、亚太地区空间地球动力学计划(APSG)、与英国、美国的4家院校开展了湿地系统研究。派出科研人员参加南极科学考察与观测。许厚泽院士等2人参加了"第二届海峡两岸测绘学术研讨会"，台湾新技术学院张瑞刚教授来测地所访问及学术交流，为发展海峡两岸学术交流做出了贡献。全年派出进行国际合作研究及参加国际会议8人次，接待来访外国科学家6批，留学回国2人，高访学者3人，许厚泽院士任国家大地测量刊物编委。1998年招收博士生7人，硕士生4人，毕业博士生3人，硕士生1人。通过开展专业课讲授及专题学术报告会和国际交流各种学术活动，培养了人才，取得显著效果。1998年，经国家人事部批准设立"大地测量学与测量工程"博士后流动站，为测地所知识创新工程的建立和今后培养高级人才创造了条件。

测地所是湖北省地球物理学会、湖北省天文学会、湖北省自然资源研究会的挂靠单位。

水生生物研究所

名誉所长：刘建康

所　　长：朱作言

地　　址：武汉市武昌路珈山

邮政编码：430072

电　　话：027-87883482

图文传真：027-87875132

电子函件：ihb@ihb.ac.cn

中国科学院水生生物研究所的前身是1930年1月在南京成立的国立中央研究院自然历史博物馆，1934年7月改名为中央研究院动植物研究所，1944年5月又分建成动物研究所和植物研究所。中国科学院成立以后，于1950年2月将原中央研究院动物研究所的主体、植物研究所和山东大学的藻类学部分以及北平研究院的部分研究人员合并组成了中国科学院水生生物研究所(上海)，1954年9月由上海迁至武汉。1998年底，全所共有职工372人，其中科技人员278人，有中国科学院院士5人，博士研究生导师19人，研究员26人，副研究员、高级工程师等68人，中级科技人员117人。现有在学博士生50人，硕士生38人。另有博士后5人。

水生生物研究所的主攻方向是内陆水体生态学，重点进行淡水生态系统管理、水生生物资源可持续利用和渔业生物技术等相关领域的研究。立足于长江流域，面向全国七大水系，顺应国际科学发展趋势，在本领域的知识创新中解决国家和区域性的水生生物资源与水环境可持续利用的关键问题，为重大决策提供科学依据，为经济建设和社会发展服务，推动内陆水体生物学的发展。根据学科发展趋势、国家保护淡水资源的迫切需求和水生生物研究所的学科潜力，水生生物研究所将在发展上述三大重点学科的同时，迅速壮大水污染生物学的研究力量。在此基础上，争取到下个世纪初期形成代表国家水平的淡水生态学研究中心、水污染生物学研究中心和渔业生物技术研究中心。近年来，随着学科的发展，形成了三个新的学科增长点：水体修复生态学、鱼类细胞与分子生物学和流域生态学。

水生生物研究所目前设有7个研究室（鱼类学、鱼类遗传育种学、鱼病学、淡水生态学、藻类学、水污染生物学、淡水豚类学）和中国科学院东湖湖泊生态系统开放试验站，并拥有淡水生态与生物技术国家重点实验室、1个自费开放实验室——淡水鱼类进化与生物地理学开放研究实验室和淡水综合养殖工程技术开发研究中心（武汉水产集约化养殖工程技术研究中心）。此外，设有中国科学院生态系统研究网络水体分中心、中国生物多样性水生生物分中心，有亚洲最大的鱼类博物馆、藻类标本室、中国淡水藻种库、淡水无脊椎动物标本室、鱼类寄生虫标本室等，通过长期积累形成了国内无可替代的基础研究支撑设施。

设有生物学博士后流动站、水生生物学专业、遗传学专业2个博士学位点（有博士学位授予权和博士生导师自行审批权），水生生物学、环境科学、遗传学3个硕士学位点。1998年被评为中科院博士生重点培养基地。

水生生物研究所目前拥有10万元以上大型仪器设备33台套，价值1624万元，这些仪器有色质联用仪、定氮仪、离子色谱仪、高效液相色谱仪、扫描电镜、蛋白紫外鉴定系统、原子吸收光谱仪、恒化仪、氨基酸分析仪、激光扫描共聚焦系统、元素分析仪、同位素质谱仪、DNA测序仪、中压蛋白纯化系统、液体闪烁仪等。这些先进仪器主要服务于国家重点实验室的国际前沿性研究课题和各研究室的重要研究任务用。

1998年水生生物研究所采取的主要改革措施及其取得的效果如下：

1. 根据社会公益型研究所的性质和特点，基本明确水生生物研究所的总体发展战略，即以国家和社会需求为导向，以科学化，民主化的管理为保障，以应用基础研究为主体，以基础研究和科技产业为两翼，围绕淡水资源的可持续利用这一中心议题，在资源、生态与渔业，水环境保护及生物技术等领域解决国民经济发展中具有战略意义的重大问题，攀登世界科学技术的高峰，把水生生物研究所建成具有较高学术地位和独特功能的国家级重点研究所。

2. 以分类定位工作为中心和导向，重新调整了中、高级职务岗位在三大学科片之间的布局，全面实现全员岗位聘任合同制：继续完善和规范职称（级）年度考核、晋级、出国留学等管理办法，初步建立了各类人员工作绩效考评体系，为实现全员聘用合同制奠定了基础；改革研究所内部管理体系，实现了管理、服务与经营三者分离，管理人员精减了三分之一，队伍结构也得到进一步优化。还根据“服务人员分流，经费切块包干，产权明晰和独立核算盈亏”原则，设立了按企业模式运作的后勤服务中心，目前已分流人员62人。为进一步实现国有资产与人力资源的合理配置和提高管理水平，服务质量及经济效益发挥了重要作用。

3. 成立了以市场为导向，以技术开发、创新和科技成果转化、扩散为宗旨的“武汉水产集约化养殖工程中心”，并积极创造条件，争取科研成果进入国民经济主战场的渠道。

4. 教育工作取得了显著的成绩，高度重视研究生招生宣传工作，生源状况良好，报考和招生比例一直保持在10∶1左右，生源质量也不断上升，现重点大学推荐的免试生由于名额有限只能择优部分接收。1998年有9人获得博士学位（含在职申请博士学位2人），7人获硕士学位（含在职申请硕士学位1人）。研究生培养质量也稳步上升，1998年获中科院院长奖学金优秀奖1人，中科院地奥奖5人，获中科院首届刘永龄奖金和奖学金各1人。遗传学专业被国务院学位委员会批准有博士学位授予权，《高级水生生物学》教材（60万字）由中科院研究生教材出版基金资助，科学出版社出版。1998年被评为中科院博士生重点培养基地。

5. 制定了《水生生物研究所1998年度文明单位、文明小区建设工作计划》、《水生生物研究所1998年度创建省级最佳文明单位十项措施》，设立了“水生生物研究所双文明建设先进集体和先进个人奖”。被评为“1996～1998年度省级文明单位”，争取2000年实现“省级最佳文明单位”的目标。

1998年水生生物研究所承担国家“九五”科技攻关项目9项，“863”计划项目2项，“921”工程计划项目1项，国家自然科学基金重大项目1个子课题、重点基金5项、杰出人才项目2项、面上项目31项，中科院和湖北省合作大型项目1

项，国家三峡项目7项，中科院重大项目7项、重点项目12项。国际合作项目6项，其他各类53项，共计137项。其中国家攻关项目涉及鱼类遗传育种，内陆大型水体生态渔业，鱼类病害防治、水环境治理等。"863"项目涉及鱼类基因工程育种与藻类生物学。

1998年水生生物研究所新争取国家自然科学基金面上项目8项、重点项目3项，优秀实验室基金1项，总经费达350万元。还有其他正在争取中的海洋"863"项目多项。

1998年度水生生物研究所取得的成果和获奖情况如下：

中国科学院自然科学奖二等奖1项（鱼类生长变异的生物能量学机制)。鱼类生物能量学和营养学的研究始终处于国际前沿，成果受到国际同行的高度评价，有些成果已在养殖实践中得到应用。中国科学院科技进步奖二等奖1项(鳗鲡细菌性和病毒性疾病的病原生物学和病理学及防治对策研究)。

水生生物研究所1998年科技开发主要包括水生动物品种、养殖、饲料、病害防治技术及其药品，微藻工厂化生产与加工，水环境综合治理、监测及工业废水处理技术等4个方面。技术产品主要有：(1)养殖系列品种：高体型异育银鲫、白花鲫、胭脂鱼、全雌鲤、全雌鳖、抗病草鱼、河鲶、月鳢、黄颡鱼、鳜及观赏鱼类新品种；(2)饲料系列：鱼、虾、蟹、鳖及观赏鱼系列商品饲料；(3)防治药品系列：淡水与海水养殖鱼类、虾、蟹类以及蛙、鳖的免疫疫苗和防治药物；(4)螺旋藻系列产品：藻粉、片剂、胶囊及饮品；(5)光合细菌制剂；(6)环境监测产品：水质净化剂、快速测氧胶囊等。

高技术企业两家："武汉爱科水产养殖工程技术研究有限公司"、"武汉科水生物科技开发公司"，主要开展相关领域的技术服务、技术转让、技术咨询、技术培训等工作。

1998年水生生物研究所有下列国际科技合作项目：

1. 中德合作项目"中国典型地区多氯化二苯并二噁英及呋喃类化合物的来源、归宿及沉积规律研究"。

2. 欧洲联盟第四个总结规划（1994～1998）中与发展中国家科技合作项目"热带亚热带区域水质改善，回用与水生态重建的生物工艺学对策研究"。

3. 中法合作项目"水华藻类的生物技术控制和淡水湖泊的管理对策"。

4. 中英合作项目"不同鱼类补偿生长的比较能量学研究"。

5. 中日合作项目"亚洲微生物研究网络"。

6. 中日合作项目"江豚、白鱀豚的声能力比较研究"。

在人才培养方面，1998年水生生物研究所经中国科学院特批破格晋升研究员1人，入选中科院1998年度"百人计划"1人，入选国家百千万人才工程第一二层次1人，入选湖北省"111"人才工程和一二层次2人，获院、省级突出贡献专家及专项津贴共3人。

水生生物研究所是中国海洋湖沼(动物)学会鱼类学分会、中国动物学会原生动物学会、中国水产学会鱼病研究会、湖北省海洋湖沼学会、湖北省动物学会、武汉动物学会、中国环境科学学会环境生物学专业委员会的挂靠单位。编辑出版《水生生物学报》。

武汉植物研究所

常务副所长：黄宏文（主持工作）
地　　址：武汉市武昌磨山
邮政编码：430074
电　　话：027-87510126
图文传真：027-87510251
电子函件：bofany@wipm.whiob.ac.cn.
网　　址：http://www.whiob.ac.cn
(159.226.163.4)

中国科学院武汉植物研究所始建于1956年9月，当时称中国科学院武汉植物园，属中国科学院领导。1961年1月改名为中国科学院华南植物研究所武汉植物园；1970年领导体制变更，下放湖北省、属湖北省科委领导，改称湖北省植物园；1972年9月改为湖北省植物研究所。1978年回归中国科学院领导，改为现名。全所现有职工201人，其中科技人员133人，有研究员15人，副研究员、高级工程师24人，博士9人，中级科技人员57人。具有植物学专业和生态学专业硕士学位授予权，现有在学硕士20人，博士生2人，进入博士后流动站2人。

武汉植物研究所面向华中地区，紧紧围绕植物资源的合理开发利用和有效保护这个中心，开展了植物分类学、植物生态学、植物遗传学、植物资源学等方面的研究。其研究领域立足华中地区，辐射长江流域，重点为长江中下游地区。重点学科发展方向为：植物保育遗传学、水生植物生物学。武汉植物研究所是以社会公益型为主的综合性研究所，根据其性质和特点确定的发展方向是以华中地区陆生植物遗传资源和长江流域中下游地区水生高等植物应用基础研究和植物种质资源保存研究为主体，以华中特有植物化学资源研究开发和园林绿化、环保服务及种苗开发为两翼，紧紧围绕亚热带植物资源多样性与可持续利用为主题，在资源、环境和农业等领域面向国家和社会发展的需求，面向21世纪，为解决国民经济建设中具有战略意义的问题，为我国植物学研究的发展作出应有的贡献。

武汉植物研究所设有4个研究室、2个开发中心、1个植物园，即植物分类生态研究室、水生植物研究室、资源植物研究室、经济微藻研究室、植物资源开发中心、猕猴桃研究开发中心、武汉植物园。1998年武汉植物研究所承担了49个科研课题的研究，其中基础研究课题20个，应用研究课题29个，中科院重大项目1个、重点项目3个。欧共体国际合作项目——“猕猴桃属植物收集评价、低温保护和新品培育”，1998年在国际性学术刊物上发表文章8篇、SCI收录4篇，其学术水平达到目前国际前沿领域。完成中科院重大项目“中科院人力资源管理信息系统”和省、院合作项目“云南程海地区螺旋藻大规模关键技术优化研究”。“宜昌大老龄国家森林公园内珍稀植物保护研究”课题第一期工作通过了国务院三峡建设委员会的验收。完成了国家自然科学基金重大项目“南海赤湖金藻的种类和分布”的研究；《孢子植物志》《团藻目》的编研项目研究发现我国2个属新记录，新种3个，记述约10个种。在植物有效成分的提取和中试研究中，自行设计了紫杉醇的提取工艺和相应设备。与北京市水产局合作开发水生经济植物项目，在通县、顺义、西郊大面积种植武植2号莲藕和睡莲取得成功。武汉植物研究所是我国最大的水生植物引种栽培中心。1998年武汉植物研究所与宜昌市人民政府联合组建了“三峡植物园”。

1998年武汉植物研究所上报中科院成果登记4项，湖北省成果登记2项，申请专利2项。发表论文59篇，其中国外核心刊物上8篇，SCI收录5篇，专著3本。6个项目圆满结题，获中科院科技进步奖二等奖、三等奖各1项。

武汉植物研究所重视国际合作与人才培养工作，1998年组织国际科技往来活动10次，派出参加国际学术交流与合作7人次，引进来访和顺访学者20人次，来往国家有意大利、法国、希腊、日本、美国、新西兰等8个国家。主持召开了“'98国际猕猴桃学术研讨会”。人才培养方面落实了后备干部队伍建设，组织完成了“百人计划”的招聘，向院申请高级访问学者计划4人得到批准。举办了一期生物多样性高级研讨班。

武汉植物研究所是湖北省暨武汉市植物学会的挂靠单位。编辑出版的学术刊物有《武汉植物学研究》，该刊已编入《中国学术期刊（光盘版）》。

武汉病毒研究所

所　　长：何添福
地　　址：武汉市武昌小洪山中区44号
邮政编码：430071
电　　话：027-87869117
图文传真：027-87641072

中国科学院武汉病毒研究所始建于1956年，当时称中国科学院武汉微生物研究室，1961年更名为中国科学院武汉微生物研究所，1979年改为现名。全所现有职工211人，其中各类专业技术人员158人，有正高职科技人员15人，副高职科技人员40人，中、初级科技人员103人。在读硕士生、博士生41人。

武汉病毒研究所现设置有4个研究室，即病毒分类与保藏室、病毒研究室、微生物研究室和生物技术研究室；科研服务机构有：中心实验室、实验动物养殖室、编辑文献情报室。

亚洲最大的病毒库"中国普通病毒保藏中心"设在武汉病毒研究所，已保藏多种病毒700余株，并建有200平方米的"中国病毒标本馆"，以其科普性、专业性和特色性受到院、省、市领导的重视。1998年被湖北省和武汉市认定为科普教育基地，接待国内外参观人员600余人次，并逐步对外开放。

武汉病毒研究所主学科方向是：病毒学、微生物学和相关生物技术。研究领域涉及病毒分类与保藏、昆虫病毒、动物病毒、分子病毒、水生动物病毒、植物病原、昆虫病原学及微生物杀虫剂、微生物代谢产物和发酵微生物育种、微生物肥料、环境微生物学、分析生物技术（包括基因芯片及探针、生物传感、酶的蛋白质工程等），主要致力于通过发现、利用、改造微生物为人类的生存与发展做出更大贡献。

加强了培养人才力度，招聘"百人计划"入选人员1名。在职称的评聘上、政策上，注意青年人才的选拔与培养，有2人被评为研究员，7人被评为副高职，提高了中青年科技人员的比例；为了跟踪国际科研前沿动态，继1997年之后，1998年又加大了经费投入，资助中、青年科研骨干18人次出国学习、参加会议。

新增"分子生物与生物化学"硕士学位授予点，加上原有的微生物学专业，共有2个硕士点，同时有3位研究员挂靠外单位招收博士生，为学科发展奠定了基础。

1998年武汉病毒研究所的工作重点之一是研究所分类定位工作，该项工作在全所职工共同的努力下，历经年余，最终受到院和分院领导及专家们的好评。分类定位推进了科研工作，1998年到位科研经费比年初计划增长了60%；列入年度计划56项，按计划完成。全年有获奖成果5项，鉴定成果1项，登记成果4项，完成院下达专利申请指标5项，获授权专利2项。

积极开展学术活动，组织大型学术活动21次，发表有学术价值的论文和会议论文82篇，其中6篇论文被SCI收录，出版专著2部。

加强了与国际科技交流与合作，与荷兰农业大学病毒系共同组建了"无脊椎动物病毒学开放实验室"。在执行中-英、中-荷合作项目的同时，又与法国巴斯德研究院、丹麦畜牧农业大学、法国蒙彼利尔大学新建立了3个国际合作项目，有23位中外专家先后来所讲学和合作研究。

积极探索知识创新，武汉病毒研究所领导十分重视该项工作，及时调整科研战略，落实"创新"计划，特别是对交叉学科、新兴科研苗头，从人力、物力给予全方位的支持，虽然这一工作处于启动阶段，却显示了良好的发展势态。如利用蛋白质工程方法获得高活性的碱性磷酸酶工程酶及其融合蛋白，在此基础上构建新的酶标分子系统，该项技术在国际上尚未见报道。而"控制酶分子固定的空间取向"、"抗酶抑制剂"等研究都是分子生物学与分析生物技术交叉点上的创新。"九五"攻关课题"重组病毒杀虫剂"研究上取得了重要进展，在国内首次成功构建了基因双重组棉铃虫病毒杀虫剂，通过实验证明，可缩短潜伏期20%，该项技术通过了国家"农业微生物遗传工程体安全管理委员会"的安全性评估，被允许进行田间释放试验，并申报专利。

减少化学农药对生态环境的破坏是武汉病毒研究所科研的努力的方向，在过去使用的病毒杀虫剂中的增效剂通常采用化学药品，对环境仍有一定的破坏作用，经过多年的努力，武汉病毒研究所科研人员发明了一种生物增效剂，提高了杀虫效率。因该技术减少公害，保护环境，且成本低，已申报专利，同时在昆虫抗性机理、甲胺磷解毒机理、B.t广谱新品种的遗传改良等方面，取得明显进展。

为促进科技成果转化，增强科研开发的市场竞争力，对所属公司进行调整，现有公司5个：武汉天奥制药公司、武汉科元生物电子公司、武汉星辰现代生物工程公司、武汉中敏生物工程公司、武汉绿泰生物工程公司，其中天奥公司1998年销售额为5400万元，全年利润1800万元。1999年科技企业可望有一个较大的发展。

武汉病毒研究所是湖北省暨武汉市微生物学会的挂靠单位。该学会连续7年被省、市科协评为先进学会。编辑出版国内核心专业刊物《中国病毒学》，向国内外公开发行。

武汉文献情报中心

主　　任：张万萍
地　　址：武汉市武昌小洪山西区 25 号
邮政编码：430071
电　　话：027-87876657　027-87881202
图文传真：027-87881202
电子函件：opac@whdic. whcnc. ac. cn
网　　址：wlas. whcnc. ac. cn

中国科学院武汉文献情报中心，又名中国科学院武汉图书馆，成立于 1956 年 6 月。现有在职职工 86 人，其中高级专业技术人员 16 人（包括正高级专业技术职称 2 人，副高级专业技术职称 14 人），中级专业技术人员 33 人，初级专业技术人员 21 人。现有在学硕士研究生 2 人。

武汉文献情报中心是中国科学院直属的地区科技文献信息服务机构和中科院授权的院（部）级科技查新咨询检索定点单位。设有采访编目部、典藏流通部、信息发展部、计算机网络部、编辑出版部和图文部等 6 个业务部门。武汉文献情报中心以基础科学、应用科学和高新技术领域的文献为收藏重点，并特别注重长江流域资源与环境文献的收藏。截至 1998 年底止，累计馆藏文献 152 441 种/1 825 744 册，其中中外文图书 143 214 种/205 600册，中外文期刊 9227 种/1620144 册；中外文现刊 3584 种，其中外文期刊 1437 种（含原版刊 210 种）。

1998 年，武汉文献情报中心在上级领导和各界同仁的指导、关心和支持下，结合实际，深化改革，加快发展步伐，各项工作都有新的进展。

自动化技术的应用和网络服务整体水平上了一个新台阶。1998 年，武汉文献情报中心完成了中国科学院网上文献信息共享系统一期工程《武汉地区文献情报计算机网建设与完善》课题，并通过中国科学院专家组的评审验收。一期工程的完成，标志着该中心图书情报工作的业务自动化、服务网络化、资源数字化、人员专业化的整体水平上了一个新台阶，为建设数字化图书馆打下了良好的基础。实现了信息采集、加工、存贮、检索以及人事、财务、外事、计划等工作的计算机管理和网上信息资源共享，并进入 INTERNET 网。目前网上馆藏中西文书目数据已达 8 万多条，中外文期刊数据达 1 万多条，加上联网的《全国中西文期刊联合目录》等 10 多个数据库，以及具有学科特色的“长江流域资源与环境科学文献数据库”等数据库，可为读者提供简易、快捷的查询检索，深受科研人员的欢迎。

为读者（用户）服务做出了新的成绩。1998 年，武汉文献情报中心对阅览室、借阅台作了重新布局，改善了读书环境；延长了开馆时间，中午不闭馆，并每周六开馆；工作人员挂牌上岗；充分利用馆藏文献优势，开展 SCI、EI、ISTP、ISR 检索工作等等，受到读者欢迎。全年开馆 246.5 天，接待读者 42 021 人次，办理借书 31 509 册，文献流通量 110 535 册次。完成查新项目 79 项，课题检索 1200 余人次。

情报研究工作有较大的发展。全年有院（部）级、省（市）级在研情报课题 3 个，其中新增立项 2 个；中心基金课题 5 个，其中《长江流域资源与环境科学文献数据库》研究获得武汉分院院长基金择优支持，该项目是目前国内外唯一的有关长江流域资源环境与社会可持续发展研究的科学文献数据库。完成了近 50 万字的《长江流域洪涝灾害与科技对策》一书的编辑加工出版任务，为武汉、南京、成都 3 个分院争取成立“长江流域生态环境联合研究基地”作出了贡献，受到多方赞扬。

《长江流域资源与环境》杂志在国内外学术界的影响继续增长。这个刊物由武汉文献情报中心与中国科学院资源环境科学与技术局联合主办，中国科学院南京地理研究所、武汉大学区域发展研究院协办，是国内第一份专门研究长江流域资源与生态环境的综合性学术刊物，获中国科学院出版资金资助，由科学出版社出版，国内外公开发行，已被美国的《工程索引》(EI)、俄罗斯的《文摘杂志》及国内外其他 10 多种检索刊收录。1998 年，刊发的 63 篇文章中，属国家自然科学基金及省（部）级以上课题项目的占 70.4%。刊物发行量持续提高，订购数量比 1997 年增加 21%。为了符合当代期刊版本多元化的发展趋势，顺应信息时代网络化、社会化的潮流，武汉文献情报中心还创办了《长江流域资源与环境》网络版。以报道长江流域资源环境研究的动态信息为主，对相关的研究机构、人物与学术动态进行全面介绍，还提供《长江流域资源与环境》印刷版论文目录、征稿简则、征订方法。网络版自问世以来，在网易检索站的学术站点排名中，一直处在前50名。

国际学术交流取得进展。1998年，美国俄亥俄大学图书馆及美国环保署辛辛那提图书馆各有1名专业人员到武汉文献情报中心进行了为期一个月的工作访问和学术交流。武汉文献情报中心派出2人到美国俄亥俄大学图书馆进行了为期一个半月的工作访问。年底，武汉文献情报中心领导在北京与美国OHIO大学图书馆李华伟馆长举行会谈，双方回顾了过去12年来两馆的合作情况，还就续签两馆合作协议书等事宜进行了讨论，并签订了新的为期4年合作协议。1998年，武汉文献情报中心共有43人次分别参加国内外各种学术会议和学术交流活动，撰写学术论文30篇，公开发表23篇，研究成果获中国科学院科技进步奖三等奖1项。

长沙大地构造研究所

名誉所长：陈国达
所　　长：刘顺生
地　　址：长沙市桐梓坡96号
邮政编码：410013
电　　话：0731-8912702
图文传真：0731-8912637
电子函件：csig@ms. csig. ac. cn
网　　址：www. csig. ac. cn

中国科学院长沙大地构造研究所的前身是中国科学院中南大地构造与地球化学研究室，成立于1961年。现有在职职工89人，其中科技人员63人，有中国科学院院士1人，研究员14人，副研究员、高级工程师23人，中级科技人员22人。在读研究生19人，其中博士生14人，硕士生5人。

长沙大地构造研究所是一个以大地构造基础理论研究为主的社会公益型研究所。其学科方向是大地构造与成矿构造学。经过30多年的研究积累，陈国达院士创立的活化构造理论（地洼学说）已经发展成为具有5个组成部分和2个衍生学科的较完整的理论体系。近10年来，长沙大地所的中青年科学家，发挥学科优势，追踪国际前沿，又取得了新的成果。如中国东部岩石圈减薄、陆内构造活动的多源驱动力体系、中新生代造山造盆作用及统一动力学机制、热构造演化、构造-流体-成矿体系、非线性开放体系成矿动力学等，推动了活化构造理论的新发展。

科研机构分设为大地构造研究室，成矿构造与地球化学研究室和构造活化与成矿开放研究实验室（自费）。长沙大地构造研究所是国务院首批授权的博士硕士点之一，目前拥有1个构造地质学博士学位授予点和构造地质学、地球化学2个硕士授予点。

1998年，长沙大地构造研究所围绕“知识创新工程”试点工作进行下列改革：

1. 制定了长沙大地构造研究所定位认定试点方案。根据社会公益型研究所的特点，明确了长沙大地构造研究所的总体发展战略。即在继承、发展具有国际影响的活化构造理论(地洼学说)的基础上，进行大地构造理论的创新，发展成矿构造学，构造地球化学两门交叉学科，把研究所建设成为大地构造学的基础理论研究基地和我国大地构造学高层次人才的培养基地；即承担为国家战略目标服务的资源能源勘查，环境保护和减灾防灾中的基础性、关键性和战略性重大研究课题，又为解决地方经济建设和可持续发展作出贡献。

2. 坚持“高效、精干”的原则，对全所管理机构进行调整精简，定编定员，并通过优化结构，进行人员分流。成立了后勤开发服务中心，建立了人员分流渠道。

3. 加速跨世纪人才培养，破格特批了35岁以下的研究员2人，80%以上的研究室主任和处级干部由45岁的人员担任，大大推进了干部队伍年轻化以及科研骨干的代际转移。

1998年，长沙大地构造研究所有2位研究员被列入湖南省跨世纪学术带头人重点培养对象，一位研究员获中国科学院武汉分院优秀青年科技工作者称号。

1998年，长沙大地构造研究所获准科研课题8项，其中国家自然科学基金项目3项，湖南省自然科学基金项目2项，省部攻关科研项目及地方委托任务3项。国家攻关项目“大中型气田构造样式成藏关系研究”通过主持单位验收；院重点项目“江西洋鸡山金矿成矿条件研究及找矿预测研究”取得了突破性进展，得到生产单位和院黄金办的好评。

1998年，“中国成煤大地构造”获中国科学院自然科学奖二等奖；长沙大地构造研究所参加的“金矿找矿选矿中的几个关键性理论和技术的应用研究”项目获国家科技进步奖二等奖。全年发表科研论文65篇，科研专著1部，其中获省科协论文奖一等奖2项，二等奖2项，省地质学会优秀论文奖7项。

国际学术交流取得新的成绩，1998年，继续执行由院批准的与德国马普学会的合作协议，接待来访4人次，出访3人次。同时获准中国科学院留学择优支持基金项目1项，国家外专局引进专家项目1项。

长沙大地构造研究所是湖南省地质学会构造专业委员会、非金属专业委员会的挂靠单位。编辑出版《大地构造与成矿学》（中、英文版）学术刊物。

长沙农业现代化研究所

副 所 长：李文祥（主持工作）
地　　址：湖南省长沙市东郊马坡岭
邮政编码：410125
电　　话：0731-4615204
图文传真：0731-4612685

长沙农业现代化研究所创建于1978年6月，原名中国科学院桃源农业现代化研究所，1979年更名为现名，所址从桃源县迁入长沙市。现有职工135人，其中专业技术人员92人（高级专业技术职称人员43人，中级专业技术职称人员34人，初级专业技术职称人员15人）。现有在读博士生3人，硕士生3人。

长沙农业现代化研究所是一个立足湘、鄂、桂，面向长江中游平原湖区和江南丘陵山区，以应用研究为主的公益型农业综合性研究所。研究所以农业生态学为牵头学科，以区域农业开发与持续发展为研究方向，重点研究不同类型区农业资源利用与优化模式、农业发展障碍因子与整治途径、“两高一优”农业生产技术的集成与示范、农业高新技术产品开发等重大关键技术，为我国南方地区区域农业开发与持续发展提供技术支撑和科学依据。

经过20年的研究积累，现已形成“区域农业开发与可持续发展研究”、“农业生态系统研究”、“主要农作物品种选育和栽培研究”、“动物营养（畜、禽、鱼）与饲料开发研究”、“农业鼠害防治研究”和“农业生态环境恢复与重建研究”等优势。

长沙农业现代化研究所现设有：区域农业发展研究室、农业生态工程研究室、动物营养与行为调控研究室和桃源农业生态系统综合观察试验站。

1998年长沙农业现代化研究所有在研课题46项，其中国家攻关项目8项，院重点项目21项，地方项目17项，共计获科研经费161万元。

“湘北红壤低丘岗地农林牧渔综合发展研究”圆满完成了合同任务，顺利通过中期评估。“桂西北喀斯特区域异地扶贫开发与持续发展研究”在基础设施与移民生活条件建设、产业开发、生态与环境建设等方面开展工作，取得了显著成绩。“四湖地区持续高效农业发展技术研究与开发”建成城镇郊区型新兴垸中心试验示范区、平原湖区粮猪型黄歇口镇中心试验示范区、涝渍低产田型小港农场中心试验示范区，在湖北省召开的中期评估中获得好评。“水稻大面积高产综合配套技术研究与示范”提出的抗涝减灾技术受到专家肯定，顺利通过中期评估。

“湘北红壤低丘岗地农业持续发展研究”、“浏阳黑山羊舍饲配套技术研究”两项成果分别通过湖南省科委、计委组织的成果鉴定。

1998年长沙农业现代化研究所申报专利5项。

1998年长沙农业现代化研究所发表学术论文86篇，其中在国外学术刊物上发表2篇，参编学术专著1部。

1998年长沙农业现代化研究所有7项成果获奖。“镉污染农田农业生态整治与安全高效利用模式研究”获中国科学院科技进步奖二等奖；“四湖地区湿地农业持续发展研究”、“玉米自交系H152、H504选育与应用”获中国科学院科技进步奖三等奖；“湘北红壤丘陵区提高耕地持续发展力关键技术研究”获湖南省科技进步奖二等奖。

配合中国科学院研究所结构调整与学科定位，进行了全所管理、后勤服务部门机构调整、研究室(组)改革与重组工作，增强了全所竞争能力，提高了工作效率。所机构改革后，行政管理部门人员由原18人减至14人，基本上达到了院规定的200人以下单位管理人员10%的控制数，做到了精简高效。科技服务人员也由原来的12人减至8人。

根据研究所的总体定位，将原来的4室1站改为3室1站。科研部门调整后，优秀的年轻学术带头人和管理骨干进入了领导岗位，研究室7名业务负责人中有6名具有博士、硕士学位。长沙农业现代化研究所已基本完成科研学术带头人的代际转移，为长沙农业现代化研究所以崭新的面貌进入21世纪打下了良好基础。

1998年经国家学位委员会批准为生态学硕士点。

长沙农业现代化研究所是湖南省生态学会、湖南省农业系统工程学会的挂靠单位。

与中国科学院农业研究委员会联合编辑出版双月刊《农业现代化研究》。

广 州 分 院

院　　长：耿安松
地　　址：广州市先烈中路 100 号
邮政编码：510070
电　　话：020-87775600
图文传真：020-87775791
电子函件：gzb@ms.gzb.ac.cn
网　　址：gzbnic.net.cn

中国科学院广州分院筹建于 1956 年，成立于 1958 年；1961 年与武汉分院合并为中南分院；1969 年，中南分院撤销，1978 年 5 月复建广州分院；现管理南海海洋研究所、华南植物研究所、广州化学研究所、广州能源研究所、广州电子研究所、广州地球化学研究所等 6 个研究所。现有在职职工 2155 人，其中科技人员 1696 人，有中国科学院院士 1 人，俄罗斯科学院外籍院士 1 人，研究员及正研级高级工程师 141 人，副研究员、高级工程师 395 人，中级科技人员 697 人。现有在学博士生 73 人、硕士生 101 人。另有在站博士后 15 人。

广州分院研究领域涉及华南热带亚热带植物资源、热带海洋环境资源、有机地球化学、矿物学、纤维素化学、高分子化学、电子技术、新能源和节能技术等。现有博士点 4 个，硕士点 17 个。

广州分院认真贯彻我国科技工作的方针、政策，正在进一步深化科技体制改革，加强科技管理，培养跨世纪科技人才，注意发挥分院和广东省科学院的整体综合优势，注重在资源、环境等有特色的领域抓好重大项目的组织、实施，积极推进院、省共建广州分院。

广州分院有广州地球化学研究所的有机地球化学国家重点实验室、广州化学研究所的中科院纤维素开放重点实验室、华南植物研究所的鹤山丘陵综合试验站、南海海洋研究所的大亚湾海洋生物综合试验站，它们各具特色，在各自的学科领域发挥不可替代的作用。

华南植物研究所的标本馆是国内第二大标本馆，藏有植物标本 80 万号；广州分院有万元以上仪器设备 1895 台，其中南海海洋研究所用于地质方面的多波束测深系统和用于水文方面的方向浪潮流仪、广州化学研究所用于生物分子结构测定等方面的 400MHz 超导核磁共振谱仪、用于水溶脂性高分子测定的 GPC 凝胶渗透色谱、广州地化所用于微量元素及同位素测定分析的电感耦合等离子体质谱等达到了 90 年代中期国内或国际先进水平。

1998 年，广州分院围绕“知识创新工程”，集中在资源、环境方面的优势，作出了组建华南海陆资源环境研究基地的规划；同时各研究所按有所为有所不为的原则，精减二线人员，突出重点学科，对国家、院、所重点实验室、重点台站加大支持力度，促其成为创新基地。

1998 年，广州分院共有研究课题 653 项，其中基础研究 238 项，应用研究 346 项，试验发展研究 57 项。全部项目包括国家自然科学基金课题 110 项，“863”计划项目 12 项，国家科技攻关项目 59 项，国家“攀登计划”项目 21 项，部委委托项目 4 项，中科院项目 132 项，自选 64 项，企业委托 33 项，地方任务 184 项，国际合作项目 13 项。

1998 年，广州分院共取得科研成果 48 项，获各类奖励的 21 项。其中获国家科技进步奖 2 项，中科院科技进步奖 4 项，中科院自然科学奖 5 项，广东省自然科学奖 6 项，广东省科技进步奖 1 项。华南植物研究所的“香根草在广东的适应性和应用研究”获丹麦皇家政府颁发的国际专项奖2项。

广州地球化学研究所承担的国家“九五”重点科研攻关项目“中国海相盆地大中型气田的形成”,已经在碳酸盐岩盆地生烃、演化、运移和聚集成藏规律及大中型气田的形成关系等方面取得重大成果,对大中型气田的勘探和开发有着重要指导作用。

广州能源研究所承担的广州珠江钢琴集团公司委托项目“大规模高智能木材干燥成套技术设备研究”,达到国际先进水平,已为企业新增产值1000多万元,新增利税300多万元,节约资金100多万元。

华南植物研究所承担的中科院“九五”重大项目“热带亚热带退化生态系统的恢复和重建”,在森林动态与植被恢复研究方面取得国际先进水平,并在此基础上深入攻关,将其成果应用于植被恢复的生产实践。到目前为止,已累计推广应用2万公顷,累计新增产值35亿元。

广州分院共有研究所所办公司25个,1998年科技开发总产值8300万元,税利约1000万元,广州电子技术研究所的晶体材料公司和广州化学研究所的化学灌浆公司年产值均达2500万元。

1998年广州分院接待了20多个国家和地区的科技界人士143批489人次,其中主邀请15批24人次。1998年,广州分院共派出到20余国家和地区的科技人员116批186人次。广州分院主持或参与主持在中国境内召开的国际学术会议2次。

1998年,广州分院执行国际合作或开发项目29项,其中新增项目13项。这些合作项目进行情况良好,发展顺利。

广州分院积极选拔青年学科带头人,已设立了院长奖学金,旨在培养优秀科技人才,发展科技事业。同时与高校联合申报博士学位招生专业,联合招收和培养研究生,并采取种种措施,不断改善青年科技人员的工作环境和生活待遇。

广州分院是中国科学院科技政策与管理研究会广州分会及中国科学院广州分院、广东省科学院科研管理研究会的挂靠单位。编辑出版《科技管理研究》杂志(双月刊)。

广州化学研究所

所　　长:陈鸣才
地　　址:广州市天河区乐意居
邮政编码:510650
电　　话:020-85231230
图文传真:020-85231119
电子函件:bgs@mail.gic.ac.cn
网　　址:http://www.gic.ac.cn

中国科学院广州化学研究所组建于1958年10月。建所时名为中国科学院广州应用化学研究所,职工约20人。1961年中科院决定把长春应用化学研究所有关纤维素化学学科转来广州,并与中科院武汉化学研究所、中科院武汉技术物理研究所合并成为中国科学院中南化学研究所。1969年因“文革”体制下放,改称广东省化学研究所,职工222人。1978年又被收归中国科学院管理并改名为中国科学院广州化学研究所,职工322人。1998年有职工382人(编制控制数383人),其中科技人员306人(研究员18人,副研究员和高级工程师69人,中级专业技术人员110人)。1958～1991年属国家全额拨款事业单位,1992年至今为国家差额拨款事业单位。

1998年共接收毕业生11人(主要是博士、硕士),为学术骨干、博士家属解决后顾之忧,办理工作调动进所4人。招收硕士10人,合招博士3人,目前在读研究生40人;毕业答辨10人,授学位9人。另外,接受1999年硕士生报考50人,为历年之最。

广州化学研究所目前的学科方向及研究领域:

纤维素化学　研究植物纤维素功能化、木质纤维素生物量转化、木素综合利用高值化技术。

高分子材料科学与技术　研究二氧化碳资源化学和减少环境污染及其应用技术、二氧化碳介质合成技术、化学灌浆材料及特种粘合剂研制。

天然产物有机化学　研究华南丰产植物及林化资源化学高值，南海海洋生物活性有效成分分离、结构鉴定及有效化合物的修饰。

目前广州化学研究所设有理学及应用化学硕士点。科研机构设有中科院纤维素化学开放实验室，广东省化学灌浆工程技术研究与开发中心，天然有机化学研究室，高分子研究室，测试分析研究室。

1998年围绕组织“知识创新工程”试点进行的改革和效果：

完成所中层干部的聘用。全所管理部门由3处2室1科减为2处2室，人员由42人精减为28人（含所领导），由占全所11%减至占7%，精减33%，职能进一步明确。技术后勤服务系统也作了相应调整，原则是精减所开支编制，扩大二级独立核算范围和力度。

1998年7月份广州化学研究所正式成立退休协会，并开展了建所40周年所庆活动。

完善二线管理人员考核评价体系，经从上到下又从下到上，所人事部门制定《管理机关、技术、行政后勤部门（包括党支部书记、中心室主任）年终业绩考核办法》（试行）目前正在试行中。

1998年全所争取和承担项目：列课题69项，开放室列题23项。所列课题按研究类型分：应用基础研究21项，应用研究33项，试验发展研究15项。新增课题27项，其中院重点2项，省重点项目3项，委托项目3项。

完成比较好的项目有：(1)大分子胆甾型液晶结构研究（攀登课题），发表7篇核心刊物论文；(2)CO_2共聚物与材料研究（国家基金重点项目），发表12篇核心刊物论文，已生产出40多千克聚合物，并开辟了聚合物新的应用领域；(3)超临流体下化学合成（院重点课题）发表8篇核心刊物论文，其中包括完成高分子量聚丙烯酸的聚合反应研究；(4)西米特酸的研究（国家重点）申报2项专利，发表2篇核心刊物论文，并已按要求提取出2.78g样品送第一军医大学生物活性试验。

1998年鉴定成果3项，申报专利30项，专利授权2项。

科技开发课题开发和成果转化：

1998年所投资重点支持的2个发展项目初见成效。改性松香树脂项目，现已建成年产300t的QMS松香改性树脂生产车间，截至1998年12月15日，该车间已生产树脂292t，售出246t，实现销售额198万元。此产品被列入1998年广东省和国家新产品计划，可获得减免所得税和贷款贴息的优惠，产销势头好，正在与企业商谈技术使用与合作事宜，并且还申报省孵化项目，形势乐观。

净水器项目，滤芯车间1998年完成50多万元的销售额；净水器组装项目建成年生产力为2万套的专业生产线，完成产品办证等一系列进入市场前期工作，现启动全面销售，产品已签合同进入友谊商场和南大集团等市内几个大商场。

课题开发2个发展项目共完成产值310万元，销售回款240万元。

科研-开发-生产相结合的模式有利于加快技术转化为生产力的进程，工程化研究探索了解决设计、试制、中试和工厂运营等一系列问题的途径，为全所今后的技术发展工作积累了一些有用的经验，也为所办企业提供了新成果。化灌中心利用高渗透性浆材中化798—Li技术，完成了国家重点工程青海李家峡水电站建设中有关灌浆工程，并获专利许可费30万元。

所科技企业总产值2203万元，其中化灌总公司2000万元，开发总公司203万元。人才培养方面，1998年广州化学研究所首次获得院“百人计划”指标1人，并专门成立了“百人计划”招聘小组，在“中国科学报”海外版，“人民日报”海外版刊登招聘启事，现正在来信应聘人员中选择。

编辑出版《纤维素科学与技术》、《广州化学》等学术刊物。

南海海洋研究所

副 所 长：施　平（主持工作）
地　　址：广州市新港西路164号
邮政编码：510301
电　　话：020-84451335（总机）
020-84452227（办公室）
图文传真：020-84451672
电子函件：scsio@ns.scsio.ac.cn
网　　址：www.scsio.ac.cn

中国科学院南海海洋研究所成立于1959年1月。全所现有职工530人，其中科技人员399人，有研究员36人，副研究员、高级工程师115人，中级科技人员147人，船员90人。具有博士和硕士学位授予权。现有在学博士生16人，硕士生25人。

南海海洋研究所紧密结合国家经济建设和海洋科学发展的需要，坚持以研究热带海洋环境、生态、资源和海洋开发中的重大科学技术问题为主攻方向。着重开展热带海洋环境过程、边缘海地质演化、生物技术与生物资源持续利用等研究。同时，积极开展近海工程环境和工程地质调查与灾害评估，海洋养殖技术与水产病害防治，海洋保健食品与药物等应用研究和科技开发服务工作。

全所设有物理海洋、海洋环境与生态、海洋构造地球物理、海洋地质环境、应用海洋生物5个研究室，并设有热带海洋环境动力学、边缘海地质与古环境2个(所级)开放实验室和所海洋科技开发中心，还设有4个临海实验站(分别位于湛江、汕头、大亚湾和海南三亚)，其中大亚湾海洋生物综合实验站分别于1990年和1993年由中国科学院批准为开放实验站和中国生态研究网络重点实验站。

重要的科研设施及装置有：配置设备先进的1000吨级"实验2"号地球物理考察船和3000吨级"实验3"号海洋科学综合考察船，MX-1102舰船导航设备，EPM-810Q型电子探针，SeaBat 8111型多波束测深系统，ARL-3580型等离子发射光谱仪(ICP)，KSS-30型重力仪(海洋)，GEOCHIRP中/浅地层剖面仪，SRPP10-PC型水下辐谱仪，DX-10Dionex型离子色谱仪，HP5890II型气相色谱仪，PE24 000II型元素分析仪，1090E 1100E声学释放系统，DMLS荧光生物显微镜，SanPlus微量连续流动分析系统，2700海洋气象仪，CTD温盐深仪，WLR7自动记录水位仪，S4ADW方向浪潮仪，1156波浪仪，SC 300海流剖面仪，DSM-1数字旋转磁力仪，Aquacheck多功能水质分析仪，Ficld Pro-V全球定位系统等近百台(部)具国际国内先进水平的物理海洋、海洋生物和地球物理勘探等学科的仪器设备。

目前，南海海洋研究所正围绕国家科技体制改革和中科院"知识创新工程"试点的有关精神，结合本所实际，开展所机关和研究室的结构调整、人事制度改革等方面的工作。同时积极进行内部管理的改革，取得了ISO9002国际标准"质量体系认证证书"，使南海海洋研究所的质量体系与国际标准接轨，积极开展档案工作目标管理活动，综合档案室达到国家二级标准；抓好规章制度的建设，制订和修订完善了各项规章制度。使南海海洋研究所的科研和开发管理工作规范化、制度化，大大地调动了科技人员和管理人员的积极性，促进了所的各项工作。

1998年南海海洋研究所列入科研项目年度计划的课题156项，其中基础研究56项，应用研究98项，试验发展工作等2项。"南沙群岛及其邻近海区综合科学考察"是"九五"国家重大科技专项，该项目抓住了当代海洋科技发展的趋势和区域特色，突出了油气资源、海洋生物资源及相应的物理、化学、生物和地质过程的研究，这对我国海洋科学的发展，促进海洋资源有效开发，保护海洋环境以及对海洋经济与社会持续发展，具有重要意义。国家重点基金"南海海洋环流时-空结构及其形成机制的研究"项目，研究工作取得了显著的进展，初步揭示了南海海洋环流空间分布及其季节变化的基本规律和主要特征，首次给出南海环流的Sverdrup输送，提出冬季南海南部地形诱生的中尺度涡形成机制。国家"863"计划"珠母贝多倍体育种和养殖研究"课题，主要开展了珠母贝人工诱导四倍体的研究、珠母贝直接诱导三倍体的大规模种苗生产工艺研究和三倍体珠母贝养成试验。

1998年南海海洋研究所取得成果15项，获奖成果9项，其中中国科学院科技进步奖二等奖2项，自然科学奖三等奖1项；广东省自然科学奖二、三等奖各1项等。

1998年南海海洋研究所动员全所科技力量，积极开拓科技开发市场，取得优异成绩，成为近年来项目合同总额、经济效益、当年完成任务三方面最高、最好的一年。全年在科技开发服务、技术咨询方面共签订合同32项，合同经费总额1200万元。这些项目包括近海、港湾、航道工程建设、海洋油气资源开发工程环境、工程地质调查、工程建设环境质量评价、海洋生物病害防治和养殖技术、海洋生物保健食品和药物以及海洋探测技术等方面，取得了较好的社会、经济效益。其中“铜鼓水道水文、水质调查”、“珠江口水文、水质调查”、“盐田港集装箱码头波浪观测”、“岭澳核电站二期工程海洋环境监测”4个项目都是1998年签订的合同，从立项、调查仪器准备、计划制定、执行到资料、样品分析、报告编写，均按照南海海洋研究所今年获认证的ISO9002质量体系标准进行工作，高质量地完成了合同任务，受到客户的好评。

南海海洋研究所积极开展国际合作与学术交流活动，目前南海海洋研究所已与世界40多个国家和地区建立了学术联系和技术合作。1998年共接待国外及港、澳、台学者、专家和科技人员30批62人次（另外还接待院级项目的3批4人），派出国外及港、澳、台地区进行合作研究、考察访问及学术活动的20批33人次（另属院级项目的有4批5人次）。南海海洋研究所参加的“南海季风试验”属国家“九五”“攀登计划”项目，是一项有16个国家地区的科学家参加与协作的大型国际研究计划。南海海洋研究所除派出“实验3”号科学考察船和30名科技人员参加外，还接待美国7名、台湾省1名的科学家在船上工作。“海洋动力过程卫星遥感应用分析”是与瑞典隆特大学合作项目，目前已完成提取珠江口水域、悬浮泥沙浓度信息的波段选择等工作，获得10余幅珠江口水域的遥感影象和叶绿素浓度提取的新模式。

南海海洋研究所重视人才培养工作，1998年招收硕士研究生9人，博士研究生3人，在外系统兼职招收博士生3人；接收院校等毕业分配来的博士生2人（其中1名博士后），硕士生8人，本科生3人。同时，为加快高层次人员的培养工作，向中科院申报了博士后流动站和博士生重点培养基地。南海海洋研究所还重视青年学术交流活动，通过各种不同的形式，积极引导和组织青年科技人员进行各种形式的学术交流活动，定期进行所“青年海洋科学学术报告会暨优秀论文评选”活动。

南海海洋研究所是广东省海洋湖沼学会和广东海洋学会、中国海洋学会海洋物理学会、中国第四纪研究委员会珊瑚礁分委员会及广州欧美同学会留苏分会的挂靠单位。编辑出版《热带海洋》（学报级）、《南海海洋科学集刊》（学报级）、《南海研究与开发》。

华南植物研究所

所　　长：梁承邺
地　　址：广州市乐意居
邮政编码：510650
电　　话：020-85231711
图文传真：020-87701031
电子函件：scib@mail.scib.ac.cn
网　　址：http://www.scib.ac.cn

中国科学院华南植物研究所前身是国立中山大学农林植物研究所，建于1929年。1954年隶属中国科学院，易为现名。现有职工414人，其中科技人员253人，有研究员22人，副研究员、高级工程师42人，中级科技人员105人。现在在学博士生19人，硕士生21人。

华南植物研究所科研工作的主攻方向是热带亚热带植物类群、群落、生态系统的起源、演化、维持与绝灭机理的研究（国际学科前沿），为生物多样性保护、资源持续利用与战略贮备和退化生态系统恢复与重建（国家中长期发展战略目标）提供理论依据和决策方案；同时，在农业和资源植物开发利用上做出重要贡献。战略布局：以两个优势学科为龙头的基础性研究——系统演化植物学、植物生态学，以为区域经济与社会发展为主要目的应用性研究——农业与资源植物学。区域定位：立足中国华南热带亚热带（含港、澳、台）地区，面向东南亚。华南植物研究所具有博士、硕士学位授予权。

华南植物研究所设有6个研究室、下属2园、3个台站、1个中心。其中鹤山站为中科院开放站。植物标本馆有近70年的历史，收藏植物蜡叶标本100万份。华南植物园占地面积300公顷，引种国内外热带、亚热带植物5000余种；1995年被评为全国最大的南亚热带植物园。鼎湖山树木园（国家级自然保护区）占地1133公顷，内有野生高等植物1843种、栽培植物673种。

在管理工作方面，继续深化以人事及其配套制度为龙头的改革，初步制定了《华南植物研究所推行全员聘用合同制的实施办法》、《按需设岗、按岗聘任专业技术职称的实施办法》。从1998年1月份开始实施《计划科研管理条例》，8月份实现了全所信息管理网络化。完成了所部的《建设用地规划许可证》的换证工作和用地红线127亩土地重新划入我所红线范围。积极开展政务信息与宣传工作，在电视台、报刊上大力宣传研究所的科研成果和有关信息。建立健全保密规章制度，认真做好保密工作目标管理的各项工作，经广州分院评审华南植物研究所的保密工作目标管理达到了中科院优秀等级。经过努力，一些历史遗留问题已得到解决或有了转机，例如，岑村村民在植物园乱倒余泥的问题得到控制，元岗村民在植物园内乱建的围墙已被拆除，鼎湖山自然保护区已被国家重新确认等。华南植物园实行目标管理，并在机构、用人制度方面进行改革，中层干部岗位实行竞争上岗，管理部门进行定岗并实行竞争上岗。

在学科定位工作方面，制定了华南植物研究所定位认定试点方案并上报中科院。华南植物研究所在学科定位布局和区域特色上，与中科院植物研究所和昆明植物研究所等，形成既有各自的特色与优势，又有相互的交叉和互补的架构，从而构成中科院植物学领域的综合优势和在国家不可替代的位置。

1998年华南植物研究所上报“九五”项目82项，其中获批准的44项，总经费1044万元；1998年实到科研经费549万元。积极组织策划国家基金重大项目“中国东部陆地农业生态系统与全球变化相互作用机理研究”的申请，并获批准作为项目主持单位。组织申报“国家重点基础研究发展规划‘973’项目”5项。组织院知识创新研究项目——“长江流域山地植被生态系统保育与重建研究”、“水稻超高性状形成的生物学基础及超高产育种”，并将项目建议书上报中科院。列入1998年度科研计划的课题126项，其中基础研究(含应用基础)102项，应用研究14项，试验发展等10项，完成率为100%。

1998年全所发表科学论文191篇，其中国际刊物14篇；出版专著6卷(册)；通过鉴定的科技成果4项；获奖科研成果7项(次)，其中广东省自然科学奖3项(次)，中科院自然科学奖2项(次)，国际香根草网络研究与开发奖2项(次)。“热带亚热带植被恢复生态学研究”成果通过了中科院组织的专家鉴定委员会的鉴定，鉴定委员会一致认为该项成果在热带亚热带季雨林和常绿阔叶林植被恢复方面达到国际领先水平。中科院“九五”重大项目“重要农作物高产、优质、多抗新品种选育”专题“杂交稻新组合选育”的研究工作进度超前，育出一批苗头的组合和二个苗头优质米不育系。其中“中优223”在省区试表现突出，其综合性状全面超过全国性推广组合“汕优63”，达国内领先水平。

1998年华南植物研究所的国际学术交流频繁，共派出国(出境)27批42人次，共接待来自英、美、法、马来西亚、泰国等16个国家和地区的外宾39批243人次。由华南植物研究所主办的“国际木兰科植物学术讨论会”于5月份在华南植物研究所华南植物园召开，来自17个国家和地区的103位正式代表出席了会议，本次会议取得圆满成功，得到国内外代表的高度评价。“国际木兰科植物学术讨论会”在我国的召开，对于促进我国和世界木兰科植物的研究，加强国际交流与合作起到了积极的作用。

在科技开发方面，继续拓展农作物新品种的推广开发工作，积极申报开发资助项目，通过努力，获得了广东省科委1998年度高新技术孵化项目1项，广州分院开发资金支持项目1项，总经费210万元。1998年科技开发总产值318.5万元(不包括华南植物园、鼎湖山树木园的门票收入)。

在培养和吸引人才方面，积极创造各种条件，吸引和培养青年人才。(1)做好“百人计划”招聘工作。华南植物研究所于1997年获得中科院“百人计划”“恢复生态学”B类点的招聘计划，由于在当年没有招聘到合适人员，1998年度获得院同意延长申请并进行了重新招聘，从6位申报人中筛选出4人参加答辩，最后通过专家评议推荐1名候选人上报院。(2)认真做好青年科学家的职称晋升工作。1998年35岁以下晋升高级职称人员8人，占本年度全所晋升高级职称人数的73%。(3)派出8人前往瑞士、澳大利亚等国家进行学习和访问。(4)招收博士生8人，硕士生8人，目前在读博士生19人，硕士生21人。(5)派出在职人员13人攻读学位。此外，为青年科技人员创造良好的工作和生活条件。例如，拟新建的

36、37 两栋住宅，解决了 30 多位青年人的住房困难问题。

1998 年华南植物研究所与华南农业大学联合共同向国家教委申报生态博士点并获批准，华南植物研究所的博士点由 1 个增加到 2 个。中科院批准本所新上岗博士生导师 4 人、博士生导师从 1997 年的 6 人增加到 10 人，为博士生培养工作的发展打下了良好的基础。完成了 780m² 研究生宿舍的基建工程，较好地解决了研究生住房问题。

华南植物研究所是广东省植物学会、广东省植物生理学会、南方棕榈协会的挂靠单位。编辑出版《热带亚热带植物学报》。

华南植物研究所下属 2 园：华南植物园，地址：广州龙洞，电话：020-87705693，邮政编码：510520；鼎湖山树木园（国家级自然保护区），地址：广东省肇庆市鼎湖区，电话：0758-2621116，邮政编码：526070。

广州地球化学研究所

名誉所长：涂光炽
副 所 长：夏　斌（主持工作）
地　　址：广州市天河区五山白石岗
邮政编码：510640
电　　话：020-85513702
图文传真：020-85514130
网　　址：http://www.gig.ac.cn

中国科学院广州地球化学研究所是在中国科学院结构性调整中，于 1986 年从中国科学院地球化学研究所（原中国科学院贵阳地球化学研究所）整建制的搬迁研究室、学科以及学科带头人，在原中国科学院广州地质新技术研究所的基础上整合而成，1994 年改用现名。1998 年经中国科学院批准为资源环境基地型研究所试点单位。

现有在职职工 270 人，其中科技人员 223 人，占全所职工总数的 82.6%；有中国科学院院士 2 人，俄罗斯外籍院士 1 人，研究员 45 人，占科技人员总数的 20.2%；副研究员、高级工程师 62 人，占科技人员总数的 27.8%；中级科技人员 113 人，占科技人员总数的 30.7%。在学博士生 36 人，硕士生 9 人。另有在站博士后 16 人。

广州地球化学研究所以近代地球化学和矿物学为主要学科，在国家知识创新体系的试点工程中的学科定位为：优先发展有机地球化学、同位素地球化学与同位素年代学。积极开拓海洋有机地球化学和海洋同位素地球化学，为解决我国社会发展所面临的资源、能源、环境和灾害等重大问题提供知识基础；在应用和发展研究方面，以上述两个优势学科为依托，应用知识创新成果直接为国家经济建设和区域可持续发展服务，建立固体矿产资源、卡林型金矿的开发利用、饮用水净化处理和灾害防治研究、开发与推广技术体系，同时建立经济高速发展地区区域可持续发展、资源承载力和环境容量等评价指标研究，为区域可持续发展和社会发展做出重要贡献，成为我国地球化学研究的国家队。

经国家批准，设有地球化学、矿物学、岩石学、矿床学博士点，地球化学、矿物学、岩石学、矿床学、环境科学硕士点和地质学博士后流动工作站。

目前，全所研究机构共设有 3 个重点实验室，1 个青年实验室，10 个研究室和 1 个研究中心，即有机地球化学国家重点实验室、广东省环境资源利用与保护重点实验室、广东省矿物物理与材料研究开发重点实验室、中科院同位素地球化学青年实验室、同位素地球化学研究室、天体化学研究室、有机地球化学研究室、岩石与矿床地球化学研究室、元素地球化学研究室、可持续发展研究室、第四纪地球化学研究室、矿物学与矿物材料研究室、理化分析测试技术研究中心、地球物理及勘查研究室、遥感地质与应用研究室。

基础性研究优势学科：

有机地球化学：根据国际学科发展前沿，结合我国资源环境现状、特点和面临的重大问题，确定了 3 个研究领域创新点：

1. 分子有机地球化学与分子环境学：研究地质体中新生物标志物的发现、成因及其地球化学意义，应用分子有机地球化学新指标研究古气候与全球气候变化。探索早期生命起源与生物演化，研究特定环境下生物小分子和大分子 DNA 与 RNA 的演化及其机理。

2. 海相地层油气成因成藏新理论、新技术：解决近10年来海相地层油气勘探面临的理论和实践问题，用分子动力学、油气源精细对比、油藏地球化学的方法对古生代海相烃源岩、油藏进行全方位剖析，研究中国海相地层油气勘探前景、油气成因与演化。

3. 环境中毒害有机物的污染机制与修复理论研究：重点研究化学污染物，特别是优控有机物在地表系统中的分布、迁移、转化、降解机理和规律及其在大气圈、水圈和生物圈界面间的相互作用，化学污染物的存在状态，生物有效性与修复理论。

新生长点：

海洋有机地球化学：将有机地球化学的原理与方法用于海洋科学研究，采用分子有机地球化学的古海表温度、二氧化碳分压、太阳辐射强度等有效指标研究海洋古气候、古环境变迁。通过海洋沉积物与水体各分层颗粒物和可溶有机质的研究，探讨近海污染史及碳、氧、硅等营养元素的循环。

同位素地球化学：

主要研究创新点：

1. 中国大陆同位素体系区划与地球化学边界理论研究和应用，包括各主要块体地壳增长和构造演化的年代学格架、造山带演化的化学地球动力学、板块边界地球化学急变带的形成机制与泛大陆形成演化和超大型矿床、以及矿床密集区形成的地球动力学背景。

2. 生态环境系统C、N循环和区域、全球模型与预测研究。

新生长点：

A. 地球化学层析学：用以同位素为主的地球化学方法揭示岩石圈、地幔、上下地壳、造山带与盆地的四维地球化学结构。以及对于地球科学的理论发展和开拓应用前景均具有重要意义。

B. 海洋同位素地球化学：将元素、同位素地球化学原理与方法应用于海洋科学研究，重点将放射性同位素和元素地球化学参数应用于海洋气候、环境变化研究，建立海洋气候、环境变化的高分辨率地球化学记录。

应用与发展研究优势领域：

固体矿产资源与区域可持续发展。

主要研究创新点：

1. 珠江三角洲区域资源承载力、环境容量及可持续发展评价指标体系；

2. 具有重大经济价值矿物资源的物质成分及低品位难选冶矿物分选及有用元素提取新工艺；

3. 废水治理和饮用水深度处理新技术的开发；

4. 新型矿物材料制备新技术。

新生长点：

A. 矿产资源开发的环境效应及环境修复，运用现代分析技术和地球化学理论，对矿产资源、特别是一些高硫高毒矿床开发过程中造成的环境效应进行研究，探讨控制、修复该类环境效应的方法及手段，进而建立关于消除矿产资源开发所产生的环境污染的地球化学方法和理论。

B. 经济发达地区人地系统的协调与可持续发展，以华南地区在经济高速发展过程中出现的资源和环境问题为重点研究内容，探讨人地系统的相互作用与协调机理；通过对区域资源承载力、环境容量和可持续发展评价指标体系的研究，监控和推动可持续发展战略的实施。

广州地球化学研究所拥有TSQ70B气相色谱-质谱-质谱仪，Voyager CDS200型热解-色谱-质谱联用仪；Plateform II 色谱/质谱联用仪；IsochromII色谱-同位素比质谱，HP6972MSD台式质谱、GC-AED色谱-原子发射光谱及HP5890；HP6890型气相色谱；共聚焦激光扫描显微镜；MPV-3显微分光光度计；傅里叶变换红外光谱；吹扫捕集色谱/质谱联用仪；TeckmarDoman 8000型TOC分析仪；超临界抽提-HP6890气相色谱仪；PCR扩增仪；VG-354高精度固体质谱仪；MM-1200稀有气体同位素质谱；ELAN-6000等离子质谱仪；S-3500N扫描电子显微镜(带微区成分分析系统)；MPV-SP显微分光光度计；PE1725X傅里叶转换红外光谱仪；ESC106电子顺磁共振波谱仪；RTI-30激光喇曼光谱仪；JL-1155型激光粒度分布测试仪；比表面积测试仪；X射线衍射仪；LCT-2高温微分差热天平等。还拥有国内地学界最大、最先进的超净化化学实验室和沟通全所网络的计算机工作站。

全所综合配套改革从1994年开始，按照管理与服务分开的原则，重点对二线进行了调整，将原有的7个处办精简为4个，管理人员将控制在全所总人数的7%以内。减缩下来的人员组成“综合服务中心”，实行对内有偿服务，对外经营。初步建立了分配与争取资源挂钩、与绩效挂钩的分配制度。实行了科研人员按岗聘任和全所人员的年度考核制度，初步实行了科研项目的全成本核算。建立和健全了管理工作的规章制度，把全所管理工作初步纳入了制度化、规范化的轨道。

广州地球化学研究所从1994年开始对科研队伍的结构进行调整。根据地方经济建设的需要，组建了区域可持续发展研究室，在中国科学院的支持下，组建了同位素地球化学青年实验室，利用我所学科优势和地方经济建设的需要，与广东省共建了“广东省环境资源利用与保护重点实验室”和“广东省矿物物理与材料研究开发重点实验室”。调整、合并、充实、整合了8个研究室。

根据在国家知识创新体系中的学科定位，按照基地型研究所的模式，广州地球化学研究所正在进行新一轮的结构调整。将集中优势科研力量，重点开展有机地球化学与同位素年代学、同位素地球化学知识创新研究，面向国际科学前沿、面向国家目标，计划成立有机地球化学研究中心与同位素年代学、同位素地球化学研究中心。另外，组建固体矿产资源开发利用与区域可持续发展应用和发展研究部，依托于优势学科的研究成果，把有关知识创新成果转化成生产力，面向地方经济建设和区域可持续发展。

根据1998年底的统计，全年列入年度课题计划的项目共222项(国家攻关和“攀登计划”项目、中科院重大A项目、国家自然科学基金重大项目列到四级课题，国家自然科学基金重点项目、广东省重大项目等列到三级课题，本所所长择优基金项目按1项计)，本年度入拨经费832.96万元。本年度在研课题222项，除按计划应在1998年底以前结题的68个项目外，结转下一年度的项目共154项，其中1998年新开题的71项。全部在研课题均按原合同计划执行，有些项目取得了突破性进展。

耿安松研究员主持的“中国海相盆地大中型气田的形成”是国家“九五”重点科技攻关项目“中国大中型气田勘探开发”下属的一级专题。本专题根据我国碳酸盐岩盆地的主要特征，开展了地质与地球化学、有机与无机、流体与固体、温度与压力、空间与时间等方面的综合研究，探讨了我国碳酸盐岩盆地生烃、演化、运移和聚集成藏规律及其与大中型气田形成的关系。经过2年多的攻关工作，在碳酸盐岩建造、有机质类型、含量、赋存形式、成烃机理及生烃定量评价，有机质在碳酸盐岩成岩演化和压溶作用中的变化规律与生烃、排烃意义，碳酸盐岩沉积相带及演化、层序地层格架、有机相展布与天然气富集关系，碳酸盐岩油气-源对比方法，碳酸盐岩含油气系统特征及其与大中型气田形成的关系，GIS技术在碳酸盐岩大中型气田的成藏和富集研究中的应用等方面取得了重要研究成果。

赵振华研究员主持的“与寻找超大型矿床有关的基础研究”属国家“攀登计划”预选项目。该项目1998年正式启动，共设3个课题、11个专题。作为第一承担单位我所与其他单位共同主持了其中1个课题、4个专题，作为第二承担单位与其他单位共同主持了其中5个专题。1998年广州地球化学研究所各专题的工作重点是完成了预定的野外地质考察计划，并开展了室内研究工作。1998年全所发表研究论文11篇，其中在SCI收录刊物发表7篇，在国内其他核心刊物发表4篇，并开展了与法、澳大利亚等国的合作研究。

到1998年12月底止，全所已获准各类“九五”项目271项，总经费3480多万元。1998年度新获准项目66项(39项已在98年度启动)、经费664.83万元，其中国家杰出人才专项基金项目1项、经费60万元，国家自然科学基金重大项目二级课题1项、经费55万元，国家自然科学基金自由申请项目13项、经费215万元，广东省基金自由申请项目6项(其中全额资助项目2项)、经费29万元，广东省博士启动基金项目2项、经费4万元。

1998年度参加登记的所级成果13项，其中国家“攀登计划”项目1项、国家自然科学基金项目3项、国家科技攻关项目1项、中科院项目2项、广东省科委项目4项、所长基金项目2项，其中“微污染水源水组合工艺试验研究”是傅家谟院士主持的广东省重点基金项目“珠江三角洲水体中毒害有机物的控制与治理技术研究”的重要研究成果之一，获1998年度所级成果一等奖。该项目按照建设部“城市供水行业2000年技术进步发展规划”对一类水质的要求，建立88项水质目标中的全部39项毒害有机物指标的分离分析方法和质量保证体系；采用了包括臭氧预臭氧化、加氯消毒在内的9种不同工艺组合进行现场试验，在国内首次利用88项水质指标进行全面分析和评价。该成果于1998年5月通过了由广东省科委委托中科院广州分院主持的专家鉴定，由李圭白院士为组长的专家组一致认为该成果达到国际先进水平。该成果以环境科学与净水技术相结合，研究微污染水源水处理问题，适用于饮用水受污染地区的城镇供水行业。

作为主报单位，1998年度获广东省自然科学奖二等奖3项、三等奖1项，中科院自然科学奖三等奖1项、科技进步奖三等奖1项；作为第三完成单位，获国家科技进步奖二等奖1项(我所周正研究员个人排名第二)。

1998年广州地球化学研究所共接待了来自美国、德国、法国、日本、加拿大、澳大利亚、越南8个国家和香港、台湾地区的专家、学者共23批41人次。

全年共派出28批38人次分别赴日本、印度、美国、法国、英国、南非、捷克、加拿大、突尼斯9个国家和香港、澳门以及台湾地区参加学术会议、合作研究、专业考察和技术培训。在接待和派出项目中，院级项目4项(接待、派出各2项)，获资助额约6.5万元。国家基金委国际合作项目7项，获资助7.1万元。另外，还有17批24人次获国外和港、台全额资助或部分资助进行合作研究和参加国际会议等，资助额约14.45万美元，约120万元人民币。这些项目和经费保证了广州地球化学研究所国际学术交流的顺利执行。

现有所属具有独立法人的科技开发公司3个，从业人数9人。广州中科地化工程勘查有限公司，从业人数6人，1998年全年创造产值216万元，实现利税近30万元。目前，正在积极将我所获得国家科技进步奖和国家专利的实用型高新技术成果“卡林型金矿吸聚浮选新方法”推向市场。

广州地球化学研究所是广东省矿物岩石地球化学学会、广东省可持续发展研究会的挂靠单位。编辑出版学术刊物《地球化学》。按1997年度影响因子排序，该刊名列中文地学类核心科技期刊第三名。

广州电子技术研究所

所　　长：陈衍仪
地　　址：广州市先烈中路100号
邮政编码：510070
电　　话：020-87775947（科技处）
图文传真：020-87753247
电子函件：keji@giet.ac.cn
网　　址：http://www.giet.ac.cn

中国科学院广州电子技术研究所创建于1970年，1978年归属中国科学院，是一个应用开发型研究所。全所现有职工321人，其中科技人员273人，高级专业技术职务人员74人，中级专业技术职务人员123人。现已培养硕士研究生31人。

广州电子技术研究所的主要学科方向为信息处理与传输。重点研究并开发计算机网络与通讯技术、计算机应用技术、数字化技术、工业控制技术、光电技术以及晶体和超硬材料等。

中国科学院计算机网广州地区网(CASnet-GD)的网络中心机房建在广州电子技术研究所。

广州电子技术研究所设有以从事研究与开发为主的4个研究室和以从事技术工程设计与安装为主的技术工程部。4个研究室是：综合通讯网络研究室、计算机系统集成研究室、电子系统研究室、光电技术研究室。还设有3个从事高技术跟踪和研究开发的重点实验室：即激光实验室、网络实验室和数字化实验室。

广州电子技术研究所还设有以生产、贸易以及专业技术服务为主的公司实体，其中，“广州晶体材料科技开发公司”专业生产人造金刚石工具系列产品，被评为科学院优秀科技企业，其产品畅销国内外。

广州电子技术研究所承担了多项国家、中科院、广东省重点攻关项目和自然科学基金项目，取得了100多项科技成果，其中40余项分别获得国家、广东省和中国科学院各种科技奖励，获得中国专利10多项。

1998年广州电子技术研究所作为中国科学院技术开发型研究所的改革试点，全面加大改革力度，加快改革步伐。对全所机构作了较大调整，运行机制局部作了变革尝试。全年收入4125万元，比1997年增长12.4%。年度计划44个课题完成进度计划。

1. 狠抓重点课题开展

国家“九五”攻关项目“B-ISDN技术研究和现场试验”的专题，基于ATM网的多媒体电子图书馆应用系统关键技术研究，作为具体实施试验的一个方案，拟由省邮电局、省中山图书馆及广州电子技术研究所三方合作，实现中国图书馆馆藏信息进入视聆通宽带网。已完成“视聆通网上图书馆的可行性研究报告”和“总体方案”。

中科院重点项目“ISDN用户交换机及网络接口技术”正在抓紧进行。

国家自然科学基金快速反应项目“数字像元相息图的研究”的成果“数字像元分析全息技术及其制作系统”1998年已通过由国家自然科学基金委员会信息科学部和中科院广州分院联合主持的鉴定，该成果已达到国际先进水平，结合广州电子技术研究所1995年获广东省科技进步奖二等奖的成果“激光模压全息编码技术研究”，今年申报广东省高新技术孵化项目，已通过审查立项。同时该项目研究人员今年争取到国家基金项目“分形与高分辨率点阵全息图的研究”。

广州电子技术研究所基本完成了“水表、电表、煤气表的数字化及三表计费系统”的研制开发，1998年6月通过省科委及中科院广州分院主持的鉴定，同时邀请广东省水电煤气系统人士参观本所举办的“三表计费系统演示会”，在社会上引起普遍关注。目前该项目人员正在进行产品化推广应用工作，力争参予城市交互式图文服务系统（CTVS）首期工程。

介入地方骨干企业的引进技术设备消化吸收创新工程的工作在不懈努力中。肇庆风华电子集团公司委托的“独石电容器参数自动测试机”按合同要求进展顺利。东莞彩显管厂29"DY动态调整机及25"出厂检查机研制顺利并通过验收认可。

华师附中校园网是广州电子技术研究所设计和安装的现代化校园网。校园网对被外单位占用房源下大力气回收，目前已回收23套（间）（其中解决历史遗留13套）。为了本所职工的利益，今年在报建拆建自编31号宿舍的系统工程中做了大量艰苦工作，争取在1999年12月前竣工建成。

1998年对全所供电供水管线分期分批进行了检查和改造。尽可能配装水表电表，实行计量收费。办妥VAX/785小型计算机及残旧仪器一批的报废和处置手续。

2. 加强精神文明建设

1998年进行中心组学习3次，组织了5次体制改革座谈会，学习党的十五大精神，学习科技体制改革的文件。在年初党委纪委换届选举后，全面调整了基层支部并组织了党支部及团委的换届选举，发展了预备党员3名。

领导班子进行了2次民主生活会。党委抓了全所党员评议和纪律教育。管理干部通讯工具的配备按省委及省纪委文件要求进行了全面清理清退。在中层以上干部举办了经济法规和保密法规的书面考卷考核。

加强跨世纪人才培养的工作落到实处。青年单身宿舍开通了公用电话，食堂就餐给予补贴，共青团活动给予经费支持。1998年组织青年学术论文交流会，会上交流论文22篇，并评出一等奖2篇、二等奖4篇、三等奖8篇。全年多次组织参观学习、体育比赛和文娱活动，开展工间操。为研究所发展积聚后劲。

1998年鉴定、验收的成果7项，其中包括杨世宁主持的“数字模压激光全息技术的研究”，李耀棠主持的“数字像元分形全息技术及其制作系统”，温廷祥主持的“广州市环境保护科学研究所计算机网络系统”，易其亨主持的“自来水智能收费系统”等。

1998年全所申报专利8项，获授权专利2项。发表学术论文42篇。全年接待加拿大、美国、越南及香港、台湾等国家和地区的来访专家学者14人次，派出或应邀出访7人次。

1998年全所总收入4125万元，其中晶体公司2150万元，东科公司236万元，计算机系统集成研究室100万元以上，电子系统研究室100万元以上，中科开发部288万元，蚀刻开发部123万元，制版开发部111万元。

广州电子技术研究所编辑出版《电路与系统学报》(季刊)。

广州能源研究所

所　　长：陈　勇
地　　址：广州市先烈中路81号大院
邮政编码：510070
电　　话：020-87670252
图文传真：020-87779767
电子函件：wangls@ms.giec.ac.cn
网　　址：http://www.giec.ac.cn

中国科学院广州能源研究所的前身是广东省地下热能研究室，1978年归属中国科学院并改为现名。1991年，为加强科研与开发工作，更好地为地方服务，经广东省政府批准为"广东省能源高新技术研究开发中心"，实行一个机构两块牌子。1998年4月，根据中科院结构调整、优势互补的精神，原中国科学院广州人造卫星观测站并入广州能源研究所。现全所职工总数为233人，在职专业技术人员171人，高级职称人员55人(其中研究员11人)，中级职称人员75人。广州能源研究所是国务院学位委员会审核批准的硕士学位授权单位，已培养硕士研究生79人。为联合国教科文组织属下的联合国大学培养各国沼气技术专业人才13人，现正与其他单位共同培养博士研究生。现有在学博士生6人，硕士生8人。另有博士后出站人员2人。

广州能源研究所是从事新能源工程科学领域的高技术研究与发展的研究所。其办所方针是：瞄准国际科学前沿，服务于国民经济主战场。即瞄准国际新能源与可再生能源的科学前沿，开展基础和应用基础研究，为国家在国际科学领域争得席位；服务于国民经济主战场，努力开发社会急需的清洁能源和环保技术产品，为国家和地方经济的发展做贡献。其战略任务是：拓展新能源与可再生能源的利用技术，解决能源利用过程的环境污染问题，开发环境治理过程的能源再生技术，发展节能新技术，提供能源信息和决策咨询。

1998年广州能源研究所新的所领导班子上任后进行了深入的全所性改革，取得明显成效，在研究所综合评价中被中科院评为绩效及状态A级，定位为中科院能源领域的高技术研究与发展基地型研究所，并确定为联合国教科文组织东南亚及太平洋地区"能源技术网"中国联络点。其研究领域包括新能源与可再生能源、环境工程、节能新技术、能源信息等4个学科领域。科研机构调整后的研究所设有太阳能、热能、海洋能、洁净燃料、环境工程及计算机网络、情报资料等7个研究室作为研究基地，并同时设有太阳能热水器开发中心、干燥中心、耗能产品检测中心、太阳能产品检测中心、综合技术服务中心及九能高技术工程有限公司、科凌高技术有限公司等作为产业化基地。

1998年广州能源研究所围绕"知识创新工程"试点工作进行了全面的机构调整与制度改革，精简组织机构，优化行政人员(由原5个部门调整为3个部门。聘任有较强科研工作基础，管理能力强的较高层次的科技人员担任科研开发处及党政办的负责人)，改革制度(人事制度、分配制度、科研开发工作管理制度)，完善条例，依法治所，保证所的可持续发展，获得成效。根据所的工作基础及发展需要，确立了新的办所方针、战略定位、发展目标及发展模式。全所在"科研为基础，开发为纽带，产业为目标"的指导思想的指导下，科研、开发、产业、队伍建设与人才培养及后勤服务、精神文明建设工作全面展开。

1998年广州能源研究所得到广东省和中科院的支持，科研基础条件获得较大改善。全所共购置各类仪器设备159台，各学科实验室及计算机网络室的工作条件、仪器设备的现代化程度大为提高。

广州能源研究所以客座研究员、访问学者、年轻科研人员以及博士生、硕士生、实习本科生及所外招聘人员为主体的流动型队伍也已初具规模，已形成一支老中青相结合，以年轻人为主体(主要学术带头人平均年龄42岁，管理部门主要领导平均年龄38岁，全所中层干部平均年龄40岁)的梯队清晰、坚强有力、充满活力、具有可持续发展力的人才队伍。

1998年广州能源研究所的队伍建设及人才培养方面的工作主要有：

(1)选拔、招聘了一批德才兼备、年富力强的人员担任各研究室和其他各部门的负责人，由他们及其他骨干完成了梯队清晰、战斗力强的科研队伍、产业化队伍、管理队伍的重新组建工作。

(2)招聘、选拔了太阳能、化学储能领域的2名百人计划人员，已上报待批；招聘、审核接收了2名高级访问学者。

(3)按新条例进行了1998年专业技术职务资格晋升工作，晋升研究员3人，副研究员5人，高工1人（这9人中，8人为45岁以下年轻人），助理研究员及工程师7人；1998年有5名职员获得晋升。

(4)培养在学研究生14人（博士生6人，硕士生8人），1998年毕业研究生4人；3位年轻研究员，分别被聘为中国科技大、西安交大、上海交通大学、太原理工大学客座教授，并开始联合培养博士生。其中郭开华研究员被上海交大批准为该校正式博士生导师。

(5)1998年组织多名科研骨干参加两院组织的科研工作进修研讨班；1998年有多名职工参加了技术培训；选拔3人公派出国进修；所庆期间组织了青年学术报告会。

1998年全所承担的各类在研项目59项，获后续研项目11项。包括4项国家“九五”攻关项目，国家自然科学基金项目，中科院重大、重点项目，省重点、省基金项目以及国际合作项目等。获得中科院“九五”特别支持项目3项：“流化床垃圾焚烧炉内的燃烧模型及腐蚀控制”、“海岛新能源利用技术”及“车载交通信息与导航系统”；获得国家自然科学基金项目3项（其中1项为重点项目）；获得省自然科学基金项目3项和支持国际合作项目1项；获得省攻关项目2项。

国家科委“九五”攻关项目“1MW循环流化床发电系统”和“太阳能空调及供热示范系统”已顺利完成，并投入正常运行。国家计委“九五”攻关项目“洁净燃煤助熔炼钢新技术研究”在重新确定了合作伙伴以后，工作进展顺利，已通过省计委主持的中期评估。

1998年广州能源研究所科研成果获国家科技进步奖三等奖1项，两院科技进步奖二等奖1项，国家青年科技奖1项。评估年结题及鉴定项目16项，包括国家基金、省基金、中科院项目等。1998年完成了4项国家“九五”攻关项目及中科院攻关项目的中期评估工作，经专家评审，认为各项目执行情况良好并予以肯定。

“智能型木材干燥系统”及“游泳池水质净化技术”通过了省科委组织的鉴定；“热泵干燥机”完成产品鉴定；“XCD高效多管除尘器”被认定为1998年国家重点新产品。

1998年广州能源研究所申请专利12项，其中发明专利2项，实用新型专利10项，其中获授权专利8项。1998年全所共发表科研论文60篇，其中期刊论文37篇，国外发表12篇。

1998年广州能源研究所开发工作经过各方面的努力，开发技术合同的落实情况良好，共计签定技术合同52项，合同总额达794.65万。其中新成立的干燥中心、太阳能热水器中心通过集中化、企业化的运作，取得较好效果：干燥中心1998年承接技术工程项目3项，合同额为125万元，并较好完成原有合同的工作，实现技术合同额372万元；太阳能热水器中心1998年7月成立后，发挥团队作用，共订合同125万元，实现产值90万元，其新型集热板芯有望占领更大的板芯市场。此外，还获得了广东省成果孵化基金1项，共150万元。

1998年国际合作及学术交流活跃，全所共执行国际合作项目10项。向日本、比利时、葡萄牙、希腊、加拿大、英国、柬埔寨、埃及、韩国、澳门、香港等国家和地区派出科技人员16批43人次，其中出席国际学术会议6批8人次。国外专家来访23批60人次。1998年争取中科院资助项目6项，其中出访项目4项，来华访问项目2项。获广东省科委和国外学术机构资助出国项目7项。

1998年国际合作项目取得了较好结果。例如，由香港裘槎基金会资助、广州能源研究所与香港理工大学合作的“太阳能空调与热水综合系统”项目，从1984年开始，1998年圆满结束，基金会共支持经费近200万港元。该项目是广州能源研究所与其他国家或地区合作项目中历时最长、成果最多、人才辈出的项目，获得了内地及香港各界的好评。其多项成果已应用于国家“九五”攻关项目中。又如，广州能源研究所与日本名古屋大学共同合作的日本学术振兴会的面向未来尖端项目“亚洲型环境友好城市体系的技术开发研究”，从1998年开始，共5年时间，我方可得总经费约220

万元。日方专家多次来华访问，我方也分2批18人次赴日交流，双方已就项目的实施做了充分的前期准备工作，并就研究内容和计划进行了探讨和研究。

广州能源研究所文献情报室正自建馆藏图书数据库，情报信息工作不断加强，已为各部门网上检索专题资料6万2千余条。广州能源研究所是中国海洋工程学会海洋能专业委员会的挂靠单位。编辑出版《能量转换利用研究动态》、《能量转换利用研究动态简报资料》。

成 都 分 院

院　　长：姚汉民
地　　址：成都市人民南路四段 9 号
邮政编码：610041
电　　话：028-5223719（院办）　028-5229896（党办）
图文传真：028-5220846
电子函件：cdb@ntr.cdb.ac.cn

中国科学院成都分院成立于 1978 年 3 月，前身系 1958 年 11 月成立的中国科学院四川分院。成都分院系统除分院机关外，有 5 个研究所：光电技术研究所、成都生物研究所、成都有机化学研究所、成都山地灾害和环境研究所、成都计算机应用研究所，两个中心：成都科学仪器研制中心、成都文献情报中心。共有在职职工 3560 人，其中科技人员 2439 人，有中国科学院院士 1 人，中国工程院院士 2 人，研究员（含同级科技人员）145 人，副研究员（含同级科技人员 458 人，中级科技人员 817 人。科技人员中博士（含博士后）42 人，硕士 294 人。现有博士点 4.5 个（其中岩土工程博士点与西南交大联合建立），博士后流动站 2 个，外国留学生招生单位 1 个，硕士点 19 个，在读博士生 50 人，在读硕士生 189 人。

成都分院系统拥有一批具有国内先进水平的国家级、院级、联合创办的重点实验室、工程中心、野外台站和科研设施。1998 年共承担各类科研项目 471 项，其中国家攻关和国家基金 67 项，"863"计划项目 22 项，中科院和部委课题 131 项，军工 40 项，国际合作 14 项，争取科研经费 9000 多万元。共取得科研成果 32 项，获各类成果奖 12 项。申请国家专利 41 件，获授权专利 21 件。

1998 年成都分院系统科技开发及第三产业销售总额 12 亿元，其中科技开发销售 9 亿多元。共实现利税 3 亿元。其中地奥制药公司销售额 8.5 亿元，实现利税 2.8 亿元。

1998 年，分院认真履行派出机构职能，充分发挥组织、协调、督促作用和服务功能，积极推进各单位深化改革和结构性调整，在领导班子建设、人才队伍建设、科研基地建设、院地合作及精神文明建设等方面取得了新的进展。

领导班子建设和干部队伍建设方面，1998 年组织完成了对成都文献情报中心领导班子的换届考核，协助院完成了分院领导班子的换届考核工作。结合分院实际健全了对领导班子和领导干部的考核、奖惩办法。坚持分院、所（中心）联席会议制度，组织研讨解决院属成都地区各单位改革和发展中的重大问题。抓科技队伍建设和人才培养，通过多种渠道推荐优秀人才参与国家、院、省各类人才计划项目的评选，1998 年"百人计划"评出 5 人，"西部之光"被院批准 3 项，有 12 名专家被评为首批四川省学术技术带头人，13 名青年专家被评为首批四川省学术技术带头人后备人选。新增博士点 2.5 个，硕士点 4 个。

对院地合作重点和运作方式进行了较大调整，主要集中在成都及周边发达地区，并有选择地开辟省外院地合作基地。组织各所、中心参加了中科院与江苏省的高新技术项目洽谈会和云南省的院省合作项目洽谈会，与江苏已有 10 个项目签订了正式合同。圆满完成了四川省委、省政府交给的科技扶贫、科技兴农和下派科技副职的任务，目前分院系统向茂县、珙县、阿坝、广安等县派有定点帮县干部或科技副职。参加了省里组织的"'98 洪灾反思与建议"研讨会，积极为保护长江上游生态环境、防治自然灾害、科学利用自然资源等出谋划策，为“治水兴蜀”提出了建设性的对策和建议报省委、省政府。

科研基地建设方面，1998年完成了计算机网络和电视光纤网的建设，对院内花园、工会小楼、配气站隐患和2#变电站进行了改造，新建了3#变电站并顺利完成割接。绿化、环卫、综合治理和安全管理等工作进一步加强，分院1998年度荣获辖区绿化、环卫、综合治理先进（模范）单位称号。

积极推进以“六项工程”为载体的精神文明建设，较好地完成了年初制订的精神文明建设重点工作目标。坚持开展“十大窗口”承诺服务，工作质量进一步提高。积极参与省“科技之春”活动月，开展科普宣传活动，成都生物所动植物标本馆和成都山地所动力学模拟实验室被四川省认定为首批省级科普教育基地。组织了分院成立40周年系列庆祝活动，如邀请省、市各界领导召开院庆座谈会、举行院庆开放周、摄影展、文艺演出、学术交流活动等，特别是成功编撰出版了《起步与腾飞——中国科学院成都分院成立四十年》一书，既抢救了一批珍贵的院史资料，又宣传了分院系统的成就，扩大了影响。

对外宣传和信息工作有所加强，注意发挥《中国科学报》四川记者站、《科成报》、分院《简报》的作用。全年发简报13期，《科成报》编发24期，约50万字，新闻图片150幅，较好地发挥了“对内鼓士气、对外树形象”的作用。分院1998年被评为院对外宣传和政务信息工作先进单位。

分院机关现设10个职能处室，6个附属机构，3个代管单位，在职职工198人。

光电技术研究所

所　　长：马佳光
地　　址：四川省成都市人民南路四段9号
邮政编码：610041
南郊科研开发基地：四川成都市双流350信箱
邮政编码：610209
电　　话：028-5100112　5223143　5100341
图文传真：028-5180070　5223143
电子函件：sb@mail.ioe.ac.cn
网　　址：http://www.ioe.ac.cn

中国科学院光电技术研究所始建于1970年，是中国科学院在西南地区规模最大的研究所。前身是国防科委1969年筹建的，由长春光学精密机械研究所分迁的三线科研单位，1975年划归中国科学院。研究所分市内和南郊两部分，市内部分与高新技术开发区、多所大学和研究所毗邻；南郊科研开发基地占地400余亩，环境十分优美。

全所现有职工1529人，其中科技人员650人，有中国工程院院士2人，研究员34人，副研究员、高级工程师等157人，中级科技人员243人。光电技术研究所现有光学工程博士后流动站，有光学工程博士学位授权点以及光学工程、物理电子学、检测技术与自动化装置、测试计量技术与仪器等4个硕士学位授权点。现有在学博士生、硕士生近百人。

光电技术研究所由科研部、科技开发部、物业中心及光电总公司等高新技术开发公司组成，具有光机电技术的综合优势和配套齐全的生产制造、开发能力。科研部主要由从事国家科研项目的研究室组成，包括微细加工光学技术国家重点实验室、国家“863”高技术计划自适应光学重点实验室、“863”高技术计划激光光束控制重点实验室、光电工程、应用光学、电视技术、光电测量等十个研究室；科开部、光电总公司等主要从事科研项目试制和新产品开发工作。总公司拥有光电传感器部、激光中心、光学元件部、光学仪器部等9个产品开发生产部。挂靠在光电技术研究所的“中国科学院成都几何量及光电精密机械测试实验室”1996年正式成立并通过国家计量评定认证，可向社会提供具有法律效力的公证数据。光电技术研究所与中国工程物理研究院联合建立成都精密光学工程研究中心。

光电技术研究所主要方向是从事工程光学和光电系统的应用研究与开发。其主要领域是：应用光学、自适应光学、微细光学技术与设备、光电跟踪测量技术与系统、激光光束控制技术、精密测试技术等，涉及光电探测、图象处理、自动控制、激光技术、电子技术等若干相关的高新技术。光电技术研究所的主要领域在国内都有很高的学术地位和很强的技术优势。

1998年光电技术研究所安排科研试制任务100余项，其中高技术领域4个主题7个专题，20个课题。各类国家科研项目52项，各类科学基金项目20项，其他项目14项。

光电技术研究所本着为国民经济、国防建设和科技进步作出重大贡献的原则，充分发挥全所的整体优势，坚持以重大项目牵头，科研开发并举的办所方针。1998年在主要优势领域取得显著进展。在微细光学技术与装备研究领域主要从事亚微米线条的形成与传递、光电自动对准与精密定位、深紫外光刻和同步辐射X射线光刻、相移掩膜及衍射光学元件等技术研究。微细加工光学技术国家实验室在研究工作、人才培养和实验室建设等方向都取得很大的进展，星敏感器应用的折衍光学系统、红外探测器的二元光学透镜阵列都是国内首次研制成功。光电技术研究所在国内开创了自适应光学领域研究工作，目前主要研究动态波前的实时测量、波前复原和波前误差校正，并用于天文望远镜、激光光束传输与诊断系统。1998年与北京天文台和日本东京天文台合作，在2.16m天文望远镜上开展了红外自适应光学系统实验，无论系统性能还是观测结果均达到世界先进水平，是我国自适应光学技术和天文观测技术的重大突破。光电技术研究所在光电捕获跟踪测量技术研究和光电工程研制领域有很强的综合技术实力，1998年完成了空间目标观测系统及中型光电经纬仪等多台测量设备研制任务，在弱小目标的探测成像、信号实时处理、多目标识别、高精度快速跟踪测量方面取得很大的进展。激光光束技术领域主要研究激光稳定净化、变换发射、诊断补偿及光束方向控制等技术问题。1998年进行了多项室内外实验，使我国在此领域的研究又上了一个台阶。

建所29年来，光电技术研究所已获得包括国家科技进步特等奖在内的400余项科研成果。1998年获得国家科技进步奖三等奖2项，中科院科技进步奖一等奖1项（激光上行传输及61单元自适应光学综合装置），二等奖1项（0.8～1μm分步重复投影光刻机），三等奖2项（风动微量天平校准装载、衍射微透镜列阵实用化研究）。四川省科技进步奖二等奖1项（750小型光电经纬仪）。

光电技术研究所坚持科研与开发并举的方针，1998年结合中科院“知识创新工程”，加大了全所结构性调整的步伐，根据光电技术研究所改革创新方案，在4季度进行了全所调整，经过重新组合调整基本形成了现代光电技术与系统研究中心、物业中心、光电总公司三大块模式，人员经过分流精干了科研一线队伍。所机关由11个部门经过公开招聘，公开答辩，竞争上岗，已精简为7个部门49人。

光电总公司下属10余个科技开发实体和科技公司，装备有光学元件、光学仪器及光学玻璃连熔线生产线，开发生产多种适应市场需要的高新技术产品，如长光栅与数显表、光电轴角编码器、激光标记机、手术显微镜和观靶镜、各种棱镜、透镜等光学元件、空调制冷设备等。

近几年来，国际交往和学术、科技交流不断扩大。1998年光电技术研究所派出参加国际技术讨论会、考察、培训和学术活动14批26人次；接待国外学者讲学、访问、技贸洽谈等活动8批14人次。1998年光电技术研究所举办了有国内外100余名青年学者参加的“’98中国青年学者现代光学及应用研讨会”。目前同美国、日本、德国、法国、加拿大、俄罗斯、荷兰等国家及香港地区建立有交流与合作关系。

主要出版刊物《光电工程》学术刊物自1993年以来被“美国国际工程索引（EI）数据库”收录，1996年起被“中国科学引文数据库”收录，成为国内外有影响的学术刊物。

成都有机化学研究所

常务副所长：彭宇行
地　　址：成都市人民南路四段9号
邮政编码：610041
电　　话：028-5222143
图文传真：028-5223978
电子函件：yjk@ntr.cdb.ac.cn

中国科学院成都有机化学研究所成立于

1958年11月，曾先后定名为中国科学院四川分院化学化工研究所、中国科学院西南有机化学研究所、四川省化学研究所，1978年改为现名。现有职工392人，其中科技人员344人，有研究员32人，副高级科技人员85人，中级科技人员159人；博士生导师11人，“百人计划”人才A类1名，B类1名，“西部之光”人才2名；全所具有博士学位人员13名，硕士学位人员98名。

成都有机化学研究所是以应用研究和技术创新为主的化学研究所，主要学科方向为天然气化学、有机合成、高分子化学和分析化学，设有有机化学博士点，有机化学、物理化学、分析化学、应用化学、高分子化学与物理等5个硕士点，1998年度又获准设立化学博士后流动站。现有在读博士生21人，硕士生55人。

为适应深化改革的需要，配合分类定位和结构调整，争取进入国家知识创新体系，成都有机化学研究所加快了结构调整和改革步伐。一年来主要改革措施如下：

1. 制定了“对争取科研经费的奖励办法”等4项规定，加强了对课题的管理，调动了科研人员多渠道，多途径争取科研任务和经费的积极性，创下年到位课题经费570万元的历史最高水平。

2. 设立青年基金，为优秀青年科技人员提供施展才干的舞台和条件，促进他们尽快成才；启动了开发基金，促进本所科技成果的转化，以增强企业的生命力。

3. 推行了绩效津贴，打破职称、资历和工作年限等传统观念，将职工收入同工作岗位、责任、绩效、贡献和效益紧密挂钩。

4. 实行了研究员按需设岗，按岗聘任。从7月1日正式实施，首次聘任率为85%，初步建立起公开、公平和竞争的聘用机制。

1998年成都有机化学研究所共承担各种科研任务86项，其中国家自然科学基金21项（重大项目2项、重点项目2项），“863”项目1项，国家科委“九五”攻关项目2项，院重大项目3项、重点项目2项，国际合作项目8项，省重点项目3项，横向合同20项，其他科研任务29项。

“863”项目“超高分子量聚DL乳酸(PDLLA)及其骨内固定系统的研究”已完成内固定动物试验，PDLLA的骨埋植和肉埋植安全性评价，PDLLA材料和制件降解机理的研究。已在华西医大、陆军总医院、第三军医大等10多家医院进行了100多例临床研究，同时在台湾长庚医院进行了25例临床研究，效果极佳。目前，该项目已和有关公司签订了中试合同，将尽快实施产业化。

院重大项目“天然气直接氧化制合成气”提前完成第一阶段（1997～1998）任务，筛选出2个催化剂，CH_4转化率和CO、H_2选择性都超过了95%，500小时寿命实验证明性能稳定，经$150NM^3/d$的放大试验，显示了较好的应用前景。该项目已通过中科院专家组的中期评估，提前进入第二阶段工作。

国家自然科学基金委“九五”重大项目“外消旋药物的拆分及无效对映体的转化研究”，在手性药物奥美拉唑的拆分研究中取得重要进展，用一种构型的拆分剂能同时拆分奥美拉唑的二种对映异构体，光学纯度达95%e.e以上，收率为60%～80%。这一工作申请了2项发明专利，并在年度考核中被评为“A”。

在阳离子复合催化剂和激素缓释微囊的研究方面也取得具有产业化价值的研究结果，已可实现向产业化转化。合成出两亲水凝胶微球，为开辟水凝胶的新用途奠定了基础；首次合成出粒径小于50nm的多糖粒子，对基因的控制释放性能有较大改进。

锂离子电池炭负极材料正在进行10kg级样品的放大试验和组装成品电池进行全面性能测试。

全年完成成果7项，其中鉴定成果2项，验收成果2项，通过中科院专家组中期评估3项；获奖4项，其中获中国轻工业科技进步奖二等奖1项，四川省科技进步奖三等奖1项。发表和交流论文238篇，其中SCI期刊论文26篇，CSCD期刊论文50篇。申报专利11项，获授权专利4项，包括美国专利1项。

在开发工作方面，1998年全所企业销售收入2411万元，实现利税290万元，上交研究所各种费用240万元。在机制转换方面实现了实验厂与皮化中心的一体化整合。

在人才队伍建设方面，全年招收研究生25人，其中博士生9人，硕士生16人；被授予学位的23人，其中获博士学位的8人，获硕士学位15人；到位“百人计划”1人，“西部之光”1人；获四川省学术和技术带头人2人，后备人选5人；获四川省第五届青年科技奖1人；批准接受高级访问学者学科3个，到位高级访问学者1人；增加青年博士生导师3人。

在国际合作交流方面，接待外宾来所访问讲学25人次，派出访问学者和留学生17人次，聘请支志明院士等3位知名学者作为客座研究员，签订国际合作协议2项。

成都有机化学研究所是四川省化学化工学会分析专业委员会的挂靠单位。编辑出版《天然气化学》（英文版）和《合成化学》2种学术刊物。

成都生物研究所

所　　长：李伯刚

地　　址：四川省成都市人民南路四段9号

邮政编码：610041

电　　话：028-5220920　5210501

图文传真：028-5222753

电子函件：cascib@public.sc.cninfo.net

swsb@mail.cib.ac.cn

网　　址：http://www.cib.ac.cn

中国科学院成都生物研究所的前身为1958年成立的中国科学院四川分院农业生物研究所。1998年底共有在职人员389人，其中科技人员304人，有研究员（包括正研级高级工程师等）29人，副研究员、高级工程师等77人，中级科技人员135人。现有在学研究生44人，其中博士生11人，硕士生33人。另有博士后2人。

成都生物研究所紧紧围绕生物资源的发掘、合理利用与有效保护，在天然产物、退化生态系统的恢复与重建、两栖爬行动物、环境治理和农业高新技术育种等方面进行研究和开发工作，为医药、环保、农业等服务。重点发展学科为资源生物学与恢复生态学。以天然产物化学和退化生态系统的恢复与重建为主要发展方向。

成都生物研究所现有微生物学、植物学、动物学、环境生物学4个硕士点。

1998年，根据研究所结构性调整进程与发展趋势的需要，成都生物研究所撤销了原有的11个研究室，组建2个中心、3个室、1个馆，它们是：天然产物化学研究中心、退化生态系统恢复与重建研究中心、两栖爬行动物研究室、环境研究室、农业高新技术育种研究室和动、植物标本馆。改变了过去研究所分散的学科状况，突出了重点发展学科。

动、植物标本馆共收集了近25万号维管植物标本和10万号两栖爬行动物标本。植物标本采集的地区面广，属种的数量大，是该馆在四川省内标本馆中一个特点和优势，已列入世界标本馆名录。两栖爬行动物标本馆在国内外有一定的影响，一直是国内研究中国两栖爬行动物的中心。该馆每年要接待国内外不少专家、学者和来访者。1998年，该馆已被四川省科协授予“四川省青少年科普教育基地”，并已正式挂牌运行。

成都生物研究所有300MHz核磁共振波谱仪、液闪计数器、毛细管电泳仪、氨基酸自动分析仪、万能研究照相显微镜、激光共聚焦图像系统等大型仪器。

成都生物研究所积极响应中国科学院提出的实施“知识创新工程”试点工作的号召，继续落实中国科学院关于“分类定位、结构调整”战略部署，进一步解放思想，抓住机遇，深化研究所内部改革，积极努力将自身纳入国家和中国科学院创新体系总体布局中。在认真分析了研究所的历史和现状的基础上，根据长期的学科积累，所处区域优势、优势学科发展趋势和国民经济的需求，制定了《研究所定位认定试点方案》。该方案已得到中科院的批准。通过定位与结构调整，进一步明确了成都生物研究所在院科技发展整体格局中的学科定位和研究方向，调整并突出了在国家知识创新体系中的学科定位，规划出中长期发展战略及各研究领域的发展目标，进一步明确了重点发展学科。撤销原11个研究室，新组建中心、研究室，形成研究所新的科研格局。各中心（室）负责人通过所内公开招聘、择优录取的形式上岗，绝大多数为跨世纪的中青年人才，平均年龄37.4岁，亦有少数科技前辈辅佐，这种科研群体充满朝气与活力。新制定《成都生物研究所中心项目管理暂行办法》和

《成都生物研究所科研津贴管理暂行办法》，有效地保证了各中心（室）按新的机制运作，起到了较好的激励作用。

经中科院院长办公会议研究决定，认定成都生物研究所为第二批科研基地型研究所（资源环境基地型）试点单位。

1998年成都生物研究所列入科研计划的共有83项课题，新增科研经费80万元。

1998年8月中旬，国家科技部韩德乾副部长一行到成都生物研究所听取科研工作汇报时曾提出：希望对长江上游生态环境保护与重建示范进行系统研究。成都生物研究所基于“八五”开始从事退化生态系统恢复与重建研究工作的基础和研究特色，及时送达该项目建议书，并由吴宁博士等人起草“长江上游环境变迁，生态重建示范与流域可持续发展研究设想”，这一有显示度的工作产生较大反响，相继得到国家科技部、四川省政府、四川省科委的高度重视和充分肯定。9月，四川省李进副省长为此专程赴京向国家科技部领导汇报；四川省科委组织省内有关专家召开了该项目研究的学术研讨会，并进一步明确了该项目的初步设计方案。10月，受国家科技部委托，由四川省科委牵头在成都召开了“长江上游环境变迁、生态重建示范与流域可持续发展研究”座谈会，此次会议的主要目的是从科技的角度具体落实国务院提出的关于长江问题的一系列方针和工作原则，为各级政府科学治理长江上游生态环境提供具体的意见和建议。科技部、国土资源部、水利部、国家林业局、国家环保总局和中国科学院资环局的有关领导，贵州、云南、重庆、青海、西藏、四川6省、市、区科委领导和有关专家以及《人民日报》、《光明日报》等11家新闻单位的代表共100余人参加了会议。通过有关领导、学科带头人和科技人员的共同努力，生物所成为“长江上游环境变迁、生态环境重建示范研究”项目的第一主持单位，开展有关具体的组织和牵头工作。国家科技部为该项目拨款200万元，为下一步将此项目列入国家“十五”社会发展重大科技攻关计划作前期准备工作。

1998年成都生物研究所共有5项成果通过鉴定，其中有4项上报中科院登记成果。“有机磷农药废水综合治理技术与工艺”获中科院科技进步奖三等奖。

1998年是成都生物研究所地奥制药公司腾飞的一年，创下产值8.5亿元，利税2.8亿元的新纪录。公司被评为“’98四川工业最佳经营业绩50强”，“’98四川医药制造业工业企业最大市场占有份额10强”；被国家科技部评为“全国实施火炬计划先进企业”；基因工程车间技改项目被四川省列为“双优”项目；李伯刚总经理被四川省人民政府、成都市人民政府授予“有突出贡献经营者”称号；国家科技部副部长邓楠、国家医药管理局局长郑筱萸、全国人大常委会副委员长王汉斌、四川省委副书记黄寅逵、四川省副省长李进、成都市政协主席骆隆森等领导先后到公司视察。

新药开发工作进展顺利，完成脂必妥胶囊的研究并已投产；完成乳块灵口服液、胸腺五肽、胸腺素等药的临床研究；建成天然药物、制剂、化学合成、多肽、药物生理、资料信息等研究室，并成立了筛选中心，建立了一套具有国际水平的肿瘤药物筛选系统。公司成立药品经营公司，利用其高效的机制、健全的网络和500多人强大的销售队伍，再配合以中央电视台为核心媒体的广告战略，使地奥产品的销量比上年增长27.91%。随着产量的增加，对生产工艺及车间的要求日趋严格，公司改进了奥利达注射液、银黄含片的生产工艺，提高了产品质量，降低了成本；投入600多万元对基因车间、胶囊生产车间、广汉发酵车间、水针车间等进行改造，提高了生产能力。公司25 000m^2的科研综合楼、10 000m^2EPO车间，3 500m^2实验动物楼的主体工程相继完成。

成都生物研究所目前共办独资公司7家，从事科技开发工作的人员共46人。

1998年，成都生物研究所执行中的国际合作项目有4项，新签署国际合作研究协议3项，与日本国东丽公司续签“合作开发研究药用植物成份协议”，再次延长3年合作研究期限，日方将每年支付成都生物研究所研究费7万美元；与日本国POLA公司签署“健康食品及化妆品原材料开发研究指导协议书”，获经费5000美元；与新加坡国际植物遗传资源研究所签署“中国苦荞麦生态生物学研究协议书”，获经费5000美元；加上其他有关合作项目，国际合作共获经费约10万美元。成都生物研究所共派出22批30人次赴日本、德国、美国、尼泊尔、伊朗、印度、澳大利亚、法国、加拿大、俄罗斯等国及香港地区进行合作研究、联合考察、履行协议、学术交流、出席国际会议、参加培训等。

接待来访外宾和港、台客人36批，93人次，来自日本、瑞典、捷克、德国、缅甸、匈牙利、俄罗斯等国及台湾地区的专家学者就开发化妆品、培养水稻新品种研究、两栖类种群变化与环境关系研究、学术交流等方面进行合作交流与研究。通过国际交流与合作，不仅提高了成都生物研究所在国际学术界的知名度，也为科技人员及时了解和掌握国际前沿科技信息、促进科技开发、培养年轻科技人员、多出成果方面发挥了重要作用。

赵尔宓研究员从1988～1996年，任亚洲两栖爬行动物学会副秘书长兼中国联络员，至今仍担任中国联络员；1991～1993年、1994～1996年、1997～2000年连续三届任世界自然保护联盟物种生存委员会中国爬行与两栖动物专家组主席；1987年至今任《亚洲两栖爬行动物研究》杂志主编；1988年被选为美国加州科学院荣誉院士；1991年被美国Berkeley加州大学聘为客座教授；1987年至今任Field美国芝加哥自然博物馆教授馆员等。费梁、叶昌媛研究员任法国巴黎国家自然博物馆教授馆员。王跃招副研究员担任了世界保护同盟物种生存委员会两栖类物种种群监测行为组（DAPTF）中国主席和物种生存委员会执行委员（1998～2000年）。唐亚研究员从1995年7月至今任国际山地中心助理项目官员。吕荣森研究员任国际沙棘研究培训中心成员。

成都生物研究所是四川省动物学会的挂靠单位。编辑出版《应用与环境生物学报》。成都生物研究所下属单位有：

中科院成都地奥制药公司、成都科进技术开发公司、中科院成都生物研究所生物技术开发公司、中科院成都生物研究所劳动服务公司、成都成生技术服务部、成都科生装饰服务公司和成都科成物资供销公司。

成都山地灾害与环境研究所

所　　长：钟祥浩

地　　址：成都市人民南路四段9号
邮政编码：610041
电　　话：028-5228816　5214188
图文传真：028-5222258　5214188
电子函件：sdb@imde.ac.cn

中国科学院、水利部成都山地灾害与环境研究所（以下简称成都山地所），正式成立于1966年5月，前身是中国科学院地理研究所西南分所，1971年改名为四川省地理研究所，1978年又重归中国科学院，命名为中国科学院成都地理研究所；1987年为突出山地灾害与环境研究特色，更名为中国科学院成都山地灾害与环境研究所。1989年实行中国科学院与水利部双重领导，采用现名。

1998年底全所职工总数288人，其中科技人员208人，有研究员29人，副研究员60人。其中博士9人、硕士42人、学士32人。成都山地所现有“自然地理学”博士点和与西南交大联办“岩土工程学”博士点各1个；有“自然地理学”、土壤学和“人文地理学”3个硕士点。

1998年成都山地所在党的“十五”大精神和院科技体制改革方针指引下，按照中国科学院发展战略与“知识创新工程试点”的要求，进一步深化全所的结构性调整和科研体制与运行机制的改革，努力做好我所改革定位工作。在研究所学科定位方面，紧紧围绕国家目标和国际前沿研究动态，结合成都山地所已有特色，把研究山地环境形成，演化（含退化）规律和山地灾害区域分布与形成机制、力学特性和防治理论与技术作为主攻方向，同时结合地方国民经济发展的需要，加强以山地资源、开发、保护和环境建设为重要内容的山区发展研究。力争在山地灾害学和山地环境学研究方面形成优势和特色。在明确研究所主攻方向和优势研究领域的基础上，加大了结构性调整的力度。把与山地灾害和山地环境研究有关的8个研究室、7个野外站，调整为2个研究中心，即山地灾害研究中心和山地环境研究中心。保留为地方社会经济发展服务的土壤研究室，“三S”研究室并重组建立国土整治与区域开发室。同时，大科研课题管理、人员管理及分配制度方面制定了一套改革措施，对全所深化改革和人员分流产生了积极效果。通过结构性调整和运行机制的改革，促进了我所各项工作的发展，其中在以下几个方面的工作取得明显的进步。

1998年全所科研进所经费在1997年的科研进所经费的基础上，仍保持继续增长的良好势头，全年进所科研经费总计857万元，扣除外拨经费，全所实际进所科研经费793万元，再创历史最高水平。

1998年全所在研课题97个，都严格按照课题合同要求进展顺利。成都山地所主持的中国科学院特别支持项目“山地灾害——泥石流、滑坡基础研究”1998年9月通过了院组织的专家验收，获得了可喜成果。两年来，各专题进行了大量野外考察和实验分析，开展了361次各类模型试验、28次现场泥石流观测，积累了14万个数据，完成了1452条泥石流沟编目和120个滑坡编目。通过分析、计算和研究，完成了5份专题研究总结报告、2份信息系统总体设计和11份子专题研究报告，共约64万字；编制了各类专业地图18幅；发表论文43篇，待发表30篇。在泥石流的运动力学、发生机理、预警报和防治工程设计优化，滑坡的动力学过程和动态模拟，以及中国泥石流、滑坡信息系统等方面，都取得了不同程度的进展，提出了一些具有创新性的观点和认识，为深化泥石流、滑坡基础理论，减轻泥石流、滑坡灾害作出了贡献。

《长江经济带可持续发展地图集》属国家重点项目，经过3年的努力，已完成图集的编制，并通过了以徐冠华院士为首的编审委员会的评审。该图集及其电子板即将出版。国家“九五”攻关项目，《云、贵、川、渝农业资源遥感调整》，通过国家科技部和中期评估和国家统计局的鉴定验收，受到专家们的一致好评。成都山地所承担的中瑞国际合作项目“四川雅安陇西河洪水及滑坡防治”，圆满完成了协议书预定的合作研究内容，提高总体减灾规划和各课题报告主要成果有：陇西河减灾总体规划和工作总结，陇西河峡口滑坡勘察报告，陇西河泥石流设计总结报告等及陇西河流域地貌类型图，自然灾害及分区图和减灾总体规划图各1张和各种剖面图、平面图工程图等20份。1998年6月在瑞士召开的第二次监事会对各项成果表示满意。成都山地所主持的中国科学院“九五”重点项目“长江上游山地生态系统退化研究”，1998年度完成了贡嘎山、盐亭站、元谋等地区大量的野外调查和观察实验工作。对亚高山森林生态系统和丘陵区农林生态系统退化特征进行了深入研究。同时提出了干热河谷土地退化类型和评价指标体系框架。

1998年全所登记科研成果5项，其中中科院成果登记4项，四川省成果登记1项，报奖成果2项，获奖1项。

1998年全所出版专著12部，论文集4部，图片集和专题图册3部，发表中文论文103篇，英文论文13篇，共计116篇。

1998年全所总计入库设备151台（套）价值463万元，其中来自国际合作项目、世界银行贷款项目和国外捐赠的仪器设备共43台（套）使成都山地所科研仪器设备有了明显的改善。

1998年成都山地所对科技开发工作进行新的部署，把面向国民经济主战场为地方服务作为科技开发工作主要领域，积极组织科技人员主动与地方联系。共争取到地方应用开发性的横向任务和课题共34个，合同经费达308万元，实际进所项目经费247万元，直接为研究所创造经济效益31万元。1998年全所科技开发工作较好地完成了年初制定的各项经济指标，全年各类开发创收82万元，是历来创收最好的一年。

1998年成都山地所财务管理从所实情出发，本着“以收定支、收支平衡，统筹兼顾，保证重点”的原则，编制了全年的收支预算，并在此原则下，对全所公用经费切块到部门，采取“一支笔审批”制度。强化了预算的约束性，增强了部门预算管理的责任性，做到财务管理工作事前预算，事中控制，事后监督的职能作用。使1998年全所实际收支与预算基本相符，预算执行进度与事业计划进度基本保持一致。由于1998年科研课题经费的大幅度增加和科技开发与创收成绩的显著，致使财政收入创历史最好水平，全年度全所经费总收入达1195万元，总支出为1194万元，全所财务收入达到基本平衡，确保了全所的各项工作顺利进展。

1998年成都山地所重视科技队伍建设和人才培养，并把这项工作纳入研究所的发展计划并建立了新的用人机制，完善人才培养制度，积极吸引人才，抓住“百人计划”招聘机遇，招聘了在德国留学的李勇博士为山地环境学“百人计划”学术带头人。鼓励所内科研人员在职攻读博士学位，并积极培养硕士研究生和博士生，目前在读硕士研究生13人，博士生8人。1998年出国留学人员2人，公派出国留学人员1人。此项工作有力地促进了全所科研队伍的整体结构优化，知识更新和研究水平的提高。

1998年成都山地所有10名科技人员共13人次分别出访尼泊尔、瑞士、瑞典、罗马尼亚、加拿大和日本进行项目考察合作研究、国际会议和项目培训等科技活动，同时邀请尼泊尔、日本、英国、瑞士和奥地利5个国家的33位科学家和项目管员来我所进行学术交流合作研究和项目培训。

另外，1998年成都山地所和中国水土保持学会泥石流滑坡专家委员会成功地承办了“第一届海峡两岸山地灾害与环境保育学术研讨论”。出席会议的海外代表174人，内地代表117人，其中院士5人，台湾代表53人，海外代表4人，会议开得圆满成功，扩大了成都山地所山地灾害与环境研究成果的显示度，加强了成都山地所和台湾有关方面的合作，通过会议签定了进一步开展交流和研究的协议。

成都山地所是中国水土保持学会泥石流滑坡专业委员、中国地理学会山地专业委员会、四川省地理学会、中国灾害防御协会滑坡学会、中国第四纪科学研究会应用第四纪专业委员会的挂靠单位。编辑出版《山地学报》。

成都计算机应用研究所

所　　长：张海盛
地　　址：四川省成都市人民南路四段9号
邮政编码：610041
电　　话：028-5217501
图文传真：028-5229357
电子函件：jss2@ntr. cdb. ac. cn
网　　址：http://www. cica. cdb. ac. cn

中国科学院成都计算机应用研究所（以下简称成都计算所）成立于1958年11月。建所之初为中国科学院四川省分院数学研究所，1960年更名为中国科学院四川省分院计算技术研究所，1981年启用现名。1998年全所职工341人，其中科技人员277人，有中国科学院院士1人，研究员（包括正研级高级工程师等）18人，副研究员、高级工程师等47人，中级科技人员130人。现有在学博士生3人，硕士生40人。另有博士后1人。

成都计算所主要从事计算机应用系统集成化、智能化研究与开发，同时开展数学与计算机科学理论的应用基础研究。研究开发领域涉及计算机科学理论、人工智能、软件工程、网络与通讯、办公自动化、工业自动化、计算机集成制造、大型科学与工程计算以及数理科学等。

研究开发设有4个研究开发部和2个研究中心。即办公自动化系统研究开发部、工业计算机应用研究开发部、集成信息系统研究开发部、计算机综合应用研究开发部和数学与计算机科学研究中心、计算中心等。有与联合国大学软件所联建的“自动推理与程序生成实验室”。

所办公司为广大用户提供计算机应用服务；计算机应用培训学校面向社会培养计算机应用人才。

成都计算所设有计算机软件与理论专业博士学位授予点和计算机应用技术、计算机软件与理论、应用数学3个硕士学位授予点；同时还与高校联合培养应用数学专业博士生。所先后向国外派遣访问学者60余人，与世界20多个国家和地区的科研机构、大专院校有学术交流、合作关系。所拥有包括IBM3081大型计算机在内的各种科研设备。

1998年全所在研项目83个，其中国家“攀登计划”、“863”、自然科学基金等纵向项目15个，横向合同项目68个。上述项目中新开项目48个，延续项目35个。年内结题、鉴定、验收的19个，取得科技成果19项。获院部级奖2项，申请专利2项、授权1项，发表论文约70篇，出版专著2部。

在国家“攀登计划”等支持下，机器证明基础研究项目继续保持领先水平，1998年又取得了一批有份量的研究成果和论文。解决了复系数多项式的完全判别系统问题，推动了该学科的发展；在不等式型定理机器证明方面取得重大成果；还成功解决了六关节机器人的反运动学等问题。分裂外推方法与技术研究又取得新的进展。

计算机选举系统继 1997 年为党的十五大提供成功服务后，1998 年又为全国九届人大和九届政协选举先后提供 4 次选举服务，无一差错，受到中央和院领导的高度赞誉，提高了院、所的显示度。一年来计算机会议系统的推广应用工作又取得了可喜的进展，先后完成了深圳、广州、上海、四川、云南等省市的 6 个工程项目，并多次提供会议服务。

国家“九五”重点攻关项目“全汉字系统平台开发”、新型计算机选举系统、印钞图像处理等项目的关键技术攻关进展顺利，1999 年可望获得重要成果。

在国家和院重点项目支持下，CIMS 技术研究开发取得可喜的进展。在以所作为技术依托单位的涪陵卷烟厂“863”/CIMS 应用示范工程已正式立项实施；成都卷烟厂、剑南春酒厂等 CIMS 应用工程已经启动。由此带动了一批工程实施项目的争取和上马。ERP 软件技术攻关和产品化开发成效显著，初步完成了软件的商品化工作，并在较大型的软件工程项目中得以应用。

烟草计算机应用在烟丝加香控制、能源测控、工业电视监控等技术更新和成果推广方面取得了较好的成绩。电视台管理系统、大屏显示系统、立体车库管理系统、烟叶收购机等项目成果的推广应用又取得了新的成效。

1998 年成都计算所被中科院确定为技术开发基地型研究所试点单位。为了使定位试点工作能得到全所的支持，所先后组织了三次深化改革研讨会。同时，在前几年改革的基础上，完善了科技经济实体管理办法，签订了新一轮的目标责任书。各实体的市场意识、竞争意识、产品化意识、质量意识、用户至上意识不断增强，为成都计算所的深化改革创造了良好的条件。为推进以转变机制为重点的改革，成都计算所不失时机地推出了深化改革初步方案。

根据院改革精神，积极推进了人事综合配套改革，为实施全员合同聘任、按需设岗、按岗聘任作了准备。同时，1998 年还继续完善绩效评价体系，推行资源配置与工作绩效挂钩等办法，执行医疗统筹、养老保险储备金、住房制度改革等社会保障制度。

成都计算所是中国计算机学会西南学会、四川省计算机学会的挂靠单位。编辑出版的《计算机应用》为中国计算机学会会刊和我国科技核心期刊。

成都文献情报中心

常务副主任：王　俨（法人代表）
地　　址：四川省成都市人民南路四段 9 号
邮政编码：610041
电　　话：028-5224282
图文传真：028-5220439
电子函件：jh@clas.ac.cn
网　　址：http://www.clas.ac.cn

中国科学院成都文献情报中心（又名：中国科学院成都图书馆）是中国科学院设在西南地区的文献情报中心，始建于 1958 年。现有职工 80 人，其中科技人员 64 人，有研究员及研究馆员 3 人，副高级专业技术人员 12 人，中级专业技术人员 29 人。从事科技开发工作的人员 25 人，占中心职工总数的 31%。

成都文献情报中心研究领域主要是：文献情报基础理论、信息检索与调研分析、现代信息管理技术。成都文献情报中心从 1990 年开始培养研究生，已培养硕士研究生 6 人，现有在学硕士研究生 2 人。1998 年 6 月经国务院学位委员会批准，与四川大学信息管理系联合获得图书馆学硕士学位授予权，于 1999 年开始招生。

成都文献情报中心馆藏总量现为 200 万册（件），其中科技期刊 1.24 万种 121.6 万册，图书 16.9 万种 23.8 万册，会议文献 1 万种（包括两套大型会议录 SPIE 和 IEEE），标准文献 1.67 万件，专利文献 55 万件，光盘 519 张，缩微平片 8.9 万张，以及录音带录像带等等，已形成以资源（天然产物、药物）、生物学、化学、环境科学、光学与计算机科学为重点的，以科技期刊、检索工具和会议文献为特色的馆藏结构。成都文献情报中心建筑面积 8139m^2，现设中外文自然科学图书阅览室、中外文社会科学图书报刊阅览室、专利文献阅览室、工具书室、中文科技期刊阅览室、外文期刊阅览室，所有阅览室均实行开架管理。文献业务工作采用TOTALS图书馆自动化系统运作。成都文献情报中心新书库楼的建设已完成多项审批手续，建筑施工即将开始。

成都文献情报中心在1992年开通与美国DIALOG系统、德国STN、瑞士Data－Star的国际联机检索终端，1994年开通电子函件。1998年接手管理中国科技网成都节点，设置卫星地面站，通过卫星传输联入国际互联网。网络设备主要有摩托罗拉M922小型机、Sun Ultra 30工作站、Sun netra服务器、Sun sparc 20工作站、Sun sparc 4工作站、曙光天演Power pc工作站、Cisco 1605R路由器、3com NetBuilder Ⅱ路由器、Cisco catlyst1900series交换机、3com Lanplex2500光交换机、3com link builder集线器（带光模块）、HP brio计费工作站（带流量监测卡）、HP LaserJet网络激光打印机、apc smart－ups 1000xlUPS电源及数十台586以上微机等。

为进一步适应社会发展的需要和持续发展的要求，成都文献情报中心进行了结构调整，制定并公布了《中国科学院成都文献情报中心结构性调整方案》，于1998年10月初全面付诸实施。新建结构中，职能管理部门为党政办公室、计划财务处和后勤处；业务部门分为基础服务和信息开发两部分，前者包括图书部和期刊部，后者包括信息咨询部、网络工程部、编辑出版部、综合经营部。结构调整后，担任部室领导的中层干部有60％年龄在40岁以下，平均年龄36岁，比上届干部的平均年龄下降了8.6岁，提前达到了中国科学院“九五”期间中层领导40岁以下者应占30％到40％的规划目标，基本上完成了领导干部的代际转移。

成都文献情报中心积极争取加入中科院知识创新基地建设。1998年10月，参加在武汉举行的“长江流域洪涝灾害成因和对策研讨会”，积极参加长江一线知识创新基地的筹建工作；加快建设“中国天然药物数据库”，争取加入西南生物资源及生物多样性保护研究基地建设。

成都文献情报中心具备现代化综合信息服务功能，开展了专题情报调研、科技咨询、成果查新、编辑出版、新技术推广、技术贸易中介等服务项目，是四川省科委批准的“四川省科技成果查新咨询服务分中心”和中科院确定的“中国科学院成都科技查新咨询中心”，1990年以来获国家级、部级和省级科技进步奖14项。1998年完成科技成果查新项目42项，国际联机检索15项，光盘检索200项，定题情报服务77项，国内外专利复制服务80项，编辑《四川企业科技信息》10辑。1998年全年为恩威制药公司提供专题服务37项，提取文献80份，编辑《中医药研究与开发信息》12辑，报道2次文献信息共240篇。1998年共发表论文52篇，研制书本型《中国专利数据库》（第三辑）并出版发行，申报情报基金课题2项，留学基金课题1项，地奥青年科研基金课题1项，鉴定课题成果1项，现在研课题9项，主要涉及情报分析、数据库建设、网络建设、天然产物、知识经济与信息服务等领域。

成都文献情报中心重视国际学术交流，先后与美、英、德、泰、俄等国建有交流关系。1998年7月接待美国希顿霍尔大学图书馆馆长来访。

成都文献情报中心下属单位有：成都高新技术产业开发区信息中心，投资控股京川软件有限责任公司。成都文献情报中心是中科院科技情报研究会成都地区工作委员会、四川省图书馆学会成都地区科学院系统工作委员会、四川省情报学会理论方法委员会的挂靠单位。成都文献情报中心负责的文献情报协作网有：中科院西南地区文献情报协作网和中科院成都地区文献情报协作网。

成都文献情报中心编辑出版《天然产物研究与开发》（与成都地奥集团和国家天然药物工程中心合办）和《世界科技研究与发展》（与中科院学部联合办公室、中国工程院学部工作部、中科院计划财务局合办）2种公开发行刊物；另有与四川省经贸委等合办的《四川企业科技信息》内部刊物1种。

成都科学仪器研制中心

主　　任：丘希仁

地　　址：成都市锦绣路33号（成都421信箱）

邮政编码：610041

电　　话：028-5211071
图文传真：028-5211071

中国科学院成都科学仪器研制中心（以下简称成都科仪中心）成立于1959年9月，其前身为中国科学院西南金工厂，曾多次易名，1978年更名为中国科学院成都科学仪器厂，1991年起使用现名。

1985年在科技体制改革中院停拨了科仪中心的事业费，从此，成都科仪中心变成了自收自支的事业单位，对内实行企业化管理。

成都科仪中心现有职工316人，其中科技人员107人，有高级工程师13人，中级科技人员49人，硕士生3人。

成都科仪中心主要开发领域及产品为：以体视显微镜为代表的光学仪器，以IC精密封装模具为代表的精密机械加工制造，以光电引导技术为基础的军工设备及其他非标准设备，以数采、测量、计算机应用技术为基础的各类瞬态、传感、电力参数、烟草产品检测等测试仪器。

1998年，成都科仪中心新领导班子走马上任，统一思想抓落实，排除干扰抓经济，顺应形势抓改制。按照“实事求是，深化改革，积极稳妥，逐步推进”的指导思想，科仪中心确定了制度改革，机构改革向纵深推进，经济部门改革成熟一个改制一个的四年工作方针。改革的目的是为了发展，发展的基础是做好现实的工作。成都科仪中心领导班子针对今年的经济业务和行政工作，多次与职能部门、经济实体共商对策，共谋发展。1998年成都科仪中心实现总收入1037.53万元。

成都科仪中心与港商合资兴办的成都麦克奥迪光电仪器有限公司近年在国内光学显微镜行业举步为艰的形势下，仍保持良好的显微镜生产经营势头。自1990年香港协励公司承包经营开始，到1997年年底，成都科仪中心已累计实现收入343万元，职工的收入逐年增加，一百多人的职工队伍也得到了稳定。

成都科仪中心与烟草行业北京通力实业开发公司合资的成都瑞拓科技实业有限责任公司已新开发产品2项，年营销总规模已从改制前的150多万元，上升到200多万元，国有资产实现增值数拾万元，员工年均收入也比改制前增长8%。职工队伍得到进一步稳定和充实，管理逐步规范化。

1998年成都科仪中心以模具国内投资设备为主成立了“成都中科精密模具有限责任公司”，职工参股28.2万元，完全以新机制进行动作，广泛调动了职工的积极性，当年实现销售收入240万元，创造了模具生产的历史最高纪录。

数采部自1997年初承包经营以来，营销收入达到38万元，新开发产品2项，保持并发展了原有的技术项目，增强了发展的后劲。

1998年是成都科仪中心抓住时机，深化改革、自我完善、团结奋搏的一年，也是韬光养晦，打基础，添后劲的一年。相信在未来的工作中，坚持不懈地突出改制工作，深化改革，在中国科学院的正确领导下，一定会在市场经济这个大舞台上扮演应有的角色，演出精彩的剧幕，全体职工的收入也会芝麻开花节节高。

昆 明 分 院

院　　长：张壮鑫

地　　址：昆明市护国路 22 号

邮政编码：650021

电　　话：0871-3324055

图文传真：0871-3324834

网　　址：kmb@ms.kmb.ac.cn

中国科学院昆明分院的前身为中国科学院昆明办事处，始建于 1957 年，1958 年扩建为分院，1962 年撤销并入当时的中国科学院西南分院。1979 年 3 月，经国务院批准，恢复成立中国科学院昆明分院。现管理中国科学院在云南的 4 个及贵州省内 1 个科研单位。即：昆明植物研究所，昆明动物研究所，云南天文台，西双版纳热带植物园，贵阳地球化学研究所。

中国科学院昆明分院系统职工总数为 1308 人，各类专业人员 843 人，占总人数的 64.4%，其中高级科技人员 268 人，中级 306 人，初级 269 人。

1998 年是不同寻常的一年，在换届后新任领导班子的带领下，机关全体职工团结协作，积极努力，上下配合，协调驻滇各研究所的科技力量，促进院省共建，发挥科技优势，为云南经济发展，社会进步作出一定的贡献，同时也促进了自身的发展，各方面工作都取得了较大的成绩。

1. 院省科技合作取得较大进展

1998 年 3 月，云南省高层领导在京与院领导进行了亲切会谈，双方就科技合作事宜交换了意见，希望在原来合作的基础上向更高、更深的层次迈进。通过云南省省院校合作办和昆明分院 9 个多月的积极组织与努力，中国科学院与云南省人民政府于 12 月 11 日在昆签订了共建昆明分院的协议，其主要内容有：(1) 共建“国家天然药物工程中心”；(2) 在昆明植物研究所共建“云南天然药物化学重点实验室”；(3) 在昆明动物研究所共建“云南省畜禽分子生物学重点实验室”；(4) 在昆明动物研究所共建“云南省动物生殖学重点实验室”；(5) 共建“生物多样性研究中心”；(6) 共建“丽江高美古 2 米级天文望远镜观测基地”；(7) 建立有关人才培养的联合机制；(8) 由云南省省院校合作专项基金每年安排 200 万元的科研业务经费补助昆明分院系统，这标志着院、省科技合作工作又有了进一步的发展。

另外，与云南省建立了硕士、博士生委托及联合培养体系，签署了有关协议，招收了云南省委托培养博士生 2 人，联合培养硕士生 6 人，迈出了研究所与高校合作的第一步。为研究生导师办理教师证。在天然药物工程中心的筹建工作中，做了大量组织、协调工作。目前，该中心的组建已列入院省合作内容中，并被列为 1999 年省计委重点项目。

1998 年院省双方共推荐 47 个科技合作项目，涉及科学院的 24 个研究所，通过筛选和论证，确定 12 个项目入选，项目涉及农业、矿产、烟草、制药、资源开发等方面，均是云南产业发展的重要领域，对云南科技与经济的发展具有重要作用和意义。项目总经费 3375 万元，其中自筹 1423 万元，省院校合作办支持 2152 万元，中科院项目承担单位经费 770 万元，总经费盘子超过 1996、1997 两年的总和。分院与玉溪市、省农业厅的科技合作正在向前推进。已向省农业厅推荐 5 个科技合作项目。1998 年 8 月 8 日与玉溪市正式签订合作协议，包括 10 个项目的科技合作备忘录。

2. 积极进行院“知识创新工程”试点工作“西南生物多样性保护研究基地”方案的准备

1998年中科院提出“知识创新工程”试点工作，在首批建设试点候选基地中，拟定“西南生物资源及生物多样性保护研究基地”（昆明），为使基地建设方案的起草符合院部的要求，并力争尽快启动，分院组织各所领导、有关人员对院党组有关知识创新的文件和领导讲话进行了多次学习、讨论，针对院党组的要求，组织专门班子作调研并撰写基地建设方案。撰写方案的过程也是一个不断学习、提高认识的过程，通过努力，方案经过了7次修改增删，初稿已正式上报院及有关厅局征求意见。此项工作关系到各所的未来与发展，分院对此极为重视，并做了大量组织协调工作，力争早日启动。

3. 思茅热区联合开发进入又一个新的5年发展时期

思茅热区联合开发是昆明分院贯彻落实科技兴滇、科技兴思战略的重要工作。热区联合开发通过10年的努力，取得了显著的成绩。1998年10月，经省长现场办公会议决定，省政府每年补助开发经费200万元，连续5年。此项工作得到了省科委的大力支持并正式加入到此行列中，省政府将联合开发正式纳入云南省与科学院及高校的科技合作中。1998年完成的主要工作有：(1) 热区开发10年工作总结及思茅热区开发10年工作总结及思茅热区联合开发领导小组第十二次会议的组织和召开；(2) 组织落实了1998年度热区联合开发项目21项；(3) 对热区联合开发的延续课题进行了检查；(4) 完成了思茅热区联合开发项目5年规划工作；(5) 根据规划组织了新增200万元资助项目申报工作；(6) 加强了热区办的制度化建设和对外宣传。

4. 分院地区计算机网络建设及应用迈向新阶段

在统一规划下，对昆明分院系统计算机网络进行了升级改造，建成了中国科技网昆明分院城域网和昆明卫星广域网节点。

另外，在干部管理人才培养工作方面：做好“西部之光”人才培养计划的评审和选拔工作；努力推动“百人计划”在系统内实施积极组织项目，全系统有7位列入“百人计划”；为扩大生源，保证招生质量，为基地建设人才需求作准备，经过努力，为昆明植物研究所、昆明动物研究所争取到4名硕士生计划外指标；此外，争取院批准13个公派出国名额，争取到院资助高研研讨班2个，专题讨论与培训班6个。做好省突出贡献人选的推荐工作，1998年有4名成为省突出贡献人才，有2人享受省政府特殊津贴。

围绕西南创新基地的方向，为开辟新的合作渠道和领域，经过多方面努力，组织分院高级代表团访问越南；与越南国家自然科学中心建立了良好的合作关系，商谈了一些双方共同感兴趣的项目。

云南天文台

常务副台长：罗国权

地　　址：云南省昆明市东郊凤凰山

邮政编码：650011

电　　话：0871-3347087（办公室）

图文传真：0871-3358437

电子函件：ynao@public.km.yn.cn

抗日战争爆发后，原中央研究院天文研究所于1938年从南京撤至昆明现台址。1945年抗日战争胜利后，天文研究所迁回南京，在昆明原址留下了一个附属工作站。1946～1950年称凤凰山天文台，由原天文研究所和云南大学共管；1950～1958年称昆明天文工作站，由紫金山天文台和云南大学共管；1958～1972年重新成立为紫金山天文台昆明工作站；1972年经国家计委等批准正式成立为中国科学院云南天文台。1998年底有职工306人，其中科技人员259人，有研究员24人（包括正研级高级工程师），副研究员、高级工程师86人，中级科技人员99人，初级科技人员50人。现有在读研究生39人，其中博士生27人，硕士生12人。

云南天文台具有天体物理学（含天体物理方法）博士授予点，天体物理学（含天文仪器与方法）硕士授予点，天体测量与天体力学（含天文仪器与方法）硕士授予点。云南天文台今后的发展方向为：以天体物理为主的实测南方天文台和创新工程研究团组加南方基地。云南天文台现有4个科研机构：非太阳物理学分支学科、太阳物理学分支学科、天体测量与天体力学分支学科、天文新技术学科。云南天文台在恒星理论、活动星系核、地面高精度天体位置测量、人造天体高精度跟踪定位等方面的理论研究和实测工作在国内外有较大影响。现有中科院天文光学开放实验室昆明1m天文望远镜基地。

1.2m望远镜激光测距系统是云南天文台利用原国防项目因任务变更而搁置的6403机架改造建成，系国内唯一的大口径激光测距望远镜。该仪器自1998年12月投入常规观测，并参加了国家重大科学工程“中国地壳运动监测网络”。其观测资料获得“国际卫星激光测距资料中心”的好评。1.2m激光测距系统，在国内首次观测到距地球20100km的Gps-36卫星。

低纬子午是按云南天文台科技人员的新思想、新方法而设计研制的大中型天文望远镜。该仪器系国内国际首创，由上海天文台设计，南京天文仪器研制中心等单位加工，于1996年在云南天文台安装，经两年多的调试、修改和完善，1998年投入试观测。该子午环在天体高精密定位方面达到了国际水平，将在与天体物理相关的天体测量方面进行观测研究工作。

围绕“知识创新工程”试点工作，云南天文台进行了大胆的结构性调整。首先对云南天文台进行了定位评估，重新确认了总体定位与发展方向；以凝聚战斗力为目的，精简或合并了部分课题组，并启用了一些年青科学家为学术带头人；撤销或兼并了大部分机关管理部门，把原来的5个职能部门、2个党群管理机构和2个直属科，改建为3个处（室）和1个后勤服务中心（即办公室、人事教育处、计划财务处、后勤服务中心）行政管理人员拟逐步达到职工数的5%～7%。后勤服务中心逐步走向企业化的物业管理和科普开发中心。

1998年云南天文台承担着国家“863”计划项目，国家“攀登计划”项目，国家自然科学基金重点和面上项目，中科院基础研究重点项目，中科院天文口项目，云南省自然科学基金项目等共92项。共发表论文155篇（其中SCI类的论文36篇），被SCI类论文引用50次。

云南天文台是云南省天文学会的挂靠单位。编辑出版《云南天文台台刊》。

昆明动物研究所

所　　长：季维智
地　　址：昆明市教场东路32号
邮政编码：650223
电　　话：0871-5190390（总机）
图文传真：0871-5191823
电子函件：liaolq@mail.kiz.ac.cn

中国科学院昆明动物研究所始建于1959年，是由北京的中国科学院动物研究所分出一支扩建而成。1963年改名为中国科学院西南动物研究所，1970年下放云南省，改名为云南省动物研究所，1978年重新收归中国科学院，恢复原所名。全所现有职工271人，其中科技人员220人，有研究员20人，副研究员、高级工程师55人，中级科技人员83人。设有1个博士点和3个硕士专业的学位授予点。现有博士生29人，硕士生29人。并于1996年批准建立博士后工作站，本年度有1人进站工作。

结合中科院“知识创新工程”的要求和定位改革，昆明动物研究所确立的学科定位和研究领域为：立足云南——我国动物资源最丰富、最独特和最复杂的东喜马拉雅、东亚和东南亚大陆交汇地带的区域优势，结合中科院建立“西南生物资源和生物多样性研究基础”的战略布局和自身特色，发挥学科综合优势，以进化生物学、资源与保护生物学为主攻方向，探讨生物的进化、资源的可持续利用、环境保护、健康与疾病等与人类的生存和发展紧密相关的重大问题，促进国家和地方经济发展，从动物学微观领域和宏观领域多学科和多层次的（分子—细胞—个体—群体）相互交叉渗透，与西南地区其他生物学研究所的优势学科互补，共同形成我国生物资源和生物多样性研究基地。

现设立了系统动物学研究室、遗传与进化研究室、灵长类生物学研究室、动物毒素研究室、保护生物学中心、中国科学院典型培养物保藏委员会昆明细胞库等6个研究机构。有中科院“细胞与分子进化开放研究实验室”1个，与美国威斯康星大学联合建立的自费开放实验室“灵长类生物学联合实验室”、中国科学院与云南省共建的“动物生殖生物学重点实验室”和“畜禽分子生物学重点实验室”。昆明动物研究所动物标本馆珍藏各类动物标本50余万号，模式标本300余种，是我国西南地区最大的动物标本馆，与世界13个国家和地区建立了标本交换关系。

1998年围绕“知识创新工程”试点工作，昆明动物研究所在定位改革上下了很大功夫并取得较好成效，被中科院批准进入改革试点单位行列。主要的改革与调整：一是结合创新工程及昆明动物研究所的工作积累，深入调研、反复论证，确立了昆明动物研究所的学科方向、战略定位、发展模式及发展战略等，并在此基础上重组或合并、建立新的研究机构，进行初步学科调整；二是逐步启动和实施定位改革，从管理和后勤改革入手，理顺二者之间的职能关系，合并和精简机构，压缩编制。将8个管理部门再次压缩为3个，管理人员由30余人再次精减为20人左右；加大后勤改革社会化服务的力度，所内仅给予工资及其他补贴、津贴70%的支持，经过一年的运行，收效较好；三是建立了科研绩效评价体系，制定了《论文奖励制度》、《研究生学位资格认证》、《研究员副研究员晋升新标准》等；四是建立了以招收硕士和博士生、博士后及选拔优秀人才出国留学为主，以参加各类研讨班、培训班、国内外学术会议及多形式、多渠道、多层次的职工培训和再教育为辅的人才培养体系。

1998年昆明动物研究所共承担各类科研项目148项，其中国家、云南省、中科辽院项目共计122项，占全部项目的82.4%；基础研究83项，占全部课题的56.1%；应用研究48项，占32.4%；开发研究17项，占11.5%；全年实际到位研究经费804.23万元。

1998年共发表各类科技论文84篇（SCI收录刊物11篇），其中国外学报17篇，国内学报42篇；合作专著3部：《中国濒危动物红皮书》、《横断山鱼类》、《中国动物志　硬骨鱼纲　鲤鱼目（中卷）》。1998年鉴定科技成果4项，登记4项，由云南省科委推荐获1997年省科技进步奖一等奖的项目“蛇伤急救盒综合治疗研究”申报国家科技进步奖；申报中科院自然科学奖4项，科技进步奖1项。赵其昆同志的“峨眉山藏猕猴生态行为学研究”获中科院自然科学奖一等奖。

昆明动物研究所的国际合作与交流近年来日益增强，现已于30多个国家和地区建立了长期、稳定、高层次的合作与交流关系，并取得了较大的成效。1998年昆明动物研究所于8月4日和8月10日两次成功地组织接待了日本秋筱宫文仁亲王夫妇及所领导的家禽资源研究会一行的高级访问和学术交流；并由昆明动物研究所和云南省遗传学会主持召开了“第十八届国际遗传学大会昆明卫星会”，来自美国、法国、日本等国的代表参加了本次会议。

昆明动物研究所是云南省动物学会、云南省昆虫学会、云南省细胞与生物学会、云南省免疫学会的挂靠单位。编辑出版学术刊物《动物学研究》。

昆明植物研究所

所　　长：郝小江
地　　址：昆明市北郊黑龙潭
邮政编码：650204
电　　话：0871-5150660
图文传真：0871-5150227
电子函件：kmbi@km.col.com.cn

中国科学院昆明植物研究所始建于1938年，前身是由北平静生生物研究所和云南省农林厅合办的云南农林研究所。曾更名为中国科学院植物分类研究所昆明工作站、中国科学院植物研究所昆明分所、云南省植物研究所等，1978年启用现名。

现有职工316人，其中科技人员235人，有中国科学院院士1人，高级科技人员80人，中级科技人员61人。

昆明植物研究所的发展方向和任务是：立足云南，背靠西南，面向东南亚，以植物学的基础研究为后盾，以植物资源的合理开发利用和保护为方向任务，逐步建成我国在西南的重要的植物学研究基地。

昆明植物研究所具有植物学硕士授予权，植物分类和植物地理、植物化学学科博士授予权，并设有植物学博士后流动站。现有在读博士66人，硕士41人。另有在站博士后1人。

全所设有4个研究室和1个植物园，即植物分类和植物地理研究室、植物化学研究室、植物生理研究室、民族植物学研究室和昆明植物园。中国科学院1987年批准植物化学开放研究实验室对外开放。1993年，所自费开放“生物多样性和生物地理开放研究实验室”。

昆明植物研究所1998年有6项成果通过鉴定，有3项成果获奖。其中“马头属和翠雀属中二萜生物碱的应用基础研究”获中国科学院自然科学奖二等奖。有10项技术申请发明专利。获授权专利2项。在国内外学术刊物上发表论文10余篇。

昆明植物研究所拥有收藏植物标本120万份的植物标本馆。设有图书馆、依器测试中心、音像室等科研服务部门。

昆明植物研究所1998年获国家自然科学基金资助项目4项，云南省自然科学基金项目11项，中国科学院和云南省合作科技项目2项。与重庆奥妮化妆品集团公司、广州三威药业集团公司、德国拜耳制药公司签定或续签了科技合作协议。

1998年是昆明植物研究所建所60周年大庆。昆明植物研究所和云南省科委联合召开“第二届国际植物资源学术研讨会”。

昆明植物研究所是云南省植物学会的挂靠单位。编辑出版《云南植物研究》学术刊物。

西双版纳热带植物园

主　　任：许再富
地　　址：云南省西双版纳州勐腊县勐仑镇
邮政编码：666303
电　　话：0691-8715071　8715459
图文传真：0691-8715070　8715839
电子函件：zjw@bn.yn.chinfo.net
网　　址：http://www.xtbg.ac.cn

1959年1月，在著名的植物学家蔡希陶教授领导下创立了西双版纳热带植物园。后经历次体制调整，1996年中科院决定原西双版纳热带植物园和原昆明生态研究所合并组建新的所级单位——中国科学院西双版纳热带植物园，并于1997年2月23日正式挂牌。在云南省会昆明，还设有西双版纳热带植物园昆明分部，作为对外联系的一个窗口。

1998年年底，全园在职职工351人，其中科技人员190人，有研究员7人，副研究员30人，中级科技人员66人。在读博士研究生3人，硕士研究生9人，并具有硕士学位授予权。

西双版纳热带植物园自建立以来，始终坚持热带植物资源的开发、利用和保护的研究发展方向。开展了有关学科领域的一些国际前沿的基础研究，也为国家和地区社会经济发展的需要，开展了植物资源、山地资源可持续利用的应用研究。结构调整后，植物园的学科发展方向是：立足云南，面向我国西南（主要是热区）和东南亚，以生物群落和物种为基础，开展生物多样性有效保护及其持续发展的基础和应用研究，为生态环境和生物资源保护、修复和可持续发展作出贡献。围绕着学科定位，研究机构设置为“4室2站1中心”，即混农林研究室、植物迁地保护研究室、森林生态研究室、园林研究室、哀牢山森林生态系统定位站和西双版纳热带雨林生态系统（生物多样性）定位监测站以及院（中科院）省（云南省）共建的东南亚生物多样性研究中心等。此外，还有热带植物标本馆、中科院唯一的珍稀濒危种子库、珍稀濒危植物迁地保护区、植物生态生理实验室以及混农林系统实验室，这些重要的科研设施和基地为开展科学研究创造了良好的条件。

在中科院和昆明分院的领导下，新组建的西双版纳热带植物园实现了“软着陆”并初见成效。一年来，结构性调整充分体现了优势互补，发挥学科优势，科学研究、国际交流、人才培养、园林建设、科普教育、科技成果和科技开发等各项事业稳步发展。还结合中科院的整体部署，结合自身的实际，在反复听取意见的基础上，认真研究提出认定改革定位方案，积极投入“知识创新工程”试点，深化人事制度改革，进一步落实西双版纳热带植物园“九五”规划的各项任务，开创了新局面。

1998年，西双版纳热带植物园新争取的研究项目26项，上年延续项目72项，共有在研项目96项。其中国家自然科学基金面上项目2项，云南省基金项目7项，与外单位合作获国家自然科学重点基金1项，同昆明植物研究所共同承担了’99昆明世界园艺博览会大温室项目1项，科研经费较去年有所增长。

1998年，省“八五”科技攻关项目“思茅市山区经济生态综合开发研究”，省计委“云南泥石流生物生态工程防治实验示范”，“稀有濒危植物迁地保护的原理与方法”，“低剂量钴γ射线辐射烤烟种子对烤烟产、质量的影响研究”4个项目通过昆明分院组织的鉴定。其中由许再富研究员主持的“稀有濒危植物迁地保护的原理与方法”研究项目被专家鉴定认为总体达到了国内外先进水平，部分内容达到了国际领先水平，具有系统性和创新性的特点。有3个项目获得成果奖励，其中云南省科技进步奖三等奖2项，中科院科技进步奖三等奖1项。获中科院科技进步奖三等奖的“中国樟属植物资源及其芳香成分”项目同时获中国科技图书西南片二等奖。该项目是西双版纳热带植物园科技人员多年来精心研究的结果。同年，在国内核心刊物发表论文28篇。主编出版了《稀有濒危植物迁地保护的原理与方法》、《热带雨林漫游与民族森林文化趣谈》、《哀牢山森林生态系统研究》、《热带雨林植物保护与利用》、《小粒种咖啡栽培技术》5部专著。经过努力，种子库被中科院正式定名为“中国科学院典型培养物储藏委员会稀有濒危特有植物种子库”（REEPTCCCAS），初步确定了工作性质和目标。自筹经费建设的“热带雨林研究与管理开放实验室”通过昆明分院组织的专家论证。在国际合作和交流方面进一步拓展，由西双版纳热带植物园主持的“中老垮边境生物多样性管理与发展”、“澜沧江—湄公河上游生物多样性管理与社会经济可持续发展”国际研讨会取得圆满成功，来自老挝、缅甸、越南、泰国及国际野生生物保护协会、世界野生生物基金会、国际自然与自然资源保护联盟等组织的代表、官员参加了研讨会。

1998年，西双版纳热带植物园有3个园办经济实体，从事科技开发人员有45人，创出“版纳柚”、“生态茶”、“雨林血竭”等名、优、特产品，全年销售（包括科普教育）的收入达1600多万元，接待国内外游客40多万人。全年共接待来自25个国家的外宾20余批，近180人。有17位科技人员分别到英国、澳大利亚、泰国、德国等国家进行考察和参加会议。与福特基金会、麦克阿瑟基金会、联合国禁毒署、老挝乌多姆赛省、缅甸瓦帮、新加坡、日本等国家和组织有着较大的合作项目。西双版纳热带植物园与老挝乌多姆赛政府联合创办“老挝乌多姆赛农村发展科技示范培训中心”，在国际科技机构任职的有：许再富研究员任“国际植物园协会亚洲分会理事”，冯耀宗研究员任“国际热区人工群落与生物多样性协会”理事长，许祥誉高级工程师任“国际热区人工群落与生物多样性协会”常务理事及常务副秘书长。

西双版纳热带植物园是云南省生态学会、国际热区人工群落与生物多样性协会的挂靠单位。

下属单位的有：西双版纳康德科技开发公司、葫芦岛旅游公司、中国科学院西双版纳热带植物园制药厂。

地球化学研究所

名誉所长：涂光炽
所　　长：刘丛强
地　　址：贵阳市观水路73号
邮政编码：550002
电　　话：0851-5814757（总机）
图文传真：0851-5814495
电子函件：zzg@ms.gyig.ac.cn

中国科学院地球化学研究所成立于1966年2月，由北京地质研究所的地球化学部分、昆明地质工作站和贵阳化学研究所合并组成。1998年底在职职工总数354人，其中在职科技人员249人，有中国科学院院士2人，研究员43人，副研究员74人，中级科技人员96人，初级科技人员36人。现有在学博士生37人，硕士生35人。另有博士后16人。

地球化学研究所以资源、环境科学问题为主要研究内容，以矿床地球化学、环境地球化学、行星地球物质演化及地质流体作用地球化学为主攻方向，主要研究地球物质循环的地球化学过程及其与矿产资源形成分布和人类生存环境变化的内在联系以及这一过程在地球历史中的演化规律。现设有地球化学、矿物学博士点，应用地球化学、地球化学、矿物学硕士点和地质学博士后流动站。

研究机构现设有：中国科学院矿床地球化学开放研究实验室、环境地球化学国家重点实验室、国土资源整治和灾害预测遥感开放中心、地球与行星物质演化研究部以及流体作用地球化学研究部。

科技开发方面现有3个公司和3个中心，即贵州天然矿泉饮料公司、新技术开发公司、科技发展公司、矿泉饮料研究开发中心、非金属材料研究开发中心以及超临界CO_2萃取研究开发中心。

重要的科研设施及装置有：X荧光光谱实验室、电子探针实验室、高分辨离子体质谱实验室、分析电镜实验室、包裹体成分实验室、岩矿鉴定实验室、稳定同位素实验室、放射性核素实验室、同位素质谱实验室、元素分析实验室、分子光谱实验室、原子吸收光谱实验室、化学分析实验室、微生物检测室、X衍射实验室、红外光谱实验室、构造地球化学实验室、成岩成矿实验室、深部地质高温高压实验室。

围绕“知识创新工程”，根据地球化学研究所的科研方向和近期发展目标，地球化学研究所对原有的9个研究室和4个研究中心进行了调整，重新把研究机构组成为2室、2部、1中心。通过机构调整，转变运行机制，分类管理、实行量化考核，实行绩效分配制度，力图创造良好的科研环境，突出学科特色，集中科研力量，确保主攻方向。

1998年地球化学研究所共有在研项目（课题）148个，经费1022万元。其中国家攻关与“攀登计划”项目（课题）23个，国家自然科学基金项目46个，中科院重大与重点项目17个，贵州省、云南科学技术基金项目22个，国际合作项目4个，开放实验室课题7个，所长择优支持基金项目14个，博士后课题6个，部门委托课题9个。1998年获新增课题35个，经费452.32万元。其中国家重点、重大项目2个，国家自然科学基金项目9个，中科院重点及其他项目5个，省项目14个，其他项目6个，国际合作5个。

1998年地球化学研究所共获国家、中科院和省级科技进步奖和所级科技成果奖共26项。其中国家科技进步奖二等奖1项，院科技进步奖三等奖1项，贵州省科技进步奖4项，所级科技成果奖20项。

1998年地球化学研究所分别在“Chemical Geology”、《中国科学》、《科学通报》、《自然科学进展》、《矿物学报》、《地球化学》和《环境科学》等国内国外重要学术刊物发表学术论文150余篇，其中29篇论文发表在SCI系统收录的期刊上。出版著作6部，220万字；其中专著5部，科普读物1部。撰写书稿3部，100万字。

地球化学研究所1997年发表在国内期刊上的论文被引用的频率在全国研究机构排第十二位，获国家科技部信息中心荣誉证书。

国际合作与人才培养方面，1998年地球化学研究所举办学术报告和讲座30余次，承办的“中国青年科学家地学前沿问题学术讨论会”有9名留学人员回国参加了会议。共派出了14批18人次前往美国日本等9个国家和地区进行学术交流和合作研究，同时接待了来自美国、英国、日本等5个国家和地区9批20人次专家学者来所进行学术交流。

1998年地球化学研究所招收博士生10人，硕士生15人。获院长奖学金优秀奖1人，获刘永龄奖学金1人。进行了一年一度的研究生奖学金评审工作，评出优秀博士生3人，优秀硕士生5人，优秀论文一等奖5人，二等奖7人。

地球化学研究所是中国矿物岩石地球化学学会和科学时报贵州记者站的挂靠单位。编辑出版“Chinese Journal Of Geochemistry”、《矿物学报》、《地质地球化学》和《矿物岩石地球化学通报》。

西安分院

院　　长：安芷生
地　　址：西安市小寨东路3号
邮政编码：710061
电　　话：029-5522688
图文传真：029-5244651
电子函件：xab@ms. xab. ac. cn
网　　址：http://www. xab. ac. cn

中国科学院西安分院是中科院在陕西的派出机构；与陕西省科学院合署办公，“一套机构，两块牌子”。中科院西安分院成立于1978年11月，前身是中国科学院西北分院。

中科院西安分院目前管理的单位有：中科院西安光学精密机械研究所，中科院陕西天文台，中科院、水利部水土保持研究所，中科院地球环境研究所(原中科院西安黄土与第四纪地质国家重点实验室)，陕西省、中科院西北植物研究所。并建有“瞬态光学技术国家重点实验室”、“黄土高原土壤侵蚀与旱地农业国家重点实验室”、“黄土与第四纪地质国家重点实验室”、“国家节水灌溉工程技术研究中心”、“国家水土保持工程技术研究中心”、“国家授时中心”。重点的学科领域主要有：光电子学、光学与精密机械、瞬态光学、激光技术、全球环境、土壤学、水土保持、旱地农业、农业水土工程、第四纪地质、天体测量、高精度授时、自然卫星天体力学、电子学、计算技术、生物遗传工程。在黄土及全球环境变化研究、瞬态光学技术研究，水土保持科学研究，高精度授时等研究领域在国际、国内处于领先地位。

西安分院现有在职职工1898人，其中科技人员932人，行政人员277人，工人694人；科技人员中有中国科学院院士3人，中国工程院院士3人，国家级有突出贡献专家6人，省部级有突出贡献专家14人，高级研究人员304人（研究员75人），中级科技人员439人。现有在学博士后3人，博士生63人，硕士生105人。有博士后流动站2个，博士点5个，硕士点10人。

1998年西安分院各所共承担国家和陕西省的科研项目262项，其中“攀登计划”项目1项，国家自然科学基金项目85项，国家攻关项目10项，院重大、重点项目20项，“863”计划项目7项，“百人计划”项目5项，“西部之光”项目3项，陕西省自然科学基金项目11项，国家农业重点推广项目1项，国际科技合作项目18项，其他101项。共获科技成果奖27项，其中中国科学院科技进步奖二等奖2项，三等奖2项，爱迪生国际发明金奖1项，陕西省科学技术进步奖6项，其他16项。

西安分院在坚持面向研究所，为研究所做好服务工作的同时，积极开展为地方经济建设服务。把组织协调分院系统研究所发挥整体优势，突出地方特色，加强与企业的技术合作，作为自己的重要工作职责。多年来，通过广大科技人员的共同努力，取得了显著的成绩，在促进院地合作，发挥科技优势，为区域经济发展做贡献方面发挥着不可替代的作用。

1998年西安分院充分利用与地方科学院合署办公便于组织协调两院科技队伍的优势，积极组织“区域水土流失防治与农业持续发展中重大共性关键问题研究”、“黄土高原中部丘陵区中尺度生态农业建设综合研究”、“人工汇集雨水高效利用”、“节水灌溉和水源合理利用综合配套技术示范”、“小麦新品种小偃22培育与推广”、“西安地球环境颗粒物的污染控制”、“陕西关中东部灌区高效生态农业示范基地建设”、“电话授时”、“医用妇科治疗仪”等直接为地方经济建设服务的科研项目40多项。为陕西省的社会经济、科学研究与高产优质高效农业的发展，提供了大量决策性科学依据和可供示范、借鉴和推广的科学模式。在此基础上1998年西安分院组织所属两院的科技工作者30余名，200多人次到陕北老区开展科技扶贫工作，被评为“陕西省1998年扶贫先进单位”。

西安分院积极支持和参与“国家杨凌农业高新技术示范区”的建设，到目前为止，通过院、所的共同努力在杨凌区已顺利争取了“国家水土保持研究中心”、“国家节水灌工程中心”及“西部植物化学国家工程中心”等3个国家级中心的建设项目，落实投资经费3400万元（人民币）。

在中国科学院“知识创新工程”试点工作中，1998年西安分院所属中科院、水利部水土保持研究所和中科院陕西天文台（国家授时中心）被定为中科院“知识创新工程”首批试点单位，“西安黄土与第四纪地质国家重点实验室”依靠自身的努力和科研工作的实力及优势引起中科院的高度重视，被破例提升为研究所，并自然进入知识创新试点行列。西安光机所也已进入基地型研究所的序列。目前各研究所正在以更新更高的要求，以战略定位和进一步深化改革为动力，按照中科院的部署精心组织和实施“知识创新工程”试点方案。

1998年西安分院在科技开发、科研成果转化方面有了较快的发展，利用自身科研成果注册公司或以研究所技术入股的公司和产业计10个，产值达3000多万元（人民币），120万（美元）。积极参与“中西部经贸洽谈会”、“杨凌农博会”等活动，参展项目180余项，成交金额500多万元（人民币）。“电热电缆”、“C型壁X射线诊断仪”。“水下电视”、“节水灌溉设备”、“磁旋光玻璃”等20多项科研成果也已找到了合作伙伴，开始产业化转化工作。

西安分院1998年累计接待外国来华专家及港、澳、台地区来大陆专家29批，96人次，组织大型国际学术报告3场次；组织承办了“亚洲季风学术讨论会”和“中日薄膜学术研讨会”2次。

由西安分院与日本东京大学、冈山大学等单位共同组织的“中日黄土高原生物生产持续发展合作研究”项目已顺利开展了4年时间，这一项目将中国的黄土高原生物生产环境研究结合到东南亚及环太平洋地区的环境变化基础研究之中。1998年中日双方共同就“黄土高原丘陵沟壑区农作物水肥利用”、“土壤养分与水肥关系和有机物分解对土壤结构的影响”、“适应黄土高原丘陵沟壑区的主要农作物优良品种的选育”、“小流域气象因子对于植被的影响比较”等开展了合作研究，对于改造黄土高原地区自然环境和提高农业生产经济效益有着重要的实际应用价值。

西安分院代管的单位有：中国科学院西安专利事务所、科学时报陕西记者站。

以西安分院为依托单位的中科院西安黄土与第四纪地质国家重点实验室，在1996年取得国家计委和国家科委共同组织的地学口国家重点实验室评审第一名的基础上，经过全室同志的共同努力1998年中国科学院正式确定黄土室撤室建所，目前该所的主要研究方向为：全球环境变化；通过对黄土及其他第四纪沉积物和生物遗存的性质、结构及形成过程的研究，结合我国独具特色的黄土高原地质地理单元和深刻揭示古气候变化的主要动力学因素及过去全球变化的核心内容之一的古季风的研究，揭示第四纪时期自然环境演变的历史，辨明人类活动的环境效应，探索未来全球变化对人类生存环境的影响，为建立黄土高原良性生态循环系统，为我国经济建设及社会发展提供决策依据和建议。

该所有院士2人，现设“古生物学与地层学”硕士点和“第四纪地质学”博士点，经过多年的建设与发展现在该所正在逐步成为国际、国内黄土、第四纪地质和过去全球变化研究重要的中心和人才培养基地，目前已形成了以中青年为主体（35岁以下科技人员占全体科技人员的1/2以上），以及由来自国内外不同部门、学科的专家、学者组成的研究群体。

西安光学精密机械研究所

所　　长：赵葆常
地　　址：西安市友谊西路 234 号
邮政编码：710068
电　　话：029-8498706　029-8484376
图文传真：029-8484473
电子函件：office@optics. opt. ac. cn
网　　址：http://www. opt. ac. cn

中国科学院西安光学精密机械研究所（以下简称西安光机所）于 1962 年 3 月由原中国科学院原子能研究所大部、原中国科学院陕西分院光学研究所大部、机械研究所的全部及自动化研究所的部分合并组建而成立。截止 1998 年底全所在职职工 802 人，其中科技人员 447 人，有中科院院士 1 人，中国工程院院士 2 人，博士生导师 19 人，研究员 40 人，副研究员、高级工程师 126 人，中级科技人员 154 人。40 岁以下、大本以上学历科技人员占全所科技人员总数 46%。西安光机所现有 2 个博士学位授权点，5 个硕士学位授权点和 1 个博士后流动站。在读博士生 45 人，硕士生 40 人，博士后流动站在站人员 3 人。

西安光机所于 1998 年通过中科院研究所分类定位，被认定为“科研基地型研究所试点单位”。定位工作专家评议组认为，西安光机所从总体上看是我国一流的光学研究所，在主要学科方向上形成了以院士领头的坚强科研群体，研究人员有较大自主权和自由度，主动性、创造性易于发挥，全所经济状态良好，增长较快，新学科开拓和争取任务能力较强，科研风气和传统较好，目前研究所处于上升阶段。专家评议组对中科院西安光机所的重点学科领域的水平与地位的评价为瞬态光学及光电子学研究工作水平国内领先，处不可替代的位置。下世纪应向世界一流水平发展；空间光学、光电工程、信息光学等方面在国内有一定地位，个别处国内领先，多数为国内先进。

学科方向、开发方向的排序为：以瞬态光学与光电子学、空间光学、光电工程与信息光学 4 个领域作为西安光机所近期重点学科领域。以光纤传感技术、医学光电仪器及生物医学光学作为近期主要开发方向。在上述领域中西安光机所提出了自身近期的学科与人才发展目标和 11 个新的学科生长点。目前西安光机所研究室基本上按上述学科领域设置。

西安光机所“瞬态光学技术”国家重点实验室于 1998 年顺利通过自评估及中科院组织的评估，在 16 个世行贷款开放实验室中处于中上水平（打分排名为第八）。

“八五”接转“九五”的“攀登计划”项目，1998 年度开展了“超短激光脉冲技术前沿课题研究”，“高速信息光子学中的飞秒瞬态过程研究”，“化学反应超快过程的诊断、控制及相关飞秒技术的研究”，“光合作用原初超快过程机理与生物芯片的研究”共 4 个研究课题，并做出了有显示度的工作。同时还完成了“全光纤飞秒激光脉冲产生理论与放大技术的实验研究”等一批自然科学基金与院重点项目。

在空间光学领域，详查、普查两用相机全面进入加工阶段，并完成了普查相机的初装。轻型高分辨宽覆盖小型 CCD 相机及时间调制干涉成像光谱技术关键技术攻关取得了突破并顺利通过“863”-2 领域专家组验收。配置有全国焦距最长的 20m 平行光管、高档数字干涉仪等检测设备的空间光学技术实验室的建设基本完成。

集光、机、电、计算机、红外、激光、微光 CCD、数字图像处理及通信等高新技术为一体的光电工程一直保持了好的发展势头。1998 年度向用户移交各种光电测试设备 20 余台套，价值在人民币 1000 万元以上。以光电工程为主的 ISO-9000 质量体系建设、认证工作完成了资料收集、调查研究、培训学习等大量基础性工作，并完成质量体系文件编制 186 份，计量检测文件 50 份，共计 236 份。

在信息光学领域，光纤传感技术、梯度折射率光学、磁光玻璃材料及其器件的研究等方面都有很大的进展。其中光纤传感技术与美国 Virginia 大学 Fiber & Electro Optics Research Center 洽谈了合作研发事项。梯度折射率光学在“八五”工作的基础上又获得了“863”-307 的立项。

1998 年新签光电工程国家任务合同近 1000

万元，另有2项达成意向，即将签订正式合同，合同金额约2300万元（其中一项800多万元已于1999年2月4日正式签订合同）。在“863”-2，“863”-308及“863”-307领域新签“863”高技术攻关合同4项，批准国家自然科学基金项目5项，总经费800多万元，其中以具有创新思维的、在“863”-2领域立项的“轻型高稳定度干涉成像光谱技术”影响最大，合同金额达684万元。它已经成为西安光机所一个新的学科领域，在国内处于不可取代的领先地位。并由年轻科技骨干担任项目总负责人。

在理顺学科方向的同时，不断加强高新技术创新与开发工作，西安光机所1998年在省、市各级领导的关心支持下，“西安特种光电器件设备和工程技术研究中心”正式成立。为西安市政府首批建立的4个“工程中心”之一。与企业联建经济实体4个：“深圳祁连山磁光技术有限公司”首批投资1400万元，现已注册运转；“武汉人福医用光学电子有限公司”注册资金100万，共同开发、生产“光纤医用内窥镜”系列产品，“西安信科光电医疗设备有限责任公司”是西安光机所与香港共建首家中外合资企业，总投资500万元人民币，共同开发生产“移动式C型臂电视X线机”现已开始产品的批量试制，西安光机所高新技术开发前景乐观。

西安光机所在完成研究所分类定位工作后，立刻按中科院高技术研究与发展局“关于知识创新工程试点研究所工作的要求”的通知精神，着手研究所的改革与调整工作，成立了所“知识创新工程”工作领导小组与工作班子，并于1998年底完成了《中科院西安光机所进入“知识创新工程”试点改革方案》，并于1999年度院务工作会议期间呈送业务局。

从1998年初开始西安光机所实际上已着手研究所的改革与调整工作。（1）理顺了“光电工程”的学科队伍，成立了所总师办，组建了“光电工程”研究室，其分离部分组织起来成立了光机电一体化工程研究中心。（2）选拔、晋升了一批优秀年轻科技骨干进入所级及中层领导岗位，到目前为止已有15名年轻科技骨干任所长助理，研究室主任或副主任。（3）对年轻人实行了合同聘任制并增加了年轻科技人员津贴。同时还进一步完善了社会保障制度，向省政府提交了参加社会养老统筹申请报告。（4）对研究所重点学科领域面向21世纪发展方向，学科创新目标及新的学科生长点召开了学术委员会会议，年轻科技人员座谈会及分4个学科片的科技人员座谈会。集思广益，以深化对研究所重点学科领域的发展方向的认识。

1998年西安光机所所部收入达4158万元与1997年相同统计口径相比增加614万元，增幅达18%。其中国家科研任务经费超过2000万元，占科研经费总数2/3以上。

一支优秀的年轻科技队伍正在形成，1997年进入的院“百人计划”2人，1998年项目进展顺利，达到了预定的目标。1998年1人获中国光学科技奖及第六届中国青年科技奖，1人获第二届陕西青年科技奖及陕西省杰出青年岗位能手称号，1人入选陕西省第二批“三五人才工程”第二层次人选，4人获陕西省优秀留学回国人员称号。

1998年西安光机所获院科技进步奖二等奖1项，三等奖1项，省科技奖二等奖1项，全国优秀科技图书奖一等奖1项。获授权专利23项。

1998年以本所及挂靠本所的学会作为发起单位，在江西庐山举办了1998现代激光与光电子国际会议，在西安举办了全国第二届光子学会议，并分别出版了会议文集，进一步巩固与加强了本所作为学科领头单位的地位。1998年度接待外宾21批69人，组织学术报告会10次，聘请2名外籍客座研究员，加拿大学者Jonathon David White博士在本所“瞬态光学技术”国家重点实验室以高级访问学者身份从事合作研究一年。与法国开展了光CT的合作研究。

1998年西安光机所档案通过中科院档案目标管理院一级。西安光机所是中国光学学会所属高速摄影与光子学专业委员会、纤维光学和集成光学专业委员会、陕西省光学学会、硅酸盐学会以及物理学会的挂靠单位。编辑出版的《光子学报》月刊，在1997年中国科技期刊物理学、力学、天文学类被引频次排名中列第七名。

水土保持研究所

名誉所长：朱显谟
所　　长：田均良
地　　址：陕西省杨凌示范区西农路26号
邮政编码：712100
电　　话：029-7012411
图文传真：029-7012210
电子函件：office@ms.iswc.ac.cn

中国科学院、水利部水土保持研究所的前身为1956年2月成立的中国科学院西北农业生物研究所。现有职工295人，其中科技人员170人，有中国科学院院士1人，中国工程院院士1人，研究员26人，副高级科技人员55人，中级科技人员60人。设有土壤学博士点，土壤学、生态学、水土保持学硕士点，建有土壤学博士后流动站。1998年，在学研究生60人，其中博士生28人，土壤学博士后1人。

水土保持研究所的战略定位为：面向全国，以黄土高原为重点，开展半干旱半湿润地区水蚀环境中的水土保持科学研究，解决生态环境建设中的重大科学技术问题，建设成为国家水土保持科学研究与知识创新基地、高级人才培养基地，确立国家水土保持研究中心地位，进入国际同类研究机构先进行列。同时作为中科院“西北资源环境可持续发展研究基地”的重要组成部分，积极参与杨凌地区科教单位的联合共建，为西北地区社会和经济可持续发展及生态环境建设提供科技支撑和决策依据。

1998年，水土保持研究所被中国科学院认定为科研基地型研究所和首批“知识创新工程”试点单元之一，水土保持研究所利用这一大好机遇，按照有所为、有所不为的原则，进一步明确了以水土保持为主导学科，以土壤学、生态学和农业工程学有关领域为支撑的总体学科框架，确定重点学科领域为：土壤侵蚀、旱地农业、农业水土工程，发展学科为流域生态与管理学。按照学科总体框架，完成了全所学科建设发展规划，提出了知识创新试点方案并获院党组批准。

1998年水土保持研究所结构性调整进展较大，研究机构重新设置为：黄土高原土壤侵蚀与旱地农业国家重点实验室、黄土高原生态研究网络部、土地资源环境研究部、生态研究部、水土保持与节水技术工程部、遥感信息工程部、情报期刊室。在创新试点方案中，水土保持研究所将进一步突出应用基础、基础资料积累、政策性、示范性和应用发展研究等特色，构建新的水土保持知识创新体系，即黄土高原土壤侵蚀与旱地农业国家重点实验室、流域生态与管理研究室、区域水土保持与环境研究室、国家节水灌溉工程技术研究中心、国家水土保持工程技术研究中心5个研究单元。最终形成以国家重点实验室和国家工程中心为主要支撑的国家级研究所的研究体系和结构模式。在管理机构方面，1998年将原来10个管理机构调整为4个，为创新工程精干的管理体系建设奠定了基础。同时探索后勤管理和服务经营脱轨的运行机制，逐步向园区物业管理模式过渡。1998年水土保持研究所领导班子被院党组表彰为工作“进步奖”，并完成换届。其改革进展情况在院年度工作会议上进行了大会交流。

水土保持研究所建有专家公寓、研究生公寓。所内及分布在黄土高原不同类型区的3个CERN野外生态试验站配有先进的研究设施与仪器：800m^{2}人工模拟降雨大厅、植物生长箱、土壤非饱和水分运动模拟系统、计算机工作站、遥感图像处理系统及电感耦合等离子体光谱仪、原子吸收光谱仪等土壤化学、物理分析设备。野外试验建有径流观测场、蒸渗仪、人工自动气象观测场等。加之所在地国家杨凌农业高新技术产业示范区的建设，水土保持研究所具备开展科学研究、合作交流良好的条件和环境。

1998年水土保持研究所在研课题87项，其中新增科研课题36项。研究课题以国家攻关项目为主，连续15年承担国家黄土高原科技攻关项目，黄土项目管理办公室设在该所，主持“黄土高原水土流失防治与农业持续发展中重大共性关键问题研究”、“陕北丘陵沟壑区（安塞）水土保持型生态农业持续发展研究”、“长武高原沟壑区高产高效农业持续发展研究”、“人工汇集雨水利用技术研究”等国家攻关专题7项。在国家有关部门组织的中评估中该所主持得3个试区名列前茅；承担“利用稀土元素示踪法研究小流域泥沙来源”、“黄土区土壤水分有效性研究”等国家自然科学基金项目7项，国家自然科学基金获准数量明显增加，受资助数在陕西省科研和教学单位中跃居第五位；主持中科院重大、重点项目“水土流失快速调查和评价模型研究”、“中国侵蚀环境演变及水土保持系统工程”等5项；新增中科院“百人计划”项目3项；中科院“西部之光”项目2项。

1998年水土保持研究所共组织鉴定成果3项，获奖成果有4项。水土保持研究所参加的“国家资源环境遥感宏观调查与动态研究”获中科院科技进步奖特等奖。主持的“黄土高原区域水土保持与农业综合发展研究”和“神木水蚀风蚀交错带生态环境整治技术及试验示范研究”分别获中科院科技进步奖二等奖和三等奖；“佛平县经济社会发展战略规划”和“安塞丘陵沟壑区提高水土保持型生态农业系统总体功能的研究”获陕西省科学院科技进步奖一等奖。1998年水土保持研究所组织申报专利3项，均已受理，其中1项已获专利证书。

1998年水土保持研究所科研基地建设成效显著，国家重点室在中国科学院世行贷款国家重点室项目评估中，名列中科院第四名。生态站建设利用CERN贷款建设的试验观测设施已开始良好运转，生活工作条件进一步改善，已成为开展科研业务和对外合作交流的重要野外阵地和窗口。

1998年水土保持研究所国际合作交流活跃，派往美国、日本、俄罗斯、瑞典、荷兰、德国、英国和以色列等国留学、参加国际会议、科研考察、合作研究等共19批23人次。全年共接待来自美国、澳大利亚、以色列、日本、德国等国外宾15批49人次。目前正在进行的国际合作项目有8项，除5项为持续项目外，1998年又启动中以、中欧和中奥3个新项目，国际交流已进入实质性合作研究的新阶段。

水土保持研究所是中国土壤学会土壤侵蚀专业委员会、陕西省土壤学会、陕西省核农学会、陕西省水土保持学会土壤侵蚀专业委员会、陕西省地理学会杨凌分会的挂靠单位。编辑出版《土壤侵蚀与水土保持学报》、《水土保持通报》、《水土保持研究》3种学术刊物。

陕西天文台

名誉台长：苗永瑞
台　　长：李志刚
地　　址：西安市临潼区书院东路
邮政编码：710600
电　　话：029-3890326
图文传真：029-3890196
电子函件：csao@ms. sxso. ac. cn

中国科学院陕西天文台始建于1966年。至1998年底有职工601人，其中科技人员281人，有中国科学院院士1人，研究员12人，副研究员、高级工程师50人，中级科技人员138人。目前在读博士生5人，硕士研究生6人。另有博士后3人。

陕西天文台是我国唯一的国家授时中心，主要学科方向是承担国家授时任务，开展时间频率领域的应用基础和应用研究，陕西天文台具有天体测量与天体力学专业的博士学位和硕士学位授予权。

陕西天文台的重点研究领域有：时间理论、守时方法、精密时频测量、时间传递与同步，授时技术与方法，时间极限的计量研究，国防、国民经济建设和科学研究中的时间应用问题等。

陕西天文台今后发展方向为：保证和满足国家对高精度时间的需要，确定并发展在时频领域的国内核心地位；在新的高精度时间频率研究方面与国际接轨，在时间标准的准确性和稳定性上达到国际先进水平；应用高新技术手段实施并保持与国际时间标准之间的比对和同步；创办国家时间开放实验室；不断进行授时技术的创新和开拓，为国家提供全方位、多层次、多手段的授时服务和支撑。

陕西天文台目前主要科研机构有：短波授时台，长波授时台，时频基准实验室，时频技术应用研究室，时频信号处理青年实验室，时频测量方法和技术开发研究室等。

陕西天文台具有国内领先水平的科研设施有：短波发射机系统，每天24小时连续不断地以

4个频率交替发播标准时频信号，覆盖半径3000km；授时精度为毫秒量级；长波发射机系统，每天定时发播高精度长波时频信号，作用距离覆盖我国陆地和近海，定时精度为微秒量级；具有国际水平的精密时间测量与比对系统，国际间时间比对卫星系统；铷原子时钟，铯原子钟，其中6台小铯钟保持的时频基准自1998年9月起连续达到国际原子时系统的最高权，已跻身于世界先进行列。

1998年陕西天文台围绕“知识创新工程”试点工作进行的改革和效果：实行人员分流，精干科研队伍，编制从601人压缩到351人；调整结构，集中力量加强时频工作前沿方面——时频基准，时频测量与比对，授时新技术的研究，围绕授时中心工作，培养吸引人才，组织课题。积极探索和实行新的体制和运行机制，调动和激励各方面积极性。

1998年陕西天文台争取和承担的主要科研任务和项目：时频方面科研项目主要有9项；天文研究方面的科研项目主要有8项。另外，陕西天文台承担国家的守时、授时运转及长波信号监测等运转项目在1998年都能高质量地完成，保障了国家卫星发射任务的执行和国防、国民经济建设等各方面的需要。时频研究方面，其中“中日卫星双向时间比对”项目，取得迅速进展，该项目纳入了中日政府间科技合作项目，于1998年10月底完成了系统的建立和开通，并举办了相关的国际学术讨论会，在院内外产生了重大的影响。这一项目的开展，对于推动我国时频传递技术的进步和促进我国与国际时频领域的合作，并奠定陕西天文台在世界时频界的主要地位具有重要意义。天文研究方面，其中“银河系内部运动研究”课题获得国家自然科学基金委的支持，1998年在多个研究子项上均获重大进展。“夏商周断代工程”子项目“天再旦”课题在1998年1月16日“夏商周断代工程”对国务院领导的汇报会上受到高度评价。获奖成果3项，其中“恒星光干涉测量技术”被国家科技部收入国家重大科技成果。今年在各类学术刊物上正式发表论文53篇，其中国内外一级刊物14篇。申报专利2项。

陕西天文台的科研开发工作，主要方向是时频技术服务领域。1998年开展了国家“长河二号”导航台信号跟踪监测和“长河二号”定时的可能性研究，提出了“长河二号”定时的实施方案；开展了利用卫星数据通讯进行精密时间同步的应用研究；一年来，为总装备部、国防科工委、电力系统以及其他有关单位研制各种时频设备和专用配套设备近60台（套），合同收入额为65万元。开发总公司的产业经营全年实现商品总销售额374.36万元，上缴税金20.08万元，利润28.86万元，正式职工52人实现了自收自支，为台人员分流，精干研究队伍作出了贡献。

国际合作方面，与日本国合作的“中日卫星双向时间传递系统”项目已顺利实施，并举办了相关的国际学术讨论会；与俄罗斯政府间利用等高仪“扩展北天参考系”的合作项目。1998年继续常规合作观测，并取得了国际上第一本无赤纬盲区的等高星表。1998年7月在俄举行了中俄天体测量学术讨论会。邀请美国著名国际时频专家来陕西天文台工作访问，并就形成闭合的国际卫星双向时间比对链路，达成初步协议。全年出访7人次，接待外宾7次17人。

陕西天文台是陕西省天文学会的挂靠单位。编辑出版《陕西天文台台刊》和《时间频率公报》。主要下属单位有：陕西天文台二部、西安市高新技术开发区天琴技术发展总公司和中国科学院临潼休养所。

兰 州 分 院

院　　长：程国栋
地　　址：兰州市天水路 340 号
邮政编码：730000
电　　话：0931-8825318
图文传真：0931-8849855
电子函件：lzb@ms.lzb.ac.cn
网　　址：www.lzb.ac.cn

1998 年，兰州分院共有职工 2988 人，其中专业技术人员 2066 人，有中科院院士 8 人，中国工程院院士 1 人，第三世界科学院院士 1 人，研究员 206 人，副研究员 296 人。入选“百人计划”2 人，入选“西部之光”9 人，在学博士生 203 人，硕士生 232 人，博士后流动站进站 7 人。研究生中，有 7 人获院长奖学金，5 人获亿利达奖学金，5 人获地奥奖学金。

1998 年，兰州分院各研究所共取得科技成果 70 项，出版专著 8 本，发表论文 50 篇；其中被 SCI 收录 98 篇，ISPP 收录 65 篇，EI 收录 6 篇，在国内刊物发表论文 371 篇。共获得国家、省、部级科技奖励 17 项，其中国家科技进步奖二等奖 1 项；中科院自然科学奖一等奖 1 项、二等奖 2 项、三等奖 2 项；中科院科技进步奖特等奖 1 项、二等奖 2 项、三等奖 3 项；甘肃省科技进步奖一等奖 2 项、二等奖 1 项、三等奖 1 项；西藏自治区科技进步奖二等奖 1 项。

1988 年，兰州分院在党的十五大和十五届三中全会精神的指引下，在全院推进“知识创新工程”试点工作的进程中，以改革总揽全局，较圆满地完成了一年的工作任务。兰州分院积极创造条件，迎接基地启动，全力为研究所的改革和发展服务；协调区域内科技力量，为地方经济建设服务，院地合作共建取得了实质性进展；深化机关改革，在重点、难点问题上有所突破。

1. 面向研究所，深化机关改革，迎接基地启动

国家在我院实施“知识创新工程”试点工作，令广大干部职工为之振奋，作为进入 8 个基地之一的兰州分院，在面临再创辉煌的新的历史机遇的同时，也感受到责任和压力，尤其作为西北基地中心的兰州分院未进入首批启动之列，更增加了一份紧迫感。分院把通过“西北基地”建设规则的建立和落实来促进研究所分类定位与结构性调整，作为重中之重的工作来抓，积极做好“西北基地”启动前的准备工作。一是狠抓提高所级领导班子与学术带头人的思想认识。从贯彻路院长视察兰州分院时的有关指示开始，到组织以“科技体制改革与结构性调整、学科联合与重组”为专题的所长、书记联席会，以及逐个与各研究所的领导班子共同商讨该所学科定位与结构调整，从而提高所级领导班子与学术骨干对形势的认识，促进各所把定位和目标统一到全院的创新工程目标上来。二是组织力量对“西北资源环境与可持续发展研究基地”的规划方案在专题调研的基础上反复进行修改，对下要把各所总体思路引导到基地内，对上要符合院知识创新体系“三高”、“三新”的目标，1998 年共四易其稿，期间还主动走访了宁夏、内蒙的科技主管部门。在“西北基地”工作逐步深入的推动下，兰州、西宁各研究所的分类定位工作有了新的进展。三是利用各种机会，向地方政府各级领导宣传我院的“知识创新工程”试点工作和“西北基地”筹备情况，特别是基地启动后在科研设施和园区建设中需要地方给予支持和协调的有关问题的汇报，受到甘肃省有关领导同志和有关厅局的广泛重视。

在做好“西北基地”启动前的准备工作的同时，兰州分院将机关的改革继续向前推进，在重点、难点问题上有所突破。遵照院部关于分院进一步深化改革、加强建设的意见和知识创新工程试点的新要求，兰州分院在全面总结近年来改革工作的基础上，制定了进一步精简机构、精干人员为核心的深化改革方案。在1998年逐步推开，全年走了两大步，职能机构先由11个减少到10人，新班子上任后，又由10个合并为5人职能处室；纯机关人员从59人先减少到45人，再从45人减少到32人，随后就着手机关岗位设置、公开招聘、竞争上岗、上岗人员层层签定责任书以及减员后富余人员转岗分流等工作。设置了4个服务机构，逐步向物业化管理方向发展，按照“管理专业化、服务社会化、经营市场化、观念现代化”的方针运作；统一了房地产开发经营的管理工作，当年在引进社会资金进行危旧房改造方面取得了初步进展。整个工作为下一步的定编定员、全员聘用合同制打下了一个良好的基础。

2. 面向地方，合作共建取得实质性进展

（1）为甘肃省实施“再造河西”战略贡献力量　　根据甘肃省委、省政府关于实施“再造河西”发展战略的决定，分院从1997年开始就把张掖作为“再造山川秀美的西北地区”的突破口，开展了一系列的工作，1998年继续努力，使科技合作向着更广阔的方面稳步发展。双方共同组织的3批14个科技项目进展顺利，有的已经完成，取得较好的效果。国家5部（委）在张掖召开的长效碳酸氨推广现场会，充分肯定了生产技术、组织形式、社会与经济效益显著的成功经验。在11位两院院士的联名建议和张掖地区的共同努力下，甘肃省政府正式批准建立张掖省级农业高新技术产业示范区，并正在积极申请列为国家级农业高新技术产业示范区。在分院建议下，该示范区建立了每年100万元的科技开发基金，专项用于高新技术、人才的引进；出版了“张掖地区沙产业发展对策与关键技术”专著，将为该区沙产业的发展思路提供有益的帮助。1998年9月6日，分院与张掖地区行署签订了长期科技合作协议。

在兰州分院与张掖合作的影响和感染下，武威地区寻求科技合作与支持的意识越来越迫切，地委书记率各县领导亲自登门与兰州分院有关人员进行座谈，表达武威地区科技的需要和与兰州分院合作的诚意。目前，与武威地区的合作正在运作之中，期望1999年有大的进展。

（2）促进了中科院与青海省的科技合作　　在中科院与青海省已经签定科技合作协议的良好环境下，根据院领导的指示，兰州分院努力把过去仅限于青海2所与当地的合作扩展为兰州分院8所1个中心与青海省全面的、多种形式的科技合作。1998年在青海省召开了所长、书记联席会，特意安排与青海省政府及有关厅局领导进行广泛接触，之后陆续组织了具体项目的考察与落实，其中“江河原生态环境保护与建设”项目，分院择优基金支持与青海省科委共同出资6.2万元，开展前期研究，现已完成前期预研工作，并以《地球科学进展》增刊的方式出版发行，1998年10月在北京召开的“江河源区生态环境保护与对策”国际研讨会上交流，受到与会专家和中华环保基金会的好评，同时，由青海省和中科院联合向国家科技部申请立项。由西北高原生物研究所与青海省计委联合开发的“青海高原特种蔬菜反季节生产高新技术产业化”项目，经过反复调研论证，初步通过国家计划发展委员会的论证，拟将资助1500万元启动经费。东台吉乃尔锂盐开发项目于1998年9月完成了盐田建设工程，在此基础上，与新西兰太平注锂业有限公司签定了联合开发青海盐湖钾锂资源的协议，双方共同出资新建“青海锂业有限公司”。10月27日，在北京召开的第三次院、省合作会议上，确定了“黄河上游龙羊峡库区防沙工程体系项目预研究”等5个合作研究开发项目，兰州分院正在组织进行前期准备工作。

（3）不断发展、拓宽原有的合作共建项目　　兰州分院与兰州大学、甘肃科委联合共建的“西部资源科学研究中心”，几年来，本着“开放、流动、联合、共建”的方针开展工作，受到国家科技部、中科院、国家教委及甘肃省领导的关注。截止目前，已开展了40多个课题的研究。1998年，科技部已将该中心列为全国10个拟将进一步支持的科学中心之一，同时，中科院、国家教委各给予了20万元的支持，甘肃省科委也给予了23万元的支持，科技部的50万元经费正在落实之中。1998年，该中心又牵头组织了西北4省区22家科研单位对“西北干旱区生态环境与可持续发展”问题开展了专题研讨，李吉均、程国栋两位院士领头向国家有关部委提交了“西北干旱环境演变与可持续发展潜力研究”项目建议书。近代物理研究所与地方共建的“甘肃省电子束辐射工程技术研究中心”发展良好，高压静电加速器的设计和加工正在按计划进行，1998年又得到了50万元的经费支持。分院与地方在“西部之光”人才培养计划上实行的共建也在向纵深发展。1998年，兰州分院为了给成果走向市场创造更好的条件，除积极参加驻地省、市举办的各种科技成果展示交流活动之外，还组织兰州分院各研究所参加了中科院与江苏省、辽宁省等的科技合作活动，组织张掖地区有关领导，前往中科院长春、沈阳、南京、上海及石家庄等地院内研究所进行参观考察，寻找对路的成果和技术，开阔眼界，扩大联系，拓宽合作的领域。

近代物理研究所

所　　长：罗亦孝
地　　址：兰州市南昌路363号
邮政编码：730000
电　　话：0931-8854834（办公室）
图文传真：0931-8881100

中国科学院近代物理研究所1956年成立于北京，1957年迁至兰州。1998年底职工总数725人，其中科技人员526人，有中国科学院院士1人，研究员46人，副研究员、高级工程师156人，中级科技人员185人。现有在学博士生50人，硕士生73人。另有博士后1人。

近代物理研究所分为重离子物理及其应用、加速器、技术开发和管理4个部分，共有19个研究室和1个技术开发总公司。“兰州重离子加速器国家实验室”向国内外开放；该实验室设有青年物理室、原子核理论研究中心。

近代物理研究所现有大型实验设备：兰州重离子研究装置（HIRFL）、兰州放射性束流线（RIBLL）、2×2MV串列静电加速器、200kV重离子注入机、600kV高压倍加器和ECR离子源等。

近代物理研究所以原子核物理基础和应用研究为主，是世界上中、低能重离子物理研究中心之一，在世界上享有较高知名度。主要研究领域是远离稳定线新核素合成及其衰变性质和核结构研究；放射性束物理研究；低、中能重离子碰撞和热核性质研究；重离子束应用包括辐射材料科学和生物学效应研究；原子、分子物理研究和核技术开发及加速器物理和技术研究。设有原子核物理专业博士、硕士学位授予点、博士后流动站和重离子加速器物理与技术、核电子学及核探测技术工学专业硕士学位授予点。

今后的发展方向是：在兰州放射性束装置（RIBLL）上较系统地开展放射性束物理这一最具活力的前沿领域之一的研究工作，并深入开展远离核合成和热核性质研究及放射性束应用研究，取得一批具有国际先进水平的成果；第二步，于下世纪初在兰州重离子加速器（HIRFL）上建成重离子冷却储存环（CSR），以满足未来一、二十年我国重离子物理和相关交叉学科国际前沿高水平、多学科的实验研究需要，成为世界上具有更高知名度的中、低能重离子物理研究中心。

1998年，近代物理研究所分类定位工作已得到中科院批准，进入基础研究基地型研究所行列；制订了《深化改革、调整结构、转换机制、建设国际重离子物理和相关交叉学科知识创新基地》计划，并正在按院里部署和要求进一步深化改革。

国家重大科学工程项目兰州重离子冷却储存环1998年7月获国家计划发展委员会正式批准立项，11月中科院成立了以路甬祥院长为主任的项目管理委员会和以詹文龙副所长为经理的项目工程指挥部。

1998年近代物理研究所执行的国家自然科学基金项目30项，其中重点项目2项；中科院重大项目1项，重点项目7项，其他项目27项。

“九五”院重大和特别支持项目获得重要进展。在新核素合成和研究中，1998年又首次合成了重丰中子新核^{238}Th和^{209}Hg；在质子滴线附近新核素合成中，首次合成了新核素^{125}Nd和^{129}Sm并首次测量了国内外同行都很感兴趣的延发质子先驱核^{89}Ru的核性质。

在核反应和核结构研究方面，首次观测并研究了耗散反应中同位素产物的激发函数，为确立耗散反应中截面涨落现象的普遍性与特征性作出了贡献，其成果获1998年甘肃省科技进步奖一等奖，有关论文被国内外同行引用达100余次。

在核理论研究方面，研究了与同位旋相关的核物质状态方程，首次得到了与温度相关的状态方程，建立了同位旋相关的量子分子动力学模型，提出了一种提取介质中核-核碰撞截面的方法；在原子团簇物理研究中，建立了包括粒子自由度在内的描述碱金属原子团簇热力学和碰撞动力学的理论模型；在原子核中混沌运动的研究中，从量子上研究了相干态在大形变原子核中的演化性质，发现混沌原子核相空间存在结构并进一步证明了混沌运动中的泾曲量子对应。

基于多年原子核多重碎裂研究的基础，1998年出版《原子核多重碎裂》专著1部。

在应用基础研究方面，开展了重离子治疗动物肿癌和辐射损伤效应实验研究并提出了适形治疗模式；研制出乙酰甲喹和喹醇两种重离子治疗肿瘤的增敏药物；在重离子辐照癌细胞的氧效应研究和重离子辐照哺乳动物细胞诱导的DNA双链断裂研究中取得了具有重要意义的进展，在国内外学术会议上得到较高评价。

在原子物理研究方面，研究了电荷态Ar+He碰撞系统中多电子转移规律，鉴别了各种多电子转移过程，测量了反应截面。

具有创新特色的兰州重离子加速器放射性束流线（RIBLL）于1998年2月顺利通过鉴定验收。鉴定验收意见认为：RIBLL全面达到设计指标，主要技术指标达到90年代国际同类装置先进水平，是一台具有创新特色的放射性束装置。

1998年近代物理研究所获国家科技进步奖三等奖1项、甘肃省科技进步奖一等奖1项、中科院自然科学奖二等奖2项。上报科技成果18项；申报专利9项，获授权专利2项；发表论文344篇，其中国外核心期刊发表论文比97年增长61%；出版专著1部。所属各部门工作有7（项）次被上级单位和地方政府评为先进集体，24人（次）被评为先进个人。

1998年近代物理研究所科技开发完成产值662万元，上缴税款43万元。从事开发的人数约150人。完成了谐振式变压器型电子加速器的初步设计、$120m^2$真空冻干设备的设计、辐射交联热收缩管生产线传动装置和电气控制的设计；固化涂层配方研制申报了专利。

1998年近代物理研究所共接待来访、工作和参加会议的外宾21人（次），派出43人（次），举办了“国际放射性束物理与高自旋核结构讲习班”和“中科院近代物理研究所—日本物理化学研究所加速器讲习班”。

为确保重离子冷却储存环重大科学工程项目建设的顺利进行，近代物理研究所与德国科技教育部签订了国家级的合作协议。

在人才培养方面，上报“百人计划”候选人4人，入选“西部之光”优秀青年人才2人；招收博士生10人、硕士生19人；举办职工培训班11期、培训人数361人、派出参加各类业务学习28人。

近代物理研究所是甘肃省物理学会、甘肃省核学会的挂靠单位。编辑出版《原子核物理评论》、《高能物理与核物理》的核物理部分、《中国科学院近代物理研究所和兰州重离子加速器国家实验室年报》英文版。

兰州化学物理研究所

所　　长：李树本
地　　址：兰州市天水路342号
邮政编码：730000
电　　话：0931-8827971
图文传真：0931-8417088

中国科学院兰州化学物理研究所始建于1958年，其前身是中国科学院石油研究所兰州分所，1962年后启用现名。兰州化学物理研究所是以应用研究和应用基础研究为主的多学科综合性科研机构，其主要学科有催化、润滑材料、有机合成化学、分析化学与结构化学。兰州化学物理研究所是物理化学、分析化学博士、硕士学位和有机化学硕士学位授权单位，还设立有物理化学、分析化学2个博士后流动站。全所现有职工476人，其中科技人员329人，有中国科学院院士1人，中国工程院院士1人，研究员35人，副研究员51人，高级工程师（包括高级实验师40人），中级科技人员133人。在学博士生62人，硕士生63人。另有博士后3人。

兰州化学物理研究所现有1个国家重点实验室，1个国家工程研究中心，1个院开放室和8个具有学科特色的实验室和研究开发中心。

羰基合成与选择氧化国家重点开放实验室：通过羰基合成与选择氧化催化过程的应用基础研究，开展石油烃及合成气催化转化为醇、醛、酸等含氧化合物的新型催化剂以及光催化与酶催化剂和催化过程的研究，已取得国内外有影响的成果。

精细石油化工中间体国家工程研究中心：是专门从事精细石油化工技术研究与开发，重点解决油气资源综合利用、石油化工中间体的化工生产技术，提供精细化工所需技术问题、原料及中间体。

中科院固体润滑开放实验室：以表面界面及材料的摩擦磨损机理研究为基础，进行特种润滑材料的研制以及材料磨损、纳米材料摩擦学及摩擦学表面工程的研究。研究成果在国内外具有先进水平，连续两次被国家评为优秀实验室。

科研优势及为地方服务的重点如下：

(1) 工业方面　催化研究是兰州化学物理研究所的重点学科之一，研制开发出了获国家科技进步特等奖的"顺丁橡胶工业生产新技术"等重大成果，推广应用在石化和相关企业，取得了重大的社会经济效益。具有特色优势的润滑学科是另一重点学科，研制的数十种特种润滑材料已成功地应用在我国航天航空及机械、交通等领域，为国防和民用建设做出了重大贡献。

(2) 农业方面　研究开发的保鲜膜材料及其技术，已成熟地应用于果蔬保鲜方面，市场占有率达70%。环糊精、保水剂等农用科研成果为西部农业增产提供了有效的手段。

(3) 分析测试及仪器仪表方面　分析化学是兰州化学物理研究所具有特色的学科，研究开发的毛细管色谱柱以及油田分析新技术，已广泛地应用在分析测试领域和各大油田。兰州化学物理研究所也是西北地区分析测试及大型仪器仪表维修服务中心。

1998年兰州化学物理研究所通过鉴定的成果共11项，获国家和省部奖4项，其中获国家科技进步奖三等奖1项，中科院科技进步奖二等奖1项，省科技进步奖一等奖1项、二等奖1项。申请专利20项，授权10项。出版专著1部。全年共发表论文265篇，其中外文85篇，中文180篇。

1998年兰州化学物理研究所列入科研计划课题103个，总体进展情况良好，绝大部分课题达到了年度计划所列指标或完成了合同要求，有些得到了院部委的表彰奖励，有些得到了同行专家或委托单位的高度评价，有些达到了国内、国际先进水平。

国家基金项目：1998年兰州化学物理研究所共承担国家"攀登计划"、九五攻关等项目及子课题11项，"百人计划"项目2项，国家自然科学基金10项（其中包括重点基金1项）。这些项目都完成了年度计划，有些还取得了一些好的结果。国家"攀登计划"项目子课题"加压下甲烷氧化偶联的研究"，完成了11kg压力下的反应实验，建立了40kg压力的反应装置，首次取得了这方面的研究结果。国家自然科学重点基金项目"纳米摩擦学应用基础研究"，在纳米尺度超薄膜的制备及其摩擦学行为研究，有机修饰硫化物及稀土纳米微粒的摩擦控学行为研究等方面取得了突破性进展，达到国际先进水平。"百人计划"项目"环境友好催化清洁工艺"的研究工作，其中2个课题："苯直接催化选择氧化制苯酚"和"环己稀（醇）催化选择氧化合成己二酸"，由于采用了新的催化剂体系，减少了反应过程的污染，实现了环境友好的清洁工艺。国家自然科学基金项目"铝质材料及其表面改性层的摩擦学特征"在国家自然科学基金委组织专家对材料工程学部在研项目检查中，评为优秀项目。

院、部及军工项目：1998年兰州化学物理研究所共承担中科院重大、重点项目20项，"西部之光"项目3项，军工项目20项，横向课题15项，大部分项目进展良好。如中科院重点项目"非水相酶催化在药物合成中的应用"，筛选出了一个既对酶活性影响小，又能增大底物萘普生甲酯溶解度的微水-有机溶剂双液相体系，使萘普生甲酯水解反应的转化率比文献报道的提高了1倍。中科院"西部之光"项目"利用西部畜牧业动物脏器制备用于光学活性药物合成和修饰的酶"，已从5种来源于不同动物、植物、微生物的脂肪酶中筛选了一种圆柱状假丝酵母脂肪酶（CCL），对S型萘普生甲酯的不对称水解具有很高的对映体选择性。军工项目为航空部、航天部、兵器部、船舶工业总公司等部门重点型号任务的完成作出了突出贡献。其中“高承载 PTFE 纤维织物轴补材料的研制”、“斯贝工程配套特种耐高温密封膏系列材料”、“斯贝工程配套滑石粉可磨耗涂层及底胶”和“Du 材料”4 个项目技术性能达到了协议的要求，在年内中科院军工办组织的“九五”国防军工重大项目的中期评估中均获得了专家的良好评价。

为了加快以研究所分类定位为核心的结构调整，加速机制转换，实施知识创新试点工程，兰州化学物理研究所制定了“以市场为导向，以学科为依托，以效益求生存，以改革求发展”的总体发展战略，将兰州化学物理研究所定位于催化科学与技术、润滑材料与摩擦化学、分离分析研究及创新的研究所，成为在上述领域国内一流并具有国际先进水平的研究中心。在战略发展目标上，将围绕国家创新目标和知识创新体系，在所确定的重点研究方向上开展战略性基础与战略性高技术研究。在组织机构上，从事基础研究的国家重点实验室 1 个、院开放实验室 1 个和青年科学家实验室 1 个，强调突出羰基合成、生物与仿生、酶催化、选择氧化、摩擦化学、极端条件下摩擦学、润滑材料分子设计、毛细管色谱、应用波谱、硅有机膜材料等学科特色，加强学科之间的互溶性，能为中国的资源、环境、生态和可持续可发展等领域做出基础性的科学贡献。

在管理与服务改革方面，贯彻“压缩固定编制人员，增加流动人员”的方针，通过精简机构，强化职能，人员定编定岗，合署办公等措施，到 2000 年，使机关管理人员的比例压缩至全所职工总数的 5%；将技术条件服务与后勤服务转变职能，分别剥离，转变为对内有偿服务、对外经营创收的经营实体，经济上实现自收自支，逐步向社会化发展。

1998 年兰州化学物理研究所开发工作进展很大，突出的优势为：催化及其技术、保鲜材料、特种润滑材料和精细石油化工产品及技术。兰州化学物理研究所共创办了 3 家科技实体，均取得了较好的收益。

兰州化学物理研究所是甘肃省化学学会和中科院兰州分院分析测试技术服务中心的挂靠单位。编辑出版《分子催化》、《摩擦学学报》和《分析测试技术与仪器》3 种学术刊物。

兰州地质研究所

所　　长：王先彬
地　　址：甘肃省兰州市东岗西路 324 号
邮政编码：730000
电　　话：0931-8414435
图文传真：0931-8418667
电子函件：xbwang@ns. lzb. ac. cn

中国科学院兰州地质研究所正式成立于 1960 年 2 月 18 日，其前身是 1956 年 7 月建立的中国科学院地质研究所下属的兰州地质研究室。1970 年与原中科院兰州地球物理研究所等单位合并组成兰州地震大队，转为从事地震科学研究。1976 年以其中石油连为主的部分科技人员从兰州地震大队分出，成立甘肃省石油地质研究所，划归甘肃省燃化局，至 1978 年中国科学院将甘肃省石油地质所收回，恢复并重新组建了兰州地质研究所。研究所位于我国古丝绸之路重镇兰州市的科研文化和高新技术产业开发区内。1998 年底全所共有职工 123 人，其中科技人员 89 人，有研究员（包括正研级高级工程师）21 人，副研究员和高级工程师 28 人，中级科技人员 33 人，初级科技人员 7 人。

兰州地质研究所的主要研究方向是：探索沉积岩石圈的形成演化规律及其矿产资源（特别是石油天然气等）的形成机理和分布规律；研究地质历史过程中地球各圈层气体的赋存状态、地质地球化学行为和动力学过程以及全球气候和环境演变、地质灾害等领域的基础和应用基础问题。主要学科领域有：石油及天然气地质学、气体地球化学、有机地球化学、同位素地球化学、沉积学、层序地层学、构造地质学、磁性地层学以及环境地质地球化学等。现设 5 个研究室——气体地球化学国家重点实验室、沉积-古生学研究室、有机地球化学研究室、构造地质学研究室、科技信息室。随着科研体制和结构调整的进一步深化，兰州地质研究所未来的学科发展方向将确定为：发展石油天然气地质地球化学和气体地球化学，探索石油及天然气成因新理论，开拓勘探新领域和新技术；发挥气体地球化学、有机地球化学、沉积学和构造地质学的综合学科优势，开展全球环境变化和环境治理的研究；探索地壳流体（特别是气体）地质作用基础理论问题及其与资源、环境、灾害问题的相关性；研究沉积盆地内流体（油、气、水）与岩石的相互作用和动力学过程。将优先发展石油天然气勘探开发基础理论，地壳内部流体作用动力学过程及全球环境变化与环境治理等学科领域的研究。为此，兰州地质研究所将继续遵循“开放、流动、联合”的原则，进一步办好气体地球化学国家重点实验室，组建地壳流体资源研究室，以集中学科积累，充分发挥综合科研的优势和实力。

兰州地质研究所的气体地球化学国家重点实验室是在中科院1985年首批批准的开放实验室之一的“生物、气体地球化学开放实验室”的基础上，于1991年5月经国家计委批准成立的。国家重点实验室的研究方向是：发展气体地球化学，探索地史过程和各圈层中气体的赋存状态、地球化学行为和动力学过程；深入开展天然气资源、环境和全球变化、地球各圈层的演化和地质-地震灾害等领域的气体地球化学基础研究与应用基础研究。实验室自成立以来，始终瞄准国际学科发展前沿，结合我国资源、环境、灾害领域，开展了卓有成效的研究工作，取得了一系列重要成果。1996年4月，该实验室通过了国家计委组织的评估，评估意见中指出该实验室所取得的科研成果“完善和发展了天然气成因理论，达到国际先进水平。其中生物-热催化过渡带天然气的研究，引导扩大了辽河油田、苏北油田天然气的勘探领域和开采范围，达到国际领先水平。”“该实验室稀有气体同位素地球化学研究以及沉积圈中工业储集幔源氦的首次发现，具有国际先进水平，在环境和全球变化、地质灾害等领域的开拓性研究，促进了学科的发展。”

兰州地质研究所不但有一支实力强大的研究队伍，还有一支技术精堪的实验技术队伍。经过多年的努力，各学科研究室均有本学科相应的实验室，组成了10个分析测试系列。尤其是气体地球化学国家重点实验室，在国家计委和中科院的支持下，配备了具有90年代先进水平的完整的气体分析设备，如稳定和稀有气体同位素、微量气体组分等方面的分析仪器及其测试技术在国内外均可居前列。今年又成功地引进了MM-5400稀有气体质谱仪，使该实验室的气体分析设备得到了进一步的加强。由兰州地质研究所18个机组组成的兰州分院分析测试中心地球化学分析测试部，经过国家技术监督局全面严格的考核，符合计量认证条件，通过了计量认证。

兰州地质研究所是经国家学位委员会批准的博士和硕士学位授予单位，现有地球化学专业博士学位授权点和矿物学、岩石学、矿床学专业，地球化学专业及构造地质学专业等3个硕士学位授权点，并都于1997年通过了国务院学位委员会的基本条件合格评估。至1998年底已招收博士生28人，硕士生110人，现有在读博士生15人、硕士生13人。毕业的研究生均已成为所在单位的科研、教学或生产上的骨干力量。

1998年兰州地质研究所在研课题66项，其中来自国家攻关、基金、院重点及国际合作的基础和应用基础研究课题56项，占85%，其他类型课题10项，占15%。

1998年国家重点攻关项目“中国大中型气田勘探开发研究”中由兰州地质研究所牵头的2个三级课题和与其他单位共同负责的另外2个三级课题，经过兰州地质研究所科技人员与协作单位3年来的共同努力均已圆满结束，下属的23个四级课题于9月中旬通过了上级项目组织的评审验收，均获得较高评价。为“九五”后期的继续滚动打下了良好的基础。

1998年兰州地质研究所在国内外各种学术刊物上发表论文119篇，出版专著2部，获授权专利3项。

兰州地质研究所“陕北地区中生界储层预测研究”项目，获1998年中科院科技进步奖二等奖。该项目为中国石油天然气总公司所属新区勘探事业部委托兰州地质研究所承担的重大应用研究项目。自1995年以来兰州地质研究所该项目组的科技人员以新的理论、创新的方法紧密结合生产实践，在深入研究陕北地区三迭纪延长期三角洲沉积特征的基础上，在理论上首次提出了“台型三角洲”和“台缘型三角洲”的概念，揭示了在这类三角洲中“下湖找坡，上岸探边”和“一带三线，上下兼顾”的勘探思想。在技术上较成功地解决了该地区低坡降、低沉积速率、高含泥量沉积条件下低渗透性储层的地震资料反演问题，能够识别6m和追踪8m厚的储油气层，预测准确率较高。该成果及时应用于生产实践中，为在该地区寻找新的油气藏发挥了重要的作用，收到较大的经济效益，受到了委托单位的高度重视和极好评价。

江泽民总书记对中科院《迎接知识经济时代，建设国家创新体系》报告的重要批示，开创了我院改革发展的新里程，极大地激励了兰州地质研究所科技人员的积极性。兰州地质研究所按照院开展知识创新工程的布署，加深加速了改革的力度。在广大职工认真讨论的基础上，广泛征求所外专家的意见，编写并多次修改了兰州地质研究所的定位试点方案，努力使兰州地质研究所的改革符合国家科技和国民经济发展的要求，在较短的时间内多出创新成果和人才。

兰州地质研究所在承担国内众多研究课题的同时，还积极开展国际学术交流与合作，先后与澳大利亚、新西兰、日本、美国、英国、德国、意大利、俄罗斯等国家和地区的研究机构和大学开展了国际合作研究或互派学者等学术交流活动，为兰州地质研究所科研工作的国际交流开辟了广阔的道路。

兰州地质研究所是中国矿物岩石地球化学学会甘肃省分会、甘肃省地质学会石油地质专业委员会及青年地学工作委员会的挂靠单位。兰州地质研究所编辑出版的学术刊物有《沉积学报》及《气体地球化学国家重点实验室年报》，还与外单位合作并主办《天然气地球科学》。

兰州高原大气物理研究所

名誉所长：高由禧（院士）
所　　长：刘欣生
地　　址：兰州市东岗西路316号
邮政编码：730000
电　　话：0931-8831812
图文传真：0931-8821158
电子函件：lipap@ns.lzb.ac.cn
网　　址：159.226.138.157

中国科学院兰州高原大气物理研究所成立于1974年1月，其前身为1958年成立的中国科学院地球物理研究所兰州地球物理研究室。1959年5月建立中国科学院地球物理研究所兰州分所。1998年底有固定编制职工201人，流动编制职工10人，控制总数共211人。其中科技人员162人，占职工总数的76%；有中国科学院院士1人，研究员（含正研级高级工程师）17人，副研究员、高级工程师37人，中级科技人员60人。现有在学博士研究生22人，硕士研究生13人。

学科方向及研究领域：根据中国科学院“知识创新工程”试点精神和兰州高原大气物理研究所研究学科地域特色优势，定位认定方案，本着研究所战略定位在不可替代基础上择优的原则，主要将“西北干旱环境”、“高原气候”、“大气雷电和雹暴”研究集中为“高原及周边气候环境动力学”、“对流风暴和雷电物理学”两大主攻学科方向。主要研究高原及周边地区大气科学及其相关的环境科学的重大基础理论和应用问题。在基础研究方面，以气候环境动力学和大气电学为主攻方向，加强学科交叉领域尤其是复杂地形下城市环境污染及雷电物理学等相关基础理论研究。在应用研究方面，加强我国西部地域各类时空尺度上的大气环境的演化规律及其自然灾害（干旱、冰雹、沙尘暴、雷害、雪灾）的形成原因，预测方法和防治技术的研究以及西部气候环境资源的合理开发利用研究，为我国西部经济建设和社会发展作出贡献。并经过分析论证，提出了学科领域的创新点：

高原及周边地区季—年代际尺度气候变化机理；

干旱环境形成，演变机理和变化规律；

复杂地形条件下的城市大气环境动力学；

人工引雷及雷电物理过程；

对流风暴监测、预警和人工影响；

雷电接地过程、雷击机理及防护。

兰州高原大气物理研究所是大气物理学与大气环境博士点和气象学大气物理学与大气环境硕士点。现设有西北干旱和环境、高原气候、大气雷电和雹暴等3个研究中心及为科研服务的信息与计算技术部（计算机室、图书情报室、《高原气象》编辑部）及格尔木五道梁高原能量收支观测试验站、平凉雷电与雹暴观测试验站及青年气候开放研究实验室。拥有重要科研设施及装置,有双线偏振天气雷达、高性能 ALPHA 工作站、雷电高速摄像观测系统、多通道高速数据采集记录系统、三站雷电定位系统、自动化气象站系统等先进的大型仪器设备。

1998 年围绕中科院“知识创新工程”试点工作进行了改革,取得了较好效果。对研究所的学科方向、中长期发展目标和创新点进行了战略定位,提出了实施“知识创新工程”试点的主要措施及阶段目标,本着不可替代性和学科优势及地域特色规划了结构性调整的战略构想,调整了资源配置关系,其中有限资源支撑重点学科和创新点,集中了一批优秀青年学术人才,主攻前瞻性、战略性、基础性学科目标,有 20 多名青年科技骨干担任了课题负责人,加速了青年人才培养的进程,新争取了较多的科研项目,人年均科研经费成倍增长。稳定了一批青年人才,使研究所呈现出明显向上发展的态势。

1998 年兰州高原大气物理研究所争取和承担国家自然科学基金项目 4 项,其他项目 6 项,横向联合项目 6 项。

国家“攀登计划”(九五)项目“青藏高原环境变化与区域可持续发展研究”之课题“高原近代气候变化及其对东亚和全球气候的影响与响应”,1998 年度共发表研究论文 19 篇,其中 6 篇在 SCI 杂志上发表,对五道梁地区地气系统能量收支继续进行规测,并在那曲和安多进行了大规模观测试验,取得了大量宝贵资料;论证了藏东南大峡弯是地球上的一个“热点”,并证明该“热点”是东亚气候变化的“启动区”,它对高原及邻区的气候和生态环境有重要影响;提出了强造山运动引起的大气热机效率增大可能是地球大冰期的原因;分析了高原气候变化与海拔高度的关系。这些工作大大深化了对青藏高原气候变化的认识。

中科院重大项目 B“强风暴大气系统雷电综合观测及防护研究”,与日本岐阜大学、广州电力试验研究所,武汉水利电力大学等单位合作,在广东省某地进行了 60 天的人工引发雷电野外实验,成功引发雷电 5 次。同时还在平凉雷电和雹暴实验站进行了 80 天的雷电与双线偏振雷达对比观测实验。两地野外实验均取了丰富的观测资料,并在此基础上进行了室内数值模拟计算,资料分析及理论研究、完成论文 8 篇,在雷电发生、发展机理方面有了重要进展。

中科院重点项目“西北干旱气候的变化规律、形成机理和预测方法的研究”。1998 年度共完成论文 8 篇,并在 GISS 海气耦合模式的运行和模式资料分析,青藏高原积雪、地形和前期环流对我国夏季降水的嵌套气候模拟和 NCEP/NCAR 40 年再分析资料的研究和利用方面做了大量工作,取得了较大的进展。

1998 年兰州高原大气物理研究所列入计划的在研课题 58 项,均按进度完成,其中结题 3 项,上报登记重要成果 5 项,“平凉防雹减灾试验研究”获中科院科技进步奖三等奖。该成果以“平凉防雹观测试验站”为基地,利用 3cm 常规气象雷达,5cm 双线偏振雷达,雷电监测器等先进观测手段,并结合雷暴预警,冰雹识别模式计算等理论分析研究,指挥平凉地区 6 个高炮防雹作业点进行科学防雹作业。在雹云预测、冰雹识别、结构分析、作业时空位置选择,效果检验等各个“人工影响天气”环节上进行了较为深入的科学研究,取得了系列科研成果。

国际合作方面,1998 年兰州高原大气物理研究所与日本合作进行“青藏高原云及降水系统观测研究”、“藏北地区相互作用观测研究”、“青藏高原陆面过程试验研究”。还有欧共体、荷兰、意大利等国家合作研究,共承担合作项目 5 次,进展顺利。

1998 年兰州高原大气物理研究所派出 11 批 13 人(次)出国参加国际学术会议和合作研究,全年共接待来所访问、合作研究的学者 17 批,74 人次。举办了第二届全国雷电监测与保护科学的讨论会。

本年度录取硕士研究生 6 人,博士研究生 3 人;在读研究生总数达到 35 人,其中送外在职培养博士生 3 人;有 4 人获博士学位,5 名硕士研究生,按期完成论文答辩,获得硕士学位。

兰州高原大气物理研究所是中国科学院西北减灾中心的挂靠单位。编辑出版《高原气象》,该刊物是国家自然科学核心期刊之一。

资源环境科学信息中心

副 主 任：孙成权（法人代表）
地　　址：兰州市天水路 342 号
邮政编码：730000
电　　话：0931-8823628（办公室）
0931-8825743（业务处）
图文传真：0931-8825743
电子函件：suncq@ns. lzb. ac. cn
或 lcgi@ms. lzb. ac. cn
网　　址：www http://159. 226. 136. 208
或 http://llas. lzb. ac. cn

中国科学院资源环境科学信息中心(又名:中国科学院兰州图书馆;曾用名:中国科学院兰州文献情报中心)成立于 1955 年 10 月,为中国科学院文献情报系统在西北的区域性中心,是立足西北、面向全院、服务全国、对外开放的资源环境科学信息收集、开发、研究、传播与交流中心,也是负责兰州分院各研究所科技文献保障的地区性图书馆。截止 1998 年底，有职工 105 人，其中专业技术人员 72 人。各类专业技术人员中有高级技术职称的 16 人(其中正研级 3 人),具有中级技术职称的 33 人。资源环境科学信息中心参与了中国科学院图书馆学、情报学研究生培养工作,现有在读硕士生 1 人。

资源环境科学信息中心馆藏以地球科学、资源环境科学、化学化工、物理学、电子技术、计算机科学等为重点,兼收其他综合性科技文献,各类工具书及检索书刊较为齐全。目前,资源环境科学信息中心馆藏 153.8 万册（件），其中科技图书 26.7 万册,科技期刊 12604 种(现刊 2604 种),113 万册,其他文献 12.1 万册(件),引进商务、经济、科技成果、科技文献等数据库 20 个，自建数据库 10 个。

资源环境科学信息中心于 1996 年 6 月联通中国科技网和国际互联网，可对中国科学院系统书刊目录及科学数据库进行访问，与国际联机系统 DLALOG 联接。目前资源环境科学信息中心内部建有局域网(共有 30 台微机和 6 台工作站上网),实现了网上用户直接阅览资源环境科学信息中心主页、网上查询全部图书期刊目录、各种数据库、研究报告和全文期刊库。为加强网上信息开发,还建立了地球科学与资源环境网上导引系统。

1993 年，建立了中国科学院兰州查新咨询中心，专门开展对院内外的科技成果查新与科研立项检索咨询服务工作,代理国家一级查新业务,同时是中国学术期刊文献检索咨询站一级站，并在甘肃建立了中科院酒泉地区和张掖地区 2 个信息工作站。

1998 年，根据中国科学院对研究所分类定位的要求，结合国家信息化的发展趋势与单位的具体情况,就资源环境科学信息中心的方向任务、深入改革等问题形成了“一个目标，二块牌子，三项任务，四个重点，五项措施”的发展思路，得到院领导的肯定。

在“知识创新工程”试点工作中配合西北资源环境与可持续发展研究基地的策划与筹建工作，确定了资源环境科学信息中心的发展策略，即资源环境科学信息中心不仅是西北基地科研工作的文献保障中心、信息咨询中心,而且应是基地的信息网络中心和西北地区可持续发展研究中心，参与知识创新工作。为此,资源环境科学信息中心开始调整业务重点，从人力、物力、财力、领导精力等多方面加强了网络建设与信息开发工作，使现代化的资源环境科学信息中心特色日益明显。加强文献资源建设,有计划、有重点地增加了有关地学资源、环境科学及相关学科文献的收集,进一步优化了文献资源结构。开展了“强化服务意识，提高服务质量”活动,主动为国家重点开放实验室和“九五”重大科研项目服务，取得了较好的效果。

1998 年资源环境科学信息中心争取和承担的主要科研任务和项目是：中科院“九五”重点项目 1 项（主持单位），国家科技部“九五”攻关项目和院“九五”重大项目各 1 项（参加单位），并且承担甘肃省科委软科学研究课题 1 项，院级情报基金项目 2 项，院地学部委托项目 1 项。全年撰写研究报告 10 篇约 15 万字。其中“长江黄河源头地区生态与环境保护研究的科技问题”不仅引起中国环境保护基金会的重视，全国政协资源环境委员会办公室还专门从北京打电话索取有关材料;“世界天然气水合物研究开发现状和前景——兼论我国对气水合物的研究策略”,作为院政策局召开的“21世纪能源科学发展战略思考——中国天然气水合物研究开发前景研讨会”上的主旨报告和背景介绍,受到与会许多院士、专家和领导的重视和赞许,称这项工作为科技决策与管理起到了积极的导向作用。“恢复生态学及其发展”等研究报告发表后,得到院内外有关领导和专家的好评,为西北基地科学目标规划提供了参考资料。

1998年,资源环境科学信息中心的“中国西北地区资源与生态环境问题研究”项目成果获中科院科技进步奖三等奖。孙成权等研究人员经过对西北5省区的省(区)情的调研,征求众多专家意见,并进行综合分析,总结评价了各种资源的开发现状、特点和综合利用的开发潜力与前景,提出了西北资源开发与生态环境保护原则,提出了实施资源经济学和可持续发展战略的建议,受到国家及西北5省区有关部门和专家的重视,对西北地区社会、经济发展规划和制定《21世纪议程》具有一定的参考和指导意义。

为适应“知识创新工程”试点工作的需要,在1998年资源环境科学信息中心加强了国际合作交流与职工继续教育工作。在以往文献资源交换与合作的基础上,先后派出4人次分赴美国、荷兰及中国台湾省参加国际会议或考察交流,并通过举办英语高级班、计算机技术等培训班,加大了人才培养力度。

资源环境科学信息中心现有5种学术性、情报性刊物:《地球科学进展》(双月刊)、《遥感技术应用》(季刊)、《黄金科学技术》(季刊)、《天然气地球科学》(双月刊)、《资源生态环境网络研究动态》(季刊)。近年来编辑出版的学术著作和工具书有:《国外地学学术机构指南》、《中国科学院地球科学家名录》、《全球变化研究系列文集》、《地球科学新学科新概念集成》、《国外天然气水合物研究进展》、《中国西北地区资源与生态问题研究》、《江河源区生态环境演变与生态建设研究》、《文献情报自动化与网络化建设》、《信息高速公路与社会发展》等。

青海盐湖研究所

所　　长:刘德江
地　　址:西宁市新宁路18号
邮政编码:810008
电　　话:0971-6155400
图文传真:0971-6146002
电子函件:isl@ms.isl.ac.cn
网　　址:http://www.isl.ac.cn

中国科学院青海盐湖研究所于1965年3月在西宁建立,是以中国科学院西北化学所为基础,与北京化学研究所、兰州地质研究所等单位的盐湖专业组合并搬迁组建而成。1966年6月,经国家科委批准与在西宁毗邻刚组建的化工部盐湖化工综合利用研究所合并,隶属中国科学院,1970年改名为中国科学院青海盐湖研究所。

至1998年年底,全所职工总数309人,其中科技人员210人,有中国科学院院士2人,研究员(包括正研级高级工程师)20人,副研究员、高级工程师58人,已获博士、硕士学位的22人,博士后1人,中级科技人员91人。现在职博士生7人,硕士生3人,在学博士生和研究生共40多人。

青海盐湖研究所是为了研究和开发我国盐湖资源而组建的唯一专业研究机构,是以应用研究和发展研究为主,兼有基础研究,社会公益性研究的综合性研究所。学科发展方向概括为“121”模式:其中“1”是坚持一个重点研究领域——盐湖资源的开发与综合利用,主要开展盐湖丰产的钾、镁、锂、硼元素无机盐的分离提取和综合利用,以及产品精细化、高值化研究,推进盐湖资源的开发利用步伐,为大规模开发和合理利用盐湖资源提供科学依据。“2”是发展2个主要分支学科——盐湖成盐元素化学和盐湖地球化学,为盐湖资源的开发利用提供应用基础性的成果,积累我国盐湖基本自然科学资料,建立和发展我国盐湖科学理论,力争在世界同行中占一席之地;第二个“1”是在青海东台吉乃尔锂矿盐湖区建立一个科研生产基地,重点解决盐湖卤水日晒富集锂和提锂过程的主要科技问题和综合开发技术，开展锂的高值化化合物与信息产品研究，近期建成小规模试验厂，为最终建成千吨级锂盐高技术企业提供科技依据。

青海盐湖研究所设有国家批准的无机化学博士点、无机化学、分析化学和地球化学等3个硕士点。1983年以来共招收研究生100多名。

今后发展方向是把研究所建设成为在国内有特色，在国际上有一定地位的盐湖科技国家队，盐湖资源综合利用和高技术产业化的培育基地，为中国西部地区的经济建设和可持续发展作出较大的贡献。

青海盐湖研究所根据任务情况、学科特点和发展方向，对原有所属科研机构进行了调整和重组。现设有3个研究室、1个研究组、1个科研试验基地（包括野外试验站和化工中试车间）。即盐湖地球化学研究室、盐湖资源开发利用研究室、无机材料与应用技术研究室、西安二部综合研究组、东台吉乃尔锂矿盐湖综合开发试验基地（青海察尔汗和大柴旦野外试验站、西宁化工中试车间）。

青海盐湖研究所拥有VG-354同位素质谱，MTA-251同位素质谱，GBC-908原子吸收光谱，TG TDG/92DSC-111热分析系统等90年代国外先进水平的大型仪器设备。还设有盐湖矿物标本和介绍本所科研成果的陈列馆，在青海省颇有影响，江泽民总书记曾来视察参观。

1998年围绕自我定位和“知识创新工程”试点工作进行了深层次的改革和结构调整，包括控制全所人员总量，明确科技创新目标，优化科技队伍、精简机构、减员增效，成立物业管理中心，转岗分流人员。与新西兰太平洋锂业有限公司合资创办成立青海锂业有限公司。

1998年青海盐湖研究所承担科研计划课题共有46项，其中国家“九五”科技攻关课题5项；国家自然科学基金、中国科学院和青海省计划的课题35项，地方横向委托课题5项，自选课题1项。

1998年青海盐湖研究所取得科技成果（已登记）5项，其中已应用1项。获奖成果1项（省部级三等奖）。申请专利4项，授权专利1项。发表论文110篇，国外核心刊物20篇。

科技开发工作目前已有所属小公司6个，略有创收。从事科技开发工作的各类人员为18人。

国际合作方面共7人次出国访问，与日本国大阪煤气公司合作开展锂电极研制工作；在国际纯粹与应用化学联合会（IUPAC）原子量与同位素丰度委员会（CAWIA），肖应凯（Y. K. XIAO）研究员任中国国家代表。

人才培养方面提倡在职攻读硕士、博士学位，向国外派出高级访问学者进修，中级科技人员到国内高等院校和科研部门学习及合作研究。所内加强微机和外语的培训，重在完成科研项目及工作实践中边学习、边提高。

青海盐湖研究所是青海省化学学会的挂靠单位。编辑出版《盐湖研究》。

西北高原生物研究所

名誉所长：夏武平
所　　长：张宝琛
地　　址：西宁市西关大街59号
邮政编码：810001
电　　话：0971-6143530
图文传真：0971-6143282
电子函件：nwipb@ms. nwipb. ac. cn

中国科学院西北高原生物研究所成立于1962年，其前身是中国科学院青海分院生物研究所，隶属中科院西北分院。1970年改由青海省科委领导，更名为青海省生物研究所。1979年重新收归中国科学院领导，恢复所名为“中国科学院西北高原生物研究所”。全所现有职工182人，其中科技人员125人，占69%；有中科院院士1人，占0.55%；研究员20人，占11%；副研究员39人，占24%；中级科研人员44人，占21%。现有在学博士生15人（其中5人为联合培养）。另有博士后2人。

80年代末期以来，大量引进新技术手段，特别是微观技术，陆续开展了青藏高原环境演变及其与人类活动的关系、高原生物与全球变化的关系、青海湖地区生态环境与社会可持续发展、柴达木盆地可持续发展、高寒草甸草地畜牧业优化模式及可持续发展、旱区生态农业与可持续发展等一系列与全球变化和可持续发展紧密相关的研究课题。

设有植物研究室、动物研究室、农业研究室、生物资源研究室、中科院海北高寒草甸生态系统开放实验站等研究机构；分析测试中心、图书编辑室等科研辅助部门。中科院海北高寒草甸生态系统开放实验站为中国科学院重点开放台站和重点网络台站。

通过发展和努力，经国家学位委员会批准，西北高原生物研究所现有动物学、植物学、生态学硕士授予点，动物学博士授予点，生物学博士后流动站。现正在申请生物学博士点。

今后的发展方向是：围绕新的学科定位方向开展工作。(1)高寒草甸生态学及区域可持续发展研究。将瞄准全球变化及可持续发展的国际生态学研究前沿，侧重研究高寒草甸对全球变化的贡献与响应、高寒草甸生物物种的进化适应、高寒草甸群落生产力的形成机制及高寒草地畜牧业可持续发展等若干重大理论和应用问题。(2)藏药现代化研究。将瞄准市场经济发展，并根据青藏高原国民经济建设的需要，重点着眼于藏药现代化的深入研究和藏药资源的深层开发，提高现有藏药理论研究水平，积极开发具有较大市场占有率及开发前景的新、特藏药品种。(3)春小麦遗传育种及旱区生态农业研究。在已有研究工作的基础上，以春小麦作为重点研究对象，采用染色体工程、细胞工程、基因工程等生物技术与常规技术结合培育超高产优质抗旱春小麦新品种，并结合种植业生产发展和区域农业和区域农业经济可持续发展的需要，以发展节水农业和效益农业为核心，综合开发有关基础、应用推广方面的研究与示范工作。

围绕知识创新工作，所领导班子高度重视，积极进行学科定位、结构性调整等改革。结合研究所的工作实际，强化了思想政治工作和精神文明建设。主要进行了以下几方面工作：(1)制定和完善组织结构调整方案。总体思路是：缩减机构；实行按需设岗、按岗聘任，严格控制固定人数，提高工作效率；拓展开发途径，加大人员分流力度，实现人尽其才，人尽其用。(2)围绕知识创新工程的要求和本所的实际，初步确定的学科发展方向是，生态学及区域可持续发展研究、藏药现代化研究、春小麦遗传育种及旱区生态农业研究。(3)抓理论学习，促进思想观念转变。开展了以“崇实、崇德、崇绩”和“助人为乐”为内容的“三崇一助”等精神文明活动。(4)修订和完善配套管理制度，增添办公自动化设备，促进管理工作规范化、科学化的进程。

目前，学科定位和结构性调整方案已通过科学院的论证，研究所的结构性调整工作已开始进入全面实施阶段。

1998年组织争取各类项目38项(包括“西部之光”项目3项)。有21个项目获得批准，占申请项目的55%，其中国家自然科学基金面上项目3项、国家自然科学基金资助来华项目1项，中科院生物分类区系特别支持费1项，院长择优基金特别支持费1项，分院择优基金1项，“西部之光”人才培养计划项目1项，青海省及其他项目13项。1998年列入全所科研计划的在研课题90个，比1997年增加32.35%。

人才培养主要组织申请科学院(1998)“西部之光”人才培养计划项目3项，1项获得批准。招收录取博士生2人，硕士生8人。制定“博士后研究人员管理工作暂行规定”，积极组织在站博士后人员申请“中国博士后科学基金资助金”，安排博士生学位英语培训和硕士生基础学位课代培。

全年应用研究成果有3项，即“春小麦新品种V028选育”、“小麦抗根腐病细胞变异系筛选”和抗灰翅麦茎蜂高产春小麦新品种“高原205”。“青藏高原生物资源分析化学”获中国科学院自然科学奖三等奖。该成果针对青藏高原生物资源的类型和分布特点，摸索并建立了一整套现代分析方法，对青藏高原特有或重要的生物资源化学成分进行了分离、分析和结构鉴定。为深层次的合理利用和开发青藏高原生物资源提供了科学依据和实践基础。

国际合作方面：(1)派学者赴瑞典隆德大学，就“植物对增强紫外线-β辐射的生理反应及其生态学意义”进行了院级国际学术交流。(2)接待美国加利福尼亚大学伯克利分校 Juila Klein 博士生，并就“全球变化及土地利用对青藏高原高寒草甸生态系统的影响”项目进行了合作交流。

西北高原生物研究所编辑出版的学术刊物有《兽类学报》和《高原生物学集刊》。《兽类学报》列入中国科技核心期刊之一。还设有以收集青藏高原动、植物标本的动物、植物标本馆各一座，经过几十年的努力，现已积累收藏动物标本15.45万号、植物标本27万号，在国际、国内均有一定影响。

兰州冰川冻土研究所

名誉所长：施雅风
所　　长：姚檀栋
地　　址：兰州市东岗西路260号
邮政编码：730000
电　　话：0931-8826725（综合处）
图文传真：0931-8821894（C）
网　　址：binght@n.s.lzb.ac.cn
ligc@ms.lzb.ac.cn

中国科学院兰州冰川冻土研究所成立于1978年5月，前身是1958年组建的中国科学院高山冰雪利用研究队，后为中国科学院地理研究所冰川研究室，1965年与由京迁兰的中国科学院治沙队合并建立中国科学院兰州冰川冻土沙漠研究所，1978年冰川冻土和沙漠分别建立研究所。全所现有职工324人，其中科技人员234人，有中国科学院院士2人，研究员21人，副研究员、高级工程师等54人，中级科技人员115人。现有在学研究生45人，其中博士生32人，硕士生13人。另有进站博士后6人。

兰州冰川冻土研究所是从事冰雪、冻土、寒区与干旱区水文水资源研究的国立研究机构，属于社会公益型，是以基础性、战略性和应用基础研究为主的科研单位。主要进行以冰川、积雪、冻土为主体的冰冻圈内部以及冰冻圈与岩石圈、水圈、大气圈和生物圈之间相互作用与关系的研究，解决我国以冰川冻土区为代表的广大寒区及相关相邻的干旱区经济和社会发展中资源、环境、工程和灾害等问题。主要学科方向任务是：(1)冰川学研究：查明冰川资源时空分布与资源储量，为国家提供资源依据，监测冰川资源的动态变化，预测未来冰川的变化及其对寒区环境和干旱区水资源的影响，为社会经济发展决策提供科学依据；分析冰雪现代过程，了解冰雪与气候环境之间的相互作用与关系；进行寒区气候环境变化研究，揭示古气候、古环境演变规律，以显著的研究成果和科学发现，在国际科学前沿占有一席之地。重点领域是：山地冰川冰芯，南北极冰川，冰雪资源监测，冰雪灾害防治等；(2)冻土学研究：进行寒区重大工程的前期战略性研究，为国家宏观决策提供依据，进行寒区工程应用基础研究，解决生产建设中的实际问题，进行冻土物理，力学性质研究，为冻土科学发展建立理论基础；进行冻融过程研究，寻求人工干预与控制的途径与方法；进行冻土变化及其对环境的影响研究。主要重点领域是：冻土工程、冻土物理、力学，冻融过程及其控制，冻土与环境变化；(3)寒区、干旱区水文水资源研究：我国西部及北方广大地区最大特点之一就是干旱与寒冷相伴，寒区与干旱区相互联系为整体，而联系它们的主要纽带之一是水，这一特征在内陆河流域尤为明显，所以解决水资源、绿洲经济和生态环境三者的协调发展问题是西北地区经济社会发展的关键。主要研究重点领域是：水资源承载力研究，山区水文过程与水资源变化，生态耗水量与地下水动态和资源时空关系研究等。

兰州冰川冻土研究所是国家自然地理学博士、硕士学位授予点和博士后流动站的设站科研单位。

兰州冰川冻土研究所诞生40多年了，学科发展形成了以中国中、低纬度高山、高原区域冰川学、极地冰川学、寒区环境学、冻土学和冻土工程科学、寒区干旱区水文学研究中心，也是国际上享有盛誉的冰川冻土科学中心之一。面对知识经济时代的兴起和我国经济建设重心逐步向西部拓展及我国知识创新体系的建设任务，兰州冰川冻土研究所将通过积极参与中国科学院“知识创新工程”试点工作，艰苦奋斗、改革创新、调整结构、重组改造，使研究所成为“中国科学院西北资源环境与可持续发展研究基地”的重要组成部分，在学科方面立足创新、超前，瞄准国家目标，开展战略性、前瞻性、综合性的研究，在发展模式上建立起开放、流动、竞争、联合的新体制和新的运行机制，与现代科研院所制度接轨，在21世纪初年建成国际上有权威的冰川冻土、寒区、干旱区水文科学体系与现代支撑系统，在国际科学前沿占有一席之地，并成为解决中国寒区、干旱区经济社会问题的工程中心之一。

兰州冰川冻土研究所现有9个研究、技术室（站），即：冰芯与寒区环境研究开放实验室、西部水资源与水环境研究中心、冰川资源研究室、天山冰川观测实验站、冻土工程国家重点实验室、冻土资源与环境研究室、青藏高原综合观测研究站，地理信息科学中心、冰雪、泥石流灾害研究室，还有图书情报室、《冰川冻土》杂志编辑室等2个服务单位，形成了以冰川学、冻土学、水文学为主学科方向，由基础、应用研究为主体及其配套的技术服务系统的研究体系格局，即机构设置上把科研支撑和重点放在了“冻土工程国家重点实验室”、“冰芯与寒区环境开放实验室”、“西部水资源与水环境研究中心”、“天山冰川开放实验站”、“青藏高原综合研究站”和“寒区遥感与地理信息技术应用中心”。2个先进的开放实验室，可确保研究所各项实验研究的开展，是学科向深度发展，向高度攀登的不可缺少的支柱；2个野外站是积累科学依据，进行野外试验，培养优秀人才，促进知识转移的桥梁；“西部水资源与水环境研究中心”是解决寒区、干旱区水资源战略性重大问题的重要科学基地：“寒区遥感与地理信息技术应用中心”是确保冰川、冻土和水文水资源研究高水平，高质量完成的重要技术支撑机构。

兰州冰川冻土研究所现拥有10万元以上大型仪器设备32台（套），其中20万元以上大型仪器设备13台（套）。冻土工程实验设备国际一流，拥有国内最完备的低温实验装置和国内最先进的超净条件下环境因子分析仪器；建立了冰川、冻土野外常规观测和数据自动采集系统及相应软硬件保障系统；拥有NOAA卫星接收和处理系统；CPS、地理信息系统软硬件设备；冰雪冻土勘探仪器，独家具有的先进水平的冰芯钻机，以及冰雪测绘制图技术体系等。这些大型仪器和设备及其他中小型仪器主要分布在国家和院开放实验室，野外站和重点研究中心。

1998年，是兰州冰川冻土研究所建所40年来非同寻常的一年，也是认真学习江泽民总书记对科学院报告批示精神、振奋精神、开拓进取、深化改革、积极推进结构调整和分类定位工作，积极承担和完成国家、院重大科研任务的一年。经过院资环局组织的严格评审通过了兰州冰川冻土研究所定位认定试点方案，兰州冰川冻土研究所进入了中国科学院资源环境基地型研究所的行列，年前兰州冰川冻土研究所所长升任兰州分院院长。院党组对兰州冰川冻土研究所领导成员进行了调整，原常务副所长姚檀栋升任所长，原分院副院长马英杰同志调任为党委书记，所级领导班子得到进一步加强，围绕着“定位认定试点方案”和“知识创新工程”试点工作要求的中心任务，加大了改革的力度和加快了结构调整的步伐，开创了全所工作的新局面。

1999年全所在研项目90项，其中新开题项目20项，年底结题29项，申报科技成果7项。其中“攀登计划”项目5项，国家攻关项目2项，国家自然科学基金重点项目1项、面上基金项目18项，院特支项目3项，院长基金与“西部之光”项目4项，院重大项目3项、重点项目5项，“百人计划”项目2项，国际合作5项，其他为横向任务项目，其中兰州冰川冻土研究所冰川冰芯研究工作取得丰厚成果，分别在珠穆朗玛峰地区、东绒布冰川等海拔6500m高度钻取冰芯两支，采集大量雪冰、河水、湖水及大气气溶胶样品，在青藏高原那曲，安多地区进行为期5个月的降水样品及气象资料收集工作；为保证“中国第十五次南极内陆冰盖冰川学考察”的成功，BX-1 1500MHz冰芯钻机设计组人员抢时间进行冰芯钻机的设计、加工和调试，按期运赴南极中山站使用；兰州冰川冻土研究所树木年轮气候与环境研究取得突破性进展，获得中国境内海拔最高的树木年轮资料，结合其以往所收集的树木年轮资料已读取近2万多组树木年轮数据。冻土学研究方面，在深土冻土力学特性，青藏高原冻土活动层现代过程，高海拔寒冷地区隧道修筑技术，人工冻土物理力学性质试验研究等均取得可喜进展，尤其是依据连续介质力学、热力学和损伤力学原理建立了冻土粘弹塑性损伤本构理论，首次给出了青藏高原湿地面积为180 000km^{2}等成果都是首创性的；水资源研究经过紧张的工作，顺利通过了由国家科技部组织的项目中期评估，得到好评，建立了河西黑河流域水资源地理信息系统，完成了“西线南水北调雅砻江上游调水坝址流量形成和计算”课题的模型设计和计算工作。

1998 年兰州冰川冻土研究所共获得科技奖励 2 项，其中由徐学祖研究员主持的“土体冻胀、盐胀机理”项目获中科院自然科学奖三等奖，由邱国庆研究员主持的“甘肃河西走廊季节冻结盐渍土改良利用”项目获甘肃省科技进步奖三等奖。另外，兰州冰川冻土研究所参加项目奖 2 项，分别为：“全球变化与中国自然灾害趋势”项目获中科院自然科学奖三等奖（施雅风院士主持，兰州冰川冻土研究所排第二），“国家资源环境遥感宏观调查与动态研究”获中科院科技进步奖特等奖（兰州冰川冻土研究所排名第十六位）。

1998 年是兰州冰川冻土研究所来访和出访人数较多的一年。全年来访外宾 120 人次，来自美国、日本、俄罗斯等 20 个国家，主要进行了科研合作和学术交流活动。全年出访 21 人次，涉及加拿大、俄罗斯等 7 个国家，主要为学术交流活动。由兰州冰川冻土研究所主办的“冰芯与全球变化国际学术研讨会”、“第六届国际南极冰川学学术会议”在兰州召开，取得了积极成果，兰州冰川冻土研究所秦大河研究员当选为国际南极冰川学会的主席，在会议期间国际冰川学界的学者近 80 位外国专家参加了会议，广泛地宣传了我国冰川研究的成果，极大地提高了我国冰川学研究和兰州冰川冻土研究所的国际声誉。目前，世界数据中心冰（雪）冻土中国分中心设在兰州冰川冻土研究所，秦大河研究员担任国际南极科学委员会冰川工作委员会主席，施雅风院士是英国皇家地质学会国外名誉会员，朱元林研究员担任国际冻土协会执行委员会委员。

1998 年兰州冰川冻土研究所招收博士研究生 8 人，硕士研究生 5 人，招收博士后人员 3 人，来所高级访问学者 4 人，入选“百人计划”2 人，“西部之光”项目 1 人，派出国留学人员 3 人，吸收留学人员短期回国工作 3 人，上岗博士生导师 10 人。为加速人才培养，大兴继续教育，举办各类培训班 5 个，并与兰州大学联合申请“地质工程”博士学位授予专业点获批准。1998 年兰州冰川冻土研究所王宁练博士获院长奖学金优秀奖，冯起博士获院首届“优秀博士后”奖，李忠勤研究员（天山冰川站站长）获中科院第三届“十大”杰出青年奖。

兰州冰川冻土研究所是中国地理学会冰川冻土分会和甘肃省遥感学会的挂靠单位。编辑出版《冰川冻土》学术刊物。

兰州沙漠研究所

副 所 长：王　涛（主持工作）
地　　址：兰州市东岗西路 260 号
邮政编码：730000
电　　话：0931-8847604
图文传真：0931-8883209
电子函件：lidr@ns. lzb. ac. cn

中国科学院兰州沙漠研究所的前身为 1959 年在北京成立的“中国科学院治沙队”，1965 年和冰川冻土室合并成立中国科学院兰州冰川冻土沙漠所，1978 年独立建所至今；自 1997 年 6 月起，接受中国科学院和林业部（现国家林业局）双重领导。现有职工 244 人，其中科技人员 177 人。有第三世界科学院院士 1 人，研究员 24 人，副研究员、高级工程师 68 人，中级科技人员 62 人。兰州沙漠研究所具有硕士、博士学位授予权，并设有博士后流动站。现有在学博士生 22 人，硕士生 19 人。另有 3 名博士后在站工作。

兰州沙漠研究所以沙漠和沙漠化为主要研究对象。承担我国沙漠和沙漠化地区资源环境与可持续发展这一国家目标的基础性、战略性、关键性和综合性的重大科研任务；指导并规划设计防沙治沙和生态建设的重大工程；探索和完善沙漠化防治理论和技术体系，积累和充实沙漠科学的基本资料和基础数据库。主要研究领域包括风沙物理与沙漠环境、沙漠化过程及其防治、干旱区生态环境及其恢复重建、沙区水土资源与可持续发展等方面。发展目标为：(1) 在风沙物理、沙漠化的动力学机制等领域进入世界领先行列。(2)加强沙漠化过程及其防治、干旱区生态环境建设等应用基础研究，促进应用技术的开发和科研成果的转化，为我国西北地区的生态环境建设和区域可持续发展服务。随着学科定位和研究方向的进一步凝炼，兰州沙漠研究所的科研机构设置为三个研究室：风沙物理与沙漠环境研究室、荒漠生态研究室、沙区资源与可持续发展研究室。国际沙漠化治理研究培训中心。在全国主要沙漠和沙漠化地区设有一批隶属于各研究室的野外定位试验研究站(点)，其中包括作为院生态网络站的建设，即位于半荒漠带的“中国科学院沙坡头沙漠试验研究站”和位于干草原带的“奈曼沙漠化研究站”。

兰州沙漠研究所正在改扩建的风沙物理与沙漠环境实验室，拥有最具特色的室内风沙环境风洞和野外土壤风蚀风洞，建成后将极大改善该领域的创新条件。1998 年进行了“风沙物理”的“百人计划”招聘工作，有 1 人入选。

1998 年，围绕“知识创新工程”试点工作，兰州沙漠研究所进行了积极的学科定位和结构性调整工作，取得了较大进展，机构设置从原来的 6 个研究室、7 个管理处（室）、调整为 3 室 2 处，调整后 3 个研究室的学科方向和研究内容更具特色，以定岗定员，提高管理、服务水平为核心的管理部门改革和富余人员的分流工作正在积极稳妥的进行。

1998 年度，兰州沙漠研究所承担国家攻关项目 11 项，院重大、重点课题 19 项，国家自然科学基金课题 8 项，其他基金课题 7 项，横向委托项目 9 项，“西部之光”项目 1 项，国际合作项目 5 项。

1998 年，兰州沙漠研究所登记上报科研成果 3 项，登记受理专利 3 项，授权专利 2 项。2 项成果获院奖励，其中“中国沙漠形成演化与气候变化研究”荣获中国科学院自然科学奖一等奖，“国家资源环境遥感宏观调查与动态研究”项目荣获中国科学院科技进步奖特等奖（为第二完成人）。全所出版论著 12 部，发表科研论文 122 篇，其中 SCI 收录 6 篇。

1998 年，兰州沙漠研究所开展学术交流与国际合作研究较为活跃，与日本、瑞典、美国、欧盟等的合作研究继续进行，2 个生态网络站获国际资助和一批仪器设备。全年接待来访外宾 22 批 162 人次，派出 11 批 18 人次到国外参加学术会议、合作研究和学习。

兰州沙漠研究所是中国地理学会沙漠分会的挂靠单位。编辑出版《中国沙漠》（季刊）和《中国科学院沙坡头沙漠科学试验开放站年报》。

新 疆 分 院

院　　长：周俊林

地　　址：乌鲁木齐北京南路40号

邮政编码：830011

电　　话：0991-3835430（院办）

图文传真：0991-3835229

电子函件：zhouziams. xjb. ac. cn

中国科学院新疆分院自1957年7月30日成立至今，已有42年的光辉历程。它经历了筹备、成立、调整、改革开放取得较大发展等几个重大历史阶段，饱经了创业的的艰辛、变迁的波折、科学春天的滋润、改革开放大潮的洗礼。经受了社会主义市场经济带来的严峻挑战和历史机遇，一步步发展状大，现已建成具有一定规模，以自然科学为主，功能齐全的基地型分院。所属研究机构有：中国科学院新疆物理研究所、新疆化学研究所、新疆生态与地理研究所，还有乌鲁木齐天文站。此外，还拥有8个野外观测试验站，其中阜康荒漠生态系统观测试验站已成为中科院生态网络开放试验站，南山甚长基线站（VI-BL）已进入院天文口创新试点工程，并列入国家天文观测中心5台望远镜之一，观测水平已达国际水平。分院机关下属图书馆、科学仪器研制中心2个科研支撑单位，以及幼儿园、子弟学校、接待中心、后勤中心等服务单位。截止1998年底，新疆分院职工1106人（14个名族），其中科研人员797人，占职工总数的72%；有研究员32人，副研究员195人，副研以上人员占科研人员的28%；中级科技人员360人，占科技人员的45%。在学博士生24人，硕士生52人。另有博士后3人。拥有9个硕士学位授予点。

1998年是不平凡的一年，新疆分院紧跟中科院实施“知识创新工程”试点工作的步伐，加速结构性调整与机制转换的进程，积极参予中科院“知识创新工程”试点工作。根据中科院领导的要求和布署，新疆生物土壤沙漠研究所与地理研究所要进行整合，为进入创新基地作准备。分院领导坚决贯彻院党组的决定，积极配合整合筹备领导小组在2月初提出了两所“联合重组结构框架方案”，3月上旬又提出“关于联合重组有关问题的补充报告”，到5月中旬完成了联合重组方案及8个附件并正式上报，7月7日举行了新所成立大会。在此期间，分院领导还牵头组织了向自治区党政领导的汇报和向自治区有关部门和专家的汇报，并组织了新闻发布会，以及协助研究所提出重大项目、实验室建设和野外台站改造计划，协助落实资源及配置。分院还引导研究所转换机制走向市场，协助新疆化学研究所完善了应用开发类研究所试点方案，特别是关于知识产权、生产经营的指导思想和企业化运行机制的建设等方面给予了指导。

在科技体制改革中，通过专业方向的调整和机制转换，促进研究所转变机制面向市场。由于市场需求的不同，因而许多科研课题小而分散，形不成有影响力、有高水平的科研成果。新疆分院吸取了以往的教训和经验，比较重视抓重大项目，抓对当地经济发展有影响力的项目。1998年新疆分院抓了“西部之光”项目的重新组织，成立了新的机构，完成了本年度评审。积极推动研究所组织落实了中科院特别支持项目“新疆棉花优质高产综合示范”项目，完成了课题立项、项目分解、合同签订，1998年各项工作，取得了初步成效。分院还组团参加了江苏省科技交易会，落实了部分合作项目。同时也在积极推动“973”项目的争取。

新疆分院注重发挥分院职能，大力推进院地科技合作的开展。分院领导亲自带队率领各研究所有关科技人员组成的考察组，先后到阿克苏、伊犁、阿勒泰等地区调查研究，提出了为当地科技服务的愿望，得到了地方政府的积极支持，签定了院地合作长远意向书，首批合作项目32项，意向合同33项。争取到5年450万的科研经费，目前一半项目已经启动。

新疆分院1998年执行科研计划项目157项，其中国家科技计划29项，国家自然科学基金14项，中科院60项（包括“西部之光”项目和特别支持项目）、省部委合同31项，分院择优支持项目15项，所级自选3项。合年预计总科研经费2037万元，实际到位1971万元。全年按科研计划执行进度完成的项目，占科研计划的95％以上。全年分院组织上报科研成果23项，完成鉴定成果12项，验收成果12项。分院1998年共获得各类奖励13项。其中中科院自然科学奖二等奖1项，科技进步奖三等奖1项；自治区科技进步奖一等奖1项，二等奖1项，三等奖2项；阿克苏地区科技进步奖一等奖1项，乌鲁木齐金桥奖1项，全国第十一届发明展览会和新疆科技成果展示会获银、铜质奖2项；自治区优秀发明创造者和优秀专利技术开发奖6项，以及新疆第三届青年学术交流会优秀论文二等奖1项。分院全年申报1997年度自治区科技进步奖4项，中奖率百分之百，获奖等级在自治区排名第一位，这是分院近几年来取得地方奖最好的一年。

1998年分院科技开发处承办接待中科院系统内地11个研究所，承担国家自治区305项目11个专题组，73位科技工作者来疆工作。提供条件、办理地方财政野外工作补贴4万元，并解决了中科院北京地质研究所、科技大学车辆报废期限已到的年检换证等后勤保障工作。

新疆分院国际合作与交流经过几年的努力，正朝着平稳、健康的方向发展，呈现出逐年递增的良好态势。1998年新疆分院接待来访人员35批76人次，派遣出访人员20批23人次。交流的国家有：美国、英国、法国、德国、日本、俄罗斯、奥地利、瑞典、澳大利亚、乌兹别克斯坦、哈萨克斯坦、阿联酋、新加坡等13个国家和我国香港特区及台湾省。举办的国际会议和参加的国际合作项目逐年增加，新疆生地所成功地主办了“第二届中亚可持续发展国际研讨会”，到会22个国家，154位代表，其中国外代表103人，形成了反映中亚各国在可持续发展方面的意愿与利益的《中亚乌鲁木齐宣言》。自治区人民政府副主席参加了开幕式并接见了与会代表。乌鲁木齐天文站联合北京天文台等单位主办了“超新星及其遗迹国际研讨会”，参加人数52人，涉及6个国家。

新疆物理研究所

常务副所长：任迪远（主持工作）
地　　址：乌鲁木齐市北京南路40号附1号
邮政编码：830011
电　　话：0991-3835823
图文传真：0991-3835823

中国科学院新疆物理研究所成立于1961年11月，前身为中国科学院新疆分院物理室。1970年，新疆分院撤消，新疆物理研究所下放归新疆自治区科技局领导。1978年，恢复新疆分院，重新回归中国科学院，并启用现名。现有专业技术人员165人，是由维、汉、蒙、哈萨克、锡伯、回、僮、满等9个民族组成，其中研究员、正研级高工8人，副研究员、高级工程师42人，中级科技人员72人。具有微电子学与固体电子学和计算机应用技术2个专业的硕士学位授予权；现有在学研究生11人，委培或代培博士生4人。

新疆物理研究所以应用研究与技术开发为主，重点学科：(1)固体辐射物理，主要从事半导体材料与器件的辐射效应、辐射损伤机制和抗辐射加固的研究，以及射线在固体界面、表面能量沉积及微区的分布研究。(2)敏感材料与器件，主要从事纳米功能材料和微结构、微结构界面和特性关系，以纳米技术为基础的纳米粉体和二维、三维材料制备及半导体敏感陶瓷及新型敏感元件的研究。(3)计算机应用，主要开展为行业和地方服务的计算机控制、计算机信息系统工程。新疆物理研究所现设辐射物理、敏感材料及器件、计算机应用3个研究室，并建立了所级“固体辐射物理开放实验室”和与新疆大学联合组建的“新疆功能材料研究开发中心”。

所属高新技术企业有：新疆传感器仪表公司、新疆计算机工程控制公司、新疆热缩材料有限责任公司和新疆大通电子高新技术公司。

1998年，通过优化科研队伍和组织结构，加强了科研计划项目的组织实施，有26项科研计划项目执行情况较好，占年度科研计划项目数的90%以上；争取项目经费500多万元，已到位316万元，比1997年度增长46%，创历年来的最好水平；课题组经费年度结余数比1997年度增长53.9%。取得科研成果10项，其中4项成果分别获自治区科技进步奖二等奖、三等奖各1项，中国科学院科技进步奖三等奖1项，乌鲁木齐市“金桥工程奖”1项；申请国家专利10项，其中发明专利7项；共发表学术论文54篇，其中在国外刊物或会议发表论文14篇。有2人次分别赴日本、新加坡参加“第二届亚洲国际铁电子会议”和“国际第二届辐射材料科学应用会议”。

1998年，全所开发工作继续全面稳步发展。在按照企业发展的要求理顺内部关系，增强企业内部活力和竞争力上下功夫，努力巩固和扩大了市场占有率，科技企业的国有资产持续增值。研究所成立了“所技术开发企业董事会”，已召开3次全体董事会议，确立了所属企业近期发展的新的生长点，对企业内部推行和完善竞争和激励机制形成了决议。开发工作跨区对外横向科技联合和技术协作又取得新的突破，已与江苏金坛市签订长期科技协作协议，并与中国科学院物资中心达成共建传感器销售中心协议。新疆热缩材料有限公司在实现由长春热缩材料股份有限公司控股后，在深化内部管理机制改革和开拓市场上进行了大胆地探索；传感器仪表公司进一步规范内部管理，狠抓产品质量，采取节支和开源并重，使管理成本明显下降，公司销售额比去年大幅度上升。计算机工程公司完成了“乌鲁木齐国际机场航材管理计算机网络系统”等一批示范工程项目。全所科技企业产品销售和工程收入总计达到1506.8万元，比1997年度增长19.5%，实现利税总额275.87万元，比1997年度增长15.8%。

1998年，新疆物理研究所的改革进一步向纵深发展，加快推进了人事、分配、社会保障等制度的建立步伐，养老储备金有了大幅度增加。规范了“西部之光”项目经费的使用。“精神文明园区”建设列入新疆分院试点单位，规划正在分步实施。“职工代表大会制度建设”在新疆科研系统中首家通过验收达标，并连续4年被授予自治区“民主管理先进单位”称号。

1998年，新疆物理研究所按照院分类定位及“知识创新工程”试点的要求，确定了新的定位和目标，争取1999年通过院分类定位的评审。

新疆物理研究所是新疆物理学会、自动化学会、核学会的挂靠单位。

新疆生态与地理研究所

所　　长：宋郁东
地　　址：乌鲁木齐市北京南路40号附3号
邮政编码：830011
电　　话：0991-3837420（所办）
图文传真：0991-3835459
电子函件：bsdr@ms.xjb.ac.cn

中国科学院新疆生态与地理研究所成立于1998年7月7日，由1961年成立的中国科学院新疆生物土壤沙漠研究所（曾用名新疆水土资源综合研究所、新疆生物土壤研究所）和1965年成立的中国科学院新疆地理研究所（曾用名新疆地质地理研究所）合并组建而成。至1998年底有职工408人，其中科技人员328人，有研究员22人，副研究员、高级工程师等99人，中级科技人员139人。现有在学研究生46人，其中博士生20人、硕士生26人。另有博士后3人。

新疆生态与地理研究所学科方向为：以荒漠环境研究为大背景，以绿洲生态过程和生态系统管理的研究为中心，促进资源开发和区域可持续发展；以绿洲生态学为主体，发展荒漠环境学和干旱资源学，促进研究所特色建设，在新疆社会、经济可持续发展中做出具有显示度的工作。发展目标为：瞄准国际前沿，建成具有国际水准的干旱区绿洲生态研究中心和绿洲生态建设、荒漠环境治理、资源合理利用、区域持续发展的应用基础和应用示范的国家级重要研究基地。重点研究领域为：绿洲生态与绿洲农业、荒漠化防治与环境演变、干旱区资源开发与区域持续发展。下设5个研究室和4个野外定位站：绿洲生态系统研究室（即将论证院开放）、荒漠环境研究室、水土资源与绿洲农业研究室、生物资源研究室、区域发展研究室和阜康荒漠生态系统观测试验站（院开放站）、策勒沙漠研究站、阿克苏水平衡试验站、吐鲁番沙漠研究站（与沙漠植物园实行园站合一）。附设有建筑面积4500m^2，以干旱区资源与环境为特色的标本馆。有总价值3000万元的仪器设施等固定资产，地理信息系统设施在国内具领先水平。

1998年中国科学院启动的“知识创新工程”12项试点工作中，新疆生态与地理研究所作为其中“西北资源环境与可持续发展研究基地”中的一翼，完成对新疆生物土壤沙漠研究所和新疆地理研究所的联合重组，成立新疆生态与地理研究所。联合重组工作进展顺利，达到了预期目标，新所已按时启动。新疆生态与地理研究所的成立，为西北基地建设创造了条件，并为在“知识创新工程”试点工作中实施研究所的结构调整积累了有益的经验。新疆生态与地理研究所已被批准为中科院第二批基地型研究所之一。

1998年，新疆生态与地理研究所执行项目共101项，其中国家科技计划17项、国家自然科学基金项目9项、中国科学院项目41项、新疆及部委项目8项、横向合同计划19项、国际合作项目5项、所级项目2项。其中当年立项开题共31项，包括国家自然科学基金4项、中国科学院项目16项、横向合同项目8项、国际合作项目1项、所级项目2项，总经费额度455万元。新主持的院特别支持项目“新疆棉花可持续优质高产综合集成示范工程”年度计划完成优异，各示范区均大幅度增产，其中新和、策勒示范区已提前完成3年预定合同生产指标，各高产模式均完成预定目标，策勒点还创造亩产皮棉236.25kg的新疆新记录；主持的国家攻关项目专题“塔里木河流域整治及生态环境保护研究”优质完成合同，并为自治区塔里木河整治对策提供了充足的依据。

研究所新的学科定位，为项目争取创造了十分良好的条件。1998年度，已新争取项目15项，初步落实经费755.5万元，比1998年新立31项总经费还超出300万元。其中百万元级以上项目有4项，包括院重大项目、欧盟资助项目、中日政府合作渠道JICA项目匹配支持、部级攻关项目。

1998年新疆生态与地理研究所获奖成果7项，其中获新疆科技进步奖一等奖1项（排名第一）；中科院科技进步奖一等奖1项（排名第十和第十四）；中科院自然科学奖二等奖1项（排名第一）；新疆科技进步奖三等奖2项、四等奖1项；地区科技进步奖一等奖1项。由原新疆生物土壤沙漠研究所所长夏训诚研究员主持完成的“塔克拉玛干沙漠综合科学考察”是该地区历史上规模最大、范围最广、时间最长、学科专业较齐全、科学内容最丰富的一次综合性的科学考察，达到国际先进水平。考察成果除取得沙漠资源、环境状况第一手丰富科学资料外，也为沙漠腹地油田基地、沙漠公路建设和周缘绿洲沙漠化防治提供了充足依据，在该项成果基础上召开的有300余位学者参加的“塔克拉玛干沙漠国际科学大会”取得重要国际影响。

新疆生态与地理研究所办有7个公司，有职工83人，其中在编职工45人。5个正常营业公司营业总收入673.4万元，人均创产值15万元；利润总额37.5万元，利润率6%；上缴税金16.8万元；资产总额1066.8万元，固定资产总额171.1万元。优势产业为无籽西瓜种籽、PG磷活化剂系列产品、专用复混肥、阿魏蘑菇等。新疆生态与地理研究所已与新疆屯河集团、木垒县联营共建“新疆木垒阿魏菇产业有限责任公司”，注册资金150万元，新疆生态与地理研究所科技入股占股金和利润分成10%，现投产效益良好。

1998年新疆生态与地理研究所国际交流总量达50批245人次，涉及26个国家和地区，其中来访达到38批230人次，占新疆当年科技外事交流总量的1/4。成功主办了“第二届中亚可持续发展国际研讨会”，到会154人来自22个国家，国外代表为103人，包括多名副部级和国际组织负责人，会议发表了反映中亚各国在可持续发展方面意愿与利益的《中亚乌鲁木齐宣言》，确定了研究所在中亚地区的重要学术地位。与日本草炭研究会合作的JICA项目“草炭绿化荒漠研究”实验部分效果显著，为产品产业化和扩大应用奠定了良好基础，日方投入经费5千万日元，我方匹配支持130万元人民币；首次获得欧盟资助的项目“亚洲中部荒漠区自然植被可持续管理的生态学基础研究”已完成启动准备，项目总投入50万欧洲货币单位，新疆生态与地理研究所可获16.8万欧洲货币单位资助。

新疆生态与地理研究所现有6个硕士生授予点，包括自然地理、人文地理、环境科学、土壤学、动物学。植物学等。为加强人才培养力度，十分重视“西部之光”人才培养计划的争取，1998年新批准3项。为推动学术交流，发挥科学思想库作用，联合新疆8个学会召开了“新疆防止土地退化，再造山川秀美研讨会”，并向新疆自治区党委、人民政府呈交建议书，社会反响良好。为促进全民科学素质提高，普及科学技术知识，利用研究所设施、人力条件，开展科普活动，已被批准为国家科普教育基地建设试点单位，并与乌鲁木齐市教委、科协合作成立了“干旱区资源与环境青少年科普教育基地”，已开放运行。

新疆生态与地理研究所下设所办公室、党办人事处、科研计划处三个职能处室，另设服务部门国际交流中心、后勤服务中心、公司董事会办公室、文献信息中心。附设机构有环境评价部、遥感与地理信息系统应用开发中心、旅游资源开发与规划研究中心、诚信土地定位估价事务所、科考探险部、沙漠工程勘测设计事务所，拥有国家甲级环评资格证书、B级土地定级估价证书、丙级沙漠工程勘测证书和丙级沙漠工程设计证书。

新疆生态与地理研究所是新疆土壤肥料学会、新疆地理学会、新疆植物学会和新疆遥感专业委员会的挂靠单位。编辑出版《干旱区研究》（季刊）、《干旱区地理》（季刊），以及同名国内发行的维吾尔文版刊物。

新疆化学研究所

所　　长：李维琪
地　　址：乌鲁木齐市北京南路40号附2号
邮政编码：830011
电　　话：0991-3838819
图文传真：0991-3838957

中国科学院新疆化学研究所成立于1961年，前身为中国科学院新疆分院化学实验室。1972年曾改名为新疆维吾尔自治区化学研究所。1978年恢复中国科学院新疆分院建制时，新疆化学研究所正式启用现名。1998年底有职工133人，其中科技人员108人，有研究员5人，副研、高工25人，中级科技人员53人，初级科技人员24人。有博士生3人，硕士生19人。新疆化学研究所是有机化学专业硕士学位授予点。

主要学科方向和研究领域：

1. 先进油田化学和天然气化学技术

（1）先进采油技术中的化学过程研究及油田化学的研究与开发　　国家“攀登计划”复合驱强化采油技术中重大基础性研究项目“廉价高效驱油剂及其配伍规律研究”针对三次采油中的化学剂成本无法接受的关键问题，找到了原料来源广泛，生产方法简单的芳基磺酸盐产品，使化学剂成本下降到原来的1/3，该课题正在申请“973”项目。

（2）天然气化学加工——油田轻烃综合利用

国家计委重点工业性实验项目“轻烃的综合利用”，今年经过扩试完成了今年的计划任务并将和新疆呼图壁县第二建筑安装公司共同筹建“年处理2万吨油田轻烃用于生产混合芳烃（BTX）工业性示范装置”项目。

2. 大农业开发中的化学及生化研究

（1）用新疆特有野生基因培育高产优质抗逆的小麦、新品系　　中科院重大项目“大穗功能片段的确定及大穗的诊断性标记”今年分离鉴定出了导入到大穗转化株中的大赖草片段，并在大小穗对立性状的分离群体中用RAPD技术发现了与大穗性状相连锁的分子标志，为大穗功能片段的鉴定打下了基础。该课题还经自治区科委推荐申请了国家生物工程中心的支持项目。

（2）新疆民特药资源有效成份研究、高效利用和新药品开发　　多年来，新疆化学研究所的新疆民特药研究在有效成份的结构鉴定、生物活性测试及毒性分析做过一些工作。近年来，中草药有效成份的化学修饰及用皮肤黑素细胞培养来筛选药物，是用新的思路开发新疆特有的民族药用资源，有广阔的发展前景。

（3）为棉花基地服务及其他技术开发技术开发　新疆化学研究所合成棉花脱叶剂及棉铃虫性信息素取得成功。开发项目孕马尿液雌激素及秸杆饲料发展势头很快，高档变色人发、止水胶条、节煤剂、保健护膝开始取得效益。这些项目不但取得了较多的支持经费，还为今后人员转岗分流、整体建制转向企业运行做好了准备。

新疆化学研究所拥有电子显微镜、红外光谱仪、原子吸收光谱仪、核磁共振仪、色质联用仪等一批大型设备，为新疆化学研究所的科研、分析、测试工作提供了条件。

1998 年新疆化学研究所被中科院确定为院技术开发类研究所的改革试点单位之一。在院党组及政策局、高企局及新疆分院的关怀和指导下，围绕自治区党委提出的以“一黑一白”的优势资源转换战略中选定有限目标，做出不可替代的、国家队水平的高技术研究工作和成果转化工作；有计划地实现中科院对新疆的技术转移，成为开发建设新疆的一支活跃、具有实质性贡献和有能力的得到国家和地方承认的科技力量。

新疆化学研究所正在现有研究所体制的基础上，吸收企业管理的合理内涵。以项目组或专业组为基本单元，全所形成针对市场的研究开发体系。以研究开发体系通过科技前导型企业群与市场接轨。针对地方资源转换战略中的共性、关键、重要问题以及市场上急需的新产品、新技术、新材料为目标，独立或与院内兄弟所及自治区同行或与企业共同申请国家、自治区重大项目或形成企业委托项目。通过对国内先进水平的研究开发成果加以引进、吸收、消化，加大产品的科技含量，为地方经济的发展做出直接贡献。

1998 年新疆化学研究所共申请课题 16 项，其中包括国家“攀登计划”项目、国家“九五”科技攻关项目、中科院重大项目、中科院应用研究与发展项目、中科院“西部之光”项目、中科院特别支持项目、国家自然科学基金项目、地方科委基金项目、地方科委成果推广项目、新疆分院择优支持项目等。有 2 项通过新疆分院验收，有 2 项专利分别获全国发明展览会银奖、铜奖。新疆化学研究所荣获“新疆维吾尔自治区优秀发明创造和专利技术开发者”二等奖。1998 年新疆化学研究所申请专利 18 项。

新疆化学研究所公司 1998 年也有一定的发展，销售额共计 250 万元，目前发展前景良好。

新疆化学研究所是新疆化学学会、新疆生物化学学会、新疆生理学会的挂靠单位。

乌鲁木齐天文站

站　　长：张　晋
地　　址：新疆乌鲁木齐市北京南路 40 号
邮政编码：830011
电　　话：0991-3838007
图文传真：0991-3838628
电子函件：uao@ms. xjb. ac. cn

中国科学院乌鲁木齐天文站的前身是中国科学院乌鲁木齐人造卫星观测站，始建于 1957 年，隶属于中国科学院紫金山天文台；1958 年 7 月中国科学院成立人造卫星光学观测办公室后，归属于中国科学院，业务工作由紫金山天文台主管。从 70 年代起，又陆续开展了时间频率、太阳物理、射电天文等方面的观测研究，1987 年 10 月改为现名。到 1998 年底全站有职工 67 人，其中科技人员 51 人，有研究员 1 人，副高级科技人员 14 人，中级科技人员 23 人。现有在读博士研究生 1 人，硕士生 3 人。

乌鲁木齐天文站以射电天文为重点发展方向，拥有 25m 甚长基线射电干涉仪（VLBI）系统，目视人卫观测经纬仪，太阳色球望远镜和 GPS 测地系统。

乌鲁木齐天文站自 1993 年底 25m 射电望远镜投入试观测以来，建立了广泛的国际合作关系。成为欧洲甚长基线干涉网（EVN）、全球 VLBI 测地网（IVS）和以俄罗斯射电望远镜为主有多国参加的低频 VLBI 网（IFVN）的正式成员，并参加了全球固体地球动力学计划（DOSE）、亚太地球自转计划（IRIS-P）、空间甚长干涉计划（VSOP）、亚太空间天文地球动力学计划（APSG）和美国宇航局地球自转的连续观测记计划（CORE）等国际合作计划的科研观测，成为其中引人注目的台站。1996年正式进入中国科学院射电天文联合开放实验室。目前还承担了“攀登计划”中“现代地壳运动和天文地球动力学的观测研究”和“中国大陆地壳运动观测网络”大科学工程的科研观测。取得一些初步的科学成果。

——测地精度达到厘米级。

——初步测定了南山站与其他7个台站的基线变化率，精度在案10mm左右。

——首次用VLBI方法测定了南山站的运动速率和方向：

水平运动速率： 13.6mm/年

水平运动方向： 28°（本地方位角）

这个初步结果证实了“由于印度板块的向北运动，造成对我国大陆西部的挤压，使青藏高原隆起，同时还使新疆地区的地壳产生向北运动”的预测。这对于我国大陆现代地壳运动，特别是新疆地区的地壳运动的研究有重要意义。

1998年乌鲁木齐天文站在1996年首次用25m射电望远镜观测脉冲星成功的基础上与北京大学、澳大利亚国立射电天文台、香港大学就合作开展题为“利用乌鲁木齐25m口径射电望远镜在18cm波段上进行脉冲星到达时间的观测研究”的课题，签订了协议书。课题正顺利进行。

乌鲁木齐天文站人卫目视观测组系中科院人卫观测网成员之一，承担了“863”等观测任务。太阳色球望远镜投入了太阳23周峰年观测，每月在SGD（国际太阳地球物理资料中心）和CSGD（中国太阳地球物理资料中心）发布色球耀斑资料。

1998年乌鲁木齐天文站科研计划内课题11项，其中承担中科院“七五”“八五”重大科研工程1项，中科院基础研究“九五”重点课题1项，国际合作课题一项。

1998年，乌鲁木齐天文站积极开展国际学术交流活动，共接待4批6人次国外科学家来站访问工作；派出3批3人次，分别到香港和台湾、美国、英国进行工作访问和学术交流。

1998年8月“超新星和超新星遗迹”国际研讨会在乌鲁木齐天文站南山VLBI站举行，来自德、美、日、俄罗斯、瑞典等5国10位科学家和中国的35位专家学者参加了研讨会。这次会议将对我国在超新星和超新星遗迹研究上起重要的促进作用，也将推动乌鲁木齐天文站的科研工作。

1998年乌鲁木齐市青少年天文科普教育基地在南山VLBI站正式挂牌。围绕“爱科学，爱祖国”主题，在原有基础上建起了天文展厅，天文录像厅，基地宿舍，购置了古天文仪器模型。青少年在这里既能了解基本的天文知识，又能看到现代天文射电望远镜；既能了解带古今中外天文学的成就，又着重看到当今中国天文学家们向科学高峰攀登的不朽业绩。

乌鲁木齐天文站是新疆天文学会（现有会员124人）的挂靠单位。编辑出版中国科学院人造卫星系统应用研究中心主办的《人造卫星观测与研究》学术刊物。

院直属企业

中科实业集团（控股）公司

总　　裁：张云岗

地　　址：北京市海淀区海淀路号中科大厦B座

邮政编码：100080

电　　话：010-62628283

图文传真：010-62628079

电子函件：wxj@csh.com.cn

网　　址：http://www.csh.com.cn

中科实业集团（控股）公司（以下简称中科控股公司）是中国科学院所属大型高技术集团。中科实业集团成立于1993年6月，1998年1月改制为中科实业集团（控股）公司，注册资金为二亿元人民币。中科控股公司是经营国有资产的企业法人，主要开展以实业为基础的资产经营业务，推动高技术产业化。

中科控股公司的宗旨是发挥中国科学院的科技优势，促进科技与经济的结合，为我国高技术产业和国民经济的发展作出贡献；优先支持以技术和智力开发为主的成员企业形成规模，建设集团发展所需的物业及支承服务体系，实现产业化、集团化、国际化。

中科控股公司现有全资、控股和参股企业30余家，员工2700多人，其中专业技术人员占86%。

中科控股公司主要从事电子信息、计算机及软件、医疗设备及新材料、新能源、生物医药等方面的研制、开发、生产与销售。此外，还从事房地产开发经营、技术咨询与服务以及国内外专利事务代理等业务。

中科控股公司直接经营的业务涉及计算机多媒体光盘产品、医疗仪器及设备、超细旦丙纶新材料等的开发生产和销售，计算机相关产品的经营以及物业管理等，1998年实现技、工、贸总收入9400万元，实现利润总额1940万元。

中科控股公司主要对高科技产业开展投资业务，涉及光机电产品、计算机信息技术、新材料及生物制药等领域。中国大恒、北京希望、北京三环新材料公司及上海中科是中科控股公司的骨干企业，在1998年全国经济形势比较严峻的经营环境下，上述企业均取得了较好的业绩。1998年，全集团按照财务合并报表统计，实现技、工、贸总收入18.3亿元，实现利润总额9100余万元。

中国大恒公司信息产业的机械CAD系统98年实现销售收入4200万元，利润183万元；生物制药产业的倍生系列口服液销售收入2300万元，利润110万元；机电产业的医疗设备销售收入近1000万元，利润140万元；传统产业的激光加工产品技术销售收入800万元，利润183万元。

希望公司计算机图书和电子出版物产品在市场形成品牌，1998年实现销售收入8000多万元，利润总额800余万元。

北京三环新材料公司钕铁硼产品1998年实现销售收入1.57亿元，利润总额1361万元，比1997年增长了6%。三环公司的产量占全国总产量的三分之一，占国内产品出口市场的50%以上，1998年创汇2800多万美元。

上海中科新研制开发的ZKXZ-80X射线医疗诊断装置在生产和销售方面踏上了新台阶。已形成年产20台的生产能力，单项产品销售收入1000多万元，利润总额30万元。上海中科磁记录公司的磁头产品大部分向国外出口，销售收入受亚洲金融危机的影响很大。面临市场萎缩的局面，公司紧跟市场的变化，加强新产品开发，1998年实现销售收入3000余万元，利润总额504万元。

中科大洋公司是中科控股公司进行资产经营的成功案例，该公司近4年来业务取得突破性发展。在1998年共实现产品销售收入6600万元，利润总额808万元。大洋公司1998年主打产品DY3000非线性编辑系统是在下半年才推向市场的，上市后获得客户的积极评价，当年共销售了144台套；实现销售收入3034万元，利润总额570万元。

中科控股公司一贯重视骨干队伍建设和培养，重视加强企业的各项规范化管理制度的建设。在发展高技术产业的工作中，坚持以品牌战略增强市场竞争力，并取得了显著的效果。

在1997年底，中科控股公司认真制定了企业的发展规划，规划明确了以下主要内容：

中科控股公司的企业宗旨是：发挥中国科学院的优势，促进科技与经济的结合，为我国高技术产业和国民经济的发展作出贡献。

中科控股公司的发展战略是：以实业为基础，加强资产经营，优先支持以技术和智力开发为主的成员企业形成规模，建设集团发展所需的物业及支撑服务体系，实现产业化、集团化、国际化。

中科控股公司的经营目标是：创出3个名牌产品，推出1～2个上市公司。到2001年，实现技工贸收入30亿元，利润总额达到2.19亿元，净资产规模8.9亿元。

联想集团公司

总　　裁：柳传志
地　　址：北京市海淀区科学院南路10号
邮政编码：100080
电　　话：010-62572080
图文传真：010-62572090

联想集团公司成立于1984年，是一家以研究、开发、生产和销售自有品牌的计算机系统及其相关产品为主，在信息产业领域内多元化发展的大型企业。目前，联想集团公司拥有员工7000余人，在北京、上海、成都等地设有地区总部，在海外设有21间分支机构。联想集团公司在香港联合交易所挂牌上市，1998年实现销售收入176亿元，位居全国电子百强第一名；销售联想电脑76万台，连续3年位居中国市场第一，在亚太地区的市场占有率上升到第三，成为国内最具影响力的高科技公司。

在过去的15年里，联想集团公司始终致力于为中国用户提供最新最好的科技产品，推动中国信息产业的发展。联想集团公司的业务涉及个人电脑、外设、网络、软件、系统集成、制造业等多方面，各类产品和技术已成为中国政府、金融、交通、邮电、商品流通等许多重要领域必不可少的信息技术手段。

在技术竞争日趋激烈的今天，联想集团公司积极调整发展策略，提出了“打破应用瓶颈，促进信息产业发展”的口号。1998年，联想集团公司与中国科学院计算技术研究所共建联想中央研究院，加大前瞻性技术研究；并通过进军软件产业，提高技术附加值。1999年，联想电脑提出了面向INTERNET的新战略，推出因特网时代的功能电脑，为发展21世纪联想科研开发新体制做充分的准备。

目前，联想集团公司共有22项技术和产品获得国家专利，开发出包括奔月商用电脑和天鹤家用电脑在内的6大系列、30余种型号的个人电脑产品，以及自有品牌激光打印机、MODEM和其他网络产品，基于LOGOEASY和SECURITYEASY等多项EASY技术的板卡产品，基于ACE和POWERLINK技术的集成解决方案，联想集团公司还在积极研制开发满足家庭和个人需求的消费类信息产品，1998年，中国第一台中文掌上电脑诞生在联想集团公司。

为了更好地将先进技术服务于中国信息产业的发展，提高中国用户的竞争优势，联想集团公司制定了完整的发展战略，包括在信息产业领域内多元化发展；以国内市场为主，兼顾国际市场；发展自有品牌，形成若干自制产品系列；走贸、工、技的发展道路，建立面向市场的应用研究体系和前瞻性的中央研究体系；以及充分运用股市集资作为实现2000年中期目标的主要融资手段。

联想集团公司决策层将致力于贯彻联想的管理思想，保持联想的企业文化，使联想集团公司成为一个长久的、有规模的高科技企业。发展现代科技是中国面向21世纪的必然趋势，联想集团公司将在推进国民经济信息化建设的进程中发挥更加重要的作用。

中国科技国际信托投资有限责任公司

董事长、总裁：张 钢（法人代表）
地 址：北京市朝阳区北辰东路8号北京国际会议中心4层
邮政编码：100101
电 话：010-64933341 64933330～366
图文传真：010-64933341
电 传：210607CSTC CN
电子函件：csitic@csitic.com.cn

中国科技国际信托投资有限责任公司（以下简称科信公司）系全国性非银行金融机构，由中国科学院等17家股东组成。它的前身是中国科技财务公司，1989年4月成立。1993年12月31日经中国人民银行批准，更名为国际信托投资公司，1997年改制为有限责任公司。注册资本：人民币412 469 000元，美元15 500 000元。1998年底资产总额为人民币91.47亿元，实现利润6626万元。

1998年是中国历史上极不平凡的一年。面对复杂的外部环境，中国科技国际信托投资公司严格执行国家经济政策，贯彻落实金融指导方针，积极调整业务方向，提高资金使用效率，有效地防范了金融风险，保障了业务的正常发展。一年来，在科信公司全体员工的共同努力下，传统融资业务得到了稳步发展，资产质量有了明显改善；新兴投行业务全面拓展，发行业务推陈出新；同时，科信公司内部管理体制日趋完善，监控措施不断健全，组织结构更加合理，人员素质显著提高。这些都确保了1998年工作目标的实现，为1999年持续稳定发展打下了坚实的基础。

传统金融业务

科信公司坚持稳重求进，全面发展的方针。努力压缩资产规模，积极改善资产质量，认真规避金融风险，逐步健全防御措施；在融资环境十分紧张的情况下，科信公司广泛拓展融资渠道，精心设计融资品种，坚决清理逾期贷款，努力盘活存量资产，保证了到期资金的支付；科信公司坚持科技和金融相结合的宗旨，始终如一地扶持高科技企业，促进科技成果转化，同时大力发展投资银行业务，调整主营业务方向。1998年，共吸收各类人民币存款9亿元，拆入人民币资金5.27亿元；全年累计清收5.37亿元人民币，950万美元；累计融资总额为25.27亿元人民币，比1998年下降了57.9亿元。年末科信公司融资（人民币）余额为43.21亿元，比1997年末增加9.41亿元，增幅为27.8%，保证了科信公司的正常支付。

科信公司本着“受人之托，代人理财”信托宗旨，积极发展金融中介业务，设计了资产托管、委托投资等新型业务品种，并继续开展融资担保和亚行转贷业务，取得了较好的经济效益和社会效益。到1998年底，管理基金3.95亿元，比1997年增加了1.11亿元。

实业投资业务

1998年，中科信实业总公司开始全面运营。其主要工作是压缩长期投资规模，实现投资策略的调整，同时整顿附属投资企业，规范财务制度，调整管理机构，完善监控体系。

一年来，经营规范，体制健全，市场需求大，又有发展潜力的投资项目得到了进一步发展，并逐步向高科技产业转移。对基础差，不具备发展条件的投资项目则进行彻底整顿，坚决转让，通过一年的努力，基本改善了实业公司的投资结构，提高了资产的质量。

投资银行业务

1998年，科信公司已实现了主营业务的顺利转向，投资银行业务硕果累累。特别在证券经纪、证券发行、财务顾问和市场研究等方面取得了历史性的突破。

1998年科信公司22家证券营业部全面发展，全年A股和基金交易量达42.4亿元。证券发行业务继续发展，特别是公司债发行实现重大突破，科信公司首次担当企业债发行的主承销商，承销“神马企业债”1亿元。全年科信公司总计主承销企业债近2亿元，分销额超过9千万元。同时，科信公司股票发行业务在新股上市的上市推荐人、副主承销商，配股发行的主承销商工作稳步发展，共计参与32家A股、B股新股或配股发行的承销业务。

科信公司还成功的策划了多家收购上市公司的兼并和重组业务，同时担当了一些地方政府和7家上市公司的常年财务顾问。

在证券投资基金迅速发展的1998年，科信公司抓住机遇，华夏证券公司等共同组建了华夏基金管理公司，并一同发起了我国第一批规范的证券投资基金之一——“兴华基金”。

1998年，科信公司研究发展中心致力于高科技产业，高科技市场，高科技上市公司和高科技板块的研究，研究实力不断增强，市场影响日益扩大，已成为市场公认的高科技产业研究机构并首批获得中国证监会的证券投资专业咨询机构。

管理成就

1998年，科信公司从我国金融企业的实际情况出发，参照现代金融机构的管理模式，对科信公司内部的管理体制进行了较大的调整，设立了资产管理部和人力资源部，规范了法律部，合并了财会部和国内金融部，撤消了房地产部，使科信公司部门结构更加合理，经营效益明显提高。通过建立健全规章制度，发挥部门积极性，提高了工作效益；同时通过逐步完善内部监控体系，努力防范和化解金融风险。科信公司重视职工队伍建设和企业文化建设，充分调动了全体员工的积极性和创造性，为科信公司持续发展提供了有力的保证。

世纪之交，科信公司将一如既往，脚踏实地，诚信与共，以矫健而自信的步伐迈入21世纪。

东方科学仪器进出口集团公司

总　　裁：王　津

地　　址：北京市西城区三里河路52号（注册地址）

北京市海淀区阜石路67号（经营地址）

邮政编码：100864（西城区）

100036（海淀区）

电　　话：010-68725599（总机）

010-68729913（业务）

图文传真：010-68726610

东方科学仪器进出口集团公司（以下简称东方科仪公司），前身为东方科学仪器进出口公司，为中国科学院的专业外贸公司，成立于1980年3月27日。

19年来，东方科仪公司依托中国科学院的技术优势，同世界各国著名的科学仪器生产厂、贸易公司、高科技企业和研究机构广泛地开展贸易往来和技术合作，为中国的科研院所、生产企业和高等院校架起了通往世界的桥梁。在进出口贸易的带动下，东方科仪公司积极开发国内市场，主要经营高技术及其产品。

东方科仪公司注册资金为5 000万元人民币。现有员工600余人，其中大专以上学历占85%。19年来，东方科仪公司经营总额达12亿美元，最近几年每年的进出口额都超过1亿美元，在中国最大的500家外贸企业排名榜上居于中间位置。东方科仪公司现在拥有12个对外贸易和技术开发型的子公司和14个隶属于东方科仪公司的独资、联营以及中外合资公司，在美国、泰国及香港建立了独资或中外合资公司。

随着东方科仪公司规模的不断扩大，以东方科仪公司为核心企业的“东方科工贸集团”（简称东方集团）于1995年10月建立。

企业宗旨：以知识经济为依托，高科技进出口贸易为龙头，积极发展相关的国内贸易及实业。建立一个贸工技一体化的综合性企业集团，为科教兴国和经济建设服务。

企业精神：以人为本，追求卓越。

发展战略（1998—2001年）

（1）战略目标：东方集团的奋斗目标是建成一个有规模的、有实力的、可持续发展的、集贸工技一体化的综合性企业集团。3～5年内在全国外贸企业五百强中，跃居200名；使集团的运营和管理达到现代企业规范水准，经营业绩在全国同行业中实现保二争一的目标；整体实力在国内外都有一定影响力，并在所从事的业务领域里成为市场竞争的主体。

（2）战略方针：首先是大力发展商品经营。要充分利用中科院“知识创新工程”的大好形势和有利条件，拓展和延伸进出口贸易和实业发展。进口业务要积极发展国外客户委托代理业务，充分利用集团现有的销售平台资源，实现增值服务、系统集成。出口业务要努力发展出口产品基地，使之成为出口商品的稳定来源。集团还要选准项目，加大与之对应的国内贸易的投资。实业发展要以中科院科技成果转化为实业的项目为基点，积极推进高科技、高附加值产品的参股、合资性质的风险投资。

要积极创造条件，向资本经营领域拓展。通过剥离不良资产，盘活存量资产，重新配置集团公司内的有效资产。通过联合、兼并、合资、参股等手段，形成以集团公司为核心，以公有制为主题、以资产联结为纽带，以中小专业公司为支撑的船队格局。要充分利用政策，早日完成企业改制工作。

1998 年是我国人民面对国内外严峻的经济形势，在经受亚洲金融危机和国内严重洪涝灾害的冲击之下，全国人民团结奋斗，克服了重重困难，取得了改革开放和现代化建设的巨大成就。与此同时，东方科仪公司也经受住了考验，1998 年在进出口贸易、实业发展、现代企业经营管理等方面都取得了可喜的成绩。进出口总额为 14 750 万美元，是东方科仪公司成立 19 年来的最高水平，比 1997 年 11 868 万美元增长 24.3%，其中进口成交额为 11 264 万美元，比上年 7388 万美元增长 52.5%，实际出口为 3486 万美元，比上年 4480 万美元减少 22.2%。实业销售收入为 13 787.7 万元人民币，与去年 13 575 万元相比，略有增长。1998 年是东方集团的“调整达标年”，通过一年的艰苦努力，东方集团在经营结构、贸易结构、组织结构及人才结构等方面的调整都取得了很大的成绩。在现代化的经营管理方面，在建立现代化企业文化方面，在发挥党组织在企业中的政治核心作用等方面都迈上了一个新的台阶，这些成绩都为东方集团今后的发展打下了很好的基础。

深圳科健集团有限公司

总　　裁：侯自强
地　　址：深圳市蛇口沿山路 43 号
邮政编码：518067
电　　话：0755-6692740
图文传真：0755-6676959
电子函件：szkjjt@public.net.cn

深圳科健集团有限公司（以下简称科健集团）于 1992 年 11 月 7 日在深圳市工商局正式注册成立。科健集团所属 11 家成员公司有员工近 900 人，其中高级职称 42 人，中级职称 161 人。深圳市在集团安科公司设立了博士后工作站。

科健集团现已形成医疗电子、数字式消费电子、计算机通信三大产业方向，为推动我国信息产业的发展做出了突出的贡献。

1997 年下半年，科健集团经中国科学院批准向深圳市智雄公司转让中国科健公司部分股权，依靠这一资产重组措施改善财务状况，调整经营班子，实现扭亏为盈，保持了中国科健的上市资格，1998 年完成了股权转让工作。新的经营班子经过狠抓公司内部管理，调整组织结构，明确了以 GSM 移动电话项目作为新的经营重点。现已建立了一条每 27 秒即可生产 1 台 GSM 移动电话的高效率装配线，达到了月产 8 万台 GSM 移动电话的生产能力和年产 100 万台的生产规模。中国科健公司以高起点、高标准、高效益为目标，积极做好 ISO9000 标准的认证准备工作，创赶超世界一流水平的国产品牌手机。1998 年，中国科健公司已实现销售收入 3.44 亿元人民币，实现净利润 2416 万元人民币。科健 KGH-2000 手机自 1998 年 10 月进入市场后反映较好，到年底生产销售已达 8.5 万台。

安科公司是国内著名的大型医疗设备生产企业，安科公司在 1997 年初制定了“三年三大步”即“97 年力争扭亏为盈，98 年务必开发出一系列有较强市场竞争力的产品，99 年创安科的历史新高峰”的短期奋斗目标。1998 年是安科公司实现这一奋斗目标的关键一年，在原有产品的基础上，在数字化彩超、神经外科手术影像引导系统、高压注射器、CT 的附件、开放式永磁型 MRI 系统病人监护仪等方面重点开发，有些已开发成功并进行批量生产，投入市场后受到医院用户的广泛好评和经销商的青睐。

科健集团在 1998 年与美国数据集团（IDG）合资成立了深圳科健信息技术有限公司，发挥技术优势，先后承接了深圳市市委办公厅自动化系统、东深供水局管理信息系统、深圳中集公司信息系统等在深圳市具有重要影响力的系统集成项目，创造了较好的经济效益，在深圳地区树立了良好的企业形象。

与科健信息公司形成南北呼应的科健集团与广电总局——网络中心共同投资办的北京广通联公司，利用广电光缆网资源，为地区、城市、企业院校架构宽带IP广域网、城域网、局域网。该公司致力于推广宽带IP网技术，已先后在北京、上海、武汉、杭州等地召开IP网技术推广演示会，并已在北京、东北等地陆续承接了三项IP网工程项目，扩大了公司的知名度，在国内业界已有一定影响。1999年业务将有快速增长。

编辑出版《中国医学影像技术》刊物。

中国科技促进经济投资公司

董 事 长：李致洁
总　　裁：曹桂发
通讯地址：北京市2706信箱（中关村路乙12号）
邮政编码：100080
电　　话：010-62561233
010-62571292
010-62546290（均为总机）
综 合 部：总机转214
图文传真：010-62561689
电子函件：cicstd@public.fhnet.cn.net

中国科技促进经济投资公司的前身是中国科技促进经济发展基金会。该基金会是由原国家经委和中国科学院于1987年联合发起创建的。1993年为按国家的有关政策规范基金会，设立了中国科技促进经济投资公司，继承基金会的贷款业务和管理由基金会投资形成的企业。同时中编委批准基金会纳入中国科学院事业编制序列，并根据原国家经委的机构调整结果，正式定名为国家计委、国家经贸委、中国科学院科技促进经济基金委员会。1996年，为使基金会和投资公司更加符合推动科技成果转化和高新技术产业化的目标，对中国科技促进经济投资公司和国家计委、国家经贸委、中国科学院科技促进经济基金委员会进行了调整和重组。1997年5月中国科技促进经济投资公司机构定位工作顺利完成。

截止1998年底，人员总数17人，其中研究员3人，副研究员1人，中级职称人员10人。

中国科技促进经济投资公司宗旨是以推动科技成果和高新技术的产业化为目标，经营范围包括：科技成果产业化投资、投资资产的管理与经营、受托进行企业管理、投资咨询与评估、企业诊断与企业技术创新服务、企业经营与管理人才的培训等。

1998年是中国科技促进经济投资公司经营方针进行调整的关键一年，在原以贷款业务促进科技成果转让为主调整为以投资参股、控股支持科技成果和高新技术产业化为主，实现投资银行业务的基本经营框架。

1998年中国科技促进经济投资公司初步实现了以药业和精细化工为主体的资本经营战略，组建了陕西中科医药、河南信阳药业、南宁中科药业3个原料药生产基地和1个江苏同泰药业各种制剂的生产基地，为组建中科药业集团创造了有利条件。1998年4个制药企业完成销售额5000万元人民币。

1998年中国科技促进经济投资公司资本运作有所突破，完成了一个上市公司25%控股权（第一大股东）协议收购，打通了技改＋体改＋资本市场的全流程。

展望未来，中国科技促进经济投资公司将充分利用中国科学院内外现有技术成熟的、有市场前景的科技成果，按照现代企业制度的原则，为发挥科学技术作为第一生产力物推动作用作出更大的贡献。

华建集团公司

总　　裁：陈肇雄
地　　址：北京市海淀区学院路30号科群大厦西楼2层

邮政编码：100083
电　　话：010-62312200
图文传真：010-62312212
电子函件：huajian@netchina.com.cn

华建集团公司于1997年6月在国家工商局正式注册，是中国科学院直属的高科技企业集团之一。华建集团公司由华建电子有限责任公司、北京科智公司、深圳科智公司、北京市国智惠新航空服务有限责任公司、北京万利达科技实业有限公司等10多家分、子公司组成，现有员工200多人，研究开发人员约占80%，其中具有博士和硕士学位的约占30%。总资产达7000多万元。

华建集团公司主要业务包括：机器翻译系统，计算机应用软件、系统集成以及相关产品的研究、开发、生产和销售等几个方面，同时还接受软件委托开发和大批量资料快速翻译服务等。

华建集团公司成立一年多来，自主开发的主要产品有：网络英汉全文实时浏览翻译系统，网络汉英全文实时浏览翻译系统，语音英汉翻译系统，语音汉英翻译系统，OCR扫描输入英汉翻译系统，OCR扫描输入汉英翻译系统，英汉科技多专业翻译系统，智能型俄汉、德汉、英日多语种机器翻译系统，通用双向电子词典，多专业双向电子词典，快译通EC863A、快译通EC863B、快译通EC863C、快译通华建系列学生机1980等，华建电译机MT9800，以及LEO、HTC、Malata、Huajian、Win-Tech等Win CE系列产品。

华建集团公司也是中国科学院计算机语言信息工程研究中心的依托单位和中国中文信息学会自然语言处理专业委员会和中国软件行业学会人工智能分会的挂靠单位。华建集团公司与计算机语言信息工程中心在研究、开发　销售和人才培养方面形成良性循环。计算机语言信息工程研究中心在以机器翻译技术为核心的计算机语言信息处理领域和大型软件开发方面进行了长期的研究开发工作，已在科研和产业发展等方面取得了一系列具有国际领先水平的成果，获得了10多项国家专利和包括国家科技进步一等奖在内的10多项部级以上重要奖励。计算机语言信息工程研究中心还承担了国家自然科学基金、国家“九五”攻关等国家级科研项目，发表了数十篇学术论文，并与清华大学、北京理工大学、南京理工大学等联合培养了18名博士生和40名硕士生。

院直属单位

山西煤炭化学研究所

名誉所长：彭少逸
所　　长：钟　炳
地　　址：太原市桃园南路 27 号
邮政编码：030001
电　　话：0351-4041627
图文传真：0351-4041153
电子函件：sxicc@ms. sxicc. ac. cn

中国科学院山西煤炭化学研究所的前身是1954 年在大连创建的中国科学院煤炭研究室。1961 年迁至太原，1963 年扩建为中国科学院山西煤炭化学研究所。现有职工 621 人，其中科技人员 393 人，有中科院院士 1 人，研究员（含正研级高工）40 人，副研究员和高级工程师 96 人，中级 174 人，初级 83 人。职员 58 人，辅助人员 164 人。现有在学研究生 120 人，其中博士生 77 人，硕士生 42 人。另有博士后 1 人。

山西煤炭化学研究所是从事战略性高技术研究与发展的科研机构，在能源、化工、材料等研究领域中，以洁净煤高技术的知识创新为主，新型炭材料和精细化工的研究发展并重。致力于洁净煤战略能源和环境友好高技术等方面的广泛深入研究，取得了比较丰富的积累，在国内外占有一席之地；在新型炭材料高技术产业发展、精细化工技术的产业化方面，提供有力支撑，取得可喜成果，为国民经济建设作出了突出贡献。业已形成了比较完整的科学布局，造就了一支基础研究与工程开发紧密结合，实力雄厚的科技队伍。

山西煤炭化学研究所理工兼备，学科配套，已形成从基础研究、应用研究到发展研究较为完备的结构体系。煤转化国家重点实验室，由年轻科技工作者担任室领导，已形成年富力强、业务水平高的科研群体，在“863”能源主体、煤基合成气和天然气优化利用、煤化学、环保技术等方面开展多项前沿课题研究。

山西煤炭化学研究所注重研究能够引起重大变革的创新技术，积极推进科技成果转化为现实生产力。在煤基合成液体燃料、灰熔聚流化床粉煤气化、聚丙烯腈和沥青基新型炭材料、超临界萃取生物制品、气体净化技术及设备、煤制活性炭、型煤、技术经济与环境评价、工程设计等方面取得重要成果。为企业科技进步，提高经济效益，改善社会和环境效益作出了重要贡献。

洁净煤技术领域，煤的气化、煤的直接或间接液化、煤的气化——燃煤联合系统和集成优化过程等技术的研究居国际先进水平，在国内具有领先的地位，开发出可工业化的催化剂和不同的工艺过程，具有向工业化过渡的整体知识产权和技术条件。在合成甲醇、低碳醇、醚等高质化合物用于液体燃料提质，煤制高级沥青、高比表面活性炭、高性能型煤等方面的研究有新颖的思想和技术路线。

新型炭材料领域，聚烯腈基、沥青基两大系列新型炭材料和炭基复合材料等方面的研究与开发占据国内领先地位，拥有国内最大规模的国产化炭纤维中试装置和生产装置。在国内率先成功地开发出高密高强石墨制备工艺和聚丙烯腈炭纤维连续化工艺技术。研制出一批新型炭材料及其制品，满足军工和民用上的需要。

精细化工领域，在催化加氢、超临界萃取甲醇化学、特种耐温聚氨脂合成、气体净化和专用气体制备等方面取得了一大批高水平的科研成果，形成具备精细化工研究的良好实验条件，同时具有开展实用技术开发和工程化、产业化的优势。有重整油加氢技术与催化剂、抽余油加氢技术与催化剂、超临界介质选择性萃取技术、苯氧化制顺酐催化剂及工艺、气体净化、制备技术及设备等一批拥有自主知识产权，已经工业化的技术，向全国企业界辐射，扩大应用范围，产生显著的社会效益和经济效益。

山西煤炭化学研究所煤炭转化中试基地、水、电、气、暖等公用工程齐全，已逐步过渡成为煤炭能源化工工程研究中心，开展相关煤转化技术中间试验，催化剂制备、精细化工产品和炭纤维产品的生产。山西科林化工新材料厂和山西科林生物技术开发有限公司作为中科院山西煤炭化学研究所的高新技术产业实体，1997 年通过国家高新技术企业资格认定，成为太原市高新技术产业开发区企业。

山西煤炭化学研究所重视研究生培养。现有物理化学和化学工艺学科博士点 2 个，有物理化学、化学工艺、化学工程、有机化学和材料学学科硕士点 5 个，有物理化学博士后流动站 1 个，目前有博士生导师 13 人，其中年龄在 45 岁以下的有 6 人。培养的研究生 390 人中，有 21 人分获中科院院长特别奖和优秀奖（其中院长特别奖 2 人）、4 人获宝钢教育基金优秀学生奖、2 人获亿利达奖学金、1 名获刘永龄奖学金、1 名获刘永龄奖金、21 名获所长奖学金，共发表论文 152 篇，比 1997 年增加 24.6%，受理申请专利 13 项，比 1997 年增加 98.%。

国际合作日益活跃，1997 年 9 月在太原市主办了第十四届匹兹堡国际煤炭会议，1999 年 9 月将在太原主办第十届国际煤科学大会。与英国、美国、俄罗斯、日本等 10 多个国家专家进行互访学术交流。

文献网络信息中心藏书 5 万册，各种期刊 2000 多种，藏刊 25 万册，其中中外现刊 470 余种。并能从网络上自动查询世界各种刊物，为科技人员提供了良好的学习条件。

专利事务所代理申请专利数量逐年增加，有效地保护了相关知识产权。

山西煤炭化学研究所编辑出版《燃料化学学报》和《新型炭材料》学术刊物。其中《燃料化学学报》已分获国家和院的优秀期刊三等奖、二等奖，获山西省一级学术期刊。

石家庄农业现代化研究所

所　　长：刘昌明（院士）
党委书记、常务副所长：田魁祥（法人代表）
地　　址：石家庄市槐中路 286 号
邮政编码：050021
电　　话：0311-5814521
电子函件：mwm@ms. sjziam. ac. cn

中国科学院石家庄农业现代化研究所于 1978 年 6 月 18 日成立，原名为中国科学院栾城农业现代化研究所，1979 年 5 月启用现名。1998 年底在职职工总数 140 人，其中科技人员 117 人，有中国科学院院士 1 人，研究员 12 人，副研究员、高级工程师等 43 人，中级科技人员 36 人。在学博士生 4 人，硕士生 10 人。

学科方向：以生态学理论为基础，以可持续现代农业和北方区域农业发展为对象，开展以水资源高效利用为中心的综合研究；以信息技术、生物技术为手段，开展以生态农业工程、农业环境评价、退化生态系统恢复等为主的实用技术研究。作为中国科学院农业科研成果转化、高新技术集成的创新基地和显示窗口，逐步建成国家级的农业科技创新试验示范基地。

科研机构设有 4 个研究室：农业资源与生态工程研究室、信息农业研究室、生物新技术研究室和农业产业化技术研究室（分食品实验室和农业工程技术实验室），4 个试验站：太行山山地生态试验站、栾城农业生态系统试验站、南皮生态农业试验站和海岸带综合开发试验站。并设有生态学硕士学位授予点。

遵照中科院“知识创新工程”精神，按照中科院深化改革、调整结构、转换机制、建设基地的要求，为加快研究所定位、建立新的运行机制，逐步建立适应国家知识创新体系要求的国立科研机构，努力创造条件，积极探索，进行了一系列改革。

(1) 根据建所 20 年来的学术积累和科技队伍构成，进行了机构调整：将原来的 4 个研究室、6 个实验室、4 个试验站调整为 4 个研究室、4 个试验站；对行政、科研管理部门，本着明晰职能、精简机构、优化组合、提高效率的原则进行了调整；后勤与技术条件支撑系统逐步转向社会化服务的管理方式。

（2）加快人才培养。1998年底，35岁以下科技人员达66人，占在职职工总数的47%。为使这批年轻同志担当起跨世纪责任，采取多种途径，加大了培养力度。一是积极推荐人才到国外学习深造，通过在职攻读学位或进修等方式，培养高水平人才。二是组织以青年学术带头人为主的科学考察活动。先后对黄土高原、三北暨坝上、华北N38度带等不同类型区进行综合考察，开阔了视野，增强了科技骨干的宏观意识和战略思想。三是制定了石家庄农业现代化研究所在职攻读“大本后研生”制度，对96年后进所的大学本科生按硕士研究生培养方式进行培养。四是通过国际合作与交流，培养锻炼队伍。

1998年，石家庄农业现代化研究所共开展各类研究课题59项，其中国家“九五”科技攻关课题10项，国家自然科学基金课题3项，院部级课题21项，河北省科委及企业委托课题18项，国际合作课题3项，其他课题4项。

积极争取新课题立项。其中“微灌节水关键技术和成套设备研制开发”项目，已通过专家论证并上报国家计委申请立项。

1998年有13项课题结题。其中9项通过鉴定、验收，申报专利6项。石家庄农业现代化研究所承担的国家“九五”科技攻关项目、院重大项目和省重点课题全部通过了有关部门组织的中期评估。

染色体工程课题组培育的高优503优质小麦研究与推广超额完成1998年合同规定任务，继陕西之后，又通过了河北省的品种审定，已推广到我国11个省区，面积达170万亩；抗病、抗逆、优质专用高产小麦亲本材料的创制，大豆新品种培育、薯类脱毒及组培苗工厂化、罗非鱼坑塘养殖双千系统工程等项目均取得重要进展。

开发工作本着稳中求进，扬长避短的原则，努力开拓进取。食品实验室研究的第二代胡萝卜保健饮料已研制成功。与新疆啤酒花股份有限公司以技术股份形式签订了合作建厂协议，并与该公司联合组建了“胡萝卜健康食品研究中心”。

“高优503”小麦产业化方面，课题组与河北省柏乡县合作，在该县已经形成优质面粉龙头企业，带动了从种植到系列产品深加工的产业化，受到地方政府的高度赞誉。

国际合作不断拓展。中日合作课题“盐碱地持续发展与提高生物生产力技术开发”已进行3年，形成了多项阶段性成果。现正在积极酝酿第三阶段的合作计划。本所与澳大利亚科工组织关于“持续农业管理的水土资源评价”、与澳大利亚墨尔本大学关于“氮素循环”、与日本千叶大学及筑波大学关于“水循环”等合作研究课题均全部启动和实施。

石家庄农业现代化研究所首次成功举办了“太行山水循环国际研讨会”。另有8人次到国内外参加国际学术会议。到国外进修或参加合作研究的达17人次。目前在外攻读学位的6人，进修的4人。接待了来自日本、澳大利亚等8个国家的专家学者13批34人。首次授予日本千叶大学新藤静夫名誉教授称号。

广泛的国际合作与人员交流，不仅培养锻炼了人才，对提高石家庄农业现代化研究所的科研水平、改善实验条件、引进资金等诸多方面起到了积极作用，而且为进一步深入开展国际合作打下了良好的基础。

所长刘昌明（院士）任IGBP/BAHC执行委员会委员。

石家庄农业现代化研究所是河北省农业系统工程学会的挂靠单位。编辑出版与中国生态经济学会联合主办的《农业生态研究》。该刊是全国唯一的生态农业研究学术刊物。

中国科学技术大学

名誉校长：周光召
校　　长：朱清时
地　　址：合肥市金寨路96号
邮政编码：230026
电　　话：0551-3602184　3602000
图文传真：0551-3631760
电子函件：woo@ustc.edu.cn

中国科学技术大学是中国科学院所属的理工

结合、兼有管理和人文学科的综合性全国重点大学。1998年，现有教职工3367人，其中教师1650人；教师中有中国科学院院士10人，中国工程院院士1人，教授369人（博士生导师219人），副教授826人。在校学生8012人，其中博士生549人，硕士生1314人，本科生5809人，专科生340人。另有博士后40人，各类成人高等学历教育在学学生4800余人。

学校在合肥和北京分别设有研究生院，与中科院合肥分院联合成立了中国科大高等研究院，在北京设有管理学院。校本部有理学院、化学与材料科学学院、高技术学院、商学院、生命科学学院、联想计算机学院、工程科学学院等7个学院，23个系和少年班，2个公共教学部，36个本科专业，57个硕士学位授予专业，39个博士学位授予专业，8个博士后流动站，28个博士后流动站学科专业。有4个国家重点学科、10个中国科学院重点学科和6个“211工程”重点建设学科。拥有同步辐射、火灾科学、信息安全3个国家重点实验室和国家高性能计算中心（合肥），以及5个中科院开放研究实验室、中科院热安全工程技术研究中心等一批重点科研机构。

校本部校园总面积113ha（1692亩），建筑面积50多万平方米，教学科研仪器设备等资产总值达2.7亿元，图书馆藏书120多万册，建成国内高校一流水平的校园计算机网络。

这一年是中国科学技术大学建校40周年，中共中央总书记、国家主席江泽民亲笔为该校题词“面向二十一世纪，建设一流大学，培育一流人才”，全国人大常委会委员长李鹏题词为：“庆祝中国科学技术大学四十周年，为国家科教事业做出新贡献”。乔石、张劲夫、周光召、彭珮云、吴阶平、钱伟长、李贵鲜、朱光亚等领导分别为该校题词。教育部部长陈至立、安徽省委书记回良玉等致函祝贺。彭珮云、周光召、钱伟长，国务院新闻办公室主任赵启正，安徽省领导回良玉、孟富林、王太华，中国科学院副院长白春礼等出席9月20日的庆祝大会，来自海内外的大学校长、中科院部分分院和研究所负责人、1000多名校友以及社会各界人士，同该校10 000多名师生员工参加了庆典。校庆期间，学校举行了江泽民题词纪念碑揭幕仪式、40年校史展览、高等教育改革与发展战略研讨会、当代科学技术发展趋势院士系列报告会等系列庆祝活动。9月24日和25、26日，管理学院和研究生院（北京）也分别在北京庆祝建校10周年和20周年。

1998年，学校“211工程”建设取得阶段性成果，到位经费10410万元，占整个计划的92.12%；使用经费7479.11万元，占到位经费的71.85%。重点学科和公共服务体系建设都取得了重要进展，有的还取得具有一定显示度的标志性成果，提高了教学科研水平，增强了学校的整体竞争实力。

1998年，学校继续推进结构性调整和内部管理体制改革，对已建成和学院进一步分类定位、加强管理，积极发挥学院在学科建设、教学、科研和资源配置等方面的统筹协调和组织领导作用；同时继续推进院系建设和学科结构调整，先后成立了生命科学学院、联想计算机学院、工程科学学院和天文与应用物理系、电子科学与技术系。改革调整校部机关机构和内部管理体制，进一步提高了管理水平和效益。

1998年，学校组织力量对世界一流大学的本科和研究生教育进行调研，继续深化教学内容和课程体系改革，提出了“学生研究计划”，有4项教学成果荣获国家二等奖。在保持高水平本科教育的基础上，加大了研究生培养和学位建设的力度，进一步完善了“四二三分流培养制”和硕博连读制，建立了学位与研究生教育的质量保证体系和监控机制，成立了“学位与研究生教育评估中心”，前4批6个博士点和16个硕士点顺利通过国务院学位办开展的学位点合格评估。新增13个博士点和11个硕士点，一级学科博士学位授权点由原来的3个扩大到9个，增强了高层次人才培养的能力，同年学校被评为中科院博士生重点培养基地。1998年，学校入选世界银行贷款“高等教育发展”项目备选学校，投资加强了基础实验教学建设。数学、物理学、力学3个国家理科基础科学研究和教学人才培养基地通过国家评审，力学还被评为优秀基地。该校还联合安徽大学共同申报了建设国家大学生文化素质教育基地。

1998年，学校科研经费到款近13 000万元，其中纵向科研经遇3543万元，横向科研经费1388万元，加速器二期工程经费8000万元。国家自然科学基金创历史最高水平，资助金额突破

1000万元，其中重点项目3项，面上项目64项，居全国高校第四。发表科技论文及被引用率继续居全国高校前列，被SCI收录375篇，居第四位；被EI收录208篇，居第八位；论文被引用276篇，居全国高校第五位。全年共有30项成果获奖，其中国家技术发明奖1项，中科院科技进步奖5项（一等奖1项），教育部科技进步奖一等奖2项；完成专利申请22件，专利授权17件。国家同步辐射实验室二期工程正式开工建设，中科院热安全工程技术研究中心通过立项论证；组合重要科研力量成立科大理化中心，将建成先进大型科研基地。在加强校企联合和产学研合作、促进成果转化与应用，以及校办企业规范化管理等方面，也取得了新的进展。这一年，学校科技产业销售收入达7836万元。

1998年，学校聘请了225人次外籍科技文教专家来校访问讲学，接待了10多个境外大型代表团来访；执行中科院级合作项目20个，建立校级合作协议5项，参加了环太平洋地区和东亚研究型大学校长协会会议。共派出教师270多人出国访问、进修或开展合作研究，招收留学生34名。主办或承办10多个国内外大型学术会议，聘请名誉教授、客座教授和兼职教授42名。与国内高校、科研机构和高科技企业的学术交流与科技合作也得到进一步发展。

中国科学技术大学是中国科技考古学会的挂靠单位。编辑出版《中国科学技术大学学报》、《教育与现代化》、《化学物理学报》、《低温物理学报》、《实验力学》、《火灾科学》等重要学术刊物。

新乡科学仪器研制中心

主　　任：郭其文
地　　址：新乡市北干道西段
邮政编码：453002
电　　话：0373-2621415
图文传真：0373-2621418

中国科学院新乡科学仪器研制中心成立于1970年3月。现有职工455人（含离退休85人），其中专业技术人员83人，高级职称18人，中级职称42人。

新乡科学仪器研制中心主要是以电子应用技术为基础，以液晶技术、红外技术为研究发展方向。目前研制生产的主要产品是：YN系列液晶显示器，YHW系列远红外辐射元件，LN·2F系列空调用热交换器，LLQ型远红外宽频带治疗器。

1998年，新乡科学仪器研制中心面对激烈的市场竞争，采取了一系列措施。首先是加强干部管理，调整干部队伍；其次是加大改革力度，推进改革进程；三是强化销售工作，进一步开拓市场；四是重组产品的引进和开发，充分调动各类人才的积极性。这些措施在当年的工作中起到了一定的积极作用。

开封印刷厂

厂　　长：靳玉芝
地　　址：开封市苹果园北路
邮政编码：475002
电　　话：0378-2859570　2854868
图文传真：0378-2854868

中国科学院开封印刷厂是中国科学院下属的综合性印刷企业，前身为开封日报印刷厂。1956年由6家私营印刷厂合并而成，1978年7月归属中国科学院领导。全厂现有职工679人，其中中级职称人员11人，初级职称29人。

开封印刷厂始终坚持为科研、地方出版事业服务的办厂方针，不断更新设备，承担科学出版社及地方出版社期刊、图书、中小学课本的印刷工作。胶印生产线拥有先进的激光照排系统和四色、双色胶印机，可印刷报刊、图书、表册、帐簿商标、装璜用品等，复膜生产线，特别是装订实力和精装水平闻名全省，形成了综合生产能力。

开封印刷厂近几年在全国质量评比中居先进行列。1996—1998年上半年，105种书刊被评为国优，146种书刊被评为省优。被定为市一级信用企业。开封印刷厂是被国家新闻出版署认定的国家书刊印刷定点单位。

ISBN 7-03-008193-5

9 787030 081933 >